칩워

누가 반도체 전쟁의 최후 승자가 될 것인가

지은이 크리스 밀러 Chris Miller

터프츠대학교 국제관계학 대학인 플레처 스쿨에서 국제사를 가르치고 있다. 또 미국기업연구소에서 진 커크패트릭 방문 펠로, 포린폴리시연구소에서 유라시아 연구 디렉터로 활동 중이다. 저서로 왜 소련이 중국처럼 공산당이 통제하는 자본주의 체제를 받아들이지 못하고 몰락했는지를 다룬《푸티노믹스: 되살아난 러시아의 권력과 돈Putinomics: Power and Money in Resurgent Russia》, 2000년대 초 러시아에서 나타난 국가 자본주의를 탐구한《소비에트 경제를 구하기 위한 분투The Struggle to Save the Soviet Economy》, 차르가 다스리던 시절부터 지금까지 왜 러시아는 꾸준히 아시아를 지정학적으로 넘보고 있는지 그 의문을 풀기 위한 책《우리가 주인이 될 것이다: 표트르 대제부터 푸틴까지 러시아 동진의 역사We Shall Be Masters: Russian Pivots to East Asia from Peter the Great to Putin》등이 있다. 예일대학교에서 석사와 박사 학위를 받았고 하버드대학교에서 역사를 전공했다. 추가적인 정보는 홈페이지에서 확인 가능하다. www.christophermiller.net

칩 워

누가 반도체 전쟁의 최후 승자가 될 것인가

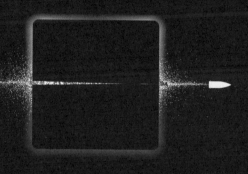

크리스 밀러 지음 | 노정태 옮김

부·키

옮긴이 노정태

작가, 번역가. 《아웃라이어》《기적을 이룬 나라 기쁨을 잃은 나라》《모던 로맨스》 등을 옮겼고, 《논객시대》《탄탈로스의 신화》《프리랜서》를 썼다. 《조선일보》《신동아》《중앙일보》 등에 칼럼을 기고한다. 현재 경제사회연구원 전문위원으로서 철학을 담당하고 있다. 고려대학교 법학과를 졸업하고 서강대학교 대학원 철학과에서 칸트 철학을 전공해 석사 학위를 받았다.

칩 워: 누가 반도체 전쟁의 최후 승자가 될 것인가

2023년 5월 19일 초판 1쇄 발행 | 2024년 7월 4일 초판 37쇄 발행

지은이 크리스 밀러 | 옮긴이 노정태 | 발행인 박윤우 | 편집 김송은 김유진 박영서 성한경 장미숙 | 마케팅 박서연 이건희 정미진 | 디자인 서혜진 이세연 | 저작권 백은영 유은지 | 경영지원 이지영 주진호 | 발행처 부키(주) | 등록일 2012년 9월 27일 | 등록번호 제312-2012-000045호 | 주소 서울시 마포구 양화로 125 경남관광빌딩 7층 | 전화 02-325-0846 | 팩스 02-325-0841 | 홈페이지 www.bookie.co.kr | 이메일 webmaster@bookie.co.kr | ISBN CODE 978-89-6051-983-1 03320

만든 사람들
표지디자인 디박스 | 본문디자인 이세연 | 조판 양지현 | 편집 장미숙

리야에게

반도체의 역사를 통해
나아갈 방향과 전략 수립에 필요한 통찰

_권오현 삼성전자 상임고문, 전 회장. 《초격차》 저자

반도체 전쟁이 시작되었다. 국지전이 아니라 세계대전이고 단기전이 아니라 장기전이 될 것이다. 지금까지 대부분의 분쟁은 기업 간의 경제적 이유 때문이었지만 최근 상황은 차원이 다르다. 세계는 코로나 팬데믹에 의한 반도체 수급 문제가 다른 산업에 막대한 피해를 주는 것을 경험했다. 또 미중 간 패권 경쟁에서 치열하게 싸우는 분야가 반도체 기술이란 것을 인지하면서, 각국은 반도체 기술 확보가 국가 산업 및 안보에 필수라고 판단했다. 이에 따라 자국 내에서 반도체 개발과 생산을 하기 위해 세금 혜택과 법률 제정 등 모든 방법을 총동원하고 있다.

이런 급변하는 상황에서 지난 반세기 동안의 반도체와 관련된 유익하고 흥미로운 내용이 담긴 시의적절한 책이 나왔다. 저자는 기술 발전에 획을 그은 천재 개발자와 사업으로 펼쳐 낸 도전적 기업가의 이야기, 반도체 기업의 흥망성쇠와 반도체 기술을 육성하는 국가 전략 등을 이해하기 쉽게 잘 정리했다. 반도체의 역사를 통해 얻은 지혜를 미래에 나아갈 방향과 전략을 수립하는 데 필요한 통찰을 주는 책이다.

미중 관계의 악화로 반도체 전쟁은 격화되고, 한국도 피할 수 없는

참여자가 될 것이다. 한국 기업이 확보한 세계 최고의 메모리와 로직 반도체 기술은 우리나라 경제와 수출의 중추적 역할을 하며 주요 국가들로부터 협력 요청을 받고 있다. 지속적인 기술 우위를 유지하기 위해서는 미국과 중국의 중장기 전략을 참고하면서 국가 차원의 전략을 준비하는 일이 필요하다. 반도체 개발자, 기업가, 특히 정책을 수립하는 분들께 일독을 권한다.

사업가는 극심한 변화 시기에 기회를 포착한다

_송창록 SK하이닉스 부사장

2002년 12월 30일, 하이닉스의 채무 재조정이 확정되었습니다. 2003년 6월 17일, 이를 통해 회생한 하이닉스가 D램을 수출해 미국 산업에 피해를 입혔다고 미 국제무역위원회ITC로부터 상계관세를 두들겨 맞았습니다. 이 채무 재조정이 WTO의 보조금 등에 관한 'SCM 협정'에서 허용하지 않는 정부 보조금이라며 제소되어 상계관세가 확정된 것입니다.

현재 전 세계는 반도체 산업에 보조금을 지급해 자국 내 생산 기지를 만드는 전쟁 중입니다. 미국 반도체법 지원금에 의향서가 200개 넘게 접수되었다고 합니다. 어떻게 20년 만에 세계가 이렇게 달라진 걸까요? D램 산업은 세 번에 걸친 세계대전을 치르며 현재 삼성전자, SK하이닉스, 마이크론 세 회사의 과점 체제입니다. 2013년 이후 부침은 있었지만 지속적으로 성장하고 있습니다.

메모리 반도체만이 아니라 모든 반도체 영역이 독과점 체제로 전환되었습니다. 이런 와중에 COVID-19와 더불어 IT 기기의 폭발적 성장으로 반도체 품귀 현상이 일어났습니다. 반도체는 글로벌 공급망SCM 분업을 통해 성장합니다. 또 무어의 법칙이 나오고 이를 이루기 위해 반도체 국제 기술 로드맵ITRS이라는 국경을 초월한 표준과 공동의 목표로 추진되면서 자유 무역을 상징하는 대표 재화로 우뚝 섰습니다.

그러나 2020년 이후 품귀 사태와 반도체 무역 적자를 극복하려는 중국의 반도체 굴기는 자유 무역의 상징적 재화를 국가 전략물자로 둔갑시키는 계기가 되었습니다. 20세기의 전략물자가 석유였다면 21세기 전략물자는 반도체입니다. 한때 자유 무역의 상징이었던 반도체 산업이 미중 간 헤게모니 전쟁의 싸움터로 변했습니다. 이 책 제목 'CHIP WAR'가 모든 것을 드러냅니다. 이제 일촉즉발의 전쟁 상태입니다.

이 책에는 반도체의 탄생과 성장의 역사, 지정학적-지경학적-지리학적 요충지에 존재하는 반도체 생산 시설, 그리고 얽히고설킨 글로벌 공급망 속 각국의 이해관계가 담겨 있습니다. 해답을 주지 않고 질문을 던집니다. '지금 무엇을 해야 하는가?'라고. 경영자는 변화가 없는 시기에 안정적 성장을 추구하지만, 사업가는 변화가 극심한 시기에 도약을 위한 기회를 포착한다고 합니다. 반도체를 둘러싼 국가 전략과 사업 전략의 불확실성이 증가하는 지금 한국 반도체 산업은 미래를 준비해야만 합니다.

이 책은 바로 이 시기에 참고할 만한 좋은 레퍼런스입니다. 언제나 그렇듯 운은 준비된 사람에게로 옵니다. 60년을 이어온 한국 반도체 산업의 빛나는 이름이 불안정한 지정학적-지경학적-지리학적 환경에서도 지속될 수 있기를 진심으로 희망합니다.

반도체 탄생부터 오늘의 혈전까지, 탐정소설처럼 흥미진진하다

_이창한 한국반도체산업협회 상근부회장

지금 반도체는 미중 패권 전쟁의 중심에 놓여 있다. 미래는 지능사회다. 지능사회를 구성하는 단 하나의 핵심 요소는 반도체다. 반도체는 미래의 공학적 코나투스conatus다. 한 치의 과장도 없이 말하자면 반도체 없이 지능사회, 곧 선진국으로 발돋움한다는 것은 헛된 희망이다. 그래서 각국이 혈안이 되어 반도체 산업을 육성하려고 한다.

최근 이런 사회 분위기 속에서 반도체 관련 서적이 제법 출간되었다. 한국 반도체 산업의 일익을 책임지는 사람으로서 신간을 꼬박꼬박 읽어 보았지만《칩 워》처럼 반도체의 탄생부터 오늘날의 치열한 혈전까지 일목요연하게 기술한 책은 잘 보지 못했다. 한마디로 '대단한' 책이다. 수작이라고밖에 말할 수 없다. 저자의 역량이 부럽기도 하고 질투심이 나기도 한다.

저자는 반도체가 현대를 만들었으며 미래를 형성하는 중심축이 될 것이라고 단언하며, 자신의 주장을 풍부한 사료와 수많은 사람과의 인터뷰를 통해 설명하고 있다. 그의 역사적 프리즘은 명쾌하고 직설적이다. 결코 우회하지 않는다. 또 사실에 기초한다. 책은 탐정소설을 읽는 것처럼 흥미진진하다. 그래서 한 번 잡으면 손에서 놓지 못하게 만든다. 이 책이 베스트셀러가 된 이유이겠다. 반도체에 조금이라도 관심 있는 사람이라면 꼭 한 번 읽어 보기를 권한다. 특히 경제, 산업, 정책에 종사하는 전문가들에게는 필독서라고 생각한다. 혜안을 얻는 데 책 한 권은 너무 싸다.

경제, 지정학, 핵심 기술을 넘나들며
역사의 중요 사건을 꿰뚫는 통찰력

_이승우 유진투자증권 리서치센터장

지난해 10월 미국 대사관의 연구위원, 삼성전자 모 임원과 함께 셋이서
저녁 식사 자리를 가진 적이 있었다. 그날 처음 인사하게 된 삼성전자의
임원이 내게 책 한 권을 소개해 주었다. 바로 크리스 밀러의 신간《Chip
War》였다. 다음날 오전 미팅 일정을 마치고 바로 책을 주문했고, 며칠
뒤 흰색 표지의 양장본 원서를 받아들었다. 차례를 보니 대체로 내게는
친숙한 내용이었다. 하지만 바쁜 일정을 소화해야 하는 애널리스트 입
장에선 그림 하나 없이 텍스트로만 구성된 350여 쪽의 원서를 읽는다는
것은 부담이 아닐 수 없었다.

그러나 하버드와 예일에서 학위를 받은 크리스 밀러는 그의 클래
스를 증명하는 듯했다. 문체는 간결했고, 내용은 서스펜스를 방불케 할
정도로 흥미진진했다. 이공계가 아닌 국제정치학 교수라고는 믿기 어려
울 정도로 기술적인 부분에서도 탄탄한 설명이 뒷받침되었다. 무엇보다
인물과 사건 중심의 전개는 책에서 손을 놓지 못하게 만들었다. 경제와
지정학, 핵심 기술을 넘나들며 역사의 중요 이벤트를 꿰뚫어 보는 그의
통찰력은 놀라움 그 자체였다.

크리스 밀러는 이전에《The Struggle to Save the Soviet Economy》,
《Putinomics》,《We Shall Be Masters》등 러시아와 관련된 책을 세 권 출간

한 바 있다. 그러나 《Chip War》에서는 시각을 더욱 확장해 미국 패권에 도전했던 구소련과 일본의 실패, 그리고 중국의 도전과 미국의 응전을 테크놀로지의 격차라는 각도에서 해석해 내고 있다. 반도체를 지배하는 국가가 미래 핵심 기술을 장악하고, 나아가 결국 패권 경쟁에서 우위를 점하게 됨을 역사적 사건들의 조합을 통해 독자들에게 이해시킨다.

얼마 전 수니파와 시아파의 맹주인 사우디와 이란이 국교 정상화에 합의했다. 그리고 그 자리에는 토니 블링컨이 아닌 왕이가 중재자로서 있었다. 셰일이라는 치트 키를 얻은 미국이 중동에서의 영향력을 줄이자 중국은 기다렸다는 듯 사우디, 이란, 러시아와의 관계 강화에 나서고 있다. 이를 통해 대륙 중심부를 관통하는 독재국가 연대와 페트로 위안의 야망을 키우고 있다. 앞으로 펼쳐질 세계는 어쩌면 우리가 알고 있던 것과는 다른 세상이 될지도 모른다.

자유 무역과 국제 분업은 쇠퇴하고 경제 블록화가 그 자리를 대신하게 될 가능성이 높아졌다. 이 과정에서 미래 경쟁력의 핵심 자원인 반도체와 그 공급망을 둘러싼 각국의 경쟁은 더욱 치열하게 전개될 것이다. 반도체는 대한민국으로서도 절대로 포기할 수 없는 옵션이다. 그 때문에 반도체라는 전략 자원을 둘러싼 헤게모니의 변화를 여러 각도에서 살펴보고 이해하는 과정은 그 어느 때보다 중요해졌다.

바야흐로 반도체 전쟁의 시대다. 《칩 워》는 패권 경쟁의 기저에 깔린 반도체의 전략적 중요성을 마치 한 편의 영화를 보듯 흥미롭고 다이내믹하게 풀어낸 역작이다. 반도체에 관심이 많은 투자자는 물론이고 정치인과 기업인 그리고 일반 독자들에게 이 책은 다양한 각도에서 인사이트를 제공해 줄 것이다.

이 책은 논픽션 스릴러다. 영화 〈차이나 신드롬〉이나 〈미션 임파서블〉처럼 긴박감 넘친다. 밀러의 스릴러는 마치 무어의 법칙처럼 펄떡이며 심장을 뛰게 만드는 힘이 있다. 폭넓은 대중이 실리콘 시대를 이해할 수 있게 할 단 한 권의 책이 있다면, 실리콘 시대가 원자력 시대에 뒤처지지 않는 드라마와 중요성을 지니고 있다는 것을 가르쳐 줄 사람이 있다면, 그것이 바로 크리스 밀러의 《칩 워》일 것이다.
- 《뉴욕타임스》

"칩 워, 크리스 밀러 저". 실리콘 칩은 모든 현대 디지털 기술의 근간을 이루지만, 그런 칩을 만들 수 있거나 제조를 위해 요구되는 나노미터 단위의 정밀도를 지니는 장비를 만들 수 있는 회사는 한 손으로 꼽을 정도다. 밀러에 따르면 이는 반도체 산업의 "효율성의 승리"이지만, 동시에 "엄청난 취약성"을 낳았다. 이 책은 1950년대 미국에서 반도체 칩이 발명된 후 국제 공급망이 동아시아에 집중되기까지의 역사를 추적한다. 오늘날 거의 모든 고급 프로세서 반도체는 대만에서 만들어지며, 반도체 산업의 조종간을 누가 쥐느냐에 따라서 세계 경제와 정치 질서마저 극적으로 변할 수 있다는 것을 밀러는 섬뜩하면서도 설득력있게 보여 주고 있다.
- 《뉴요커》

터프츠대학교의 크리스 밀러는 그의 새 책 《칩 워》를 통해 경제, 지정학, 기술의 힘이 반도체라는 필수 산업을 형성해 온 과정을 우아하게 서술한다. 반도체를 더 잘 이해하고 싶은 사람에게 《칩 워》는 좋은 출발점이 될 것이다.
- 《이코노미스트》

기술, 경제 분석, 지정학, 좋은 의미로 고전적인 스토리텔링이 배합되어 있는 반드시 읽어야 할 매력적이고 기념비적인 연구.
- 《타임스》

흥미진진한 역사서
- 《파이낸셜타임스》

21세기의 반도체는 20세기의 석유가 가지고 있던 위상을 차지하는 무언가가
되어 있는 듯하다. 그렇다면 반도체의 역사는 21세기의 역사와도 같다. 이 책
은 우리가 지금까지 걸어온 길, 앞으로 오래도록 걸어가야 할 길의 역사를 제시
하는 최고의 연대기다. 기술에 관심이 있다면, 미국의 미래와 풍요 혹은 안보의
지속 가능성을 근심하는 사람이라면, 이 책을 읽어야만 한다.
- 로런스 H. 서머스, 제71대 미국 재무장관, 하버드대학교 찰스 W. 엘리엇 유니버시티 교수

크리스 밀러의 두뇌는 자신이 주제로 삼은 컴퓨터 칩처럼 작동한다. 아찔하리
만치 복잡한 회로를 통해 눈부시게 명료한 결과를 도출해 냈다. 이 책에 담긴
것은 놀라운 이야기일 뿐 아니라 스타일 면에서도 강렬하며 넓은 시야는 따라
올 수 없을 정도로 압도적인 중요성을 지닌 책이다.
- 로버트 D. 카플란, 《뉴욕타임스》 베스트셀러 《지리의 복수》, 《지리 대선》의 저자

밀러의 주장에 따르면 인류의 미래는 최신 마이크로프로세서를 설계하고 제작
할 수 있는 두 생태계, 즉 미국과 (대만을 포함한) 그 친구들, 그리고 중화인민공
화국 사이에 벌어질 싸움, 말하자면 '칩 워'에 달려 있다. 절대 빼놓을 수 없는
책이다.
- 니얼 퍼거슨, 스탠퍼드대학교 후버연구소 밀뱅크 패밀리 시니어 펠로 《둠: 재앙의 정치학》의 저자

크리스 밀러는 《칩 워》를 통해 21세기 지정학적 경쟁에서 가장 핵심적이고 전
략적으로 중요한 싸움의 정수를 포착해 냈다. 이 책은 명료하면서도 재미있게
작성되어 있고, 깊은 설득력을 보여 주며 역사와 기술 양쪽에 단단히 뿌리 내리
고 있다. 급진적인 역작!
- 제임스 G. 스타브리디스, 전 미군 제독, 16대 나토연합 사령관, 《소설 2034: 다음 세계 대전》의 저자

반도체의 우위를 차지하기 위한 싸움은 지정학, 국가 안보, 경제 번영에서 가장 중요한 이야기 중 하나다. 하지만 오늘날 대중의 이해도가 가장 낮은 주제이기도 하다. 고맙게도 우리의 손에는 이제 《칩 워》가 들려 있다. 이 책을 통해 이 핵심 주제를 명확히 이해하고 읽어 낼 수 있을 것이다.
- 앤드류 맥아피, 《괴짜의 길》, 《포스트 피크 거대한 역전의 시작》의 저자

독보적이다. 밀러가 쓴 반도체의 역사는 기술, 금융, 특히 정치까지 모든 분야를 포괄한다. 오늘날 가장 중요한 산업 중 하나를 이해하기 위한 필수 레퍼런스.
- 댄 왕, 가베칼 드래고노믹스(글로벌 리서치 기업) 기술 분석가

지난 수년간 읽은 책 가운데 가장 중요한 책 중 하나. 정신을 쏙 빼놓을 정도로 아름답게 쓰인 책.
- 로버트 케이건, 브루킹스연구소 선임 연구원. 《워싱턴포스트》 칼럼니스트

경제와 기술과 전략적 분석을 독창적으로 조합해 낸, 눈길을 사로잡는 작업.
- 폴 케네디, 《뉴욕타임스》 베스트셀러 《강대국의 흥망》 저자

우리가 사는 현대 사회를 이해하는 필수 도서. 많은 것을 걸고 이 모든 일을 가능케 한 사람들의 이야기를 설득력 넘치는 서사로 그려 낸다.
- 다니엘 예긴, 퓰리처상 수상작 《황금의 샘》 저자

놀랍다. … 믿을 수 없는 호흡과 흡입력 넘치는 스토리텔링을 통해 크리스 밀러는 세상을 지배하는 반도체의 세계적 역사를 추적해 낸다.
- 마거릿 오하라, 《코드: 실리콘밸리와 미국의 재창조》의 저자

한국 독자 여러분 안녕하십니까. 한국뿐 아니라 전 세계의 이목이 미중 갈등 및 반도체 산업의 향방에 쏠려 있는 지금 《칩 워》를 한국어로 소개하게 되어 반갑습니다.

한국이 전 세계에 판매하는 모든 상품 중 반도체는 그 가치 면에서 다른 제품을 훌쩍 뛰어넘는 것입니다. 한국의 반도체 판매는 세계 그 어떤 시장보다 중국에 크게 의존하고 있습니다. 그러니 중국과 미국이 동아시아에서 지정학적 패권을 두고 다투면서 한국과 세계의 반도체 산업 역시 재편되는 중이라 할 수 있습니다.

반도체는 한국의 수출 중 15퍼센트 이상을 차지하고, 한국의 무역 수지에서 자동차 수출보다 두 배나 큰 비중을 지니고 있습니다. 삼성과 SK하이닉스로 대표되는 주요 반도체 기업의 제품을 포함하여, 한국이 수출하는 반도체의 3분의 2가량이 중국에 판매됩니다.

오늘날 미국과 중국은 세계 반도체 지도를 다시 그리고자 합니다. 첨단 기술에서 한참 뒤떨어진 중국은 한국, 대만, 기타 외국산 반도체 수입 비중을 줄이고 의존도를 낮출 방법을 찾고 있습니다. 중국은 첨단 칩을 제조하는 데 필요한 초정밀 장비, 정교한 소프트웨어 도구, 고순도의 화학 물질을 생산하기 위한 역량을 갖추려 노력하는 중입니다. 중국 정부는 그 목표를 이루기 위해 매년 수백억 달러 이상을 쏟아붓고 있으며, 한국 기업을 포함해 외국 기업을 자국 시장에서 배제하려고 노력하고 있습니다.

한편 미국은 중국의 군사력과 기술력이 성장하는 것을 우려하고 있으며, 근심 어린 눈으로 대만을 살피고 있습니다. 대만은 전 세계 첨단 프로세서 칩의 90퍼센트가량을 만들어 내는 곳이기 때문입니다. (반면에 한국은 메모리 칩에 특화되어 있습니다.) 중국은 군사력을 확충하면서 대만을 상대로 무력을 사용하지 않겠다는 약속을 절대 하지 않습니다. 그로 인해 대만의 안보를 둘러싼 공포는 점점 더 커지는 중입니다. 미국이 지속적으로 대만의 재무장을 돕고 있으며, CHIPS 법을 통해 미국 내 반도체 생산 투자를 촉진하려 하는 것은, 1만 킬로미터도 넘게 떨어진 대만해협의 거친 물살에 미국의 안보가 휩쓸려 갈까 우려하고 있기 때문입니다.

한국 기업은 지금 스스로 적응의 길에 나섰습니다. 중국과의 관계가 안정적이던 무렵 한국 반도체 기업은 중국에 큰 투자를 하여 반도체 공장을 열었습니다. 현재 그 공장은 미국산 제조 장비의 대중국 수출을 막는 미국의 새로운 규제로 인해 큰 타격을 받고 있습니다. 한국 기업은 중국 설비를 폐쇄하고 생산 물량을 한국에서 처리해야 할지를 고심하고 있는 상황입니다.

얼마 전 미국 내 반도체 기업에 정부 보조를 제공하는 것을 골자로 하는 미국의 CHIPS 법이 한국에서 논란을 불러일으켰습니다. 몇몇 한국 반도체 기업이 미국에 새로운 설비를 갖출 것으로 보이지만, 그 대부분은 로직 칩에 주안점을 둔 것이지 한국 반도체 산업의 핵심을 이루는 메모리 칩이 아닙니다. CHIPS 법을 향해 한국 언론이 드러내는 분노에는 사실 지나친 면이 없지 않습니다.

　한국이 향후 수년간 첨단 칩 제조의 핵심 생산자 지위를 유지하리라는 전망은 거의 모든 반도체 전문가가 동의하는 바입니다. 한국 반도체 기업은 미국 어딘가에 투자를 늘려 나가겠지만 한국에는 더 많은 투자를 할 것입니다. 사실 한국 기업이 중국 투자를 줄일 예정이라는 것이 더 중요합니다. 결국 자국 내에서 생산 역량을 더 확충하지 않을 수 없기 때문입니다.

　반도체 전쟁, 칩 위의 영향은 반도체에만 머물지 않습니다. 반도체 산업의 연장선상에는 전자 제품 생산 업체와 그에 따르는 공급망이 있습니다. 오랜 세월 동안 PC와 스마트폰 생산 업체들은 주로 제품의 신뢰도와 가격에 따라 공급망을 결정해 왔습니다. 하지만 이제는 정치와 안보까지 염두에 두고 결정을 내려야 합니다. 랩톱컴퓨터와 서버를 만드는 HP는 중국을 대체할 생산 기지로 멕시코를 물색 중입니다. 애플은 아이폰, 에어팟, 맥북 제조의 비중을 베트남과 인도로 옮기는 중입니다. 이런 변화는 느리지만 분명한 것이며, 한국 기업은 전자 제품 공급망 변동을 반드시 고려해야 합니다.

　칩 워는 점점 가속화되고 있습니다. 전자 산업을 넘어 세계의 하이테크 분야를 둘로 나누는 중입니다. 중국 시장에 대한 접근을 계속 이어 나가는 것은 매출 유지에 있어 필수적인데, 그러자면 한국 기업은 중국이 따라잡을 수 없을 정도로 높은 기술 수준과 격차를 유지해야만 합니다. 기술을 선도하기 위한 쉼 없는 노력이 지금껏 삼성과 SK하이닉스를 이끌어 왔고, 그들을 반도체 산업의 선두에 서게 한 핵심 동력이었습니다. 반도체 전쟁에서 승리를 거두려면, 한국 기업은 기술 우위를 지켜 나가기 위해 더 노력하는 길뿐입니다.

차 례

PART I 냉전의 칩

PART II 아메리칸 월드의 회로망

PART III 리더십의 상실?

PART VII / 중국의 도전

PART VIII / 반도체로 숨통을 조이다

모리스 창 Morris Chang : 대만의 반도체 제조 기업 TSMCTaiwan Semiconductor Manufacturing Company, 대만반도체제조회사 창업자. 텍사스인스트루먼트의 고위 경영진 출신. TSMC는 오늘날 세계에서 가장 중요한 반도체 생산자다.

앤디 그로브 Andy Grove : 인텔 대표이자 CEO. 1980년대부터 1990년대까지 인텔을 이끌었다. 공격적인 스타일로 악명이 높았지만 성공적으로 인텔을 되살려 냈다. 《편집광만이 살아남는다Only the Paranoid Survive》(부키)의 저자다.

팻 해거티 Pat Haggerty : 텍사스인스트루먼트Texas Instruments 회장. 텍사스인스트루먼트를 미군 등을 고객으로 한 마이크로 전자 기술 특화 기업이 되도록 이끌었다.

잭 킬비 Jack Kilby : 1958년 집적회로integrated circuit를 공동 발명한 인물. 텍사스인스트루먼트에서 오래 근무했으며 노벨상을 받았다.

제이 라스롭 Jay Lathrop : 특수한 화학 물질과 빛을 이용해 다수의 트랜지스터를 새겨 넣는 과정인 포토리소그래피photolithography의 공동 발명자. 텍사스인스트루먼트의 전 직원.

카버 미드 Carver Mead : 캘리포니아공과대학California Institute of Technology, 칼텍 교수. 페어차일드와 인텔의 자문가. 기술의 미래에 대한 비전을 제시한 사상가.

고든 무어 Gordon Moore : 페어차일드반도체Fairchild Semiconductor와 인텔의 공동 창업자. 1965년 "무어의 법칙"을 만들어 낸 인물. 각각의 칩이 가지는 연산력이 매년 두 배씩 늘어난다고 예측했다.

모리타 아키오盛田昭夫 : 소니 창업자.《'No'라고 말할 수 있는 일본》의 공저자. 1970년대와 1980년대까지 세계무대에서 일본의 산업을 대변했다.

로버트 노이스 Robert Noyce : 페어차일드반도체와 인텔의 공동 창업자. 1959년 집적회로를 공동 발명한 사람. "실리콘밸리 시장"으로 통한다. 세마테크Sematech의 첫 번째 리더.

윌리엄 페리 William Perry : 1970년대 말 미 국방부에서 근무한 관료. 반도체를 통해 미군의 기술적 전환을 이루어야 한다고 역설했다. 정밀 타격 무기 체계의 옹호자.

제리 샌더스 Jerry Sanders : AMD의 창업자 겸 최고경영자. 실리콘밸리에서 가장 화려한 세일즈맨. 1980년대 일본의 무역 관행이 불공정하다고 보고 공격적으로 비판했다.

찰리 스포크 Charlie Sporck : 페어차일드반도체의 생산 과정 책임자로 일하는 동안 반도체 생산의 오프쇼어링을 추진했다. 이후 내셔널세미컨덕터 National Semiconductor의 최고경영자 역임.

런정페이任正非 : 중국의 통신, 반도체 설계 대기업 화웨이의 창업자. 그의 딸 멍완저우孟晚舟는 미국 법을 어기고 미국의 제재를 회피하려 한 혐의로 2018년 캐나다에서 체포되었다.

이병철李秉喆 : 삼성전자의 창업주. 미국이 반도체 생산 거점을 일본에서 옮기는 시점에 맞춰 삼성전자의 생산 품목을 고도화하고 공격적인 투자를 시작했다.

암ARM: 칩 설계자들이 명령어 집합 구조instruction set architecture, ISA를 사용할 수 있도록 라이센스를 제공하는 회사. ISA는 어떤 반도체가 작동하는 방식을 정하는 기본적인 규칙 모음이다. 암의 아키텍처는 모바일 기기를 지배하고 있으며 점점 PC와 데이터센터 시장도 잠식해 들어가고 있다.

칩(혹은 "집적회로" 혹은 "반도체"): 도체와 부도체의 중간 저항값을 지니는 것으로, 대체로 실리콘으로 된 작은 조각 위에 수백만에서 수십억 개의 미세한 트랜지스터를 새겨 넣어 만들어 낸 물건.

CPU: 중앙 처리 장치central processing unit. PC, 스마트폰, 데이터센터의 계산 능력을 제공하는 "범용 목적"의 칩.

D램: 동적 임의접근 기억장치Dynamic Random Access Memory. 메모리 칩의 두 가지 주요 유형 중 하나로 단기 저장 데이터를 위해 사용된다.

EDA: 전기 설계 자동화electronic design automation. 수억 개의 트랜지스터가 어떻게 칩 위에서 배열되어야 하는지 설계하고 그 작동을 시뮬레이션하는 데 특화되어 있는 소프트웨어.

핀펫FinFET: 2010년대 초 처음 도입된 새로운 3차원 트랜지스터 구조. 트랜지스터의 크기를 나노 단위로 축소시킴으로써 트랜지스터 작동을 보다 잘 통제할 수 있게끔 한다.

GPU: 그래픽 처리 장치graphics processing unit. 병렬 처리 능력을 갖춘 칩으

로 그래픽 및 인공지능 설비에서 유용하게 사용된다.

로직 칩 Logic chip : 데이터를 처리하는 칩.

메모리 칩 Memory chip : 데이터를 기억하는 칩.

낸드NAND : "플래쉬"라고도 한다. 두 번째로 많이 쓰이는 유형의 메모리 칩. 데이터의 장기 보관을 위해 사용된다.

포토리소그래피Photolithography : "리소그래피"로도 알려져 있다. 패턴화된 마스크를 통해 빛이나 자외선을 조사하여 감광 작용을 하는 화학 물질이 실리콘 웨이퍼에 그 패턴을 새겨 넣도록 만드는 기술이다.

RISC-V : 인기를 끌고 있는 오픈소스 아키텍처. ARM이나 x86과 달리 자유롭게 사용할 수 있다. RISC-V의 개발에는 미국 정부의 재정 지원이 일부 들어가 있었으나 미국의 수출 규제 대상에서 벗어나 있기에 지금은 중국에서 인기를 끌고 있다.

실리콘 웨이퍼 Silicon Wafer : 매우 순도 높은 실리콘 원판. 대체로 직경 8인치(20.32센티미터) 혹은 12인치(30.48센티미터) 크기로, 그 위에 칩을 새겨 넣는다.

트랜지스터Transistor : 아주 작은 전자 "스위치"로, 켜지면 1이라는 신호를 꺼지면 0이라는 신호를 생산하며, 모든 디지털 계산은 그렇게 만들어진 1과 0으로 이루어져 있다.

x86 : 명령어 집합 구조의 일종으로, PC와 데이터센터에서 지배적 위치를 차지하고 있다. 인텔과 AMD는 x86 칩을 생산하는 두 주요 기업이다.

2020년 8월 18일, 미군 구축함 **머스틴호**USS Mustin가 대만해협 북쪽 끝으로 진입했다.[1] 5인치(12.7센티미터) 포를 남쪽으로 겨냥한 채 대만해협을 항행함으로써 그 공해空海가 중국의 지배 영역이 아님을, 적어도 아직은 아님을 보여 주는 것이 머스틴호의 단독 수행 임무 내용이었다. 남쪽으로 향할수록 제법 거센 남서풍이 갑판을 때렸다. 높이 떠 있는 구름이 수면 위에 드리우는 그림자는 마치 푸저우福州, 샤먼廈門, 홍콩을 비롯해 남중국해 연안에 자리 잡고 있는 다른 항구들마저 덮고 있는 듯했다. 동쪽으로는 멀리 대만섬이 솟아 있는데, 넓고 빽빽하게 모여 사는 해안 평지가 구름에 가려진 높은 봉우리로 이어져 있었다. 머스틴호에 올라 있는 한 선원은 짙은 청색 야구 모자에 수술용 마스크를 쓴 채 쌍안경으로 수평선을 살피는 중이다. 대만해협은 아시아의 공장에서 생산해 내는 제품을 전 세계로 실어 나르는 상업용 수송선으로 붐비고 있었다.

머스틴호로 들어가 보자. 여러 색 스크린이 눈부신 빛을 뿜어 내는 어두운 방 안에 선원들이 한 줄로 앉아서 화면을 보고 있다. 화면은 인도-태평양 일대의 비행기, 드론, 배, 인공위성의 움직임을 추적하는 데이터로 가득하다. 갑판에는 수십, 아니 수백 킬로미터 밖에 있는 비행기, 배, 잠수함을 정밀 타격할 수 있는 96기의 수직 발사 장치가 준비되어 있다. 냉전의 위협 속에서 미국은 대만을 지키기 위해 무지막지한 핵전력을 과시해 왔다. 오늘날 미국은 마이크로 전자 기술과 정밀 타격에 기대고 있다.

머스틴호가 컴퓨터 기술이 집약된 무기를 고슴도치처럼 곤두세우고 대만해협으로 들어옴에 따라, 중국 인민해방군은 보복 조치로 대만 주변에서 실탄을 이용한 사격 훈련을 개시했다. 한 중국 신문의 표현을 빌리면 "무력에 의한 통일 작전"[2]의 연습이었다. 하지만 바로 그날 중국 지도자들의 가장 골치 아픈 근심거리는 미 해군이 아니었다. 그보다는 미국 상무부가 발표한 이른바 '수출 통제 명단Entity List'이 더 급했다. 미국 기술의 해외 이전을 규제하는 수출 통제 명단은 지금까지 일차적으로 미사일 부품이나 핵물질 같은 군사 시스템의 판매를 방지하는 데 활용되어 왔다. 하지만 이제 미국은 군사 시스템뿐 아니라 소비재에도 두루 사용되어 온 컴퓨터 칩에 대해 극적으로 바짝 조이기 시작한 것이다.

규제 대상은 스마트폰, 통신 설비, 클라우드 컴퓨팅 서비스, 그 외에도 다양한 고급 기술을 다루는 중국의 IT 대기업 화웨이였다. 미국이 볼 때 화웨이의 제품이 너무나 매력적인 가격을 달고 나오고 있는 것은 중국 정부의 보조금에 어느 정도 힘입은 덕분이며, 그리하여 화웨이가 차세대 통신 네트워크의 근간을 차지하게 될 수 있었다. 세계의 기술 인프라에 대한 미국의 지배가 흔들릴 수 있는 것이다. 중국의 지정학적 영향력은 커질 터였다. 이 위협에 맞서기 위해 미국은 화웨이가 미국 기술을 이용한 고성능 컴퓨터 칩을 구입하지 못하도록 막아 버렸다.

화웨이의 글로벌 확장은 곧 발이 묶이고 말았다. 제품 라인 전체가 생산이 불가능해졌던 것이다. 매출이 곤두박질쳤다. 거대 기업이 기술적 질식 상태에 빠지고 말았다. 화웨이를 비롯한 중국 기업은 모두 현실을 깨달았다. 모든 현대 전자 기기가 의존하고 있는 반도체는 외국인이 만들고 있고, 중국의 목숨이 반도체에 달려 있다는 것을.

미국은 **여전히** 실리콘 반도체를 꽉 틀어쥐고 있다. 비록 그 입지가 위험할 정도로 취약해져 있지만, 미국은 여전히 '실리콘밸리'라는 이름을 가진 곳을 보유한 나라다. 오늘날 중국은 반도체 수입에 석유보다 많은 돈을 쓴다. 그 반도체는 스마트폰에서 냉장고까지, 중국 국내에서 소비되거나 해외로 수출되는 그야말로 모든 기기에 꽂혀 있다. 책상물림 전략가들은 중국이 "말라카 딜레마Malacca Dilemma"에 빠져 있다고 보곤 했다. 태평양과 인도양을 잇는 주요 항해로인 말라카해협의 이름을 딴 그 이론에 따르면, 중국은 석유 및 다른 원자재 확보로 인해 위기에 빠질 가능성이 있었다. 하지만 베이징은 석유 수입 항로가 막히는 것보다 반도체 회로가 막히는 것을 더 걱정하고 있었다. 중국은 최고의 지적 자원과 수십억 달러의 예산을 투입해 자체 반도체 기술 개발에 매진하고 있다. 칩으로 자신들의 목을 조르는chip choke[3] 미국으로부터 벗어나고자 하는 것이다.

중국의 반도체 독립이 성공한다면 세계 경제를 다시 만들고 군사력의 균형을 재설정하게 될 것이다. 강철과 알루미늄은 2차 세계대전의 승부를 갈랐다. 그 뒤를 이은 냉전을 한마디로 요약하자면 핵무기라고 정의할 수 있었다. 이제 미국과 중국의 대결은 아마도 컴퓨터의 힘computing power(컴퓨터가 주어진 시간과 자원으로 얼마나 많은 연산을 처리할 수 있느냐를 논할 때 사용되는 개념이다. 여기서 저자는 computing power라는 단어를 기술적 차원을 넘어 반도체를 개발, 생산, 유통할 수 있는 국가적 역량이라는 중의적 의미로도 사용하고 있다. computing power의 기술적 의미가 중요할 때는 '연산력'으로, 그렇지 않을 때는 맥락에 따라 적절하게 옮긴다.-옮긴이)에 의해 판가름 날 것이다. 베이징과 워싱턴의 전략가들은 이제 안다. 머신러닝에서 미사일까지, 자율 주행 차량부터 군사용 드론까지 모든 고급 기술은 최첨단의 칩, 좀 더 격식 있게 말하자면 반도체나 집적회로를 필요로 한다. 게다가 그 생산은 극소수의 기업에 의해 좌우되고 있다.

우리는 칩에 대해 별로 고민하지 않는다. 하지만 반도체는 현대 세계를 만들어 왔다. 여러 나라의 운명은 컴퓨터의 힘에 따라 좌우되어 왔다. 우리가 아는 세계화는 반도체 및 반도체로 만들어 내는 전자 제품의 교역이 아니었다면 존재하지도 않았을 것이다. 미국의 군사 우위는 칩을 군사적으로 활용할 수 있는 능력에 크게 빚지고 있다. 아시아는 실리콘을 발판 삼아 지난 20세기의 절반 동안 무섭게 부상할 수 있었다. 아시아 국가는 경제가 성장하면서 칩을 찍어 내고 컴퓨터와 스마트폰을 조립하는 일에 특화되었는데, 이 모든 것은 집적회로가 있었기에 가능한 일이다.

컴퓨터는 근본적으로 수백만 개의 1과 0으로 작동하는 기계다. 디지털 세계 전체가 숫자 두 개로 이루어져 있다. 아이폰 위에 보이는 모든 아이콘과 버튼, 우리가 주고받는 모든 이메일, 사진, 유튜브 비디오 등, 이 모든 것이 결국은 디지털 코드이며 풀어헤쳐 보면 1과 0으로 구성되어 있다. 하지만 이 숫자들이 실제로 존재하는 것은 아니다. (1) 또는 (0)으로 표현되는 전류 흐름을 나타내고 있을 뿐이다. 칩은 수백만 혹은 수십억 개의 **트랜지스터**로 이루어진 구조물이다. 트랜지스터란 이 두 숫자를 처리하고, 기억하고, 켜고 끌 수 있는 아주 작은 전자 스위치다. 이것이 수백만 개 모이면 비로소 우리가 현실에서 보고 듣는 영상이나 소리가 되는 것이다.

머스틴호가 남쪽으로 항해하는 와중에도 대만해협 양쪽의 공장과 조립 시설은 아이폰 12의 부품을 찍어 내고 만들어 내느라 여념이 없었다. 2020년 10월 신제품 발표까지 고작 두 달 남은 시점이었기 때문이다. 그 지역 반도체 산업의 매출 중 4분의 1[4]이 스마트폰에서 나왔다. 새 핸드폰을 살 때 소비자가 내는 돈 중 큰 부분이 핸드폰 안에 있는 반도체 값으로 들어간다. 지난 십 수 년 동안 아이폰은 매 세대마다 세계에서 가장 진전된 기술의 프로세서를 탑재하고 출시되었다. 아이폰 한 대가 작동하려면 종합적으로 12개도 넘는 반도체가 들어가야 한다. 배터리, 블루투스, 와이파이, 통신망 연결, 오디오, 카메라 등의 관리를 모두 다른 칩이 맡고 있기 때문이다.

엄밀히 말해 애플Apple은 그 칩들 중 **단 하나도** 스스로 만들지 않는다. 아이폰의 칩 중 대부분은 기성품이다.[5] 메모리 칩은 일본의 키오시아Kioxia에서, 무선 주파수 인식radio-frequency identification 칩은 캘리포니아의 스카이웍스Skyworks에서, 오디오 칩은 텍사스주 오스틴에 소재한 시러스로직Cirrus Logic에서 구입한다. 아이폰의 운영 체제를 작동시키는 극히 복잡한 프로세서는 애플 스스로 디자인하는데, 그럼에도 캘리포니아 쿠퍼티노에 위치한 애플 본사는 그 칩을 제조할 능력이 없다. 심지어 미국, 유럽, 일본, 중국의 그 어떤 회사도 그런 걸 만들어 낼 수 없다. 오늘날 애플이 사용하는 가장 수준 높은 프로세서, 다시 말해 세계에서 가장 발전한 반도체일 수 있는 무언가는, 어떤 건물 안에 있는 어떤 한 회사, 인류 역사상 가장 값비싼 공장에서만 만들어 낼 수 있는 물건이었다.[6] 2020년 8월 18일 아침 현재, 머스틴호의 좌현에서 불과 수십여 킬로미터 떨어진 곳에 그런 건물이 자리 잡고 있었다.

반도체의 가공과 소형화는 우리 시대의 가장 어려운 기술적 도전 과제였다. 오늘날 '대만 반도체 제조 회사', 대개 TSMC라는 약칭으로 더 알려진 그 기업보다 그런 일을 잘 해내는 회사는 없다. 2020년 전 세계는 직경 100나노미터(1미터의 10억분의 1) 크기 바이러스의 공습을 받아 락다운에 들어갔다. 그해 2월 18일 TSMC의 최신 설비에서는 코로나바이러스의 절반 크기, 미토콘드리아의 100분의 1 크기의 작은 트랜지스터로 얽히고설킨 미로를 새겨 넣고 있었다. TSMC가 해내는 이런 일은 인류 역사상 무엇에도 견줄 수 없는 일이었다. 애플이 판매한 아이폰 12s는 1억 대 이상,[7] 그 각각에는 118억 개의 미세한 트랜지스터가 새겨진 작은 실리콘 조각이 담겨 있었다. 다시 말해 아이폰에 내장된 10여 개의 칩 중 TSMC의 2월 18일 이후 설비에서 나온 칩에는 총 100경 개 이상의 트랜지스터가 담겨 있었다는 뜻이다. 참고로 100경은 1 뒤에 0이 18개 붙은 숫자다. 지난해 반도체 산업이 생산해 낸 트랜지스터는 인류 역사를 통틀어 다른 모든 산업 영역에서 모든 회사가 만들어 낸 모든 상품보다 많다. 그 무엇도 따라잡지 못하는 숫자다.

불과 60년 전만 해도 최첨단 칩의 트랜지스터의 숫자는 118억 개가 아니라, 단 4개에 불과했다.[8] 1961년 샌프란시스코 남부에 소재한 페어차일드반도체Fairchild Semiconductor라는 작은 회사가 발표한 신제품 마이크로로직Micrologic이 그것이었다. 실리콘 칩에 4개의 트랜지스터가 내장되어 있었던 것이다. 페어차일드 반도체는 곧 칩 하나에 12개의 트랜지스터를 올렸고, 나중에는 100개로 늘렸다. 그 회사의 창업자인 고든 무어Gordon Moore는 엔지니어들이 점점 더 작은 트랜지스터를 구성할 수 있게 됨에 따라 매년 칩 하나에 올라가는 부품의 숫자가 두 배로 늘어날 것이라고 언급했다. 컴퓨터의 연산력이 매년 두 배가 될 것이라는 이러한 예측은 이른바 "무어의 법칙Moore's Law"으로 통하게 되었고, 무어는 본인의 통찰에 따라 앞으로는 "전자 손목시계", "가정용 컴퓨터", 심지어 "개인 휴대용 통신 장비"처럼 1965년의 기술력으로는 불가능해 보이던 기기들이 발명될 것임을 예견했다. 1965년을 기준으로 놓고 볼 때 무어는 향후 10년간의 지수함수적 성장을 예측했을 뿐이나, 그토록 엄청난 진보는 반세기가 넘도록 지속되었다. 1970년 무어가 창립한 두 번째 회사인 인텔은 1024조각의 정보("비트")를 저장할 수 있는 메모리 칩을 공개했다. 그 가격이 20달러였으니 비트 하나당 2센트꼴[9]이었다. 현재 20달러면 10억 비트 이상을 너끈히 저장할 수 있는 플래시 드라이브를 구입할 수 있다.

오늘날 우리는 실리콘밸리라는 지명을 들으면 소셜 네트워크와 소프트웨어 기업을 떠올리지, 그 계곡의 이름이 왜 '실리콘' 밸리인지 생각하지 않는다. 하지만 인터넷이건 클라우드건 소셜 미디어건 모든 디지털 세계는 엔지니어들이 실리콘에서 질주하는 전자의 가장 미세한 흐름을 통제하는 법을 배웠기 때문에 가능하다. 지난 반세기 동안 1과 0을 기억하고 처리하는 비용이 10억분의 1 이하로 떨어지지 않았다면 "빅 테크Big tech"는 존재할 수도 없었다.

이 경이로운 도약은 명민한 과학자들과 노벨상에 빛나는 물리학자들에게 일부 빚지고 있다. 하지만 모든 발명이 성공적인 창업으로 이어지는 것은 아니며, 모든 스타트업이 세상을 바꾸는 새로운 산업을 일으키는 것 또한 아니다. 반도체를 수백만 개 이상 생산해 낼 수 있는 새로운 기술을 고안한 기업들 덕분에, 비용을 낮추기 위해 불굴의 의지로 밀어붙인 관리자들 때문에, 반도체를 사용할 새로운 방법을 상상해 낸 창조적 기업가들 덕분에 반도체는 오늘날 사회의 모든 영역으로 퍼져나갈 수 있었다. 무어의 법칙의 탄생에는 물리학자와 전기공학자들만큼이나 반도체 제조 전문가, 공급망 전문가, 마케팅 관리자들의 이야기까지 담겨 있는 것이다.

샌프란시스코 남쪽의 마을들, 1970년대까지 실리콘밸리라고 불리지도 않았던 그곳이 이 혁명의 진앙이 된 이유는 무엇일까. 과학적 전문성, 제작 노하우, 미래를 내다보는 비즈니스 마인드가 결합했기 때문이다. 캘리포니아에는 스탠퍼드나 버클리를 졸업하고 항공이나 전파 산업에서 훈련받은 엔지니어가 즐비했으며, 이들 대학에는 미군이 기술 우위를 굳히려는 의도로 국방비에서 제공한 자금이 넘쳐났다. 그런데 캘리포니아는 문화적으로나 경제 구조적으로나 그다지 거리낄 것이 없는 곳이었다. 미국 동부 해안, 유럽, 아시아를 떠나 실리콘밸리에서 반도체 산업을 건설한 사람들에게 왜 이곳으로 왔냐고 물으면, 그들은 제약 없는 기회 때문이었다고 말하곤 했다. 세계에서 가장 똑똑한 엔지니어와 가장 창조적 기업가에게 당시 실리콘밸리만큼 짜릿한 곳은 세상에 존재하지 않았다.

반도체 산업은 일단 형태를 갖추고 난 후로 실리콘밸리를 빼놓고는 성립할 수 없게 되었다. 오늘날 반도체 공급망은 여러 도시와 국가가 제공하는 부품을 필요로 한다. 그런데 현재 생산되는 거의 모든 칩은 실리콘밸리와 접점을 지니고 있거나, 캘리포니아에서 설계되고 만들어진 도구로 제작된다. 미국의 과학 분야 전문가 풀은 굉장히 넓다. 미국의 과학계는 정부 연구 자금을 먹고 자라며 다른 나라의 최고 과학자들을 낚아채오는 식으로 힘을 기른다. 이것이 기술 우위를 지킬 수 있는 핵심 지식을 제공하고 있다. 미국의 벤처 캐피털사와 주식 시장은 새로운 회사의 성장에 필요한 스타트업 자금을 제공하며, 실패한 회사는 무자비하게 솎아내 버린다. 동시에 세계에서 가장 큰 미국의 소비 시장은 수십 년간 새로운 유형의 칩을 개발하기 위한 연구개발 자금을 대며 성장을 견인하고 있다.

다른 나라들은 스스로의 힘만으로 이 모든 것을 이겨 내는 것이 불가능하다는 것을 깨달았다. 그 중 실리콘밸리의 공급망에 깊숙이 파고드는 쪽을 택한 나라는 성공을 거두었다. 유럽은 특히 칩을 만드는 데 필요한 반도체 장비를 생산하고 칩 아키텍처를 설계하는 데에서 넘볼 수 없는 영역을 만들었다. 대만, 한국, 일본 정부는 기업에 보조금을 제공하고, 훈련 프로그램에 자금을 댔으며, 환율을 낮게 유지하고, 외국산 반도체에 수입 관세를 매기는 등의 방식으로 자국의 반도체 산업에 길을 터 주었다. 이들 나라는 이런 전략으로 다른 나라가 따라잡을 수 없는 생산력을 갖출 수 있었으나, 동아시아 국가의 성취는 실리콘밸리와의 파트너십이 있기에 가능한 일이었다. 근본적으로는 미국의 장비, 소프트웨어, 거래처에 의존하고 있기 때문이다. 한편 미국에서 가장 성공적인 반도체 회사들은 전 세계로 공급망을 펼쳐 나가 비용을 절감하고 생산 전문성을 길러 나갔다. 무어의 법칙은 이를 통해 가능했다.

무어의 법칙 덕분에 오늘날 반도체는 연산력을 필요로 하는 모든 기기에 탑재되고 있다. 바야흐로 사물인터넷Internet of Things, IoT 시대가 열리면서 이제는 사실상 모든 기기에 반도체가 실릴 것이다. 자동차처럼 100년이 된 제품도 지금은 1000달러 가치의 반도체가 탑재되는 일이 드물지 않다. 세계 각국 GDP를 구성하는 항목 중 다수가 반도체에 의존하는 제품으로 이루어져 있다. 불과 75년 전만 해도 존재하지 않았던 반도체의 지위가 이렇게까지 부상했다. 실로 유례가 없는 일이다.

머스틴호가 대만해협 남쪽으로 항해하던 2020년 8월, 세계는 우리가 얼마나 반도체에 의존하고 있는지 막 깨달아 가고 있었다.

대만은 매년 새롭게 공급되는 칩을 통해 전 세계 컴퓨팅 파워의 3분의 1[10]을 생산해 내는 곳이었다. 세계에서 가장 앞선 기술력의 프로세서[11]는 거의 대부분 대만의 TSMC가 만들고 있다 해도 지나치지 않다. 2020년 코로나가 전 세계를 강타했고 반도체 산업도 예외가 아니었다. 몇몇 공장은 일시적으로 문을 닫았다. 자동차용 반도체 수요가 급감했다. 사람들이 재택 근무에 대비하기 시작하면서 PC와 데이터센터에 필요한 칩의 수요는 치솟았다. 그리고 2021년에는 일련의 사고가 발생했다. 일본 반도체 시설에서 불이 나고, 미국 반도체 생산의 중심지 텍사스에 얼음 폭풍이 휘몰아쳤으며, 많은 칩을 조립하고 테스트하는 나라인 말레이시아가 코로나 락다운으로 멈춰 섰다. 혼란은 한층 더해질 수밖에 없었다. 실리콘밸리와 거리가 멀다고 생각했던 산업 영역까지도 반도체 부족으로 인해 갑자기 취약성을 드러내고 있었다. 도요타나 제너럴 모터스 같은 대형 자동차 제조사들[12]은 필요로 하는 반도체 물량을 확보하지 못해 생산 설비를 몇 주씩 놀려야 할 상황에 몰렸다. 아주 단순한 유형의 칩이 부족할 뿐인데 지구 반대편에서는 공장이 안 돌아가고 있었다. 세계화의 미래 '절망편'은 바로 이런 모습일 터였다.

지난 수십여 년 동안 미국, 유럽, 일본의 정치 지도자들은 반도체에 대해 그리 진지하게 생각하지 않고 있었다. 우리 대부분이 그렇듯 그들은 "테크"라는 말을 들으면 검색 엔진이나 소셜 미디어를 떠올렸지, 실리콘 웨이퍼를 생각하지는 않았다. 자동차 공장이 문을 닫게 된 이유를 질문하는 조 바이든과 앙겔라 메르켈에게 대답하려면 엄청나게 복잡한 반도체 공급망에 대한 설명을 겹겹이 풀어 가야 했을 것이다. 전형적인 칩의 사례를 들어보자. 일본이 소유하고 있으며 영국에 본사를 둔 암ARM이라는 회사에서, 캘리포니아와 이스라엘에 근무하는 엔지니어들이, 미국에서 만든 소프트웨어를 이용해 반도체 설계도를 디자인한다. 디자인이 끝난 설계도는 대만의 설비로 보내지는데, 그곳에서는 일본에서 온 극히 순수한 실리콘 웨이퍼와 특수한 가스를 사용한다. 원자 몇 개 정도의 두께로 새기고, 배치하고, 측정할 수 있는 세계에서 가장 정밀한 공작 기계가 반도체 설계도를 웨이퍼에 그려 넣는다. 이런 장비를 제작하는 선도적인 기업은 다섯 곳으로, 하나는 네덜란드, 하나는 일본, 나머지 셋은 캘리포니아에 있다. 이런 장비가 없다면 최신 반도체는 기본적으로 제작이 불가능하다. 칩은 패키징과 테스트를 거치는데 테스트는 주로 동남아시아에서 이루어진다. 그리고 중국으로 보내 핸드폰이나 컴퓨터 부품으로 사용되는 것이다.

이러한 반도체 생산 절차 중 단 한 단계라도 삐끗하게 되면 세계를 향한 새로운 연산력의 공급에 차질이 빚어진다. 인공지능artificial intelligence, AI 시대와 함께 데이터를 새로운 석유로 비유하는 이야기를 흔히 들을 수 있다. 하지만 우리가 실제로 마주하고 있는 제약은 데이터가 부족해서 벌어지는 것이 아니다. 그 데이터를 처리할 수 있는 연산력 부족이 진짜 문제다. 반도체가 저장하고 처리할 수 있는 데이터의 수는 유한하다. 반도체 생산은 상상을 초월할 정도로 복잡하며 끔찍할 정도로 많은 비용이 들어가는 일이다. 여러 나라에서 구입할 수 있는 석유와 달리 연산력의 생산

과정에는 근본적으로 몇 개의 병목 지점이 존재한다. 장비, 화학 물질, 소프트웨어 등의 요소가 단지 몇 개, 때로는 오직 하나의 회사에 의해 좌우되고 있는 것이다. 이토록 적은 수의 기업에 이렇게 크게 의존하고 있는 경제 영역은 오직 반도체뿐이다. 대만에서 생산하는 칩은 매년 세계가 소비하는 새로운 연산력의 37퍼센트를 제공한다. 한국의 두 기업은 세계 메모리 칩의 44퍼센트[13]를 생산한다. 극자외선 리소그래피 머신 공급은 네덜란드 기업 ASML에 100퍼센트 의존하고 있는데, 그 장비가 없다면 최첨단 반도체의 제작은 두말할 나위 없이 불가능해진다. 세계 석유 공급의 40퍼센트를 점하고 있는 석유수출국기구OPEC마저 이 회사들과 비교해 보면 그리 대단하지 않아 보일 지경이다.

기업들의 글로벌 네트워크가 나노미터 단위 트랜지스터 수조 개가 새겨진 칩을 매년 생산해 내는 것은 효율의 승리라 할 만한 일이다. 동시에 엄청난 취약성도 내재되어 있다. 어떤 특정 지점을 지진이 강타할 경우 세계 경제에 어떤 일이 벌어질 수 있는지는 팬데믹으로 인한 공급망의 혼선으로 인해 조금이나마 엿볼 수 있었다. 대만은 지진대 위에 자리 잡고 있으며, 그 지진대는 가장 최근이었던 1999년에 리히터 규모 7.3의 강진을 일으켰다. 다행히도 그 지진은 칩 생산을 단 며칠 정도만 멈추게 했다. 하지만 더 큰 지진이 대만을 강타하는 미래는 그저 시간문제일 뿐이다. 치명적인 지진이 일본을 때릴 수도 있는데, 지진에 이골이 난 일본은 세계 반도체의 17퍼센트를 생산하는 나라다. 또 실리콘밸리는 오늘날 그저 몇 종류의 칩을 생산하고 있을 뿐이나 그 칩은 반도체 생산 설비를 만드는 데 필수적이다. 실리콘밸리의 생산 기지는 샌 앤드레이어스 단층San Andreas Fault 위에 자리 잡고 있다.

하지만 오늘날 반도체 공급을 위험에 빠뜨리는 가장 심각한 지각 변동은 대륙판의 충돌에 의해 벌어지는 것이 아니다. 바로 강대국의 충돌에 의해 발생한다. 중국과 미국이 패권을 두고 다툼을 벌이면서 워싱턴과 베이징 모두 컴퓨터의 미래를 통제하는 일에 몰두해 있는데, 소름 돋게도 그 미래란 베이징이 수복해야 할 영토로 바라보고 있으며 미국은 무력을 동원해서라도 방어하기로 작정한 어떤 작은 섬에 달려 있다.

미국, 중국, 대만의 반도체 산업은 아찔할 정도로 복잡하게 서로 얽혀 있다. 이 복잡한 관계를 가장 잘 이해하는 방법은, 2020년까지 미국의 애플과 중국의 화웨이 양쪽을 최대 고객으로 삼고 있던 그 회사를 만들어 낸 어떤 사람에 대해 고찰해 보는 것이다. 모리스 창Morris Chang은 중국 본토에서 태어나 2차 세계대전 당시 홍콩에서 성장했다. 하버드, MIT, 스탠퍼드에서 수학한 그는 댈러스의 텍사스인스트루먼트에서 일하며 미국 반도체 산업의 초기부터 힘을 보탰다. 모리스 창은 미군의 전자 장치 개발을 위한 극비의 기밀 정보 취급 허가[14]를 마친 인물로, 대만을 세계 반도체 제조의 핵심지로 만들어 냈다. 베이징과 워싱턴의 몇몇 국제 전략가는 두 나라의 기술 영역을 완전히 떼어 내는 미래를 꿈꾼다. 하지만 칩 디자이너, 화학 물질 공급, 제조 설비 생산자 등으로 이루어진 극히 촘촘하고 효율적인 국제 분업 체계는 그렇게 손쉽게 떼어 낼 수 없는 것이며, 모리스 창 같은 사람들이 바로 그런 시스템을 만들었다.

물론 그건 뭔가 폭발하기 전까지의 일이다. 중국이 대만을 "재통일"하기 위해 침략할 수도 있다는 전망이 제기되자 베이징은 단호하게 부정했다. 하지만 중국이 상륙작전을 개시한다면 세계 경제는 반도체발 충격에 크게 휘청댈 것이고, 이는 중국이 벌일 수 있는 일 중 이보다 더 극적인 일은 떠올리기 어렵다. TSMC의 최신 반도체 제작 설비를 향한 단 한 발의 미사일 공격 성공만으로도 스마트폰, 데이터센터, 자동차, 통신망, 다른 기술 영역의 일정 모두에 생산 지연이 생기게 되며 그로 인한 피해는 수천억 달러를 훌쩍 뛰어넘을 것이다.

세계에서 가장 위험한 정치적 갈등 상황에 글로벌 경제 전체가 인질로 잡혀 있는 이 상황은 역사가 낳은 오류처럼 보일 지경이다. 하지만 대만, 한국, 그 외 동아시아가 최신 반도체 생산 거점이 된 것은 우연이 아니다. 정부 관료와 기업 경영자들이 내린 일련의 의도적 결정이 이토록 길게 늘어진 공급망을 만들었으며 오늘날 우리는 그것에 의존하고 있다. 저임금 공장 노동자를 찾던 칩 생산자들은 아시아의 풍부한 저임금 노동력에 매력을 느꼈다. 동아시아의 정부와 기업은 더 발전된 기술을 배우고, 궁극적으로는 국산화하기 위해 적극적으로 해외 생산 기지 역할을 자임했다. 자본주의는 경제적 효율을 끝없이 요구하며, 그로 인해 기업은 생산비 절감 및 합병의 요구에 시달려야 했다. 기술 발전은 무어의 법칙에 따라 꾸준히 이루어졌으며, 그에 따라 점점 더 고도의 복합 소재, 복잡한 장비, 까다로운 공정이 요구되었다. 이런 것은 오직 글로벌 마켓에서만 공급과 투자가 가능한 것이었다. 게다가 소비자들은 더 많은 연산력을 가진 제품과 서비스를 걸신들린 듯이 소비해 댔다.

　이 책은 세 대륙에 걸친 그 흐름을 역사 기록과 100여 명이 넘는 과학자, 엔지니어, CEO, 정부 관료들과의 인터뷰를 통해 추적한다. 반도체는 지금 우리가 살아가는 세상을 규정해 왔고, 국제 정치의 향방과 세계 경제의 구조를 가를 것이며, 군사적 힘의 균형에도 영향을 미친다. 가장 현대적인 이 장치는 복잡하고 논쟁적인 역사를 지니고 있는 것이다. 반도체는 기업과 소비자뿐 아니라 야심 찬 정부와 전쟁의 필요성까지 이끌어 내고 있다. 우리는 수십조 개의 트랜지스터와 소수의 대체 불가능한 기업이 만들어 내는 세상에 살고 있다. 오늘날 이렇게 된 이유를 이해하기 위해 우리는 실리콘 시대의 기원으로 돌아가 보아야 한다.

PART I

냉전의 칩

오늘날의 컴퓨터와 스마트폰은 수십억 개의 미세한 트랜지스터를 탑재한 반도체로 작동한다. 트랜지스터는 작은 전자 스위치를 켜고 끔으로써 정보를 나타내는 회로 소자다. 트랜지스터 덕분에 오늘날의 컴퓨터와 스마트폰은 미 육군이 사용하던 에니악 컴퓨터와 비교할 수 없을 정도로 엄청난 성능을 갖게 되었다. 1945년 당시 최신 기술이었던 에니악은 고작 1만8000개의 "스위치"를 담고 있었을 뿐이다. (게티이미지)

밥 노이스(가운데)는 실리콘 트랜지스터를 만들겠다는 목표를 품고 1957년 페어차일드 반도체를 공동 창업했다. 사진에는 노이스와 오래도록 동지로 남은 고든 무어(가장 왼쪽)와 유진 클라이너(왼쪽에서 세 번째)의 모습이 보이는데, 클라이너는 훗날 미국에서 가장 영향력 있는 벤처 캐피털 투자사로 성장하는 클라이너 퍼킨스를 창업한 장본인이다. (웨인 밀러/매그넘포토스)

1958년, 텍사스인스트루먼트의 잭 킬비는 다수의 전자 부품을 단일한 반도체성 물질 블록 위에 구성해 냈다. 최초의 "집적회로", 혹은 "칩"의 탄생이었다. (《댈러스모닝뉴스》)

밥 노이스는 군사용 수요가 아닌 민간 컴퓨터 시장이야말로 반도체의 수요를 견인할 것이라는 사실을 깨달았다. 노이스는 민간 컴퓨터에 칩이 탑재될 수 있도록 공격적으로 가격을 인하함으로써 반도체 산업의 성장에 불을 붙였다. (테드 스트레신스키/게티이미지)

CHAPTER 1

강철에서 실리콘까지

일본 군인들은 2차 세계대전을 "강철의 태풍"으로 부르곤 했다. 형편이 좋은 술도가의 아들로 태어나 엔지니어의 길을 걸었던[1] 모리타 아키오盛田昭夫 역시 같은 생각이었다. 모리타는 일본 해군 엔지니어링 연구소에 지원하면서 전선으로 차출되는 신세를 간신히 면했다. 하지만 강철의 태풍은 일본 본토마저 박살 내 버리고 말았다. 미국의 초거대 폭격기 B-29가 일본의 도시들을 공습하면서 도쿄와 그 외 도심지 대부분을 파괴해 버렸던 것이다. 게다가 미국의 해상 봉쇄로 인해 기근이 만연하면서 이미 황폐해진 일본은 그야말로 비참한 상황에 놓였다. 전쟁이 끝날 무렵 모리타의 형제들은 가미카제 비행사로 훈련받고 있었다.

동중국해를 건너와 보면 모리스 창의 어린 시절을 볼 수 있다.[2] 모리스 창의 어린 시절 역시 총소리와 곧 떨어질 폭탄에 대비하라는 방공 사이렌 소리로 점철되었다. 창은 중국을 침략한 일본군을 피해 피난 다니며 10대를 보냈다. 광저우로 이사했던 그는 영국 식민지였던 홍콩으로 향했고, 다시 중국의 전시 수도였던 충칭으로 갔다가 일본이 패퇴하자 상하이로 옮겼다. 하지만 전쟁이 진짜로 끝난 것은 아니었다. 중국 공산당이 게릴라전을 재개하며 중국 정부와 싸우기 시작했던 것이다. 곧 마오쩌둥의 군대가 상하이로 밀고 들어왔다. 모리스 창은 다시 한 번 난민이 되어 두 번째 홍콩으로 향할 수밖에 없었다.

지구 반대편에는 부다페스트가 있었다. 하지만 그곳에 살던 앤디 그로브Andy Grove 역시 아시아를 휩쓸었던 강철 폭풍을[3] 견뎌내야 했다. (당시에는 안드라스 그로프Andras Grof로 통했던) 앤디는 여러 차례 공격당하고 침략당한 부다페스트에서 살아남았다. 헝가리의 극우 정권은 그로브 같은 유대인들을 2등 시민 취급하고 있었지만, 유럽에 전쟁이 발발하자 그로브의 아버지는 2등 시민이었음에도 징집되어 헝가리의 동맹이었던 나치 편에서 소련과 싸우기 위해 전선으로 보내졌고, 스탈린그라드 작전 중 실종되었다. 그리고 1944년 나치는 허울뿐인 동맹국이었던 폴란드를 침략했다. 부다페스트 시내로 탱크를 줄줄이 보내더니 그로브 같은 유대인을 죽음의 공장과 다를 바 없는 수용소로 보내 처리해 버리겠다는 것이었다. 몇 달 후에는 소련의 붉은 군대가 헝가리 수도로 진격해 들어왔고, 헝가리를 "해방"시켰으며, 그로브의 어머니를 강간했고,

나치를 대신해 잔혹한 괴뢰정부를 세웠다. 아직 어린아이였던 그로브는 그 모든 장면을 목격했다.

끝없는 탱크 행렬, 비행기의 물결, 하늘에서 쏟아지는 수천 톤의 폭탄 및 트럭, 전투용 차량, 석유 제품, 기관차, 기동차, 대포와 탄약, 석탄, 강철을 싣고 오는 수송 선단. 2차 세계대전은 산업 역량이 서로 맞부딪친 전쟁이었다. 미국은 전쟁이 그렇게 흘러가기를 원했다. 산업 전쟁이라면 미국이 이길 수 있는 싸움이었기 때문이다. 워싱턴의 전시생산국War Production Board 경제학자들은 미국이 제조업을 군사력으로 전환함에 따라 구리와 철, 고무와 석유, 알루미늄과 주석을 지표 삼아 성공을 가늠했다.

미국은 모든 추축국Axis powers 전력을 합친 것보다 더 많은 탱크와 배와 비행기를 만들었고, 대포와 기관총은 추축국 생산량의 두 배를 넘겼다. 공산품 수송 행렬이 미국 항구에서 대서양과 태평양을 건너 영국, 소련, 중국, 그 외 동맹국에 전달되었다. 스탈린그라드의 병사들과 미드웨이의 수병들이 전쟁을 치르고 있는 것은 분명했다. 하지만 그들의 전투력은 미국의 카이저조선소와 미시간주 리버 루즈의 조립 라인에서 나오는 것이었다.

1945년, 전쟁의 끝을 알리는 라디오 방송이 온 세상에 울려 퍼졌다. 도쿄 교외에서 근무 중이던 젊은 엔지니어 모리타 아키오는 히로히토 천황의 항복 선언을 듣기 위해 제복을 갖춰 입었다. 비록 다른 해군 장교들과 함께 있지 않았고, 패전의 분위기 속에서 자살을 강요⁴당할 일도 없이 홀로 항복 선언을 듣고 있었지만 경건한 태도를 지켰다. 동중국해 건너편의 모리스 창은 전쟁이 끝났고 일본이 패배했다는 소식에 환호하며 잠깐이나마 친구들과 테니스, 영화, 카드 게임 등 십 대 소년다운 활동을 즐겼다.[5] 전쟁 그 자체보다 소련 점령 기간 동안 훨씬 더 큰 고통을 겪었던 헝가리의 앤디 그로브와 그의 어머니는 방공호 바깥으로 천천히 기어나왔다.

2차 세계대전의 결과는 산업 생산력에 의해 결정되었다. 하지만 새로운 기술이 군사력을 변화시키고 있다는 것은 이미 분명한 사실이었다. 강대국은 비행기와 탱크를 수천 대씩 생산해 내고 있었으나, 그들은 동시에 로켓이나 레이더 같은 새로운 장치를 개발하는 연구소도 세웠다. 히로시마와 나가사키를 파괴한 원자폭탄 두 개는 석탄과 강철로 규정되던 시대가 원자력 시대로 바뀔 것임을 예감하게 해 주었다.

1945년, 모리스 창과 앤디 그로브는 학생이었다. 기술과 정치를 심각하게 고민하기에는 너무 어린 나이였다. 모리타 아키오는 달랐다. 그는 20대 초반이었고 전쟁의 마지막 몇 달 동안 열추적 미사일을 개발하고 있었다.[6] 일본은 실용화할 수 있는 유도 미사일 시제품을 내놓는 수준에도 도달하지 못했지만, 이 프로젝트를 통해 모리타는 미래를 엿볼 수 있었다. 조립 라인의 리벳공이 아니라 목표물을 식별하고 자동으로 조종하는 무기로 전쟁에서 승리하는 모습을 떠올려 볼 수 있게 된 것이다. 마치 공상과학 소설에나 나올 법한 발상이었지만 전자식 계산기의 새로운 발전을 통해 기계가 덧셈, 곱셈, 더 나아가 제곱근을 구하는 등의 수학 문제를 풀며 "계산"하는 것도 가능해지는 미래를 모리타는 어렴풋이나마 느끼고 있었다.

물론 도구를 이용한 계산이라는 관념 자체는 새로운 것이 아니었다. 호모 사피엔스는 처음 수를 배웠을 때부터 손가락을 구부리고 펴가며 숫자를 셌다. 고대 바빌론인들은 큰 수를 다루기 위해 주판을 발명했고, 그 후로 여러 세기에 걸쳐 사람들은 나무 격자에 끼워진 나무 조각을 위아래로 옮겨 가며 사칙연산을 해 왔다. 1800년대 말부터 1900년대 초에 걸쳐 정부와 기업에는 거대한 관료 조직이 성장하면서 그들은 인간 "컴퓨터"[7] 군단이 필요했다. 펜과 종이, 때로는 덧셈, 뺄셈, 곱셈, 나눗셈을 할 수 있고 기본적인 제곱근 산출을 도와주는 기어 박스인 간단한 기계식 계산기 등으로 무장한 사무직 노동자가 바로 그 컴퓨터였다.

이 살아 숨쉬는 컴퓨터들은 월급을 계산하고, 판매량을 추적하며, 설문조사 결과를 수집하고, 보험의 가격을 매기는 데 필요한 화재 및 가뭄 관련 데이터를 처리했다. 대공황 시기 미국의 공공사업진흥국Works Progress Administration은 일자리를 잃은 사무직 노동자들을 채용하여 계산표 프로젝트Mathematical Tables Project를 추진했다. 맨해튼의 사무용 빌딩에 오와 열을 맞춰 앉은 수백 명의 인간 "컴퓨터"를 배열한 후 로그 함수와 지수 함수를 계산하게 한 것이다. 이 프로젝트는 복잡한 함수의 계산 결과를 담은 28권의 책을 내놓았다. 이름하여 《정수의 상호 관계표, 100,000부터 200,009까지》였다. 숫자가 담긴 차례만 해도 201페이지에 달하는 엄청난 분량이었다.

조직화된 인간 계산기는 계산의 미래를 제시했으나 인간 두

뇌의 연산력 한계 역시 보여 주고 있었다. 기계식 계산기의 도움을 받더라도 인간의 두뇌로 이루어지는 계산은 느렸다. 특정한 지수 함수 혹은 로그 함수의 값을 찾으려면 사람 손으로 계산표 프로젝트 28권의 책 중 하나를 꺼내어 결과가 담긴 페이지를 펼쳐야만 했다. 추가적인 계산이 필요하다면 더 많은 페이지를 뒤적이는 수밖에 없었다.

한편 계산의 수요는 꾸준히 늘어나고 있었다. 사실 쓸 만한 계산기를 만드는 프로젝트를 향한 투자는 2차 세계대전 전부터 지속되어 왔지만, 전쟁이 벌어지자 연산력을 얻기 위한 노력은 가속화되었다. 여러 나라 공군에서 조종사들이 목표물을 명중시킬 수 있도록 도와주는 기계식 조준기가 개발되었다. 폭격기 승무원들이 다이얼을 돌려 풍속과 고도를 입력하면 조준기의 금속 막대가 움직여 유리 거울의 위치가 조정된다. 사람이 조작하는 다이얼과 레버가 비행기의 고도와 각도를 "계산"한 결과는 그 어떤 파일럿의 계산보다 정확하다. 조종사는 시야에 목표물을 단단히 고정하고 있기만 하면 된다. 하지만 기계식 계산기의 한계는 분명했다. 폭격 조준기는 몇 개의 입력값만 받을 수 있었고, 내놓을 수 있는 결과는 오직 하나, 언제 폭탄을 떨어뜨리느냐는 것뿐이었다. 완벽한 조건 아래에서 실험했을 때 폭격 조준기는 비행사의 육감보다 더욱 정확하게 폭탄을 떨어뜨릴 수 있었다. 하지만 독일 상공 위, 목표물 1000피트 상공 위에 올라가자 미국이 떨어뜨린 폭탄 중 목표물에 명중한 것은 고작 20퍼센트에 지나지 않았다.[8] 전쟁은 퍼부은 폭탄과 쏘아댄 포탄의 숫자로 결정되었지, 기계식 컴퓨터의 다이얼이 좌우하지 않았다. 기계식 계산기는 실패하기 일쑤였던 것이다.

정확도를 높이려면 더 많은 계산이 필요했다. 결국 초기 컴퓨터를 만들어 낸 엔지니어들은 기계식 톱니바퀴를 전기 신호로 대체하기 시작했다. 유리 안에 금속 필라멘트가 들어 있는, 마치 전구처럼 보이는 진공관이 전기식 컴퓨터의 초창기 모델에 사용되었다. 진공관으로 전류가 흐르면 스위치가 켜지고 차단되면 꺼진다. 나무 격자에 끼워진 주판알의 작동 방식과 근본적으로 다르다고 볼 수 없는 방식이었다. 불이 들어온 진공관은 1이며 불이 꺼진 진공관은 0이 되는 것이다. 이진법을 이용하면 이 두 자릿수만으로 어떤 숫자건 표현해 낼 수 있고, 다양한 종류의 수많은 계산을 처리해 낼 수 있는 이론적 가능성이 열린다. 더구나 진공관을 이용한 디지털 컴퓨터는 다시 프로그래밍 될 수 있었다. 조작을 위한 다이얼이 레버와 톱니바퀴에 물리적으로 연결되어 있으니, 폭격 조준기 같은 기계식 계산기는 오직 한 종류의 계산만을 수행할 수 있다. 주판알 역시 주판이라는 틀 안에 갇혀서 위아래로 오가는 것만 가능하다. 하지만 진공관의 연결은 언제건 재구성될 수 있었으니, 전기식 컴퓨터는 다른 종류의 계산을 위해 새롭게 짜여질 수 있는 것이었다.

계산의 역사는 이렇게 한 단계 진보했다. 하지만 나방들에게는 썩 좋은 소식이 아니었을 것이다. 진공관은 마치 전구처럼 불빛을 내뿜었기에 벌레가 꼬이기 십상이었고, 엔지니어들은 주기적인 "디버깅debugging"9을 통해 벌레 때문에 생긴 문제를 해결해야 했다. 게다가 전구처럼 진공관 역시 수명이 있었고 타 버리기 쉬웠다. 펜실베이니아대학교에서 미 육군이 만들어 낸 전설적인 컴퓨터 에니악ENIAC은 포탄의 탄도 궤적을 계산하기 위한 물건이었는데, 여기에는 1만8000개의 진공관[10]이 들어가 있었다. 평균적으로 이틀에 한 개꼴로 진공관이 고장 났으며, 그럴 때마다 기계를 세우고 엔지니어를 보내 고장 난 부품을 찾아내고 교체해야만 했다. 그래도 에니악은 초당 수백 개의 곱셈을 해낼 수 있었으며 이는 그 어떤 계산원보다 빨랐다. 진공관 하나가 사람 주먹만 한 크기였고 에니악에는 1만8000개의 진공관이 들어갔으니, 에니악이 방 하나를 가득 채우는 크기였음은 놀랍지 않은 일이다. 분명 진공관은 너무 번거롭고 느리며 신뢰도가 떨어지는 기술이다. 컴퓨터가 나방을 불러들이는 괴물로 남아 있는 한, 컴퓨터는 암호 해독 같은 특수 분야에서나 유용할 터였다. 과학자들이 더 작고 빠르며 저렴한 스위치를 찾아내기 이전의 일이었다.

CHAPTER 2
스위치

더 나은 "스위치switch"가 나온다면 그것은 반도체라고 하는 물질의 도움을 받게 될 것이다. 이는 윌리엄 쇼클리William Shockley가 오래도록 품고 있던 생각이었다.[11] 전 세계를 누비는 광산 엔지니어의 아들로 태어난 쇼클리는 런던 태생이었으나 캘리포니아의 팰로앨토라는 따분한 마을에서 과일나무에 둘러싸인 채 어린 시절을 보냈다. 외동이었던 쇼클리는 자기 주변의 그 누구보다 본인이 뛰어나다는 확신을 품었고, 다른 모든 사람에게 그걸 알리고자 했다. 남부 캘리포니아에 위치한 캘리포니아공과대학에 진학한 그는 MIT에서 물리학으로 박사후과정을 마친 후 당시 세계의 과학과 공학을 선도하던 곳, 뉴저지의 벨연구소에서 일하기 시작했다.

모든 동료가 쇼클리를 불쾌하게 여겼지만 쇼클리가 뛰어난 이론 물리학자라는 점은 인정하지 않을 수 없었다. 그의 직관력이 너무도 정확해서 쇼클리의 동료 중 한 명은 전자가 금속을 가로지르거나 원자가 결합할 때 그가 실제로 볼 수 있는 것 같다[12]고 말하기도 했다.

쇼클리의 전문 분야인 반도체는 특별한 종류의 물질이었다. 대부분의 물질은 (마치 구리선처럼) 전류가 자유롭게 흐르거나, (마치 유리처럼) 전류를 차단한다. 반도체는 다르다. 실리콘이나 게르마늄 같은 반도체는 제3의 유형으로 유리처럼 그 어떤 전류도 흐르지 못하게 한다. 하지만 어떤 물질이 추가되면 전기장electric field을 띠고 전류가 흐를 수 있게 되는 것이다. 예를 들어 실리콘이나 게르마늄 같은 반도체에 인이나 안티몬을 추가하면 음전류negative current가 흐른다.

어떤 물질에 다른 물질을 마치 약물을 투입하듯 "도핑dopping" 하면 반도체가 된다는 사실은 새로운 유형의 장치를 만들 수 있는 기회로 보였다. 전기 흐름을 발생시키고 통제할 수 있는 가능성이 열린 것이다. 하지만 실리콘이나 게르마늄 같은 반도체성 물질에서 전자의 흐름을 제어하는 것은 여전히 머나먼 꿈이었다. 반도체의 전기적 성질이 규명되지 않은 신비로 남아 있었기 때문이다. 심지어 최고의 두뇌가 모두 모인 벨연구소에서도 1940년대 말까지 그 누구도 반도체성 물질이 왜 이토록 알쏭달쏭한 방식으로 작동하는지 설명하지 못하고 있었다.

1945년, 쇼클리는 반도체 현상을 최초로 이론화하면서 "고체 상태 밸브solid state valve"[13]라는 이름을 붙였다. 그의 연구 노트에는 실리콘 조각에 90볼트 배터리가 연결된 모습이 스케치로 남아 있다. 쇼클리의 가설에 따르면 실리콘 같은 반도체 물질을 전기장이 있는 곳에 두면, 내부에 저장되어 있는 "자유 전자"를 반도체의 경계선 인근으로 끌어들일 수 있었다. 전기장에 의해 충분히 많은 전자가 유도되면 반도체의 경계선은 마치 언제나 다수의 자유 전자를 지니고 있는 금속처럼 작용한다. 도체로 전환된다는 것이다. 만약 그렇다면 이전에는 전혀 전류를 띠고 있지 않은 물질에 전기가 통하도록 하는 일이 가능해진다. 쇼클리는 곧 실리콘 조각에 전기장을 적용하고 제거하는 장치를 만들어 보았다. 그럼으로써 마치 밸브를 열고 닫듯이 실리콘에 전자가 흐르거나 멈추게 할 수 있는지 알아보고자 한 것이다. 하지만 실험을 통해 가시적 성과를 얻을 수는 없었다. 쇼클리는 이렇게 기록했다. "측정값은 없다. 퍽 이상한 일." 실제로는 1940년대의 장비 수준이 너무도 투박한 나머지 실리콘 위 전류 흐름을 감지하지 못했을 뿐이다.

2년 후, 벨연구소에서 일하는 쇼클리의 동료 두 사람이 다른 유형의 소자를 대상으로 유사한 실험에 착수했다. 거만하고 불쾌한 성격이었던 쇼클리와 달리 그의 동료들은 그렇지 않았다. 워싱턴주 교외 젖소 목장 출신의 명민한 실험 물리학자 월터 브래튼Walter Brattain과, 프린스턴대학교에서 훈련된 과학자로 훗날 노벨물리학상 2회 수상이라는 전무후무한 업적을 세운 존 바딘John Bardeen은 겸손하고 부드러운 태도를 갖춘 인물들이었다. 쇼클리의 이론에 영감을 받아 브래튼과 바딘은 금으로 된 두 개의 필라멘트를 준비하고, 그 각각에 전선을 이어 하나는 전력원에, 다른 하나는 어떤 금속 조각에 붙여서 그 필라멘트를 게르마늄 블록과 1밀리미터도 안 되는 거리만큼 떨어져 있도록 설치했다. 1947년 12월 16일 오후 벨연구소 본부, 그 장치에 전원을 올린 바딘과 브래튼은 게르마늄에 전류가 흐르도록[14] 통제할 수 있었다. 반도체 물질에 대한 쇼클리의 이론이 올바른 것으로 확인된 것이다.

벨연구소를 보유하고 있던 AT&T는 전화 회사였지 컴퓨터 회사가 아니었으므로, 훗날 "트랜지스터"라는 이름으로 세례를 받게 되는 그 소자의 용도를 오늘날의 우리와는 다르게 파악했다. 광대한 전화선의 네트워크 속에서 신호를 증폭시킬 수 있는 기능에 우선 주목했던 것이다. 트랜지스터는 전류를 증폭시킬 수 있으므로 보청기나 라디오 같은 장치를 만드는 데 유용하게 쓰일 수 있다는 것이 곧 밝혀졌다. 이는 마찬가지로 신호 증폭에 쓰이고 있지만 훨씬 신뢰도가 낮은 진공관을 대체할 수 있을 것이었다. 벨연구소는 즉각 이 새로운 소자의 특허 출원에 나섰다.

동료들이 실험을 통해 자신의 이론을 검증했다는 것을 알게 된 쇼클리는 격분하여, 동료들을 앞지르는 성과를 내야겠다고 단단히 벼르고 있었다. 그는 크리스마스 휴가 기간 시카고의 한 호텔에 방을 잡고 2주간 틀어박힌 채 반도체 물리학에 대한 타의 추종을 불허하는 지식을 총동원하여 다른 형태의 트랜지스터 모델을 구상하기 시작했다. 1948년 1월, 쇼클리는 세 덩어리의 반도체성 물질로 이루어진 새로운 형태의 트랜지스터 개념을 창안해 냈다. 바깥쪽의 두 덩어리는 전자가 남는 물질이어야 하고, 가운데 끼어 있는 덩어리는 전자가 부족한 물질이어야 한다. 가운데 끼어 있는 층에 작은 전류가 가해진다면 전체 소자에는 훨씬 큰 전류가 흐르게 된다. 이렇듯 작은 전류를 큰 전류로 변환하는 것은 브래튼과 바딘이 제시한 트랜지스터를 통해 이미 구현된 바와 동일했다. 하지만 쇼클리는 본인이 기존에 이론화했던 "고체 상태 밸브"의 흐름을 따라 트랜지스터의 다른 용도를 파악했다. 이 트랜지스터는 가운데 긴 부분에 작은 전류를 주입함으로써 소자 전체의 큰 전류를 끄고 켤 수 있었던 것이다. 켰다. 껐다. 켰다. 껐다. 쇼클리는 반도체로 스위치를 설계해 냈다.[15]

벨연구소는 1948년 기자회견을 통해 과학자들이 트랜지스터를 발명했다는 사실을 알렸다. 그런데 전선이 연결된 게르마늄 덩어리가 왜 특별 발표의 대상이 되어야 하는지 이해하는 것이 쉬운 일이 아니었다. 《뉴욕타임스》는 그 소식을 46면에 처박아 버렸다. 《타임》지는 그나마 좀 나아서 트랜지스터의 발명에 "작은 뇌세포"라는 제목을 붙여 보도했다. 엄청나게 작은 크기의 트랜지스터가 수천, 수백만, 수십억 개씩 모여서 인간 두뇌가 수행하던 계산 업무를 대체하는[16] 미래가 머지않아 닥쳐올 것이라는 점만큼은, 본인의 중요성을 결코 과소평가하는 일이 없었던 쇼클리마저도 상상할 수 없던 일이었다.

CHAPTER 3

노이스, 킬비, 집적회로

단순화하고 대량으로 판매할 수 있다면 트랜지스터는 진공관의 자리를 빼앗을 수 있을 듯했다. 트랜지스터 이론을 만들고 발명해 내는 것은 그저 첫 단추에 지나지 않았다. 이제 진짜 도전 과제는 그것을 수천 개씩 제작하는 것이었다. 브래튼과 바딘은 사업이나 대량 생산에 거의 관심이 없었다. 본질적으로 연구자였던 그들은 노벨상 수상 후 교육과 실험을 하며 경력을 이어나갔다. 반면에 쇼클리의 야심은 커져만 가고 있었다. 쇼클리는 단지 유명해지는 것만으로 만족할 수 없었고 부자가 되고 싶어 했다. 쇼클리는 자신의 이름이 《피지컬리뷰》 같은 학술 저널뿐 아니라 《월스트리트저널》에도 등장[17]하는 것을 꿈꾸고 있노라고 친구들에게 말하고 다녔다. 1955년 그는 캘리포니아주 샌프란시스코의 교외 지역인 마운틴 뷰에 쇼클리반도체Shockley Semiconductor를 설립했다. 길 하나만 건너면 쇼클리의 늙은 어머니가 여전히 살고 있던 팰로앨토와 맞닿는 곳이었다.

쇼클리는 세계 최고의 트랜지스터를 만들 계획을 세웠다. 이런 생각이 가능했던 것은 벨연구소와 트랜지스터 특허를 보유하고 있던 AT&T가 다른 기업에 트랜지스터 생산 라이센스를 2만 5000달러[18]에 내놓았기 때문이다. 말하자면 최첨단 전자 기술을 거래하고 있었던 것이다. 쇼클리는 트랜지스터 시장이 열릴 것이라 예상했다. 적어도 기존의 전자 기기 안 진공관을 대체할 수요는 있을 터였다. 하지만 트랜지스터 시장의 잠재적 크기가 얼마나 될지는 불확실했다. 트랜지스터가 최첨단 물리학에 바탕을 두고 태어난 영리한 발명품이라는 것에 모든 사람이 동의했지만, 진공관에 비해 장점이 있거나 최소한 저렴한 생산이라도 가능해야 첫발을 뗄 수 있었다. 쇼클리는 반도체 이론을 정립한 업적으로 머잖아 노벨상을 받을 터였으나, 트랜지스터를 현실적으로 쓸모 있게 만들어 내는 것은 엔지니어링의 문제였으며 이론 물리학과는 상관이 없었다.

트랜지스터는 컴퓨터에서 진공관의 자리를 금세 대체했지만, 수천여 개의 트랜지스터를 연결하자 회로는 정글처럼 복잡해졌다. 텍사스인스트루먼트의 엔지니어였던 잭 킬비Jack Kilby는 1958년 여름[19] 텍사스에 위치한 연구소에서 일하고 있었다. 시스템이 필요로 하는 트랜지스터를 모두 유선으로 연결할 때 발생하는 엄청난 복잡성을 해결하기 위한 해법 찾기에 골몰했다. 킬비는 부드러운 말투에 주변과 화합하는 성격이었고, 호기심이 많으면서도 자신의 명석함을 조용히 드러내는 타입이었다. "남에게 이래라저래라 하는 법이 없었습니다." 한 동료는 킬비를 이렇게 회고했다. "킬비가 원하는 게 뭔지 다들 알고 있었고 사람들은 최선을 다해 그 결과를 만들어 내 주었죠." 킬비와 주기적으로 점심 바비큐 모임을 갖던 또 다른 동료는 킬비가 "당신도 꼭 만나고 싶어 했을 좋은 사람"이라고 언급했다.

킬비는 벨연구소 바깥에서 트랜지스터를 사용하기 시작한 최초의 인물 중 하나다. 밀워키에 소재한 센트라랩Centralab이 그의 전 직장이었는데, 그곳에서 AT&T의 트랜지스터 라이센스를 구입했던 것이다.[20] 1958년, 킬비는 센트라랩을 떠나 텍사스인스트루먼트의 트랜지스터 팀에 합류했다. 댈러스에 위치한 텍사스인스트루먼트는 석유 업계 사람들이 어디를 채굴해야 좋을지 알려 주는 지진파 탐측 기구를 개발하기 위해 만들어진 회사였다. 2차 세계대전 기간 동안 텍사스인스트루먼트는 적의 잠수함을 탐지하는[21] 초음파 장비를 미 해군에 제공해 왔다. 텍사스인스트루먼트 경영진은 이 과정에서 확보된 전자 기술의 우위는 전쟁이 끝난 후에도 다른 군사 시스템에 유용하게 활용될 수 있을 것이라 판단했고, 킬비 같은 엔지니어들을 고용해 새로운 군사 시스템을 개발하고자 했다.

킬비가 댈러스에 도착한 것은 7월 휴가 시즌이었지만, 따로 휴가를 신청하지 않았던 그는 두어 주가량 연구실에서 홀로 시간을 보내야 했다. 이것저것 뚝딱거려 볼 시간이 충분했던 킬비는 각기 다른 트랜지스터를 연결해 주는 전선의 수를 줄일 수 있는 방법을 고민하기 시작했다. 각각의 트랜지스터를 만들기 위해 별도의 실리콘과 게르마늄 조각을 사용하는 대신, 여러 부품을 하나의 반도체 물질 위에[22] 조합하면 어떨까 하는 생각이 그의 머릿속에 떠올랐다.

여름 휴가를 마치고 돌아온 텍사스인스트루먼트 연구원들은 새 동료가 혁명적인 발상을 해냈다는 사실을 알게 되었다. 실리콘 혹은 게르마늄 조각 하나 위에 여러 개의 트랜지스터를 만들 수 있었던 것이다. 킬비는 자신의 발명에 "집적회로integrated circuit"라는 이름을 붙였지만 대체로 "칩chip"이라는 별명으로 통했다. 원형의 실리콘 웨이퍼에서 "잘라 낸chipped" 실리콘 조각에 집적회로가 구성되기 때문이었다.

그로부터 약 1년 전, 캘리포니아의 팰로앨토에서는 작은 소동이 벌어졌다. 윌리엄 쇼클리의 반도체 랩에는 그가 고용한 여덟 명의 엔지니어가 있었는데, 그들은 노벨상 수상에 빛나는 보스에게 그만두겠다고 이야기하고 있었다. 쇼클리는 재능을 알아보는 일에 탁월했지만 관리자로서의 역량은 형편없었다. 갈등을 조장하고 자신이 모아놓은 총명한 젊은 엔지니어들을 소외시키며 해로운 분위기를 조성했다. 그리하여 여덟 명의 엔지니어가 쇼클리반도체를 떠나, 동부 해안의 백만장자로부터 자금 지원을 받아 자신들의 회사를 차리기로 했다. 이름하여 페어차일드반도체Fairchild Semiconductor였다.[23]

쇼클리 랩에서 나온 "여덟 명의 반란자"는 실리콘밸리의 초석을 놓은 인물로 널리 이름을 남기고 있다. 그중 하나인 유진 클라이너Eugene Kleiner는 훗날 세계에서 가장 막강한 벤처 캐피털 회사 중 하나로 자리매김한 클라이너퍼킨스Kleiner Perkins를 세웠다. 페어차일드반도체의 연구개발 과정 운영자가 된 고든 무어는 훗날 연산력의 지수함수적 증가를 묘사하기 위해 무어의 법칙이라는 개념을 창안한다. 가장 중요한 인물은 "여덟 명의 반란자"의 우두머리였던 밥 노이스Bob Noyce일 것이다. 카리스마를 지니고 있던 노이스는 마이크로 전자 기술에 선구자적 열정을 지녔고, 트랜지스터를 작게 저렴하게 신뢰도 높게 만들려면 어떤 기술 발전이 필요한지 파악해 내는 직관을 갖추고 있었다. 새로운 발명을 상업적 기회와 연결 짓는 것은 페어차일드반도체 같은 스타트업이 필요로 하는 바로 그것이었고, 그런 요건이 갖추어질 때에만 반도체 산업은 활주로를 떠나 이륙할 수 있었던 것이다.

페어차일드가 설립될 무렵이면 트랜지스터의 과학적 측면은 분명히 확인되었다. 하지만 신뢰도 있는 트랜지스터를 제조해 내는 일은 극히 어려운 도전 과제였다. 최초로 상용화된 트랜지스터는 게르마늄 블록에 다른 재료를 층층이 쌓아 애리조나 사막에서 흔히 볼 수 있는 꼭대기가 평평하고 주위가 급경사를 이룬 탁자 모양의 메사mesa 구조로 만들어졌다. 이들 층은 검은 왁스액으로 게르마늄의 특정 부위를 덮고, 왁스로 덮이지 않은 게르마늄을 식각하기 위해 부식용 화학 물질을 사용한 다음, 왁스를 제거해 게르마늄 위에 메사 모양을 만드는 방식으로 제작되었다.

이런 메사 구조의 단점은 먼지나 다른 입자와 같은 불순물이 트랜지스터에 붙어서 트랜지스터 표면의 물질과 반응할 우려가 있다는 것이다. 노이스의 동료 중 스위스의 물리학자로 열성적인 등산가이기도 했던 진 호에르니Jean Hoerni가 중요한 사실을 깨달았다. 트랜지스터를 게르마늄 위에 얹는 대신에 트랜지스터 전체를 게르마늄에 내장할 수 있다면 트랜지스터가 반드시 메사 구조일 필요가 없었다. 호에르니는 트랜지스터의 모든 부품을 실리콘 웨이퍼에 제조하는 방법을 고안해 냈다. 실리콘 판에 보호용 이산화규소층을 부착한 다음 필요한 곳에 홈을 식각하고 추가 물질을 증착하는 것이었다. 이 공정은 보호용 박막을 붙인다는 점에서 "증착deposition"으로 불리게 되었고, 이로 인해 반도체성 물질이 공기에 노출되고 불순물이 끼어들 위험을 피할 수 있었다. 이는 반도체 제작 공정의 신뢰도를 획기적으로 높인 발명이었다.

몇 달 후 노이스는 호에르니의 "평면 방식planar method"[24]을 통해 동일한 실리콘 판에 여러 개의 트랜지스터를 만들어 낼 수 있다는 것을 깨달았다. 노이스와는 별개로 킬비 역시 게르마늄 위에 메사 트랜지스터를 만든 다음 이를 전선으로 연결하는 데 성공했다. 이 방식에 비해 노이스는 호에르니의 평면 공정을 사용해 같은 칩에 많은 트랜지스터를 만들어 낼 수 있었다. 평면 방식이 트랜지스터를 이산화규소 절연막으로 덮는 공정이므로, 노이스는 칩에 금속 라인을 증착하여 칩의 트랜지스터 사이에 전기가 흐르게 함으로써 "전선"을 칩에 바로 넣을 수 있었던 것이다. 킬비처럼 노이스도 단일한 반도체성 물질 위에 여러 개의 전자 부품을 얹은 집적회로를 만들어 냈다. 하지만 노이스의 집적회로에는 걸리적거리는 전선이 없었다. 여러 개의 트랜지스터가 단 하나의 소재로 제작되었던 것이다. 킬비와 노이스가 개발한 "집적회로integrated circuits"가 "반도체semiconductors" 혹은 좀 더 간단히 "칩chip"으로 통하게 되기까지는 그리 오랜 시간이 걸리지 않았다.

페어차일드에 모인 노이스와 무어 및 그 동료들은 그들의 집적회로가 매우 신뢰할 만한 안정성을 지니고 있음을 알아차렸다. 전선으로 뒤엉킨 다른 전기 장비들과 비교할 바가 아니었다. 일반적인 메사 트랜지스터에 비해 페어차일드의 "평면" 설계는 소형화에도 훨씬 용이했다.

한편 회로가 작으면 작을수록 가동하는 데 필요한 전기 역시 덜 들었다. 노이스와 무어는 소형화와 전력 효율 상승을 합치면 막강한 결과가 나올 수 있다는 것을 깨닫기 시작했다. 작은 트랜지스터로 전력을 덜 소비하는 집적회로는 이전과는 다른 쓸모를 지닐 수 있을 터였다. 하지만 초창기에 노이스의 집적회로는 별도의 부품이 전선으로 연결된 단순한 기기보다 제작비가 50배는 비쌌다.[25] 노이스의 발명이 독창적인, 아니 눈부신 것이라는 점에는 모든 사람이 동의했지만 그것을 소비할 수 있는 시장이 필요했다.

CHAPTER 4
이륙

노이스와 무어가 페어차일드반도체를 세운 지 사흘이 지난 날 밤 8시 55분. 집적회로를 누구에게 어떻게 팔아야 할지에 대한 답이 캘리포니아의 밤하늘을 거쳐 스쳐 지나갔다. 소련이 발사한 세계 최초의 인공위성 스푸트니크호가 시속 2만9000킬로미터의 속도로 지구 궤도에 올라 서쪽에서 동쪽으로 돌고 있었던 것이다. "러시아의 '달'이 지구를 돈다"[26]는 《샌프란시스코클로니클》의 헤드라인은 러시아가 인공위성으로 얻게 될 전략적 우위에 대한 미국인의 두려움을 잘 보여 주고 있었다. 4년 후 소련은 유리 가가린Yurii Gagarin을 우주에 보내 세계 최초의 우주 비행사를 탄생시켰고 미국인들은 또 한 차례 충격에 빠졌다.

소련의 우주 개발 프로그램은 미국인들의 자신감을 뒤흔들었다.[27] 우주를 누가 지배하느냐에 따라 군사적 지배력 역시 크게 달라질 터였다. 미국은 스스로를 과학 초강대국이라 여겼지만 지금은 뒤처져 있는 것으로 보였다. 워싱턴은 소련의 로켓과 미사일 개발을 따라잡기 위한 프로그램에 착수했고, 존 F. 케네디 대통령은 미국이 인류를 달에 보내겠노라 공언했다. 갑자기 밥 노이스에게 그가 만든 집적회로를 팔 수 있는 시장이 열렸다. 바로 로켓이었다.

노이스의 칩을 대량 구매한 첫 고객은 미 항공우주국, 나사NASA였다. 나사는 달에 우주 비행사를 보내는 과제를 수행하기 위해 막대한 예산을 확보해 놓은 상태였다. 달 착륙 하나만 바라보던 미국에서, MIT 계기연구소MIT Instrumentation Lab의 엔지니어들은 아폴로 우주선 유도 컴퓨터를 디자인하라는 나사의 과제를 맡게 되었다. 달 착륙 유도 컴퓨터는 지금까지 개발된 그 어떤 컴퓨터보다도 복잡한 컴퓨터가 될 것이 틀림없었다. 진공관 컴퓨터는 2차 세계대전 기간 동안 적국의 암호를 해독하고 포탄의 궤적을 계산하는 일을 훌륭히 수행했지만, 트랜지스터 기반 컴퓨터는 그보다 성능이 훨씬 우월하다는 것은 모든 사람이 인정하는 사실이었다. 하지만 트랜지스터 기반 컴퓨터의 어떤 것이 달 탐사선을 유도해 낼 수 있을까? MIT 한 엔지니어는 아폴로 우주선에 필요한 모든 계산을 수행하기 위해서는 냉장고 크기만 한 컴퓨터가 필요하며, 그 컴퓨터는 아폴로 우주선 전체가 생산할 수 있는 것보다 더 많은 전력을 소비[28]할 것이라는 계산을 내놓기도 했다.

MIT 계기연구소에서 텍사스인스트루먼트가 만든 집적회로를 처음 수령한 것은 1959년이었다. 잭 킬비가 집적회로를 발명한 지 고작 1년 후의 일이었는데, MIT 계기연구소는 그 칩을 개당 1000달러로 64개 구입한 후 일단 시험 삼아 미 해군 미사일 프로그램에 적용해 보았다. MIT 팀은 미사일에 장착한 칩을 사용하지 않는 것으로 결론 내렸지만 집적회로라는 아이디어 자체에는 매력을 느꼈다. 그 무렵 페어차일드는 자체 개발한 "마이크로로직Micrologic" 칩을 홍보하기 시작했다. "가서 저 물건을 대량으로 구입해 오게." 한 MIT 엔지니어가 1962년 1월 동료에게 내린 지시 사항이다. "저 말이 진짜인지 알아보자고."[29] 페어차일드는 딱히 경력이랄 것도 없는 30대 나이 든 엔지니어들로 이루어진 신생 기업이었지만, 그들이 만들어 내는 칩은 신뢰도가 높았고 납기에 맞춰 제공되었다. 1962년 11월, MIT 연구소를 운영하던 유명한 엔지니어 찰스 스타크 드레이퍼Charles Stark Draper는 아폴로 프로그램에 페어차일드의 칩을 써 보기로 결정했다. 노이스의 집적회로를 사용하는 컴퓨터는[30] 별개의 트랜지스터로 이루어진 컴퓨터보다 3분의 1 정도의 크기와 무게면 충분하다는 계산을 끝낸 다음이었다. 게다가 전력 소모 역시 훨씬 줄어들 수 있었다. 결국 무게 32킬로그램에 가로 61센티, 세로 32센티, 높이 17센티에 지나지 않는 컴퓨터가 아폴로 11호를 달까지 데려다 주었는데, 이는 2차 세계대전 당시 탄도의 궤적을 계산한 펜실베이니아대학교의 에니악보다 1000배나 작은 것이었다.

MIT는 아폴로 유도 컴퓨터의 개발을 가장 자랑스러운 성취 중 하나로 여겼으나, 밥 노이스는 자신이 만든 칩 덕분에 아폴로 컴퓨터가 작동했다는 것을 잘 알고 있었다. 1964년 노이스가 자랑스럽게 떠벌렸던 것처럼, 아폴로 컴퓨터에 장착된 회로는 1900만 시간 작동하면서도 단 두 번 멈췄을 뿐이고, 그마저 한 번은 컴퓨터 위치를 옮기는 과정에서 발생한 물리적 피해 때문이었다. 소규모 스타트업이었던 페어차일드반도체는 아폴로 프로그램에 칩을 공급하면서 1000명을 고용하는 규모로 성장했다. 1958년 50만 달러였던 매출액이 불과 2년 후 2100만 달러[31]까지 폭발적으로 늘어났다.

노이스는 나사를 위해 칩 생산을 늘리면서 다른 고객들에게는 가격을 대폭 낮췄다. 1961년 12월 120달러에 팔리던 집적회로는 이듬해 10월 15달러까지 가격을 인하했다.[32] 나사가 우주 비행사를 달에 보내는 데 집적회로를 사용했다는 것은 대단히 중요한 신뢰의 상징이나 다를 바 없었다. 페어차일드의 마이크로로직 칩은 더 이상 검증되지 않은 테크놀로지가 아니었다. 가장 가혹하고 험난한 환경, 바로 대기권 밖에서도 작동했으니 말이다.

비록 그들이 만든 칩은 아폴로 프로그램에서 작은 역할밖에 수행하지 못했지만 이것은 잭 킬비와 텍사스인스트루먼트에게도 좋은 소식이었다. 킬비와 텍사스인스트루먼트의 팻 해거티Pat Haggerty 대표는 댈러스 본사에서 집적회로를 대량 구매해 줄 고객을 물색하고 있었다. 사우스다코타주 작은 마을 출신인 해거티는 철도 전보사의 아들로 전기 엔지니어가 된 후 2차 세계대전 동안 미 해군에서 관련 업무를 수행했다. 1951년 텍사스인스트루먼트에 첫발을 디딘 후 해거티는 군대에 전자 시스템을 납품하는[33] 일에 주력하고 있었다.

해거티는 잭 킬비의 집적회로가 결국 미군이 사용하는 모든 전자 제품에[34] 들어갈 것이라는 점을 본능적으로 알아차렸다. 대중을 사로잡는 화술을 가진 해거티는 텍사스인스트루먼트 직원을 상대로 전자 산업의 미래 전망을 설파했다. 텍사스인스트루먼트를 오래 다녔던 한 직원에 따르면 해거티는 "산 위에서 외치는 구세주 같았다. 뭐든지 예견할 수 있는 사람처럼 보였다"[35]라고 한다. 1960년대 초, 미국과 소련 사이에 핵전쟁의 긴장이 고조되었다. 처음에는 분단된 베를린을 놓고 힘겨루기를 했고, 나중에는 쿠바 미사일 사태로 이어졌다. 해거티에게 펜타곤이 최고의 고객으로 떠오른 순간이었다. 킬비가 집적회로를 발명한 지 고작 몇 달 후 해거티는 국방부 직원들에게 킬비의 발명에 대해 설명하고 있었다. 그다음 해에는 공군항공전자공학연구소Air Force Avionics Lab 가 텍사스인스트루먼트의 칩 연구를 후원하기로 결정했다. 군사 장비와 관련하여 몇몇 작은 계약들이 잇따랐다. 하지만 해거티는 큰 한 방을 찾고 있었다.

1962년 가을, 공군은 미니트맨 2Minuteman Ⅱ 미사일을 유도할 수 있는 새로운 컴퓨터를[36] 물색하기 시작했다. 미니트맨 2는 핵탄두를 싣고 소련 땅에 떨어지기 전 우주로 날아가도록 설계된 로켓이었다. 미니트맨 1이 막 현장에 투입되었지만 미사일 자체가 너무 무거웠던 탓에 미국 서부에 배치된 발사대에서 모스크바까지 날아가는 것은 무리였다. 미니트맨 1의 유도 컴퓨터는 분산형 트랜지스터로 만들어진 끔찍하리만치 거대하고 무거운 것이었다. 구멍이 뚫린 마일러테이프Mylar tape[37]를 통해 유도 컴퓨터에 목표물을 입력해야 했다.

해거티는 킬비의 집적회로를 이용하면 무게는 절반으로 줄이면서 두 배의 연산을 수행할 수 있다고 공군에 약속했다. 22개의 각기 다른 집적회로를 사용하는 컴퓨터를 시연해 보이기도 했다. 미래를 내다보는 해거티의 눈에는 그 컴퓨터의 기능 중 95퍼센트가 실리콘 집적회로 위에 새겨 넣을 수 있었고, 그 경우 무게는 62그램에 지나지 않을 터였다. 텍사스인스트루먼트의 엔지니어들도 칩에 넣을 수 없는 5퍼센트의 컴퓨터 하드웨어가 1킬로그램의 무게를 차지했다. 그 컴퓨터를 설계한 엔지니어 중 한 사람인 밥 니스Bob Nease는 집적회로를 사용하기로 한 결정에 대해 이렇게 회상했다. "결국 크기와 무게의 문제였습니다. 별다른 선택의 여지가 없었어요."**38**

미니트맨 2의 계약을 따낸 것은 텍사스인스트루먼트의 칩 사업을 완전히 뒤바꿔 놓았다. 그들의 집적회로는 그 전까지 열 개 단위로 판매되고 있었지만 곧 천 개 단위로 판매가 늘어났다. 그만큼 소련과의 "미사일 격차"에 대한 미국의 공포가 컸던 것이다. 한 해만에 텍사스인스트루먼트는 공군의 반도체 구매액 중 60퍼센트가량을 독식했다. 1964년 말에 이르면 텍사스인스트루먼트는 미니트맨 프로그램을 위해 10만 개의 집적회로를 공급했다. 1965년, 당시 판매된 모든 집적회로 중 20퍼센트가**39** 미니트맨 프로그램에 사용되었다. 팻 해거티가 군대에 칩을 팔겠다는 도박에서 승리를 거둔 것이다. 유일한 관건은 반도체를 대량 생산하는 방법을 텍사스인스트루먼트가 배울 수 있느냐는 것뿐이었다.

CHAPTER 5

박격포와 대량 생산

1958년 9월 1일 제이 라스롭Jay Lathrop이 첫 출근을[40] 하러 텍사스인스트루먼트의 주차장에 들어오던 날, 잭 킬비가 텍사스인스트루먼트 연구실에서 이리저리 두드리며 보낸 운명적인 여름이 막바지에 이르고 있었다. 라스롭은 밥 노이스와 동문수학했던 MIT를 졸업한 후 미국 정부 연구소에서 일하고 있었다. 81밀리미터 박격포 탄두가 목표물 위에서 자동 폭발하게 하는 기폭 장치인 근접 신관proximity fuse을 개발하는 것이 그의 주요 업무였다. 페어차일드 반도체의 다른 엔지니어들과 마찬가지로 라스롭 역시 메사 모양의 트랜지스터와 씨름을 하고 있었다. 그것을 소형화하는 일은 매우 어려운 과제였기 때문이다. 당시 사용되던 제조 공정은 반도체성 물질의 어떤 부분에 특수한 형태의 왁스 방울을 올려 놓은 다음, 덮이지 않고 노출된 부분을 특수 화학 물질을 사용하여 씻어내는 작업이 필요했다. 이때 트랜지스터를 더 작게 만들려면 왁스 방울의 크기를 줄여야 했지만 이 작은 왁스 방울을 원하는 위치에 유지하는 것은 어려운 일일 수밖에 없었다.

자신들이 만든 트랜지스터 하나를 현미경으로 관찰하던 라스롭과 그의 조수인 화학자 제임스 넬James Nall은 머릿속에 한 가지 아이디어가 떠올랐다. 트랜지스터를 관찰하는 현미경 렌즈가 아주 작은 것을 크게 보이게 만들 수 있었던 것이다. 만약 현미경을 거꾸로 뒤집는다면 렌즈가 큰 물체를 작게 보이게 만들어 줄 것이다. 현미경 렌즈를 이용해 큰 패턴을 포착하고 그 패턴을 게르마늄에 "인쇄"할 수 있다면, 메사 모양의 게르마늄 블록을 만드는 것도 가능하지 않을까? 카메라 회사 코닥Kodak은 빛의 노출 정도에 따라 반응하는 화학 물질인 포토레지스트photoresists를 팔고 있었다. 어떤 물질은 빛에 노출되면 녹아 없어졌고 다른 것은 단단해져서 표면에 고정되었다.

라스롭은 게르마늄 덩이 위에 빛에 노출되면 사라지는 코닥의 포토레지스트 유형의 화학 물질 중 하나를 발랐다. 그러고 나서 현미경을 뒤집어 대물렌즈가 위로 가게 한 후 자신이 원하는 모양으로 렌즈를 덮었다. 이제 빛은 사각형 부위에만 떨어질 것이었다. 빛은 사각형 패턴을 통해 렌즈에도 사각형으로 닿는다. 뒤집힌 현미경을 통과하여 포토레지스트가 발라져 있는 게르마늄 조각 위로 빛이 내리쬐었다. 그렇게 축소된 빛이 완벽한 사각형 패턴을 게르마늄 조각 위에 그려 넣었던 것이다. 포토레지스트 위에 투사된 빛은 화학 구조를 변화시켜 포토레지스트와 함께 게르마늄도 씻어 낼 수 있게 되었다. 그 결과 만들어진 것은 아주 작은 사각형 홈이었다. 그 어떤 왁스 덩이로도 만들 수 없었던 아주 작고, 게다가 정확한 형태의 사각형이 만들어졌다. 라스롭은 곧 그가 "전선wires"도 인쇄할 수 있다는 사실을 발견했다. 아주 얇은 알루미늄을 한 층 덧대면 게르마늄을 외부 전원과 연결할 수 있었던 것이다.

라스롭은 이러한 공정에 포토리소그래피photolithography라는 이름을 붙였다. 빛으로 인쇄한다는 뜻이었다. 그는 이전에 가능했던 것보다 훨씬 작은 트랜지스터를 만들어 낼 수 있었다. 높이 12.7마이크로미터(100만분의 1미터. 흔히 미크론micron으로도 불린다), 직경 2.5밀리미터에 불과한 트랜지스터가 정상 작동할 수 있었던 것이다. 포토리소그래피 덕분에 이토록 작은 트랜지스터를 대량 생산하는 것까지 상상할 수 있게 되었다. 라스롭은 1957년 이 기술의 특허를 신청했다. 군은 이 연구를 축하하는 의미에서 군악대가 연주하는 가운데 라스롭에게 2만5000달러의 상금과 메달을 수여했고, 라스롭은 그 돈으로 가족용 내시 램블러Nash Rambler 스테이션 왜건을 구입했다.

팻 해거티와 잭 킬비는 라스롭의 포토리소그래피 공정의 가치를 알아차렸다. 군에서 준 2만5000달러의 상금 따위로는 어림도 없는 기법이었다. 미니트맨 2 미사일 프로그램은 수천 개의 집적회로를 필요로 했다. 아폴로 우주선은 수천여 개의 집적회로를 더 요구했다. 해거티와 킬비에게 포토레지스트 위에 쏟아지는 빛은 말 그대로 대량 생산 문제의 해결에 비친 한 줄기 빛과 같았다. 그런 식으로 칩 제작을 자동화하고 소형화하면 지금처럼 와이어와 함께 손으로 납땜하는 식으로는 도달할 수 없는 효율을 이룰 수 있었다.

라스롭의 리소그래피 공법을 적용하기 위해 텍사스인스트루먼트는 새로운 소재와 새로운 공법이 필요했다. 코닥의 포토레지스트 화학 물질은 반도체 대량 생산에 요구되는 순도를 지니지 못했기 때문에, 텍사스인스트루먼트는 자체 원심분리기를 마련하여 코닥에서 공급한 화학 물질을 재처리했다. 라스롭은 "마스크mask"를 찾기 위해 기차를 타고 미국 전역을 누볐다. 마스크는 반도체성 물질 위를 덮고 있는 포토레지스트 위에 올라가며, 마스크 위로 정교한 빛의 패턴이 투사된다. 라스롭은 그 어떤 회사도 만족할 만한 정교한 마스크를 제공할 수 없다는 결론에 이르렀고, 텍사스인스트루먼트는 포토마스크도 직접 만들기로 결정했다. 킬비의 집적회로는 그 어떤 회사가 파는 것보다 순도가 높은 극히 순수한 실리콘 판이 필요했다. 그리하여 텍사스인스트루먼트는 실리콘 웨이퍼 역시 자체 제작에 들어갔다.

모든 것이 표준화되어야 대량 생산이 가능해진다. 제너럴모터스는 조립 라인에서 나오는 모든 쉐보레 자동차에 동일한 차량 부품을 끼워 넣었다. 반도체의 경우를 보면 텍사스인스트루먼트 같은 회사마저 자신들이 만들어 내는 집적회로가 균일하게 나오게 하려면 무엇이 필요한지 제대로 알 수 없었고, 올바른 도구도 갖추지 못한 상태였다. 당시로서는 가려내기 어려운 불순물이 화학 물질에 들어 있었다. 기온과 압력의 변화는 예기치 못한 화학 반응을 일으켰다. 빛이 투사되어야 할 마스크 위에 먼지 입자가 내려앉아 오염되는 경우도 있었다. 단 하나의 불순물이 끼어들어도 전체 공정이 망가질 수 있다. 유일한 개선책은 그저 시도하고 실패하는 것뿐이었으니, 텍사스인스트루먼트는 수많은 온도, 화학적 결합, 생산 공정 등의 영향을 실험하고 평가할 수밖에 없었다. 잭 킬비는 매주 토요일까지[41] 텍사스인스트루먼트의 복도를 쏘다니며 엔지니어들의 실험을 확인했다.

텍사스인스트루먼트의 생산 엔지니어 메리 앤 포터Mary Anne Potter는 매분 매초를 실험에 투입하며 몇 달을 보냈다.[42] 텍사스공과대학교에서 물리학 학위를 받은 최초의 여성이었던 포터는 미니트맨 미사일에 들어가는 칩의 생산량을 높이기 위해 텍사스인스트루먼트에 고용되었다. 밤 11시부터 아침 8시까지 야간조에서 일하는 경우도 드물지 않았다. 계획에 따라 실험을 진행하려면 어쩔 수 없는 선택이었다. 이렇게 실험이 거듭되면서 데이터가 쌓여갔다. 그리고 포터는 다시 데이터를 붙들고 앉아 계산자를 이용해 지수와 제곱근을 계산하고, 손으로 그래프를 그리고, 그 결과를 해석했다. 이 모든 과정이 손으로 이루어졌다. 느리고 번거로우며 고된 인간 "컴퓨터"로 숫자를 다루는 과정이었다. 아직 텍사스인스트루먼트에게는 시도하고 실패하는 것 외에 다른 방법이 없던 것이다.

1958년 제이 라스롭이 텍사스인스트루먼트에 온 바로 그해,

모리스 창이 도착했다.[43] 창의 임무는 트랜지스터 생산 라인 책임자였다. 밀러드는 공산군을 피해 상하이에서 탈출한 모리스 창이 홍콩을 거쳐 하버드대학교 입학 허가를 받은 후 보스턴으로 이주한 지도 벌써 10년이 흐른 시점이었다. 그가 하버드에 입학했을 때 중국인 신입생은 창 한 명뿐이었다. 셰익스피어를 공부하며 한 해를 보낸 창은 그의 직업 전망에 대해 걱정하기 시작했다. "중국계 미국인은 세탁소를 하고 있고, 중국계 미국인은 중국 음식점을 하고 있고, 그렇더군요." 모리스 창의 회고 내용이다. "1950년대 초 중국계 미국인이 중산층 직업을 갖고자 했다면 기술자가 되는 것만이 진지하게 고려할 수 있는 길이었습니다." 기계공학은 영문학보다 안전한 선택이었다. 그렇게 마음먹고 창은 MIT로 옮기며 전과를 했다.

졸업 후 창은 보스턴 외곽에 위치한 거대 전자 회사인 실바니아Sylvania에 채용되었다. 그에게 주어진 업무는 실바니아의 제조 "수율"을 높이는 것, 즉 만들어지는 트랜지스터 중 정상 작동하는 제품의 비율을 끌어올리는 것이었다. 낮에는 실바니아의 생산 공정을 살펴서 임시변통으로 고치고, 밤에는 반도체 전자공학의 초기 경전이라 할 수 있는 쇼클리의 《반도체 내의 전자와 정공Electrons and Holes in Semiconductors》을 탐독하며 보내는 것이 창의 일상이었다. 실바니아에서 3년이 지나자 창은 텍사스인스트루먼트로부터 일자리 제안을 받고 텍사스 댈러스로 옮겼다. "카우보이의 땅"이자 "95센트 스테이크의 땅"으로 기억하는 곳이었다. 창은 IBM 컴퓨터에 사용될 트랜지스터 생산 라인을 운영하는 임무를 맡았다. 창은 텍사스인스트루먼트가 만드는 트랜지스터는 제조 수율이 거의 0에 가까울 정도로 신뢰할 수 없는 트랜지스터였다고 회상했다. 거의 모든 회로에 누전이나 오작동을 일으키는 제조상의 결함이 있어서 결국 폐기할 수밖에 없었다.[44]

창은 카드 게임인 브릿지의 달인이었다. 그는 자신이 가장 좋아하는 게임을 플레이하듯 체계적으로 제작 공정에 접근해 들어갔다. 텍사스인스트루먼트에 도착하자마자 그는 각기 다른 화학 물질을 결합할 때의 온도와 압력을 조직적으로 변경해 가며 어떤 조합이 가장 효과적인지 알아내기 시작했다. 데이터에 직관을 더해 답을 찾아내는 창의 능력을 보며 동료들은 혀를 내둘렀다. 한 동료는 이렇게 떠올렸다. "모리스 창과 같이 일하려면 조심해야 합니다. 저기 앉아서 파이프를 피우면서 연기 너머로 꿰뚫어 보고 있으니까요." 그와 함께 일했던 사람들은 창이 "부처같다"고 여겼다. 창은 담배 연기 너머 그 누구도 따라올 자가 없는 두뇌의 소유자였다. 한 동료가 회상했다. "그는 고체물리학에 대해 모든 사람 위에 있을 만큼 지식이 풍부했습니다." 창은 까다로운 직장 상사로 널리 알려져 있었다. 전 부하 직원 한 사람이 당시 기억을 이렇게 떠올렸다. "모리스는 사람을 꼼짝 못 하게 몰아붙이는 성격이었어요. 그렇게 한번 두들겨 맞고 나면 텍사스인스트루먼트에 있을 수 없는 거죠."[45] 하지만 창은 결과를 만들어 내고 있었다. 몇 달이 지나지 않아 그가 맡은 트랜지스터 생산 라인의 수율이 25퍼센트까지 올라갔다.[46] 미국에서 가장 큰 기술 회사였던 IBM 경영진마저[47] 모리스 창의 방법론을 연구하기 위해 댈러스에 찾아올 정도였다. 곧 그는 텍사스인스트루먼트의 집적회로 사업 전체를 총괄하는 자리에 올랐다.

창과 마찬가지로 노이스와 무어 역시 칩 산업의 성장에는 한계가 없을 것이라 보았다. 다만 대량 생산의 길을 찾아내는 것이 관건이었다. 노이스는 MIT 시절 동창이자 친구였던 제이 라스롭을 떠올렸다. 대학원에 다니며 함께 뉴햄프셔의 산악 지대를 누볐던 그 친구가 트랜지스터 제작의 일대 혁신이 될 수 있는 기법을 창안했다는 사실을 깨달은 것이다. 노이스는 바로 움직였다. 라스롭의 연구실 동료인 화학자 제임스 넬을 고용하여 페어차일드반도체에서 포토리소그래피 기법을 개발하도록 한 것이다. 노이스는 이런 이유를 들었다. "그게 가능해질 때까지 우리는 회사라고 할 수도 없다."[48]

페어차일드의 제조 공정을 개선하는 것은 앤디 그로브 같은 생산 엔지니어들에게 달린 문제였다. 헝가리의 공산주의 정권을 피해 1956년 뉴욕에 도착한 망명자였던 그로브는 버클리대학교에서 박사과정을 밟으며 진로를 개척해 나갔다. 1962년 그로브는 취업 인터뷰를 원한다며 페어차일드반도체에 편지를 보냈지만 나중에 다시 도전해 보라는 답이 돌아왔다. 거절 편지의 내용은 이랬다. "우리는 젊은이가 다른 모든 이들과 인터뷰를 마친 후에 우리와 인터뷰를 하는 것이 바람직하다고 봅니다." 그로브는 페어차일드의 거절 편지가 "거들먹거리는 역겨운" 내용이라고 여겼으며, 이는 앞으로 실리콘밸리가 악명을 떨치게 될 오만한 태도를 보여주는 초기 징조라고 회상했다. 하지만 페어차일드의 반도체 제품에 대한 수요가 늘어남에 따라 회사는 갑자기 더 많은 화학 엔지니어를 간절히 필요로 하게 되었다. 한 회사 경영자가 버클리대학교에 전화를 걸어 화학과 최고의 학생들의 명단을 요청했다. 그로브의 이름은 그 명단 맨 위에 있었고, 그로브는 팰로앨토에서 걸려온 전화를 받고 고든 무어를 만나게 되었다. "첫눈에 사랑에 빠진 거죠."[49] 그로브의 회상이다. 1963년 채용된 그로브는 노이스와 무어 곁에서 반도체 산업을 이룩해 나가며 남은 인생을 보내게 될 터였다.

노벨 물리학상은 트랜지스터를 발명한 쇼클리, 바딘, 브래튼에게 수여되었다. 잭 킬비는 훗날 최초의 집적회로 발명으로 노벨 물리학상을 받았는데, 밥 노이스가 62세로 세상을 뜨지 않았다면 아마 그도 킬비와 함께 노벨상을 받았을 것이다. 이러한 발명은 결정적인 것이었지만 반도체 산업을 만들어 나가기에는 과학만으로 충분하지 않았다. 이론 물리학만큼이나 영리한 제조 기술이 있었기에 반도체가 확산될 수 있었다. MIT나 스탠퍼드 같은 대학은 반도체와 관련된 지식을 개발하는 데 핵심 역할을 했지만, 그러한 대학을 나온 이들이 몇 년에 걸쳐 제조 공정을 뜯어고치고 개선해 오지 않았다면 대량 생산은 가능하지 않았을 것이다. 벨연구소의 특허가 세계를 바꾸는 산업으로 변신할 수 있었던 것은 과학 이론뿐 아니라 엔지니어링과 직감에 힘입은 것이었다.

당대 최고의 이론 물리학자 중 하나로 널리 명성을 떨치고 있던 쇼클리는 큰돈을 벌고 《월스트리트저널》에 이름을 올리겠다는 야심을 결국 포기할 수밖에 없었다. 트랜지스터의 이론화에 대한 그의 기여는 중요한 일이었다. 하지만 쇼클리의 트랜지스터를 유용한 제품인 칩으로 만들고 그것을 미군에 판매하면서 대량 생산의 길을 연 것은 그가 차린 회사를 떠난 여덟 명의 반란자, 혹은 텍사스인스트루먼트에 모인 그 비슷한 부류들이었다. 그와 같은 능력을 개발한 페어차일드와 텍사스인스트루먼트는 1960년대 중반부터 칩을 대량 판매 시장용 제품으로 전환하는 새로운 도전에 맞닥뜨렸다.

CHAPTER 6
"나는…부자가…되고…싶다"

아폴로 우주선과 미니트맨 2를 유도한 컴퓨터는 미국의 집적회로 산업이 출범할 수 있는 초기 동력을 제공해 주었다. 1960년대 중반이 되자 미군은 인공위성부터 음파탐지기, 어뢰, 원격 측정 시스템까지 모든 유형의 무기에 칩을 도입하기에 이르렀다.[50] 페어차일드의 이른 성공에 군사, 우주 프로그램의 기여가 결정적이었다는 것은 밥 노이스도 잘 아는 사실이었다. 1965년에 그 스스로 "올해 생산한 회로 중 95퍼센트 이상"[51]이 군사, 우주 장비에 사용되었다고 밝혔다. 하지만 그는 언제나 더 큰 민간 시장에 칩을 팔고 싶어 했다. 심지어 민간 시장이 존재하지도 않았던 1960년대 초부터 그랬다. 노이스는 민간 시장을 창출함으로써 군대와 어느 정도 거리를 두고, 펜타곤이 아닌 자신이 페어차일드반도체의 연구개발 우선순위를 정하고자 했던 것이다. 노이스는 대부분의 군사 연구 계약을 거절했다. 연구개발 예산에서 페어차일드가 국방부에 의존하는 비율은 4퍼센트를 절대 넘겨서는 안 된다는 것이었다. 페어차일드의 업무를 결정하는 "일에 진정으로 적합한 사람은 이 세상에 몇 명 되지 않는다. 군 장교 중에 그런 인재는 흔하게 있지는 않을 것이다."[52] 노이스의 자신감 넘치는 말이었다.

노이스는 정부가 주도하는 연구개발 프로젝트가 뭔지 대학원 시절의 경험으로 잘 알고 있었다. 그는 동부 해안 지대의 라디오 제조사인 필코Philco에서 일했는데, 필코에는 군 관련 업무를 하는 큰 부서가 있었다. "덜 유능한 이들에 의해 연구의 방향이 좌우되고 있었습니다." 그 기억을 떠올리던 노이스는 군대에 보낼 개발 보고서를 작성하며 낭비했던 시간에 대해 불평했다. 이제 그는 페어차일드반도체를 경영하고 있었고 회사는 신탁 자산을 물려받은 상속자의 투자를 받고 있었으니, 군대를 상사가 아니라 고객으로 취급하는 여유를 부릴 수 있었다. 노이스는 페어차일드의 연구개발 목적을 군사용이 아닌 대량 생산 시장용 제품에 맞췄다. 로켓과 인공위성에 들어가는 칩에는 대부분 민간 시장에서의 활용성이 함께 해야 한다는 것이었다. 상업적으로 사용된 최초의 집적회로는 제니스 보청기에 들어갔는데,[53] 그것은 처음에 나사 인공위성을 위해 설계된 것이었다. 민간 시장에서 감당할 수 있는 가격으로 칩을 만들어 내는 것 또한 까다로운 일이었다. 하지만 민간 시장의 규모를 보면 안달이 날 법도 했다. 심지어 냉전이 한창이던 그 무렵에 팽창한 국방 예산보다 민간 시장이 훨씬 컸기 때문이었다. 노이스는 이렇게 선언했다. "정부가 시키는 대로 연구개발을 하는 건 벤처 투자를 받아놓고 그걸 은행 계좌에 넣는 것과 다를 바 없다. 벤처는 벤처다. 위험을 감수해야 한다."[54]

팰로앨토의 페어차일드반도체는 항공기에서 탄약, 라디오에서 레이더까지 국방부에 납품하는 업체로 둘러싸여 있었다. 페어차일드가 군대에 칩을 공급하고 있었지만 국방부는 작고 민첩한 스타트업보다 거대한 관료 조직과 일하는 것이 더 편했다. 그 결과 펜타곤은 페어차일드와 다른 반도체 스타트업들이 전자 분야를 얼마나 빨리 바꿔 놓을 수 있을지 과소평가했다. 1950년대 말 국방부의 한 부서에서 작성한 평가서에 따르면 라디오 산업의 대기업인 RCA는 "가장 야심 찬 소형화 프로그램을 추진"하고 있다고 극찬한 반면에 페어차일드에는 그 회사를 주도하는 회로 프로그램에 단 두 명의 과학자만 일하고 있다며 무시하는 투로 언급하고 있었다. 방위 산업체 록히드 마틴Lockheed Martin은 팰로앨토 길 건너편에 연구소를 가지고 있었는데, 그 연구소의 소형 전자 분야에는 50명이 넘는 과학자가 포진해 있었다. 국방부 보고서는 록히드 마틴이 훨씬 앞서 나가고 있다는[55] 취지를 전달했다.

그러나 페어차일드의 연구개발 팀은 고든 무어의 지휘 아래 새로운 기술을 개발하는 차원을 넘어 새로운 민간 시장을 개척했다. 1965년 《일렉트로닉스》는 무어에게 집적회로의 미래에 대한 짧은 글 한 편을 청탁했다. 무어는 적어도 향후 10년간 매년 페어차일드반도체는 실리콘 칩에 집적하는 트랜지스터 수가 두 배로 증가할 것이라고 예측했다. 그의 말대로 된다면 1975년에는 집적회로에 6500개의 트랜지스터가 올라가게 된다. 연산력이 커지는 것은 물론이거니와 트랜지스터 하나당 가격 역시 낮아진다. 비용이 낮아지면 사용자 수는 늘어날 것이었다. 연산력이 지수함수적으로 늘어나리라는 이 전망은 곧 '무어의 법칙'으로 알려지게 되었다.[56] 20세기 가장 위대한 미래 기술 예측이었다.

각각의 칩이 가지고 있는 연산력이 지수함수적으로 늘어난다면 집적회로는 로켓이나 레이더를 넘어 사회 전체에 혁명적 변화를 가져올 수 있다는 것을 무어는 깨달았다. 1965년 한 해 생산된 집적회로 중 72퍼센트가 여전히 군사 목적으로 팔리고 있었다. 하지만 군사 목적의 수요에 맞춘 기능은 민간 영역에서도 유용하게 활용될 수 있었다. 전자 분야를 다루는 한 출간물에 따르면 "작고 충격에 잘 견디는 건 비즈니스에도 좋다는 뜻이다."[57] 국방 계약은 대부분 기존의 군사 시스템에 사용되던 낡은 구형 전기 시스템을 대체하는 것에 초점이 맞춰졌다. 하지만 페어차일드에서 노이스와 무어는 이미 개인용 컴퓨터와 휴대 전화를 꿈꾸고 있었다.

1960년대 초 로버트 맥나마라Robert McNamara 국방장관은 군사 조달 과정을 개혁함으로써 비용을 절감하고자 했다. 그로 인해 전자 업계 일각에서는 "맥나마라 불황"이 닥쳐왔다. 민간 시장을 위한 칩을 개발하는 페어차일드의 선견지명이 빛을 발하는 순간이었다. 페어차일드는 민간 고객을 위한 상용 집적회로 제품 라인을 완비한 첫 번째 기업이었다. 칩을 원하는 민간 시장을 대폭 늘릴 수 있을 것이라는 생각에 노이스는 가격을 마구 인하하는 도박을 했다. 1960년대 초 페어차일드의 칩은 20달러짜리 반도체 가격을 2달러까지 낮췄다. 더 많은 소비자의 관심을 끌기 위해 심지어 제조 원가보다 낮은 가격에 제품을 파는 일도[58] 있었다.

가격을 낮춘 덕에 페어차일드는 민간 영역에서 굵직한 계약을 따내기 시작했다. 미국의 연간 컴퓨터 판매량은 1957년 1000대였으나 10년 만에 1만8700대로 늘어났다. 1960년대 중반이 되면 거의 모든 이들 컴퓨터가 집적회로에 의존하고 있었다. 1966년, 컴퓨터 제조사인 버로우스Burroughs는 페어차일드에 2000만 개의 칩을 주문했다. 아폴로 프로그램에서 구입한 반도체보다 스무 배나 많은 양이었다. 1968년, 컴퓨터 산업은 군대만큼이나 많은 칩을 구입했다. 페어차일드는 그 컴퓨터 시장의 80퍼센트를[59] 점유하고 있었다. 밥 노이스의 가격 인하 정책은 그 보상을 받았다. 민간 컴퓨터에서 새로운 시장이 열린 덕분에 다가올 10년간 반도체의 판매량은 더 늘어날 것이었다. 훗날 무어는 페어차일드의 집적회로 기술만큼이나 노이스의 가격 인하 정책[60] 역시 거대한 혁신이었다고 주장했다.

1960년대가 끝날 무렵, 10년간의 개발 끝에 아폴로 11호가 드디어 발사 준비를 완료했다. 페어차일드반도체가 탑재된 유도 컴퓨터를 사용하여 최초로 사람을 달에 보낼 참이었다. 캘리포니아 산타클라라 밸리의 반도체 엔지니어들은 우주 경쟁에서 대단히 큰 혜택을 본 사람들이었다. 회사의 생존을 좌우하는 초기 고객이 되어 주었으니 말이다. 하지만 최초의 달 탐사선이 착륙할 무렵 실리콘밸리의 엔지니어들은 국방 및 우주 프로그램에 이전만큼 의존하고 있지 않았다. 이제 그들의 관심은 땅 위의 현실로 돌아와 있었던 것이다. 칩 시장이 폭발하고 있었다. 페어차일드의 성공은 이미 몇몇 최고 직원들이 회사를 떠나 경쟁 칩 제조 업체로 이탈하도록 자극했다. 로켓이 아니라 기업용 컴퓨터 시장에 초점을 맞춘 스타트업에 벤처 자금이 쏟아져 들어왔다.

하지만 페어차일드반도체는 여전히 동부 해안의 한 억만장자의 소유였다. 그 억만장자 투자자는 직원들에게 충분한 보상을 주었지만 스톡옵션 지급만은 한사코 거절했다. 지분을 나눠 주는 발상을 일종의 "소름 돋는 사회주의"[61]로 취급하고 있었던 것이다. 결국 직원들은 이 회사에 자신의 미래가 있는지 고민하기 시작했고, 그 중에는 공동 창업자 중 한 사람인 노이스도 포함되어 있었다. 머잖아 **모두가** 탈출을 모색하게 되었다. 이유는 분명했다. 과학 발전과 새로운 제조 공정뿐 아니라 재정적으로 한 방을 만들어 낼 수 있다는 가능성 역시 무어의 법칙을 이끄는 근본 동력이었던 것이다. 페어차일드 직원 중 한 사람은 퇴사 설문지에 퇴사의 이유를 이렇게 적었다. "나는…부자가…되고…싶다."[62]

PART II

아메리칸 월드의
회로망

텍사스인스트루먼트의 웰든 워드는 마이크로 전자 기술을 이용해 최초의 레이저 유도탄을 만들었다. 레이저 유도탄의 최초 용도는 이전까지 수백여 개의 "멍청한" 폭탄이 명중시키지 못했던 베트남의 다리를 공격하는 것이었다. (마크 펄스타인/게티이미지)

KGB의 첩자였던 알프레드 사란트와 조엘 바는 모두 뉴욕 태생으로 소련의 컴퓨터 산업 건설을 돕기 위해 소련으로 망명했다. 소련은 수도 없이 기술 도둑질을 시도했지만 첨단 기술을 손에 넣는 데 실패하고 말았다. (바 페이퍼스/스티븐 우스딘)

텍사스인스트루먼트에 들어온 최초의 반도체 주문은 사진에 담긴 미니트맨 2 미사일 유도 컴퓨터를 위한 것이었다. 웰든 워드는 텍사스인스트루먼트 프로젝트 엔지니어로, 1960년대 초부터 마이크로 전자 기술의 군사적 사용을 통한 혁신을 구상했던 웰든 워드.

1980년대 일본은 반도체 지배권을 놓고 미국에 도전했다. 모리타 아키오, 그와 함께 소니를 창업한 이부카 마사루는 소니 워크맨 같은 혁신적 제품을 개발함으로써 아시아 기업이 단지 제조 하청에 머물지 않고 부가가치가 높은 새로운 소비 시장을 개척할 수 있다는 것을 보여 주었다. (소니)

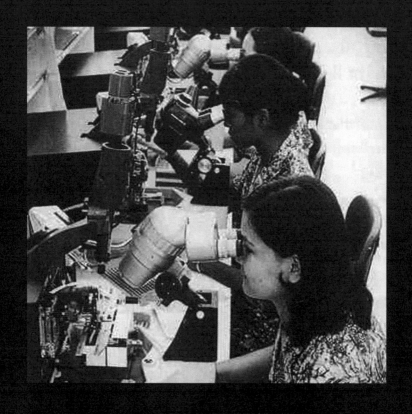

아시아 전역에 배치된 미국의 반도체 조립 공장은 미국 동맹국에 수많은 일자리를 제공했다. 사진 속에는 말레이시아 페낭에서 1972년 영업을 시작한 인텔의 설비에서 일하는 여성들의 모습이 담겨 있다. 인텔의 설명에 따르면, "대체로 여성 노동력을 채용했다. 손기술 테스트 통과율이 더 높았기 때문이다." (인텔)

중국은 모든 칩의 15퍼센트를 생산한다. 대부분은 기술 수준이 낮은 칩이지만 정부 도움에 힘입어 중국의 반도체 산업은 급성장하고 있다.

한국은 모든 메모리 칩의 44퍼센트, 모든 프로세서 칩의 8퍼센트를 생산한다.

일본은 모든 종류의 칩의 17퍼센트를 생산한다.

대만은 모든 프로세서 칩의 41퍼센트, 최첨단 칩의 90퍼센트 이상을 생산한다.

싱가포르는 모든 종류의 칩의 5퍼센트를 생산한다.

출처: 안보와 신흥기술센터(Center for Security and Emerging Technology), 미국반도체산업협회 자료

© 2022 Jeffrey L. Ward

동아시아와 반도체
메모리 칩의 90퍼센트, 프로세서(로직) 칩의 75퍼센트, 모든 실리콘 웨이퍼의 80퍼센트가 동아시아에서 생산된다.

CHAPTER 7
소비에트 실리콘밸리

밥 노이스가 페어차일드반도체에서 집적회로를 발명하고 두어 달이 지나서 팰로앨토에 뜻밖의 손님이 찾아왔다.[1] 1959년 가을, 스푸트니크호가 지구 궤도에 오르고 2년이 지난 후, 소련의 반도체 공학자 아나톨리 트루츠코Anatoly Trutko가 스탠퍼드대학교 기숙사인 크로더스 메모리얼 홀에 입소했다. 냉전이 정점을 향해 치닫는 와중에도 두 초강대국은 서로 교환학생을 주고받기로 합의했고, 트루츠코는 소련이 택한 학생들 가운데 미 국무부의 심사를 통과한 극소수 중 하나였던 것이다. 트루츠코는 미국에서 가장 선도적인 과학자들과 함께 미국의 최신 기술을 배우며 스탠퍼드 유학 생활을 해 나갔다. 심지어 스타트업을 집어치우고 다시 대학으로 돌아와 교수가 되어 있던 윌리엄 쇼클리의 수업에 참석하기도 했다. 어느 날 수업이 끝나고 트루츠코는 그 노벨상 수상자의 역작인 《반도체 내의 전자와 정공》을 들고 가서 사인을 요청했다. "아나톨에게"라고 사인을 해 주고 나서 쇼클리는 소련이 러시아어 번역판을 내놓고도 인세를 주지 않는다며 젊은 과학도에게 불만을 터뜨리는 일을 빼놓지 않았다.

소련이 과학과 기술에서 미국을 따라잡고 있다는 공포에 사로잡혔던 것을 감안한다면, 트루츠코 같은 소련의 과학도가 스탠퍼드 대학교에서 반도체에 대해 공부할 수 있도록 한 미국의 결정은 놀라운 것이었다. 그만큼 세계 어느 나라건 반도체 산업에 있어서는 실리콘밸리로 쏠릴 수밖에 없었다. 표준을 만들고 혁신을 해 나가는 속도에서 다른 나라들은, 심지어 미국의 적국이라 해도 따라가는 것 외에는 방법이 없었던 것이다.

소련은 쇼클리에게 인세를 지급하지 않았지만 쇼클리의 교과서가 출간된 후 2년 만에 러시아어 번역본을 낼 정도로 반도체의 가치를 잘 이해하고 있었다.

1956년 초 미국의 스파이들이 품질을 확인하고 발전상을 추적하기 위해 소련산 반도체가 들어간 장비를 입수하라는 지령을 받았다. 그렇게 해서 나온 1959년 CIA 보고서에 따르면[2] 미국은 트랜지스터의 생산량과 품질에서 소련보다 고작 2년에서 4년 정도 앞서 있을 뿐이었다. 당시에는 그저 의혹에 지나지 않았고 확인하기까지 수십 년이 걸렸으나, 초기에 소련에서 온 교환학생들은 KGB의 첩자였고, 소련이 보내는 교환학생들은 소련의 국방 산업 목표와 불가분의 관계에 있었다.

　트랜지스터와 집적회로가 제조업, 컴퓨터, 군사력을 근본적으로 뒤바꿀 잠재력을 지니고 있다는 것을 펜타곤뿐 아니라 크렘린 역시 금방 알아차렸다. 1950년대 말부터 소련은 전국에 반도체 생산 시설을 새롭게 건설하고 새로운 산업을 육성하기 위해 가장 유망한 과학자들을 투입했다. 유리 오소킨Yuri Osokin처럼 젊고 야심 있는 엔지니어에게 이보다 더 신나는 일은 상상하기 어려웠다.[3] 오소킨은 황해와 맞닿은 다롄의 소련 군사 병원에서 일하던 아버지 때문에 어린 시절을 중국에서 보냈다. 지리부터 유명인사의 생일까지 오소킨은 어린 시절부터 백과사전적 지식과 기억력으로 이름을 떨쳤다. 학업을 마친 그는 모스크바 최고의 연구소에 들어갔고 반도체를 전공 분야로 삼았다.

　오소킨은 곧 리가의 반도체 공장에 배치되어 소련 최고의 대학을 갓 나온 졸업생들을 동료 삼아, 소련의 우주 계획과 군사 목적에 맞는 반도체 기기를 생산하라는 명령을 받았다. 공장 관리자가 오소킨에게 내린 지시는 단일한 게르마늄 위에 여러 부품으로 구성된 회로를 만들라는 것이었는데, 소련에서는 이전까지 그 누구도 달성한 바 없는 일이었다. 1962년 그는 집적회로의 프로토타입을 만들었다. 당시 그는 킬비와 노이스가 이미 몇 년 전에 동일한 선구적 경로를 개척했다는 사실을 모르고 있었다. 오소킨과 동료들이 아는 것은 그들이 소련 과학의 첨단을 걷고 있다는 것뿐이었다.

　가끔 오소킨이 기타를 치고 동료들이 노래를 부르며 긴장을 풀기도 했지만, 그들은 대개 밤낮없이 실험 재료를 만지고 고체물리학 이론에 대해 토론했다. 젊은 그들은 신나는 일을 하고 있었고, 소련의 과학은 떠오르는 중이었으며, 소련의 스푸트니크 위성 여러 개가 지구 궤도를 돌고 있었다. 기타를 내려놓고 밤하늘을 올려다보는 오소킨은 그 인공위성들을 육안으로 볼 수 있었다.[4]

소련의 지도자 니키타 흐루쇼프Nikita Khrushchev는 옥수수 생산량부터 인공위성 발사까지, 미국과의 모든 경쟁에서 앞서 나갈 것을 천명했다. 흐루쇼프는 전자공학 연구소보다 집단 농장이 더 편안하게 느껴지는 사람이었다. 기술에 대해 이해하는 바가 전혀 없었지만 미국을 "따라잡고 추월한다"는 개념에 집착하고 있던 흐루쇼프는 연거푸 미국을 이기겠노라 약속했다. 소련무선전자위원회Soviet State Committee on Radioelectronics의 첫 번째 회장 대리였던 알렉산더 쇼킨Alexander Shokin은 미국과의 경쟁을 채근하는 흐루쇼프를 활용하면 마이크로 전자공학에 더 많은 투자를 끌어올 수 있다는 것을 깨달았다. 쇼킨은 어느 날 소련의 지도자를 만난 자리에서 이렇게 말했다. "상상해 보십시오. 담뱃갑 크기의 텔레비전을 만들 수도 있습니다."[5] 소비에트 실리콘의 약속이란 이런 것이었다. 미국을 "따라잡고 추월하는" 것은 실제로 가능성 있는 일로 여겨졌다. 소련은 이미 또 다른 분야인 핵무기 개발에서 미국을 따라잡은 바 있었다. 소련에게는 스파이라는 비밀 병기가 있었기 때문이다.

조엘 바Joel Barr는 차르의 억압을 피해 미국으로 망명한 러시아계 유대인 집안에서 태어났다.[6] 브루클린에서 가난하게 성장한 바는 시티 칼리지 오브 뉴욕City College of New York에 입학해 전기공학을 공부했다. 학창 시절 그는 공산주의자 그룹과 어울리면서 자본주의 비판에 동조하였고, 나치와 맞서기 위한 최선의 선택은 소련이라는 주장에 설득되었다. 바는 공산당 연락책을 통해 젊은공산주의자연맹Young Communist League의 회원이자 전기 엔지니어인 알프레드 사란트Alfred Sarant를 소개받았고, 그 후 그들은 평생 공산주의라는 대의명분에 헌신하는 삶을 살았다.

1930년대, 바와 사란트는 냉전 시기 스파이로 명성을 떨친 줄리우스 로젠버그Julius Rosenberg의 간첩 조직에 포섭되었다. 1940년대에 바와 사란트는 웨스턴일렉트릭Western Electric과 스페리자이로스코프Sperry Gyroscope라는 당대 기술을 선도하던 미국 기업에서 기밀 사항이었던 레이더 및 다른 군사 시스템을 연구했다. 로젠버그 간첩 조직에 속해 있던 다른 이들과 달리 바와 사란트는 핵무기와 관련된 비밀을 갖고 있지는 않았지만 그들은 새로운 무기 체계의 전자 기술을 깊숙이 체득한 사람들이었다.

1940년대 말 FBI는 미국 내 KGB의 간첩 조직을 색출했고 로젠버그는 그의 아내 에델Ethel과 함께 전기의자에서 사형당했다. FBI에게 붙잡히기 전 사란트와 바는 미국을 떠났고 결국 소련에 다다를 수 있었다.

소련에 도착한 그들은 KGB의 관리자들에게 세계에서 가장 발전된 컴퓨터를 만들고 싶다고 말했다. 바와 사란트는 컴퓨터 전문가가 아니었지만, 그건 소련에 있는 모든 사람이 마찬가지였다. 그들은 이미 스파이 활동만으로도 상당히 존경을 받는 위치에 있었기에, 그 아우라에 힘입어 필요한 자원을 공급받을 수 있었다. 1950년대 말, 바와 사란트는 그들의 첫 컴퓨터를 제작하고 러시아어로 '마음'을 뜻하는 '움UM'이라는 이름을 붙였다. 이 결과물은 소련 전자 산업을 총괄하던 관료 쇼킨의 관심을 끌었고, 바와 사란트는 쇼킨의 손을 잡고 흐루쇼프 설득에 나섰다. 소련에는 연구자, 엔지니어, 실험실, 생산 설비가 하나로 통합된, 오직 반도체 생산을 위해 존재하는 도시가 필요하다는 것이었다. 샌프란시스코 남쪽 반도의 한 마을에 실리콘밸리라는 이름이 붙은 것은 1971년의 일이다. 바와 사란트는 그보다 앞서 모스크바 근교에 자신들만의 실리콘밸리를 만드는 꿈을 꾸었던 것이다.[7]

이 새로운 과학 도시 건설을 위한 자금을 달라고 흐루쇼프를 설득하기 위해 쇼킨은 소련 지도자를 레닌그라드의 전자 산업 특별 설계국 2번Special Design Bureau of the Electronics Industry #2으로 초청했다. 소련이 늘 그렇듯 마케팅에서 훌륭하지 않았던 이 길고 복잡한 관료적 이름을 가진 곳은 소련 전자공학의 최첨단에 있는 조직이었다. 흐루쇼프의 방문을 앞두고 설계국은 몇 주 전부터 준비에 들어갔다. 모든 것이 계획대로 돌아가는지 확인하기 위해 방문 전날 정장을 갖춰 입고 사전 연습까지 거행했다.

1962년 5월 4일 흐루쇼프가 도착했다.[8] 짙은 눈썹 색깔과 어울리는 어두운 정장을 입고 정성 들여 콧수염을 다듬은 사란트가 소련 지도자를 영접했다. 대머리에 금속 테 안경을 쓴 바는 긴장한 채 사란트의 옆에 붙어 있었다. 사란트를 선두로 전직 소련 스파이 두 사람은 흐루쇼프를 상대로 소련의 마이크로 전자 기술의 성취를 시연했다. 흐루쇼프는 자신의 귀에 들어갈 정도로 작은 라디오를 사용해 보았고 단순한 컴퓨터를 이용해 본인의 이름을 출력해 보기도 했다. 반도체 장비는 곧 우주선, 산업, 정부, 비행기 등에 활용될 수 있으며, 심지어 "핵미사일 방어막 구축"에도 활용될 수 있다고 사란트는 자신감 넘치는 말투로 흐루쇼프를 설득했다. 그리고 사란트와 바는 흐루쇼프를 도시 조감도 앞으로 안내했다. 그 중심에 52층 마천루가 우뚝 선, 반도체 생산을 위해 기획된 미래 도시의 모습이었다.

흐루쇼프는 이 거대한 프로젝트에 매료됐다. 특히 반도체 도시 건설에 자신의 공헌을 주장할 수 있다는 점이 마음에 들었던 그는 반도체를 위한 소련 도시 건설이라는 아이디어를 열성적으로 옹호했고, 전적인 지원을 약속하며 바와 사란트를 힘껏 끌어안았다. 몇 달 후 소련 정부는 모스크바시 외곽에 반도체 도시 건설을 허가했다. 흐루쇼프는 소비에트 지도부를 향해 설명했다. "마이크로 전자공학은 기계 두뇌를 만드는 것입니다. 이것이 우리의 미래입니다."[9]

소련은 곧 러시아 말로 '녹색 도시'라는 뜻을 지닌 젤레노그라드Zelenograd를 착공했다. 이 도시는 과학의 유토피아로 설계되었다. 쇼킨은 그 도시가 완벽히 과학적 주거지가 되기를 원했다. 연구소와 생산 시설에 더해 학교, 돌봄 시설, 영화관, 도서관, 병원까지 반도체 기술자들이 원하는 것은 무엇이든 마련되어야 했다.

중심부 근처에는 국립 연구 대학인 모스크바전자기술대학 Moscow Institute of Electronic Technology이 자리 잡았다. 영국과 미국의 대학

캠퍼스를 모델로 한 벽돌 마감의 건물이었다. 겉으로 보기에 모든 것이 실리콘밸리를 떠올리게 했다. 다만 일조량이 조금 부족할 뿐이었다.

CHAPTER 8
"베끼시오"

니키타 흐루쇼프가 젤레노그라드 건설에 지지를 표명했던 바로 그 무렵, 보리스 말린Boris Malin이라는 소련 대학생이 1년간의 교환학생을 마치고 고국으로 돌아왔다. 그의 짐 속에는 작은 기기가 들어 있었다. 바로 텍사스인스트루먼트의 SN-51로, 미국에서 판매되기 시작한 최초의 집적회로였다. 검은 머리에 눈이 움푹 들어간 호리호리한 체형의 말린은 소련의 반도체 장치 분야를 이끌 전문가 가운데 한 사람이었다. 그는 스스로를 과학자라고 보았지 스파이라고 생각하지 않았다. 하지만 소련의 마이크로 전자공학을 총괄하던 관료 알렉산더 쇼킨은 SN-51을 어떤 식으로건 확보하는 것이 소련을 위해 매우 중대한 일이라고 믿고 있었다. 쇼킨은 말린과 다른 엔지니어들을 자신의 사무실로 불러들여서 그 칩을 현미경 아래에 놓고 한 사람씩 렌즈를 통해 들여다보게 했다. "베끼시오."[10] 이것은 명령이었다. "하나씩, 그 무엇도 변경하지 말고. 석 달 주겠소."

다른 나라의 발달한 기술을 그저 베끼라는 이 '제안'을 들은 소련 과학자들은 분노했다. 그들은 미국의 화학자나 물리학자에게 뒤처지지 않는 과학적 식견을 가지고 있었다. 미국에 보낸 소련 교환학생들은 윌리엄 쇼클리의 수업에서 별로 배울 게 없다고 보고했다.[11] 모스크바에서 배울 수 없었던 무언가가 있지 않았던 것이다. 실제로 소련에는 세계 최고 수준의 이론 물리학자들이 있었다. 잭 킬비가 집적회로 발명으로 2000년에 결국 노벨 물리학상을 수상할 때(당시 집적회로의 공동 발명자인 밥 노이스는 이미 고인이 되었다) 러시아의 과학자 조레스 알페로프Zhores Alferov가 공동 수상했다. 반도체 소자로 빛을 생산할 수 있다는 것을 보여 준 기초연구를 수행한 사람이었다. 1957년에 스푸트니크호를 발사하고, 1961년에 세계 최초의 우주 비행사 유리 가가린을 배출하였으며, 1962년 오소킨이 집적회로를 만들어 내는 데 성공하기까지 했으니, 소련이 과학 강대국이 되고 있다는 것은 이론의 여지 없이 명백했다. 심지어 CIA마저도 소련의 반도체 산업이 미국을 빠르게 추격하고 있다고 생각했다.

그러나 쇼킨의 "베끼시오" 전략은 근본적으로 그릇된 것이었다. 핵무기 제조에서는 모방 전략이 통했다. 미국과 소련이 냉전이 끝날 때까지 고작 수만 개의 핵탄두를 만들었을 뿐이기 때문이다. 하지만 미국의 텍사스인스트루먼트, 페어차일드반도체, 그 외 다른 반도체 회사는 이미 반도체 대량 생산 방법을 터득해 가고 있었다. 생산 규모를 끌어올리는 핵심 요소는 신뢰도를 높이는 것이다. 모리스 창이나 앤디 그로브 같은 미국의 칩 제조업자들이 1960년대 내내 집중해 온 도전 과제였다. 소련 쪽과 달리 미국의 칩 제조사들은 더 나은 광학 기술, 화학 물질, 순도 높게 정제된 물질, 혹은 다른 생산 장비를 갖춘 타 회사의 전문성에 의존할 수 있었다. 미국 기업의 도움만으로 충분치 않을 때 페어차일드나 텍사스인스트루먼트는 독일, 프랑스, 혹은 영국으로 향할 수 있었다. 그 나라들도 각자 나름대로 발전된 산업을 가지고 있었다.

소련은 석탄과 철강을 대량으로 생산했지만 거의 모든 선진 제조업에서는 뒤처져 있었다.[12] 소련의 강점은 물량이었지 품질이나 제품의 순도가 아니었는데, 품질과 순도야말로 반도체의 대량 생산을 좌우하는 결정적 요소였다. 게다가 서방의 연합국들은 반도체 소자를 비롯한 고급 기술이 공산권 국가로 이전되는 것을 막았다. 그런 역할을 하는 조직이 다자간수출통제조정위원회 Coordinating Committee for Multilateral Export Controls 인 COCOM이었다. 소련은 중립국인 오스트리아나 스위스에 페이퍼 컴퍼니를 세우고 그곳을 통해 COCOM을 우회하곤 했지만, 이런 경로로는 밀반입 규모를 키우는 데 한계가 분명했다. 결국 소련의 반도체 설비는 상대적으로 덜 섬세한 장비와 덜 순수한 재료로 작업할 수밖에 없었으며, 이는 정상 작동하는 칩의 생산량이 적다는 것을 의미했다.

스파이 행위로 소킨과 엔지니어들이 얻을 수 있는 성과에는 한계가 있었다. 칩을 훔쳐 왔다 해도 그것을 어떻게 만드는지 알아내는 것은 별개의 일이었다. 케이크를 훔쳐 온다 한들 그것을 어떻게 만들었는지 알 수 없는 것과 마찬가지다. 반도체라는 케이크를 굽는 레시피는 이미 상상을 초월할 정도로 복잡해져 있었다. 스탠퍼드대학교에서 쇼클리의 수업을 들은 교환학생이라면 똑똑한 물리학자가 될 수는 있었겠지만, 어떤 화학 물질을 어떤 온도로 맞춰야 하는지, 포토레지스트를 얼마나 오래 빛에 노출시켜야 하는지 등과 같은 지식은 앤디 그로브나 메리 앤 포터 같은 엔지니어들의 것이었다. 칩 제작은 모든 단계마다 특별한 지식이 필요했고, 그 지식은 같은 회사 안에서도 다른 공정에 관여하는 사람이면 잘 모를 정도였다. 이런 유형의 노하우는 많은 경우 문서로도 정리되지 않는다. 소련 스파이들이 이미 반도체 업계 내에서도 가장 앞서가는 회사에 침투해 있었지만 반도체 생산에는 더 많은 디테일과 지식이 필요했고, 그런 건 가장 탁월한 스파이조차 훔쳐 올 수 없는 것이었다.

더욱이 최첨단은 끊임없이 변하고 있었고, 그것도 무어의 법칙이 뜻하듯 매년 두 배씩 빨라졌다. 설령 소련이 어떤 반도체 설계를 훔치고 원료와 장치를 확보하여 생산 공정을 모방하는 데 성공하더라도, 이는 시간이 걸리는 일이었다. 텍사스인스트루먼트와 페어차일드는 매년 새로운 설계로 더 많은 트랜지스터가 탑재된 새로운 제품을 내놓았다. 1960년대 중반만 돼도 초기의 집적회로는 구닥다리였다. 너무 크고 너무 전력 소모가 많아서 그 가치를 많이 상실해 버렸다. 다른 그 어떤 기술과 비교해 보더라도 반도체 기술은 엄청난 속도로 전진하고 있었다. 트랜지스터의 크기와 에너지 소비는 줄어드는 반면에 6.45제곱센티미터 크기의 실리콘에 패키징할 수 있는 연산력은 대략 매년 두 배씩 늘어났다. 다른 그 어떤 기술 영역도 이토록 빠르게 바뀌지 못했다. 그러니 다른 기술 분야와 달리 작년의 설계를 훔치고 베끼는 것은 가망 없는 짓이었다.

소련의 지도자들은 어째서 "베끼는" 전략이 그들을 뒤처지게 만들고 있는지 절대 이해하지 못했다. 소련 반도체 산업은 모두 일종의 방위 산업체처럼 작동했다. 비밀주의와 상명하복이 만연했고, 군사 시스템에 초점이 맞춰져 있었으며, 창의성을 발휘할 여지가 없는 명령들로 가득 차 있었다. 그 모방 공정은 소킨 장관이 "엄격하게 관리"하고 있었다고, 그의 부하 직원 중 한 사람이 회고했다. 소련 반도체 산업은 베끼기 전략에 몰두한 나머지 몇몇 반도체 공작 기계는 미국 설계를 베끼기 편하도록 미터법 대신 인치법을 사용했다.[13] 소련이 다른 부문에서 미터법을 쓰고 있었는데도 그랬다. "베끼기" 전략 탓에 트랜지스터 기술에서 미국에 몇 년 뒤처진 채 시작했던 소련은 결코 미국을 따라잡지 못했다.

젤레노그라드가 그저 일조량이 좀 부족한 실리콘밸리처럼 보였을 수도 있다. 소련 최고의 과학자들과 훔쳐 온 산업 기밀이 모인 곳이었으니 말이다. 하지만 두 나라의 반도체 산업은 서로 너무도 달랐다. 실리콘밸리의 스타트업 창업자들은 이 회사 저 회사 돌아다니며 실질적인 "공장 밑바닥" 경험을 쌓아 나간 반면에 쇼킨은 모스크바의 장관 책상에서 명령을 하달했다.

한편 유리 오소킨은 리가에서 잘 알려지지 않은 채 살아가고 있었는데, 동료들에게는 존경받았지만 기밀 취급 인가를 받지 못한 사람과 자신의 발명품이 무엇인지 이야기조차 할 수 없었다.[14] 젊은 소비에트 학생 중 전자공학자가 되고 싶다고, 오소킨처럼 되고 싶다고 생각하는 이는 없었다. 왜냐하면 그런 사람이 존재하는지조차 몰랐기 때문이다. 더 나은 경력을 쌓는다는 것은 관료 조직 속에서 더 높은 지위를 차지한다는 것이었지, 새로운 제품을 개발하거나 새로운 시장을 개척해 내는 일과는 거리가 멀었다. 늘 군수 물품의 생산에 집중해 있었기에 민간 물품은 언제나 후순위로 밀려났다.

한편 "베끼시오"식의 자세는 예기치 못하게 소련의 반도체 산업이 정신적으로 미국에 복속되는 결과를 낳고 말았다. 소련에서 가장 신중을 요하고 비밀스러운 산업 중 하나가 제대로 운영되지 않고 실리콘밸리의 그런 면에서 젤레노그라드는 글로벌 반도체 생산 네트워크의 한 가지에 지나지 않았고, 그 네트워크의 중심에는 미국의 칩 제조 업체들이 있었다.

CHAPTER 9

트랜지스터 세일즈맨

이케다 하야토池田勇人 일본 총리가 화려한 엘리제궁에서 프랑스의 샤를 드골Charles de Gaulle 대통령과 만났던 1962년 11월, 그의 손에는 작은 선물이 들려 있었다. 바로 소니 트랜지스터 라디오였다. 드골은 형식과 예의를 중시하는 전통적 군인이었으며 자신이 프랑스의 **위대함**을 실현했다고 여기고 있었다. 그에 비해 이케다는 자국의 유권자를 단순한 물질만능주의자로 생각했고, 그래서 10년 안에 국민 소득을 두 배로 높이겠다고 공약했다. 일본은 그저 "경제 강국"일 뿐이라고 밝힌 드골은, 정상회담이 끝난 후 측근들과의 회의에서 이케다가 "트랜지스터 세일즈맨"처럼 굴었다고[15] 조롱했다. 하지만 그 후 얼마 지나지 않아 전 세계는 일본을 질시 어린 눈으로 바라보게 된다. 일본이 반도체 판매의 성공 신화를 통해 드골이 상상했던 것보다 훨씬 부유하고 더 강력한 나라로 재탄생했던 것이다.

집적회로는 전자 부품을 혁신적인 방식으로 연결했지만 그게 전부가 아니었다. 반도체는 여러 나라를 하나의 네트워크로 통합했고 그 중심에는 미국이 있었다. 소련마저 실리콘밸리의 제품을 베끼면서 스스로 그 네트워크의 일부로 편입하지 않을 수 없었다. 반면에 일본은 자국의 비즈니스 엘리트와 미국 정부의 협조를 통해 의도적으로 미국 반도체 산업에 통합되었다.

2차 세계대전이 끝났을 때, 미국 일각에서는 일본의 하이테크 산업을 모두 해체해 버리자는 목소리가 나왔다. 끔찍한 전쟁을 시작한 대가를 치러야 한다는 것이었다. 하지만 일본이 항복한 지 몇 년 후, 워싱턴의 국방 관료들은 "약한 일본보다 강한 일본이 더 낮은 리스크"[16]라는 공식 정책을 채택했다. 일본이 핵물리학을 연구하는 것을 차단하려는 시도가 짧게 있었으나, 그 후 미국 정부는 일본이 기술과 과학 강대국으로 재탄생하도록 지지해 주었다.[17] 관건은 일본이 경제를 재건하여 미국이 주도하는 시스템의 일원으로 포섭될 수 있도록 하는 것이었다. 일본을 트랜지스터 세일즈맨으로 만드는 것은 미국의 냉전 전략의 핵심이었다.

트랜지스터가 발명되었다는 소식은 일본을 점령하여 통치 중이던 미국의 군 관계자를 통해 일본 땅에 전해졌다. 젊은 물리학자 기쿠치 마코토菊池誠는 일본 정부의 도쿄전기기술연구소 Electrotechnical Laboratory in Tokyo에서 근무 중이었고, 당시 그곳은 일본 최고의 과학자들이 모여 있던 곳 중 하나였다. 어느 날 상사의 호출을 받아 사무실에 찾아간 마코토는 흥미로운 소식을 들었다.[18] 상사의 설명에 따르면, 미국 과학자들이 유리에 금속 바늘 두 개를 붙여서 그것으로 전류를 증폭할 수 있게 되었다는 것이다. 기쿠치는 놀라운 소자가 개발되었다는 것을 알게 되었다.

폭격으로 완전히 파괴된 도쿄에서 젊은 과학자라면 세계적 연구를 주도하는 물리학자들과 동떨어져 있다는 고립감을 느낄 법도 했지만, 도쿄의 미 군정은 일본 과학자들에게《벨 시스템 테크니컬저널Bell System Technical Journal》,《응용물리학저널Journal of Applied Physics》,《피지컬리뷰Physical Review》등을 구독할 수 있게 해 주었다. 이 학술 저널에는 바딘, 브래튼, 쇼클리의 논문이 게재되고 있었다. 전후 일본에서 이런 학술지를 구할 수 있는 다른 방법은 전혀 없었다. 기쿠치는 당시의 기억을 이렇게 떠올린다. "내용을 훑으면서 '반도체'나 '트랜지스터' 같은 단어가 보이자 가슴이 뛰기 시작했습니다."[19] 몇 년이 흘러 1953년에 미국 과학자들이 도쿄에 왔을 때 기쿠치는 존 바딘을 만날 수 있었다. 국제순수응용물리학연맹International Union of Pure and Applied Physics이 뜨겁고 습한 9월의 도쿄에서 개최되었고, 미국의 물리학자들도 방문했기 때문이었다. 바딘은 유명인사 대접을 받았고 본인과 사진을 찍기 위해 사람들이 줄을 서서 기다린다는 점에 충격을 받았다. 그가 아내에게 쓴 편지에 "내 평생 그토록 많은 카메라 플레시를 받아본 적이 없소"[20] 라고 썼다.

바딘이 도쿄에 온 바로 그해 모리타 아키오는 하네다 공항을 떠나 뉴욕으로 향했다. 일본에서 가장 유명한 사케 양조장 중 한 가문의 15대손인 모리타는 태어날 때부터 가업을 물려받아야 한다는 생각을 주입받아 왔다. 그의 아버지 큐자에몬은 아들이 주류 제조업을 하며 모리타의 이름이 16대까지 이어지기를 원했지만, 모리타 아키오는 전자 제품을 만지작거리는 즐거움으로 어린 시절을 보냈고, 대학에서는 물리학으로 학위를 땄으니 그의 인생은 다른 방향으로 흘러가게 될 터였다. 전쟁통에는 전선으로 끌려가는 대신 연구소에서 일할 수 있었으니, 모리타가 목숨을 건질 수 있었던 것도 어쩌면 물리학 덕분일지도 모를 일이었다.

모리타의 물리학 학위는 전후 일본에서도 여전히 유용했다. 1946년 4월, 아직 일본이 황폐했던 당시 모리타는 전 동료인 이부카 마사루井深大와 손잡고 전기 산업에 뛰어들었고, 그들은 곧 회사의 이름을 소니Sony라 붙였다. ('소리'를 뜻하는 라틴어 sonus에 착안했는데, 미국인이 쓰는 애칭 중 하나인 'sonny'를 떠올리게 하는 이름이었다.) 그들이 처음 내놓은 제품인 전기밥솥은 완전히 꽝이었지만 테이프 레코더는 잘 만들었고 잘 팔려나갔다. 1948년 모리타는 벨연구소의 새로운 트랜지스터에 대한 기사를 읽고 바로 그 잠재력을 알아보았다. 모리타는 "환상적"이었다고[21] 회상한다. 소비자 가전 기기의 혁명을 꿈꾸게 된 것이다.

1953년 미국에 발을 들인 모리타는 충격에 빠졌다. 일본으로부터 어마어마하게 먼 거리, 개방된 공간, 특히 전후 도쿄의 결핍과 비교해서 소비자들이 엄청나게 부유하고 풍요로운 나라가 거기 있었던 것이다. '이 나라에는 정말이지 뭐든 있을 것 같아',[22]

모리타는 생각했다. 뉴욕에서 그는 AT&T의 경영진을 만나 트랜지스터 생산에 대한 라이센스를 취득한다. AT&T의 경영진은 보청기 정도나 만들 수 있지 그 이상 쓸모 있는 걸 만들겠다는 기대는 접어두는 게 좋다고 이야기했다.

모리타는 샤를 드골이 이해하지 못하는 것을 이해하고 있었다. 전자 산업은 세계 경제의 미래였으며, 곧 실리콘 칩에 내장될 트랜지스터는 상상할 수 없었던 새로운 기기를 가능하게 해 줄 것이었다. 크기는 작고 전력을 적게 소비하는 트랜지스터는 소비자 가전을 근본적으로 혁신할 수 있는 가능성을 열어 줄 것이다. 이 점을 깨달은 모리타와 이부카는 새로운 기기를 만들어 단지 일본 소비자뿐 아니라 세계에서 가장 부유한 소비 시장인 미국에 판매하는 데 그들이 만든 회사의 미래를 걸기로 했다.

모리타가 벨연구소를 방문했던 그해 일본의 황태자는 미국의 어느 라디오 연구소를 방문했다. 일본 정부가 하이테크 산업을 지원할 것임을 시사하는 행보였다. 막강한 권력을 지닌 일본의 통상산업부 역시 전자 회사들을 지원하고자 했지만 정부의 영향력은 긍정적인 면과 부정적인 면을 동시에 갖고 있었다. 관료는 자신들의 허락을 받지 않은 일개 기업이 외국 기업과 트랜지스터 사용권 계약을 맺었다는 사실을 뒤늦게 안 후 "극도의 분노"[23]를 느꼈고, 소니가 받아온 라이센스를 일본 안에서 사용할 권리를 승인하기까지 몇 달을 미적거렸다.

일본은 당시만 해도 저임금 국가였고 소니는 그 혜택을 입었지만, 소니의 비즈니스 모델은 근본적으로 혁신, 제품 디자인, 마케팅에 바탕을 두는 것이었다. 모리타의 "라이센스" 전략은 소련의 장관 쇼킨이 구사했던 "베끼기" 전략과 완전히 정반대에 서 있었다. 일본에는 인정사정없이 제조 효율을 끌어올리는 것으로 명성이 높은 회사가 많았다. 소니는 새로운 시장을 개척하고 새로운 제품으로 그 시장을 노리는 전략을 통해 앞서 나갔다. 모리타의 꿈은 실리콘밸리의 최신 회로 기술을 활용한 새로운 소비자 기기를 내놓는 것이었다. 그는 이렇게 선언했다. "우리의 계획은 소비자에게 무슨 제품을 원하냐고 묻는 대신 새로운 제품으로 소비자들을 이끄는 것이다. 대중은 무엇이 가능한지 모르지만 우리는 안다."[24]

소니의 첫 번째 큰 성공작은 트랜지스터 라디오였다. 이케다 총리가 드골에게 선물했던 바로 그런 종류였다. 몇 년 후 텍사스인스트루먼트는 트랜지스터 라디오 시장의 문을 두드렸는데,[25] 심지어 필요한 기술을 다 갖추고 있음에도 불구하고 가격과 마케팅에서 상대가 되지 못했고 곧 사업을 접고 말았다. 열려 있는 기회의 문으로 들어간 모리타가 수만 개도 넘는 라디오를 찍어 내고 있었던 것이다.

그럼에도 페어차일드 같은 미국의 칩 기업들은 기업용 메인프레임 컴퓨터 등에 활용되는 최첨단 칩 생산 시장을 꽉 틀어쥐고 있었다. 1960년대 내내 일본 기업들이 미국에 지식재산권으로 지불한 사용료는 상당한 수준이었다. 페어차일드반도체의 전체 매출 중 4.5퍼센트,[26] 텍사스인스트루먼트의 전체 매출 중 3.5퍼센트, 웨스턴일렉트릭의 매출 중 2퍼센트가 일본으로부터 받는 기술료에서 나왔다. 일본 기업이 몇 년은 뒤처져 있는 것으로 보였기 때문에 미국의 칩 제조사들은 기꺼이 기술 이전에 동의했다.

소니의 진정한 강점은 칩을 설계하는 것이 아니라 소비재를 개발하고 그들이 필요로 하는 전자 제품을 내놓는 것이었다. 계산기 역시 일본 기업들이 바꿔 놓은 또 다른 소비자 전자 제품 중 하나였다. 텍사스인스트루먼트의 회장 팻 해거티는 1967년 잭 킬비에게 휴대 가능하며 반도체로 작동하는 계산기를 만들어 보라고 주문했다. 하지만 텍사스인스트루먼트의 마케팅 팀은 저렴한 휴대용 계산기가 시장성이 없다고 판단했고, 결국 프로젝트는 중간에 멈춰 버리고 말았다. 일본의 샤프전자Sharp Electronics는 생각이 달랐다. 다른 이들이 생각했던 것보다 훨씬 간단하고 저렴하게, 캘리포니아산 칩을 넣어 계산기를 만들어 낼 수 있었다. 샤프의 성공에 힘입어 1970년대 내내 더 많은 일본제 계산기들이 쏟아져 나왔다. 해거티는 당시의 일을 후회했다. 만약 텍사스인스트루먼트가 자체 브랜드의 소비자 제품을 일찍 내놓을 수 있었다면, 그들은 "소비자 가전에서 소니가 갖는 위치를 차지할 수 있었다"[27]는 것이었다. 하지만 소니의 제품 혁신과 마케팅 능력을 따라 하는 것은 미국의 반도체 생산력을 모방하는 것만큼이나 어려운 일이었다.

미국과 일본 사이에는 복잡한 갈등 조정 절차를 거쳐 반도체 공생 관계가 성립했다. 미국과 일본은 서로의 생산자이며 소비자가 된 것이다. 1964년 일본은 트랜지스터 단품 생산에서 미국을 추월했지만 미국 기업은 여전히 가장 앞선 칩을 생산하고 있었다. 미국 기업이 최고의 컴퓨터를 만드는 동안 소니나 샤프 같은 전자 회사들은 반도체 소비를 견인하는 소비재를 만들어 냈다. 반도체 및 반도체를 필요로 하는 제품을 모두 포함할 때 일본의 수출액은 1965년 6억 달러였으나 20년 후 600억 달러까지 치솟았다.[28]

상호 협력 관계가 늘 원활하게 작동한 것은 아니었다. 1959년 미국전자산업협회Electronics Industries Association는 일본산 수입 가전 제품이 "국가 안보" 및 미국 가전 업계를 위협하고 있다는 취지의 탄원서를 제출했다.[29] 하지만 일본이 전자 산업을 일으켜 세우게끔 하는 것은 미국의 냉전 전략의 일부였으므로, 1960년대 내내 워싱턴이 그 문제로 도쿄를 강하게 압박하는 일은 없었다. 심지어 관련 업계 매체라 할 수 있는《일렉트로닉스》는 미국 회사 편을 들어줄 법도 했지만 그러지 않았다. "일본은 미국의 태평양 정책의 핵심이다. … 만약 일본이 서구 및 유럽과 건강한 상업적 관계를 유지하지 못한다면 일본은 경제적 필요에 따라 다른 곳을 찾게 될 것이다."[30] 즉 공산 중국이나 소련에 눈을 돌리게 될 수 있다는 것이었다. 미국의 전략에 따라 일본은 더 발전된 기술을 받아들이고 최신 사업을 영위해 나갈 수 있었다. 훗날 리처드 닉슨 대통령은 일본을 이렇게 바라보았다. "그런 역사를 가진 사람들이 트랜지스터 라디오를 만드는 것으로 만족할 리 없다."[31] 미국은 일본이 더 발전된 기술을 개발하도록 허용하고 더 나아가 장려해야 했다.

반도체 공생 관계가 작동하게끔 하기 위해 일본의 경영자들은 헌신적으로 발 벗고 나섰다. 텍사스인스트루먼트는 최초의 반도체 해외 생산 기지를 물색하고 있었고 일본에 공장을 열기로 했지만, 넘어야 할 규제의 벽이 매우 높았다. 소니의 모리타는 이윤의 일부를 넘겨받는 대가로 텍사스인스트루먼트에 도움을 제공하기로 했다. 그는 텍사스인스트루먼트 경영진에게 일본에 몰래 방문할 것, 가짜 이름으로 호텔을 예약할 것, 호텔 방을 떠나지 말것을 당부했다. 모리타는 그 호텔에 은밀하게 찾아가 합작 투자를 제안했다. 텍사스인스트루먼트가 일본에서 칩을 생산하고, 소니는 관료들을 상대하는 것이었다. 모리타는 텍사스인스트루먼트 경영진에게 말했다. "우리가 뒤를 봐주겠소."[32] 텍사스 사람들은 소니가 "도둑 작전"을 벌이고 있다고 생각했지만 그 말에는 어느 정도의 경탄이 담겨 있었다.

모리타의 도움으로 규제의 빨간 테이프를 끊고 녹차를 마신 끝에, 일본의 관료들은 결국 텍사스인스트루먼트가 일본에 반도체 공장을 열 수 있도록 허가했다. 모리타에게 있어서 이것은 또 하나의 성공한 쿠데타였다. 이제 그는 태평양 반대편에서도 가장 유명한 일본 사업가가 되었다. 워싱턴의 대외 전략가들의 눈으로 볼 때, 일본과 교역 및 투자가 늘어나는 것은 도쿄가 미국 중심 체계에 더욱 단단히 엮여 들어간다는 것을 의미했다. 이는 이케다 총리 같은 일본 지도자들에게도 승전보였다. 일본의 국민 소득을 두 배 높이겠노라는 그의 약속이 무려 2년을 앞당겨[33] 실현될 수 있었던 것이다. 일본은 모리타 같은 용감무쌍한 전자 경영인들에 힘입어 세계 무대에서 한자리를 차지할 수 있었다. 트랜지스터 세일즈맨이 샤를 드골이 상상할 수 있었던 것보다 훨씬 큰 영향력을 갖게 되었던 것이다.

CHAPTER 10

"트랜지스터 걸스"

"그들은 서양 옷을 입고 있었지만 그들의 애정 의식은 동양의 고대 쾌락에서 비롯한 것이었다." 1964년 호주에서 나온 싸구려 소설 《트랜지스터 걸스Transister Girls》[34]의 표지 문구다. 중국인 갱단, 국제적 음모, 그리고 "과외의 야간 작업으로 소득을 높이려 하는" 생산 라인 여성 노동자의 이야기가 줄거리를 이룬다. 《트랜지스터 걸스》의 표지에는 절에 있을 법한 탑을 배경으로 젊고 제대로 옷을 입지 않은 일본 여성의 모습이 그려져 있다. 뒤표지에는 더 동양적인 이미지의, 하지만 옷은 훨씬 덜 입고 있는 다른 여성의 모습이 담겨 있다.

반도체가 개발되던 초창기에는 거의 모든 설계는 남성의 몫이었고 그걸 조립하는 일은 대부분 여성이 맡았다. 무어의 법칙은 연산력의 가격이 폭락할 것이라 예언했다. 하지만 무어의 통찰이 현실화되려면 트랜지스터의 크기를 줄이는 것만으로는 충분치 않았다. 그걸 조립할 더 많고 더 값싼 노동력이 필요했다.

페어차일드반도체의 종업원 중 다수는 부자가 되고 싶은 마음에, 혹은 엔지니어링에 대한 사랑 때문에 그 회사를 택한 사람들이었다. 찰리 스포크Charlie Sporck는 이전 직장에서 공공의 적으로 낙인찍힌 후 페어차일드로 왔다. 시가를 피우고 운전을 거칠게 하는 뉴요커였던 스포크는 효율성에 집착하는 성격이었다.[35] 명철한 과학자와 기술의 선구자들이 모여 있는 반도체 산업에서 스포크는 노동자와 기계로부터 생산성을 쥐어짜 내는 전문가였다. 그처럼 거친 관리자가 있었기 때문에 연산력의 가격은 고든 무어의 예언 시간표에 따라 인하될 수 있었다.

스포크는 코넬대학교에서 엔지니어링을 전공한 후 GE에 고용되어 뉴욕주 허드슨 폴의 GE 공장에서 1950년대 중반을 보냈다. 그는 콘덴서를 제조하는 GE의 공정을 개선하는 업무를 맡았고, 공장의 조립 라인 공정을 변경할 것을 제안했다. 스포크는 자신의 새로운 기법을 통해 생산성을 향상시킬 수 있다고 믿었지만, GE의 생산 라인을 꽉 잡고 있던 노동자들은 그런 그를 노동자의 생산 통제력을 빼앗아 갈 수 있는 위험인물로 여겼다. 노동조합이 들고 일어났고 스포크의 인형까지 등장해 화형식이 거행되었다. 공장 관리자 측은 소심하게 한발 물러서며 스포크가 제안한 개선 사항을 적용하지 않겠다고 노동조합에 약속했다.

'지옥에나 가라지.'[36] 스포크는 생각했다. 그날 밤 집에 온 그는 다른 직장을 알아보기 시작했다. 1959년 8월, 그는 《월스트리트저널》에 실린 구인 광고를 보았다. 페어차일드반도체라는 작은 회사가 생산 관리자를 구한다는 내용이었다. 스포크는 지원서를 보냈고 곧 회신이 왔다. 뉴욕시 렉싱턴가에 있는 한 호텔에서 만나자는 것이었다. 그를 인터뷰하러 온 페어차일드 직원 두 명은 술을 많이 마시는 점심식사를 한 탓에 취해 있었고 스포크에게 즉석에서 채용 제안을 했다. 이것이 페어차일드의 모든 채용 결정 중 최고의 선택이었다. 스포크는 오하이오주보다 서쪽으로 가본 적이 한 번도 없었지만 그 자리에서 제안을 수락했다. 곧 마운틴 뷰에서 새로운 일을 할 예정이었다.

캘리포니아에 도착한 스포크는 회사의 상태를 보고 놀랐다. 훗날의 회고에 따르면 그렇다. "페어차일드는 사실상 노동력이나 노동조합 관리를 능숙하게 해낼 역량이 없었습니다. 저는 새 직장에서 그 업무를 매끄럽게 처리했습니다." 다른 회사라면 인형 화형식까지 당했던 사람이 노사 관계를 "능숙하게" 처리할 역량이 있다고 생각하지 않았을 것이다. 하지만 실리콘밸리는 노동조합이 약한 곳이었고 스포크는 자신의 방식을 고집하기로 마음먹었다. 스포크와 페어차일드는 노동조합과 "사생결단"을 벌일 것이라고 선포했다. 실용적이고 현실적인 엔지니어였던 스포크는 전형적인 노조 파괴자의 이미지가 아니었다. 그가 사무실 분위기를 너무도 엄격하게 유지한 탓에 동료들은 그곳을 군대 막사에 비유하기도 했다. 스포크는 대부분의 직원에게 스톡옵션을 제공했으며 그것을 자랑스럽게 여겼다. 오래된 동부 해안의 전자 회사들에게는 실제로 미지의 경영 기법이었다. 대신에 그는 바로 그 직원들의 생산성을 최대한 쥐어짜기 위해 가차 없이 쪼아 댔다.[37]

노동력의 대부분이 남성으로 구성되어 있던 동부 해안의 전자 회사들과 달리, 샌프란시스코 남쪽에 자리 잡은 새로운 칩 생산 스타트업들은 대부분 조립 라인을 여성들로 채웠다.[38] 실리콘밸리의 경제가 과일 통조림 공장에 의존하고 있던 1920년대와 1930년대부터, 항공 산업이 활발했던 2차 세계대전, 그리고 지금까지도 산타클라라 밸리의 생산 라인에서는 여성들이 일하고 있었다. 1965년 의회가 이민 조건을 완화하면서 외국에서 태어난 수많은 여성이 실리콘밸리의 노동력 풀에 합류했다.

칩 회사가 여성을 고용한 이유는 더 낮은 임금을 줄 수 있었기 때문이었다. 또 여자는 남자보다 노동 조건 개선 요구가 심하지 않았다. 생산 관리자들은 남자에 비해 손이 작은 여자가 반도체 조립 및 완성된 반도체를 테스트하기에 유리하다고 믿고 있기도 했다. 1960년대, 플라스틱 기판에 실리콘 칩을 부착하는 과정은 이러했다. 칩이 올라가야 하는 위치를 노동자가 현미경으로 확인한다. 조립 노동자가 두 부품을 고정시키면 기계에서 열과 압력, 초음파 진동이 가해져 실리콘이 플라스틱 기판과 결합하게 된다. 칩에 전력을 공급하는 얇은 골드와이어 역시 손으로 붙여야 했다. 마지막으로 칩을 테스트하려면 일종의 미터기에 꽂아야 했는데 그 역시 손으로 할 수밖에 없는 일이었다.[39] 칩의 수요가 하늘 높이 치솟음에 따라 그런 일을 하기 위한 사람 손의 수요 역시 급등했다.

캘리포니아를 아무리 뒤져도 스포크 같은 반도체 회사 경영진이 원하는 저렴한 노동력을 찾을 수는 없었다. 페어차일드는 미국 전역을 샅샅이 뒤졌고 결국 노동자들이 "노동조합에 진저리를 내고 있다"는 스포크의 보고에 따라 메인주에 공장을 열었다. 세제 혜택을 노리고 뉴멕시코주 나바호 원주민 보호구역에도 공장을 차렸다. 하지만 미국에서 가장 가난한 지역에서조차 임금으로 들어가는 돈이 만만치 않았다. 밥 노이스는 마오쩌둥의 공산당이 지배하는 중국 대륙 바로 건너편의 영국 식민지인 홍콩의 한 라디오 조립 공장에 개인 돈으로 투자를 했다. 그곳의 임금은 시간당 25센트 내외, 미국의 10분의 1 수준이었다. "자네도 가서 한번 보지 그래." 노이스가 스포크에게 귀띔을 했고, 스포크는 현장 확인을 위해 비행기에 올랐다.[40]

페어차일드의 일부 직원이 불안을 드러냈다. "공산권 중국이 바로 코 앞이잖아요." 홍콩의 북쪽 국경 너머에 진을 치고 있는 수천 명 이상의 인민해방군을 염두에 둔 말이었다. "결국 거기서 달아나야 할걸요." 하지만 노이스가 투자한 라디오 공장은 새로운 기회를 보여 주고 있었다. 스포크의 동료 중 한 사람이 이렇게 회상한다. "그 공장에서 일하는 중국의 노동력은 우리가 알던 그 무엇보다 훌륭했습니다." 홍콩의 조립 노동자는 미국인보다 두 배나 빨랐고, "지루한 일을 기꺼이 감수할 의향이 있다"[41]고 페어차일드의 경영진 중 한 사람이 보고서를 올렸다.

페어차일드는 구 홍콩 공항 옆, 구룡만九龍灣 해안과 곧장 면해 있는 항업가Hang Yip Street의 샌들 공장을 임대했다. 몇 층 건물 높이의 거대한 페어차일드 로고가 건물 전면에 붙었고, 반사된 빛이 홍콩항을 들락거리는 낡은 배들을 눈부시게 했다. 페어차일드는 여전히 캘리포니아에서 실리콘 웨이퍼를 생산하고 있었지만 반도체 최종 조립을 위해 홍콩으로 물건을 보내기 시작했다. 1963년, 문을 연 지 한 해 만에 홍콩 공장은 1억2000만 개의 기기를 조립했다. 페어차일드는 낮은 임금으로 숙달된 엔지니어들을 고용해 조립 라인을 운영할 수 있었고 그 결과 제품 품질은 훌륭했다. 캘리포니아였다면 제품이 엄청나게 비쌌을 것이다.[42]

해외 제조 공장을 아시아에 연 것은 반도체 기업 중 페어차일드가 처음이었다. 하지만 텍사스인스트루먼트, 모토로라, 그 외 다른 기업도 재빨리 그 대열에 합류했다. 채 10년도 지나지 않아 거의 모든 미국의 칩 제조사들이 해외 조립 설비를 운영했다. 스포크는 홍콩 바깥으로 눈길을 돌렸다. 시간당 임금 25센트는 미국의 10분의 1이었지만 다른 아시아 국가와 비교하면 가장 높은 수준이었다. 1960년대 말, 대만의 노동자는 시간당 19센트, 말레이시아는 15센트, 싱가포르는 11센트, 대한민국은 고작 10센트를[43] 받고 있었다.

스포크의 다음 행선지는 싱가포르였다. 중국계가 주류를 이루는 도시국가는 리콴유李光耀라는 상대적으로 계몽된 독재자가 다스리고 있었는데, 한 전직 경영진의 회고에 따르면 고맙게도 노동조합이 "사실상 거의 불법인"[44] 곳이었다. 페어차일드는 얼마 지나지 않아 말레이시아의 도시 페낭에 조립 시설을 열었다. 반도체 업계는 세계화라는 말을 아무도 쓰지 않았던, 그런 말이 등장하기 10년 전부터 세계화를 진행하고 있었다. 우리가 알고 있는 아시아 중심 공급망의 기틀을 다지기 시작한 것이다.

스포크 같은 관리자들이 세계화의 거대한 계획을 가지고 있었던 건 아니다. 만약 비용이 같았다면 메인주나 캘리포니아주에 공장을 지어 나갔을 것이다. 하지만 아시아에는 농촌에서 탈출하여 공장에서 일하고 싶어 하는 수백만의 농민이 있었고, 그로 인해 당분간은 저렴한 노동력이 보장된 것이나 마찬가지였다. 워싱턴의 대외 정책 전략가들에게 홍콩, 싱가포르, 페낭 같은 도시의 중국계 노동자들은 마오쩌둥의 공산주의가 전복될 날이 무르익어가고 있다는 것을 보여 주는 징표처럼 보였다. 하지만 스포크에게 그 노동자들은 자본가의 꿈을 실현시켜 주는 존재로 보였다. 그는 이렇게 적어 두었다. "우리는 실리콘밸리에서 노동조합 문제를 겪었다. 동양에는 노조 문제가 전혀 없었다."[45]

CHAPTER 11

정밀 타격

1970년대 초, 싱가포르와 홍콩의 반도체 공장을 오가기 위해 비행기를 타고 가던 텍사스인스트루먼트 직원이라면, 가끔 그 중간쯤 어딘가에서 창밖을 내다보았을 것이다.[46] 어쩌면 그 직원의 눈에는 베트남 해안 평야 지대의 전장에서 솟아오르는 연기가 보였을지도 모르겠다. 아시아에서 일하는 텍사스인스트루먼트 직원들의 관심사는 전쟁이 아니라 칩을 만드는 것이었다. 하지만 텍사스 본사에 있는 동료들 다수의 관심사는 베트남전쟁 외에 다른 생각을 할 여지가 없었다. 텍사스인스트루먼트의 첫 대형 계약은 미니트맨 2 같은 거대한 핵미사일에 사용되는 집적회로였다. 그러나 베트남전은 다른 유형의 무기를 필요로 하고 있었다. 가령 '천둥 번

개 작전Operation Rolling Thunder'은 1965년부터 1968년까지 수행된 베트남전쟁 초기의 폭격 작전이었는데, 여기서 투하된 폭탄은 80만 톤 이상이었다.[47] 2차 세계대전 모든 기간 동안 태평양 전장에 쏟아부었던 것보다 많은 양이었다. 하지만 이 화력전이 북베트남군에게 준 타격은 제한적이었으니 대부분의 폭탄이 목표에 맞지 않았기 때문이었다.

공군은 컴퓨터 제어 장치가 더 정밀해야 할 필요성을 절감했다. 원격 조종에서 열 감지까지 군은 다양한 미사일과 폭탄 유도 기법을 실험했다. 이렇게 만든 무기 중 일부는 상당히 효과적인 것으로 드러났다. 예를 들어 슈라이크Shrike미사일은 비행기에서 발사되어 상대방의 레이더 기지를 타격하는 공대지空對地 무기였는데, 상대방 레이더의 라디오파를 추적하는 단순한 유도 체계를 지니고 있었고 목표를 향해 잘 날아갔다. 하지만 그 외 여러 유도 시스템은 제 몫을 해내지 못하고 있었다. 1985년 말, 국방부 연구에 따르면 시야 밖에서 적국 비행기를 미사일로 공대공空對空 요격하여 성공한 사례는 단 네 건에 지나지 않았다.[48] 이런 한계를 안고 있는 한 유도탄은 전쟁의 승패를 결정짓는 무기가 될 수 없었다.

여러 유도 무기의 문제는 진공관이라는 것이 공군이 내린 결론이었다. 미군 전투기에 탑재되어 베트남 상공을 날아다녔던 스패로 3Sparrow Ⅲ 대공 미사일 같은 경우 손으로 납땜한 진공관에 의존하고 있었다. 남아시아의 습한 기후, 이륙과 착륙 시 받는 충격, 속도와 방향을 급격하게 바꾸는 공중전 등을 겪고 나면 고장이 나기 일쑤였다. 스패로미사일의 레이더 시스템은 평균적으로 5시간에서 10시간 사용할 때마다 고장이 났다. 전쟁이 끝난 후 발표된 연구에 따르면 베트남전에서 사용한 스패로미사일 중 명중한 것은 9.2퍼센트에 지나지 않았고, 66퍼센트는 고장이었으며, 나머지는 그저 빗나가 버렸다.[49]

하지만 미군이 베트남에서 맞닥뜨린 가장 어려운 과제는 지상의 목표물을 명중시키는 것이었다. 공군 자료에 따르면 베트남 전쟁이 시작될 무렵 폭탄 투하 고도는 평균 128미터[50]였다. 차량을 조준해 폭격하는 것은 기본적으로 불가능하다는 말이었다. 당시 34세로 텍사스인스트루먼트의 프로젝트 엔지니어였던 웰든 워드Weldon Word는 이 상황을 바꾸고 싶었다. 워드는 꿰뚫어보는 듯한 푸른 눈, 크고 깊으며 사람을 홀리는 목소리, 그리고 전쟁의 미래를 바라보는 자신만의 혜안을 지닌 사람이었다. 텍사스인스트루먼트가 개발한 신형 음파 탐지기 데이터 수집을 위해 1년간 해군 함정에 승선했던 그는, 그 엄청나게 단조롭고 지루한 임무를 수행하면서 올바른 센서와 장비를 갖췄을 때 군사 시스템이 얼마나 많은 데이터를 수집할 수 있는지 생생하게 보여 주었다. 1960년대 초부터 워드는 마이크로 전자 기술의 군사적 사용을 통한 킬 체인kill chain(타격 순환 체계. 움직이는 목표를 탐지하고 파악하여 결정을 내리고 공격하는 등의 일련의 과정을 의미한다—옮긴이)의 혁신을 구상하고 있었다. 인공위성과 비행기에 실린 고급 센서로 목표물을 포착한 후 추적하고, 목표를 향해 유도 미사일을 날려서 파괴되었다는 사실을 확인하는 것이다. 마치 공상 과학 소설 속 이야기처럼 들린다. 하지만 텍사스인스트루먼트의 실험실에서는 이미 그러한 변화에

필요한 부품을 생산하고 있었다.[51]

텍사스인스트루먼트는 이미 대륙간 탄도 미사일ICBM에 탑재되는 칩을 제공한 바 있다. 그 칩이 수행하는 역할은 상대적으로 평이한 것이었다. ICBM은 적기를 피해 시속 수백 킬로미터의 속도로 날아가는 비행기가 아니라 지상의 고정된 발사대에서 발사되기 때문이다. ICBM의 목표물 역시 움직이지 않는다. 미사일은 우주에서 대기로 재진입할 때 음속의 몇 배나 되는 속도로 떨어지지만, 미사일 자체가 받는 바람이나 날씨의 영향은 미미한 수준이다. ICBM에 실리는 탄두는 약간 빗나간다 해도 엄청난 파괴력을 발휘할 만큼 강력하다. 말하자면 몬타나에서 모스크바를 공격하는 것이 수백 미터 상공 위에서 F-4 전폭기가 폭탄을 투하하여 트럭을 맞추는 것보다 훨씬 쉬운 일이다.

이것은 복잡한 작업이었지만 워드는 최고의 무기는 "싸고 익숙한"[52] 것이어야 한다는 점을 납득했고, 워드의 동료 중 하나가 이러한 무기가 훈련장과 전장에서 자주 사용될 것임을 보장한다고 설명했다. 초소형 전자공학의 핵심은 복잡성을 줄이는 데 있다. 납땜 된 부위가 하나씩 늘어날수록 그만큼 장비의 신뢰도는 위험에 노출된다. 전자 장치가 단순할수록 시스템은 더 신뢰도가 높고 전력 효율도 높게 될 것이다.

많은 군사 납품 업체는 펜타곤에 비싼 미사일을 팔려 했지만, 워드의 생각은 달랐다. 그가 자신의 팀원들에게 설명한 바에 따르면, 그들의 목표는 저렴한 패밀리 카 같은 가격대의 무기를 제공하는 것이었다.[53] 워드는 단순하고 사용하기 쉬우며, 모든 종류의 항공기에 바로 적용될 수 있고, 모든 국방 영역에서 환영받으며, 미국의 동맹들 역시 곧 채택할 수 있는 무언가를 찾아내고자 했다.

1965년 6월, 워드는 플로리다의 에글린공군기지Eglin Air Force Base로 날아갔다. 베트남에서 사용할 신형 장비 구입 프로그램의 책임자인 조 데이비스Joe Davis 대령을 만나기 위해서였다. 데이비스는 군에 입대하기 전 15세의 나이로 비행을 배웠고, 2차 세계대전과 한국전쟁에 참전하여 전투기와 폭격기를 모두 조종해 본 경력의 소유자였다. 그 후에는 유럽과 태평양에서 공군 지휘관 역할을 수행해 왔다. 공군의 작전에 알맞은 유형의 무기가 무엇일지 그보다 잘 아는 사람은 없었다. 자신의 사무실에 방문한 워드가 의자에 앉자 데이비스는 책상 서랍을 열어 타인호아 다리Thanh Hoa Bridge의 사진을 보여 주었다. 북베트남의 마강Song Ma을 가로지르는 길이 165미터의 철교는 방공 시설로 둘러싸여 있었다. 워드와 데이비스는 다리 주변에 패인 800여 개의 얽은 자국을 헤아려 보았다. 그게 다 미국 폭격기나 로켓이 만들어 낸 것으로, 하나같이 과녁을 맞추지 못해 생긴 흔적이었다. 수십, 어쩌면 수백 개의 폭탄이 강에 빠져 아예 흔적조차 남기지 않았을 것이다. 다리는 여전히 건재했다. "텍사스인스트루먼트가 뭐라도 도움을 줄 수 있겠소?"[54] 데이비스의 질문이었다.

워드는 반도체 전기공학에 특화된 텍사스인스트루먼트라면 공군이 더 정확한 폭격을 할 수 있도록 도울 수 있다고 생각했다. 텍사스인스트루먼트는 항공 폭탄 설계에 대해 아는 바가 없었으므로, 워드는 이미 타인호아 다리 주변에 638번이나 흩뿌려져 실패의 흔적을 수없이 남긴 표준적인 폭탄,[55] 340킬로그램의 M-117을 개조하는 쪽으로 방향을 잡았다. 그는 폭탄이 하늘에서 떨어질 때 방향 제어가 가능하도록 작은 날개를 부착했다. 마지막으로 워드는 그 날개를 조작할 수 있는 간단한 레이저 유도 시스템을 설치했다. 작은 실리콘 웨이퍼를 4등분하여 렌즈 뒤에 배치했다. 목표물에서 반사된 레이저는 렌즈를 통해 반도체에 전달될 것이다. 만약 폭탄이 궤도에서 벗어나면 네 개 중 하나의 반도체에 더 많은 레이저가 조사되며 그 에너지가 신호 역할을 하여 날개를 움직이고, 렌즈에 레이저가 똑바로 비출 때까지 폭탄의 궤적을 수정하는 시스템이었다.

데이비스 대령은 텍사스인스트루먼트에 9개월의 제작 기간과 9만9000달러의 연구비를 제공했다. 단순한 설계 덕분에 이 유도 미사일 시스템은 금세 완성되었고 공군의 테스트도 바로 통과했다. 1972년 5월 13일, 미군 전투기는 그날까지 수백여 개의 구덩이에 둘러싸인 채 건재하던 타인호아 다리에 24발의 폭탄을 투하했다. 이번에는 폭탄이 정확하게 목표물을 맞췄다. 수십 개의 교량, 철도 접속점, 그 외 중요한 전략적 지점들이 새로운 정밀 폭탄의 공격을 받았다. 단순한 레이저 센서와 몇 개의 트랜지스터 덕분에 638발을 쏘고도 한 발도 못 맞추던 무기가 정밀 폭격의 도구[56]로 탈바꿈하게 된 것이다.

베트남의 농촌에서 벌어지는 게릴라 전쟁은 항공 폭격으로 이길 수 있는 유형의 싸움이 아니었다. 공교롭게도 텍사스인스트루먼트의 페이브웨이Paveway 레이저 유도 시스템이 전쟁에 도입될 무렵, 미국의 패배는 기정사실화되었다. 윌리엄 웨스트모어랜드William Westmoreland 장군 같은 군 지도자의 입에서 "전장은 실시간으로 혹은 거의 실시간으로 감시될 것이며 화기 통제는 자동화될 것"[57]이라는 말이 나왔을 때, 많은 이들이 이를 그저 미국을 베트남전쟁으로 끌어들인 것과 다를 바 없는 오만한 소리로 여겼다. 베트남전쟁은 폭탄과 마이크로 전자 기술이 결합할 때 어떤 일이 벌어질 수 있는지 탐구해 본 실험장이었으며, 그리하여 군사 체계와 미국의 군사력은 근본적인 변화를 겪게 되었다는 것을, 소수의 군사 이론가와 전자 엔지니어들을 제외한 대부분의 사람은 알 길이 없었던 것이다.

CHAPTER 12
공급망과 외교의 기술

텍사스인스트루먼트의 임원 마크 셰퍼드Mark Shepherd는 2차 세계대전 기간에 해군으로 아시아에 배치되었지만, 모리스 창은 마크 셰퍼드가 아시아에 대해 아는 전문 지식이라고는 "술집과 춤추는 여자들"[58] 말고 없다고 빈정거렸다. 댈러스에서 경찰관의 아들로 태어난 셰퍼드가 최초로 진공관을 직접 조립한 것은 여섯 살 때였다.[59] 그는 텍사스인스트루먼트의 반도체 비즈니스를 이루는 데 핵심 역할을 한 인물 중 하나였다. 잭 킬비가 최초의 집적회로를 발명할 때 그 부서의 관리자 노릇을 하던 사람이기도 했다. 넓은 어깨, 빳빳한 와이셔츠 깃, 매끈하게 넘긴 검은 머리카락, 얼굴에 가득한 미소까지 셰퍼드는 텍사스의 거물 사업가처럼 보였고 실제로도 그랬다. 이제 그의 과제는 생산 기지를 아시아로 확장하는 텍사스인스트루먼트의 전략을 이끄는 것이었다.

창과 셰퍼드의 첫 대만 방문은 1968년의 일로, 그들은 새로운 반도체 조립 시설 장소를 물색하기 위해 아시아 전역을 돌아다니고 있었다. 대만 방문은 최악이었다. 셰퍼드는 자신이 주문한 스테이크에 뿌려진 간장 소스를 보고 격노했다. 텍사스에서는 누구도 그런 식으로 스테이크를 먹지 않았던 것이다. 수완 좋고 박식한 인물인 동시에 실권자이기도 했던 대만 경제부 장관 리궈딩李國鼎과의 첫 만남 역시, 장관이 지식재산권을 "제국주의자들이 저개발국을 괴롭히기 위한 수단"[60]쯤으로 선포하면서 험악한 분위기로 끝나고 말았다.

셰퍼드를 미 제국의 하수인으로 본 리궈딩의 관점이 틀렸다고 할 수는 없었다. 하지만 미국을 자신의 나라에서 쫓아내고자 했던 북베트남인들과 달리 리궈딩은 결국 대만이 미국과 긴밀한 관계를 맺을수록 더 큰 이익을 볼 수 있다는 것을 깨달았다. 대만과 미국은 1955년 이래 조약 동맹국이었지만 베트남전에서 패배한 충격이 여전한 가운데, 대만의 안보를 지켜주겠다는 미국의 약속은 허술해 보였다. 대한민국부터 대만, 말레이시아, 싱가포르까지 반공주의 정권은 미국의 베트남 철군이 자국에서 되풀이되지 않게 보장해 줄 무언가를 찾고 있었다. 또 경제적 불만이 커지면 국민 중 일부가 공산주의에 경도될 수 있으므로 일자리와 투자를 얻는 것도 중요했다. 대만의 두 가지 문제를 텍사스인스트루먼트가 단번에 해결해 줄 수 있음을 리궈딩 장관은 깨달았다.

워싱턴의 전략가들은 미국이 지원하던 남베트남이 무너지면 그 충격파가 아시아 전역으로 퍼져 나갈 수 있다는 점을 우려하고 있었다. 국제 정책 전략가들은 아시아 전역에 퍼져 있는 화교 커뮤니티에 공산주의가 침투할 수 있는 분위기가 무르익은 것으로 보았다. 중국의 영향력 아래 도미노처럼 무너질 준비가 되었다고 여긴 것이다. 예를 들어 말레이시아의 화교 중 소수파는 말레이시아 공산당의 중추 역할을 수행하고 있었다. 베이징은 동지를 찾고 있었고 미국의 약점을 탐색하는 중이었다.

　　베트남에서 공산주의자들의 승리가 임박했다는 것을 걱정하기로는 대만 정부를 따라올 자가 없었다. 대만은 여전히 자신들이 중국 대륙 전체를 지배하고 있다고 주장하는 중이었다. 1960년대 대만은 경제적으로 훌륭했지만 대외 정책으로는 재앙과도 같은 10년을 보냈다. 대만섬의 독재자 장제스蔣介石는 여전히 본토 수복을 꿈꾸었으나, 군사적 균형은 그에게 너무도 불리한 방향으로 기울어져 있었다. 1964년, 베이징은 첫 번째 원자폭탄 실험에 성공했다. 수소폭탄 실험이 곧 이어졌다. 핵을 가진 중국 앞에서 대만은 미국의 안보 보장이 그 어느 때보다 절실했다. 하지만 베트남전을 질질 끌면서 미국은 대만을 비롯한 아시아 우방국에 대한 경제 지원을 끊기 시작했다.[61] 미국의 지원에 크게 의존하고 있는 나라들 처지에서 매우 불길한 징조가 아닐 수 없었다.

　　케임브리지에서 원자물리학을 공부하고 제철소를 운영하고 나서 2차 세계대전 후 수십 년 동안 대만 경제 발전을 이끌던 리궈딩 같은 대만 관료들은[62] 미국과 경제적으로 단단히 통합되는 전략을 구상하기 시작했다. 그 계획의 중심에 반도체가 있었다. 그 계획을 도와줄 의향이 있는 대만계 미국인 반도체 엔지니어가 충분하다는 것을 리궈딩은 알고 있었다. 댈러스에서 모리스 창은 텍사스인스트루먼트의 동료들에게 대만에 생산 설비를 세우라고 재촉했다. 훗날 많은 이들이 중국 본토에서 태어난 창이 대만으로 "돌아갔다"는 식으로 묘사했지만, 사실 그가 대만에 발을 디딘 것은 1968년이 처음이었다. 그는 공산주의자들이 대륙을 차지하여 중국을 떠난 이래 줄곧 미국에서 살고 있었던 것이다. 하지만 스탠퍼드에서 창과 함께 박사후과정을 밟은 동창 두 명은 대만 출신이었고,[63] 그들은 대만이 비즈니스에 우호적인 환경을 제공할 뿐 아니라 임금이 낮게 유지되고 있다며 창을 설득했다.

처음에는 마크 셰퍼드를 제국주의자라고 비난했지만 리궈딩 장관은 재빨리 태도를 바꿨다. 텍사스인스트루먼트와 관계를 잘 맺으면 대만 경제가 환골탈태하며, 새로운 산업을 일으켜 세우고 기술 노하우도 전수받을 수 있음을 깨달았던 것이다. 한편 전자 제품 조립은 대만이 보다 고부가가치 상품을 생산하는 데 도움이 되는 다른 투자를 촉진할 것이었다. 아시아에 대한 미국의 군사 지원을 두고 미국인의 태도가 점점 회의적으로 바뀌고 있으니 대만으로서는 미국과의 연결고리를 다변화할 방안이 절실히 필요했다. 대만을 지키는 일에 관심이 없는 미국인이라 해도 텍사스인스트루먼트를 지키기 위해서라면 나서려 할 것이다. 이 섬에 더 많은 반도체 공장이 세워질수록, 미국과의 경제적 유대가 더 탄탄해질수록 대만은 더욱 안전한 섬이 될 것이다. 1968년 7월, 텍사스인스트루먼트와 대만 정부의 관계는 한층 부드러워졌고, 텍사스인스트루먼트 이사회는 대만에 새로운 설비를 건설하는 안을 가결시켰다. 1969년 8월 그 공장에서 첫 번째 기기가 조립되어 나오기 시작했다. 1980년에는 10억 번째 제품이 출하되었다.[64]

반도체 공급망이 경제 성장과 정치 안정을 가져다줄 것이라는 생각에 이른 나라는 대만뿐이 아니었다. 1973년, 싱가포르의 지도자 리콴유는 미국 대통령 리처드 닉슨을 만난 자리에서 싱가포르의 "실업을 일소하기 위해"[65] 수출에 매달리고 있다고 말했다. 싱가포르 정부의 협조 아래 텍사스인스트루먼트와 내셔널세미컨덕터National Semiconductors는 도시국가 싱가포르에 조립 설비를 건설했다. 다른 칩 제조사도 그 뒤를 따랐다. 1970년대 말, 미국의 반도체 기업은 해외에서 수만 명을 고용했는데 그 대부분이 한국, 대만, 동남아시아에 있었다. 텍사스와 캘리포니아 칩 제조사들과 아시아의 독재자들, 그리고 많은 경우 아시아 반도체 조립 설비를 채우고 있던 화교 노동자들 사이에 새로운 국제 동맹이 형성된 것이다.

반도체는 아시아 지역에 있는 미국 동반국들의 경제와 정치를 재구성했다. 정치적 극단주의의 온상이었던 도시는 근면한 조립 라인 노동자들이 완전히 바꿔 놓았다. 실업 상태였거나 보조금에 의존하는 농부였던 이들이 행복하게도 보다 나은 월급을 받으며 공장에서 일하게 된 것이다. 1980년대 초, 전자 산업은 싱가포르의 국민총생산GNP 중 7퍼센트, 제조업 일자리의 4분의 1을 담당했다. 전자 제품 생산을 놓고 보면 60퍼센트가 반도체 소자였고, 나머지도 반도체 없이는 작동하지 않는 제품이었다.

홍콩에서 전자 제조업은 섬유업을 제외하면 그 어떤 산업 영역보다 많은 일자리를 창출해 냈다.[66] 말레이시아의 경우 페낭, 쿠알라룸푸르, 믈라카에서 반도체 생산이 폭발적으로 늘어났고, 1970년대와 1980년대에 농촌을 떠나 도시로 온 말레이시아 노동자 중 15퍼센트가 반도체로 인해 새로운 제조업 일자리를 얻을 수 있었다. 이렇게 많은 인구가 이동하면 정치적 불안정을 일으키게 마련이지만, 상대적으로 임금이 후한 전자 조립 일자리[67] 덕분에 말레이시아는 실업률을 낮게 유지할 수 있었다.

한국에서 대만까지, 싱가포르에서 필리핀까지, 반도체 생산 설비를 지도 위에 놓고 보면 마치 아시아 전역에 배치된 미군 기지의 위치를 보는 것만 같았다. 심지어 미국이 베트남에서의 패배를 인정하고 해당 지역의 군사 기지를 철수한 후에도, 태평양 전역에 흩어진 반도체 공급망은 지속되었다. 1970년대 말이 되자 오히려 공산권이 도미노처럼 무너지기 시작했고, 아시아의 미국 동맹국은 미국과 그 전보다 더 밀접한 관계를 유지해 나갔다.

1977년 대만을 다시 방문한 마크 셰퍼드는 리궈딩과 재회했다. 그들의 첫 만남 이후 약 10년이 흐른 다음이었다. 대만은 여전히 중국의 침략 위험에 노출되어 있었지만 이제는 상황이 달라졌다. 셰퍼드는 리궈딩에게 이렇게 약속했다. "우리는 중국의 침략 위험보다 대만 경제의 힘과 활력을 높게 평가합니다. 텍사스인스트루먼트는 대만에서 계속 성장해 나갈 것입니다."[68] 텍사스인스트루먼트는 지금도 대만에 생산 설비를 유지하고 있다. 대만이 스스로를 실리콘밸리의 대체 불가능한 파트너로 변모시켰다.

CHAPTER 13

인텔의 혁명가들

1968년은 혁명의 해처럼 보였다. 베이징에서 베를린을 지나 버클리까지, 극단주의자와 좌파가 기존 질서를 몽땅 들어 엎을 기세였다. 북베트남은 구정 공세Tet Offensive를 펼치며 미국 군사력의 한계를 시험했다. 하지만 돌이켜 보면 세계적으로 가장 큰 언론사들을 제치고 그해 가장 혁명적인 사건을 보도한 언론은 따로 있었다. 《팰로앨토타임스Palo Alto Times》가 6면에 보도한 이 기사가 그것이다. "페어차일드를 떠난 창업자들, 새로운 전자 회사를 차리다."[69]

캘리포니아의 이스트 베이에서 밥 노이스와 고든 무어의 반란 정도는 딱히 저항처럼 보이지도 않았다. 버클리대학교 학생과 블랙 팬더 단원이 폭력 봉기를 기획하며 자본주의 체제 전복을 꿈꾸고 있었던 것이다. 노이스와 무어는 페어차일드에 대한 불만에 가득 차 있었다. 스톡옵션이 제공되지 않았고 뉴욕에 있는 본사에서 내려오는 지시와 간섭에도 신물이 나 있었다. 그들의 꿈은 기성 질서를 분쇄하는 것이 아니라 아예 다시 만드는 것이었다.

노이스와 무어는 마치 10년 전 쇼클리의 스타트업에서 탈출하던 때처럼 신속하게 페어차일드를 떠났다. 그리고 집적 전자 공학Integrated Electronics을 줄여서 인텔Intel이라는 이름의 회사를 차렸다. 그들은 트랜지스터가 역사상 나온 모든 상품 중 가장 값싼 것이 될 것이라고 예상했지만, 동시에 세상은 트랜지스터를 수조 개가 넘게 소비하리라고 보았다. 인류는 반도체의 도움을 받아 살아가면서 근본적으로는 반도체에 의존하게 될 것이었다. 세계가 미국과 점점 더 연결되면서 미국의 내부 구조 역시 변화하고 있었다. 굴뚝 산업의 시대는 끝났다. 실리콘에 트랜지스터를 새겨 넣을 능력이 있는 자가 향후 세계 경제를 주름잡게 될 터였다. 팰로앨토와 마운틴 뷰 같은 캘리포니아의 작은 마을이 세계 패권의 새로운 중심지로 떠오르고 있었다.

인텔은 창업 후 2년 만에 첫 제품을 출시했다. 다이내믹 랜덤 액세스 메모리dynamic random access memory 혹은 D램이라 불리는 칩이 그것이었다. 1970년대 이전 컴퓨터는 일반적으로 실리콘 칩이 아니라 전선으로 이루어진 격자에 연결된 작은 금속 링의 행렬matrix인 자기 코어magnetic core라는 장치를 사용하여 데이터를 "기억"했다. 링 하나가 자성을 띠면 컴퓨터는 그것을 1로 인식한다. 자성을 띠지 않은 링은 0이다. 얼키고설킨 전선이 링에 자성을 부여하거나 빼앗으며 0과 1을 부여하고, 어떤 링의 자성을 "읽음read"으로 써 1과 0의 신호를 되돌려 줄 수도 있었다. 그런데 이러한 1과 0의 기억에 대한 수요가 폭증하고 있음에도 전선과 링의 크기를 줄이는 일에는 한계가 있었다. 자기 코어 메모리는 부품을 손으로 꿰어서 만드는 방식이었기에 수작업이 불가능한 수준까지 작게 만드는 것은 불가능했다. 컴퓨터 메모리의 수요가 폭증하고 있었지만 마그네틱 코어로는 그 수요를 따라갈 수 없었다.[70]

1960년대, IBM의 엔지니어 로버트 데나드Robert Dennard는 집적 회로가 작은 금속 링보다 더 효율적으로 "기억remember"하게끔 하는 방법을 구상하기 시작했다. 귀를 덮을 정도로 길고 검은 그의 머리카락은 바깥으로 심하게 뻗쳐서 흔히 떠올리는 괴짜 천재의 모습이었다. 데나드는 작은 트랜지스터를 콘덴서와 짝짓는 방법을 제안했다. 그 결합 소자에 전하가 충전되면 1이고 아니면 0인 것이다. 콘덴서의 전류는 시간이 지나면서 사라지기 때문에 데나드는 트랜지스터를 이용해 콘덴서를 주기적으로 충전하는 방안을 떠올렸다. 이렇게 주기적인 충전을 하는 '다이나믹dynamic'한 랜덤 액세스 메모리인 D램DRAM의 개념이 탄생한 것이다.

D램은 오늘날까지도 컴퓨터 메모리의 핵심을 이루고 있다. 전류의 도움으로 0과 1을 저장한다는 점에서 D램 칩의 작동 방식은 구형 마그네틱 코어 메모리와 흡사하다. 하지만 D램 회로는 전선과 링을 엮은 게 아니라 실리콘에 새겨 넣은 것이다. 손으로 꿸 필요가 없으니 고장이 날 가능성이 낮고 훨씬 작게 만들 수도 있다. 노이스와 무어는 데나드의 통찰에 새로 만든 회사 인텔의 운

명을 걸었다. 반도체 칩은 그 어떤 마그네틱 코어보다 치밀하게 만들 수 있다. 실리콘밸리가 트랜지스터의 크기를 얼마나 줄여 나갈 수 있을지 파악하려면 무어의 법칙에 따라 그려진 그래프를 한 번 쳐다보는 것으로 충분했다. 이제 D램이 컴퓨터 메모리 산업을 정복할 참이었다.

인텔은 D램 칩 시장을 지배할 계획이었다. 메모리 칩은 기기에 맞춰 특화될 필요가 없으므로 같은 설계를 수많은 종류의 기기에 활용할 수 있다. 그러므로 메모리 칩을 큰 단위로 생산하는 일이 가능해진다. 반면에 "기억"이 아닌 "계산computing"을 하도록 되어 있는 다른 유형의 칩은 모든 기기마다 각기 다른 연산 과제를 가지고 있으므로, 각 장비에 맞춰 특별히 설계되어야 한다. 예컨대 계산기는 미사일의 유도 시스템과는 다른 방식으로 작동할 것이므로, 적어도 1970년대까지는 다른 종류의 논리 회로를 필요로 했다. 이렇게 개별화된 수요는 비용 증가로 이어졌다. 그래서 인텔은 메모리 칩에 초점을 맞추기로 결정했다. 대량 생산을 통해 규모의 경제를 실현하고자 한 것이다.

그런데 밥 노이스는 엔지니어 과제를 풀어야 하는 퍼즐 게임이 보이면 도저히 참지 못하는 유형의 인물이었다. 메모리 칩에 집중하겠다는 약속을 해서 수백만 달러의 투자를 받아 새 회사를 차렸지만, 바로 새로운 생산 라인을 추가해 버렸다. 1969년, 비지컴Busicom이라는 일본의 계산기 회사가 노이스에게 최신형 계산기를 위한 복잡한 칩 설계를 의뢰했다. 최신 컴퓨터 기술의 집약체가 저렴한 가격에 생산되며 플라스틱 케이스에 담겨 수많은 이들의 호주머니에 들어갔다는 점에서, 1970년대의 휴대용 계산기는 오늘날의 아이폰과 다를 바 없었다. 수많은 일본 기업이 계산기를 만들었지만 그들 대부분은 칩 설계와 제작을 실리콘밸리에 의탁하고 있었다.

신경 회로 연구를 끝으로 학계를 떠나 인텔에 온 테드 호프Ted Hoff는 부드러운 말투를 지닌 엔지니어였다. 노이스는 테드 호프를 불러 비지컴의 의뢰를 처리하도록 했다. 인텔 직원은 대부분 물리학이나 화학 전공자였고 그들은 칩 안에서 전자가 어떻게 돌아다니는가에 집중하는 경향이 있었다. 하지만 컴퓨터 아키텍처computer architectures 전공자였던 호프는 칩이 아닌 컴퓨터의 관점에서 반도체를 바라보았다.[71] 비지컴은 호프에게 각각 2만4000개의 트랜지스터가 탑재된 칩 12개가 필요하며, 그 칩들 모두가 맞춤형 설계여야 한다고 요구했다. 호프가 보기에 이것은 인텔 같은 작은 스타트업에게 불가능한 일이었다.

비지컴의 계산기를 고민하던 호프는 맞춤형 논리 회로와 맞춤형 소프트웨어 사이에서 컴퓨터가 맞닥뜨리는 양자택일 문제를 깨달았다. 칩 제작은 개별 기기에 최적화된 회로를 만들어서 제공하는 주문형 사업이므로 고객은 소프트웨어에 대해 별다른 고민을 하지 않았다. 하지만 인텔은 메모리 칩 분야에서 큰 진보를 이루고 있었으며 시간이 흐름에 따라 그 성과는 더욱 커질 전망이었다. 즉 앞으로 컴퓨터는 복잡한 소프트웨어를 다룰 수 있을 정도의 메모리를 갖게 될 터였다. 표준화된 로직 칩logic chip을 개발하고 강력한 메모리 칩을 탑재하여 각기 다른 과제에 맞게 프로그래밍

한 소프트웨어를 올린다면 다양한 연산 과제를 수행할 수 있다고 본 호프는 자신의 판단에 승부를 걸기로 했다. 아무튼 호프가 아는 한 인텔보다 강력한 메모리 칩을 만드는 회사는 세상 그 어디에도 없었다.[72]

인텔은 이 다목적 로직 칩에 4004라는 이름을 붙이고, "칩에 탑재된 프로그래밍 가능한 컴퓨터", 세계 최초의 마이크로프로세서microprocessor의 홍보에 나섰다. 새로운 칩은 일반적인 연산 기능을 제공하며 수많은 다양한 유형의 장비에 사용 가능했다. 사실 인텔의 4004 칩이 최초의 마이크로프로세서라는 주장은 옳지 않을 수도 있다. F-14 전투기에 탑재되는 칩을 제공한 어떤 군수 납품 업체가 인텔의 컴퓨터와 매우 흡사한 칩을 이미 생산한 바 있었다. 하지만 그 칩은 1990년대까지 비밀에 붙여져 있었으므로 1971년 발매된 인텔의 4004가 컴퓨터 혁명을 촉발했다는 말[73]은 거짓도 과장도 아니다.

1972년 밥 노이스의 부모님은 결혼 50주년 기념식을 올렸다. 그 자리에 참석한 노이스는 실리콘 웨이퍼를 들고 나타나 금혼식을 방해하더니 가족을 향해 선포했다. "이게 세상을 바꿔 놓을 거예요."[74] 이제 범용 로직 칩의 대량 생산이 가능해졌다. 바야흐로 컴퓨터가 주도하는 새로운 산업혁명이 임박해 있었고 인텔은 세계에서 가장 발전된 생산 라인을 보유했다.

캘리포니아공과대학Caltech 교수인 카버 미드Carver Mead는 대량 생산되는 컴퓨터를 통해 연산력이 보급되는 것이 사회에 미칠 혁명적 영향을 가장 잘 이해한 사람이었다. 꿰뚫어 보는 듯한 눈빛에 염소 수염을 기르고 있던 탓에 미드는 전기공학 엔지니어보다는 버클리의 철학 교수처럼 보였다. 고든 무어는 페어차일드를 창업한 직후 미드의 교수실에 찾아와서는 마치 춤추는 듯한 걸음걸이로 다가와 양말 하나를 건넸다.[75] 그 속에는 레이시언Raytheon 2N706 트랜지스터가 잔뜩 들어 있었고, 무어는 그것을 전기공학 수업에 쓰라며 호의를 보였다. 그 직후 그들은 친구가 됐다. 머잖아 무어는 미드를 컨설턴트로 채용했고, 몇 년 후 칼텍의 선지자는 매주 수요일을 실리콘밸리의 인텔 시설에서 보내게 되었다. 심지어 고든 무어가 그 유명한 1965년 칼럼에서 매년 지수함수적으로 증가하는 트랜지스터 밀도를 제시했을 때, 거기에 "무어의 법칙"이라는 이름을 붙인 것도 미드였다.

미드는 1972년 예언했다. "앞으로 10년 후면 우리 사회의 모든 영역은 어느 정도 자동화되어 있을 것이다." 그는 실리콘 칩이 저렴해지고 널리 퍼지면서 "작은 컴퓨터가 우리의 전화기, 세탁기, 자동차의 깊숙한 곳에 내장될 것"이라고 내다보았다. 미드의 계산에 따르면 "지난 200년간 우리는 제품을 생산하고 사람을 이동시키는 능력을 끌어올렸다. 숫자로 말하자면 100 정도다. 하지만 지난 20년간 우리의 정보 처리 능력은 100만, 1000만 단위로 향상되었다." 정보 처리의 혁명적 폭발이 다가오고 있었던 것이다. "컴퓨터 시대가 오는 소리가 들리고 있다."[76]

미드는 컴퓨터 혁명이 사회와 정치에도 상당한 영향을 미칠 것이라고 예언했다. 그 새로운 세상에서 연산력을 생산할 수 있는 사람, 소프트웨어로 컴퓨터를 조작할 수 있는 사람은 영향력을 갖게 될 것이었다. 실리콘밸리의 반도체 엔지니어들은 그 미래의 규칙을 써 내려갈 수 있는 전문 지식, 네트워크, 그리고 스톡옵션까지 가지고 있었다. 다른 사람은 모두 그들이 만들어 낼 규칙을 따라야 하는 것이다. 산업 사회는 디지털 세계에 길을 내주고 있었고, 0과 1은 사회 전반에 퍼져 있는 셀 수 없이 많은 실리콘 판에 저장되고 처리되었다. 기술이 지배하는 세상이 밝아오는 중이었다. 카버 미드는 이렇게 선포했다. "우리 사회의 운명은 결정적인 기로에 서 있다. 점점 더 작은 면적에 점점 더 많은 부품을 담을 수 있는 마이크로 전자 기술이 그 촉매 역할을 할 것이다." 업계 외부자들은 세상이 어떻게 변하게 될지 막연하게 짐작만 할 뿐이었으나, 인텔의 지도자 그룹은 알고 있었다. 다방면에서 광범위하게 연산력을 사용할 수 있게 된다면 근본적 변화가 뒤따를 것이다. 1973년 고든 무어는 다음과 같이 선언했다. "몇 년 전 학교를 때려 부순 장발에 턱수염을 기른 꼬마들이 아니라, 우리야말로 오늘날 이 세상의 진정한 혁명가다."[77]

CHAPTER 14
펜타곤의 상쇄 전략

노이스와 무어의 혁명은 많은 이들에게 혜택을 주었는데, 그 중 최고의 수혜자는 구체제의 근간이라 할 수 있을 펜타곤이었다. 1977년 워싱턴에 방문한 윌리엄 페리William Perry는 "마치 사탕가게에 온 아이가 된 것 같은" 기분을 느꼈다. 페리 같은 실리콘밸리 기업가에게 연구 및 엔지니어링 담당 차관으로 일한다는 것은 "세계 최고의 일자리"였다고 그는 말했다. 세상에 펜타곤처럼 신기술 도입에 많은 예산을 쓰는 조직은 없다. 마이크로프로세서와 강력한 메모리 칩이 모든 무기와 국방 관련 시스템을 어떻게 변화시킬 수 있을지, 워싱턴에서 그보다 명확하게 이해하고 있는 사람도 달리 없을 터였다.

밥 노이스나 고든 무어는 정부를 무시하고 대중을 상대로 계산기와 기업용 메인프레임 컴퓨터에 들어가는 칩을 만들어 큰돈을 벌고 있었다. 반면에 페리는 펜타곤을 직접적으로 알고 있었다. 펜실베이니아에서 제빵 기술자의 아들로 태어난 그는 모리스 창이 MIT를 졸업하고 취직했던 곳인 실바니아전자방어연구소Sylvania Electronic Defense Laboratories에서 실리콘밸리 과학자로서의 경력을 시작했다. 그곳에서 페리가 맡은 일은 소련의 미사일 발사를 감시하는 칩을 개발하는 것이었는데 그 내용은 고도의 기밀 사항이었다. 1962년 가을, U-2 정찰기가 쿠바에서 소련 미사일로 보이는 무언가의 사진을 찍어 왔을 때 워싱턴으로 긴급 소환된 열 명의 전문가 중 한 사람이 바로 페리였다. 페리는 젊은 나이에 이미 미국의 최고 군사 전문가 중 한 사람으로[78] 인정받고 있었다.

실바니아전자방어연구소에서 쌓은 경력 덕분에 페리는 미국의 국방 관련 내부인으로 올라섰다. 하지만 그는 여전히 마운틴뷰에 살고 있었다. 수많은 스타트업에 둘러싸인 엔지니어의 눈으로 볼 때 실바니아연구소는 구닥다리였고 점점 고답적인 관료주의 조직처럼 되어 갔다. 실바니아연구소의 기술력은 빠른 속도로 뒤처지고 있었다. 실리콘밸리의 칩 제조사들이 집적회로를 만들고 진공관을 내다버린 지 한참 된 후에도 실바니아연구소는 여전히 민간용, 국방용 제품에 진공관을 사용했다. 페리는 자기 주변에서 벌어지고 있는 반도체 전자공학solid-state electronics의 발전에 친숙했다. 그는 인텔의 밥 노이스와 함께 팰로앨토 성가대의 일원이기도 했다. 그렇게 혁명이 진행되고 있다는 것을 느낀 페리는

1963년 자기 길을 떠나기로 마음먹었다. 군용 기밀 장비를 설계하는 자기 회사를 차린 것이다. 자신이 필요로 하는 연산력을 얻기 위해 페리는 성가대의 합창 파트너이자 인텔의 CEO인 밥 노이스가 만든 칩을 구입하기로 했다.[79]

화창한 실리콘밸리에서는 "모든 것이 새롭고 무엇이든 가능" 해 보였다고, 훗날 페리는 회고했다. 1977년 펜타곤에 갔을 때는 세상이 어둡게 보였다. 미국이 막 베트남전에서 패배한 다음이었다. 설상가상으로 앤드류 마셜Andrew Marshall 같은 분석가들은 소련이 군사 경쟁에서 미국의 우위를 거의 완전히 잠식했다는 경고를 날리고 있었다. 디트로이트 태생의 마셜은 작은 체구에 대머리에다 매부리코인 남자로, 안경 뒤에서 세상을 헤아리기 어려운 표정으로 응시하는 사람이었다. 2차 세계대전 기간에 공작 기계 공장에서 일했던[80] 그는 20세기 후반 가장 영향력 있는 정부 관료 중 한 사람이 되었다. 마셜은 1973년 펜타곤에 채용되어 국방부 산하 총괄평가국Office of Net Assessment을 설립하고 전쟁의 미래를 진단하는 임무를 맡았다.

미국이 동남아시아에서 무의미한 싸움을 하며 10년을 허비한 후 군사적 우위를 잃었다는 것이 마셜이 내린 우울한 결론이었다. 그는 군사적 우위를 다시 획득하는 일에 집중했다. 워싱턴은 스푸트니크호 발사와 쿠바 미사일 위기에 충격을 받기는 했지만 소련이 1970년대 초 미국의 핵 공격을 받은 후에도 살아남을 수 있을 정도로 충분한 대륙간 탄도 미사일을 마련하여 미국에 선제공격을 당하더라도 보복할 수 있을 만한 역량을 갖추었다는 것까지는 알지 못했다. 더 우려스러운 것은 소련군의 탱크와 비행기가 더 많았다는 것인데, 그 무기 중 다수는 이미 잠재적 전장이라 할 수 있을 유럽을 향해 배치되어 있었다. 국내적으로 군비 삭감 압박을 받고 있던 미국이 따라잡는 것은 한마디로 불가능했다.

마셜 같은 전략가들은 소련의 양적 우위에 맞서는 유일한 답은 질적으로 더 우수한 무기를 생산하는 것뿐임을 모두 알고 있었다. 그런데 어떻게 가능한가? 마셜은 일찌감치 1972년부터 미국이 컴퓨터에서 "실질적이고 영속적인 우위"[81]를 가져갈 필요가 있다고 적어 두었다. "좋은 전략은 우위를 개발하고 전쟁의 개념을 전환하여 그것을 활용하는 것이라고 볼 수 있다." 마셜은 거의 완벽한 정확도로 목표물을 타격할 수 있는 병기를 그려 보면서 미사일에 "신속한 정보 수집", "정교한 명령과 제어" 및 "종말 유도"를 구상했다. 만약 미래의 전쟁이 정확도 싸움이 된다면 소련은 뒤처질 수밖에 없을 것이다. 마셜은 여기에 승부를 걸었다.

페리는 연산력의 소형화 덕분에 마셜의 미래 전쟁 구상이 머잖아 실현 가능해진다는 것을 알아차렸다. 그는 실리콘밸리의 반도체 혁신에 친숙한 사람이었고, 자신이 만든 회사의 기기에 인텔 칩을 사용하고 있었다. 베트남전쟁에 사용된 수많은 무기 체계는 진공관에 의존하고 있었지만, 최신형 휴대용 계산기에 사용되는 칩은 구형 스패로 3 미사일보다 훨씬 더 강력한 연산력을 지니고 있었다. 페리가 볼 때 미국은 이런 칩을 미사일에 탑재함으로써 소련을 훌쩍 앞질러서 승부를 내야 했다.

페리의 추론에 따르면 유도 미사일은 단지 소련의 양적 우위를 "상쇄"할 뿐 아니라 그 이상의 역할도 하게 될 것이었다. 유도 미사일에 대응하기 위해 소련은 엄청난 비용의 미사일 요격 시스템을 갖춰야 한다. 페리가 계산한 바에 따르면 펜타곤이 배치할 예정인 3000기의 순항 미사일을 방어하기 위해 모스크바는 5년에서 10년, 300억에서 500억 달러가[82] 필요할 터였다. 설령 그렇게 하더라도 모든 미사일이 소련을 향해 발사된다면 소련은 날아오는 미사일 중 고작 절반가량만 요격할 수 있다.

앤드류 마셜이 찾고 있던 기술이 바로 이런 것이었다. 지미 카터 대통령의 국방장관 해럴드 브라운Harold Brown과 손을 잡은 페리와 마셜은 펜타곤이 신기술에 큰 투자를 하도록 압력을 넣었다. 유도 미사일에 진공관이 아닌 집적회로를 이용하며, 인공위성을 별자리처럼 깔아서 지구 위 어느 지점이건 겨냥할 수 있게끔 하고, 가장 중요한 차세대 반도체 개발의 시동을 거는 등, 그런 작업을 통해 미국이 기술 첨단을 지킬 수 있도록 하고자 한 것이다.

페리가 주도하는 가운데 펜타곤은 미국의 마이크로 전자 기술 우위에 방점을 둔 새로운 무기 체계 개발에 돈을 퍼붓기 시작했다. 순항 미사일부터 포탄까지 모든 발사체를 유도 무기로 전환하는 페이브웨이 정밀 무기 프로그램이 발족했다. 소형화된 컴퓨터가 연산력을 제공하면서 센서와 통신 기술 역시 한 단계 도약하기 시작했다. 예컨대 적의 잠수함을 탐색하고자 할 때 정확한 센서를 개발하고 그렇게 수집된 정보를 전에 없이 복잡한 알고리즘으로 해석하는 문제가 큰 관건이었다. 군의 음향 전문가들은 충분한 연산력을 확보한다면 먼 거리에서도 고래와 잠수함을 구분할

수 있으리라는 기대를 걸었다.[83]

유도 무기는 점점 복잡해져 갔다. 토마호크Tomahawk미사일 같은 새로운 체계[84]는 페이브웨이보다 훨씬 복잡한 유도 체계로 작동하는 것이었다. 레이더를 이용해 지상을 스캔하고 미사일의 컴퓨터에 미리 입력되어 있는 지형도와 대조하는 방식을 사용했는데, 이렇게 하면 경로를 이탈한 미사일도 알아서 궤도를 수정할수 있었다. 이런 식의 유도 체계 이론은 수십 년 전에 등장했지만, 순항 미사일에 탑재될 수 있을 정도로 작고 강력한 칩이 등장한후에서야 비로소 가능해졌다.

개별적인 병기가 유도되는 것은 막강한 혁신이었다. 하지만그 병기가 서로 정보를 공유할 수 있다면 그 힘은 훨씬 더 강력해질 터였다. 페리는 미 국방부 산하 방위고등연구계획국Defense Advanced Research Projects Agency, DARPA을 통해 특별한 프로그램을 의뢰했다. 신형 센서, 유도 무기, 통신 장비가 집약될 경우 어떤 성과를 이룰 수 있는지 확인하기 위해 등장한 새 프로젝트는 이름하여"공습 파괴자Assault Breaker"[85]였다. 공중 레이더를 통해 적의 목표물을 확인하고 그 위치를 지상의 정보 처리 센터로 보내면, 정보 처리 센터는 다른 센서를 통해 포착한 정보와 종합해 그 내용을 분석, 평가하는 것이다. 지상에서 발사한 미사일은 공중 레이더와통신하여 목표물을 향해 유도된다. 최종 단계에서는 미사일이 소형 폭탄으로 갈라지며 개별적인 목표를 향해 날아가는 것이다.

유도 무기는 자동화된 전쟁이라는 새로운 가능성을 보여 주었다. 이는 이전까지 상상할 수 없을 정도로 큰 연산력이 개별 시스팀에 퍼져 있기에 가능한 일이었다. 1981년 페리가 한 인터뷰에서 말했다시피 이런 변화는 미국이 "칩의 집적도를 열 배 백 배 늘려"오지 않았다면 불가능한 일이었다. 그는 앞으로의 연산력 증가를 이런 비교를 통해 설명했다. "우리는 10년 전이라면 이 방 전체를 채워야 했을 만한 컴퓨터를 이제 칩 하나에 얹을 수 있게 되었습니다." 그래서 "모든 단계에서 '스마트'한 무기"[86]를 실전 배치할 수 있게 되었다는 것이다.

페리의 구상은 실리콘밸리에서 꾸며낸 그 어떤 허풍보다 과도한 것이었다. 펜타곤이 정말로 이런 첨단 기술 프로그램을 도입할 수 있을까? 1981년 카터의 임기가 끝나고 페리 역시 국방부에서 물러나던 시기, 언론과 의회는 정밀 타격에 대한 페리의 도박을 두고 맹공을 가했다. "순항 미사일: 놀라운 무기인가, 불발탄인가?" 1983년 한 칼럼니스트가 쓴 칼럼의 제목이었다. 페리가 밀어붙이는 첨단 기술을 "돼지 목에 진주 목걸이"[87]로 보는 시각도 있었다. 진공관으로 작동하던 스패로미사일 등도 외견상 "스마트" 무기로 여겨지고 있었는데, 그런 무기가 드러내는 잦은 고장과 절망적일 정도로 형편없던 살상력을 꼬집는 것이었다.

페리의 구상에 필요한 고도의 연산력은 많은 비평가에게 공상 과학 소설처럼 보였다. 탱크와 비행기가 변화하는 느린 속도를 놓고 볼 때 유도 미사일의 변화 역시 서서히 이루어질 것이라고 그들은 생각하고 있었다. 무어의 법칙이 기술하고 있는 지수 함수적 변화는 현실에서 자주 벌어지지 않으며 이해하기도 어려운 것이다. 하지만 "열 배 백 배"의 개선을 이야기한 페리는 광야의 외로운 예언자가 아니었다. 인텔 역시 고객들에게 정확히 같은 약속을 하고 있었다. 페리는 자신을 비판하는 의원들을 두고 칩이 얼마나 빨리 변하고 있는지 전혀 이해하지 못하는 "러다이트 Luddites"[88]라며 불평을 늘어놓았다.

페리가 퇴임한 후에도 국방부는 첨단 칩 연구 및 그에 기반한 군사 시스템 개발에 돈을 쏟아부었다. 앤드류 마셜은 차세대 칩으로 인해 가능해질 새로운 시스템을 꿈꾸며 펜타곤에서 작업을 계속해 나갔다. 반도체 엔지니어들은 페리가 약속했던 진보를 이룰 수 있을 것인가? 무어의 법칙에 따르면 그럴 수 있다고 했으나, 무어의 법칙은 예측일 뿐 보증 수표는 아니었다. 게다가 처음 집적 회로가 발명되었을 때와 달리 반도체 산업의 초점은 군수용품 생산으로부터 많이 벗어나 있었다. 인텔 같은 회사는 미사일이 아니라 기업용 컴퓨터와 소비재를 겨냥했다. 무어의 법칙이 요구하는 엄청난 연구개발 비용은 오직 소비자용 시장을 통해서만 조달될 수 있었다.

1960년대 초였다면 펜타곤이 실리콘밸리를 만들었다고 주장하는 일이 가능했을 것이다. 하지만 10년 후에는 상황이 역전되었다. 미국은 베트남전쟁에서 패배했지만 반도체 산업은 평화를 이끌었다. 싱가포르에서 대만과 일본까지, 베트남을 제외한 아시아 전체를 늘어난 투자와 길고 단단해진 공급망을 통해 미국과 더욱 밀접하게 엮어 냈던 것이다. 미국이 제공하는 혁신을 기반으로 삼아 전 세계가 단단히 연결되고 있었다. 심지어 소련 같은 적국마저 미국의 반도체 및 반도체 생산 수단을 베끼느라 여념이 없었다. 한편 반도체 산업은 미군이 미래의 전쟁에서 싸우는 방법을 바꿀 새로운 무기 체계가 등장하는 촉매 역할을 해냈다. 미국의 힘은 새로운 모습으로 다시 태어나고 있었다. 이제는 전 세계가 실리콘밸리의 성공에 의존하게 되었다.

PART III

리더십의 상실

CHAPTER 15

"이 치열한 경쟁"

"당신이 그 보고서를 쓰신 후 내 인생은 지옥이 되었습니다!"[1] 한 반도체 회사의 영업사원이 리처드 앤더슨Richard Anderson에게 한 말이다. 휼렛패커드Hewlett-Packard, HP의 임원 중 앤더슨은 HP의 엄격한 기준을 통해 어떤 칩을 구매할지 여부를 결정하는 일을 맡은 사람이었다. 1980년대는 미국 반도체 산업 전체에 지옥 같은 시간이었다. 실리콘밸리는 스스로가 세계 첨단 기술 산업의 정상에 올라 있다고 생각했지만, 20년간 폭발적인 성장을 경험한 그들은 이제 실존의 위기에 직면해 있었다. 일본과 서로 목숨 걸고 경쟁하게 되었기 때문이다. 앤더슨은 1980년 3월 25일 워싱턴 DC의 역사적 명소인 메이플라워호텔에서 열린 산업 박람회의 연사로 올랐다. 청중은 그의 말에 유심히 귀를 기울였다. 그 자리에 있는 모든 사람이 앤더슨에게 칩을 팔아야 할 처지였기 때문이다. 앤더슨이 일하던 회사 휼렛패커드는 실리콘밸리 스타트업이라는 개념을 만들어 낸 회사나 마찬가지였다. 1930년대 스탠퍼드대학교 졸업생인 데이비드 패커드Dave Packard와 빌 휼렛Bill Hewlett이 팰로앨토의 한 차고에서 가내수공업으로 전자 기기를 만지면서 모든 일이 시작되었다. 이제 휼렛패커드는 미국에서 가장 큰 기술 회사 중 하나로, 반도체의 중요 고객으로 성장해 있었다.

앤더슨의 판단에 따라 반도체 회사의 운명이 바뀔 수 있었지만, 그 어떤 실리콘밸리 세일즈맨도 앤더슨과 술자리나 식사 자리를 함께할 수 없었다. "가끔 같이 점심을 먹긴 했죠." 앤더슨은 쭈뼛거리며 인정했다. 하지만 실리콘밸리 사람들 모두가 알고 있듯이 앤더슨은 그들에게 가장 중요한 고객의 문지기 노릇을 하고 있었다. 앤더슨은 그 일을 하고 있었던 덕분에 반도체 산업 전체를 조감할 수 있었다. 개별 회사의 성과는 말할 것도 없는 일이었다.

인텔이나 텍사스인스트루먼트 같은 미국 기업뿐 아니라 도시바나 NEC 같은 일본 회사도 이제는 D램 메모리 칩을 생산하고 있었다. 하지만 실리콘밸리 사람들 대부분은 일본 기업을 진지한 고민거리로 여기지 않았다. 미국의 칩 제조사는 첨단 기술을 발명한 사람들이 운영하고 있었다. 그들은 일본이 "찰칵, 찰칵"[2] 하는 나라라고 농담을 하곤 했다. 일본인 엔지니어들은 더 나은 아이디어를 찾아 실리콘밸리의 반도체 컨퍼런스에 참석해 카메라로 이것저것 찍어가곤 했는데, 그 모습을 조롱한 것이었다. 미국의 주요 칩 제조사가 일본의 경쟁자들과 지식재산권 분쟁을 벌이고 있다는 사실 또한 실리콘밸리가 여전히 앞서 나가고 있다는 증거로 받아들였다.

하지만 HP의 앤더슨은 달랐다. 그가 볼 때 도시바TOSHIBA와 NEC는 단지 진지한 경쟁 상대에 지나지 않는 수준이 아니었다. 칩을 시험해 본 결과 일본 기업이 미국의 경쟁자보다 질적으로 훨씬 우월하다는 사실을 확인했던 것이다. 앤더슨의 보고에 따르면 일본 전자 회사 세 곳이 만든 칩은 최초 사용 1000시간 중 오류 발생률이 0.02퍼센트를 넘지 않았다. 반면에 미국 칩 제조사 세 곳의 오류 발생률은 가장 낮은 경우에도 0.09퍼센트였다. 미제 반도체는 일제 반도체에 비해 4.5배나 오작동한다는 뜻이었다. 가장 나쁜 성적을 보인 미국 기업의 반도체는 오류 발생률이 0.26퍼센트로, 일본 기업의 결과물에 비해 **열배** 이상 높았다.[3] 미국이 만든 D램은 같은 기능을 하고 가격도 같은데, 훨씬 자주 오작동한다. 그런 걸 왜 사야 하는가?

미국 산업이 높은 품질과 고도의 효율성으로 승부하는 일본 기업에 밀리고 있는 분야는 반도체뿐이 아니었다. 전쟁이 끝난 직후에는 이렇지 않았다. "메이드 인 재팬"은 "싸구려"라는 말과 다를 바 없었다. 하지만 소니의 모리타 아키오 같은 경영자들이 나타나서 일제가 저가 상품이라는 오명을 벗고, 대신에 그 어떤 미국 경쟁사보다 높은 품질의 제품을 생산해 낸다는 명성을 쌓기 시작했다. 모리타가 내놓은 트랜지스터 라디오는 미국의 경제 우위를 향한 최초의 유의미한 도전이라 할 수 있었다. 그 도전이 성공하자 모리타와 일본의 경영자들은 더 높은 곳을 바라보기 시작했다. 일본의 경쟁자들이 자동차에서 철강까지 미국의 산업을 바싹 추격하기 시작한 것이다.

1980년대가 되자 소비자 가전은 일본의 특화 영역이 되어 버렸다. 소니가 앞장서 새로운 소비재를 내놓고 미국 경쟁사들의 시장 점유율을 빼앗아 가고 있었던 것이다. 일본 기업의 첫 단계는 좋은 품질의 제품을 낮은 가격으로 생산하면서 미국 경쟁사의 제품을 대체하는 것이었다. 어떤 일본인은 기술 혁신에 있어서는 미국이 낫지만 기술 실현에는 일본이 탁월하다고 거리낌 없이 주장하기도 했다. 한 일본 언론인은 "우리 일본에는 노이스 박사나 쇼클리 박사 같은 사람이 없다"라고 썼다. 하지만 일본은 그런 노벨상 수상자가 만들어 낸 길을 따라가고 있었다. 특히 미국인을 청중으로 말할 때, 일본의 지도자급 인물들은 자국의 과학적 역량에 대해 겸손한 태도를 보였다. 소니의 연구 책임을 맡고 있던 저명한 물리학자 기쿠치 마코토가 한 미국 언론인과의 인터뷰에서, 일본은 "탁월한 엘리트"를 보유한 미국처럼 천재가 많은 나라가 아니라고 말했다. 그런데 기쿠치의 주장에 따르면 미국에는 "평균보다 떨어지는 지능"을 지닌 이들이 "긴 꼬리"[4]처럼 따라붙어 있기 때문에, 대량 생산에 있어서만은 일본이 미국보다 나을 수밖에 없다는 것이다.

심지어 반대 증거가 쌓이고 있음에도 불구하고 미국의 칩 제조사들은 미국의 혁신 우위에 대한 기쿠치의 말이 옳다고 철썩같이 믿고 있었다. 일본은 '혁신자'라기보다 '구현자'일 뿐이라는 명제에 반하는 살아 있는 예가 있었다. 기쿠치를 고용한 사람, 바로 소니의 CEO 모리타 아키오가 그 주인공이었다. 모방자는 2등의 자리에 머물 수밖에 없다는 것, 낮은 이익을 감수해야 한다는 것을 모리타는 알고 있었다. 그는 최고의 라디오와 TV를 만들라고 엔지니어들을 다그치는 데 그치지 않고, 전혀 새로운 유형의 제품을 상상해 내라고 요구했다.

1979년 앤더슨이 미국산 칩의 품질 문제에 대해 프레젠테이션을 하기 불과 몇 달 전, 소니는 워크맨을 출시했다. 음악 산업에 혁명을 일으킨 휴대용 음악 재생기 워크맨은 소니의 최신 집적회로 다섯 개를[5] 탑재하고 있었다. 당시 전 세계의 십 대가 주머니에 넣고 다니는 것은 그들이 가장 좋아하는 음악만이 아니었다. 실리콘밸리가 개척했지만 일본에서 개발해 낸 집적회로가 워크맨을 작동시키고 있었다. 소니는 전 세계적으로 3억8500만 대의[6] 워크맨을 팔았다. 역사상 가장 인기 있는 소비자용 기기 중 하나였다. 이것이 가장 순수한 의미에서 일본이 만든 혁신이었다.

미국은 전후 세계에서 일본이 트랜지스터 세일즈맨으로 변신할 수 있도록 지원해 왔다. 미 군정은 트랜지스터 발명에 대한 지식을 일본 물리학자들에게 전달해 주었고, 워싱턴의 정책 결정자들은 소니 같은 기업이 미국 시장에 쉽게 접근할 수 있도록 길을 터 주었다. 일본을 민주적 자본주의 국가로 만들기 위한 목적이었고 미국의 계획은 성공했다. 그런데 이제 미국 일각에서는 그 목표가 지나치게 잘 이루어진 것이 아니냐는 목소리가 나오기 시작했다. 일본 산업에 힘을 실어 주는 전략이 미국의 경제와 기술 우위를 해치고 있다고 보았던 것이다.

GE의 생산 라인을 관리하던 시절 노동조합에 의해 인형 화형식까지 당했던 경영자 찰리 스포크는 일본의 생산성을 보며 전율과 공포를 동시에 느꼈다. 페어차일드를 통해 반도체 업계에 발을 들인 스포크는 당시 메모리 칩의 주요 생산 업체 중 하나였던 내셔널반도체의 경영자가 되어 자리를 옮겼다. 일본의 경쟁자들이 보이는 극한의 효율성으로 볼 때, 스포크가 자리를 지키기 어려울 것은 분명해 보였다. 스포크는 생산 라인 노동자의 효율성을 쥐어짜는 능력을 발휘하며 어렵게 명성을 쌓아 올린 사람이었는데, 일본은 그의 노동자들이 도달할 수 있는 것과 완전히 다른 차원의 생산성을 과시하고 있었다.

스포크는 그가 신뢰하는 중간 관리자 한 사람과 생산 라인 노동자들 한 무리를 일본에 파견했다. 몇 달가량 머물면서 반도체 생산 설비를 견학하도록 한 것이다. 그들이 캘리포니아로 돌아온 후 스포크는 그들의 경험을 담은 영화를 제작했다. 스포크가 보낸 견학단은 일본의 노동자들이 "놀라우리만치 기업 친화적"이며 "관리자는 가족보다 회사를 우선시하고 있었다"라고 말했다. 일본의 사장이나 공장 관리자는 인형 화형식을 당할까 걱정할 필요가 없었다. 이것은 실로 "아름다운 이야기"라고 스포크는 단언했다. "이 경쟁이 얼마나 치열한지 우리 직원 모두가 다 같이 보아야 할 이야기입니다."[7]

CHAPTER 16

"일본과의 전쟁"

"공정한 싸움을 하는 척하고 싶지는 않네요." 어드밴스드 마이크로 디바이스Advanced Micro Devices, AMD의 CEO인 제리 샌더스Jerry Sanders가 불평했다. "그렇지 않죠." 샌더스는 싸움에 일가견이 있는 사람이었다. 시카고 남부 출신인 그는 열여덟 살에 싸움을 하다가 거의 죽을 뻔했다. 쓰레기통에서 발견된 그를 보고 신부는 병자 성사를 해 주었지만 샌더스는 사흘 후 혼수상태에서 기적적으로 깨어났다. 그런 그는 페어차일드에서 세일즈와 마케팅 쪽 일자리를 얻었고 노이스, 무어, 앤디 그로브가 페어차일드를 떠나 인텔을 창업하기 전 그들과 함께 일했다. 샌더스의 동료는 대부분 수수한 엔지니어들이었지만, 샌더스는 값비싼 손목시계를 차고 롤스로이스를 몰고 다녔다. 그의 집은 캘리포니아 남부에 있었고 실리콘밸리로 매주 통근했는데, 그 이유인즉 샌더스와 아내가 자기 집처럼 편하게 느끼는 곳은 미국 최고의 부자 동네 벨 에어 Bel Air뿐이었기 때문이라고 샌더스의 동료가 말을 전했다. 샌더스는 1969년 자신의 반도체 회사인 AMD를 세웠다. 그리고 이후 인생의 30년을 인텔과 지식재산권 법정 싸움을 하며 보냈다. 기자에게 그는 이렇게 말하기도 했다. "싸움판에서 도저히 발을 뺄 수가 없네요."[8]

"반도체 산업은 믿을 수 없을 정도로 경쟁이 심한 산업이었습니다." 반도체 조립을 아시아로 이전하는 일을 주도한 경영자 찰리 스포크는 기억을 더듬었다. 스포크는 "쓰러뜨려라, 싸워라, 죽여라"[9]를 설명하면서 자신의 뜻을 전달하기 위해 두 주먹을 맞부딪치기도 했다. 자존심과 특허권, 그리고 수백만 달러가 걸려 있는 미국 칩 제조사들 사이의 치열한 경쟁은 가끔 개인적 싸움이 되기도 했지만 그래도 반도체 산업은 여전히 성장하고 있었다. 하지만 일본과의 경쟁은 다른 문제였다. 히타치, 후지쓰, 도시바, NEC가 성공을 거두면 그들은 반도체 산업 전체를 태평양 건너편으로 옮겨 버릴 것이라고 스포크는 생각했다. "저는 GE에서 TV를 전담하고 있었습니다. 지금 차를 타고 그 생산 시설로 한번 가 보세요. 여전히 비어 있을 겁니다. … 우리는 일본 경쟁자들이 위험하다는 걸 알고 있었고, 그런 일을 반도체가 또 겪게 해서는 안 된다는 빌어먹을 올바른 판단을 한 것이죠." 일자리, 부, 유산, 자부심까지, 이 싸움에는 모든 게 걸려 있었다. "우리는 일본과 전쟁

중입니다." 스포크는 이렇게 강조했다. "총칼로 벌이는 전쟁이 아니라 기술, 생산성, 품질로 싸우는 경제 전쟁입니다."[10]

스포크가 볼 때 실리콘밸리 내부의 싸움은 공정한 싸움이었지만, 일본의 D램 제조 업체들과의 싸움은 그렇지 않았다. 그들은 지식재산권 도둑이었고, 자신의 시장은 걸어 잠그고 있었으며, 정부 지원을 받으면서 저렴하게 자본을 충당하고 있었다. 스포크는 일본의 산업 스파이 의혹에도 일리가 있다고 보았다. 1981년 11월 어느 추운 날, 새벽 5시가 갓 지났을 무렵 코네티컷주 하포드Hartford에 위치한 한 호텔 로비에서 은밀한 만남이 이루어졌다. 히타치 직원 나루세 준Naruse Jun이 글렌마Glenmar라는 회사의 "컨설턴트"에게 현금 봉투를 건네고 그 대가로 신분증 하나를 받았다. 글렌마의 컨설턴트는 히타치가 산업 기밀을 얻을 수 있도록 도와주겠다고 약속했다. 그 신분증을 가지고 나루세는 항공기 제조사인 프랫앤휘트니Pratt & Whitney의 비밀 시설에 들어가서 그 회사의 최신형 컴퓨터를 찍을 수 있었다.

촬영이 끝난 후, 태평양 연안인 서부 해안에서 기다리고 있던 나루세의 동료 하야시 겐지는 글렌마에 "자문 서비스 계약"을 제안하는 편지 한 통을 보냈다. 히타치의 최고 중역들은 글렌마와의 관계를 유지하기 위한 비용으로 50만 달러를 승인했다. 하지만 글렌마는 위장 회사로, 그 직원들은 사실 FBI 요원이었다. "히타치가 함정에 빠진 것 같습니다." 히타치의 대변인이 겁먹은 듯한 목소리로 인정했다. 해당 사실이 《뉴욕타임스》 비즈니스면 첫 페이지를 장식하고 히타치 직원이 체포된[11] 다음의 일이었다.

히타치만의 일이 아니었다. 미쓰비시전자도 유사한 건으로 기소되었다. 일본이 산업 스파이 행위와 이중 거래 등으로 손가락 질당하는 일은 반도체와 컴퓨터 분야에 국한되지 않았다. 1980년 대 중반 세계를 선도하는 D램 제조 업체였던 일본의 거대 제조 기업 도시바가 소련이 더 조용한 잠수함[12]을 건조하는 데 도움이 되는 장비를 판매했다는 주장에 맞서 몇 년간 투쟁을 벌였는데, 결국 일본의 혐의는 사실로 드러났다. 도시바의 소련 잠수함 거래와 반도체 산업 간에 직접적인 연결고리는 없었으나, 많은 미국인은 도시바 잠수함 사건을 일본 기업의 음흉한 속내[13]를 보여 주는 증거로 여겼다. 일본 산업 스파이가 발각되어 문서로 기록된 횟수는 많지 않았다. 하지만 이 사실이 산업 기밀을 훔치는 것이 일본의 성공에서 작은 영향만 미쳤다는 말일까, 아니면 일본 기업이 스파이 기술에 숙련되었다는 증거일까?

경쟁 업체의 시설에 잠입하는 것은 불법이지만 경쟁자를 감시하는 것은 실리콘밸리에서 일상적으로 벌어지는 일이었다. 경쟁 업체가 자사의 직원, 아이디어, 지식재산권을 도둑질하고 있다고 고소하는 것 역시 마찬가지였다. 아무튼 미국의 칩 제조사들은 쌍방 고소를 생활화하고 있었다. 예컨대 킬비와 노이스 중 누가 집적회로를 발명했는가 하는 문제는 페어차일드와 텍사스인스트루먼트 사이의 10년 소송전 끝에야 결론이 났다. 반도체 회사들은 꾸준히 상대편의 스타 엔지니어들을 가로채 갔다. 숙련된 직원을 얻는 것은 물론이고 경쟁자의 생산 과정을 알아내기 위해서였다. 쇼클리반도체를 떠난 노이스와 무어는 페어차일드를 설립하고 난 다음 페어차일드를 떠나 인텔을 세웠는데, 그 후 페어차일드 전 직원 12명을 채용했으며 그중 앤디 그로브가 포함되어 있었다.

페어차일드는 인텔을 고소할까 고려했으나, 반도체 산업 자체를 만든 천재들에 맞서 소송전을 벌이는 일은 승산이 없을 것이라는 결론에 이르렀다. 이렇듯 경쟁자를 쫓아가고 모방하는 것은 실리콘밸리 비즈니스 모델의 핵심이나 다름없었다. 일본의 전략이라고 다를 게 있었을까?

스포크와 샌더스는 일본 기업들이 자국 내수 시장의 보호를 받는 혜택을 누리고 있다고 지적했다. 일본 기업은 미국에 수출할 수 있지만 실리콘밸리 기업이 일본 시장을 가져가기란 어렵다는 것이었다. 1974년까지 일본은 미국 기업이 자국 내에 판매할 수 있는 반도체 개수에 쿼터제를 도입하고 있었다. 심지어 그 수입 제한이 사라졌으며, 일본이 전 세계 반도체 생산량의 4분의 1을 소비하고 소니 같은 회사의 TV와 비디오 레코더가 세계적으로 판매되고 있었음에도 불구하고, 일본 기업의 실리콘밸리 칩 구매량은 미미한 수준이었다. 일본의 반도체 소비 기업 중 큰 회사들, 가령 일본의 국영 전화 독점 기업인 NTT 같은 경우 거의 대부분을 일본 기업으로부터 구매하고 있었다. 이것은 표면적으로는 사업상 결정이었지만 NTT의 소유주는 일본 정부였다. 그러니 정치가 영향을 미쳤다고 보는 편이 타당할 터였다. 실리콘밸리의 일본 시장 점유율이 저조하다[14]는 것은 미국 기업이 수십억 달러의 매출을 손해 보고 있다는 말과 같았다.

게다가 일본 정부는 자국 칩 제조사들에게 보조금을 제공하고 있었다. 반독점법을 통해 반도체 회사들의 협력을 가로막고 있던 미국과 달리 일본 정부는 기업을 향해 같이 일하라고 밀어붙였다. 1976년 발족한 연구 컨소시엄인 VLSI 프로그램의 경우 정부가 예산의 절반을 제공하기도 했다.[15] 미국의 칩 제조사들은 이를 일본의 불공정 경쟁의 증거라며 목청을 높였지만, VLSI의 연간 연구개발 비용 7200만 달러는 텍사스인스트루먼트의 연간 연구개발 비용과 비슷한 수준이었고, 모토로라의 그것보다 적은 것이 현실이었다. 게다가 워싱턴에서 나온 자금이 국방부 산하인 방위고등연구계획국DARPA을 거쳐 현실성이 부족해 보이는 기술에 투자되고 반도체 생산의 혁신을 불러오는 결정적 역할을 하곤 했다는 점을 놓고 본다면, 미국 정부 역시 반도체 산업 지원에 깊숙이 연루되어 있었다.

제리 샌더스가 볼 때 실리콘밸리의 가장 큰 약점은 자본 조달 비용이 너무 비싸다는 것이었다. 일본 기업은 "6퍼센트나 어쩌면 7퍼센트의 이자를 내지만, 나는 18퍼센트면 좋은 금리"[16]라고 샌더스가 불평했다. 첨단 제조 설비를 건설하는 일에는 어마어마한 비용이 들어가므로, 자본 조달 비용의 중요성은 이루 말할 수 없다. 대략 2년에 한 번씩 칩은 세대교체를 하고 새로운 설비와 장치가 필요하다. 그런데 1980년대 미국 연방준비제도는 인플레이션과 싸우고 있었고 미국의 금리는 21.5퍼센트까지 치솟았다.

반면에 일본의 D램 회사들은 훨씬 저렴하게 자본을 조달할 수 있었다. 히타치와 미쓰비시 같은 칩 제조사들은 거대한 재벌 그룹의 일부였고, 관련 은행을 통해 막대한 액수의 장기 대출을 받을 수 있었다. 심지어 기업이 수익을 내지 못할 때도 은행은 대출을 연장해 주고 추가 대출을 승인하기까지 했는데, 만약 미국 은행이었다면 그런 기업은 부도를 내버렸을 것이다.[17] 또 일본은 막대한 양의 저축을 하도록 구조적으로 짜여진 나라였다. 전후 베이비붐 세대들은 새로운 시대의 질서에 맞게 한 명에서 두 명의 자녀를 낳았고, 중년이 된 일본의 베이비부머는 자신들의 은퇴 후 생활을 위해 저축에 힘썼던 것이다. 사회안전망이 빈약한 일본의 여건은 사람들이 더욱 저축을 하도록 몰아갔다. 더욱이 주식시장과 다른 투자처에 대한 규제가 엄격했기 때문에 사람들이 돈을 넣어둘 곳이 은행 계좌 외에 딱히 없던 것도 사실이었다. 결과적으로 은행에는 잔고가 쌓여 있었고, 너무 많은 현금을 손에 쥐고 있던 일본 은행은 저리로 장기 대출을 내줄 수 있었다.[18] 일본 기업은 미국의 경쟁자에 비해 부채 비율이 높았지만 낮은 이율로 대출을 받고 있었으므로 손해가 아니었다.

이 저렴한 자본에 힘입어 일본 기업은 시장 점유율을 거침없이 늘려갔다. 도시바, 후지쓰, 그리고 다른 기업들은 서로를 향해서도 무자비한 경쟁을 벌이고 있었지만 일부 미국 분석가들은 그들이 서로 협조하고 있다는 이미지를 덧씌우곤 했다. 아무튼 사실상 무한대의 은행 대출을 받을 수 있었던 만큼 일본 기업은 경쟁자가 부도나기를 기다리며 대출을 이어 나갈 수 있었다.

1980년대 초 일본 기업은 미국 경쟁사에 비해 생산 설비에 60퍼센트 이상을 더 투자하고 있었는데, 해당 업계 모두가 피 말리는 경쟁에 직면해 있었던 것을 놓고 본다면 그 누구도 이윤을 남기고 있다고 말하기 어려운 상황이었다. 일본 칩 제조사들은 그저 판돈을 키우고 많은 양을 생산하면서 시장 점유율을 더 늘려가고 있었을 따름이다. 일이 이렇게 진행되다 보니 64K D램이 공개된 지 5년이 지났을 무렵, 불과 10년 전 D램을 개발해 냈던 선구자 격 기업인 인텔에 남아 있는 세계 D램 시장 점유율은 고작 1.7퍼센트[19]에 지나지 않았다. 반면에 일본 경쟁자들의 점유율은 하늘 높이 치솟았다.

실리콘밸리가 밀려남에 따라 일본 기업은 D램 생산에 박차를 가했다. 1984년, 히타치는 자본 지출로 반도체 분야에 800억 엔을 쏟아부었다. 불과 10년 전에는 15억 엔에 불과했던 투자액이었다. 도시바가 반도체에 쓰는 돈은 30억 엔에서 750억 엔으로, NEC가 쓰는 돈은 35억 엔에서 1100억 엔으로 늘어났다. 1985년 일본 기업이 반도체에 투여한 자본 지출은 세계 자본 지출 총액의 46퍼센트에 달한 데 비해 미국은 35퍼센트에 머물러 있었다. 1990년에는 이 격차가 더욱 벌어졌다. 일본 기업이 반도체 생산 설비와 장비에 투자하는 금액은 전 세계 투자액의 절반에 달했다. 은행이 기꺼이 돈을 내주고 있는 한[20] 일본 반도체 기업의 CEO는 계속 새로운 설비를 지어 나갈 기세였다.

일본 칩 제조사들은 여기서 불공정한 게 뭐가 있냐고 항변했다. 미국 반도체 회사들 역시 미국 정부로부터, 특히 국방 계약을 통해 막대한 도움을 받고 있다는 것이었다. 게다가 HP 같은 미국의 반도체 소비자들은 단지 품질만 놓고 보더라도 일본의 칩이 낫다는 사실을 분명히 알고 있었다. 그러니 D램에서 일본의 시장 점유율이 1980년대 내내 치솟고 그만큼 미국 경쟁자들은 시장을 빼앗긴 게 아니냐는 것이다. 미국의 칩 제조사들이 그 어떤 저주의 예언을 퍼붓건 일본 반도체는 승승장구했고 아무도 막을 수 없을 것처럼 보였다. 마치 십 대 시절의 제리 샌더스가 시카고 남부의 쓰레기통에 처박혔듯이, 곧 실리콘밸리 전체가 반죽음이 되어 나가떨어질 판이었다.

CHAPTER 17

"쓰레기를 판다"

일본의 거대 기업이 미국의 하이테크 산업을 찢어발기던 그때, 고통받는 것은 D램 칩을 생산하는 기업들만이 아니었다. 칩 생산자의 납품 업체 중 상당수도 힘들기는 마찬가지였다. 1981년 GCA 코퍼레이션GCA Corporation은 무어의 법칙을 가능하게 해 주는 장비들을 판매하면서 고속 성장을 했고, 미국에서 "가장 주목받는 고급 기술 회사"[21] 중 하나라는 찬사를 받고 있었다. 물리학자 제이 라스롭이 처음으로 현미경을 뒤집어 포토레지스트 화학 물질에 빛을 비추고 반도체 웨이퍼에 패턴을 "인쇄"하는 기법을 개발한 지 20여 년이 흐른 후 포토리소그래피 공정은 이루 말할 수 없이 정교해졌다. 밥 노이스는 페어차일드에서 포토리소그래피 장비를 급조하기 위해 임시변통으로 영화 촬영용 카메라 렌즈를 빌리기 위해 101번 고속도로를 타고 캘리포니아를 남북으로 횡단하곤 했는데,[22] 그런 시절은 이미 오래전에 끝났다. 이제 리소그래피 그 자체가 거대 산업이 되었고, 1980년대 초 그 산업의 정상에 GCA가 올라 있었다.

포토리소그래피가 제이 라스롭의 뒤집은 현미경 시절보다 훨씬 정교해진 것은 사실이었지만, 그래도 그 원리는 동일했다. 마스크와 렌즈를 통과해 비춰진 빛이 포토레지스트 화학 물질로 덮인 실리콘 웨이퍼에 내리쬐는 것이다. 빛이 닿은 곳에서 화학 물질이 빛과 반응하여 깎여 나갈 수 있도록 해 실리콘 웨이퍼 위에 극히 미세하게 새겨지도록 한다. 새로운 물질이 이 홈들에 추가되면서 실리콘 위에 회로가 만들어진다. 특수한 화학 물질이 포토레지스트를 식각하여 완벽한 모양을 남기게 되는 것이다. 집적회로를 만들기 위해 그렇게 다섯 번, 열 번, 스무 번 이상의 리소그래피lithography, 증착deposition, 식각etching, 연마polishing 등을 반복하고 나면, 기하학적인 웨딩 케이크를 연상시키는 겹겹이 쌓인 층이 만들어진다. 트랜지스터가 소형화함에 따라 어떤 화학 물질과 렌즈와 레이저를 써야 할지, 광원과 실리콘 웨이퍼를 어떻게 완벽하게 정렬해야 할지 등, 리소그래피 공정의 각 부분 역시 한층 더 까다로워졌다.

세계 렌즈 시장을 주도하는 기업은 독일의 칼 자이스Carl Zeiss와 일본의 니콘Nikon이었지만, 미국에도 몇몇 특화된 렌즈 제작 업체들이 있었다. 코네티컷주 노워크에 소재한 퍼킨엘머Perkin Elmer는

2차 세계대전 동안 미군을 위해 폭격 조준기를 만들었고, 냉전 기간에는 인공위성과 정찰 비행기의 렌즈를 공급해 왔다. 자신들의 기술이 반도체 리소그래피에 사용될 수 있다는 것을 깨달은 퍼킨엘머는 반도체 웨이퍼와 리소그래피용 광원을 완벽하게 정렬할 수 있게끔 해 주는 칩 스캐너를 개발했다. 빛이 실리콘을 의도한 대로 정확하게 내리쬐게 하는 데 있어서 핵심 기술이었다. 칩 스캐너는 반도체 웨이퍼에 마치 복사기처럼 빛을 쏘았고, 포토레지스트로 덮인 웨이퍼 위로 빛의 선이 그려지는 것처럼 노출시켰다. 퍼킨엘머의 스캐너는 1미크론 단위, 즉 100만분의 1미터 단위의 굵기를 지닌 선을 그릴 수 있었고, 이는 칩의 성능과 직결되는 것이었다.[23]

퍼킨엘머 스캐너는 리소그래피 시장을 1970년대 말까지 지배했지만, 1980년대가 되면서 GCA가 그 자리를 차지했다. GCA는 밀트 그린버그Milt Greenberg라는 공군 장교 출신 지구물리학자가 이끄는 회사로, 그는 야심만만하고 고집이 세며 입이 걸쭉한 천재과였다. 그린버그와 공군 시절 동기가 2차 세계대전이 끝난 후 록펠러 가문의 투자를 받아 GCA를 설립했다. 군 기상학자로 훈련받은 그린버그는 대기에 대한 본인의 지식과 공군 시절 인맥을 결합해 군수업자로서 일에 활용하면서 소련을 측정하고 촬영할 수 있는 열기구를 생산했다.[24]

그린버그의 야심은 그 열기구보다 훨씬 더 높이 떠올랐다. 반도체 산업이 성장하면서 진짜 돈을 벌려면 특화된 군수 계약이 아니라 대중 시장을 노려야 한다는 점이 분명해졌다. 그린버그는 자신의 회사가 지니고 있는 하이테크 광학 시스템이 군사 정찰뿐 아니라 민간용 칩 개발에도 활용될 수 있다는 사실을 깨달았다. 1970년대 한 산업 컨퍼런스에서 GCA가 칩 제조사에게 그들 시스템을 홍보하고 있을 때, 텍사스인스트루먼트의 모리스 창이 GCA 부스로 다가와 장비를 살펴보기 시작했다. 그런 다음 웨이퍼 전체를 빛으로 주사하는 대신에 GCA 장비가 단계적으로 움직이면서 실리콘 웨이퍼 위 개별 칩에 빛을 노출시킬 수 있는지를 물었다. 그런 "스테퍼stepper"라면 기존의 스캐너보다 훨씬 더 정밀할 것이었다. GCA가 스테퍼를 고안한 적은 없었지만 GCA 엔지니어들은 언젠가 자신들이 그런 제품을 만들 수 있을 것으로 믿었다. 그처럼 더 높은 해상도로 이미지화하는 장치를 내놓는다면 더 작은 트랜지스터를 만들 수도 있을 터였다.

몇 년이 지난 1978년 GCA는 최초의 스테퍼를 출시했다.[25] 주문이 쏟아져 들어왔다. 스테퍼 이전의 GCA는 국방 계약으로 운영되는 회사였고 연 매출은 5000만 달러를 넘지 못했다. 하지만 지금은 놀라우리만치 값비싼 기계를 독점 생산하고 있었다. 매출은 곧 3억 달러에 도달했고 주가도 치솟았다.[26]

그러나 일본의 반도체 산업이 부상하면서 GCA는 우위를 상실하기 시작했다. CEO인 그린버그는 스스로를 업계 거물이라 상상하면서, 실제 사업을 운영하는 것보다 많은 시간을 정치인들과 노닥거리며 보냈다. 그는 1980년대 초 반도체 붐이 끝없이 지속될 것이라는 판단에 대규모 신규 생산 시설을 착공하는 모험을 감행했다. 하지만 통제 불가능할 정도로 비용이 치솟았다. 재고가 얼마나 있는지도 모르는 수준이었다. 어느 날 한 직원이 100만 달러 상당의 정밀 렌즈가 작은 방에서 놀고 있는 것을 발견하는 일도 있었다. 경영진이 고급 스포츠카를 회사 경비로 구입했다는 말까지 나돌았다. 그린버그에게 창업 자금을 댄 파트너 중 한 사람마저, GCA가 돈을 "물 쓰듯"[27] 써대고 있다는 사실을 인정했다.

GCA의 방만한 경영은 타이밍이 좋지 않았다. 반도체는 늘 경기 순환의 영향을 심하게 받는 산업이었다. 수요가 클 때는 산업 전체가 로켓처럼 치솟지만 그렇지 않을 때면 바닥으로 고꾸라졌다. 1980년대 초반의 호황이 끝나고 나면 결국 경기 침체가 뒤따르리라는 사실은 누구나 이해할 수 있었다. 곧 하락세가 시작될 터였다. 그린버그는 귀를 닫아 버리기로 했다. 한 직원은 이렇게 회상한다. "마케팅 부서에서 '곧 하향세가 시작될 겁니다'라고 말해도 듣고 싶어 하지 않았습니다." 그리하여 GCA는 지출이 늘어날 대로 늘어난 채 1980년대 중반의 반도체 불황기를 맞게 되었다. 1984년부터 1986년까지 리소그래피 장비의 글로벌 판매가 40퍼센트 추락했다. GCA의 매출은 3분의 2 넘게 주저앉았다. 한 직원은 이렇게 회고했다. "만약 우리 중에 괜찮은 경제학 전문가가 하나라도 있었다면 예상할 수 있었을지 모르죠. 하지만 그렇지 않았습니다. 우리는 막무가내로 버텼습니다."[28]

시장에는 불황이 닥쳤고, 때마침 GCA는 스테퍼의 독점 생산자라는 지위를 잃어버렸다. 바로 일본의 니콘 때문이었다. 원래 니콘은 GCA의 협력사로 스테퍼에 들어가는 정밀 렌즈를 제공하고 있었다. 하지만 그린버그는 니콘을 잘라 내고 뉴욕에 소재한

트로펠Tropel이라는 렌즈 제작사를 인수해 자체 공급하기로 했다. 트로펠은 U2 정찰기의 렌즈를 만들던 곳이었는데, 인수하고 보니 GCA가 필요로 하는 고품질의 렌즈를 생산하지 못해 애를 먹었다. 한편 GCA의 고객 응대는 혼수상태에 빠져 있었다. 당시 상황을 기억하는 한 분석가는 GCA의 태도를 이렇게 요약했다. "우리가 만드는 것을 사가고 우리를 귀찮게 하지 마라." GCA의 직원 중 한 사람은 "고객들이 진저리를 냈다"[29]고 하며 자신들의 태도를 인정했다. 이것은 독점 기업이 보일 만한 행태인데, 문제는 GCA가 더 이상 독점 기업이 아니라는 것이다. 그린버그가 니콘의 렌즈 구입을 중단하자 그들은 스스로 스테퍼를 생산하기로 결정했다. 니콘은 GCA의 기계를 구입해 리버스 엔지니어링reverse engineering에 착수했다. 그 후 얼마 지나지 않아 니콘이 GCA보다 높은 시장 점유율을 차지했다.

많은 미국인은 일본이 산업 보조금을 지급하고 있기 때문에 GCA가 리소그래피 시장에서 우위를 잃었다고 비난했다. D램 칩 생산자들에게 큰 힘을 실어주었던 일본의 VLSI 프로그램이 니콘 같은 장비 공급자에게도 도움이 되었으므로 그 말에는 타당한 면이 있었다. 미국과 일본 기업이 서로를 향해 부당한 정부 보조를 받고 있다는 비난을 주고받기 시작하면서 양국의 교역 관계는 격랑으로 휩쓸려 갔다. 하지만 GCA 직원들이 인정하고 있다시피 기술력만큼은 세계 최고 수준이었던 그 회사는 대량 생산에 곤란을 겪고 있었다. 반도체는 정밀 제조 공정이 필수적이었다. 리소그래피의 정밀도가 엄청나게 높아져 제작 공정에서 천둥이 치면 기압

이 변경되고,[30] 그로 인해 빛이 굴절되는 각도가 바뀌어 칩에 새겨진 이미지가 왜곡될 수 있기 때문이다. 매년 수백 대의 스테퍼를 만들어 내려면 제조 및 품질 관리에 극도로 집중해야 했다. 하지만 GCA 경영진의 관심은 다른 곳에 있었다.

GCA의 몰락을 떠오르는 일본과 저물어 가는 미국의 은유로 해석하는 관점이 널리 퍼져 나갔다. 철강에서 시작해 자동차 산업을 괴롭혔던 제조업의 쇠퇴가 이제 첨단 산업에까지 번졌다고 보는 분석가도 더러 등장했다. 생산성과 경제 성장에 대한 연구를 개척한 노벨상 수상자이자 MIT의 경제학자 로버트 솔로Robert Solow는 1987년 반도체 산업이 "불안정한 구조"로 인해 고통받고 있다고 주장했다. 직원들은 회사를 이리저리 떠돌아다니고 회사는 직원에 대한 투자를 줄이기 때문이라는 것이었다. 저명한 경제학자 로버트 라이시Robert Reich는 실리콘밸리에 "가짜 사업가 정신"[31]이 팽배해 있다고 개탄했다. 기술 발전을 꾀하는 대신 명성과 부만 쫓는 데 몰두하는 이들이 너무 많다고 생각했던 것이다. 라이시는 미국 대학의 "과학과 공학 프로그램들이 침몰하고 있다"라고 선언했다.

미국의 칩 제조 업체가 맞닥뜨린 D램 점유율 폭락이라는 재앙은 GCA의 시장 점유율 붕괴와 어느 정도 무관하지 않은 사건이었다. 실리콘밸리를 밀어내고 있던 일본의 D램 생산자들은 일본의 장비 제작자를 선호했고, 그 결과 니콘이 GCA보다 이득을 취할 수 있었다. 하지만 GCA가 겪고 있던 문제 대부분은 장비의 신뢰도가 낮고 고객을 함부로 대해서 생긴 것으로, 결국 스스로 불러온 재앙이었다. 학자들은 일본의 거대한 재벌 그룹이 미국의 작은 스타트업에 비해 제조에서 누릴 수 있는 우위를 설명하기 위해 다양한 이론을 만들고 붙였다. 하지만 진실은 단순했다. 니콘이 고객의 목소리에 귀를 기울이고 있을 때 GCA는 그러지 않았다는 것이다. GCA를 상대해 본 반도체 회사들은 GCA가 "오만"하고 "열의가 없다"[32]는 것을 알았다. 반면에 일본의 경쟁사를 상대로 그런 불만을 이야기하는 이들은 없었다.

그리하여 1980년대 중반이 되자 니콘의 시스템이 여러모로 GCA보다 훨씬 낫다는 것이, 심지어 하늘이 맑을 때도 그렇다는 것이 드러났다. 니콘의 설비를 이용하면 확연히 나은 수율을 낼 수 있었고 고장도 훨씬 덜했다. 가령 니콘의 스테퍼를 쓰기 전까지 IBM은 각 장비를 75시간 가동하면 중단하고 수리하거나 조정하는 것을 전제하고 있었다. 반면에 니콘의 고객들은 평균적으로 그보다 열 배 이상의 연속 가동 시간을[33] 당연하다고 여기고 있었다.

GCA의 CEO인 그린버그는 자신의 회사를 어떻게 바로잡아야 할지 전혀 감을 잡지 못했다. CEO 자리에서 쫓겨나는 그날까지 그는 자신의 회사가 안고 있는 문제가 얼마나 많은지 깨닫지도 못하고 있었다. 그린버그가 비행기 일등석에 앉아 블러디 메리를 마시며 세일즈하러 전 세계를 돌아다니고 있던 그때, 고객들은 GCA가 "쓰레기를 판다"고 생각하고 있었다. 주가에 목을 매고 있는 그린버그를 보며 직원들은 사장이 월스트리트에 코가 꿰었다고 불만을 토로했다. 연말 실적을 맞추기 위해 매년 12월 GCA는 실제로 기계는 그다음 해에 보내기로 고객과 말을 맞추고 사용 설명서가 들어 있는 빈 상자를 배송하곤 했다. 하지만 시장 점유율이 떨어지고 있다는 것은 그런 식으로 감출 수 없었다. GCA를 선두로 한 미국 회사들은 1978년 전 세계 반도체 리소그래피 장비 시장 중 85퍼센트를 차지하고 있었다. 10년 후 그 숫자는 50퍼센트로 떨어졌다. GCA는 이 상황을 반전시킬 수 있을 만한 방법을 알지 못했다.[34]

그린버그는 자기 회사 직원들에게 비난의 화살을 돌렸다. "그는 귀를 의심케 하는 네 글자 욕을 하곤 했습니다." 한 직원의 회상이다. 또 다른 직원에 따르면 GCA는 사내에서 굽 높은 신발을 금지했다. 회사에 깔아놓은 값비싼 카펫을 망칠지 모른다는 이유로 그린버그가 금지했던 것이다. 사내 분위기가 흉흉해지자 로비에서 일하는 한 직원이 아이디어를 냈다. 그린버그가 회사에 있으면 건물에 어떤 전등을 켜고, 없으면 그 등을 꺼서 알려주기로 한 것이다. '그린버그 라이트'가 꺼지면 다들 안도의 한숨을 내쉴 수 있었다.[35] 하지만 그런 식으로 미국의 리소그래피 선두 업체가 몰락으로 향해 가는 것을 막을 수는 없었다.

CHAPTER 18
1980년대의 원유

팰로앨토의 어느 쌀쌀한 봄날 저녁, 밥 노이스, 제리 샌더스, 찰리 스포크가 비스듬한 아시아 사찰 스타일의 지붕 아래 모였다.[36] 밍스 차이니즈 레스토랑은 점심 식사를 하러 실리콘밸리 사람들이 즐겨 찾는 곳이었다. 하지만 미국의 테크 업계를 이끄는 거물들이 오늘 밍스에 모인 건 그 유명한 중국식 치킨 샐러드 때문이 아니었다. 노이스, 샌더스, 스포크는 모두 페어차일드에서 경력을 시작한 사람들이었다. 노이스는 신기술의 선지자였고, 샌더스는 마케팅의 달인이었으며, 스포크는 더 빨리 더 값싸게 더 나은 칩을 만들도록 직원들을 쪼아 대는 일에 일가견이 있었다. 10년 후 그들은 각각 미국 최대의 칩 제조 업체 세 곳의 CEO 자리에 올라 서로 경쟁했다. 하지만 일본의 시장 점유율이 늘어나고 있었고, 그들은 다시 뭉쳐야 할 때라고 생각했다. 미국 반도체 산업의 운명이 걸린 일이었다. 밍스에 마련된 별도의 룸에 모인 그들은 미국 반도체 산업을 구하기 위한 새로운 전략을 고안해 냈다. 지난 10년간 정부를 무시해 왔던 그들이지만 이제는 워싱턴에 도움을 요청하기로 한 것이다.

제리 샌더스가 선언했다. 반도체는 "1980년대의 원유와 같은 것이며, 그 원유를 통제하는 자가 전자 산업을 통제하게 된다."[37] 샌더스는 미국에서 가장 큰 칩 제조사 중 하나인 AMD의 CEO였으니, 그가 자기 회사의 주 제품이 전략적으로 중요하다고 강조하는 것은 자기 이익의 차원에서 충분히 그럴 만한 일이었다. 하지만 샌더스가 틀렸을까? 1980년대 내내 미국의 컴퓨터 산업은 급속도로 성장해서 PC는 이제 개인의 가정이나 사무실에 놓일 만큼 저렴해지고 소형화되었다. 모든 사업 영역이 PC에 의존할 날이 머지않았다. 그런데 집적회로가 없다면 컴퓨터는 작동할 수 없다. 1980년대 기준으로 보더라도 비행기, 자동차, 캠코더, 전자레인지, 소니 워크맨 역시 마찬가지였다. 이제는 모든 미국인의 집과 자동차에 반도체가 있었다. 많은 이들이 매일 수십 개의 칩을 사용하고 있었다. 마치 석유처럼 반도체 없이는 살아갈 수 없게 된 것이다. 이런데도 "전략적" 중요성을 인정할 수 없단 말인가? 일본이 "반도체의 사우디아라비아"[38]가 되는 것을 미국이 걱정할 이유가 없단 말인가?

1973년과 1979년 석유수출국기구OPEC가 감행한 석유 수출 통제로 인해 미국인 사이에는 외국 제품에 의존하는 것에 대한 경각심이 널리 퍼져 있었다. 아랍 국가는 이스라엘을 지지하는 미국에 앙갚음하고자 석유 수출을 차단했고, 미국 경제는 고통스러운 불경기로 끌려 들어가야만 했다. 10년 동안의 스테그플레이션과 정치적 혼란이 그 뒤를 이었다. 미국의 대외 정책은 페르시아만과 석유 공급 안정화에 집중되었다. 지미 카터 대통령은 그 지역이 "미국의 핵심 이익" 중 하나라고 선언했다. 로널드 레이건은 걸프만을 드나드는 유조선을 지키기 위해 미 해군을 배치했다. 조지 H. W. 부시가 이라크와 전쟁을 벌인 데에는 쿠웨이트 유정을 '해방'시키고자 하는 목적이 없지 않았다. 이렇듯 미국이 석유를 "전략적" 자원이라고 부른다면 그 선언은 군사력으로 입증되어야 하는 것이었다.

샌더스의 요구 사항은 미국이 지구 반 바퀴 너머로 해군 함정을 보내 실리콘 공급을 확보해야 한다는 것이 아니었다. 하지만 악전고투하는 반도체 기업을 돕기 위해 정부가 뭔가 하긴 해야지 않을까? 1970년대 실리콘밸리의 기업은 국방 계약에 목을 매는 대신에 민간용 컴퓨터와 계산기 시장에 골몰해 있었고, 정부의 존재 따위는 까맣게 잊고 있었다. 1980년대가 되자 그들은 어색한 태도로 다시 워싱턴에 발을 들이기 시작했다. 밍스에서의 회동을 마친 샌더스, 노이스, 스포크는 다른 CEO들과 손잡고 반도체 산업을 지원해 달라고 워싱턴에 로비를 하기 위해 미국 반도체산업협회Semiconductor Industry Association를 결성했다.

제리 샌더스가 칩을 "원유"로 묘사할 때 펜타곤은 그게 무슨 뜻인지 정확히 알고 있었다. 사실 반도체의 전략적 가치는 석유보다 훨씬 더 클 것이다. 국방부 관료들은 미국의 군사적 우위를 지키기 위해 반도체가 지니는 중요성을 잘 알고 있었다. 소련이 지니고 있던 전반적인 우위를 "상쇄"하기 위해 반도체 기술을 사용하는 것은 냉전을 치르는 미국의 1970년대 중반 이후 전략이었다. 이는 밥 노이스의 성가대 친구 빌 페리가 펜타곤의 연구 및 엔지니어링 분야를 이끌던 때부터 변함없는 사실이었다. 미국의 방위 산업체는 새로운 비행기, 탱크, 로켓을 만들 때 가능한 한 많은 칩을 탑재하여 더 나은 유도, 통신, 명령과 제어가 가능케 하라는 지시를 받았다. 군사력 증강이라는 측면에서 이 전략은 빌 페리를 제외한 그 누구의 생각도 뛰어넘을 정도로 잘 먹혀들고 있었다.

하지만 그 전략에는 단 하나의 약점이 있었다. 페리는 노이스를 비롯한 그의 실리콘밸리 이웃들이 반도체 산업의 꼭대기에 남아 있으리라고 전제했던 것이다. 하지만 1986년이 되자 일본은 반도체 생산량에서 미국을 추월해 버렸다. 1980년대 말 일본은 세계 리소그래피 장비 공급량의 70퍼센트를 차지했는데 이는 실로 놀라운 일이었다. 미국의 군사 연구소에서 제이 라스롭이 발명해 낸 리소그래피 장비 산업에서 미국이 차지하는 비중은 21퍼센트에 지나지 않았다. 한 국방부 관리는 《뉴욕타임스》와의 인터뷰에서 이렇게 말했다. "리소그래피는 한마디로 우리가 잃어버려서는 안 되는 것입니다. 그것을 빼앗긴다면 우리는 가장 민감한 안보 요소를 생산하기 위해 해외의 제조업자들에게 전적으로 의존해야 합니다."[39] 그런데 1980년대 중반의 추세가 지속된다면 일본은 D램 산업을 지배할 것이며 미국의 주요 칩 제조사들을 시장에서 밀어낼 상황이었다. 어쩌면 미국은 외국산 칩과 반도체 생산 설비에, 심지어 석유보다 더 크게 의존해야 할 지경에 몰릴지도 모를 일이었다. 이것은 아랍 국가의 석유 수출 금지보다 심각한 일이다. 인텔이나 GCA 같은 기업들이 불공정하다고 토로하고 있던 일본의 반도체 산업 지원 문제가 불현듯 미국의 안보 문제로 격상되는 순간이었다.

국방부는 잭 킬비와 밥 노이스를 비롯해 업계의 권위자들을 설득해 미국 반도체 산업을 어떻게 되살릴 수 있을지 보고서를 준비하기로 했다. 노이스와 킬비는 워싱턴 교외에서 방위 산업 전문가와 펜타곤 관리들과 오랜 시간 머리를 맞대고 브레인스토밍을 진행했다. 킬비는 오랫동안 국방부와 긴밀히 협업을 해본 경험이 있었다. 텍사스인스트루먼트가 무기 체계에 들어가는 전자 장치의 주요 납품 업체 중 하나였기 때문이다. IBM과 벨연구소 역시 워싱턴과 깊은 관계를 맺고 있었다. 하지만 인텔의 지도부는 달랐다. 한 국방부 관리의 말을 빌리자면, 인텔은 스스로를 "누구의 도움도 원치 않는 실리콘밸리 카우보이"[40]로 여기고 있었던 것이다. 그러니 노이스가 국방부와 함께할 뜻을 드러냈다는 것은 반도체 산업이 얼마나 심각한 위기에 처해 있는지를 보여 주는 신호였다. 그 위기는 미국의 군사력에도 지대한 영향을 미칠 터였다.

미군은 과거 그 어느 때보다 전자 장치에, 따라서 칩에 의존하고 있었다. 한 보고서에 따르면 1980년대 미군은 전체 예산 중 약 17퍼센트를 전자 장치와 관련하여 소비했다. 2차 세계대전이 끝날 무렵에는 7퍼센트에 지나지 않았던 수치다. 인공위성부터 조기 경보 레이더, 자동유도 미사일 등 모든 것이 최신 칩에 의존하고 있었다. 펜타곤의 특별 대책 본부는[41] 그러한 상황을 네 개의 항목으로 요약한 후 중요한 대목에 밑줄을 그었다.

- 미국 군사력은 <u>승리를 위한 기술적 우위</u>에 크게 의존 중.
- <u>전자 장치</u>는 가장 큰 영향을 미치는 기술.
- <u>반도체</u>는 전자 기술에서 우위를 점하는 핵심.
- 미국의 국방은 반도체 기술이 고도화됨에 따라 곧 <u>해외 자원에 의존</u>하게 됨.

물론 일본은 공식적으로 미국의 냉전 동맹국이었다. 적어도 지금으로서는 그랬다. 2차 세계대전 직후 미국이 일본을 점령했을 때, 미국은 일본의 군국주의적 야심을 불가능하게 하는 헌법을 만들었다. 하지만 1951년 양국이 상호방위조약을 체결한 후 미국은 조심스럽게 일본의 재무장을 독려했다. 소련과 맞서기 위한 군사적 도움이 필요했기 때문이다. 일본 정부가 이에 동의하기는 했지만 일본 국내총생산GDP의 약 1퍼센트로 국방비를 제한했다. 이런 조심스러운 행보는 일본 제국주의의 군사 확장과 전쟁을 본능적으로 기억하는 주변국을 의식한 것이었다. 하지만 일본은 무기에 큰돈을 쓰려 하지 않았고, 그래서 다른 곳에 투자할 여력이 넘쳐났다. 미국은 경제 규모를 놓고 볼 때 일본보다 다섯 배에서 열 배 정도 많은 국방비를 쓰고 있었다. 일본은 경제 성장에 집중하고 있는 반면에 미국은 일본을 지켜줘야 하는 부담까지 떠안고 있었던 셈이다.

결국 모든 이의 예상을 뛰어넘을 정도로 극적인 결과가 나타났다. 한때 트랜지스터 세일즈맨이라고 조롱당하던 나라 일본이 이제 세계에서 두 번째로 큰 경제 대국이 되었다. 일본은 미국 군사력의 사활이 걸린 미국의 산업 분야에도 도전하고 있었다. 미국은 공산권을 상대로 경제 봉쇄를 하고 있었으므로 일본이 대외 교역을 늘리는 것을 크게 개의치 않고 내버려 두는 편이었다. 하지만 이런 식의 분업은 미국 쪽에서 더는 달가운 일이 아니었다. 일본 경제는 예상을 뛰어넘을 정도로 빠르게 성장하고 있었고, 도쿄의 첨단 제조업은 미국의 군사적 우위마저 위협할 지경이었다. 앞서가는 일본의 모습은 놀라운 것이었다. "TV나 카메라 산업에서 일어났던 것과 같은 일이 반도체에서도 벌어지는 것을 원치는 않으실 겁니다." 스포크는 국방부를 상대로 말했다. "반도체가 없다면 군사력의 미래는 오리무중입니다."[42]

CHAPTER 19
죽음의 나선

"우리는 죽음의 나선에 빠져 있습니다."[43] 1986년 밥 노이스가 기자에게 한 말이다. "미국이 뒤처져 있지 않은 분야를 단 하나라도 댈 수 있나요?" 더 비관적인 기분이 들 때면 노이스는 실리콘밸리의 운명이 외국의 경쟁자에게 밀려 도시를 지탱하던 산업이 쇠락해 버린 디트로이트처럼 되지 않을까 근심했다. 실리콘밸리가 정부와 맺고 있는 관계는 양극성 장애를 떠올리게 했다. 늘 '우리를 가만히 내버려 둬' 하고 외치면서도 언제나 도와달라고 손을 내밀고 있었기 때문이다.

그와 같은 모순을 가장 잘 보여 주는 인물이 바로 노이스였다. 페어차일드 초창기에 그는 냉전 시대, 우주 경쟁 시대의 혜택을 받으면서도 펜타곤의 관료들을 피해 다녔다. 이제 그는 정부가 반도체 산업을 도와야 할 필요가 있다고 생각했는데, 그러면서도 워싱턴 때문에 혁신이 가로막히지 않을까 걱정하고 있었다. 아폴로 프로그램 시절과 달리 1980년대에는 기업과 소비자가 반도체의 90퍼센트 이상[44]을 구매했고 군대의 몫은 작았다. 국방부가 실리콘밸리의 가장 중요한 고객이 아닌 상황에서 펜타곤이 반도체 산업의 향방을 결정지을지 모른다는 걱정은 터무니없는 것이었다.

게다가 워싱턴에서는 실리콘밸리가 정부의 도움을 받을 가치가 있는지를 두고 그리 폭넓은 합의가 형성되지 않았다. 다 떠나서 자동차부터 제철까지 일본 때문에 고통받고 있는 산업 영역이 너무도 많았던 것이다. 반도체 산업과 국방부는 반도체가 "전략적" 자원이라고 주장했다. 하지만 "전략적"이라는 말이 뭔지 제대로 정의되어 있지 않다고 반발하는 경제학자들도 많았다. 반도체가 제트 엔진보다 더욱 "전략적"인가? 산업용 로봇에 비한다면? "감자 칩[45]과 컴퓨터 칩이 뭐가 다르죠?" 레이건 정부의 한 경제학자가 던진 이 질문은 널리 회자되었다. "그냥 다 칩입니다. 이 업종에서 100달러나 저 업종에서 100달러나 모두 100달러일 뿐입니다." 감자와 실리콘을 비교하는 것이 말이 되느냐는 질문에 그 경제학자는 답변을 거부했다. 하지만 그는 합리적인 지적을 하고 있었다. 만약 일본 기업이 미국보다 저렴하게 D램 칩을 생산할 수 있다면 미국은 그것을 구입하고 남는 돈을 다른 곳에 쓰는 것이 더 낫다. 그럼으로써 미국의 컴퓨터는 더욱 저렴해질 테고, 결과적으로 컴퓨터 산업이 더 빠르게 성장할 수도 있다.

반도체 산업 지원 여부는 워싱턴에서 로비를 통해 결정되었다. 우선 실리콘밸리 사람들과 자유 시장을 옹호하는 경제학자들이 동의하는 한 가지 사안이 있었다. 바로 세금이었다. 밥 노이스는 의회에서 자본이득세capital gains tax를 49퍼센트에서 28퍼센트로 낮추고, 퇴직연금이 벤처 캐피털 회사에 투자할 수 있도록 금융 규제를 완화해야 한다는 취지의 증언을 했다. 이러한 변화에 따라 팰로앨토의 샌드힐로드에 자리하고 있는 벤처 캐피털 회사들에 돈이 쏟아져 들어왔다. 다음으로 의회는 반도체칩보호법 Semiconductor Chip Protection Act을 통해 지식재산권 규제를 강화했다. 인텔의 앤디 그로브를 비롯한 실리콘밸리 경영자들이 의회에서 일본 기업이 표절을 해서 미국의 시장 점유율을 잠식하고 있다고 증언한[46] 다음의 일이었다.

하지만 일본의 D램 시장 점유율이 늘어남에 따라 세금을 줄이고 저작권을 강화하는 것으로는 충분치 않아 보였다. 펜타곤은 국방 산업의 기반을 저작권법의 영향권 아래 둘 의향이 없었다. 실리콘밸리의 CEO들은 더 많은 도움을 받고자 로비를 해 나갔다. 노이스는 1980년대의 절반을 워싱턴에서 보냈을 것이라고 어림잡았다.

제리 샌더스는 일본이 추구하고 있는 "보조금과 산업 육성, 시장을 특정하여 보호하는 방식"을 공격했다. "일본의 보조금은 수십억 달러에 달한다"라는 것이 샌더스의 주장이었다. 그러나 심지어 미국과 일본이 반도체 교역에서 관세를 철폐하기로 합의한 후에도 실리콘밸리는 일본에 더 많은 칩을 파는 일에서 악전고투하고 있었다. 무역 협상가들은 일본과의 교역을 마치 양파를 벗기는 것과 같다고 비교했다. 한 협상가의 표현에 따르면, "이 모든 과정은 차라리 참선의 경험과도 같았"으며, 결국 모든 논의는 "그렇다면 양파란 무엇인가" 같은 철학적 수준까지 도달하게 된다는 것이었다. 결국 미국의 D램 판매는 거의 개선되지 않았다.[47]

옆구리를 찌르는 펜타곤과 로비하는 반도체 산업에 못 이긴 레이건 행정부는 결국 행동에 나서기로 했다. 심지어 그전까지 자유 무역을 옹호하던 레이건 정부 국무장관 조지 슐츠George Shultz마저 미국이 관세로 위협하면 일본은 시장을 열 수밖에 없을 것이라는 결론을 내렸다. 미국의 반도체 산업은 일본 회사가 미국 시장에 값싼 칩을 "덤핑"하고 있다는 공식 항의를 여러 차례 제출한 바 있었다. 일본 기업이 칩을 생산 원가 아래로 팔고 있다는 주장인데, 그것을 입증하기란 어려운 일이었다. 미국 회사는 일본의 경쟁자가 낮은 비용으로 자본을 조달하고 있다고 지적했다. 이에 대해 일본은 일본 경제 전체의 금리가 낮기 때문이라고 응수했다. 양쪽 모두 일리가 있었다.

1986년, 수입 관세를 부과하겠다는 워싱턴과 그에 맞선 도쿄는 결국 합의에 도달했다. 일본 정부는 D램 칩 수출 쿼터를 설정하기로 했다. 미국에서 판매되는 칩의 수량을 제한하는 것이었다. 이렇게 공급을 줄이는 협정이 체결됨에 따라 D램 칩의 가격은 일본을 제외한 모든 지역에서 오를 수밖에 없었다. 이는 일본산 칩의 최대 구매자인 미국의 컴퓨터 제조 업체에게 부담을 주는 일이었다.

사실 가격이 높아지는 것은 어쨌건 계속 D램 시장을 지배하고 있던 일본의 칩 생산자들에게 이익이었다.[48] 대부분의 미국 생산자들은 이미 D램 시장에서 철수하기 위한 단계를 밟아나가고 있었다. 그러니 무역 협정이 체결되었다 해도 D램 칩을 계속 만드는 미국 회사는 한 손으로 꼽을 지경이었다. 무역 제한은 테크 산업계에서 부의 재분배를 이루었지만, 미국 메모리 칩 제조 업체 대부분은 구해 내지 못했다.

의회는 마지막 구조의 손길을 내밀었다. 일본 정부가 기업의 연구개발 노력에 동참하고 있을뿐더러 재정 지원까지 해 준다는 것이 실리콘밸리의 불만 중 하나였다. 미국의 하이테크 업계인다수가 미국 역시 같은 전략을 취해야 한다고 생각하고 있었다. 1987년, 주요 반도체 기업과 국방부는 서로 절반씩 자금을 제공하여, 이른바 세마테크Sematech라는 컨소시움을 결성했다.[49]

반도체 산업이 경쟁력을 유지하기 위해서는 더 많은 협력이 필요하다는 것이 세마테크의 설립에 깔린 기본 발상이었다. 칩 제조사들에게는 더 나은 제조 설비를 필요로 하는데, 그런 장비를 만드는 회사는 칩 제조사가 원하는 것이 무엇인지 알 필요가 있었다. 설비 회사의 CEO들은 "텍사스인스트루먼트, 모토로라, IBM 같은 회사는… 한마디로 자신들의 기술을 전혀 공개하지 않는다"라며 불평했다. 그 회사가 작업하고 있는 내용이 무엇인지 알지도 못하는데 그에 도움이 될 설비를 만들어서 파는 것은 불가능한 일이었다. 반면에 칩 제조사들은 그들이 의존하고 있는 제조 설비의 신뢰도에 대해 불평하고 있었다. 한 인텔 직원의 추산에 따르면[50]

1980년대 말 인텔의 보유 장비는 유지 보수 수리로 인해 가동 시간의 30퍼센트 정도만 제대로 작동했다.

밥 노이스가 팔을 걷어붙이고 세마테크를 이끌기로 했다. 노이스가 인텔에서 사실상 은퇴한 채 회사의 고삐를 고든 무어와 앤디 그로브에게 넘겨준 것도 이미 10년은 더 된 일이었다. 집적회로의 공동 발명자이자 미국에서 가장 성공적인 스타트업 두 개를 창업한 사람으로서, 그는 기술적 측면에서건 사업적 측면에서건 업계 최고의 신뢰도를 자랑하는 인물이었다. 실리콘밸리에서 그 카리스마와 인맥을 따라올 자는 없었다. 그러니 누군가 반도체 산업을 소생시키려 한다면, 그 산업을 만들어 낸 바로 그 사람의 목소리가 가장 큰 것은 당연한 일이었다.

노이스의 지도 아래 세마테크는 회사도 아니고 대학도 아니며 연구실도 아닌 독특한 혼종이 되었다. 대체 무엇을 하는 곳인지 정확히 아는 사람이 아무도 없었다. 노이스는 GCA 같은 제조 설비 회사에 도움을 주는 것부터 시작했다. 대체로 기술력은 좋은데 지속 가능한 비즈니스를 하지 못하고 있거나 효율적 제조 공정을 이루지 못하는 곳들이었다. 세마테크는 신뢰도와 좋은 경영 기법에 대한 세미나를 열어,[51] 일종의 작은 경영전문대학원 코스 같은 것을 제공했다.

또 세마테크는 생산 일정을 조율할 수 있도록 설비 업체와 칩 제조사 사이의 대화를 유도하기도 했다. 리소그래피나 증착 설비가 준비되지도 않았는데 차세대 칩 생산 기술을 대비하는 것은 의미 없는 일이었다. 반면에 설비 회사는 칩 제조사들이 사용할 준비가 되어 있지도 않은 상태에서 새로운 장치를 내놓고 싶지 않았다. 그러니 세마테크가 나서서 그들이 일정을 맞출 수 있도록 도와주었던 것이다. 엄밀히 말해 자유 시장 원리에 부합하는 일은 아닌데, 일본에서 가장 큰 기업은 이런 식의 협업을 아주 능숙하게 해오고 있었다. 게다가 실리콘밸리 입장에서 다른 선택지가 뭐가 있겠는가?

그러나 노이스의 중점 과제는 미국의 리소그래피 산업을 되살리는 것이었다. 세마테크가 확보한 자금 중 51퍼센트가 미국 리소그래피 기업들로 향했다. 노이스는 자신의 논리를 간단히 설명했다. 리소그래피는 반도체 산업이 직면한 "문제의 절반"[52]이므로 돈의 절반을 가져간다는 것이었다. 리소그래피 도구가 없는 한 반도체 생산은 불가능한데, 지금껏 남아 있는 미국의 주요 리소그래피 장비 생산자들은 생존하기도 버거운 상황이었다. 미국은 머잖아 해외 장비에 의존해야 할 판이었다. 1989년 의회에 출석한 노이스는 선언했다. "세마테크는 미국의 광학 스테퍼 제조 업체를 얼마나 성공적으로 구해 냈느냐를 기준으로 평가해야 한다고 생각합니다."

이것은 매사추세츠주에서 시들어 가고 있는 리소그래피 장비 제작 업체 GCA의 직원들이 듣고 싶어 하던 바로 그 이야기였다. GCA는 웨이퍼 스테퍼를 발명한 회사였지만 25년간의 잘못된 경영과 불운이 겹친 끝에 그 입지가 흔들리고 있었다. 일본의 니콘과 캐논Canon, 네덜란드의 ASML에 한참 뒤처져 버린 것이다. 하지만 세마테크가 GCA를 위해 무엇을 해 줄 수 있는지 묻기 위해

GCA 회장인 피터 사이먼Peter Simon이 노이스에게 전화를 걸었을 때, 노이스는 단호하게 말했다. "당신의 할 일은 끝났소."[53]

GCA가 회복할 길이 무엇인지 말할 수 있는 사람은 극소수에 지나지 않았다. 노이스가 창업한 회사 인텔만 해도 GCA의 최대 경쟁자인 니콘의 장비에 크게 의존하고 있었다. GCA가 여전히 첨단 제조 설비를 만들어 낼 수 있다고 설득하고자 사이먼은 노이스를 초청했다. "언제 직접 와서 보시죠." 그 제안을 승낙한 노이스가 매사추세츠에 온 바로 그날 1300만 달러 상당의 GCA 최신 설비를 구입하기로 약속했다.[54] 미국에서 만든 반도체 설비를 미국의 칩 제조사들과 공유하며, 미국의 칩 제조사가 국산 생산 장비를 더 구입하도록 하는 프로그램의 일환이었다.

세마테크는 GCA에 큰 기대를 걸었다. 업계의 능력치 한계에 도달한 극자외선 리소그래피 장비를 제작하도록 GCA와 계약을 맺었던 것이다. 그리고 GCA는 그 기대를 훌쩍 뛰어넘는 성과를 보여 주었다. 기술적 경이를 뽐내던 초기의 명성을 되살려 냈다. 곧 독립적인 반도체 산업 분석가들이 GCA의 최신 스테퍼를 "세계 최고"라고 평가하기 시작했다. GCA는 심지어 소비자 서비스 분야의 상을 받으면서, 해당 분야에서 잘해 봐야 중간 수준이라는 기존의 오명을 떨쳐 냈다. GCA의 설비에 사용되는 소프트웨어는 일본 경쟁사들의 그것보다 훨씬 나았다. GCA의 최신 설비를 시험해 본 텍사스인스트루먼트의 리소그래피 전문가에 따르면, "그들은 시대를 앞서 나갔다."[55]

하지만 여전히 GCA에는 뚜렷한 비즈니스 모델이 없었다. "시대를 앞서 나가는" 것은 과학자들에게 좋은 일이지만 판매를 추구하는 제조업이라면 반드시 바람직한 건 아니다. 고객은 이미 니콘, 캐논, ASML 같은 경쟁사들에게 길들어 있었고, 미래가 불확실한 회사가 만들어 내는 친숙하지 않은 새로운 장비를 쓰는 모험을 감행할 의향이 없었다. 만약 GCA가 부도라도 난다면 고객은 여벌의 부품을 구하기 위해 고생을 해야 할 터였다. 업계의 큰손과 대형 계약을 체결하지 않는 한 GCA는 몰락을 향한 죽음의 나선에서 벗어날 수 없었다.

세마테크에서 7000만 달러의 지원을 받았지만 GCA는 1988년부터 1992년까지 3000만 달러의 손실을 보았다. 심지어 노이스가 나서도 본인이 만들어 낸 회사 인텔이 니콘 대신 GCA의 장비를 쓰도록[56] 설득해 낼 수 없었다.

1990년, GCA의 최대 후견인이라 할 수 있는 세마테크의 노이스가 아침 수영 후 심장마비로 숨을 거두었다. 그는 페어차일드와 인텔을 세우고, 집적회로를 발명했으며, D램 칩과 마이크로프로세서를 상업화하여 오늘날의 모든 현대적 컴퓨터가 가능하게 만든 인물이었다. 하지만 리소그래피만큼은 노이스의 마법대로 움직여 주지 않았다. GCA는 제너럴시그널General Signal이라는 기업이 소유하고 있었는데, 1993년 그 회사는 GCA를 매각하거나 폐업할 것이라고 발표했다. 이미 수천만 달러를 쏟아부었던 세마테크는 산소호흡기를 떼기로 결정했다. GCA는 마지막으로 정부를 찾아가 최고위급 안보 관료들을 향해 GCA를 살리는 것이 미국의 대외 정책에 필요한 일이라고 호소했다. 관료들은 아무것도 해 줄게 없다[57]는 결론을 내렸다. GCA는 문을 닫고 설비를 매각함으로써 일본과의 경쟁에 밀려 사라진 회사들의 긴 목록에 자신의 이름을 올렸다.

CHAPTER 20
'노'라고 말할 수 있는 일본

미국인에게 전자 기기를 팔아서 수많은 돈을 벌어온 지 수십 년, 소니의 모리타 아키오는 그의 미국인 친구들 사이에 흐르는 "명백한 오만"[58]을 감지하기 시작했다. 모리타가 처음 트랜지스터 기술 라이센스를 취득했던 1950년대, 미국은 세계의 기술을 선도하는 나라였다. 그 후로 미국은 연거푸 위기를 맞았다. 재앙과도 같았던 베트남전쟁, 불안하기 짝이 없는 도심 지역의 치안, 치욕적인 워터게이트 사태, 10년간의 스태그플레이션, 늘어가는 무역 적자, 그리고 이제는 산업의 쇠퇴까지 겪고 있었다. 새로운 충격을 받을 때마다 미국은 매력을 잃어 갔다.

1953년 처음 방문했을 때 모리타의 눈에 미국은 "모든 것을 가진 나라"처럼 보였다. 아이스크림을 주문하자 그 위에 작은 종이우산이 장식으로 꽂혀 나왔는데, 웨이터가 한마디 덧붙였다. "손님 나라에서 온 것입니다." 일본이 얼마나 뒤떨어진 나라인지 절감하게 되는 굴욕의 순간이었다. 하지만 30여 년이 지난 후 모든 것이 달라졌다. 모리타가 처음 방문할 때 뉴욕은 "매혹적인" 곳으로 보였다. 하지만 이제는 그저 더럽고, 범죄가 들끓으며, 파산한 도시일 뿐이었다.

한편 소니는 글로벌 브랜드가 되어 있었다. 모리타는 일본의 세계적 이미지를 새롭게 정의했다. 일본은 더 이상 아이스크림 위에 올라오는 종이우산 따위나 만드는 나라가 아니었다. 이제 일본은 세계에서 가장 발전한 하이테크 제품을 만들고 있었다. 모리타와 가족은 소니의 대주주였고, 그렇게 엄청난 부자가 되었다. 그는 월스트리트와 워싱턴에 많은 친구가 있었고 인맥도 탄탄했다. 모리타는 뉴욕 디너파티의 문화와 예절을 마치 일본의 전통 다도처럼 꼼꼼하고 정확하게 배워 나갔다. 모리타의 아파트는 이스트 82번가와 5번로가 교차하는 메트로폴리탄 박물관 바로 건너편에 있었는데, 그곳에서 뉴욕의 부유하고 저명한 인사들을 불러 파티를 열곤 했다. 모리타의 아내 요시코는 심지어 일본인 독자들을 상대로 낯선 미국식 디너파티 예절을 설명하기 위해 《집에서 즐기는 일에 대하여》라는 책을 쓰기도 했다. (기모노는 추천하지 않았다. "모든 사람이 같은 종류의 옷을 차려입을 때 조화로워진다"는 이유에서다.)

모리타 부부는 재미있게 즐겼지만 그들의 디너파티는 직업상의 목적도 있었다. 미국과 일본 사이에 상업적 긴장감이 커짐에 따라 모리타는 미국의 권력자와 끈이 닿는 이들에게 일본을 설명하는 일종의 비공식 대사 노릇을 하였던 것이다. 모리타는 데이비드 록펠러David Rockefeller와 사적인 친구 사이였다. 그는 전 국무부 장관인 헨리 키신저Henry Kissinger가 일본을 방문할 때마다 식사를 함께했다. 사모펀드 업계의 거물 피트 피터슨Pete Peterson은 어느 날 CEO들이 선호하는 골프 클럽 어거스타내셔널Augusta National에 모리타를 데려갔다가 "아키오는 그들 모두와 이미 만났던 적이 있다"는 사실을 알고 충격을 받았다. 모리타가 어거스타의 지인들 모두와 각각 약속을 잡았다는 것만 놀랄 일이 아니었다. 그 약속을 다 지키자면 "하루에 열 번은 식사를 해야 했을 것"[59]이라고 피터슨은 그때의 기억을 떠올렸다.

처음 봤을 때 미국인 친구들이 드러내는 권력과 부는 모리타에게 매력적으로 보였다. 하지만 미국이 위기에 위기를 겪으면서 헨리 키신저나 피트 피터슨 같은 사람을 둘러싼 아우라도 퇴색되어 갔다. 미국의 시스템은 작동하고 있지 않았지만 일본은 작동했다. 1980년대에 접어들어 모리타는 미국의 경제와 사회에 심각한 문제가 있다고 보기 시작했다. 미국은 오래도록 스스로를 일본의 선생으로 여겨 왔지만, 모리타가 볼 때 무역 적자는 날로 늘어나고 하이테크 산업에서 위기에 봉착한 미국이야말로 수업을 들어야 할 처지였다. "미국은 열심히 변호사를 길러 내고 있다. 일본이 더 열심히 엔지니어를 가르치고 있는 동안." 모리타가 이런 가르침을 주었으나 미국의 경영자들은 듣지 않았다. 그들은 "올해 수익"에만 집중하고 있었던 것이다. 반면에 일본의 경영은 "장기간의 안목"으로 이루어졌다. 말단 사원을 교육하지도 동기를 부여하지도 않는 미국의 노사 관계는 위계적이며 "구식"이었다. 미국인은 일본이 거둔 성공을 보며 불평하는 짓을 그만둬야 한다고 모리타는 생각했다. 소중한 미국인 친구들에게 진실을 말해 줄 때였다. 그저 일본의 시스템이 더 잘 작동할 뿐이라는 것을.[60]

1989년 모리타는 이런 시각이 담긴 에세이 모음집을 내놓았다. 《'NO'라고 말할 수 있는 일본: 왜 일본이 앞서갈 수 있는가》라는 제목의 책을 논란의 극우 정치인 이시하라 신타로石原慎太郎와 공저한 것이다. 이시하라는 이미 대학 시절부터 성적으로 도발적인 내용을 담은 《태양의 계절》[61]이라는 소설로 일본에서 가장 촉망받는 신인 작가에게 주는 아쿠타가와상을 수상하며 유명인사로 떠오른 인물이었다. 이시하라의 명성은 그가 쏟아 내는 외국인을 향한 거칠고 저급한 비난의 표현으로 더욱 높아졌고, 결국 그는 여당인 자민당의 일원으로 국회의원이 되었다. 국회에 발을 들인 이시하라는 일본이 국제 사회에서 제 목소리를 내야 하며 2차 세계대전 이후 미국의 강요로 만들어진 현행 헌법을 개정하여 일본 스스로 강력한 군사 대국이 될 수 있게 해야 한다는 주장을 펼쳐 나갔다.

모리타가 미국의 내부 위기를 한 수 가르쳐 주겠다는 책의 공저자로 이시하라보다 더 도발적 인물을 떠올리기란 쉽지 않을 지경이었다. 책은 모리타가 집필한 부분과 이시하라가 쓴 여러 편의 에세이로 구성되어 있었다. 모리타의 분량은 주로 미국의 비즈니스 관행 중 잘못된 부분에 대한 그의 주장을 되풀이하는 것이었다. 하지만 "미국이여, 그대는 오만한 태도를 버리는 것이 좋다" 같은 제목을 달고 있는 대목 등은 그가 평소 뉴욕의 디너파티에서 했던 말보다 훨씬 거친 어조를 드러내고 있었다. 모리타의 태도는 늘 정중했지만 일본의 기술 역량과 그로 인해 얻게 된 세계적 지위를 이야기할 때는 본인의 속마음을 잘 감추지 못했다. 모리타는 당시 미국인 동료에게 "군사적으로 우리는 절대 미국을 이길 수 없을 테지만, 경제적으로 미국을 극복하고 세계 1위가 되는 일은 가능하다"[62]라고 말했다.

이시하라는 자신의 생각을 직설적으로 드러내는 것을 절대 망설이지 않는 사람이었다. 그의 첫 소설은 억누를 수 없는 성적 욕망에 대한 이야기였다. 이시하라는 《'No'라고 말할 수 있는 일본》에 실은 에세이를 통해 일본 위에서 너무 오래도록 군림해 온 거만한 미국으로부터 독립해야 한다는 뜻을 밝혔다. "미국의 폭주에 넘어가지 말자!" 한 에세이에서 이시하라가 내놓은 주장이었다. "미국을 억눌러라!" 다른 글에서 한 선언이었다. 일본이 미국 중심의 세계에서 언제나 2등 지위에 머물러 있다는 사실에 일본 극우는 늘 불만을 품어 왔던 것이다. 모리타가 이시하라 같은 사람과 함께 책을 쓸 생각이 있었다는 사실에 많은 미국인은 충격에 빠졌다. 워싱턴이 육성해 온 일본의 자본가 계급이 국가주의에 침식당하고 있다는 위기감을 불러일으킨 것이다. 1945년 이래 미국은 일본을 교역과 기술 교환을 통해 묶어 두는 전략을 펴 왔다. 모리타 아키오는 미국의 기술 이전과 시장 개방 전략에서 가장 큰 혜택을 입은 인물이라 할 만했다. 그런 그가 미국의 주도적 역할에 의문을 표한다면, 워싱턴으로서는 대일 전략을 다시 생각하지 않을 수 없었다.

워싱턴 정가에서 《'No'라고 말할 수 있는 일본》을 보고 경악한 진짜 이유는 그 속에 담겨 있는 일본의 배타적인 국가주의 때문만은 아니었다. 이시하라가 미국을 굴복시킬 방안으로 언급하고 있는 그것이 바로 문제였다. 이시하라의 주장에 따르면 일본은 미국의 요구에 굴할 필요가 없었다. 미국은 일본산 반도체에 의존하고 있었기 때문이다. 이시하라는 미국의 군사력이 일본의 칩을 필요로 한다고 언급했다. "중거리 핵무기건 대륙간 탄도 미사일이건, 그러한 무기의 정확도는 다른 게 아니라 바로 아주 작고 고도로 정밀한 컴퓨터에 의해 판가름 난다. 만일 일본제 반도체가 사용되지 않는다면 그 정확도를 보장할 수가 없다." 이시하라의 예상에 따르면 일본이 고도의 반도체를 소련에 공급할 경우 냉전의 군사 균형이 뒤집힐 수도 있었다.

"컴퓨터의 핵심이라 할 수 있는 1메가비트 반도체는 손톱의 3분의 1 크기에 수억 개의 회로를 담고 있다. 이런 것은 오직 일본에서만 만들 수 있다"라고 이시하라가 언급했다. "이러한 1메가비트 반도체 시장의 일본 점유율은 거의 100퍼센트다. 현재 일본은 이러한 분야에서 미국을 최소 5년 앞서고 있으며 그 격차는 더욱 벌어지고 있다." 그의 주장을 더 들어보자. 일본의 칩을 사용하는 컴퓨터는 "군사력의 핵심이며 따라서 일본의 힘의 핵심이다. … 어떤 면에서 일본은 아주 중요한 나라가 된 것이다."[63]

다른 일본 지도자들 역시 이와 유사한 도발적 국가주의 관점을 취하고 있는 듯했다. 한 전직 외무부 고위 관료는 이렇게 주장했다. "미국인은 일본이 서구와의 경제 경쟁에서 이겼다는 사실을 받아들이고 싶어 하지 않는 것 같습니다." 곧 총리가 될 미야자와 기이치宮澤喜一는 일본이 반도체 수출을 중단하면 "미국 경제에 문제"를 일으킬 수 있다고 공개적으로 언급하면서, "아시아 경제 구역이 북아메리카 경제 구역을 압도할 것"이라고 예견했다. 그 산업과 하이테크 영역이 무너짐에 따라 미국의 미래는 "원시 농경 사회, 거대한 덴마크 같은 나라"[64]가 될 것이라고 선언하는 일본인 교수가 등장하기도 했다.

《'No'라고 말할 수 있는 일본》은 미국을 격분시켰다. CIA 내에서 비공식적으로 번역 회람되었다. 성난 하원 의원 한 명은 당시까지만 해도 영어로 공식 출간되지 않았던 그 책의 내용을 널리 알리기 위해 의회 기록에 집어넣기까지 했다. 워싱턴의 고객들이 그 복사본을 손에 넣기 위해 "거의 미쳐 버릴 지경"[65]이라고 서점 주인들이 입을 모아 말하고 있었다. 모리타는 꼬리를 내렸다. 공식 영어본은 모리타의 원고를 모두 빼고 이시하라의 에세이만 담은 채 출간되었다. 한 언론인과의 인터뷰에서 모리타는 이렇게 말했다. "저는 그 일에 참여한 것을 후회하고 있습니다. 너무 많은 혼란을 불러일으켰으니까요. 제 의견이 이시하라의 의견과 별개라는 것을 미국 독자들이 이해하지 못한 것이라 생각합니다. 저의 '에세이'는 제 의견을, 이시하라의 '에세이'는 그의 의견을 드러낸 것입니다."[66]

하지만 《'No'라고 말할 수 있는 일본》이 논란을 불러일으킨 것은 그 의견 때문이 아니라 책에 담긴 사실 때문이었다. 미국은 메모리 칩 분야에서 뒤집기 어려울 정도로 뒤처져 있었다. 이 추세가 지속된다면 지정학적 변동이 뒤따르는 것은 불가피한 일이었다. 그 사실을 깨닫기 위해 이시하라 같은 극우 논객이 필요한 것도 아니었다. 미국의 지도자들 역시 비슷한 추세를 내다보고 있었다. 이시하라와 모리타가 《'No'라고 말할 수 있는 일본》을 출간한 그해, 전 국방장관인 해럴드 브라운 역시 한 기고문에서 같은 결론에 도달해 있었다. "하이테크가 대외 정책이다"[67]라는 제목의 글에서 그는 미국이 첨단 기술의 우위를 잃어버린다면 대외 정책에서의 지위 역시 위기에 빠질 것이라 주장했다.

1977년 빌 페리를 고용하여 반도체와 연산력을 새로운 무기 체계의 근간으로 삼고 군사력의 핵심 요소로 자리 잡게 만든 펜타곤의 리더인 브라운의 입장이 난처해지는 상황이었다. 브라운과 페리는 군을 설득해 마이크로프로세서를 적극 받아들이도록 하는 데 성공했지만, 실리콘밸리가 그 기술의 선두 자리를 빼앗길 것이라고는 예상치 못했던 것이다. 그들의 전략을 통해 미국은 새로운 무기라는 보상을 얻었지만 그 보상의 많은 것이 일본에 의존하는 대가를 치르고 있었다.

"일본은 메모리 칩 분야를 이끌고 있으며, 메모리 칩은 소비자 가전의 핵심이다." 브라운은 현 상황을 인정했다. "일본은 로직 칩과 주문형 반도체application specific integrated circuit, ASIC에서도 빠른 속도로 추격해 오고 있다." 일본은 또 칩을 만드는 데 필요한 것들, 가령 리소그래피 장비 등에서도 선두를 지키고 있었다. 미국이 일본을 지켜 주되 그 무기는 일본의 기술력으로 만들어진 미래가 브라운이 예상할 수 있는 최선이었다. 일본을 트랜지스터 세일즈맨으로 키우는 미국의 전략은 끔찍할 정도로 잘못 흘러간 것으로 보였다.

기술력으로 세계 1등이 된 일본이 과연 군사력에서 2등의 자리에 만족할 수 있을까? D램 칩에서 거둔 성공을 모델로 삼아 미국이 차지한 거의 모든 유의미한 산업 영역을 차지하기 위해 달려들 수도 있지 않은가? 그렇다면 군사적 지배력을 넘보아서는 안 될 이유란 또 뭐란 말인가? 일본이 그렇게 나온다면 미국이 할 수 있는 일은 무엇인가? 1987년, CIA는 분석가들을 모아[68] 아시아의 미래에 대해 예측해 보았다. 분석가들은 일본의 D램 시장 지배를 "팍스 니포니카"가 시작되는 증거로 보았다. 일본이 주도하는 동아시아 경제 정치 블록이 출현하리라는 것이었다. 미국이 아시아에서 행사하는 지배적 영향력은 기술 우위, 군사력, 무역과 투자 등을 통해 일본, 홍콩, 한국, 동남아시아 국가들을 묶어 놓은 것에 기반을 두고 있었다. 홍콩 구룡만에 페어차일드가 최초의 반도체 조립 공장을 세운 후 집적회로는 아시아 내 미국의 위치와 불가분의 관계였다. 미국의 칩 제조사들은 대만, 한국, 싱가포르 등에 설비를 건설해 왔다. 이 지역을 공산주의의 침략으로부터 막아 내는 힘은 군사력에서만 나오는 것이 아니었다. 경제 역시 그러한 역할을 하고 있었다. 농촌에서 이탈한 농민을 전자 산업이 흡수함으로써 가난에 시달리는 농촌 지역이 흔히 그렇듯 게릴라 반군의 기반이 되는 것을 막고, 아시아의 전직 농민은 전자 제품을 조립하는 좋은 일자리를 얻고 미국의 소비자도 혜택을 보는 구조였다.

　미국의 공급망 전략은 공산주의자를 몰아내는 데 혁혁한 공헌을 했지만, 1980년대에 이르자 그 전략에서 가장 큰 혜택을 보는 건 일본으로 드러났다. 일본의 무역량과 해외 투자가 엄청나게 늘어났던 것이다. 아시아의 경제와 정치에서 도쿄가 차지하는 위상은 이루 말할 수 없이 커졌다. 만약 일본이 반도체 산업을 이토록 자연스럽게 지배할 수 있다면, 그들이 미국의 지정학적 우위를 빼앗고자 할 때 무엇으로 막을 수 있단 말인가?

PART IV

되살아난 미국

아시아로부터의 도전에 맞서기 위해 미국의 칩 제조사들은 혁신 경쟁을 가속화했다. 고든 무어의 뒤를 이어 인텔의 CEO가 된 앤디 그로브는 빌 게이츠와 동맹을 맺었다. 40년 후에도 마이크로소프트의 윈도 운영 체계와 인텔의 x86 칩은 PC 시장을 지배하고 있다. (AP포토/폴 사쿠마)

CHAPTER 21

감자 칩의 왕

마이크론테크놀로지Micron Technology는 "이 세상에서 가장 죽여주는 것"을 만든다고 잭 심플롯Jack Simplot은 이야기하곤 했다. 아이다호 주 출신의 억만장자는 자신의 회사 주요 제품인 D램 칩이 실제로 어떻게 작동하는지에 대한 물리학적 원리 따위는 잘 몰랐다. 반도체 산업은 박사 학위자로 가득한 곳이었지만 심플롯은 중학교 2학년도 채 마치지 않았다. 그의 전문 분야는 감자였다. 그것은 주도인 보이시를 활보하는 그의 흰색 링컨 타운카를 본 사람이라면 누구나 알 수 있는 일이었다. 번호판에 "감자 사나이Mr. Spud"[1]라고 새겨져 있었기 때문이다. 하지만 심플롯은 실리콘밸리에서 가장 똑똑한 과학자들이 모르는 것, 바로 비즈니스를 이해하고 있었다.

미국의 반도체 산업이 일본의 도전을 받아 고전하고 있을 때, 심플롯 같은 카우보이 경영자들이 밥 노이스가 말한 "죽음의 나선"을 막아내면서 놀라운 반전의 발판을 마련하고 있었던 것이다.

실리콘밸리의 부활은 기업가 정신으로 무장한 스타트업과 방만한 조직을 쥐어짜는 구조조정을 통해 이루어졌다. 미국은 일본이 차지하고 있던 D램 거대 기업을 모방하는 것이 아니라 혁신을 통해 일본을 뛰어넘었다. 국제 경쟁에 직면한 실리콘밸리는 무역을 중단하는 대신에 대만과 한국으로 더 많은 오프쇼어링offshoring을 하며 가격 경쟁력을 유지하는 식으로 대응했다. 한편 미국의 반도체 산업이 부활함에 따라 마이크로 전자 기술에 승부를 걸었던 펜타곤의 도박은 다른 그 어떤 나라도 따라올 수 없는 새로운 무기 체계라는 보상을 돌려주기 시작했다. 미국의 군사력은 1990년대와 2000년대 동안 그 누구도 넘볼 수 없었는데, 이는 시대의 핵심 기술인 컴퓨터 칩의 지배력에서 나온 것이었다. 이렇듯 미국 칩 산업의 부활에 일조한 이들 가운데 잭 심플롯은 가장 어색한 등장인물이었다. 그는 처음 감자로 돈을 벌었다. 감자를 선별하고 건조 동결하여 프렌치프라이에 적합하게 만드는 기계와 공정을 개발하여 부를 쌓았던 것이다. 그것은 실리콘밸리 스타일의 혁신은 아니었지만 그 덕분에 심플롯은 맥도널드에 감자를 납품하는 초대형 계약을 맺을 수 있었다. 가장 많을 때는 맥도널드에서 튀김용으로 사용하는 감자의 절반이 심플롯의 기계에서 나왔다.

심플롯이 지원했던 D램 회사인 마이크론의 출발은 실패를 보장받은 것이나 다름없었다. 쌍둥이 형제 조 파킨슨과 워드 파킨슨Joe and Ward Parkinson이 보이시의 한 치과 진료소 지하실에 마이크론을 차린 것은 1978년의 일이었는데, 메모리 칩 회사를 차리기에 그보다 더 나쁜 시절은 없었다. 일본 기업이 고품질의 저가 메모리 칩을 쏟아내고 있었기 때문이다. 마이크론의 첫 번째 계약은 텍사스에 소재한 모스텍Mostek이라는 회사를 위한 64킬로바이트 D램 칩을 설계하는 것이었는데, 모스텍은 모든 미국 D램 제조 업체가 그랬듯 후지쓰와의 시장 경쟁에서 밀려나고 말았다. AMD, 내셔널세미컨덕터, 인텔, 그 외 여러 반도체 산업의 핵심 기업이 일본과의 경쟁에서 참패하고 D램 생산을 포기해 버렸다. 수십억 달러의 손해를 보고 파산을 겪고 있었으니, 실리콘밸리 전체가 곧 무너질 것만 같았다. 미국의 가장 똑똑한 엔지니어들이 곧 햄버거 패티나 뒤집는 신세가 될지 모를 일이었지만, 미국에는 적어도 프렌치프라이는 충분히 남아 있었다.

일본 기업이 시장을 틀어쥐면서 미국에서 가장 큰 반도체 회사 CEO들은 의회와 펜타곤을 오가며 로비하느라 점점 더 많은 시간을 워싱턴에서 보냈다. 그들은 일본과의 경쟁이 심화되자 자유 시장에 대한 신념은 잠시 접어둔 채 경쟁이 불공정하다고 주장하고 나섰다. 컴퓨터 칩이나 포테이토 칩이나 뭐가 다르냐는 주장에 실리콘밸리는 격렬하게 반응했다. 반도체는 전략적 가치가 있는 반면에 감자는 그렇지 않으니 자신들이 만드는 칩은 정부의 도움을 받을 만하다는 것이 실리콘밸리의 주장이었다.

잭 심플롯이 볼 때 감자는 아무 잘못이 없었다. 실리콘밸리가 특별 보호를 받아야 한다는 주장은 테크 기업이 거의 없는 아이다호에서 그리 호응을 얻을 수 없었다. 마이크론은 어려운 방식으로 돈을 끌어와야 했다. 마이크론의 창업자 워드 파킨슨은 앨런 노블Allen Noble이라는 보이시의 사업가와 알게 되었다. 노블의 감자밭에서 개간용 전기 설비가 고장 났는데, 워드가 고장의 원인을 찾아서 고쳐 주기 위해 양복 차림으로 진흙탕을 헤집고 다녔던 것이 인연이 되었다. 이렇게 얽힌 연줄을 통해 그들은 노블 및 그와 친하게 지내는 보이시의 부자들로부터 시드 펀딩seed funding으로 10만 달러를 지원받았다. 마이크론이 모스텍에게 칩을 설계해 주는 계약이 날아가자 쌍둥이 형제는 그들 칩을 만들기로 했는데, 그러자면 형제에게는 더 많은 자본이 필요했다. 그때 그들이 찾아간 사람이 바로 아이다호 최고의 부자인 감자 사나이였다.[2]

파킨슨 형제가 심플롯을 처음 만난 곳은 보이시 중심가의 로열카페였는데, 형제는 아이다호 감자 재벌을 설득하느라 진땀을 흘렸다. 트랜지스터가 어쩌고 콘덴서가 저쩌고 하는 이야기는 심플롯에게 아무 의미가 없었다. 실리콘밸리에서 투자를 받고 싶을 때 찾아가야 할 벤처 투자자들과는 정반대의 인물이었다. 이후 심플롯이 마이크론 임시이사회를 진행한 장소는 버터밀크 팬케이크를 6.99달러에 파는 작고 값싼 동네 식당 엘머스였고, 시간은 새벽 5시 45분이었다.[3] 그런데 모든 실리콘밸리의 테크 거인들이 일본에 학살당해 D램 칩에서 손을 떼고 있는 지금이야말로 워드와 조 파킨슨이 메모리 칩 시장에 진입할 수 있는 최적의 타이밍이라는 점을 심플롯은 본능적으로 알아차렸다. 감자 농부였던 그는 일본과의 경쟁으로 인해 D램 칩이 범용 제품 시장commodity market의 품목이 되었다는 점을 분명히 알 수 있었던 것이다. 감자 농사를 오래 지어 왔던 그는 가격이 하락해 있고 다른 모든 경쟁자가 청산하고 있을 때야말로 상품 시장에 진입할 최고의 시점이라는 것을 알고 있었다. 심플롯은 마이크론에 100만 달러를 지원하기로 결정했고, 그 후 수백만 달러를 더 쏟아부었다.[4]

미국의 테크 거인들은 아이다호 촌뜨기들이 뭘 하고 있는지 짐작조차 하지 못했다. 훗날 영향력 있는 벤처 투자자가 된 텍사스인스트루먼트의 전직 엔지니어 L. J. 세빈Sevin은 이렇게 말했다. "메모리 칩이 끝났다는 말을 정말 하고 싶지 않다. 하지만 끝났다." 인텔의 앤디 그로브와 고든 무어도 같은 결론에 이르렀다. 텍사스인스트루먼트와 내셔널세미컨덕터는 손실을 발표하고 D램 사업부를 철수시켰다.[5] 미국 반도체 산업의 미래는 "암울하다"고 《뉴욕타임스》는 선포했다. 심플롯은 바로 이런 상황에서 그 시장에 뛰어들었다.

파킨슨 형제는 약간 사투리를 섞어 가며 길고 늘어지게 이야기하며, 시골 출신이라는 자신들의 이미지를 적극 활용했다. 사실 그들은 그 어떤 실리콘밸리 창업자들과 비교해도 손색없는 인물이었다. 두 사람 모두 뉴욕 콜롬비아대학교에서 공부했고, 조는 기업 변호사가 되었으며 워드는 모스텍을 위한 칩을 설계했다. 하지만 그들은 아이다호 아웃사이더 이미지를 받아들였다.[6] 그들의 비즈니스 모델은 미국의 가장 큰 칩 제조사들이 버리고 떠난 시장을 쓸어 담는 것이었으므로, 아직도 일본에게 당했다는 쓰라린 상처를 잊지 못하고 있는 실리콘밸리에서 어슬렁거리며 그들과 친한 척 해 봐야 좋을 게 없었다.

게다가 마이크론 스스로가 일본에 맞서 정부의 협력을 확보하는 실리콘밸리의 전략을 우습게 여기고 있었다. 마이크론은 밥 노이스, 제리 샌더스, 찰리 스포크가 만든 로비 그룹인 미국 반도체산업협회 가입을 거절했다. 조 파킨슨은 이렇게 밝혔다. "그들의 우선순위가 우리와 다르다는 것은 매우 분명해 보입니다. 뭐가 됐건 일본이 뛰어들면 우리는 빠진다, 그게 그들의 전략이죠. 미국 반도체산업협회를 지배하는 사람들은 일본과 맞서려 들지 않습니다. 제 생각에 그건 스스로를 패배로 몰고 가는 전략일 뿐입니다."[7]

마이크론은 일본의 D램 생산 업체들에 도전하기로 했지만 공격적인 비용 절감 외에는 달리 할 수 있는 것이 없었다. 그러다가 곧 관세가 도움이 될 수도 있음을 깨달은 마이크론은 기존의 입장을 바꿔서 일본 생산자들이 원가 이하로 칩을 "덤핑dumping"함으로써 미국의 생산자들에게 피해를 입혔다고 주장하기 시작했다. 심플롯은 일본의 무역 정책이 그의 감자 판매와 메모리 칩 모두에게 손해를 준 데 대해 분노했다. "그들은 감자에 높은 관세를 물리고 있습니다. 우리는 눈 뜨고 코 베이는 수준이지요. 우리는 그 자식들을 기술로 앞설 수도 있고 생산력으로 앞설 수도 있어요. 그놈들을 완전히 뭉개 줄 수 있단 말입니다. 하지만 놈들은 아예 자기들 칩을 퍼주고 있어요." 그래서 그는 정부가 관세를 부과해야 한다고 요구하고 있었다. "왜 우리가 정부의 도움을 청하러 달려가는지 궁금합니까? 법에 따르면 정부가 우리한테 달려올 수는 없으니까요."[8]

일본 기업이 가격을 너무 깎고 있다는 말이 심플롯의 입에서 나오는 것은 다소 어이없는 일이었다. 감자가 됐건 반도체가 됐건 그는 늘 비즈니스의 성공이 "최고의 품질을 지닌 상품을 최저의 가격으로 만들어 내는 것"에서 비롯한다고 입버릇처럼 말해 왔던 사람이니 말이다. 아무튼 마이크론은 실리콘밸리나 일본의 경쟁자들 중 누구도 따라가지 못할 정도로 비용 절감을 해내고 있었다. 한 초창기 직원의 회고에 따르면 "이 회사의 배후에 있는 천재 엔지니어"였던 워드 파킨슨은 D램 칩을 가장 효율적으로 설계할 수 있는 재능을 가진 사람이었다. 대부분의 경쟁 업체들이 개별 칩의 트랜지스터와 콘덴서의 크기를 줄이는 일에 집중하고 있을 때, 워드는 칩 자체의 크기를 줄이면 어떨까 하는 발상을 떠올렸다. 마이크론은 각각의 실리콘 웨이퍼에 더 많은 칩을 올려놓을 수 있다는 것을 깨달았다. 이 방식은 제조의 효율을 훨씬 더 향상시켰다. 훗날 워드는 이런 농담을 했다. "시장에 나온 제품 중 품질 면으로는 최악이었지만 가격 면에서는 비교 불가능한 최고였습니다."[9]

다음으로 파킨슨과 그의 부하들은 제조 공정을 단순화했다. 제조 단계가 더 많을수록 칩을 만드는 데 들어가는 시간이 투여되며 오류가 발생할 여지도 커진다. 1980년대 중반, 마이크론은 경쟁사들에 비해 훨씬 적은 단계로 반도체를 생산했고, 이는 더 적은 설비와 제반 비용의 절감을 가능케 했다. 그들은 퍼킨엘머와 ASML에서 구입해 온 리소그래피 장비를 뜯어고쳐서 제조사에서도 가능하다고 생각하지 않았던 수준까지 장비의 정밀도를 끌어올렸다. 열산화 장비furnace는 업계 표준인 150 웨이퍼가 아닌 250 웨이퍼까지 처리할 수 있도록 개조되었다. 모든 제조 공정이 더 많은 웨이퍼를 처리할 수 있도록 혹은 생산 시간을 줄일 수 있도록 바뀌었는데, 이는 결국 비용을 낮춘다는 말과 같았다. 한 초기 직원의 설명에 따르면, "우리는 눈 깜빡할 사이에 방법을 떠올려 냈습니다." 그래서 다른 칩 제조사들과 달리 "그 전에 시도되지도 않았던 것을 해 볼 준비가 되어 있었죠."[10] 일본이나 미국의 경쟁자들과 달리 마이크론 직원들의 엔지니어링 전문성은 비용 절감에 초점이 맞춰져 있었다.

마이크론은 가차 없는 비용 절감에 집중했는데 그건 다른 선택의 여지가 없기 때문이었다. 아이다호의 작은 스타트업이 고객을 끌어들일 수 있는 방법이 그것 말고 있을 리 없었다. 수력발전소에서 나오는 전기 덕분에 보이시의 전기와 토지가 캘리포니아나 일본보다 저렴하다는 것도 도움이 되었다. 하지만 살아남는 것은 여전히 어려운 일이었다. 1981년의 어느 날, 마이크론의 현금 흐름이 급격하게 나빠졌고 앞으로 2주간의 월급을 줄 정도 돈밖에 남지 않았다. 마이크론은 그 위기를 어떻게 헤쳐 나갔지만 몇 년 후 다시 하강기가 찾아왔을 때는 직원의 절반을 내보내고 남은 이들의 임금은 삭감할 수밖에 없었다.[11] 회사를 차린 바로 그 시점부터 조 파킨슨은 직원들에게 회사의 생명이 효율성에 달려 있다는 점을 각인시키기 위해 노력했다. D램 가격이 떨어지면 밤에는 복도의 조명을 낮춰서 전기 요금을 아낄 정도였다. 직원들은 조가

"미치광이처럼" 비용에 집착한다고 생각했고, 맞는 말이었다.

마이크론의 직원들에게는 회사를 살리기 위해 노력하는 것 외에 다른 선택지가 없었다. 실리콘밸리라면 회사가 망해도 101번 로를 따라 내려가서 다른 반도체 회사나 컴퓨터 제조사에 취직하면 그만이었다. 그에 비해 마이크론은 보이시에 있었다. 한 직원은 이렇게 설명했다. "우리는 달리 할 일이 없었어요. D램을 만들지 못하면 게임 오버인 거죠." 다른 직원의 회상에 따르면 "근면 성실하게 일하는 육체노동자의 근로 윤리, 공돌이 정신"이 있었다. 고통스러운 D램 시장 암흑기를 몇 번이나 거쳐 왔던 초기 직원 한 사람은 이렇게 회상한다. "메모리 칩은 잔인한, 잔인한 비즈니스입니다."**12**

잭 심플롯은 신념을 잃지 않았다. 그는 손댔던 모든 사업에서 어려운 시절을 겪어 왔던 사람이었다. 단기간의 가격 변동 때문에 마이크론을 포기할 생각 따위 없었다. 일본 경쟁사들이 정점에 달한 그 시점에 D램 시장에 뛰어들었지만 마이크론은 살아남았고 결국 번창했다. 대부분의 미국 D램 생산자들이 1980년대 말이면 시장에서 쫓겨났다. 텍사스인스트루먼트는 D램을 계속 생산했지만 아무 이익을 내지 못하고 있었고, 결국 사업부를 마이크론에 매각해야 했다. 심플롯이 처음 투자한 100만 달러는 결국 수십억 달러가 넘게 커졌다.

마이크론은 도시바나 후지쓰 같은 일본 라이벌과 경쟁하는 법을 배웠다. D램 칩의 각 세대마다 만들어 낼 수 있는 저장 용량의 한계까지 도달하고, 그러면서도 그들을 가격으로 이겼던 것이다. D램 산업에 종사하는 다른 이들이 그렇듯 마이크론의 엔지니어들 역시 물리 법칙을 왜곡해 가며 더 치밀한 D램 칩을 만들었다. 바로 개인용 컴퓨터가 작동하는 데 필요한 메모리 칩이었다. 하지만 기술 우위만으로 미국의 D램 산업을 구할 수 있는 것은 아니었다. 인텔과 텍사스인스트루먼트는 충분한 기술을 가지고 있었지만 제대로 작동하는 비즈니스를 만들어 내지 못했다. 마이크론이 아이다호에 끌어모은 엔지니어들은 태평양 건너편 라이벌을 창의성과 비용 절감이라는 두 측면에서 모두 능가했다. 고통스러운 10년이 지난 후 미국의 반도체 산업은 결국 1승을 거두었다. 그 승리는 미국에서 가장 위대한 감자 농부가 지니고 있던 상인의 지혜 없이는 불가능했다.

CHAPTER 22

혼란에 빠진 인텔

"이봐, 클레이턴, 나는 바쁜 사람이고 학자들의 헛소리나 읽을 시간이 없네."[13] 앤디 그로브가 하버드 경영대학원의 가장 유명한 교수 클레이턴 크리스텐슨Clayton Christensen에게 한 말이었다. 몇 년 후 두 사람은 《포브스》의 표지에 함께 등장했는데, 2미터의 장신이었던 크리스텐슨은 그로브의 대머리가 그의 어깨에 겨우 닿을 정도로 압도적이었다. 하지만 그로브의 에너지는 주변의 그 누구에게도 밀리지 않았다. 그와 오래 일해 온 보좌진의 표현을 빌리자면, 그로브는 "엉덩이를 걷어차는 헝가리인"[14]으로, "사람들의 발목을 잡고 그들에게 소리를 지르며 도발을 하고, 할 수 있는 최대한 밀어붙이는" 사람이었다. 인텔을 파산 위기에서 구해 내고 세계에서 가장 수익성 좋으면서도 막강한 기업으로 자리 잡게 한 것은 다른 무엇보다 앤디 그로브의 집념이었다.

크리스텐슨 교수는 기술 발전이 기존 기업을 몰아낸다는 "파괴적 혁신" 이론으로 유명한 사람이었다. 침체에 빠진 D램 사업을 보며 그로브는 한때 혁신과 동의어였던 인텔이 지금 파괴당할 처지임을 깨달았다. 1980년대 초, 여전히 고든 무어가 중요한 역할을 하고 있었지만 인텔의 사장이었던 그로브는 일상적인 운영을 책임지고 있었다. 그로브는 베스트셀러가 된 그의 책 《편집광만이 살아남는다Only the Paranoid Survive》에서 자신의 경영 철학을 이렇게 설명했다. "경쟁의 공포, 부도의 공포, 뭔가 잘못하지 않을까 하는 공포, 손실의 공포 등은 모두 강력한 행동 동기를 제공한다." 긴 업무 시간이 끝난 후에도 연락처를 뒤적이거나 부하 직원들에게 전화를 거는 것, 제품 지연이나 고객 불만이 있다는 소식을 놓쳤을까 봐 걱정하는 것,[15] 이 모든 것은 공포 때문이었다. 밖에서 볼 때 앤디 그로브는 극빈층 난민이었지만 하이테크 업계의 거물이 된 살아 있는 아메리칸드림 그 자체였다. 이 실리콘밸리 성공담의 내면에는 부다페스트 시내로 들이닥치는 소련과 나치의 군대를 피해 몸을 숨겨야 하는 소년 시절을 보냈던 헝가리 망명자가 여전히 남아 있었다.

D램 칩을 판매하는 인텔의 비즈니스 모델이 끝났다는 것을 그로브는 절감했다. 폭락해 있는 D램 가격이 다시 오를 수는 있겠지만 인텔은 결코 시장 점유율을 되찾을 수 없을 터였다. 인텔은 일본 생산자들로 인해 "파괴"당한 것이다. 이제는 자체적으로 중

단하거나 망하는 수밖에 없었다. D램 시장에서 이탈하는 것은 불가능한 일처럼 느껴졌다. 인텔은 메모리 칩의 개척자였고 패배를 인정하는 것은 수치스러운 일이었다. 한 직원은 인텔이 D램을 안 만드는 건 포드가 자동차를 안 만드는 것과 마찬가지라고 말하기도 했다. "어떻게 우리가 우리의 정체성을 버릴 수 있을까?" 그로브는 번민했다. 그는 1985년 대부분을 산타클라라 인텔 본사에 있는 고든 무어 사무실에 앉아서 보냈다. 두 사람은 저 멀리 그레이트 아메리카 놀이동산의 대관람차를 창밖으로 내다보곤 했다. 마치 저 관람차처럼 메모리 시장도 언젠가 바닥을 치고 다시 위로 올라가기를 바라고 있었던 것이다.[16]

하지만 D램 시장에서 인텔이 겪고 있는 재앙은 숫자로 확인되는 것이고 부정할 수 없는 것이었다. 인텔은 메모리 시장에서 신규 투자에 나설 정도의 돈을 벌 수 없었다. 그러나 일본 기업이 여전히 뒤처져 있는 작은 마이크로프로세서 시장에서는 선두 주자였다. 또 그 분야에서 나온 하나의 발전은 아주 작은 희망의 가능성을 보여 주었다. 1980년 인텔은 미국 컴퓨터 업계의 강자 IBM과 소규모 계약을 맺었다.[17] 이른바 개인용 컴퓨터라고 하는 신제품을 위한 칩을 만들어 달라는 것이었다. IBM은 빌 게이츠라는 젊은 프로그래머와 컴퓨터 운영 체제용 소프트웨어를 개발하기 위해 계약을 맺었다. 1981년 8월 2일, 화려한 벽지와 짙은 커튼이 배경으로 드리워진 뉴욕의 고급 호텔 월도프아스토리아Waldorf Astoria 그랜드볼룸에서 IBM은 개인용 컴퓨터의 출시를 발표했다.[18] 1565달러의 덩치 큰 컴퓨터는 커다란 상자 형태의 모니터, 키보드, 프린터, 디스크 드라이브 두 개를 장착한 물건이었다. 그 속에 작은 인텔 칩이 담겨 있었다.

마이크로프로세서 시장의 성장 가능성은 거의 확실해 보였다. 하지만 당시 그로브를 보좌하던 한 직원의 기억에 따르면, 칩 판매량의 큰 부분을 차지하고 있던 D램의 판매를 마이크로프로세서가 넘을 수 있다는 주장은 허황된 소리[19]처럼 보였다. 그로브는 다른 선택의 여지가 없다고 보았다. "만약 우리가 쫓겨나고 이 사회에서 새로운 CEO를 선임한다면 그는 뭘 할 거라고 생각합니까?" 그로브는 여전히 D램을 고수하고자 하는 무어에게 물었고, 무어는 마지못해 인정했다. "메모리를 포기하게 하겠지." 결국 인텔은 메모리 칩을 포기하기로 결정했다. D램 시장에서 일본에 백기를 드는 대신에 PC를 위한 마이크로프로세서에 집중하기로 한 것이다. D램으로 시작하고 성장해 온 회사로서 대단한 모험이 아닐 수 없었다. 클레이턴 크리스텐슨의 이론적 설명을 듣고 있으면 "파괴적 혁신"은 매력적인 말 같지만 현실은 피 말리는 고통이었다. 그로브는 당시를 "이를 드러내고 논쟁하고 다투는"[20] 시간이었다고 회상했다. 파괴는 분명히 이루어졌다. 제대로 된다고 하더라도 혁신은 몇 년 더 걸릴 터였다.

PC를 향해 던져놓은 승부수의 결과를 기다리는 동안 그로브의 편집증은 실리콘밸리에서 유례를 찾아보기 힘들 정도로 무지막지해졌다. 업무 시간은 오전 8시에 시작했고 출근이 늦은 사람은 누구건 혹독한 공개 비난을 당했다. 직원들 사이에 의견이 일치하지 않으면 그로브가 "건설적 대립"[21]이라 부른 방식으로 해결해야 했다. 그가 가장 선호하는 경영 기법은 "사람을 붙잡아 놓고 머리를 망치로 후려치는 것"이었다고 그로브의 부하 직원이었던 크레이그 배럿Craig Barret이 빈정거리기도 했다.

이것은 실리콘밸리라면 다들 떠올리는 자유분방한 문화가 아니었지만 인텔에는 군기반장이 필요했다. 인텔의 D램 칩은 미국의 다른 칩 제조사들 제품과 마찬가지로 품질에 문제가 있었다. 인텔이 D램으로 돈을 벌었던 것은 새로운 디자인의 제품을 시장에 처음 내놓을 때였지, 대량 생산에서 리더가 되었기 때문이 아니었다. 밥 노이스와 고든 무어는 언제나 기술의 첨단을 유지하는 것에 집중해 왔다. 하지만 노이스는 스스로 "관리"[22]보다 "벤처"를 할 때 늘 더 재미를 느낀다는 것을 인정했다. 그로브는 다른 그 무엇보다 관리를 사랑하는 사람이었고, 고든 무어가 1963년 그를 페어차일드에 데려오면서 인연을 시작한 것도 그런 이유 때문이었다. 페어차일드가 갖고 있던 문제를 해결해 줄 사람이 그로브였기 때문이다. 그로브는 노이스와 무어를 따라 인텔에 왔고 같은 역할을 부여받았다. 그는 남은 인생을 사라지지 않는 공포에 쫓기며, 인텔의 제조 공정과 경영의 모든 세부 사항을 챙기며 보냈다.

인텔 정상화의 첫 단계는 직원 25퍼센트를 해고하고 실리콘밸리, 오레곤, 푸에르토리코, 바베이도스에 있는 설비를 폐쇄하는 것이었다. 그로브의 부하 중 한 명은 보스의 접근법을 이렇게 묘사했다. "아니 이럴 수가. 이 두 명 자르고 배를 불태우고 사업을 접도록 해." 그로브는 노이스와 무어가 절대 할 수 없었을 가차 없고 단호한 모습을 보여 주었다. 두 번째 단계는 제조 공정이 돌아가게 만드는 것이었다. 그로브와 크레이그 배럿은 일본의 제조 방법론을 서슴없이 모방했다. 그들과 함께 일했던 한 직원의 증언에 따르면, "배럿의 태도는 기본적으로 제조 시설에 야구 방망이를 들고 가서 이렇게 말하는 식이었죠. '젠장! 우리는 일본에 질 수 없다고.'" 배럿은 공장 관리자들을 일본에 보내 견학하도록 했다. "이게 바로 우리가 일해야 하는 방식이다."[23]

인텔의 새로운 제조 기법은 "정확히 베끼자"로 통했다. 어떤 제조 공정 묶음이 가장 잘 작동하는 것으로 판명되면 인텔은 그것을 모든 설비에서 복제했다. 그 전까지는 엔지니어들에게 인텔의 공정에 대해 미세 조정을 할 수 있는 권한을 부여하였고 엔지니어들은 자부심을 느꼈다. 하지만 이제는 생각하지 말고 모방하라는 지시가 내려왔다. "이건 엄청난 문화적 차원의 문제였습니다." 당시 일했던 누군가의 말처럼 실리콘밸리의 자유분방한 스타일이 공장식 생산 라인으로 변화한 것이었다. 배럿도 인정했다. "저는 독재자처럼 여겨졌죠." 하지만 "정확히 베껴라" 전략은 먹혀들었다. 인텔의 수율은 확연히 향상되었다. 제조 설비는 더욱 효율적으로 사용되었고 비용이 절감되었다. 인텔의 공장은 이제 연구소보다는 미세하게 조정된 기계처럼 작동하기 시작했다.[24]

그로브와 인텔에는 운도 따랐다. 1980년대 초 일본 생산자들에게 유리하게 작용했던 구조적 상황이 일부 변화하기 시작한 것이다. 1985년에서 1988년 사이, 미국 달러 대비 엔화의 가치가 두 배 올랐고 미국의 수출가가 저렴해졌다. 1980년대를 지나며 미국의 금리도 가파르게 내려왔고 인텔의 자본 비용이 낮아졌다. 게다가 텍사스에 본사를 둔 컴팩컴퓨터Compaq Computer가 IBM의 PC 시장에 뛰어들었다. 컴팩은 운영 체제나 마이크로프로세서를 직접 만들기는 어렵다는 판단 아래 PC 부품을 플라스틱 상자에 조립하는 상대적으로 쉬운 방향을 잡았다. 컴팩은 인텔 칩과 마이크로소프트 운영 체제를 사용한 자체 PC를 출시했는데 가격은 IBM보다 훨씬 저렴했다. 1980년대 중반이 되자 컴팩과 다른 회사들이 만드는 IBM PC "복제품"이 IBM의 오리지널보다 더 많이 팔리고 있었다.[25] 컴퓨터가 모든 사무실과 많은 가정에 설치되면서 가격이 급격히 내려갔다. 애플 컴퓨터를 제외하고 나면 거의 대부분의 PC가 인텔 칩과 마이크로소프트 윈도를 탑재했고, 이 둘은 서로 궁합이 잘 맞도록 설계되어 있었다. 인텔이 PC용 칩 판매를 사실상 독점한 상태로 개인용 컴퓨터 시대에 돌입한 것이다.

그로브의 인텔 재건은 실리콘밸리 자본주의의 교과서적 사례가 되었다. 그는 인텔의 비즈니스 모델이 고장 났다는 사실을 깨닫고, 인텔의 창업 아이템이었던 D램을 포기함으로써 인텔을 스스로 "파괴"했다. 대신에 인텔은 PC용 칩 시장의 목줄을 움켜잡았다. 매년 혹은 2년 간격으로 더 작은 트랜지스터를 적용하고 더 많은 연산력을 갖춘 새로운 세대의 칩을 발표했다. 편집광만이 살아남는다는 것이 앤디 그로브의 신념이었다. 인텔을 구해 낸 것은 혁신도 전문성도 아닌 그의 편집증이었다.

CHAPTER 23
"적의 적은 친구다"
: 떠오르는 한국

이병철李秉喆은 무슨 일을 해도 이익을 낼 수 있는 사람이었다. 1910년, 잭 심플롯보다 1년 뒤에 태어난 이병철은 1938년 3월 사업가로서 첫 출발을 했다. 그해 일본제국의 일부로 합병된 상태였던 그의 조국은 중국과 전쟁 중이었고 곧 미국과도 전쟁을 벌일 참이었다. 이병철이 처음 다룬 상품은 건어물과 청과류로, 그는 한국에서 물건을 마련해 군수품으로 일본군에 납품하기 위해 만주로 운송했다. 한국은 가난하고 뒤처진 나라로 산업도 기술도 없었지만, 이병철은 이미 "크고, 강하며, 영원한"[26] 사업을 하고 싶다는 꿈을 주변에 말하곤 했다. 결국 그는 미국의 반도체 산업과 한국의 정부라는 두 강력한 동맹을 끼고 삼성을 엄청난 반도체 기업으로 키워 냈다. 실리콘밸리는 일본의 허를 찌르기 위한 전략의 일환으로 더 저렴한 아시아 공급책을 찾고 있었다. 이병철은 그런 일이라면 삼성이 쉽게 해낼 수 있을 것이라고 판단했다.

한국은 두 거대한 숙적 사이에서 줄타기하는 일을 해온 나라였다. 이병철이 삼성을 창업한 지 7년이 지난 1945년, 일본은 미국에 패배했고 이병철의 무역업은 큰 위기를 맞았다. 하지만 이병철은 날렵하게 위기를 모면했다. 건어물 물량을 확보하는 것처럼 자연스럽게 정치 후견인을 바꿨던 것이다. 그는 전쟁 후 한반도 남쪽을 점령한 미국인과 유대를 쌓았고, 그의 회사와 같은 대기업 집단을 해체하고자 하는 한국 정치인들에 맞섰다. 이병철은 심지어 북한의 공산 정권이 남한을 침략했을 때에도 재산을 지켜 냈다. 적이 잠시 서울을 점령했을 무렵 한 공산당 간부가 이병철의 쉐보레 자동차를 압수해 그것을 타고 점령지 서울을 누비고 다니기는 했지만 말이다.[27]

이병철은 전쟁에도 불구하고 한국의 복잡한 정치 틈바구니를 헤치며 사업의 제국을 확장해 나갔다. 1961년 권력을 쥔 군부는 이병철의 은행 계좌를 동결했지만 그는 다른 사업가들과 손잡고 무사히 살아남았다. 이병철은 삼성이 나라를 위해 좋은 일을 하고 있다고 주장하며, 이 나라의 미래는 삼성이 세계 수준의 기업으로 거듭날지 여부에 달려 있다고 강변했다. "사업보국事業報國"[28]은 삼성의 첫 번째 경영철학이었다. 어물과 채소에서 시작한 그는 설탕, 직물, 비료, 건설, 은행, 보험으로 사업 영역을 다각화했다. 그는 1960년대와 1970년대 한국의 경제 호황을 자신이 국가에 봉사하고 있음을 입증한다고 생각했다. 이병철은 1960년대 한국에서 가장 큰 부자가 되었는데, 비판적인 이들은 그가 쌓은 부가 이 나라와 부패한 정치인이 이병철을 위해 일하고 있는 증거라고 생각했다.

1970년대 말과 1980년대 초, 이병철은 도시바나 후지쓰 같은 기업이 D램 시장을 차지하는 모습을 지켜보며 반도체 산업에 뛰어들 기회가 오기만을 기다렸다. 한국은 이미 미국과 일본에서 만든 칩의 조립과 패키징을 아웃소싱하는 중요 장소였다. 게다가 미국 정부는 1966년 한국과학기술원Korea Institute of Science and Technology의 창립에 도움을 주었고, 미국의 최고 수준 대학에서 공부하거나 미국에서 교육받은 교수에게 훈련받는 한국인 역시 늘어났다. 하지만 이렇게 숙련된 인력이 있다 해도 기본적인 조립에서 첨단 반도체 제조로 뛰어넘는 것은 기업 입장에서 쉬운 일은 아니었다. 삼성은 이전에 단순한 반도체 작업에 손을 댔다가 수익을 내지 못하고 더 나은 기술을 확보하지도 못하며 고전한 경험이 있었다.[29]

그러나 1980년대 초 이병철은 환경이 달라지고 있다는 것을 느꼈다. 실리콘밸리와 일본 사이에 벌어진 처절한 D램 경쟁이 그 변화의 시작이었다. 그 무렵 한국 정부는 반도체를 우선 사업으로 인정하게 되었다. 삼성의 미래를 숙고하던 이병철은 1982년 봄 캘리포니아 여행을 하면서 휼렛패커드의 시설을 방문해 그 회사의 기술을 보며 감탄했다. HP가 팰로앨토의 차고에서 시작해 이토록 거대한 테크 공룡이 되었다면, 채소와 건어물점에서 출발한 삼성 역시 같은 위업을 달성할 수 있을 터였다. "이게 다 반도체 덕분이죠." 한 HP 직원이 이병철에게 말했다. 그는 IBM의 컴퓨터 공장도 방문했는데, 사진을 찍어도 된다는 사실에 또 한 차례 놀랐다. "당신들 공장에는 비밀이 많이 있을 텐데요." 공장 안내를 해 주는 IBM 직원에게 이병철이 묻자, 그 직원은 자신감 넘치는 말투로 대답했다. "그런 비밀은 그냥 보는 것만으로는 따라 할 수 없으니까요."[30] 그러나 이병철은 실리콘밸리의 성공을 정확히 모방하겠다는 계획을 세우고 있었다.

그러기 위해서는 수백만 달러 이상의 자본 확충이 필요한 데다 아직 제대로 될지 확신할 수도 없는 일이었다. 이병철에게도 그것은 엄청난 도박이었다. 그는 몇 달을 고심했다. 실패하면 그가 이룬 비즈니스 제국 전체가 무너질 수도 있는 일이었다. 그런데 한국 정부가 흔쾌히 재정 지원을 하겠다는 뜻을 드러냈다. 정부는 반도체 산업에 4억 달러를 투자하겠다고 약속했다. 한국의 은행은 정부 방침을 따라 더 많은 돈을 빌려줄 것이었다. 그러니 일본에서와 마찬가지로 한국의 하이테크 기업은 차고에서 태어난 스타트업이 아니었다. 정부 지원을 등에 업고 은행에서 저리로 대출받을 수 있었던 거대 재벌의 산물이었다. 1983년 2월, 신경이 곤두선 불면의 밤을 보내던 이병철은 전화기를 들었다. 삼성전자 사업부를 총괄하던 수장에게 전화를 걸어서 선포했다. "삼성은 반도체를 만들 걸세." 삼성은 적어도 1억 달러[31]를 쓸 준비가 되어 있다는 선언과 함께 그는 회사의 미래를 건 반도체 도박을 시작했다.

이병철은 노련한 경영자였고, 한국 정부는 그의 든든한 지원자 역할을 해 주었다. 하지만 실리콘밸리의 도움이 없었다면 반도체에 모든 것을 걸었던 삼성의 도박은 성공으로 이어지기 어려웠을 것이다. 실리콘밸리는 메모리 칩 분야에서 일본의 국제적 경쟁에 맞서는 최선의 방법은 한국에서 훨씬 더 저렴한 공급원을 찾아내는 동시에 미국의 연구개발 에너지를 이미 상품화된 범용 D램보다 더 부가가치가 높은 제품에 집중하는 것이라는 발상이 설득력을 얻고 있었다. 밥 노이스가 앤디 그로브에게 말했듯이, "한국인들과 함께하면" 그들이 일본 생산자들보다 더 저가로 판매할 테니, 일본이 "비용에 상관하지 않고 덤핑을 하는" 전략을 쓰더라도 세계 D램 시장을 독점하는 일은 불가능해진다. 결국 일본의 칩 제조사들은 "치명적"인 결과를 맞게[32] 될 것이라고 노이스는 예측했다.

그리하여 인텔은 떠오르는 한국의 D램 생산자들을 환영했다. 인텔은 1980년대에 삼성과 함께 합작 투자에 합의한 여러 실리콘밸리 기업 중 하나다. 삼성이 제조한 칩을 인텔의 브랜드로 판매하면서, 한국 반도체 산업의 도움을 받아 실리콘밸리를 향한 일본의 위협에 대응한 것이다. 더욱이 한국의 생산 비용과 임금은 일본에 비해 확연히 낮았다. 삼성 같은 한국 기업들의 제조 공정은 일본처럼 완벽에 가깝지도 극도로 효율적이지도 않았지만, 그럼에도 일본의 시장 점유율을 빼앗아 오는 일에는 문제가 없었다.

미국과 일본 간의 무역 갈등 역시 한국 기업들에게 호재로 작용했다.[33] 워싱턴은 일본이 미국 시장에 D램 칩을 저가로 풀어놓는 행위, 이른바 "덤핑"을 중단해야 한다고 위협했다. 결국 1986년 도쿄는 D램의 대미 수출량을 제한하며 낮은 가격에 팔지 않겠다고 약속했다. 한국 기업으로서는 더 많은 D램을 더 비싸게 팔 수 있는 기회를 얻은 셈이다. 미국이 일본과의 협상으로 한국에 이익을 주자고 의도하지는 않았지만 그들이 필요로 하는 칩을 생산하는 것이 일본을 제외한 다른 누구여도 기분 좋은 일이었다.

미국이 한국에 제공한 것은 D램 시장만이 아니었다. 기술도 함께 제공했다. 실리콘밸리의 D램 생산은 거의 파탄 나 있었기에, 최고 수준의 기술을 한국에 전수하는 것을 꺼릴 이유가 없었다. 이병철은 현금이 부족한 메모리 칩 스타트업인 마이크론에 64K D램용 설계 라이센스 계약을 제안했고, 그 과정에서 창업자인 워드 파킨슨과 가까워지게 되었다. 아이다호의 칩 제조사는 그 계약으로 얻을 수 있는 돈이 얼마인지 따져 본 후 기꺼이 삼성의 제안을 수용했다. 설령 그 과정에서 삼성이 마이크론의 생산 공정 중 많은 것을 배울 수 있다 하더라도 상관없었다. "우리가 했던 것이라면 삼성도 했다"라고 파킨슨은 떠올렸다. 그는 삼성이 제공했던 "결정적 수준까지는 아니어도 상당히 도움이 되는" 돈을 받아 마이크론을 살려 놓아야 했던 것이다. 고든 무어 같은 반도체 산업 선도자들은 몇몇 반도체 회사가 절박한 상황에서 "가치 있는 기술을 쉽게 넘겨준다"는 걱정을 하기도 했다. 하지만 메모리 칩을 만드는 대부분의 미국 기업이 파산하고 있는 상황에서 D램 기술을 가치 있는 것이라 말하기도 어려운 상황이었다. 실리콘밸리 회사들 대부분은 즐거운 마음으로 한국 기업과 협업했다. 한국이 세계 메모리 칩 시장의 선두 주자로 떠오르도록 도우면서 일본 경쟁자들의 공격을 무력화했던 것이다. 제리 샌더스가 한 설명을 빌리자면, 단순한 논리였다. "적의 적은 친구다."[34]

CHAPTER 24

"이것이 미래입니다"

앤디 그로브의 편집증, 제리 샌더스의 저돌적 투쟁, 잭 심플롯의 카우보이식 경쟁심이 없었다면 일본의 D램 맹공을 견뎌 내고 미국 반도체 산업이 되살아나기란 불가능했을 것이다. 경쟁을 부추기는 남성 호르몬과 스톡옵션의 힘으로 굴러가는 실리콘밸리는 때로 교과서에서 묘사하는 메마른 경제학보다는 오히려 적자생존의 투쟁이 벌어지는 다윈주의에 더 가까운 느낌이었다. 수많은 기업이 실패했고, 재산이 날아갔고, 수만 명이 일자리를 잃었다. 인텔이나 마이크론 같은 회사가 극도로 경쟁적이고 실수를 용납하지 않는 업계에서 살아남은 것은 물론 그들이 지닌 기술력이 중요하긴 했지만, 그보다는 적합한 기술을 자본화하여 돈으로 만드는 능력 덕분이었다.

하지만 실리콘밸리의 부활을 온전히 영웅적 기업가와 창조적 파괴의 공으로만 돌릴 수는 없다. 이 새로운 산업의 거인들이 부상하는 동안 새로운 과학자와 엔지니어 들은 칩 제조의 도약을 준비하고 처리 능력processing power을 이용한 혁신적인 방법을 고안하고 있었다. 그러한 기술 발전 중 많은 부분이 정부와 협력 아래 이루어진 것은 사실이다. 의회나 백악관처럼 크고 무거운 손이 움직인 경우보다는 국방부 국방고등연구계획국DARPA 같은 작고 기민한 조직이 미래를 향한 큰 도박에 힘을 실어 줄 때가 많았다. 또 정부는 이러한 도박에 필요한 교육과 연구개발의 기반을 마련해 주었다.

일본의 고품질 저비용 D램과의 경쟁은 실리콘밸리가 1980년대에 맞닥뜨렸던 유일한 문제는 아니었다. 새로운 세대의 칩이 나올 때마다 그 위에 올라가는 트랜지스터 숫자가 지수함수적으로 늘어난다는 그 유명한 고든 무어의 법칙은 아직 잘 지켜지고 있었으나, 그것을 달성하는 일은 매년 어려워졌다. 1970년대 말까지 많은 집적회로는 인텔의 페데리코 패긴Federico Faggin이 최초의 마이크로프로세서를 내놓을 때와 같은 방식으로 설계되고 있었다. 1971년 패긴은 6개월에 걸쳐 제도 테이블에서 웅크리고 앉아 인텔의 가장 최신 도구로 디자인 스케치를 하며 보냈다. 그 도구는 바로 자와 색연필이었다. 그렇게 설계를 마치면 그 형태를 따라 루비리스Rubylith라는 붉은 필름을 주머니칼penknife로 잘랐다. 특수 카메라를 이용해 루비리스의 패턴을 마스크 위에 투사하는데, 마스크는 크롬으로 덮인 유리판으로 루비리스의 패턴을 완벽하게 재현할 수 있다. 마지막으로 마스크와 몇 개의 렌즈를 거쳐 빛을 조사하면 실리콘 웨이퍼 위에 작은 형태의 패턴이 투사되는 것이다. 이렇게 몇 달 동안 스케치를 하고 필름을 자르면서 패긴은 칩을 만들어 냈다.[35]

　문제는 색연필과 핀셋의 한계가 분명했다는 것이다. 수천 개의 부품으로 이루어진 집적회로를 설계할 때는 적합했지만 이제는 칩 하나에 100만 개도 넘는 트랜지스터를 장착할 경우 더 정교한 것이 필요했다. 이 딜레마를 붙들고 씨름한[36] 사람이 바로 고든 무어의 친구로 염소수염을 기른 물리학자 카버 미드였다. 미드가 이 문제를 고심하고 있을 때 누군가 그에게 린 콘웨이Lynn Conway를 소개해 주었다. 콘웨이는 갓 발명된 개인용 컴퓨터에 마우스와 키보드를 장착하는 개념을 만들어 낸 곳, 바로 제록스Xerox의 팰로앨토연구센터에서 일하는 컴퓨터 설계자computer architect였다.

　콘웨이는 탁월한 컴퓨터 과학자였지만 그와 대화를 나눈 사람이라면 천문학, 인류학, 역사 철학에 이르기까지 폭넓은 관심사로부터 나오는 통찰력이 번뜩이는 지성에 더욱 놀라곤 했다.[37] 본인의 설명에 따르면 콘웨이는 1973년 제록스에 "스텔스 모드"[38]로 입사했다. 1968년 남자에서 여자로 성전환 수술을 한 후 IBM에서 해고당했기 때문이다. 콘웨이는 실리콘밸리 칩 제조사들이 엔지니어라기보다 예술가처럼 일한다는 사실을 알고 충격을 받았다. 최첨단 장비와 핀셋이 짝을 이루고 있었던 것이다. 칩 제조사들은 경이로울 정도로 복잡한 패턴을 개별 실리콘 위에 새겨 넣고 있었지만, 그 설계는 중세 장인과 다를 바 없는 방식으로 수행되었다. 각 회사의 팹fab(제조 설비)에는 특정 시설에서 칩을 생산하려면 어떻게 칩을 설계해야 하는지 저마다 갖고 있는 길고 복잡한 지침 목록이 있었다. 콘웨이는 컴퓨터 설계자로서 모든 컴퓨터 프로그램이 구축되는 표준화된 명령어의 관점에서 생각하도록 배웠기 때문에 그에게 이런 방식은 어처구니없을 정도로 후진적인 것으로 보였다.[39]

콘웨이는 깨달았다. 미드가 예언한 디지털 혁명은 알고리즘의 엄격한 적용이 필요했다. 공통의 지인을 통해 소개받아 서로 알게 된 미드와 콘웨이는 칩 설계를 표준화하는 방법에 대해 토론하기 시작했다. 왜 회로를 설계하도록 기계를 프로그래밍할 수 없는지 그들은 의아해했다. 미드가 말했다. "뭔가를 하기 위한 프로그램을 만들 수 있다면 다른 사람의 툴킷tool kit이 필요하지 않지. 직접 만들면 되니까."[40]

콘웨이와 미드는 결국 일련의 수학적 "설계 규칙desing rule"을 만들어 냈고, 컴퓨터 프로그램으로 칩 설계를 자동화할 수 있는 길을 열었다. 콘웨이와 미드의 방법을 사용하면 칩 설계자들이 개별 트랜지스터의 위치를 스케치할 필요가 없었다. 대신에 콘웨이와 미드가 만들어 놓은 "교환 가능한 부품"의 목록에서 배치하면 그만이었다. 미드는 스스로를 요하네스 구텐베르크와 견주어 생각하며 흐뭇해하곤 했다. 구텐베르크의 인쇄 혁명으로 인해 작가는 글쓰기에, 인쇄업자는 인쇄에만 신경 쓰게 되었기 때문이다. 얼마 지나지 않아 콘웨이는 MIT에 초빙되어 학생들에게 이러한 칩 설계 방법론을 가르치게 되었다. 수업을 들은 학생들마다 자기 나름의 칩 설계를 해낼 수 있었고, 그 설계는 제조를 위해 생산 시설로 전해졌다. 6주 후, 단 한 번도 제조 시설에 발을 들여놓은 적 없던 콘웨이의 학생들은 완벽하게 작동하는 칩을 우편으로 받아볼 수 있었다. 반도체 설계의 구텐베르크 혁명이 이루어진 것이다.[41]

곧 "미드-콘웨이" 혁명으로 알려진 것에 대해 펜타곤보다 지대한 관심을 보인 곳은 없었다. DARPA는 칩을 설계한 대학 연구원들이 그것을 최신 설비가 갖춰진 팹으로 보내 제작해 볼 수 있는 프로그램에 재정 지원을 했다. 미래 지향적 무기 체계에 자금을 지원하는 것으로 명성이 높은 DARPA였지만, 반도체에서는 그보다 교육적 기반을 구축하는 일에 훨씬 집중했다. 그렇게 함으로써 미국이 풍부한 칩 설계자 풀을 갖추는 것이 목적이었다.[42] DARPA는 또 각 대학이 최신 컴퓨터를 갖추고 반도체 산업 관료와 학자가 고급 와인을 나누며 연구 문제에 대해 토론할 수 있도록 도움을 주었다. 무어의 법칙이 살아남을 수 있게끔 기업과 교수를 돕는 것이 미국의 군사적 우위를 지키는 데 결정적이라는 판단에 따른 행보였다.[43]

반도체 업계 역시 칩 설계 기술을 연구하는 대학에 기금을 댔고, 반도체연구협회Semiconductor Research Corporation를 설립해 카네기멜론과 캘리포니아대학교 버클리 캠퍼스에 연구 보조금을 주었다. 1980년대 내내 이 두 학교의 학생 및 교수진 핵심 그룹은 연이어 스타트업을 세워 반도체 설계를 위한 소프트웨어 도구software tools라는 그 전까지 존재한 적도 없었던 새로운 산업을 창출해 냈다.

그렇게 DARPA와 반도체연구협회 자금 지원 프로그램의 수혜자들이 만든 기업[44] 중 세 곳이 남았고, 오늘날 모든 반도체 회사는 그 세 회사가 만들어 낸 도구를 사용하여 칩을 설계하고 있다.

DARPA는 두 번째 과제에 도전 중인 연구자들도 후원했다. 바로 나날이 늘어가는 칩의 연산력을 사용할 방안을 찾는 것이었다. 그 연구자들 중 무선 통신 전문가인 어윈 제이컵스Irwin Jacobs가 있었다. 매사추세츠주 레스토랑 주인 아들로 태어난 제이컵스는 부모의 뒤를 이어 접객업에 종사할 생각이었으나, 전자공학의 매력에 빠진 후 진로를 바꿨다. 1950년대 내내 진공관과 IBM 계산기를 끼고 보낸 제이컵스는 MIT에서 석사 과정을 밟으면서 안테나와 전자기 이론을 공부했고, 그러면서 어떻게 정보가 저장되고 전달되는지 연구하는 정보 이론 쪽에 몰두했다.[45]

라디오는 수십 년 넘게 무선으로 정보를 전달해 왔지만 무선 통신의 수요는 점점 더 커졌고 사용 가능한 주파수 대역에는 한계가 있었다. 만약 99.5 FM 라디오 방송국을 차리고 싶다면 99.7 라디오가 없다는 것을 분명히 해둘 필요가 있다. 두 주파수가 서로 간섭하고 방해하기 때문이다. 다른 형태의 무선 통신에도 같은 원리가 적용된다. 주파수의 특정 영역에 더 많은 정보가 쏠릴수록 여유가 없어지고 그에 따라 신호가 뭉개지고 벽에 튕기며 서로 간섭하여, 라디오 수신기에 도달할 때 오류를 포함하고 있을 가능성이 높아지는 것이다.

제이컵스와 캘리포니아대학교 샌디에이고 캠퍼스에서 만난 오랜 동료 앤드류 비터비Andrew Viterbi는 소음으로 가득한 전파에서 반사되는 혼잡한 디지털 신호를 해독하는 복잡한 알고리즘을 개발해 낸 바 있었다. 놀라운 이론적 업적이라고 과학자들 사이에서 칭송이 자자했지만 비터비의 알고리즘을 현실에서 작동하도록 하는 일은 어려워 보였다. 그렇게 복잡한 알고리즘에 따른 연산을 수행할 수 있을 만한 연산력을 평범한 라디오에 탑재하는 것은 가능하지 않은 일로 여겨졌다.

1971년 제이컵스는 통신 이론을 연구하는 학자들의 학회에 참석하기 위해 플로리다주 세인트피터버그로 향했다. 많은 교수가 비관적 분위기에 젖어 있었다. 라디오 전파에 데이터를 부호화 encoding하는 그들 학문의 하위 분야가 실질적 한계에 봉착했다는 결론 때문이었다. 식별과 해독이 불가능한 무선 주파수대에 담길 수 있는 신호는 수적으로 제한되어 있었다. 비터비의 알고리즘은 같은 범위의 주파수대에 더 많은 정보를 집어넣을 수 있는 이론적 방안을 제시하고 있었지만, 그 알고리즘이 유의미한 규모로 작동하게 할 연산력은 그 누구도 제공할 수 없을 만큼 큰 것이었다. 공기를 통해 정보를 주고받겠다는 기획은 벽에 부딪혔다. 어떤 교수가 선언했다. "전파 해독은 죽었습니다."

제이컵스는 전혀 동의하지 않았다. 뒷줄에 앉아 있던 그가 일어나 손에 쥔 작은 반도체 하나를 높이 들어 보이며 말했다. "이것이 미래입니다."[46] 칩의 발전이 너무도 빠르기에 머잖아 같은 주파수 스펙트럼 안에 막대한 양의 데이터를 부호화할 수 있을 것임을 제이컵스는 깨닫고 있었다. 2.5제곱센티미터 크기의 실리콘 위에 올라갈 수 있는 트랜지스터 개수가 지수함수적으로 늘어나고 있으니, 주어진 라디오 주파수에서 송수신할 수 있는 정보의 양 또한 곧 훌쩍 커질 것은 분명한 일이었다.

제이컵스, 비터비, 그리고 뜻을 같이하는 몇몇 동료가 모여 무선 통신 회사를 차렸다. '품질 좋은 통신quality communications'이라는 뜻의 '퀄컴Qualcomm'이었다. 그들은 더욱 강력한 마이크로프로세서가 등장하여 현존하는 스펙트럼 대역폭 안에 더 많은 신호를 집어넣을 수 있게 되리라는 예상을 하고 승부를 건 것이다. 제이컵스는 우선 DARPA와 나사의 계약을 따내 우주 통신 시스템을 구축하는 작업에 착수했다. 1980년대 말 퀄컴은 민간 시장으로 다각화하여 트럭 산업을 위한 인공위성 통신 시스템을 발족했다. 하지만 반도체를 이용해 대량의 데이터를 보내는 것은 1990년대 초까지도 틈새 사업처럼 보이는 분위기였다.

어윈 제이컵스같이 사업가로 변신한 교수에게 DARPA의 자금 지원과 국방부의 용역 계약은 스타트업을 유지하는 데 필수적이었다. 하지만 미국 리소그래피의 선두 기업 GCA를 구하기 위한 세마테크의 노력이 비참한 실패로 끝난 것만 봐도 알 수 있듯이, 정부 프로그램 중 제대로 작동한 것은 일부에 불과했다. 정부의 노력은 망해 가는 회사를 되살리려고 할 때가 아니라, 이미 미국이 지니고 있는 강점을 활용하여 연구원들이 훌륭한 아이디어를 시제품prototype product으로 만들 수 있도록 자금을 제공했을 때 효율적 성과를 보여 주었다. 의회 입장에서 보자면 외형상으로는 국방 조직인 DARPA가 세금으로 컴퓨터 공학과 교수들에게 값비싼 식사와 와인을 제공하고, 교수들은 칩 설계에 대한 이론적 대화를 나누는 모습 앞에 격분했을 것이 분명하다. 하지만 그런 노력이 있었기에 트랜지스터는 작아질 수 있었고, 반도체의 새로운 사용처를 발견할 수 있었으며, 새로운 고객을 발굴하여 시장을 개척할 수 있었고, 더 작은 차세대 트랜지스터를 향한 자금 투입이 가능했다. 반도체 설계라는 영역에서 세계 그 어떤 나라도 미국보다 나은 혁신적 생태계를 이루지 못했다. 1980년대 말이 되면 칩 하나에는 100만 개의 트랜지스터가 들어 갔다. 린 콘웨이가 실리콘밸리에 왔던 1970년대 초만 해도 상상할 수 없던 일이 현실이 되었다. 인텔이 486 마이크로프로세서를 발표했을 때, 그 작은 실리콘 하나에는 120만 개의 초소형 스위치가 내장되어 있었다.

CHAPTER 25

KGB의 T국장

블라디미르 베트로프Vladimir Vetrov는 KGB 스파이였지만 그의 인생은 제임스 본드 영화보다는 안톤 체호프 소설에 더 가깝다. 그가 KGB에서 수행하던 업무는 관료적이었고, 애인은 슈퍼모델과 거리가 멀었으며, 아내는 남편보다 집에서 키우는 시츄에게 더 애착을 느꼈다. 1970년대 말, 베트로프의 경력과 그의 인생은 막다른 길에 이르렀다. 그는 자신의 내근직을 경멸했고 상사들로부터 무시당했다. 아내는 그의 친구 중 한 명과 바람을 피우고 있었고 그는 그런 아내가 못 견디게 싫었다. 모스크바 북쪽 한 마을에 있는 너무 낡아서 전기조차 들어오지 않는 작은 통나무 오두막에서 쉬는 것이 베트로프가 누릴 수 있는 유일한 휴식이었다. 그러지 않

으면 그저 모스크바에서 어딘가에 틀어박혀 술을 마셨다.[47]

베트로프의 인생이 늘 이렇게 따분했던 건 아니었다. 1960년대 초, 쇼킨 장관의 "베끼시오" 전략에 따라, 그는 파리에서 "대외무역 공무원"이라는 위장 신분으로 프랑스의 첨단 산업계의 비밀을 수집하는 핵심 요원 중 하나였다. 1963년, 소련이 마이크로 전자 기술을 연구하는 과학자들의 도시 젤레노그라드를 세운 그해 KGB는 새로운 조직을 편성했다. 이른바 T국Directorate T으로, T는 기술을 뜻하는 러시아어 teknologia의 앞 글자를 따온 것이다. CIA 보고서의 경고에 따르면, 그들의 임무는 "서구의 장비와 기술을 획득하는 것", 그리고 "집적회로 생산 능력을 향상하는 것"[48]이었다.

1980년대 초 KGB가 해외 기술을 훔치기 위해 동원한 인력은 1000여 명에 달한다고 알려져 있다. 해외에 파견된 것은 약 300여 명이었고, 나머지 대부분은 모스크바 루비얀카광장Lubyanka Square에 위치한, 스탈린 시대의 감옥과 고문실을 지하에 둔 KGB 본부 8층에서 일하고 있었다. 다른 정보기관, 이를테면 군의 첩보 조직인 GRU 등도 활동의 초점을 기술 도둑질에 두고 있었다. 주 샌프란시스코 소련 영사관에는 실리콘밸리 테크 기업을 노리는 요원 60명으로 이루어진 팀이 있었다고 전해진다. 그들은 직접 칩을 훔치거나 "애꾸눈 잭"이라 불리던 도둑 같은 자들을 통해 암시장에서 구입했다. "애꾸눈 잭"은 이후 인텔 시설에서 칩을 훔친 다음 가죽 재킷에 숨겨 나오다가 1982년 체포되었다. 소련 스파이들은 첨단 기술에 접근할 수 있는 서구인을 협박하기도 했다. 모스크바에 살고 있던 영국 컴퓨터 회사 직원 중 적어도 한 명이 그의 고층 아파트 창문에서 "떨어져" 사망하는 사건[49]이 있었다.

소련 반도체 산업의 근간에는 늘 스파이가 있었다. 로드아일랜드의 어부들이 1982년 가을 북대서양에서 발견한 이상한 부표들을 그 사례로 들 수 있을 것이다. 어부들은 그 부표 속에서 반도체가 나올 것이라고는 생각조차 하지 못했다. 군사 연구소에서 살펴본 결과, 이 신비로운 부표의 정체는 텍사스인스트루먼트의 시리즈 5400 반도체를 완벽하게 모방한 칩을 탑재하고 있는 소련제 감청 장치로 밝혀졌다. 하지만 인텔이 마이크로프로세서를 상업화한 후 쇼킨 장관은 미국의 마이크로프로세서를 복제하고 유사장비를 개발하기 위해 마련되어 있던 소련 연구 조직을 폐쇄해 버렸다.[50]

소련의 감시 부표가 발견되긴 했지만 "베끼시오" 전략은 보이는 것보다는 훨씬 더 성공적이지 못했다. 인텔의 최신 칩을 몇 개 훔쳐 온다거나, 중립국인 오스트리아 혹은 스위스를 경유해 유령회사를 통해[51] 집적회로 배송 물량을 통째로 소련에 들여오는 일 등은 어렵지 않았다. 하지만 미국의 방첩 기관은 종종 제3국에서 활동하는 소련 요원들의 정체를 밝혀냈고, 그래서 이 방식은 믿을 만한 공급원이 아니었다.

소련이 최신 칩 설계를 들여와서 반도체를 자국에서 생산할 때에만 그 모든 일이 쓸모 있는 것이다. 이것은 냉전 초기에도 어려운 일이었지만 1980년대가 되면 거의 불가능해졌다. 실리콘밸리가 실리콘 칩에 더 많은 트랜지스터를 잔뜩 넣으면서 반도체 조립의 난이도가 급격하게 치솟았기 때문이다. KGB는 반도체 훔치기를 통해 소련 반도체 생산자들에게 엄청난 비밀 기술을 전달하고 있다고 생각했지만, 새로운 칩을 몇 조각 얻는다고 해서 소련 엔지니어들이 그것을 생산할 수 있으리라는 보장은 없었다. KGB는 반도체 제조 장비도 훔치기 시작했다. CIA의 주장에 따르면 소련은 반도체 제조 공정의 거의 모든 요소를 획득했다. 반도체 제조를 위해 필요한 원자재 준비와 가공에 투입되는 900개의 기계, 리소그래피와 에칭 공정을 위한 800개의 기계, 도핑(칩에 불순물을 첨가하여 전기적 특성을 얻는 공정)하고 패키징하고 테스트하는 데[52] 필요한 300개의 기계를 모두 갖췄다는 것이다.

하지만 공장이 돌아가려면 모든 장비를 다 갖춰야 하며 기계가 고장 날 때를 대비한 여벌의 부품도 필요하다. 그런 여분의 부품이 소련에서 생산 가능할 때도 있었지만 비효율적이고 부품의 결함도 발생했다. 훔치고 모방하는 식으로는 그들 군사 지도자를 확신시킬 수 있을 정도의 품질 좋은 반도체를 꾸준히 제공할 수 없었다. 따라서 전자 기술과 컴퓨터를 이용해 군사 시스템을 고도화하는 일은 축소되었다.

소련의 기술 도둑질이 어느 정도 규모였는지 미국이 깨달을 때까지는 시간이 걸렸다. KGB가 베트로프를 파리로 처음 파견했던 1965년, 서구는 KGB T국의 정체를 전혀 파악하지 못하고 있었다. 베트로프와 동료들은 종종 소련 대외무역부Soviet Ministry of Foreign Trade 직원으로 신분을 위장하고 활동했다. 소련의 요원들은 해외 연구소를 방문해 경영진과 유대를 쌓고 외국 산업의 비밀을 빼돌리고자 했는데, 이 모든 일은 그저 대외무역부 직원들의 "일상 업무"로 보였던 것이다.

모스크바로 돌아온 후 실존적 권태에 사로잡혀 있던 베트로프가 자기 삶에 신선한 활력을 불어넣기로 마음먹지 않았다면 T국의 활동은 여전히 비밀로 남아 있을지도 모를 일이다. 1980년대 초, 베트로프의 경력은 제자리걸음이었고, 결혼 생활은 파탄에 이르러 있었으며, 인생 전체가 비탈길 아래로 굴러가는 중이었다. 그는 제임스 본드 같은 스파이였지만 마티니를 마실 일은 줄어들었고 대신 책상에 앉아 처리할 서류 작업만 늘어났다. 베트로프는 파리에 살고 있는 프랑스 정보 당국과 연줄이 닿아 있는 지인에게 엽서를 한 장 보냄으로써 자신의 삶을 좀 더 흥미진진하게 만들기로 결심했다.[53]

베트로프는 곧 모스크바에서 활동하는 프랑스 공작원에게 T국에 대한 서류 십여 건을 넘겨주었다. 프랑스 첩보 당국은 베트로프에게 "작별Farewell"이라는 코드명을 붙였다. 그가 넘긴 KGB 핵심 기밀문서를 종합해 보면 수천 페이지에 달한다. KGB라는 거대한 관료 기구가 서구의 산업 기밀을 훔쳐 온 사실이 드러난 것이다. 소련에는 숙련된 엔지니어뿐 아니라 최신 프로세서를 설계하기 위해 필요한 소프트웨어도, 칩을 생산하기 위해 필요한 설비도 없었기에, KGB는 "최신 마이크로프로세서"를 최우선 목표로 삼았다. 소련이 훔쳐 간 게 얼마나 많은지 확인한 서구의 스파이들은 깜짝 놀라고 말았다.[54]

프랑스 공작원과 주기적으로 접촉하는 것은 베트로프에게 새로운 활동이었지만 그는 성취감을 얻지 못했다. 프랑스가 그에게 주는 선물은 베트로프의 애인을 행복하게 만들고 있었으나 그가 진정 원하는 것은 아내가 자신을 다시 사랑하는 것이었기 때문이다. 베트로프의 망상은 더욱 심해져 갔다. 1982년 2월 22일, 아들에게 불륜 관계를 청산하겠다고 말한 그날 베트로프는 모스크바 순환 도로에 주차된 그의 차에서 내연녀를 칼로 찔러 살해했다. 그가 조국을 배신하고 서구 정보기관에 T국의 비밀을 넘기고 있었다는 사실을 베트로프가 경찰에 체포될 때까지도 KGB는 알지 못했다.

프랑스는 신속하게 베트로프에 대한 정보를 미국을 비롯한 다른 동맹국의 정보기관과 공유했다. 레이건 정부는 첨단 기술의 세관 통과 검사를 엄격하게 강화하는 '엑소더스 작전Operation Exodus'을 개시하여 응수했다. 1985년 엑소더스 작전은 6억 달러 상당의 물품 압류와 1000명 이상을 체포하는 성과를 거두었다. 하지만 반도체의 경우는 사정이 달랐다. 레이건 정부는 "소련으로 미국 기술의 대량 유출"을 막았다고 주장했지만 그것은 엄격한 통제로 이룬 효과를 과장하는 표현에 가까웠다. 소련의 "베끼시오" 전략은 결국 미국에 이익이었다. 소련이 늘 미국에 비해 뒤처진 기술을 갖게끔 했으니 말이다. 1985년 CIA에서 소련의 마이크로프로세서에 대해 수행한 연구에 따르면, 소련 생산자들은 인텔과 모토로라 칩을 마치 시간표라도 짠 것처럼 정확한 간격으로 베끼고 있었다. 소련은 늘 5년 뒤처지고 말았다.[55]

CHAPTER 26

"대량 살상 무기": 오프셋 충격

"장거리, 높은 정확도, 치명적 유도 전투 시스템, 무인 비행 기체, 높은 품질의 새로운 전자 통제 시스템" 같은 것들이 통상적인 폭발물을 "대량 살상 무기"[56]로 바꿔놓을 것이다. 소련군의 원수 니콜라이 오가르코프Nikolai Ogarkov의 예측이었다. 오가르코프는 1977년부터 1984년까지 소련군 참모총장 직을 역임했던 인물이다. 그는 소련이 1983년 대한항공기를 실수로 격추시켰을 때 소련의 입장을 발표했던 인물로 서구에 잘 알려져 있었다. 오가르코프는 소련의 실수를 인정하는 대신에 대한항공 조종사가 "의도적이고 전반적으로 계획된 정찰 임무"를 띄고 소련 영공을 침범했으며, 격추된 것은 "자초한 결과"[57]라고 주장했다. 그의 이런 주장이 서구에서 전혀 환영받지 못한 것은 전혀 놀랄 일이 아니었으나, 오가르코프가 평생을 미국과의 전쟁을 대비하며 살아왔다는 점을 놓고 볼 때 그 나름의 일관성이 없지는 않았다.

소련은 냉전기 초반에 핵심적인 기술 경쟁에서 미국을 바싹 뒤쫓았다. 강력한 로켓을 만들었고 핵탄두를 잔뜩 쌓아두었다. 하지만 이제는 근육이 아니라 컴퓨터라는 두뇌로 싸우는 시대였다. 실리콘 칩이 군사력의 새로운 기수로 떠올랐기 때문에 소련은 속절없이 뒤처질 수밖에 없었다. 1980년대의 유명한 소련 농담 중 하나. 크렘린의 지도자 중 한 사람이 자랑스럽게 외쳤다. "동무, 우리는 세계에서 가장 큰 마이크로프로세서를 만들어 냈소!"

탱크나 병력의 숫자 등 재래식 지표를 놓고 보면 1980년대 초의 소련은 명백한 우위를 차지하고 있었다.[58] 하지만 오가르코프의 관점은 달랐다. 바로 질적 우위가 양적 우위를 뛰어넘는 것이었다. 그는 미국의 정밀 무기 체계가 주는 위협에 온 신경을 쏟고 있었다. 목표물을 몇백 혹은 몇천 킬로미터 밖에서 정확하게 타격할 수 있는 능력이 개선된 감청 및 통신 기술과 결합하여, "군사 기술의 혁명"[59]을 낳는 중이었다. 오가르코프는 관심을 갖는 사람이라면 상대를 가리지 않고 이야기했다. 진공관의 시대, 즉 베트남전에서 스패로 유도 미사일이 목표물 중 90퍼센트를 놓치던 시대는 오래전에 끝났다. 소련은 여전히 미국보다 많은 탱크를 보유하고 있지만, 미국과 싸운다면 그 탱크들은 현재 몇 배는 더 취약한 상황에 놓일 것임을 오가르코프는 깨달았다.

빌 페리의 "상쇄 전략offset strategy"은 먹혀들었고,[60] 소련은 그에 대응할 수 없었다. 미국과 일본의 칩 제조사들은 큰 연산력을 지닌 소형화된 전자 장치를 만들어 낼 수 있었지만 소련은 그럴 능력이 없었기 때문이다. 젤레노그라드 혹은 다른 소련의 칩 제조사들은 따라갈 수가 없었다. 무어의 법칙을 받아들이도록 페리가 펜타곤을 압박하고 있을 때, 반도체 생산 능력이 부족했던 소련은 무기 설계자들에게 가능한 한 반도체를 사용하지 말라고 지시하고 있었다. 1960년대까지는 가능했던 그런 접근법이 1980년대가 되자 통하지 않았다. 마이크로 전자 기술에서 앞서 나간 미국을 따라잡을 의지조차 사라진 소련의 무기 체계는 점점 "멍청한" 상태로 남아 있었던 데 반해 미국의 무기들은 생각하는 법을 배워 나갔다. 미국이 미니트맨 2 미사일을 유도하기 위해 텍사스인스트루먼트의 칩을 장착했던 것은 1960년대 초의 일이었지만, 소련은 1971년까지도 집적회로를 이용한 유도 미사일 발사 실험을[61] 수행하지 못하고 있었다.

소련의 미사일 설계자들은 품질이 낮은 마이크로 전자 장비에 맞춰 정교한 우회 방식을 고안해 냈다. 탑재한 컴퓨터에 주는 부하를 최소화하기 위해 심지어 유도 컴퓨터에 연결된 계산마저 더 단순화해야 했다. 소련의 탄도 미사일은 목표를 설정하고 특정 비행 경로를 입력하면 유도 컴퓨터가 그 경로에 맞게 날아가는지 여부를 확인하면서 수정하는 방식으로 작동했다. 반면에 1980년대 미국 미사일은 목표만 설정되면 진로는 스스로 계산해 낼 수 있었다.[62]

1980년대 중반까지 미국의 신형 MX 미사일은 110미터 내의 목표물을 50퍼센트 확률로 적중시킨 것으로 추산해서 공개했다. 이 미사일과 대체로 비슷한 기능을 수행하는 소련의 SS-25 미사일은 구소련 국방부 관리의 추산에 따르면 평균적으로 목표물에서 365미터 이내의 범위에 들어갔다. 냉전의 군사 전략가들이 활동하던 음울한 전쟁 논리 속에서 그 몇백 미터의 간극은 엄청난 차이를 낳을 수 있었다. 원자폭탄으로 상대방의 도시를 날려 버리는 것은 쉬운 일이었지만, 두 초강대국 모두 상대방의 핵무기를 격파할 수 있는 능력을 갖고자 했던 것이다. 심지어 핵탄두도 강화 방어 설비를 갖춘 미사일 격납고를 무력화시키기 위해 상당 부분 직접 타격이 필요했다. 직격탄을 맞을 수도 있고, 또 한쪽이 기습적인 선제공격으로 적의 핵전력을 무력화할 수도 있다. 가장 비관적인 소련의 추정치는 소련 미사일 테스트 전문가의 계산에 따르면, 미국이 1980년대 핵 선제공격을 했다면 소련의 ICBM 98퍼센트를 무력화하거나 파괴했을 수 있는 것으로 드러났다.[63]

소련은 실수의 여지가 없었다. 소련군이 미국에 핵 공격을 가할 수 있는 방법은 두 가지가 있었다. 바로 장거리 폭격과 잠수함 발사 미사일이었다. 폭격기 편대를 띄우는 것이 가장 취약한 운반 시스템이라는 데에는 모두가 동의했다. 이륙한 지 얼마 되지 않아 레이더에 발각될 테고 핵무기를 발사하기 전에 격추당할 것이 분명했다. 그에 비해 미국의 핵 미사일 잠수함은 사실상 탐지가 불가능했고 따라서 천하무적이었다. 반대로 소련의 잠수함은 훨씬 취약했다.[64] 미국이 연산력의 힘을 이용해 잠수함 감지 시스템을 훨씬 높은 수준까지 발전시켜 놓았기 때문이다.

잠수함을 찾아내기 위해서는 음파 속의 잡음을 탐지하고 그 의미를 해독해 내야 했다. 바다에서 소리는 해저에서 다른 각도로 튕겨져 나오고 수온이나 바다 속 물고기 떼의 존재 등에 따라 다른 방식으로 굴절된다. 1980년대 초 공식 발표된 바에 따르면 미국은 잠수함의 센서를 당시 가장 강력한 슈퍼컴퓨터이며 최초로 반도체 메모리 칩을 탑재한 컴퓨터였던 일리악 IV$_{Illiac IV}$와 연결했다. 페어차일드에서 만든 일리악 IV와 그 외의 정보 처리 센터는 인공위성을 통해 연결되어 배, 비행기, 헬리콥터의 센서로부터 자료를 모아 소련 잠수함을 추적했는데, 이로써 소련 잠수함은 미국의 탐지 앞에 극도로 취약해지고 말았다.

오가르코프는 반도체로 무장한 미국의 최신 미사일의 정확도, 대함 전술 능력, 감청, 지휘 명령 체계 등을 놓고 숫자를 따져 보았다. 그 결과 미국의 기습으로 소련의 핵무기 체계를 단숨에 무력화할 수 있다는 결론에 이르렀다. 핵무기는 궁극의 안전 보장 카드가 되어야 마땅하지만, 당시 한 장군의 말에 따르면 소련군은 "전략 무기의 현저한 열세"[65]를 느끼고 있었다.

소련의 군사 지도자들에게는 재래식 전쟁조차 두려움의 대상이었다. 군사 분석가들은 지금까지 소련의 탱크와 병력의 수적 우위가 재래식 전쟁에서 결정적 우위를 가져다줄 것이라고 생각했다. 하지만 베트남에서 처음 사용된 페이브웨이 폭탄은 새로운 유도 시스템을 활용하고 있었다. 토마호크 순항 미사일은 소련 내륙의 깊숙한 곳까지 타격 가능했다. 소련의 국방 입안자들은 미국의 재래식 무기와 순항 미사일, 스텔스 폭격기가 소련의 지휘 통제 체계를 마비시켜 핵무기를 사용하지 못하게 될 가능성을 우려했다. 이것은 소련의 생존 그 자체를 위협하는 도전이 아닐 수 없었다.[66]

크렘린은 자국의 마이크로 전자 기술 산업을 되살리고 싶었지만 어떻게 해야 할지 갈피를 잡지 못했다. 1987년, 소련의 지도자 미하일 고르바초프Mikhail Gorbachev는 젤레노그라드를 방문해 그 도시에는 "더 많은 규율"[67]이 필요하다고 외쳤다. 찰리 스포크의 생산성에 대한 집착이나 앤디 그로브의 편집증 등을 보면 알 수 있듯이 규율이 실리콘밸리의 성공을 낳은 원인 중 하나라는 것은 분명했다. 하지만 규율만으로는 소련의 근본적 문제를 해결할 수 없었다.

첫 번째 문제는 정치적 간섭이었다. 1980년대 말, 유리 오소킨은 리가의 반도체 공장에서 해직되었다. 그의 공장에는 체코슬로바키아에 사는 여성에게 편지를 보냈던 직원, KGB 정보원으로 일하기를 거부한 직원, 유대인인 직원이 있었다. KGB는 오소킨에게 이런 직원을 자르라고 요구했지만 오소킨은 그런 "범죄"를 이유로 직원을 처벌할 생각이 없었다. 그러자 KGB는 오소킨을 해고해 버리고 그의 아내마저 해고하려 들었다.[68] 아무 일 없는 평상시에도 반도체를 설계하는 것은 어려운 일이었다. KGB와 전쟁을 벌이며 일하는 건 불가능했다.

두 번째는 군사 수요에 지나치게 의존하고 있다는 문제였다. 미국, 유럽, 일본에는 폭발적으로 늘어나는 소비 시장이 있었고 그 시장이 반도체의 수요를 견인했다. 민간 반도체 시장은 반도체 공급망의 분업과 발전으로 투자를 이끌었고, 각각의 전문 분야를 가진 기업이 등장했다. 극히 순도 높은 실리콘 웨이퍼부터 리소그래피 장비에 쓰이는 초정밀 광학까지 이 모든 것 덕분에 가능했다. 소련에는 소비 시장이라는 것이 거의 없었기에 민간을 위한 칩 생산은 서구와 비교할 때 극히 일부에 지나지 않았다. 소련 소식통에 따르면 일본만 해도 소련보다 마이크로 전자 기술에 대한 자본 투자를 여덟 배나 더 많이 했다.[69]

마지막 문제는 소련이 국제적 공급망을 갖고 있지 못하다[70]는 것이었다. 실리콘밸리는 미국의 냉전 동맹국과 협업하면서 극히 효율적인 글로벌 분업 체계를 이루어 냈다. 일본은 메모리 칩 생산을 주도하고 있었고, 미국은 더 많은 마이크로프로세서를 만들었으며, 일본의 니콘과 캐논, 네덜란드의 ASML은 리소그래피 장비 시장을 분할하고 있었다. 동남아시아 노동자들은 최종 조립의 상당 부분을 책임졌다. 미국, 일본, 유럽의 기업은 그 분업에서 어떤 역할을 맡을지 여부를 두고 서로 경합을 벌였지만, 결국 그들은 소련이 가진 것보다 훨씬 큰 반도체 시장을 두고 연구개발 비용을 늘릴 수 있는 혜택을 누렸다.

소련은 한 줌의 동맹국밖에 가지고 있지 못했고, 그나마도 대부분 소련의 도움을 받고자 손을 벌리는 처지였다. 소련이 지배하는 동독에는 젤레노그라드만큼 발달한 반도체 산업이 있었다. 동독은 1980년대 중반 반도체 분야를 되살리기 위한 마지막 노력을 기울였다. 예나에 기반을 둔 칼 자이스 같은 회사가 세계의 광학 산업을 이끌던 것처럼, 정밀 제조업의 오랜 전통에서 힘을 얻고자 한 것이다. 동독의 반도체 생산량은 1980년대 말 급격하게 늘어났지만,[71] 동독 반도체 산업은 일본에 비하면 뒤떨어진 메모리 칩을 생산할 수 있는 수준이었고 가격은 열 배나 비쌌다. 서구에서 쓰는 첨단 제조 설비에 접근하는 일은 여전히 어려웠다. 게다가 실리콘밸리가 아시아에서 고용하고 있는 인력에 비하면 동독의 인건비가 그렇게 저렴한 것도 아니었다.

자국 반도체 제조 업체를 되살려 보려는 소련의 노력은 완전한 실패로 돌아갔다. 소련뿐 아니라 공산권 동맹국 모두가 엄청난 첩보 작전과 젤레노그라드 같은 거대한 연구 시설을 동원했음에도 불구하고 따라잡지 못했다. 게다가 크렘린이 빌 페리의 "상쇄" 전략에 어떻게든 맞서기 위해 허둥대고 있을 때, 세계는 미래의 전쟁이 어떻게 전개될지 그 모습을 슬쩍 엿보고 충격에 빠지게 된다. 그 무대는 페르시아만이었다.

CHAPTER 27

전쟁 영웅

1991년 1월 17일 이른 아침. 사우디아라비아 미 공군 기지에서 F-117 스텔스 폭격기 편대의 선봉대가 출격했다. 그 검은색 기체는 어두운 사막의 하늘에서 빠르게 사라져 버렸다. F-117의 목표는 바그다드였다. 미국은 베트남전 이후 대규모 전쟁을 치르지 않았지만, 현재는 사우디아라비아 북쪽 국경으로 수십만 병력이 배치되었고, 수만여 대의 탱크가 먼지를 일으키며 달려갈 태세를 갖추고 있었다. 또 해안에는 수십 척의 해군 함정이 대기 중이었는데, 그들의 총과 미사일 포대가 겨냥하는 곳은 이라크였다. 이 작전을 지휘하는 미국 장군 노먼 슈워츠코프Norman Schwarzkopf는 보병 출신으로 베트남전에 두 차례 파병된 전력이 있었다.[72] 그런 그가 이번에는 원격 무기를 믿고 선제공격을 가했다.

바그다드 라시드가에 있는 12층 높이 전화교환국이 F-117 두 대가 노리는 유일한 목표물이었다. 슈워츠코프 장군의 전쟁 계획은 이라크의 통신 기반 시설을 파괴하고 무력화할 수 있느냐에 따라 향방이 좌우될 터였다. 두 대의 전투기는 목표를 포착한 후 900 킬로그램이 넘는 페이브웨이 레이저 유도 미사일을 투하해 이라크의 전화교환국을 파괴했다. 갑자기 바그다드에서 보도 중이던 CNN 기자들의 뉴스 화면이 검게 변했다. 슈워츠코프의 조종사들이 목표물을 적중한 것이다. 거의 동시에 해안가의 군함은 116 토마호크 순항 미사일을 발사해 바그다드 여러 곳에 산재한 목표물을 때렸다. 걸프 전쟁의 시작이었다.[73]

통신탑, 군 지휘소, 공군 사령부, 발전소, 사담 후세인의 시골 별장 등, 미국의 첫 공습은[74] 통신을 차단하여 이라크 사령부가 전쟁 상황을 파악하고 군대와 통신하는 능력을 무력화하는 것이었다. 곧 이라크군은 엉망진창으로 퇴각하기 시작했다. CNN은 수백 개의 폭탄과 미사일이 이라크 탱크를 타격하는 영상을 내보냈다. 전쟁이 비디오 게임처럼 보였다. 하지만 텍사스에서 그 장면을 지켜보던 웰든 워드는 이토록 초현대적으로 보이는 기술이 사실 베트남전쟁에 기원을 두고 있다는 것을 알았다.

바그다드의 전화교환국을 박살 낸 페이브웨이 레이저 유도탄은 1972년 탄 호아 다리를 파괴했던 최초의 페이브웨이 미사일과 기본적으로 동일한 시스템으로 설계되었다.[75] 구식 "멍청한" 폭탄에 몇 개의 반도체, 레이저 센서, 날개를 붙여서 만든 것이었다. 1991년, 텍사스인스트루먼트는 페이브웨이 미사일을 몇 차례 개량했다. 새로운 버전이 등장할 때마다 기존의 회로는 보다 개선된 전자 장비로 교체되었고, 부품을 몇 개 교환했으며, 신뢰도를 높이고 새로운 기능을 추가했다. 걸프전이 시작될 무렵 군대의 무기 체계 속에서 페이브웨이는 마치 컴퓨터 산업에서 인텔의 마이크로프로세서가 차지하는 것과 유사한 위상을 갖게 되었다. 다들 잘 알고 있고, 사용하기 쉬우며, 가성비까지 좋은 그런 물건이 된 것이다. 페이브웨이는 언제나 저렴한 미사일이었지만 1970년대와 1980년대를 지나며 가격이 더 낮아졌다. 얼마나 저렴한 물건이었던지 모든 조종사가 훈련 과정에서 페이브웨이를 실제로 발사해 본 경험이 있을 정도였다. 또 범용성도 대단히 컸다. 목표를 미리 정해 놓고 출발할 필요 없이 전장에서 바로 목표를 설정할 수 있었기 때문이다. 그런데도 명중률이 TV로 알려진 것처럼 높았다. 걸프전이 끝난 후 수행된 공군의 연구에 따르면 정밀 유도 미사일이 아닌 경우 명중률은 조종사들이 주장하는 것보다 낮았다. 반대로 페이브웨이 같은 정밀 유도 미사일의 실제 명중률은 조종사들이 주장한 것보다 더 높았다. 레이저 유도 미사일로 폭격한 비행기는 그와 유사한 경우 유도 미사일을 쓰지 않을 때보다 13배나[76] 높은 명중률을 보였다.

미국의 공군력은 걸프전에서 결정적인 활약을 했다. 이라크 공군을 무력화하면서 미군의 희생은 최소화했다. 웰든 워드는 페이브웨이 미사일 시스템을 발명하고 전자 장비를 개량하여 자신이 원래 약속했던 것보다도 훨씬 저렴한 가격으로, 기존 미사일 체계에서 도달하기 어려울 정도로 싼값에 미사일을 쏠 수 있게 해 준 사람이었고, 그 공로를 인정받아 훈장을 받았다. 페이브웨이나 그와 유사한 무기가 전쟁을 어떻게 바꿨는지는 미군 이외의 사람들이 이해하기 위해서는 수십 년의 시간이 더 필요했다. 반면에 그 폭탄을 투하하는 조종사는 자기들이 겪고 있는 변화가 얼마나 근본적인지 잘 알았다. 한 공군 장교는 펜타곤에서 거행된 워드의 훈장 수여식에서 이렇게 말했다. "당신들 덕분에 수만 명의 미군이 죽지 않을 수 있었습니다."[77] 폭탄에 날개를 달아 첨단 전자 장치를 부착한 그것이 바로 군사력의 본성을 바꾸어 놓았던 것이다.

걸프전의 전개 과정을 지켜보던 빌 페리는 레이저 유도탄이 집적회로, 더 나은 감청, 통신, 연산력으로 인해 가능해진 군사 시스템의 혁명 가운데 빙산의 일각일 뿐임을 잘 알고 있었다. 걸프전은 페리의 "상쇄 전략"이 대규모로 시험된 첫 번째 전장이었다. 베트남전에서 조금 선보이긴 했지만 큰 규모의 전투에 동원되지는 않았다.

베트남전쟁이 끝나고 난 후 미군 내에서는 첨단 기술의 새로운 가능성에 대해 논의했지만, 사람들 대부분은 그리 진지하게 귀기울이지 않았다. 베트남전에서 미군을 지휘했던 윌리엄 웨스트모어랜드William Westmoreland 장군 같은 군 지도자들은 미래의 전장이 자동화될 것이라고 확언했다. 하지만 베트남전에서 미국은 북베트남에 비해 압도적인 기술 우위를 지녔음에도 불구하고 재앙과도 같은 실패로 끝나고 말았다. 그렇다면 더 많은 연산력을 투입해서 무슨 변화를 가져올 수 있단 말인가? 미군은 1980년대 내내 거의 막사에 머물렀다. 상대한 적이라 해 봐야 리비아나 그레나다 반군처럼 급이 떨어지는 부류였다. 펜타곤의 첨단 장치가 실제 전장에서 제 기능을 할지 장담할 수 있는 사람은 아무도 없었다.

이라크의 건물, 탱크, 공군 기지가 정밀 무기에 폭격당해 파괴되는 영상을 본 이들은 더 이상 부정할 수 없었다. 전쟁의 성격이 달라졌다. 진공관으로 작동하던 사이드와인더sidewinder 공대공 미사일은 베트남전에서 표적을 대부분 놓치고 말았지만, 이제는 훨씬 강력한 반도체 기반의 유도 시스템을 장착하고 업그레이드되었다. 걸프전의 사이드와인더 미사일은 베트남전보다 여섯 배 높은 정확도를 보였다.

페리가 펜타곤을 압박해 1970년대 후반부터 발전시킨 새로운 기술은 페리 자신의 기대를 훌쩍 뛰어넘는 성과를 보였다. 최고의 장비라고 해 봐야 소련의 군산 복합체가 만든 것들로 무장하고 있었던 이라크 군대는 미국의 공격 앞에 힘없이 무너졌다. "첨단 기술이 답이다."[78] 페리가 선언했다. "이 모든 일은 무기가 화력의 양이 아니라 정보에 기반해 작동하고 있기에 가능했습니다." 한 군사 분석가가 언론에서 한 말이다. "강철을 이긴 실리콘", 《뉴욕타임스》의 헤드라인 문구다. "컴퓨터 칩이 영웅의 자리에 오를 수도"[79]라는 또 다른 헤드라인도 신문에 실렸다.

페이브웨이 폭탄과 토마호크 미사일의 폭발음은 바그다드만큼이나 모스크바에서도 강력하게 느껴졌다. 전쟁은 "기술 작전"이 되었다고 소련의 군사 분석가가 발표했다. "전파를 타고 벌이는 싸움"이라는 평가도 있었다. 걸프전의 결과는 이라크가 쉽게 무너질 것이라는 오르가코프의 예측 그대로였다. 소련 국방장관 드미트리 야조프Dmitri Yazov는 걸프전이 소련의 방공 능력에 대한 불안감을 불러왔다고 인정했다. 세르게이 아흐로메예프Sergey Akhromeyev 원수는 장기전을 예측했지만 이라크가 순식간에 항복해 버리자 크게 당혹스러운 처지가 되고 말았다.[80] 미국의 폭탄이 이라크 하늘을 뚫고 스스로의 항로를 찾아 이라크의 건물 벽을 부수는 영상이 CNN을 통해 전 세계로 퍼져 나갔다. 전쟁의 미래에 대한 오르가코프의 예측이 옳았다는 게 입증되었다.

CHAPTER 28

"냉전은 끝났고 당신들이 이겼소"

소니의 모리타 아키오는 1980년대 내내 비행기를 타고 세계를 누볐다. 헨리 키신저와 저녁을 먹고, 어거스타내셔널에서 골프를 치고, 삼극위원회Trilateral Commission (북미, 유럽, 아시아의 엘리트들이 국제 정세를 논하는 회의-옮긴이) 같은 글로벌 엘리트 그룹과 어울렸다. 모리타는 비즈니스의 현인이자 세계 무대에서 떠오르는 경제 강국인 일본을 대표하는 인물로 여겨졌다. 그는 "일등 국가 일본Japan as Number One" 같은 말을 쉽게 수긍했는데 그 이유는 모리타가 그렇게 살고 있기 때문이었다. 소니의 워크맨과 그 밖의 소비자 가전에 힘입어 일본은 번영했고 모리타는 부자가 되었다.

그다음 1990년의 위기가 닥쳐왔다. 일본의 금융 시장이 폭락했다. 경제는 깊은 불황에 빠졌다. 곧 일본 주식 시장은 1990년의 절반 가격으로 주저앉고 말았다. 도쿄의 부동산 시세는 그보다 더 떨어졌다. 일본의 경제 기적이 날카로운 브레이크 소리를 내며 멈추는 듯했다. 한편 미국은 경제와 전쟁 두 분야에서 모두 되살아났다. 불과 몇 년 사이에 "1등 국가 일본"이라는 말이 더는 적절해 보이지 않았다. 일본이 침체하게 된 원인을 따져 보면 산업의 강자로 떠오르게 한 일본의 대표적 산업이 보였다. 바로 반도체였다.

이제 69세가 된 모리타는 소니의 주가가 미끄러지면서 일본의 부가 줄어드는 광경을 지켜보았다. 그는 일본의 문제가 주식 시장보다 훨씬 근본적인 무언가라는 것을 잘 알고 있었다. 모리타는 지난 10년간 주식 시장의 "돈놀이"에 집중할 게 아니라 제품의 질을 높일 필요가 있다고 미국인들을 가르쳐 왔다. 하지만 일본의 주식 시장이 무너지자 일본이 자랑하던 장기적 관점은 더 이상 그럴듯하게 보이지 않았다. 일본은 세상을 지배하는 것처럼 보였지만 그것은 정부가 지원하는 과잉 투자라는 불안한 토대 위에 세워져 있었다.[81] 값싼 자본이 새로운 반도체 생산 시설을 짓는 일을 도왔을 뿐 아니라, 일본의 칩 제조사들로 하여금 이윤 걱정을 하지 않고 더 많이 찍어 내도록 하는 역할을 해 왔다. 마이크론이나 한국의 삼성 같은 경쟁자들이 일본 경쟁자들의 설 자리를 빼앗고 있는 동안에도[82] 일본에서 가장 큰 반도체 생산 업체들은 D램 생산량을 두 배씩 늘리고 있었다.

일본 언론도 반도체 분야의 과잉 투자를 주목하기 시작했다. "무모한 투자 경쟁", "멈출 수 없는 투자" 같은 헤드라인으로 경고

메시지를 보낸 것이다. 일본의 메모리 칩 생산 기업의 CEO들은 이윤이 나지 않는 상황에서도 새로운 칩 생산 시설 건설을 멈출 수 없었다. 히타치의 한 임원은 이렇게 말했다. 과잉 투자에 대해 "걱정하기 시작하면 밤에 잠이 오지 않습니다."[83] 은행이 돈을 빌려주는 한 수익을 낼 방법이 없다는 것을 인정하는 것보다는 지출을 늘리는 것이 CEO로서 편한 선택이었다. 미국의 독립적인 자본 시장은 1980년대에는 장점으로 여겨지지 않았지만, 금융 손실에 대한 위험은 미국 기업을 살얼음판 위를 걷듯이 경영하는 데 도움을 주었다. 일본의 D램 제조사들이 앤디 그로브의 편집증이나 잭 심플롯의 상품 시장의 변동성에 대한 지혜로부터 뭔가를 배울 수도 있었을 것이다. 그러나 일본 제조사들은 모두 같은 시장에 투자를 쏟아부었고, 돈을 버는 회사는 소수에 지나지 않았다.

소니는 일본 가전 회사 중 절대 D램에 큰 투자를 하지 않았다는 점에서 특별했다. 대신에 이미지 센서image sensors에 특화된 칩처럼 혁신적인 새로운 제품을 개발해 성공했다. 이미지 센서란 광자가 실리콘에 닿을 때 이들 칩이 발생시키는 전하electric charge를 이용하는 칩이다. 빛의 강도에 따라 발생하는 전하의 강도가 달라지는 원리를 이용해 이미지가 디지털 신호로 변환되는 것이다. 그렇게 소니는 디지털카메라 혁명의 선두에 설 수 있었고, 오늘날까지도 소니는 이미지 센서 시장에서 최상급으로 남아 있다. 그럼에도 소니는 손실을 내는 분야를 제때 잘라 내지 못했고,[84] 1990년대 초부터 수익성이 하락했다.

일본의 큰 D램 생산자들 대부분은 1980년대에 가진 영향력을 바탕으로 혁신을 주도하며 우위를 지키는 데 실패했다. D램 시장의 강자 도시바에는 마스오카 후지오舛岡富士雄라는 중간급 공장 관리자가 있었다. 마스오카는 1981년 D램과 달리 전원이 없는 상태에서도 데이터를 "기억"할 수 있는 새로운 유형의 메모리 칩을 개발했다. 하지만 도시바는 이 발견을 무시해 버렸고, 결국 이 새로운 메모리 칩을 개발해 처음 시장에 내놓은 것은 인텔이었다.[85] "플래시flash" 메모리 혹은 낸드NAND 메모리가 탄생한 것이다.

일본의 반도체 기업들이 저지른 가장 큰 실수는 PC 시대가 오는 것을 놓쳤다는 데 있다. 일본의 반도체 공룡 중 인텔이 메모리 칩에서 마이크로프로세서로 전환하고 PC 생태계의 지배자가 된 경로를 따라간 회사는 없었다. NEC 단 한 곳만 유의미한 시도를 했으나 마이크로프로세서 시장의 아주 작은 부분만을 가져갔을 뿐이다. 앤디 그로브와 인텔에게 마이크로프로세서 시장에서 돈을 버는 것은 죽고 사는 문제였다. 반면에 일본의 D램 기업들은 이미 높은 시장 점유율을 누리고 있었고 금융 비용마저 낮았던 탓에, 마이크로프로세서 시장을 무시했고 그러다 정신을 차리고 보니 너무 늦었다. 결과적으로 PC 혁명의 혜택은 대부분 미국 기업에게 돌아갔다. 일본의 주식 시장이 폭락했을 때 그들의 반도체 지배력은 이미 잠식되고 있었다. 1993년부터 미국은 반도체를 다시 수출하기 시작했다. 1998년에는 한국 기업이 일본을 제치고 D램의 최대 생산자 자리를 차지했다. 1980년대 말 90퍼센트에 달하던 일본의 시장 점유율은 1998년이 되자 20퍼센트까지[86] 내려앉았다.

세계 무대에서 당당한 일본이 되자는 야심은 그들이 반도체 시장을 석권하고 있다는 사실에 근거를 두었는데, 이제 그 토대마저 흔들리고 있었다. 《No'라고 말할 수 있는 일본》에서 이시하라와 모리타는 일본이 반도체 지배력을 갖춤으로써 미국과 소련 모두에게 압력을 가할 수도 있다고 주장했다. 하지만 현실에서 전쟁이 터지고 보니, 걸프전이라는 예상 밖의 전장에서 미군이 보여 준 활약은 전 세계를 큰 충격에 빠뜨릴 정도였다. 반면에 디지털 시대 첫 번째 전쟁에서 일본은 쿠웨이트에서 이라크군을 철수시키기 위해 파견된 28개국 다국적군에 합류하기를 거절했다. 그 대신에 일본은 이라크 주변국과 다국적군을 지원하기 위해 돈을 보내는 방식으로 참여했다.[87] 미국의 페이브웨이 레이저 유도탄이 이라크의 탱크들을 날려 버리는 상황에서 일본의 경제 외교는 초라해 보였다.

1993년 뇌졸중을 겪은 모리타는 이후 건강에 이상이 생겼다. 그는 공식 석상에서 모습을 감추었고 1999년 사망할 때까지 여생의 대부분을 하와이에서 보냈다. 모리타의 공저자 이시하라는 일본이 세계 무대에서 자신의 입지를 되찾아야 한다는 주장을 연거푸 반복했다. 그는 마치 고장 난 레코드판 같았다. 1994년 《No'라고 말할 수 있는 일본》의 후속편인 《No'라고 말할 수 있는 아시아》를 펴냈다. 하지만 대부분의 일본인에게 이시하라의 주장은 설득력이 없었다. 1980년대의 이시하라는 제대로 짚었다. 반도체로 인해 군사력의 균형이 바뀔 수 있으며 기술의 미래 또한 달라질 터였다. 하지만 그 칩을 일본에서 만들 것이라는 예상은 빗나갔다. 일본의 반도체 기업들은 되살아나는 미국을 바라보며 1990년대 내내 쪼그라들었다. 미국의 지배에 도전하던 일본의 기술적 발판 자체가 허물어지기 시작했다.

미국의 진정한 단 하나뿐인 경쟁자 역시 붕괴를 향해 나아가고 있었다. 1990년 소련의 지도자 미하일 고르바초프는 실리콘밸리를 공식적으로 견학했다. 상명하복의 "베끼시오" 전략으로는 더 이상 기술 격차를 따라잡을 수 없다는 것을 알았기 때문이다. 실리콘밸리 테크 기업들은 고르바초프를 마치 러시아 황제처럼 축제 분위기 속에서 반겼다. HP 창업자 데이비드 패커드와 애플의 스티브 워즈니악Steve Wozniak이 고르바초프 곁에 앉아 와인을 곁들인 저녁을 즐겼다. 고르바초프는 자신이 캘리포니아에 온 이유를 굳이 감추려고 하지 않았다. "내일의 아이디어와 기술이 이곳 캘리포니아에서 태어나고 있습니다." 스탠퍼드대학교에서 그가 한 연설의 일부였다. 오가르코프 원수가 소련의 지도자들에게 무려 10년도 더 전에 했던 경고가 현실이 되고 말았다.

고르바초프는 동유럽에서 소련군을 철수함으로써 냉전을 끝내겠다고 약속하는 대신에 그는 미국의 기술을 넘겨받고 싶어 했다. 미국의 첨단 테크 기업 경영진을 만난 자리에서 고르바초프는 소련에 방문해 달라고 권했다. 스탠퍼드대학교를 방문한 고르바초프는 캠퍼스를 거닐며 구경꾼들과 하이파이브를 나누곤 했다. 스탠퍼드대학교 청중들에게 소련의 지도자가 말했다. "이제 냉전은 과거의 일입니다. 누가 이겼는지 입씨름하지 맙시다."**88**

하지만 누가 이겼는지 왜 이겼는지는 분명했다. 오가르코프는 이 흐름을 10년 진에 발견했고, 소련이 그것을 극복하기를 바랐다. 소련군 지도부의 대부분이 그랬듯 그는 점점 더 비관적인 생각에 빠져들었다. 1983년 초, 오가르코프는 미국 언론인 레스 겔브Les Gelb를 만나 비공개를 전제하고 속마음을 털어놓았다. "냉전은 끝났고 당신들이 이겼소." 소련의 로켓은 여전히 강력했다. 소련은 세계에서 가장 많은 핵무기를 보유하고 있었다. 하지만 반도체 생산에서 따라가지 못하고 있었고 컴퓨터 산업은 뒤처졌으며 통신과 감청 기술 또한 밀려났다. 그에 따른 군사적 결과는 재앙일 수밖에 없었다. 오가르코프가 겔브에게 설명한 바에 따르면, "현대의 군사력은 모두 경제적 혁신, 기술, 경제력에 따라 결정됩니다. 군사 기술은 컴퓨터에 기반을 두고 있소. 당신들은 컴퓨터에서 우리를 훨씬, 아주 멀리 앞서고 있고… 댁의 나라에서는 모든 아이가 다섯 살부터 컴퓨터를 갖고 놀지 않습니까."[89]

이제는 누구나 알 수 있었다. 사담 후세인의 이라크를 손쉽게 격퇴해 버린 미국의 새로운 힘은 엄청난 것이었다. 그것을 본 소련의 군부와 KGB는 위기에 빠졌다. 자신들이 얼마나 뒤처져 있는지 인정하지 못해 갈팡질팡하고 만 것이다. 안보 분야 고위직들이 고르바초프를 겨냥해 맥빠지는 쿠데타를 벌였지만 사흘만에 진압되었다. 통상적인 군사력만 보자면 그리 고통스러운 상황에 놓인 것도 아닌데, 한때 막강한 힘을 자랑했던 국가가 비참한 종말을 향해 가고 있었다. 1990년대 러시아 반도체 산업은 수치스러울 정도로 몰락했다. 러시아의 반도체 생산 설비는 맥도날드의 해피밀 장난감에 들어갈 작은 칩을 만들고 있었다.[90] 냉전은 끝났고 실리콘밸리가 이겼다.

PART V

집적회로에 갇힌
세계?

텍사스인스트루먼트의 CEO가 되는 꿈을 이루지 못한 모리스 창은 대만으로 건너가 대만 반도체 제조 회사, 일명 TSMC를 설립하고 대만의 반도체 산업을 일구어냈다. TSMC는 아시아에서 가장 비싼 기업 중 하나다. (블룸버그/게티이미지)

인텔은 애플의 모바일 폰을 위한 칩을 만들어 달라는 스티브 잡스의 제안을 거절
했는데, 이는 훗날 처참한 오판으로 드러나고 말았다. "내 눈에는 보이지 않았습니
다." 인텔의 CEO였던 폴 오텔리니가 훗날 한 말이다. (칼 몬돈/아바카프레스)

CHAPTER 29

"우리는 대만 반도체 산업을 원합니다"

1985년 대만의 실세 장관 리궈딩은 모리스 창을 본인의 타이페이 집무실로 불렀다. 리궈딩의 도움을 받아 텍사스인스트루먼트가 대만에 첫 번째 반도체 설비를 세운 지 거의 20년 만의 일이었다. 그 20여 년간 리궈딩은 텍사스인스트루먼트의 의사 결정권자들과 탄탄한 관계를 맺고, 미국에 갈 때마다 팻 해거티와 모리스 창에게 연락하고 만났으며 다른 전자 회사들도 방문했다. 텍사스인스트루먼트의 뒤를 따라 대만에 공장을 세우라고 권하기 위해서였다. 1985년 리궈딩은 대만 반도체 산업을 이끄는 자리에 모리스 창을 앉혔다. 리궈딩이 말했다. "우리는 대만 반도체 산업을 원합니다. 말해 보시오. 돈이 얼마나 필요한지."[1]

1990년대는 "세계화"라는 단어가 최초로 널리 쓰이기 시작한 시대였다. 하지만 반도체 산업의 국제 분업과 공급망은 페어차일드 초창기까지 거슬러 올라간다. 대만은 1960년대부터 의도적으로 반도체 공급망 안으로 밀고 들어갔다. 국내에 일자리를 제공하고 더 나은 기술을 획득하며 미국과의 안보 관계를 강화하기 위해서였다. 1990년대부터 대만의 중요성이 커지기 시작했는데 이는 TSMC의 눈부신 성장 덕분이었다. 모리스 창이 만든 TSMC는 시작부터 대만 정부의 든든한 지원을 받고 있었다.

1985년 대만은 전자 분야에 특화된 연구소를 설립하면서 모리스 창에게 그 기관을 이끌도록 했다. 당시 대만은 해외에서 만든 칩을 가져와서 테스트하고 플라스틱이나 세라믹 패키지에 부착하는 등 반도체 조립에서 아시아를 선도하는 국가 중 하나였다. 대만 정부는 미국의 RCA로부터 반도체 제조 라이센스를 받아 1980년 UMC라는 반도체 제조 업체를 설립한 바 있었다. 하지만 반도체 제조 업계에 뛰어들었지만 UMC는 첨단 기술에서 경쟁할 역량이 되지 못했다.[2]

대만에는 반도체 산업과 관련해 일하는 사람이 많았지만 대만이 가져가는 이윤은 적은 부분에 지나지 않았다. 반도체 산업에서 가장 큰 몫은 칩을 설계하거나 최신 칩을 만들어 내는 기업의 몫이었기 때문이다. 대만 경제가 지속적으로 성장하려면 다른 곳에서 설계하고 생산한 칩을 조립하는 수준을 넘어서야 했다. 리궈딩 장관을 비롯해 대만 관료들이 너무도 잘 아는 사실이었다.

모리스 창이 대만을 처음 방문했던 1968년, 대만은 홍콩, 한국, 싱가포르, 말레이시아와 경쟁 중이었다. 이제 삼성과 한국의 다른 거대 재벌이 최신 메모리 칩 생산을 위해 돈을 쏟아부으려던 참이었다. 비록 삼성만큼 성공적이지는 못했지만, 싱가포르와 말레이시아는 한국이 반도체 조립에서 생산으로 나아간 경로를 모방하기 위해 노력하고 있었다. 반도체 공급망의 가장 밑바닥에서 떨어져 나가지 않기 위해서라도 대만은 끝없이 노력하지 않을 수 없는 처지였다.

게다가 가장 큰 위협인 중화인민공화국이 있었다. 1976년 마오쩌둥이 사망하면서 대만해협 건너편의 중국 본토에서 당장 군대가 쳐들어올 가능성은 낮아졌다. 하지만 중국이 가하는 경제적 위협은 여전했다. 마오쩌둥 이후의 공산당 지도부는 기본적인 제조업과 조립 일자리를 끌어오면서 세계 경제에 편입되기 시작했는데, 이는 대만이 가난에서 벗어났던 방식과 동일했다. 중국은 더 낮은 임금을 받으면서 농촌에서 탈출해 공장에서 일하고 싶어하는 수억 명의 농민을 지닌 나라였다. 중국이 전자 조립 분야에 끼어들면 대만은 일자리를 잃어버릴 위험에 놓였다. 바야흐로 경제 "전쟁"**3**이 시작되고 있다고, 텍사스인스트루먼트 경영진을 만나던 대만의 관료들이 하소연했다. 중국과 가격 경쟁을 해서 이길 수는 없었다. 대만은 첨단 반도체를 스스로 생산하는 나라가 되어야만 했다.

리궈딩은 대만에 최초의 반도체 조립 설비가 들어올 수 있도록 힘을 써줬던 사람, 모리스 창을 찾아갔다. 텍사스인스트루먼트에서 20여 년을 보낸 창은 1980년대 초 회사를 떠났다. CEO가 되지 못한 채 "들판에 방목되어 있던"⁴ 상태였다고 그는 훗날 회고했다. 창은 뉴욕의 제너럴인스트루먼트General Instrument라는 전자 회사를 경영하며 한 해를 보냈지만 업무에 만족하지 못해 곧 그만두고 말았다. 그는 개인적으로 세계 반도체 산업의 발전에 도움을 주었다. 텍사스인스트루먼트의 극히 효율적인 제조 공정은 모리스 창이 실험을 거듭해 가며 수율을 끌어올린 덕분에 가능했다. 모리스 창이 텍사스인스트루먼트에서 본인 희망대로 CEO가 되었다면 그는 밥 노이스나 고든 무어의 반열에, 명실상부한 반도체 업계 최상층에 올랐을 것이다. 그래서 대만 정부가 반도체 산업의 전권을 맡기고 백지수표를 써주겠다는 제안을 했을 때, 모리스 창의 마음이 끌렸다. 54세의 그는 새로운 도전을 하고 싶었던 것이다.

사람들 대부분은 창이 대만으로 "돌아갔다"고 이야기했다. 하지만 그는 그전까지 비즈니스 목적으로 대만을 단 한 번 방문했을 뿐이다. 텍사스인스트루먼트의 생산 설비를 대만에 유치하는 과정에서 대만과 인연을 맺었다. 대만은 자신들이 정통성 있는 중국 정부라고 주장하고 있었으나 창은 중국 본토에서 태어난 사람이었다. 거의 40년 전 중국을 떠난 후 단 한 번도 대륙에 발을 딛지 않았지만 말이다. 1980년대 중반 현재 창이 가장 오래 살았던 곳은 텍사스였다. 그는 텍사스인스트루먼트에서 국방 관련 일을 했던 터라 미국의 기밀 취급 인가도 받은 사람이었다. 이 정도면 대만 사람이라기보다는 텍사스 사람이라고 불러도 될 터였다. 훗날 스스로도 인정했다. "대만은 내게 낯선 곳이었습니다."⁵

하지만 대만의 반도체 산업을 건설하는 일은 흥미로운 도전이었다. 그에게 공식적으로 제안한 자리는 대만공업기술연구원 Industrial Technology Research Institute, ITRI 원장으로, 대만의 반도체 개발의 한가운데에 모리스 창이 서게 될 예정이었다. 엄청난 규모의 정부 재정 지원이 그 제안을 더욱 매력적으로 보이게 해 주었다. 리 궈딩 같은 관료는 모리스 창에게 한 섬나라의 반도체 분야 전부를 사실상 지배할 수 있는 자리를 제안하면서, 그가 무슨 일을 하든 간섭하지 않겠다[6]고 약속했다. 텍사스인스트루먼트에서 받아본 적 없는 백지수표를 준 것이다. 창은 근본적으로 다른 구상을 갖고 있었기에 그 비즈니스 플랜을 성사시키려면 많은 돈이 필요하다는 것을 알고 있었다. 만약 뜻대로 된다면 전자 산업 전체를 뒤집어 버리고, 모리스 창과 대만이 세계에서 가장 앞선 기술을 통제할 수 있게 될 것이었다.

고객이 설계한 칩을 생산해 주는 반도체 회사를 만드는 것, 그것은 아직 텍사스인스트루먼트에서 일하던 1970년대 중반부터 모리스 창이 머릿속에서 굴려 오던 아이디어였다. 당시만 해도 텍사스인스트루먼트, 인텔, 모토로라 같은 반도체 회사들은 대부분 스스로 설계한 칩을 만들고 있었다. 1976년 3월, 창은 이 새로운 비즈니스 모델을 텍사스인스트루먼트의 동료 임원진에게 던져 보았다. "연산력이 저렴해지고 있으니 지금까지 반도체가 들어가지 않았던 수많은 기기를 위한 반도체 시장이 열릴 걸세."[7] 그가 동료들에게 했던 말이다.

이렇게 전화기에서 자동차, 식기세척기까지 모든 제품에서 칩의 새로운 수요가 발생할 것이다. 창의 논리에 따르면 이런 제품을 만드는 회사들은 반도체 생산에서 전문성을 갖고 있지 못하니, 반도체 제조에 특화된 전문 기업에 아웃소싱할 것이다. 게다가 기술이 발전하고 트랜지스터가 작아지면 제조 설비의 가격과 연구개발 비용도 상승할 수밖에 없다. 칩을 대량으로 생산하는 기업만이 가격 경쟁력을 잃지 않을 수 있다.

텍사스인스트루먼트 경영진은 설득되지 않았다. 1976년 당시, 반도체를 설계하지만 자체 제조 시설을 갖추고 있지는 않은 "팹리스fabless" 기업이 세상에 존재하지 않았다. 물론 모리스 창은 그런 회사가 곧 나올 것이라 했지만 어디까지나 예상이었다. 텍사스인스트루먼트는 이미 충분한 돈을 잘 벌고 있었고, 그러니 존재하지도 않는 시장에 승부를 거는 건 너무 위험한 일로 보였다. 그의 아이디어는 조용히 폐기되었다.

창은 파운드리foundry라는 개념을 절대 잊지 않았다. 시간이 흐르면서 때가 무르익을 것이라 생각했다. 특히 반도체 설계에서 린 콘웨이와 카버 미드가 이룬 혁명이 칩 설계가 제조와 훨씬 더 쉽게 분리되도록 만들었다. 미드의 비유에 따르면 반도체 설계와 제조를 나눈 것은 인쇄술의 발명에 비견할 만한 사건이었다.

대만에서도 몇몇 전자 엔지니어가 카버 미드의 파운드리 개념을 연구하고 있었다. 대만공업기술연구원 설립에 힘을 보탠 시신타이Chintay Shih는 1980년대 중반 미드를 초대해 반도체의 구텐베르크가 가진 비전을 다른 대만 사람들과 나누었다. 그러므로 칩 설계와 제조를 나눈다는 발상은 리궈딩 장관이 모리스 창에게 대만 반도체 산업을 건설하라며 백지수표를 제안하기 몇 년 전부터 무르익고 있었던[8] 셈이다.

리귀딩 장관은 약속을 지켰다. 모리스 창이 그려 온 비즈니스 모델을 위한 자금을 끌어온 것이다. TSMC를 세우는 데 필요한 자금의 48퍼센트는 대만 정부가 제공했다. 대신에 창은 앞선 기술력을 지닌 해외 반도체 기업을 찾아와야 했다. 그는 텍사스인스트루먼트와 인텔의 옛 동료들을 찾았지만 거절당했다. 고든 무어는 이렇게 말했다. "모리스, 한때 자네는 훌륭한 아이디어를 많이 제공했지. 그런데 이건 아닌 것 같네."[9] 하지만 창은 네덜란드 반도체 회사인 필립스Philips를 설득해 냈고, 5800만 달러의 투자금과 함께 기술 이전과 지식재산권 라이센스를 제공받았다. 그 대가로 필립스는 TSMC 지분 중 27.5퍼센트를[10] 차지했다.

나머지 설립 자본은 정부로부터 투자할 것을 "권유"받은 부유한 대만인들의 호주머니에서 나왔다. 모리스 창은 이렇게 설명했다. "대만에서 정부 관료가 사업가에게 전화를 하면 흔히 벌어지는 일이었죠. 투자를 하게 하는 겁니다." 정부는 플라스틱, 방직, 화학 등의 사업체를 보유하고 있는 대만의 몇몇 부유한 가문에 문의했다. 한 사업가는 모리스 창과 세 차례 미팅을 한 후에 투자를 거부했는데, 그러자 대만 총리가 그 인색한 사업가에게 연락해 조용히 상기시켜 주었다. "지난 20년간 정부가 회장님께 잘 해 드리지 않았습니까. 이번에는 정부를 위해 신경 좀 써 주시죠." 그러고 나서 며칠 후면 창의 반도체 파운드리 건설을 위한 자금이 도착하는 식이었다.

정부는 또 TSMC에 광범위한 세제 혜택을 제공했다. TSMC

는 투자를 위한 실탄이 부족하지 않았다. 설립 첫날부터 TSMC는 일개 민간 기업이 아니었다. 바로 대만의 국가 프로젝트였다.[11]

미국 반도체 산업과 깊숙이 연결되어 있었다는[12] 것은 TSMC의 초기 성공을 가능케 한 필수 요소였다. TSMC의 고객 대부분은 미국의 반도체 설계자들이었고, TSMC의 최고위급 직원 다수가 실리콘밸리 출신이었다. 모리스 창은 텍사스인스트루먼트 경영진 중 하나였던 돈 브룩스Don Brooks에게 1991년부터 1997년까지 TSMC의 대표직을 맡겼다. 브룩스는 이렇게 회고했다. "나한테 보고하는 모든 직원, 내 아래로 직급 두 단계까지는 다들 어떤 식으로건 미국에서 일해 본 사람들이었다. 그들은 다 모토로라, 인텔, 텍사스인스트루먼트 등에서 일했다." 1990년대 대부분의 기간 동안 TSMC의 판매 중 절반이 미국 회사를 상대로 한 것이었다. 게다가 TSMC 경영진 중 대다수가 미국의 가장 좋은 대학에서 박사 학위를 받은 사람들이었다.

이러한 공생 관계는 대만과 실리콘밸리 서로에게 이로웠다.[13] TSMC 이전에도 반도체 설계에 집중하면서 자체 제조 설비를 갖추지 않고 제조 공정을 아웃소싱하려는 작은 회사가 몇몇 있었다. 대부분 실리콘밸리에 자리 잡고 있던 그런 "팹리스" 업체들은 종종 더 큰 반도체 기업을 설득해 유휴 설비를 빌려 자신들의 칩을 만들곤 했다. 하지만 그들은 자체 생산 시설을 갖춘 회사들에 비해 언제나 차순위로 밀릴 수밖에 없었다. 더 나쁜 건 그렇게 협업하는 파트너가 자신들의 아이디어를 훔칠까 봐 늘 걱정할 수밖에 없었다는 것이다.

여기에 더해 칩 제조 업체마다 조금씩 다른 제조 공정으로 처리하고 있었다. 자체 제조 설비를 갖추지 않는 것은 초기 비용을 극적으로 낮춰 주었지만, 동시에 경쟁자에게 의존해서 칩을 만들어야 했으니 이 비즈니스 모델은 위험할 수밖에 없었다.

TSMC의 출범은 모든 칩 설계자들에게 의존할 만한 파트너를 제공하는 일이었다. TSMC는 절대 칩을 설계하지 않고 그저 만들기만 하겠노라고 모리스 창은 약속했다. '우리는 고객과 경쟁하지 않는다.' 이대로라면 성공을 거둘 수 있을 터였다. 10년 전 카버 미드는 반도체 생산의 구텐베르크 혁명을 예언했지만 활판 인쇄와 반도체 제작에는 결정적인 차이가 하나 있었다. 그 옛날 독일의 인쇄업자는 인쇄업을 독점하려다가 실패했다. 구텐베르크는 자신이 만든 기술이 유럽 전역으로 퍼져 나가는 것을 막지 못했고 결국 저자와 인쇄소 모두가 혜택을 보았다.

반도체 산업에서 모리스 창의 파운드리 비즈니스 모델은 새로운 "저자", 즉 팹리스 칩 설계 기업이 나올 수 있도록 했다. 그로 인해 모든 종류의 기기에 칩이 탑재되고 연산력을 활용할 수 있게 되었다. 하지만 누구나 저자가 될 수 있게 한 이 디지털 시대의 인쇄 기술은 인쇄업의 독점과 맞물려 있었다. 반도체 제조의 경제학은 무자비한 합병을 불러왔던 것이다. 가장 많은 칩을 생산하는 기업은 이미 그만한 강점을 누리고 있으며, 그 위에서 수율을 끌어올리고 더 많은 고객을 유치하며 자본을 동원할 수 있다. TSMC의 사업은 1990년대 내내 폭발적으로 성장했고 제조 공정은 쉼 없이 개선되었다. 디지털 시대의 구텐베르크가 되고자 했던 모리스 창의 계획은 그에게 훨씬 더 큰 힘을 실어주었다. 당시에는 이 사실을 깨달은 이가 거의 없었다. 하지만 모리스 창과 TSMC 그리고 대만은 세계 최신 반도체 생산을 독점하는 길로 나아가고 있었다.

CHAPTER 30

"모든 인민은
반도체를 만들어야 한다"

1987년 모리스 창이 TSMC를 세웠던 바로 그해, 대만에서 남서쪽
으로 약 800킬로미터 떨어진 곳에서 당시만 해도 무명 인사였던
런정페이任正非라는 엔지니어가 화웨이Huawei,華為라는 이름의 전자
제품 무역 회사를 차렸다. 작은 섬나라 대만은 큰 야망을 품고 있
었다. 세계에서 가장 앞서 나가는 반도체 회사와 깊은 연관을 맺
고 있을 뿐 아니라 스탠퍼드나 버클리 같은 우수한 대학에서 교육
받은 수많은 엔지니어를 보유하고 있었다. 반면에 중국은 엄청난
인구에도 불구하고 가난했으며 기술적으로도 뒤처져 있었다. 하
지만 새로운 경제 개방 정책은 무역을 폭발적으로 증가시켰지만
특히 홍콩을 통해 수입 혹은 밀수되는 교역의 양이 늘어났다. 화

웨이가 설립된 선전深圳은 바로 그 홍콩과 경계를 맞대고 있었다.

대만의 모리스 창은 세계 최첨단의 칩을 만들고 실리콘밸리의 거물을 고객으로 끌어오는 일에 집중하고 있었다. 선전의 런정페이는 홍콩에서 저렴한 통신 장비를 구입한 후 그것을 중국으로 가져와서 비싼 값에 파는 일을 하는 중이었다. 그가 사고파는 장비는 집적회로가 들어 있었지만, 자신이 직접 칩을 만든다는 생각은 터무니없는 일처럼 보였을 것이다. 당시 전자공업부 장관이자 훗날 국가주석이 된 장쩌민江澤民이 주도했던 1980년대 중국 정부는 전자 산업을 최우선 과제로 삼았다. 당시 중국 내에서 생산하던 가장 좋은 칩은 D램이었는데, 이는 인텔이 1970년대 초 처음 출시했던 D램과 용량 면에서 거의 비슷했다.[14] 중국은 기술의 첨단에서 10년가량 뒤처져 있었던 셈이다.

공산당의 지배가 아니었다면 중국은 아마 반도체 산업에서 훨씬 더 큰 역할을 했을지도 모를 일이었다. 집적회로가 발명되었을 당시 중국은 방대한 규모의 저임금 노동력과 잘 교육받은 이공계 출신 인재 등 일본, 대만, 한국과 마찬가지로 미국의 반도체 제조 업체들 눈에 들 매력적인 요소가 많았다. 하지만 1949년 공산당이 집권한 후 외국과 관계를 맺는 모든 일이 의혹의 대상이 되었다. 모리스 창 같은 사람이 스탠퍼드에서 유학을 마치고 중국으로 돌아갔다면 가난에 시달릴 것은 거의 확실한 일이었고, 어쩌면 구금되거나 사형에 처해질 수도 있었다. 공산혁명 이전에 중국에서 대학을 나온 최고의 인재들은 대만이나 캘리포니아에서 일자리를 구하지 않을 수 없었고, 중화인민공화국은 이렇게 숙적의 전자 기술 역량을 키워 주고 만 것이다.

한편 중국의 공산 정권은 소련과 같은 종류의 실수를 저질렀다. 단, 이번에는 훨씬 더 극단적인 형태로 그 실수를 반복했다. 1950년대 초 베이징은 반도체 소자를 과학 연구 우선순위로 확정지었다. 곧 그들은 베이징대학교를 비롯해 공산혁명 이전에 버클리, MIT, 하버드, 퍼듀 등의 대학교에서 연구했던 학자들을 불러 모았다. 그렇게 중국은 1960년에 최초의 반도체 연구 기관을 설립했다. 중국이 단순한 트랜지스터 라디오를 첫 생산하기 시작한 것도 그 무렵의 일이었다. 1965년 중국 엔지니어들은 스스로 중국산 집적회로를 만들었다.[15] 밥 노이스와 잭 킬비가 그 일을 해낸 지 5년 만의 일이었다.

하지만 마오쩌둥의 극단주의로 인해 해외 투자뿐 아니라 진지한 과학 연구마저도 불가능해졌다. 중국이 최초의 집적회로를 생산한 그해 마오쩌둥은 온 나라를 문화혁명의 난장판으로 만들어 버렸다. 전문 지식은 특권의 원천이며 사회주의적 평등을 침해한다는 것이 마오쩌둥의 주장이었다. 그의 추종자들은 자기 나라 교육 체계와의 전쟁을 시작했다. 수많은 과학자와 전문가가 지정된 마을에 내려가 농사를 지어야 했다. 그냥 살해당한 사람들도 많았다. 마오 주석이 내린 "1968년 7월 21일 교지"는 이렇게 주장했다. "교육 기간을 줄이고, 교육을 혁명하고, 프롤레타리아 정치를 실행하는 것이 필수적인 일이다. … 학생들은 실제적인 경험이 있는 노동자와 농민 중에서 선발해야 하며, 몇 년의 학습을 마치고 생산 현장으로 돌려보내야 한다."[16]

교육 수준이 낮은 직원들로 첨단 산업을 이루자는 발상은 어처구니없었다. 외국의 기술과 아이디어를 몰아내기 위한 마오쩌둥의 노력이야 더 말할 것도 없었다. 미국은 중국이 첨단 반도체 장비를 구입하지 못하도록 막고 있었는데, 마오쩌둥은 거기에 더해 스스로 제약을 추가했다. 그는 완전히 자족적 체제를 원했다. 또 정치적 맞수가 중국의 반도체 산업을 외국의 부품으로 어지럽히려 한다고 비난했다. 중국 스스로 대다수의 첨단 부품을 만들 능력이 없었지만 개의치 않았다. 그의 선동 조직은 "자립적이고 자족적인 반도체 산업의 개발을 위한 … 경천동지할 대중 운동"[17]에 지지를 호소하고 있었다.

마오쩌둥이 회의적인 시각을 보인 것은 외국산 반도체만이 아니었다. 그는 때때로 모든 전자 제품이 본질적으로 반사회주의적인 것은 아닌지 근심했다. 마오쩌둥의 정치적 경쟁자였던 류샤오치劉少奇는 "현대 전자 기술"이 "우리의 산업에 큰 도약을 가져다 줄 것"이며 "중국을 일류 전자 기술을 확보한 최초의 산업화된 사회주의 강국"이 되게 해 줄 수 있다며 환영의 뜻을 밝혔다. 반면에 사회주의를 공장 굴뚝의 이미지로 받아들이고 있던 마오쩌둥은 류샤오치를 공격했다. 마오쩌둥의 한 추종자는 전자 기술을 미래로 보는 관점을 "반동적"이라고 주장했다. 중국에 사회주의 낙원[18]을 건설함에 있어서 "오직 철강 산업만이 주도적 역할을 할 것"이 자명하다는 이유에서였다.

마오쩌둥은 중국 반도체 산업을 둘러싼 정치적 투쟁에서 승리를 거두었다. 반도체 산업의 중요성을 깎아내리면서 외국과의 기술적 연결도 끊어 버렸다. 중국 과학자 대부분은 그들의 연구와 인생을 파괴해 버린 주석을 향한 증오심을 품었다. 반도체 연구를 해야 할 사람들을 시골로 내려보내 농민으로 살게 하며 프롤레타리아 정치 사상을 학습시키고 있었기 때문이다. 광학을 전공하던 한 유망한 전문가는 시골로 보내져 거친 곡식과 삶은 양배추로 연명하며 때로 뱀을 잡아 구워 먹으면서, 마오가 부추긴 극단주의가 사라지기를 기다리고 있을 수밖에 없었다. 중국이 가지고 있던 자그마한 반도체 인력이 들판으로 내몰려 돌아다니고 있을 때, 마오주의자들은 중국의 노동자들을 향해 "모든 인민은 반도체를 만들어야 한다"[19]고 권하고 있었다. 마치 중국의 프롤레타리아라면 누구나 집에서 반도체를 만들 수 있다는 듯한 투였다.

중국 영토 중 문화혁명의 이 거대한 공포에서 벗어난 작은 한 조각이 있었다. 식민주의가 빚어낸 운명의 장난 덕분에 홍콩은 여전히 영국의 한시적 지배를 받고 있었던 것이다. 대부분의 중국인이 미치광이 주석의 어록을 외우고 있던 그때, 홍콩의 노동자들은 구룡만을 내려다보는 페어차일드 공장에서 근면 성실하게 반도체 부품을 조립하고 있었다. 몇백 킬로미터 떨어진 대만에서도 캘리포니아 기준으로 보자면 저임금이지만 농사 짓는 것보다는 훨씬 나은 조건으로 일하는 노동자들이 미국 기업이 운영하는 공장에서 일하고 있었다. 중국이 보유하고 있던 한 줌의 숙련된 노동자들이 마오쩌둥의 지시하에 시골로 하방下放되어 사회주의 재교육을 받고 있을 때 대만, 한국, 동남아시아 일대에서는 반도체 산업이 농민을 흡수하고 그들에게 좋은 제조업 일자리를 공급하고 있었던 것이다.

마오쩌둥의 건강이 악화되던 1970년대 초부터 문화혁명은 기세를 잃기 시작했다. 공산당 지도자들은 결국 시골의 과학자들을 다시 불러들였다. 과학자들은 난장판이 된 연구를 수습하고자 했다. 하지만 중국의 반도체 산업은 살아날 수 없었다. 이미 문화혁명 이전에도 실리콘밸리보다 한참 뒤처져 있던 그들은 이제 인접국에 비해도 낙후된 처지였다. 중국이 혁명이라는 이름의 혼돈에 휩싸여 있던 10년간 인텔은 마이크로프로세서를 발명했고, 일본은 세계 D램 시장의 큰 몫을 자기 것으로 가져갔다. 중국은 그동안 가장 똑똑한 중국인을 괴롭히고 있었다. 그러니 1970년대 중반 중국의 반도체 산업이 재앙과도 같은 상황에 놓여 있던 건 당연한 일이었다. 한 공산당 지도자는 1975년 불평을 토로했다. "우리가 만드는 반도체 1000개 중 기준에 부합하는 것은 단 하나뿐입니다. 이 얼마나 낭비입니까."[20]

1975년 9월 2일, 존 바딘이 베이징에 도착했다. 쇼클리, 브래튼과 함께 트랜지스터를 발명한 공로를 인정받아 1956년 첫 번째 노벨상을 수상한 지 20년 만의 일이었다. 바딘은 1972년 초전도superconductivity 현상을 연구한 공로로 두 번째 노벨상을 수상했는데, 이는 물리학 분야에서 유일한 사례였다. 물리학계에서 그보다 유명한 사람은 또 없었지만 바딘은 여전했다. 쇼클리에게 밀려 부당하게 덜 주목받았던 1940년대 말과 다를 바 없이 차분하고 겸손했다. 은퇴를 앞두고 있던 바딘은 미국과 외국 대학의 관계를 돈독히 하는 데 더 많은 시간을 투자하고 있었다. 미국은 1975년 중국에 유명한 물리학자들을 사절단으로 보내고자 했는데, 바딘은 기꺼이 자원했다.

문화혁명이 잦아들고 있던 그 무렵, 중국의 지도자들은 혁명의 열기와 거리를 두면서 미국과 친해지고자 노력했다. 바딘이 방문하던 무렵 마오쩌둥은 아팠고, 결국 그다음 해 세상을 떴다. 미국 대표로 온 바딘을 보며 중국은 미국과 우호 관계를 맺어 더 나은 기술을 제공받을 수 있음을 깨달았다. 바딘의 방문은 중국이 문화혁명 시기보다 얼마나 달라졌는지 보여 주는 상징적 사건이었다. 불과 10년 전이었다면 노벨상 수상자는 곧 반혁명 분자로 낙인찍히고 수모를 겪었을 것이다. 베이징, 상하이, 난징, 시안 같은 곳에 있는 중국의 연구 기관에서 환영받을 일도 없었다. 하지만 마오주의자들의 유산이 모두 사라진 것은 아니었다. 중국은 미국의 과학자들을 향해 중국의 과학자들이 "자기 과시self-glorification"[21]에 반대하기 때문에 연구를 발표하지 않는다는 말을 하고 있었던 것이다.

자기 과시에 집착하는 과학자라면 바딘도 잘 아는 주제였다. 쇼클리와 함께 일하면서 겪은 바 있었기 때문이다. 쇼클리는 트랜지스터 발명의 모든 공로가 자기 것인 양 부당한 주장을 했다. 명민한 과학자였지만 실패한 사업가였던 쇼클리의 사례는 자본주의와 자기 과시의 관계가 마오주의자들의 교조적 발상처럼 단순하지 않다는 것을 보여 주고 있었다. 중국은 스스로 평등한 사회라고 주장하고 있지만 실제로는 권위주의적이며 위계적이라고 바딘은 아내에게 말했다. 정치에 정신이 팔린 채[22] 중국의 반도체 과학자들을 감시하던 이들은 실리콘밸리에서는 상상하기도 어려운 것이었다.

바딘과 동료들은 중국 과학자들에게 깊은 인상을 받으며 중국을 떠났지만, 반도체 생산국이 되겠다는 중국의 야심은 터무니없는 것으로 보였다. 아시아는 반도체 혁명을 겪었지만 그 흐름은 중국을 완전히 비켜났다. 실리콘밸리의 반도체 기업들은 중국이 아니라 홍콩에서 대만, 페낭, 싱가포르에 이르는 공장에서 대부분 중국계인 수천 명의 노동자를 고용했다. 이웃 국가들이 자본가를 끌어들이기 위해 혼신의 힘을 다하고 있을 때, 중화인민공화국은 자본가들을 비난하며 1960년대를 보냈다. 1979년의 한 연구에 따르면 중국은 상업적으로 유의미한 반도체 생산 시설을 단 하나도 갖고 있지 못했고, 중국 내의 컴퓨터는 모두 합쳐도 1500대에 지나지 않았다.[23]

마오쩌둥은 바딘이 중국을 방문한 다음 해 사망했다. 몇 년 후 늙은 독재자의 자리를 대체한 이는 덩샤오핑이었다. 그는 "4대 근대화"를 통해 중국을 바꿔 놓겠다고 약속했다. 곧 중국 정부는 "과학과 기술"이 "4대 근대화의 요체"라고 선언했다. 중국을 제외한 온 세상이 기술 혁명으로 인해 달라지고 있었던 것이다. 중국의 과학자들은 그 변화의 핵심에 반도체가 있다는 것을 알았다. 1978년 3월, 덩샤오핑이 권력을 굳히면서 전국과학대회National Science Conference가 개최되었다. 중국이 반도체 분야에서 앞서 나감으로써 새로운 무기 체계와 소비자 가전, 컴퓨터를 개발하기를 바라는 마음이 담겨 있었다.[24]

대회의 정치적 목표는 분명했다. 중국은 스스로 반도체를 만들 필요가 있고 외국에 의존해서는 안 된다는 것이었다. 1985년 《광명일보》는 그러한 기조를 담아 독자들에게 "첫 번째 기계를 수입하고, 두 번째 기계를 수입하고, 세 번째 기계를 수입하는" 사고 방식을 버리라고 촉구했다. 그 대신에 "첫 번째 기계를 수입하고, 두 번째 기계를 중국에서 만들고, 세 번째 기계를 수출하는"[25] 자세를 가져야 한다는 것이었다. 이렇듯 "메이드 인 차이나"에 대한 집착은 공산당 세계관에 깊숙이 새겨진 것이었지만, 반도체 기술에서 중국은 속절없이 뒤처져 있었고, 이는 마오쩌둥의 대중 선동뿐 아니라 덩샤오핑의 교시를 통해서도 쉽게 극복할 수 있는 일이 아니었다.

베이징은 더욱 목청 높여 반도체 연구를 외쳤지만, 정부가 선언한다고 해서 과학적 연구와 발명이 이루어진다거나 산업이 탄생할 수는 없는 일이었다. 정부가 반도체를 전략적 중요 물자로 언급하고 나니 중국의 관료들은 반도체 생산을 틀어쥐고 반도체를 관료제의 통제하에 두려 한 것이었다. 화웨이의 런정페이처럼 떠오르는 기업가들이 1980년대 말 전자 산업에 뛰어들고자 할 때, 그들은 외국 칩을 수입하는 것 외에 다른 방도가 없었다. 중국의 전자 조립 산업은 외국산 반도체 위에 건설되었다. 그 '외국' 중에는 미국과 일본이 속해 있었을 뿐 아니라, 중국 공산당이 여전히 "중국"의 일부라 주장하는 땅을 차지하고 있으면서도 공산당의 통제를 벗어난 그곳, 바로 대만의 비중이 점점 커지고 있었다.

CHAPTER 31

"주님의 사랑을
중국인과 함께 나누며"

리처드 창Richard Chang은 "주님의 사랑을 중국인과 함께"[26] 나누고 싶었을 뿐이다. 성경 말씀에 반도체가 등장하지는 않지만, 선교사와 같은 열정을 지닌 창은 중국에 첨단 반도체 제조 기술을 전파하고자 했다. 이 신실한 기독교인 반도체 엔지니어는 난징에서 태어나 대만에서 자랐고 텍사스에서 교육받은 인물로, 2000년 베이징의 지도자들을 설득해 상하이에 반도체 파운드리를 건설하면서 막대한 보조금을 받아 냈다. 창이 만든 시설은 그의 요구사항에 꼭 맞게 구성되었고 그 안에 교회도 들어 있었다.[27] 중국은 공산국가이며 무신론을 따른다는 점을 놓고 볼 때 퍽 이례적인 일이었다. 현대적인 반도체 생산 설비를 갖겠다는 목적을 이루기 위해서라면 종교에 대한 반감 정도는 잠시 참을 수 있다는 것이 공산당 지도부의 생각이었다. 그렇게 중국 정부의 전폭적인 지원을 받고 있었지만 특히 대만의 TSMC를 마주할 때면, 창은 여전히 자신이 골리앗과 싸우는 다윗에 지나지 않는다고 느꼈다.

반도체 제조의 지정학은 1990년대와 2000년대를 거치며 급격하게 변했다. 1990년대 미국의 생산 업체는 전 세계 반도체의 37퍼센트를 만들고 있었지만, 2000년이 되자 그 숫자는 19퍼센트로 떨어졌고 2010년에는 13퍼센트에 지나지 않았다.[28] 일본의 시장 점유율 역시 무너졌다. 한국, 싱가포르, 대만이 각기 반도체 산업에 돈을 퍼부으며 급격히 생산량을 늘려 갔기 때문이다. 예를 들어 싱가포르 정부는 텍사스인스트루먼트, 휼렛패커드, 히타치 같은 기업과 제휴하여 반도체 생산 및 칩 설계 센터에 투자하면서 도시국가 싱가포르에 활기 넘치는 반도체 분야를 구축해 냈다. 싱가포르 정부는 또 TSMC를 모방해 차터드반도체Chartered Semiconductor[29]라는 파운드리 업체를 설립했지만 차터드가 대만 라이벌만큼 성과를 내지는 못했다.

한국의 반도체 산업은 그보다 훨씬 잘 굴러갔다. 일본의 D램 생산자들을 왕좌에서 쫓아내고 세계 메모리 칩 시장의 선두 기업이 된 1992년 이후 삼성은 그다음 10년간 더 빠르게 성장했다. 삼성은 대만과 싱가포르를 D램 경쟁 시장에서 잘 막아 냈다. 공식적인 정부 지원뿐 아니라 비공식적으로 정부가 은행을 압박해 제공한 풍부한 자금 덕분이었다. 삼성의 주력 제품인 D램 메모리 칩은 자금 조달이 대단히 중요했다. D램 메모리 칩 시장을 지배하려면 공정 선폭technology node(본디 '5나노', '4나노' 같은 식으로 표현되는, 해당 공정에서 구현 가능한 최소 선폭을 뜻하는 말이나 현재는 장비의 세대와 설비를 두루 지칭하는 용어-옮긴이)의 연속성을 확보해야 하고 그러려면 엄청난 자금력이 필요하기 때문이다. 심지어 산업 침체기 동안에도 지출을 지속해야 한다. 한 삼성 임원의 설명에 따르면 D램 시장은 치킨 게임과도 같다.[30] 호경기에는 세계의 D램 생산 업체들이 새로운 공장에 돈을 퍼붓고 수요를 초과하는 공급을 창출하면서 가격 하락을 몰아붙인다. 이렇게 파괴적인 지출을 계속하는 것은 고통스러운 일이지만 단 한 해라도 투자를 멈추면 경쟁 상대에게 시장 점유율을 내줄 위험이 생긴다. 서로 노려보면서 눈을 깜빡이면 지는 싸움이었다. 삼성은 경쟁자들이 떨어져 나간 다음에도 투자를 계속할 여력이 있었다.[31] 삼성의 메모리 칩 시장 점유율은 거침없이 성장했다.

중국은 반도체를 끼워 넣어 전자 장비로 조립하는 일에 큰 지분을 가진 나라였다. 그러니 반도체 산업에서도 우뚝 설 수 있을 만한 잠재력은 충분하게 가지고 있어야 할 터였다. 마오쩌둥의 극단주의에 의해 중국의 반도체 산업이 고약한 운명을 겪고 난 후 10여 년이 흘렀고 1990년대가 되었다. 중국은 세계의 공장이 되었고 상하이와 선전 같은 도시는 전자 제품 조립의 중심지로 거듭났다. 수십 년 전 대만의 경제 부흥을 이끌어 낸 바로 그 산업들이었다. 하지만 중국의 지도자들은 진짜 돈을 벌기 위해서는 전자 제품을 돌아가게 하는 그것, 특히 반도체를 만들어야 한다는 것을 잘 알고 있었다.

1990년대 중국의 반도체 제조 역량은 대만이나 한국에 비해 훨씬 뒤처져 있었다. 미국에는 비할 바가 없었다. 심지어 중국이 경제 개혁의 페달을 힘껏 밟고 있던 무렵에도 서류 가방 한가득[32] 반도체를 넣고 홍콩을 통해 중국으로 들어가는 반도체 밀수는 밀수꾼들에게 짭짤한 이익을 가져다주었다. 하지만 중국의 전자 산업이 성숙함에 따라 반도체 밀수는 점점 매력을 잃었고 그 대신 반도체 제조가 각광받기 시작했다.

중국에 반도체를 제공하는 것, 그것은 리처드 창이 생각하는 인생의 소명이었다. 1948년 중국의 옛 수도 난징의 군인 가정에서 태어난 창은 한 살이었을 때 가족과 함께 공산당이 권력을 잡은 중국을 등지고 대만으로 향했다. 대만에서 그는 외성인外省人 즉 대만은 대륙을 수복할 때까지 잠시 머물러 있는 곳에 지나지 않는다고 생각하는 사람들 틈에서 성장했다. 그들은 중화인민공화국의 몰락을 기다렸지만 그날은 오지 않았다. 스스로 중국인이라 생각하지만 대만에 살고 있는 외성인들은 항구적인 정체성 혼란을 겪어야만 했다. 그들이 태어난 곳으로 돌아갈 가능성은 점점 더 멀어지고 있었던 것이다. 대학을 졸업한 후 창은 미국으로 건너가 뉴욕 버팔로대학교에서 석사 학위를 마치고 텍사스인스트루먼트에 취직하여 잭 킬비 밑에서 일했다. 그는 팹 운영의 전문가가 되어 미국에서 일본, 싱가포르와 이탈리아까지 전 세계에 퍼져 있는 텍사스인스트루먼트 설비를 관리했다.[33]

자국 반도체 산업을 육성하기 위한 중국 정부의 초기 노력 중 대부분은[34] 이렇다 할 성과 없이 끝나고 말았다. 중국에 몇몇 팹이

지어졌다. 가령 중국의 화홍華虹과 일본의 NEC는 상하이에 합자 회사를 설립했다. 중국 정부는 NEC에 달콤한 금융 조건을[35] 제시했고 NEC는 그 대가로 중국에 일본 기술을 들고 가겠노라고 약속했다. 단, NEC는 일본인 전문가들이 생산을 주도할 것임을 분명히 했다. 중국인 노동자들에게 허락된 것은 기본적인 작업 수행 뿐이었다. 한 분석가의 말을 인용해 보자면, "우리는 이 산업이 중국 산업이라고 할 수 없"는 것이었다. 그것은 "그저 중국 땅에 세워져 있는 웨이퍼 공장"[36]일 뿐이었고, 중국이 그 합자 회사를 통해 얻을 수 있는 경험은 제한적이었다.

상하이에는 또 다른 반도체 회사가 있었다. 2000년 설립된 그레이스반도체Grace Semiconductor의 경우 역시 해외 투자, 정부 지원금, 실패한 기술 이전으로 점철되어 있었다는 점에서 비슷한 사례였다. 그레이스반도체는 장쩌민 주석의 아들인 장몐헝江綿恒과 대만 플라스틱 업계의 거물 윈스턴 왕Winston Wang이 함께 세운 벤처 회사였다.[37] 중국의 반도체 산업에 대만 기업을 끌어들이는 것은 대만의 반도체 성공을 놓고 볼 때 그럴듯한 일이었다. 또 중국 주석의 아들이 개입되어 있다는 것은 정부 지원을 약속하는 것이나 다름없었다. 그레이스반도체는 게다가 조지 W. 부시 대통령의 동생인 닐 부시Neil Bush[38]를 고용해 "경영 전략"에 대한 조언을 들으며 그의 통찰을 얻는 대가로 매년 40만 달러를 지급했다. 이렇게 화려한 면면이 포진한 덕분에 그레이스반도체는 정치적 방해와 간섭으로부터 자유로웠을지 모르지만, 기술이 뒤떨어져 있던 터라 고객을 끌어오는 데 애로를 겪었다.[39] 전 세계적 차원에서는 볼 것도 없이 중국 파운드리 업계의 아주 작은 파이를 차지하는 선에 그치고 말았다.

누군가 중국에 반도체 산업을 이룩해 낼 수 있다면 그 장본인은 리처드 창이었다. 그는 연줄이나 외국의 도움에 의존하지 않았다. 세계 수준의 생산 설비에 필요한 모든 지식이 이미 그의 머릿속에 있었다. 세계를 돌아다니며 새로운 설비를 만드는 게 텍사스 인스트루먼트에서 그가 해 왔던 일이었다. 상하이에서 그걸 또 하면 안 될 이유가 무엇인가? 골드만삭스, 모토로라, 도시바[40] 같은 국제 투자자들로부터 끌어온 15억 달러를 밑천 삼아, 창은 2000년 SMIC\ :Semiconductor Manufacturing International Corporation\를 창업했다. 한 분석가는 SMIC의 창업 자본 중 절반이[41] 미국 투자자로부터 나왔다고 보았다. 창은 그 돈으로 수백여 명의 외국인을 고용해 SMIC의 팹을 운영했는데, 그 중 적어도 400명은 대만 사람이었다.[42]

창의 전략은 단순명료했다. 바로 TSMC가 한 대로 하는 것이었다. 대만에서 TSMC는 눈에 띄는 족족 최고의 엔지니어들을 고용했다. 특히 미국이나 다른 첨단 반도체 기업에서 일한 사람이 우선이었다.[43] TSMC는 동원 가능한 최선의 장비를 갖추었다. 반도체 산업의 최고가 되기 위해 TSMC는 직원 교육에 혼신을 다했다. 그러면서 대만 정부가 제공하는 모든 세제 혜택 및 보조금을 누렸다.

SMIC에게 TSMC의 행보는 종교 경전과도 같았다. SMIC는 해외 반도체 기업, 특히 대만 기업의 인재들을 경쟁적으로 데리고 갔다. 설립 후 첫 10년간 SMIC 직원 중 3분의 1이 해외에서 채용된 사람들이었다. 반도체 산업 분석가 더그 풀러Doug Fuller에 따르면 2001년 SMIC는 중국에서 650명의 엔지니어를 고용한 반면에 주로 대만이나 미국 같은 해외에서는 393명을 채용했다. 그렇게 10년을 보내고 나니 SMIC의 직원 중 3분의 1이 해외에서 영입한 사람들로 채워졌다. 심지어 채용과 관련한 구호까지 있었다. "옛 직원 한 명이 새 직원 둘을 데려온다." 경험이 풍부한 해외 출신 직원을 데려와 현지 엔지니어를 교육시키겠다는 방침을 요약한 것이다. SMIC가 중국에서 고용한 엔지니어들은 빠르게 기술을 습득해 나갔고, 곧 해외 칩 제조사들로부터 채용 제안을 받기 시작할 정도로 성장했다. 반도체 기술을 현지화하겠다는 SMIC의 목표는 해외에서 교육받은 인력을 통해서만 달성 가능한 것이었다.

중국의 여타 반도체 스타트업이 그랬듯이 SMIC 역시 수많은 정부 보조의 혜택을 누렸다. 5년간 법인세를 면제받았고 중국 내에서 판매되는 반도체는 매출세 또한 면세였다.[44] 제품의 질보다 정치인 자녀 채용에 초점을 맞추었던 경쟁자들과 달리 창은 제조 역량을 끌어올리고 기술을 첨단 수준으로 갖추는 일에 온 힘을 기울였다.[45] 그렇게 2000년대 말이 되자 SMIC와 세계 최고 기업의 격차는 고작 몇 년 수준으로 줄어들었다. SMIC는 세계 최고 수준의 파운드리 기업이 되는 궤도에 오른 듯했다.[46] 어쩌면 TSMC를 위협할 수 있을지도 몰랐다. 리처드 창은 그의 전 직장이었던 텍사스인스트루먼트 같은 반도체 업계의 리더로부터 주문을 받아 칩을 만들 수 있었다. SMIC는 2004년 뉴욕 증권거래소에 상장했다.

이제 TSMC가 경쟁해야 할 파운드리 기업이 동아시아에 여러 곳 세워졌다. SMIC뿐 아니라 싱가포르의 차터드반도체, 대만의 UMC와 뱅가드반도체Vanguard Semiconductor, 2005년에 파운드리 사업에 뛰어든 한국의 삼성전자까지, 다른 이들이 설계한 반도체를 만들어 주는 사업을 하기 위해 달려들었던 것이다. 이들 기업 대부분은 정부 보조를 받고 있었는데, 그 덕에 반도체 가격은 낮아질 수 있었고, 결국 그 기업에 설계도를 보내는 미국의 팹리스 업체들 대부분이 혜택을 보았다. 게다가 팹리스 업체들은 스마트폰이라는 혁명적 제품의 출현을 앞두고 있었다. 이는 고성능 칩의 숨 막히는 싸움을 예견하는 것이기도 했다. 해외 제조는 제조 단가를 낮추고 더 치열한 경쟁을 불러왔다. 소비자들은 이전에는 상상도 할 수 없었던 제품을 낮은 가격에 구입하는 혜택을 맛볼 수 있었다. 이것이야말로 세계화의 바람직한 모습 그 자체 아니었을까?

CHAPTER 32

리소그래피 전쟁

1992년, 캘리포니아 산타클라라 인텔 본사 회의실에 앉아 있던 존 카루더스John Carruthers는 인텔의 CEO 앤디 그로브에게 2억 달러를 요구하는 일이 쉽지 않을 것이라고 예상하고 있었다. 인텔의 연구개발을 이끄는 사람으로서 카루더스는 큰 승부를 걸곤 했다. 일부는 통했지만 안 그럴 때도 있었는데, 그래도 인텔 엔지니어들의 평균 타율은 업계 그 누구보다 좋은 편이었다. 1992년 인텔은 다시 한 번 세계 최대의 칩 제조사로 군림하고 있었다. 인텔의 역량을 PC용 마이크로프로세서에 집중한다는 그로브의 결단에 힘입은 성과였다. 현금이 쏟아져 들어왔고 그 돈은 곧 무어의 법칙을 현실화하는 일에 투입되었다.

하지만 카루더스의 요청은 인텔의 통상적인 연구개발 프로젝트를 훌쩍 뛰어넘는 것이었다. 그 업계 사람들이 다 그렇듯이 카루더스는 현존하는 리소그래피 방법론이 곧 한계에 봉착할 것이며, 차세대 반도체가 필요로 하는 더 작은 집적회로 제작은 불가능해진다는 것을 알고 있었다. 리소그래피 회사들은 사람의 눈으로 볼 수 없는 248 혹은 193나노미터의 파장을 지닌 심자외선광deep ultraviolet light을 사용하는 장비를 내놓고 있었다. 하지만 칩 제조사들이 그보다 더 정교한 리소그래피 장비를 요구할 날이 머지않았다. 카루더스는 13.5나노미터의 파장을 지닌 "극자외선extreme ultraviolet, EUV"을 원했다. 파장이 짧으면 짧을수록 칩에 새겨 넣을 수 있는 기능과 부품 또한 작아질 수 있기 때문이었다. 여기서 문제는 단 한 가지였다. 대부분의 사람이 극자외선을 도구로 써서 대량 생산하는 일이 불가능하다고 보고 있었다는 것이다.

"그러니까 그게 될지 안 될지도 모르는 것에 돈을 쓰고 싶다, 그런 이야기를 하는 게 맞지?" 그로브는 회의적인 태도로 물었다. "물론이죠, 앤디. 그런 걸 '연구'라고 합니다." 카루더스도 지지 않고 맞받아쳤다. 그로브는 인텔의 전 CEO이자 현재 자문을 맡고 있는 고든 무어를 향해 고개를 돌렸다. "당신이라면 어쩌겠소, 고든?" "글쎄. 앤디, 자네한테 다른 선택지가 뭐가 있겠나?" 무어의 질문이었다. 답은 분명했다. 없다. 반도체 산업은 언젠가 리소그래피를 위해 더 짧은 파장을 다루는 법을 익히거나, 트랜지스터 크기를 줄이는 발전 과정을 멈춤으로써 무어의 이름을 딴 그 법칙을 더는 못 지키게 되거나, 둘 중 하나였다. 그런 결과가 발생하게 된다면 인텔의 비즈니스는 큰 피해를 볼 뿐 아니라 그로브의 이름에도 먹칠을 하게 될 터였다. 그로브는 카루더스에게 2억 달러를 제공하여[47] EUV를 개발하게 했다. 인텔은 결국 수십억 달러의 연구개발 비용을 투자해 극자외선 파장으로 칩을 가공하는 법을 연구하기 시작했다. 자체적으로 EUV 장비를 만들 계획은 없었지만, 인텔이 더 작은 회로를 만들기 위해 필요로 할 때, 현재 업계를 선도하는 기업 중 적어도 한 곳은 새로운 EUV 장비를 시장에 내놓을 것이라는 확신이 필요했다.

제이 라스롭이 미군 연구소에서 현미경을 뒤집은 이래, 1990년대처럼 리소그래피의 미래가 불투명했던 적은 없었다. 리소그래피 업계는 과학, 비즈니스, 지정학이라는 세 가지 실존적 고민에 짓눌려 있었다. 반도체를 만들던 초기에는 트랜지스터의 크기가 너무 컸기 때문에 리소그래피 장비가 그다지 문제 될 게 없었다. 하지만 무어의 법칙에 따른 발전은 빛의 파장을 따져야 할 정도로 트랜지스터의 크기를 줄여 버렸다. 빛의 색에 따라 파장의 크기가 수백 나노미터씩 차이가 나는데 그 오차가 너무도 컸던 것이다. 이런 차이는 집적회로가 요구하는 정밀도에 맞지 않았다. 1990년대의 최신 트랜지스터는 몇백 나노미터 크기였지만, 수십 나노미터 크기의 트랜지스터 제작은 이미 가시권에 들어온 미래라고 할 수 있었다.

이렇게까지 미세한 칩을 만들려면 보다 정교한 리소그래피 장비를 이용해 포토레지스트 화학 물질에 빛을 조사하고 실리콘에 트랜지스터를 새겨 넣어야 한다. 이는 연구자들 대부분이 갖고 있는 공통된 생각이었다. 어떤 연구자는 전자 빔electron beam을 이용해 칩을 새기고자 했다. 하지만 전자 빔 리소그래피의 대량 생산은 너무나 늦게 가능할 일이었다. 다른 이들은 X레이나 극자외선에 기대를 걸었는데, 이들 각각은 서로 다른 포토레지스트 화학 물질과 반응했다. 매년 개최되는 리소그래피 전문가들의 국제회의에서 과학자들은 어떤 기술이 승리를 거두게 될지 논쟁을 벌였다. 한 참가자에 따르면 서로 경쟁하는 엔지니어 집단 사이에 "리소그래피 전쟁"[48]이 벌어지고 있던 시절이었다.

실리콘 웨이퍼 위에 어떤 광선을 쏘는 것이 가장 적합한지를 놓고 벌이던 "전쟁"은 리소그래피의 미래를 결정지을 세 가지 승부 중 하나에 지나지 않았다. 두 번째 전쟁은 상업성이었다. 어떤 회사가 차세대 리소그래피 장비를 만들어 낼 것인가가 관건이었다. 새로운 리소그래피 장비를 개발하는 일에는 막대한 자금이 필요했고, 이는 업계를 집중으로 몰아넣었다. 하나, 많아 봐야 두 개의 회사만 살아남아 시장을 지배하게 될 터였다. 미국의 경우 GCA는 매각되었고 퍼킨엘머에서 갈라져 나온 리소그래피 회사 실리콘밸리그룹은 시장 선도 기업인 캐논이나 니콘에 비해 한참 뒤처져 있었다. 미국 칩 제조사들은 1980년대 일본의 도전을 견뎌 냈지만 미국의 리소그래피 장비 제작자들은 그러지 못했던 것이다.

캐논과 니콘의 유일한 실질적 경쟁자는 ASML이었다. 작지만 성장하는 네덜란드 리소그래피 회사 ASML은 1984년 네덜란드 가전 회사 필립스의 내부에 있던 리소그래피 분과가 떨어져 나와 설립된 회사였다. 공교롭게도 그때는 반도체 가격이 폭락하면서 GCA의 사업이 기울어질 무렵이었으니, 우연치고는 무서운 우연이라고 할 수 있다. ASML이 위치한 곳은 벨기에의 국경과 맞닿아 있는 네덜란드 도시 펠트호번Veldhoven이었는데, 이곳은 반도체 산업을 이끄는 세계 정상급 회사가 자리 잡을 만한 곳처럼 보이지 않았다. 유럽에서도 어느 정도 반도체를 만들고 있긴 했지만 실리콘밸리나 일본에 비하면 확연히 뒤처져 있던 것도 사실이었다.

네덜란드의 엔지니어 프리츠 반 하우트Frits van Hout가 ASML에 입사한 것은 1984년, 그가 대학에서 물리학 석사 학위를 막 취득한 다음이었다. 새 회사에 온 그에게 직원들은 여기 오고 싶어서 온 것인지,[49] 아니면 어쩔 수 없이 온 것인지 물어보았다. 필립스와 관련 있는 회사였음에도 "시설도 없고 돈도 없는"[50] 곳이었다고 반 하우트는 당시의 추억을 회상했다. 리소그래피 장비를 만들기 위해 사내에 막대한 제조 공정을 갖추는 일은 불가능해 보였다. 대신 ASML은 전 세계 각지에서 공급받은 부품을 조립하여 리소그래피 시스템을 만들기로 했다. 핵심 부품을 타 회사에서 공급받는 것은 위험이 따르는 일이었지만 ASML은 그 위험과 함께하는 방법을 익혀 나갔다. 일본 경쟁사들은[51] 모든 것을 자체 제작하려 애쓰고 있었던 반면에 ASML은 시장에 존재하는 최고의 부품을 구입할 수 있었다. ASML이 극자외선 장비 개발에 집중하기로 하면서 다양한 부품을 종합하여 시스템을 구축하는 능력은 ASML의 가장 큰 강점으로 거듭났다.

ASML의 두 번째 강점은 의외의 면에서 나왔다. 바로 네덜란드에 있다는 것이었다. 1980년대와 1990년대 미국과 일본 사이에 무역 분쟁이 심화되고 있던 그 무렵, ASML은 중립 지대로 보였다. 미국 회사들은 ASML을 니콘이나 캐논을 대체할 신뢰할 만한 대안으로 여겼다. 가령 미국의 D램 스타트업 마이크론은 리소그래피 장비를 필요로 할 때 일본의 두 거대 회사보다 ASML의 것을 선호했다. 니콘과 캐논은 마이크론이 D램 시장을 놓고 경쟁하는 일본 기업과 깊은 관계를 맺고 있었기 때문이다.

ASML이 필립스를 모태로 출발했다는 역사마저 놀라운 방식으로 그들에게 도움을 주었다. 대만의 TSMC와 돈독한 관계를 맺을 수 있는 발판이 되었던 것이다. 필립스는 TSMC의 창업 단계에서 투자를 했던 회사로, 신생 파운드리 기업에 반도체 제조 노하우와 지식재산권을 제공하며 협력했다. 결국 ASML은 판매 시장을 안고 출발한 셈이 되었다. TSMC의 팹이 필립스의 반도체 제조 공정을 따라 설계되었기 때문이다. 1989년 TSMC에 났던 화재 사고도 도움이 되었다. TSMC는 화재 보험금을 받아 19대의 리소그래피 장비를 구입하였던 것이다. ASML과 TSMC는 반도체 산업의 변방에서 작은 회사로 출발했지만 함께 성장해 나가며 파트너십을 쌓아 나갔다.[52] 그런 요소가 없었다면 컴퓨터와 반도체는 오늘날 우리가 아는 것처럼 성장하지 못했을 것이다.

ASML과 TSMC의 협력 관계는 1990년대의 세 번째 "리소그래피 전쟁"을 암시했다. 비록 업계나 정부 사람들 중 그 용어를 선호하는 사람은 거의 없었지만, 리소그래피 전쟁은 정치적 격돌이었다. 당시 미국은 냉전 종식을 축하하며 평화의 시대에서 돈 버는 일에 골몰했다. 기술, 군사, 경제력 등 어떤 면에서 보더라도 미국은 동맹과 적을 가리지 않고 전 세계의 누구보다 훨씬 우위에 있었다. 한 영향력 있는 평론가는 1990년대를 "단극의 시대unipolar moment"[53]라고 규정했다. 미국의 지배력을 의심할 수 없다는 뜻이었다. 페르시아만 걸프전은 미국의 가공할 만한 기술력과 군사력을 과시하는 경연장과도 같았다.

1992년, 극자외선 리소그래피 연구에 대규모 투자를 앞두고 있던 인텔에서 앤디 그로브가 그것을 승인하려던 바로 그 무렵, 냉전의 군산 복합체에서 출현했던 반도체 업계는 더는 정치에 구애받을 필요가 없다는 결론을 내렸다. 그 이유는 더할 나위 없이 분명했다. 경영학의 선지자들은 미래가 "국경 없는 세계"[54]로 향할 것이며 향후 글로벌 비즈니스의 풍경은 권력이 아닌 이윤에 따라 결정될 것이라고 주장했다. 경제학자들은 세계화가 더욱 가속화될 것이라 이야기했다. CEO와 정치인들 역시 이런 새로운 지적 풍조를 기꺼이 받아들였다. 한편 인텔은 다시 반도체 업계의 정상에 서 있었다. 일본 경쟁자들을 떨쳐 냈을 뿐 아니라 개인용 컴퓨터를 운영하는 칩의 글로벌 시장을 독점하고 있었다. 인텔은 1986년 이후 매년 흑자를 기록했다.[55] 정치에 신경 써야 할 필요가 어디 있단 말인가?

1996년, 인텔은 미국의 여러 국립 연구소와 협력 관계를 맺었다. 광학을 비롯해 극자외선 연구에 필요한 분야에서 전문성을 지닌 연구소들이 대상이었다. 인텔은 다른 반도체 회사 여섯 곳과 함께 컨소시엄을 구성했지만 비용은 거의 전부 인텔이 내고 있었다. 한 참여자에 따르면 인텔은 "시장의 잠재적 지배자95percent gorilla"[56]나 다름없었다. 로렌스리버모어국립연구소Lawrence Livermore National Lab와 샌디아국립연구소Sandia National Labs의 연구자들은 극자외선 시스템의 프로토타입 개발을 전문으로 하고 있었지만, 인텔이 확인한 바에 따르면 그들은 과학에 관심이 있을 뿐 그런 장비를 대량 생산하는 일에는 흥미가 없었다.

카루더스의 설명에 따르면 인텔의 목표는 "알기만 하는 게 아니라 파는 것"이었다. 그리하여 인텔은 극자외선 장비를 상업화하고 대량 생산할 수 있는 회사를 물색하기 시작했다. 결국 미국에 이런 일을 할 수 있는 회사가 없다는 결론에 도달했다. GCA 같은 회사가 더는 없었다. 당시 미국에서 가장 큰 리소그래피 회사는 실리콘밸리그룹Silicon Valley Group, SVG이었는데, 기술적으로 뒤처져 있었다. 1980년대 무역 전쟁으로 인해 여전히 민감했던 정부는 미국의 연구소들이 일본의 니콘이나 캐논과 협업하는 것을 원치 않았다. 심지어 니콘은 극자외선 기술이 상용화될 수 없을 것이라 생각했지만 미국은 개의치 않았다. 결국 남은 리소그래피 회사는 ASML뿐이었다.[57]

외국 기업에 미국의 국립 연구소가 만든 최신 기술을 제공한다는 발상을 접한 워싱턴이 의문을 표할 수도 있었을 것이다. 극자외선 기술을 이용해 당장 군사 장비가 개발될 일이 없고, 극자외선 기술이 상용화될 수 있을지도 여전히 미지수이긴 했다. 하지만 만일 극자외선 기술이 상용화되거나 군사 목적으로 사용된다면 미국은 모든 연산력의 근간이 되는 장비를 ASML에 의존하는 꼴이 되어 버린다. 국방부 내 몇몇 관료를 제외하고 워싱턴에서는 거의 아무도 그런 우려를 드러내지 않았다.[58] 정치 지도자에게 가장 중요한 것은 일자리에 미치는 영향이지 지정학이 아니었던 것이다.[59] 미국 정부는 ASML이 미국에 리소그래피 장비 제조 시설을 지어야 하며, 미국 고객의 수요에 맞추고 미국인을 채용해야 한다고 요구했다. 결국 ASML의 핵심 연구개발은 네덜란드에 자리 잡았다. 미 상무부, 국립 연구소, 리소그래피 관련 기업의 의사결정권자들은 정치적 판단이 어찌 됐건 이러한 합의에 따라 움직이기만 한다면 수긍할 수 있다는 결론에 도달했다.

오랜 일정 지연과 엄청난 초과 비용 지출에도 불구하고 극자외선 파트너십은 서서히 성과를 내기 시작했다. 미국 국립 연구소들의 연구에서 차단된 니콘과 캐논은 자체 극자외선 장비 제조를 포기하기로 했고, 결국 ASML이 세계 유일의 극자외선 장비 제작자로 남았다. 한편 2001년, ASML은 미국의 마지막 주요 리소그래피 회사인 SVG를 인수했다. SVG는 이미 업계 선두 주자들에 비해 뒤처져 있었지만 이 거래가 미국의 안보 이익에 부합하는지에 대한 의문이 다시 제기되었다. 수십 년간 리소그래피 산업을 지원해 왔던 방위고등연구계획국DARPA과 국방부 내에서는 SVG의 매각 반대 여론이 등장하기도 했다. 의회에서도 우려가 제기되어 세 명의 상원 의원이 부시 대통령을 향해 반대의 뜻을 밝혔다. "ASML은 미 정부의 극자외선 기술을 모두 빨아들일 것입니다."[60]

그것은 부정할 수 없는 사실이었다. 하지만 당시는 미국의 힘이 정점에 달해 있던 시절이었다. 워싱턴 사람들 대부분은 세계화가 좋은 것이라고 생각했다. 정부 내에서는 무역을 확대하고 공급망을 늘리는 것이 평화를 촉진하며, 러시아나 중국 같은 강국이 지정학적 패권보다 부를 추구하게 만들어 줄 것이므로 좋은 일이라는 생각이 지배적이었다. 미국의 리소그래피 산업이 몰락하면 안보 위험을 초래할 것이라는 주장은 세계화와 상호 연결의 새로운 시대에 어딘가 뒤떨어진 소리처럼 들렸다. 한편 반도체 업계는 그저 가장 효율적으로 반도체를 만들고 싶어 했다. 미국에 거대한 리소그래피 회사가 남아 있지도 않은데, ASML에 희망을 걸어보는 것 외에 다른 수가 뭐가 있단 말인가?

인텔과 다른 거대 칩 제조사들은 SVG를 ASML에 매각하는 것이 극자외선 장비 개발의 핵심 요건이며 바로 거기에 컴퓨터의 미래가 달려 있다고 주장했다. 인텔의 새로운 CEO인 크레이그 바렛Craig Barrett은 2001년 이렇게 주장했다. "이 합병이 성사되지 않는다면 새로운 장비를 미국에서 개발하고자 하는 경로가 지연될 것이다." 냉전이 끝나고 갓 취임한 부시 정권은 군사적으로 직접 적용 가능한 것을 제외한 첨단 기술의 수출 통제를 완화하고자 했다. 정부에 따르면 그 전략은 "가장 민감한 기술에 대해 가장 높은 기술 장벽을 세우는 것"이었다. 극자외선은 그 목록에 끼지 못했다.[61]

그 중 일부는 여전히 코네티컷의 전 SVG 설비에서 만들어지겠지만, 차세대 극자외선 리소그래피 장비는 결국 대부분 해외에서 조립하게 되었다. 미국이 계속 극자외선 장비를 이용할 수 있다고 어떻게 보장하느냐는 질문을 하는 사람은 세계화 시대를 따라잡지 못하고 냉전 시대에 사로잡힌 사람 취급을 받을 수밖에 없었다. 하지만 기술의 세계적 확산을 예찬하던 경영 선지자들은 돌아가는 상황을 제대로 못 보고 있었다. 극자외선 장비를 생산하는 과학 네트워크는 전 세계에 퍼져 있었다. 미국, 일본, 슬로베니아, 그리스[62] 같은 여러 나라의 다양한 과학자들이 힘을 합친 결과물이었다. 하지만 극자외선 장비의 제조는 세계화되지 않았다. 오히려 독점이 강화되었다. 단 하나의 회사가 관리하는 단 하나의 공급망에 리소그래피의 미래가 좌우될 예정이었다.

CHAPTER 33

혁신가의 딜레마

2006년 맥월드Macworld 컨퍼런스, 스티브 잡스Steve Jobs가 그의 트레이드마크라 할 수 있는 청바지와 검은 터틀넥 셔츠를 입은 채 어두운 연단에 홀로 서 있었다. 신기술에 열광하는 수백여 명의 청중이 실리콘밸리 예언자의 발언을 초조하게 기다리는 중이었다. 잡스가 몸을 왼쪽으로 돌리자 파란 연기가 무대 저편에서 솟아올랐다. 반도체 공장 직원들이 클린 룸에 일하러 들어갈 때 입는, 흰토끼처럼 보이는 방진복을 입은 사람이 무대에 올라와 잡스를 향해 걸어왔다. 그가 머리 덮개를 벗고 얼굴을 드러내며 미소 지었다. 인텔의 CEO 폴 오텔리니Paul Otellini였다. 폴이 잡스에게 커다란 실리콘 웨이퍼를 건네며 말했다. "스티브, 인텔은 준비를 마쳤습니다."**63**

이는 전통적인 스티브 잡스 스타일 연출이었지만 인텔 식의 전형적인 업계 뒤흔들기 행보이기도 했다. 2006년 인텔은 이미 대부분의 PC에 프로세서를 공급하고 있었다. 지난 10년간 유일한 주요 경쟁자라 할 수 있는 AMD는 멀찌감치 따돌린 상황이었다. 그 덕분에 칩이 계산하는 방식을 설정하는 규칙의 모음인 아키텍처architecture에서, 인텔이 만드는 x86은 개인용 컴퓨터의 표준이 되었다. x86 기반 칩을 사용하지 않는 주요 컴퓨터 제조 업체는 애플이 유일했다. 그런데 잡스와 오텔리니가 선언한 지금 그마저도 바뀔 터였다. 맥마저 이제는 '인텔 인사이드'였다. 인텔 제국은 더욱 성장할 것이며, PC 업계에 대한 장악력은 더욱 강해질 수밖에 없었다.

맥킨토시의 창시자이자 직관적이고 사용하기 쉬운 컴퓨터라는 아이디어를 개척한 사람, 스티브 잡스는 이미 실리콘밸리의 아이콘이었다. 2001년 애플은 아이팟을 출시했다. 디지털 기술이 그 어떤 소비자 기기도 변모시킬 수 있음을 보여 주는 예언과도 같은 제품이었다. 인텔의 오텔리니는 잡스와는 달라도 너무도 다른 사람이었다. 오텔리니는 선지자가 아니라 고용된 관리자였다. 인텔의 CEO를 역임했던 선배들인 밥 노이스, 고든 무어, 앤디 그로브, 크레이그 바렛과 달리 오텔리니의 전공은 공학이나 물리학이 아니라 경제학이었다. 그는 PhD가 아니라 MBA 출신이었다. 오텔리니가 CEO로 재직하던 시기는 화학과 물리학에서 경영과 회계로 영향력이 넘어가던 무렵과 맞닿아 있다. 이런 변화가 처음부터 잘 받아들여졌던 것은 아니다. 직원들은 경영진의 셔츠가 점점 희고 깔끔하게 바뀌고 넥타이를 매고 다니는 일이 잦다고 볼멘소리를 하곤 했다.[64] 오텔리니는 엄청나게 수익성 좋은 회사의 경영을 넘겨받았다. 그는 경영학 교과서에 나올 법한 방식을 통해 x86의 사실상 독점 상태를 지속함으로써 이 높은 이윤율을 지속하는 것을 자신의 최우선 과제로 삼았다.[65]

x86 아키텍처가 PC 시장을 지배한 것은 칩 위의 트랜지스터를 배열하기 위한 최선의 방법이어서가 아니라, IBM이 만든 최초의 개인용 컴퓨터에서 그것을 사용했기 때문이었다. 이는 마이크로소프트가 PC의 운영 체제를 공급하면서 벌어진 일과 마찬가지로, 인텔이 PC 생태계를 구성하는 핵심 요소를 사실상 독점하게 된 것이었다. IBM이 PC에 모토로라의 칩을 사용할 수도 있었다는 점에서 이것은 다소 운이 따른 것이었지만, 앤디 그로브의 전략적 혜안에 힘입은 결과이기도 했다. 1990년대 초 직원 회의에서 그로브는 컴퓨터의 미래에 대한 자신의 비전을 설명하면서 어떤 이미지를 스케치했다. 바로 해자로 둘러싸인 성이었다. 성은 인텔의 수익성을 뜻하고, 그 성을 지키는 해자는 x86이었다.[66]

인텔이 최초로 x86 아키텍처를 적용한 그해, 버클리대학교의 컴퓨터 과학자들이 더 새롭고 단순한 칩 아키텍처를 개발했다. 이름하여 RISC라 불리던 그것은 더 적은 에너지를 소비하면서 효율적인 계산을 할 수 있었다. 그에 비하면 x86 아키텍처는 복잡하고 무거웠다. 1990년, 앤디 그로브는 인텔의 주요 칩을 RISC로 옮길지 여부를 놓고 진지한 고민을 했지만 결국 그러지 않기로 했다.

RISC가 더 효율적인 칩인 것은 분명했지만 전환 비용이 너무 높았고, 그 결과 인텔의 사실상 독점 체제가 위험에 노출될 수 있었다. 컴퓨터 생태계는 이제 인텔이 독점하는 x86을 중심으로 돌아가고 있었다. 오늘날까지도 x86은 PC 대부분의 바탕을 이룬다.

2000년대 이후 기업들은 더 큰 데이터센터를 건설하고 있다. 아마존 웹서비스Web Services, 마이크로소프트 애저Azure, 구글 클라우드Cloud처럼 막대한 양의 서버를 미리 구축한 후 개인이나 기업에 제공하고 데이터를 저장하며 프로그램을 운영할 수 있게 해 주는 "클라우드the cloud" 서비스도 활성화된 상태다. 인텔의 x86 명령어 집합 구조instruction set architecture, ISA는 바로 그 서버 비즈니스도 지배하고 있다. 1990년대부터 2000년대 초까지, 인텔은 기업용 서버 반도체 시장의 작은 부분만을 차지하고 있었다. IBM이나 HP 같은 회사에 밀리는 처지였다. 하지만 인텔은 최첨단 프로세서를 설계하고 제작할 수 있는 능력을 통해 데이터센터 시장 점유율을 늘려 갔으며 그 영역에서도 x86을 표준으로 만들었다. 2000년대 중반, 클라우드 컴퓨팅이 막 출현했을 때, 인텔은 데이터센터 반도체 시장을 거의 독점하고 있었고[67] 남은 경쟁자는 AMD뿐이었다. 오늘날 인텔의 x86 칩이나 AMD를 이용하지 않고 대형 데이터센터를 운영하는 것은 사실상 불가능하다. 그들의 프로세서 없이는 클라우드가 작동하지 않는다.

몇몇 기업이 PC 시장의 표준이 되어 버린 x86에 도전장을 내밀었다. 1990년, 애플은 두 회사와의 협력 하에 영국 케임브리지에 기반을 둔 암Arm이라는 합작 벤처를 설립했다. 인텔이 고려했지만 결국 거절했던 RISC 규칙에 따라 보다 단순한 명령어 집합 구조를 지닌 프로세서 칩을 설계하는 것이 그 회사의 목적이었다. 스타트업인 암은 기존 업무나 고객이 없었으므로 x86을 포기하는 비용이 따로 들지도 않았다. 대신에 암은 컴퓨터 생태계에서 x86 이 차지하는 자리를 대체하고자 했다. 암의 첫 CEO였던 로빈 색스비Robin Saxby는 고작 열두 명으로 꾸려진 회사를 경영하고 있었지만 그 야심만은 엄청났다. 그는 동료들에게 말했다. "우리는 세계 표준이 되어야 합니다. 그래야만 살아남을 수 있습니다."[68]

색스비는 모토로라의 유럽 반도체 분야를 담당하는 자리까지 올라갔었고, 그 후에는 유럽의 한 반도체 스타트업에서 일했지만 제조 공정의 실적이 저조한 탓에 스타트업은 실패로 돌아갔다. 그러니 그는 칩을 자체 제조함으로써 얻게 되는 한계에 대해 잘 알고 있었다. 그는 암의 전략에 대해 초창기에 벌였던 논쟁에서 주장했다. "실리콘은 강철과 같습니다. 그건 범용 제품입니다. … 내 눈에 흙이 들어가기 전까지는 직접 반도체를 만들지 않습니다." 대신 암은 아키텍처 사용권 라이센스를 판매하여 그 아키텍처에 따라 다른 회사들이 칩을 설계하도록 하는 전략을 택했다. 이는 파편화된 반도체 산업의 속성을 반영한 새로운 전략이었다. 인텔은 x86이라는 자체 아키텍처를 가지고 다양한 칩을 스스로 설계했다. 색스비는 암 아키텍처 사용권을 팹리스 설계 회사에 팔아 암의 아키텍처를 이용해 그 나름의 칩을 설계하도록 하고자 했다. 그리고 제조는 TSMC 같은 파운드리에 외주를 주면 되는 것이었다.

색스비의 꿈인 인텔의 경쟁사를 만드는 것 정도가 아니라, 인텔의 비즈니스 모델 자체를 흔들어 놓는 것이었다. 하지만 1990년대와 2000년대 내내 암은 PC 시장에서 인텔의 점유율을 빼앗아 오지 못했다. 인텔이 마이크로소프트 윈도 운영 체제와 맺고 있는 협력 관계가 너무도 강력했기 때문이다. 하지만 암의 단순하고 에너지 효율적인 아키텍처는 머잖아 대중적 사랑을 받게 되었다. 배터리 사용을 고려해야 하는 작고 휴대할 수 있는 기기가 대거 등장했기 때문이다. 가령 닌텐도는 휴대용 비디오게임기에 암 아키텍처를 도입했는데, 인텔은 이런 작은 시장에 신경조차 쓰지 않고 있었다. 인텔은 컴퓨터 프로세서 시장을 과점하면서 엄청난 이윤을 누리고 있던 터라 틈새시장 따위는 거들떠보지 않아도 된다고 생각했던 것이다. 인텔이 스스로의 패착을 깨달았을 때는 이미 너무 늦었다. 그저 또 다른 휴대용 컴퓨팅 기기일 뿐이고 틈새시장에 불과하다고 보았던 모바일 폰 시장을 빼앗기고 만 것이다.

모바일 기기가 컴퓨터 시장을 뒤흔들 것이라는 발상 자체는 새로운 것이 아니었다. 칼텍의 선지자였던 카버 미드가 이미 1970년대 초에 예견한 일이었다. 인텔 역시 PC가 컴퓨터의 최종 진화형이 아닐 것임은 알고 있었다. 인텔은 1990년대와 2000년대 내내 일련의 신제품을 개발하고 투자했다. 그 중에는 무려 20년을 앞서 나온 줌Zoom 같은 화상 회의 시스템도[69] 포함되어 있었다. 하지만 이런 신제품 중 자리 잡은 것은 극소수에 불과했다. 기술적 이유에서가 아니라, 인텔의 핵심 사업인 PC용 칩 제조와 비교할 때 너무 수익성이 낮다는 이유 때문이었다. 새로운 기기와 분야는 인텔

내에서 전혀 호응을 얻지 못했다.

모바일 기기는 1990년대 초 앤디 그로브가 아직 CEO이던 시절부터 인텔 내에서 주기적으로 논의 대상이 되곤 했다. 1990년대 초 인텔의 산타클라라 본사에서 열린 회의, 윌 스워프Will Swope라는 한 임원이 자신의 팜 파일럿Palm Pilot을 꺼내 흔들어 보였다. "이런 기기들이 성장해서 PC를 대체할 겁니다." 하지만 PC용 프로세서를 만들어서 벌 수 있는 돈이 엄청났던 당시, 모바일 기기에 돈을 퍼붓는다는 것은 과격한 도박으로 보였다.[70] 그래서 인텔은 모바일 비즈니스에 뛰어들지 않기로 했고, 오판을 깨달았을 때는 너무 늦었다.

한때 앤디 그로브에게 조언을 건넸던 하버드 경영대학 교수의 눈으로 보자면, 인텔의 딜레마는 쉽게 진단 가능한 것이었다. 인텔 직원이라면 클레이턴 크리스텐슨과 그가 제시한 개념인 "혁신가의 딜레마"를 알고 있었을 것이다. 하지만 인텔은 사실상 돈을 찍어 내는 것과 다를 바 없는 PC용 프로세서 비즈니스에 너무 오래 안주해 있었다. 앤디 그로브가 인텔을 D램 제조 회사에서 프로세서 제조사로 탈바꿈시켰던 1980년대와는 사정이 달랐다. 당시 인텔은 돈을 피처럼 흘리고 있었지만 지금은 미국에서 가장 많은 이윤을 창출하는 회사 중 하나였다. 인텔이 새로운 제품을 물색해야 한다는 것을 아무도 몰랐을까? 그렇지는 않다. 문제는 현상태를 유지하는 것이 너무도 달콤했다는 것이다. 인텔은 아무것도 하지 않는 것만으로도 세계에서 가장 높은 가치를 지닌 두 개의 성채인 PC와 서버용 칩에 틀어박혀, x86이라는 깊은 해자로 보호받을 수 있었던 것이다.

맥 컴퓨터에 인텔 칩을 도입하기로 한 지 얼마 지나지 않아 잡스는 오텔리니를 찾아가 새로운 제안을 했다. 애플이 신제품으로 컴퓨터와 핸드폰을 결합하려 하는데, 인텔이 그 목적의 칩을 만들어 줄 수 있겠냐는 것이었다. 모든 휴대전화에는 그에 맞는 운영 체제가 있고 휴대전화 네트워크와의 통신을 관리하는 반도체가 들어갔다. 하지만 애플은 새로운 전화기가 컴퓨터처럼 작동하기를 원했다. 그러자면 컴퓨터에 들어가는 것처럼 강력한 칩이 필요할 터였다. 오텔리니는 훗날 기자 알렉시스 마드리갈Alexis Madrigal을 만난 자리에서 당시 벌어진 일을 털어놓았다. "애플은 정해진 가격을 제시했습니다. 그리고 단 한 푼도 더 주려 하지 않았죠. … 그때 내 눈에는 보이지 않았습니다. 들어오는 주문량을 더 늘리는 식으로 진행될 수 있는 게 아니라고 보았습니다. 나중에 돌이켜 보면 당시 예측했던 비용은 잘못됐고 소비된 칩의 물량도 모든 사람의 생각보다 100배나 더 늘어났습니다."[71] 결국 인텔은 아이폰용 칩 공급 계약을 거절했다.

애플은 휴대전화에 들어갈 칩을 공급해 줄 다른 업체를 물색했다. 잡스는 암의 아키텍처에 주목했다. x86과 달리 모바일 기기에 최적화되어 있었고 전력을 효율적으로 소비했다. 초기 아이폰의 프로세서는 TSMC의 뒤를 이어 파운드리에 뛰어든 삼성이 제작했다. 아이폰이 틈새시장 상품이 될 것이라는 오텔리니의 예측은 처참한 실패로 끝나고 말았다. 하지만 그가 그 실패를 깨달았을 무렵에는 이미 너무 늦어 버렸다. 훗날 인텔은 스마트폰 산업에서 지분을 가져가기 위해 발버둥 쳤다. 하지만 스마트폰용 제품을 만드는 데 수십억 달러를 투입하고서도 그에 걸맞은 성과를 낼 수 없었다. 오텔리니와 인텔이 사태를 파악하기 전, 애플은 깊숙한 해자를 파고 거대한 이윤의 성채를 쌓아 버린 것이다.

인텔이 아이폰 칩 공급 계약을 거절한 지 채 몇 년도 흐르지 않아 애플은 스마트폰에서 막대한 이익을 거두기 시작했다. 인텔이 PC 프로세서를 팔아서 얻는 것보다 더 큰 수익이었다. 인텔은 애플이 쌓은 성벽을 허물기 위해 몇 차례 시도했지만 애플은 이미 선발주자의 이점을 누리고 있었다. 특히 인텔의 PC 사업이 여전히 높은 이익을 내고 있고 데이터센터 산업 역시 빠르게 성장하고 있던 터라, 2등이 되려고 수십억 달러를 쓰는 일은 분명 달갑지 않은 것이었다. 따라서 인텔은 오늘날 판매되는 칩 중 3분의 1을 차지하는 모바일 기기 분야에 발을 들일 방법을 찾지 못했고,[72] 그 상황은 지금껏 계속되고 있다.

그로브가 떠난 후 인텔은 계속해서 기회를 놓쳤다. 그 현상에는 공통의 원인이 있었다. 1980년대 말부터 인텔은 수십억 달러의 이윤을 내고 있었는데, 이는 인플레이션을 감안하더라도 극소수 기업을 제외하면 비견할 상대가 없는 수준이었다. PC와 서버가 돌아가게 하는 칩을 공급하면서 이룩해 낸 성과였다. 인텔은 높은 가격을 유지할 수 있었다. 그로브가 갈고닦았으며 후계자들이 이어 나간 첨단 제조 공법과 최적화된 칩 설계 덕분이었다. 인텔의 경영진은 높은 판매 마진을 유지하며 최고 성능의 칩을 만드는 일을 늘 최우선 순위로 삼았다.

세상에 이윤이 낮은 영역에서 제품 만들기를 원할 사람은 없다. 그러니 이것은 합리적인 전략이었다. 하지만 그 덕분에 새로운 일에 도전하는 일은 불가능해졌다. 단기간에 높은 이윤을 내는 일에만 매몰되어 있다 보니 장기적인 기술 우위를 확보하는 일은 관심에서 멀어지고 말았다. 사내 권력이 엔지니어에서 경영자로 넘어간 것 또한 이런 변화를 가속화했다. 2005년부터 2013년까지 인텔의 CEO였던 오텔리니가 인정한 것처럼, 재무와 실적에 영향을 줄까 두려운 나머지 아이폰용 칩 공급 계약을 거절했다. 이윤율에만 집중하는 경향은 회사 내부에 깊숙이 퍼져 채용, 제품 개발 로드맵, 연구개발에까지 영향을 미쳤다. 한마디로 인텔의 경영자들은 트랜지스터가 아니라 재무재표를 갈고닦는 일에 더 관심이 쏠려 있었던 것이다. 인텔에서 재정을 담당했던 한 임원이 이렇게 회고했다. "인텔에는 기술이 있었고 사람도 있었습니다. 하지만 이윤율이 떨어질 짓을 하고 싶어 하지 않았죠."[73]

CHAPTER 34

더 빨리 달려라?

2010년, 팰로앨토의 한 레스토랑에서 식사 중이던 앤디 그로브는 실리콘밸리 견학을 온 세 명의 중국인 벤처 투자자를 소개받았다. 2005년 인텔 회장직을 내려놓은 그는 이제 소박한 은퇴자로 살아가고 있었다. 그가 만들었고 다시 일으켜 세운 회사는 여전히 엄청난 이윤을 창출해 냈다. 심지어 2008년과 2009년 실리콘밸리의 실업률이 9퍼센트 넘게 치솟았던 글로벌 금융 위기의 한복판에서도 인텔은 돈을 벌고 있었다. 하지만 그로브는 인텔의 지난 실적에 만족할 마음이 없었다. 그는 늘 그랬듯이 편집증적이었다. 중국인 벤처 투자자가 팰로앨토에 투자할 곳을 알아보고 다니는 모습을 본 그는 스스로에게 질문을 던졌다. 대량 실업이 발생한 시기에 해외로 생산을 위탁하는 실리콘밸리는 과연 똑똑한 걸까?

자신이 나치와 소련을 피해 온 유대인 이민자였기에 그로브는 이민 배척주의자가 아니었다. 인텔은 전 세계의 엔지니어들을 고용했다. 하지만 그로브는 첨단 제조업 일자리가 해외로 나가는 것을 근심하고 있었다. 고작 3년 전에 출시된 아이폰이 그런 경향을 잘 보여 주고 있었다. 아이폰의 구성품 중 일부만 미국에서 만들어졌다. 일자리 해외 이전은 저숙련 일자리부터 시작되었지만, 그로브는 거기서 끝나지 않고 반도체나 다른 산업에까지 밀어닥칠 것이라고 생각했다. 전기차에 필요한 리튬 배터리의 핵심 기술은 대부분 미국이 발명한 것이지만 미국의 시장 점유율은 형편없다는 것이 그로브의 근심거리였다. 그의 해법은 다음과 같았다. "해외 노동으로 만들어진 제품에 대해 추가적인 관세 부가. 만약 무역 전쟁으로 이어진다면 다른 전쟁과 똑같이 다룰 것. 싸워서 이긴다."[74]

많은 이들은 그로브를 지나간 시대의 전형으로 취급했다. 그가 인텔을 만든 것은 한 세대도 더 된, 인터넷이 존재하지도 않았던 시절의 일이었다. 그로브가 만든 회사는 모바일 폰의 흐름을 놓쳤고 컴퓨터의 미래를 만들어 나갈 제품을 생산하는 대신 x86 독점의 과실을 따먹으며 살아가고 있었다. 2010년대 초 인텔은 경쟁자보다 한발 앞서 더 작은 트랜지스터가 탑재된 칩을 발매하는 반도체 산업의 선두 주자였다. 고든 무어 시대 이래 꾸준히 같은 호흡을 유지하며 달려왔던 것이다. 하지만 인텔과 TSMC나 삼성 같은 경쟁자의 격차는 점점 줄어들기 시작했다.

게다가 다른 사업 모델을 채택한 테크 기업들로 인해 인텔의 비즈니스에는 어두운 그림자가 드리워지고 있었다. 2000년대 초만 해도 인텔은 세계에서 가장 가치 높은 기업 중 하나였지만, 인텔 칩에 의존하지 않는 새로운 모바일 생태계를 꾸린 애플에 의해 따라잡히고 말았다. 인텔은 인터넷이 경제의 축으로 떠오르는 것도 놓쳤다. 2006년 창립된 페이스북Facebook의 시가 총액은 2010년 현재 인텔의 절반에 달했다. 지금보다 몇 배 더 가치 있는 회사가 될지 모를 일이었다. 실리콘밸리 최대의 반도체 제조사는 인터넷의 데이터가 그들 서버 칩에서 처리되고 그들 프로세서에 의존하는 PC에서 액세스된다고 반박할 수 있다. 하지만 칩을 만들면서 나오는 이익은 앱에서 광고를 판매하면서 버는 이익보다 낮았다. 그로브는 "파괴적 혁신"의 추종자였지만 2010년대 인텔의 비즈니스는 혁신 없이 파괴되어 있었다. 애플이 제품을 해외에서 만든다는 그로브의 불만은 누구의 귀에도 가 닿지 않았다.

심지어 반도체 업계 내에서조차 그로브의 멸망과 파국의 예언은 일반적으로 받아들이지 않는 분위기였다. TSMC 같은 새로운 파운드리 업체들이 대부분 외국 기업이라는 건 분명한 사실이다. 하지만 해외 파운드리가 만드는 칩의 상당수는 미국의 팹리스 업체가 설계한 것이다. 외국의 반도체 생산 시설은 미국에서 만든 제조 장비로 가득 차 있고, 미국에 자리 잡은 반도체 설계자들에게 라이센스 비용을 지불한다. 동아시아와 남아시아로 생산 기지를 이전하는 것은 앤디 그로브의 첫 직장이었던 페어차일드반도체가 홍콩에 최초의 해외 생산 거점을 만든 이후 반도체 업계의 비즈니스 모델 핵심 중 하나였다.

그로브는 그런 주장에 설득되지 않았다. "오늘날의 '범용 제품' 제조업을 포기하는 것은 내일의 새로운 산업으로부터 문을 걸어 잠그는 결과를 낳을 수 있다." 그로브의 주장이었다. 그는 전기 배터리 산업을 지적하고 있었다. 그로브는 기고문에서 미국은 "30년 전 소비자 가전제품 생산을 중단했을 때 배터리 산업의 선두 자리를 빼앗겼다"라고 주장했다. 그래서 PC용 배터리도 잃었고, 이제는 전기자동차용 배터리마저 잃을 상황이었다. 2010년의 그로브가 예언했다. "나는 미국 전기 배터리 산업이 과연 외국을 따라잡을 수 있을는지 의심스럽다."[75]

심지어 반도체 업계 내에서도 생산 기지 해외 이전에 대한 그로브의 비관주의를 반박할 사례를 찾는 일은 어렵지 않았다. 1980년대 말, 일본의 경쟁자들이 D램을 설계하고 생산하며 실리콘밸리를 두들겨 패던 그 무렵과 비교해 본다면, 미국의 반도체 생태계는 훨씬 건강해 보였다. 엄청난 이윤을 뽑아내는 회사는 인텔만이 아니었다. 수많은 팹리스 설계 회사들도 마찬가지였다. 최첨단 리소그래피 산업을 잃긴 했지만 미국의 반도체 제조사들은 2000년대 내내 전반적으로 번창하는 중이었다. 어플라이드머티리얼즈 Applied Materials는 세계 최대의 반도체 장비 제조사로 남아 있었다. 실리콘 웨이퍼에 얇은 필름을 도포하는 기계 같은 장비를 만드는 것이 그들의 역할이었다. 램리서치 Lam Research는 실리콘 웨이퍼에 회로를 식각하는 분야에서 세계 최고의 기술력을 가지고 있었다. 실리콘밸리 기업인 KLA는 웨이퍼와 리소그래피 마스크 위의 나노미터 크기 오류를 찾아내는 세계 최고의 장비를 생산해 냈다. 이 장비 제조 업체 세 곳은 차세대 칩을 만드는 데 중요한 원자 단위로 증착, 식각, 측정할 수 있는 새로운 세대의 장비를 내놓고 있었다. 도쿄일렉트론Tokyo Electron처럼 미국의 장비 제조사와 견줄 만한 회사가 일본에 없는 것은 아니었다. 그럼에도 불구하고 미국이 만드는 장비 없이 최첨단 반도체를 생산하는 것은 기본적으로 불가능한 일이었다.

반도체 설계에서도 마찬가지였다. 2010년대 초, 최신 마이크로프로세서는 개당 10억 개의 트랜지스터를 탑재하고 있었다.[76] 칩을 설계하려면 이토록 많은 트랜지스터를 배치해야 하는데, 그런 작업이 가능한 소프트웨어를 만드는 회사는 케이던스Cadence, 시놉시스Synopsys, 멘토Mentor 세 곳이었으며 모두 미국 회사였고, 반도체 설계 소프트웨어 시장의 약 4분의 3을 지배하고 있었다.[77] 반도체 설계 프로그램을 만드는 그보다 작은 회사들 역시 미국에 자리 잡고 있었다. 다른 어떤 나라도 따라올 수 없는 역량이었다.

월스트리트나 워싱턴의 분석가의 눈으로 본 실리콘밸리는 고수익 첨단 기술력을 가진 반도체 산업이 있는 곳이었다. 물론 대만에 있는 몇몇 시설이 세계 반도체 생산의 큰 부분을 차지하고 있으며, 미국이 그에 의존한다는 것은 어느 정도 위험한 일이었다. 1999년 리히터 진도계 7.3 규모의 지진이 대만을 강타하자 두 기의 원자력발전소를 포함해 나라 전체의 전력망이 멈췄다.[78] TSMC의 팹도 전기가 끊겼다. TSMC의 반도체 생산 및 세계의 반도체 소비가 위기에 처한 것이다.

모리스 창은 서둘러 대만 관료들과 통화해 TSMC에 우선적으로 전력을 공급해 달라고 요청했다. TSMC의 다섯 곳 팹 중에 네 군데가 다시 기동할 때까지 일주일이 걸렸고, 나머지 하나는 정상화까지 더 많은 시간이 필요했다.[79] 하지만 정전의 여파는 제한적이었고[80] 소비자 가전 시장은 한 달 내에 정상으로 돌아왔다. 1999년에 발생한 지진은 대만에서 관측을 시작한 후 세 번째로 강력한 지진이었고 20세기 이후의 것으로는 최악이었다. 문제는 더 강한 지진이 더 큰 충격을 줄 것이라는 당연한 예상이었다. TSMC는 고객들에게 그들의 시설이 리히터 규모 9 이상의 지진을 견딜 수 있도록 지어졌다고 설명했다. 그 정도의 지진은 1990년 이후 세계적으로 다섯 차례밖에[81] 발생하지 않은 규모였다. TSMC의 주장이 옳은지 아닌지 확인해 보고 싶은 사람은 아무도 없을 것이다. 한편 TSMC는 실리콘밸리가 샌앤드레이어스 단층 위에 있다는 점을 늘 지적해 왔다. 캘리포니아로 반도체 제조 설비를 다시 옮긴다고 해서 더 안전해지는 건 아니라는 뜻이었다.

더 어려운 문제는 따로 있었다. 반도체의 국제적인 공급망 구조가 점점 더 심화되는 가운데 미국의 반도체 기술이 해외로 빠져나가는 것을 정부는 어떻게 관리해야 하느냐 하는 문제였다. 미군을 상대로 특화된 반도체를 생산하는 몇몇 작은 업체는 예외적인 경우였고, 실리콘밸리의 대형 칩 제조 업체는 1990년대와 2000년대를 거치며 펜타곤과의 거리를 벌려 왔다. 1980년대 일본과의 경쟁에서 밀리고 있을 때만 해도 실리콘밸리의 CEO들은 국회의사당을 들락거리며 시간을 보냈다. 하지만 이제 그들은 정부 도움이 필요하다는 생각조차 하지 않았다. 실리콘밸리가 정부에 바라는 건 다른 나라와 무역 협정을 맺어 수출 제한을 풀어주는 등, 사업에 걸림돌이 되지 않는 것뿐이었다. 워싱턴의 많은 관료가 반도체 산업의 요청을 받아들여 규제를 더 느슨하게 하는 쪽으로 방향을 잡고 있었다. 중국은 SMIC 같은 야심 찬 기업을 보유하고 있었으나, 영향력 있던 외교관 로버트 졸릭Robert Zoellick의 표현을 빌리자면 무역과 투자가 중국을 국제 사회 속에서 "책임감 있는 일원"[82]이 되게끔 할 것이라는 생각이 워싱턴의 전반적 분위기였다.

게다가 당시는 세계화 담론이 유행하던 무렵이었다. 산업의 해외 이전을 엄격하게 통제한다는 생각이 받아들여지기란 거의 불가능한 일이었다. 냉전 기간에는 수출 규제가 강하게 적용되고 있었고 그로 인해 미국과 동맹국 사이에 주기적으로 분쟁이 발생했다. 미국의 기술이 동맹국을 통해 소련으로 흘러갈 수 있는 가능성 때문이었다. 하지만 소련과 달리 2000년대의 중국은 이미 세계 경제와 단단히 얽혀 있었다. 워싱턴은 수출 규제로 인해 얻을 수 있는 이익보다 손해가 크다고 결론 내렸다. 중국이 다른 나라 기업으로부터 반도체 관련 제품을 구입하는 것을 막을 수 없으니 미국 기업만 피해를 입는다는 것이었다. 워싱턴의 그 누구도 동맹국에 수출 규제 동참을 요구하며 불화를 일으킬 만한 배짱이 없었다. 미국의 지도자들이 중국 고위층과 가까운 관계를 유지하는 것에 몰두하고 있는 상황이었으니 더욱 그랬다.

미국이 경쟁자보다 "더 빨리 달리는" 것이 최선이라는 사고방식이 워싱턴에 퍼졌고 암묵적인 동의를 얻어 갔다. "미국이 중국을 비롯해 어느 한 나라에 대해 더 크게 의존하게 될 가능성은, 특히 반도체의 경우, 매우 작다."[83] 한 미국 전문가의 분석 결과였다. 미국은 심지어 중국의 SMIC에 "검증된 최종 사용자validated end-user"[84] 인증을 해 주기에 이르렀다. 그 회사가 중국의 군대에 미국 반도체와 기술을 재판매하지 않을 것임을 보증하고 민감한 수출 규제 품목도 넘길 수 있도록 해 주었던 것이다. 워싱턴에서 이런 분위기에 동참하지 않은 이들은 주로 아직도 냉전이 끝나지 않은 것처럼 중국을 바라보던 한 줌의 남부 공화당 의원들뿐이었다. 하지만 워싱턴에서는 거의 모두가 경쟁자보다 "빨리 달리면"[85] 문제가 해결된다는 전략을 지지했다.

"빨리 달리기"는 단 하나 있는 단점을 제외하고 나면 우아한 전략이었다. 몇몇 핵심 지표를 놓고 볼 때 미국은 빨리 달리는 나라가 아니었고, 입지를 잃어 가고 있었다는 점이었다. 정부 안에서는 그의 분석에 누구도 귀를 기울이지 않았지만,[86] 생산 시설 해외 이전에 대한 앤디 그로브의 우울한 예측은 점점 사실이 되어 가고 있었다. 2007년, 국방부는 전직 펜타곤 장교였던 리처드 반 아타Richard Van Atta와 몇몇 동료에게 연구를 의뢰했다. 반도체 산업의 "세계화"가 군의 공급망에 미치는 영향을 알아보고자 한 것이었다. 반 아타는 수십 년간 국방용 마이크로 전자 기술을 다룬 사람으로 일본 반도체 산업의 성장과 몰락을 지켜본 산 증인이기도 했다. 그의 보고서는 경계하며 과잉 대응하는 쪽이 아니었다. 다국적 공급망 덕분에 반도체 산업이 더 효율적으로 작동하고 있다는 점을 받아들였던 것이다. 평화로운 시기라면 매끄럽게 돌아가는 시스템이었다. 하지만 펜타곤은 최악의 시나리오를 고민해야 하는 조직이었다. 반 아타의 보고서에 따르면 국방부가 첨단 칩을 얻기 위해서는 머지않아 외국에 의존할 것이라고 보았다. 너무나 많은 고도화된 제조 시설이 해외로 이전했기 때문이었다.

　미국이 오만에 빠져 있던 단극 시대에서 이런 주장에 귀 기울이는 사람은 거의 없었다. 워싱턴에 있는 사람들 대부분은 사실 관계를 알아볼 생각조차 없이 미국이 "더 빨리 달린다"고 믿고 있었다. 하지만 반도체 산업의 역사를 볼 때 미국의 우위가 늘 유지될 것이라는 보장은 어디에도 없었다. 미국은 1980년대 내내 일본을 앞서지 못했고, 1990년대가 되어서야 가까스로 역전했다. 리소그래피 분야에서 GCA는 니콘과 ASML을 능가할 수 없었다. 마이크론은 동아시아 경쟁 업체와 맞설 수 있는 유일한 D램 생산자였고, 다른 미국 D램 생산자들은 모두 파산해 버렸다. 2000년대 말까지도 인텔은 트랜지스터 소형화에서 삼성과 TSMC를 능가하는 기술력을 지니고 있었으나 그 격차가 줄어들었다. 인텔의 속도는 느려지고 있었지만, 아직 앞서갈 수 있는 건 처음부터 먼저 뛰기 시작한 덕분이었다. 미국은 대부분의 반도체 설계에서 선두를 지키고 있었지만 대만의 미디어텍MediaTek은 다른 나라에서도 반도체 설계 회사가 등장할 수 있음을 보여 주었다. 반 아타가 볼 때 미국이 자신을 할 이유는 많지 않았고 안심할 근거는 단 하나도 없었다. 2007년 그가 남긴 경고는 다음과 같았다. "미국이 차지하고 있는 선두 자리는 이후 10년간 심각하게 침해당할 것이다." 하지만 아무도 귀 기울지 않았다.

PART VI

해외 이전은
혁신인가?

최신 리소그래피 장비는 수백만 개의 극미세 트랜지스터 패턴을 그리는 데 사용되는데, 각각의 트랜지스터는 인간의 세포보다 작다. 리소그래피 장비는 네덜란드의 ASML에서 제작된다. 장비의 가격은 대당 1억 달러가 넘으며 수십만 개의 부품으로 이루어진다. (ASML)

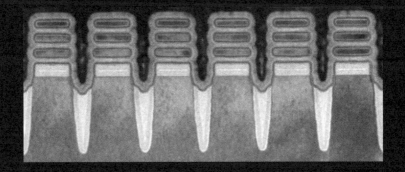

오늘날 최신 칩은 미세한 3차원 트랜지스터로 구성된다. 그 각각은 고작 수 나노미터(10억분의 1미터)에 불과하며 코로나바이러스보다 작다. (IBM)

CHAPTER 35

"진짜 남자라면 팹이 있어야지"

롤렉스 시계를 두르고 롤스로이스를 굴리는 싸움꾼 제리 샌더스, AMD의 창업자인 그는 반도체 생산 설비 팹을 보유하는 것을 수영장에 애완용 상어를 풀어놓는 일에 즐겨 비유하곤 했다. 상어 밥을 주려면 돈도 많이 들고 관리에 많은 시간과 에너지가 소비되며, 어쩌면 나를 잡아먹는 결말[1]이 날지도 모르기 때문이다. 그럼에도 불구하고 샌더스에게 확실한 사실이 하나 있었는데 그는 팹을 포기할 생각이 없었다는 것이다. 샌더스는 학부 시절 일리노이 대학교에서 전기공학을 전공했지만 제조 업계에서 잔뼈가 굵은 제조업의 남자는 전혀 아니었다. 페어차일드반도체에 취직해 세일즈와 마케팅 분야에서 진급하면서 페어차일드가 지닌 가장 화려하고 성공적인 세일즈맨으로[2] 명성을 떨쳤다.

특기는 세일즈였지만 샌더스는 AMD의 제조 설비를 포기한다는 생각을 꿈에도 해 본 적 없었다. TSMC 같은 파운드리 기업이 부상하면서 거대 반도체 회사들마저 제조 분야를 다각화하고 아시아의 파운드리에 외주를 주는 일이 가능해진 시점까지도 그의 생각은 확고했다. 1980년대에는 일본과 D램 시장 점유율을 두고 다투고, 1990년대에는 인텔과 PC 시장을 놓고 싸웠던 샌더스는 그의 팹을 진심으로 아꼈다. AMD의 성공에 팹이 핵심적인 역할을 한다고 생각했다.

그런 그의 생각에도 불구하고 팹을 소유하고 운영하면서 돈을 버는 일은 점점 더 어려워지고 있었다. 문제는 단순했다. 기술 발전으로 인해 장비와 칩의 세대가 바뀔수록 팹을 개선하기 위해 들어가는 비용이 한없이 높아지는 것이었다. 모리스 창은 수십 년 전에 이미 같은 결론에 도달했고, 그래서 TSMC의 비즈니스 모델이 우월하다고 생각했다. TSMC 같은 파운드리는 수많은 칩 설계자들을 위해 칩을 만들 수 있다. 그런 대량 생산 과정에서 다른 기업이 모방하기 어려운 효율성을 달성할 수 있는 것이다.

반도체 산업의 모든 영역이 비슷한 변천 과정을 겪은 것은 아니었지만 많은 부분이 그랬다. 2000년대가 되자 반도체 산업을 세 영역으로 나누는 방식이 일반화되었다. "로직Logic"은 스마트폰, 컴퓨터, 서버를 운영하는 프로세서를 뜻한다. "메모리Memory"는 컴퓨터가 작동하고 있을 때 필요한 단기 메모리인 D램과 장기간에 걸쳐 데이터를 저장하는 플래시 메모리, 혹은 낸드 메모리로 나누어졌다. 세 번째 영역은 다소 난삽한 것으로, 시각이나 음성 신호를 디지털 데이터로 치환해 주는 아날로그 칩, 휴대전화가 무선 네트워크와 접속하고 통신할 수 있게 해 주는 무선 주파수 칩, 장비의 전기 사용을 관리하는 반도체 등으로 이루어졌다.

　이 세 번째 영역은 본디 무어의 법칙과 동떨어져 있었다. 매년 지수함수적으로 성능이 개선되는 분야가 아니었다. 이 영역은 트랜지스터 크기를 줄이는 것보다는 설계를 얼마나 독창적으로 잘 하느냐가 더 중요했다. 오늘날 이 세 번째 영역에 속하는 칩들 중 4분의 3은 1990년대 후반에 개척한 제조 기술인 180나노미터[3] 이상의 프로세서에서 생산된다. 결과적으로 이 분야의 경제 논리는 로직이나 메모리 칩과 다른 방식으로 작동하게 되었다. 기술의 첨단을 유지하기 위해 가차 없이 트랜지스터 크기를 줄여야만 하는 분야가 아닌 것이다. 이 분야의 칩을 만드는 팹은 일반적으로 해마다 트랜지스터 크기를 줄이기 위해 경쟁을 벌일 필요가 없다. 따라서 로직이나 메모리 칩을 만들기 위해 평균적으로 첨단 팹에 쏟아붓는 자본 투자의 4분의 1 정도면 충분할[4] 만큼 훨씬 저렴하다. 오늘날 가장 큰 아날로그 칩 제조사는 미국, 유럽, 일본에 산재해 있다.[5] 대만과 한국에 외주를 주는 일부를 제외하고 나면 대부분은 생산도 그들 지역 내에서 자체적으로 해결한다. 오늘날 가장 큰 아날로그 칩 제조 업체는 텍사스인스트루먼트로, 이 회사는 인텔처럼 PC나 데이터센터 시장을 독점하지 못했고 스마트폰 생태계ecosystem를 차지하지도 못했다. 하지만 어마어마한 아날로그 칩과 센서를 생산하는 덕분에 중간 정도 크기에 높은 이익률을 자랑하는 칩 제조사로 남아 있다. 그 밖에도 온세미Onsemi, 스카이웍스Skyworks, 아날로그디바이스Analog Device 같은 미국 기업이 유럽 및 일본의 회사들과 경쟁을 벌이고 있다.

이에 비해 메모리는 거침없는 해외 생산의 길을 밀어붙였고, 결국 대부분 동아시아에 위치한 몇 안 되는 생산 업체들이 시장을 지배하고 있다. 경제가 성장할수록 다양한 생산 주체가 등장하는 일반론과 달리, D램과 플래시라는 메모리 칩의 두 주요 제품은 한 손으로 꼽을 만큼 소수 기업이 거의 전부를 생산해 내고 있다. 실리콘밸리가 1980년대 일본과 충돌했던 바로 그 분야인 D램의 경우, 최신 팹을 갖추려면 200억 달러 상당이 든다. 한때는 열 곳이 넘었던 D램 제조사가 오늘날 단 세 개로 줄어든 이유가 그것이다. 1990년대 말, 곤경에 처해 있던 일본의 D램 기업은 엘피다Elpida라는 이름의 회사로 하나가 되었다. 아이다호의 마이크론, 한국의 삼성과 SK하이닉스에 맞서기 위한 선택이었다. 2000년대 말 이네 회사가 세계 시장의 85퍼센트가량을[6] 차지하고 있었다. 하지만 엘피다는 생존 위기를 겪다가[7] 2013년 마이크론에 합병되었다. 삼성과 SK하이닉스는 대부분의 D램을 한국에서 만드는 반면에, 마이크론은 엘피다를 인수함으로써 미국뿐 아니라 일본, 대만, 싱가포르에도 팹을 보유하게 되었다. 싱가포르 정부로부터 나오는 보조금 등은[8] 마이크론으로 하여금 현지에서 팹을 늘려야겠다는 결정을 하게 만들었다. 그리하여 세계 D램 시장을 삼분하는 기업 중하나가 여전히 미국 회사라 해도, D램이 실제로 만들어지는 위치는 동아시아가 되고 말았다.

메모리 칩의 두 번째 유형인 낸드 역시 아시아 중심으로 생산되고 있다. 가장 큰 기업인 삼성은 전체 낸드 메모리의 35퍼센트를 만들고[9] 나머지를 한국의 하이닉스, 일본의 키옥시아Kioxia, 미국의 마이크론과 웨스턴디지털이 나눠 갖는다. 한국 기업은 거의 대부분의 칩을 한국이나 중국에서 생산하지만, 미국의 마이크론과 웨스턴디지털이 만드는 낸드 메모리 중 미국에서 생산되는 것은 일부에 지나지 않는다. 싱가포르와 일본에 생산 설비가 있기 때문이다. D램과 마찬가지로 낸드 메모리를 생산하는 미국 기업이 남아 있긴 하나, 미국 땅에서 만들어지는 반도체의 비율은 확연히 낮다.

하지만 메모리 칩 생산에서 미국이 이류에 머물러 있는 것은 그리 새로운 현상이 아니다. 1980년대 말, 일본이 처음으로 D램 생산량에서 미국을 앞지른 이후 지속되는 일이다. 최근에는 미국에서 생산되는 로직 칩의 비율이 급감하면서 또 한 차례 거대한 변동이 발생했다. 오늘날 최신 로직 칩 생산을 위한 팹을 건설하려면 200억 달러 이상이 소요된다. 이런 엄청난 자본 투자를 감당할 수 있는 기업은 극소수에 불과하다. 메모리 칩과 마찬가지로 로직 칩 역시 생산량과 수율 사이에는 상관관계가 있다. 많이 만들어 낼수록 정상 작동하는 칩도 많이 건질 수 있다는 것이다. 이 규모의 경제학 앞에 첨단 로직 칩을 생산하는 기업의 숫자는 속절없이 줄어들었다.

인텔이라는 독보적인 경우를 제외하고, 미국의 핵심적인 로직 칩 제조사들은 자체 팹을 포기하고 위탁 생산에 들어갔다. 모토로라나 내셔널세미컨덕터처럼 한때 반도체 업계의 주요 플레이어였던 회사도 파산하거나 매각되거나 시장 점유율이 줄어드는 장면을 바라보아야만 했다. 전통의 강호들은 팹리스에 의해 대체되었다. 팹리스 칩 설계 회사들은 지난 시대를 호령했던 반도체 회사의 설계자들을 고용하곤 했지만, 생산은 TSMC나 아시아의 다른 파운드리에 위탁했다. 이렇게 팹리스 기업은 반도체를 만들어 내는 일에 필요한 전문성을 갖추지 않고도 반도체 설계라는 스스로의 강점에만 집중할 수 있었던 것이다.

샌더스가 CEO로 남아 있는 한 그가 만든 회사 AMD는 PC용 프로세서 같은 로직 칩 생산을 그만두지 않을 터였다. 실리콘밸리의 구세대 CEO들은 반도체 설계와 생산을 분리하면 비효율이 발생한다는 주장을 굽히지 않았다. 하지만 그것은 그들이 오래도록 반도체를 설계하고 칩을 직접 만들어 왔기에 생긴 문화적 집착이었지 비즈니스 논리에 따른 판단이 아니었다. 밥 노이스가 페어차일드 연구실에서 뚝딱거리며 반도체를 만들던 모습이 샌더스의 눈에는 여전히 어제 일처럼 선했다. 남자의 근성으로 AMD 내에 반도체 제조 시설을 유지하겠다는 샌더스의 태도는 아주 빠르게 시대에 뒤떨어진 것이 되고 말았다. 1990년대, 어떤 기자와 대화를 나누던 중 샌더스는 "진짜 남자라면 팹이 있어야" 한다는 말을 들었고, 듣자마자 자기 말처럼 사용하기 시작했다. 반도체 업계의 한 회의장에서 샌더스는 다시 한 번 선언했다. "자, 이제 내가 말하니까 잘 들어보라고, 다들 잘 들어봐. 진짜 남자라면 팹이 있어야 해."[10]

CHAPTER 36

팹리스 혁명

"진짜 남자"들은 팹을 가질 수도 있었겠지만, 실리콘밸리의 신세대 반도체 기업가들은 그러지 않았다. 1980년대 말부터 팹리스 반도체 회사가 폭발적으로 늘어나고 있었다. 반도체 설계는 스스로 하지만 제작은 외주로 맡기는데, 대체로 TSMC에 그 역할을 의탁하는 곳들이었다. 고든 캠벨Gordon Campbell과 다도 바나타오Dado Banatao가 칩스앤테크놀로지스Chips and Technologies를 창업한 것은 1984년의 일이었다. 최초의 팹리스로 여겨지곤 하는 그곳을 본 창업자들의 친구가 일갈했다. "이건 진짜 반도체 회사가 아니잖아."[11] 스스로 칩을 만들고 있지 않기 때문이다. 하지만 칩스앤테크놀로지스에서 설계한 PC용 그래픽 칩은 큰 인기를 끌었고,

그래픽 칩 시장에서 가장 큰 회사들과 어깨를 나란히 하며 경쟁할 수 있었다. 결국 칩스앤테크놀로지스는 경쟁에서 밀려 인텔에 흡수되고 말았지만, 팹리스 비즈니스 모델이 어떻게 굴러가는지를 보여 준 사례로서 큰 의미가 있었다. 좋은 아이디어를 가진 사람이라면 스타트업 투자자를 만나 고작 몇백만 달러를 가지고도 새 회사를 차릴 수 있게 되었는데, 새로운 팹을 만드는 데 필요한 자금에 비하면 하늘과 땅 차이였다.

컴퓨터 그래픽 분야는 반도체 산업의 스타트업에게 매력적인 틈새시장으로 남아 있었다. PC용 마이크로프로세서와 달리 그래픽 칩은 사실상 인텔이 독점하고 있지 못했기 때문이다. IBM부터 컴팩까지 모든 PC 제조사는 메인 프로세서에 인텔 아니면 AMD의 칩을 탑재할 수밖에 없었다. 반면에 화면에 이미지를 구현해 주는 칩 시장은 아직 경쟁의 문이 열려 있었다. 반도체 파운드리 기업이 생겨났고 반도체 스타트업을 차리는 비용이 낮아졌기에, 실리콘밸리의 대형 업체가 아니어도 최고의 그래픽 프로세서를 만드는 싸움에 끼어들 수 있게 된 것이다. 훗날 그래픽 칩 시장을 지배하게 되는 회사 엔비디아Nvidia 역시 팰로앨토의 세련된 카페가 아니라 산호세의 허름한 동네에 있는 패밀리 레스토랑 데니스Denny's의 한 지점에서 초라하게 시작했다.[12]

엔비디아는 1993년 크리스 말라초프스키Chris Malachowsky, 커티스 프림Curtis Priem, 젠슨 황Jensen Huang이 뜻을 모아 차린 회사로, 젠슨 황은 오늘날까지도 CEO 자리를 지키고 있다. 프림은 IBM에 근무할 당시 그래픽 계산과 처리에 대한 중요한 연구를 했고, 이후 선마이크로시스템즈Sun Microsystems로 옮겨 말라초프스키와 함께 일했다. 대만 출신으로 어린 시절 켄터키주로 이주한 황은 실리콘 밸리의 반도체 회사 중 하나인 LSI에서 일하고 있었다.[13] 황은 엔 비디아의 CEO로서 회사의 대외적 이미지를 도맡았다. 늘 검은 청 바지와 셔츠, 검은 가죽 재킷을 입는 그는 컴퓨터의 미래를 내다보 는 사람 같은, 말하자면 스티브 잡스 같은 아우라를 지니고 있었다.

엔비디아의 최우선 고객은 비디오 게임, 컴퓨터 게임 회사들 이었지만 창업 초기 그 고객들은 첨단 기술에 별 관심이 없었다. 엔비디아로서는 복잡한 3D 이미지를 만들어 내는 능력에 회사의 미래를 걸 수밖에 없었다.[14] 초창기의 PC는 느리고 굼뜬 2차원 세 상밖에 다루지 못했다. 3차원 이미지를 다루기 위해 필요한 연산 력의 규모가 어마어마하기 때문이다. 1990년대 마이크로소프트는 오피스 프로그램을 실행할 때 사용자에게 도움을 주는 애니메이 션 캐릭터 클리피Clippy를 도입했는데, 그 캐릭터의 애니메이션 처 리만으로도 컴퓨터가 느려지기 일쑤였고 때로는 멈추기도 했다.

엔비디아는 3차원 그래픽을 다루는 데 필요한 그래픽 처리 장치graphics processor units, GPUs라 불리는 프로세서를 개발하는 데에 서 멈추지 않고, 3차원 그래픽과 관련된 소프트웨어 생태계를 조 성하는 일에도 노력을 기울였다.[15] 실감 나는 그래픽을 만들기 위 해서는 '쉐이더shader'라 불리는 프로그램을 사용해야 한다. 이미 지 속 개별적인 모든 픽셀이, 주어진 광량에 따라 빛과 그림자 처 리를 어떻게 해야 할지 계산하는 프로그램이 바로 쉐이더라 할 수 있다. 쉐이더는 이미지 속 각각의 픽셀이 지니는 음영 값을 계산하는데, 이는 상당히 단순한 계산이지만 계산의 대상이 되는 픽셀이 수천에서 수백만 개에 이른다. 엔비디아의 GPU는 바로 이런 단순 계산을 엄청나게 많이 병렬 처리할 수 있었기에 이미지를 빠르게 렌더링rendering할 수 있었다. 인텔이나 다른 회사가 만드는 마이크로프로세서 혹은 범용 CPU는 할 수 없는 일이었다.

2006년, 엔비디아는 고속 병렬 계산이 컴퓨터 그래픽 외에도 다양한 분야에 활용될 수 있다는 사실을 깨달았다. 그래서 내놓은 소프트웨어가 CUDA였다. 표준적인 프로그래밍 언어를 이용해, 그래픽과는 전혀 무관한 방향의 프로그램을 만들어 GPU를 활용할 수 있게끔 한 것이다. 엔비디아가 최고 성능의 그래픽 칩을 찍어 내고 있는 와중에 황은 CUDA라는 소프트웨어 프로젝트에 막대한 자원을 투입했다. 2017년 한 회사의 추산에 따르면 그때 투입된 돈은 최소 100억 달러였는데, 이렇게 만든 프로그램은 그래픽 전문가뿐 아니라 엔비디아의 칩을 보유한 어떤 프로그래머건 사용할 수 있도록 개방되었다. 황이 CUDA를 무료로 공개한 것이었다. 하지만 그 소프트웨어는 엔비디아 칩에서만 작동했다. 그래픽 업계 밖에서도 쓸 수 있는 칩을 만드는 것은 엔비디아에게 엄청나게 큰 새로운 시장을 열어 주었다. 계산화학computational chemistry부터 기상 예측에 이르기까지 병렬 처리를 원하는 수요를 발굴해 낸 것이다.[16] 그 무렵 황은 어렴풋하게 깨달음을 얻고 있었다. 병렬 처리의 가장 큰 수요처가 될 수 있는 무언가가 떠오르고 있었다. 바로 인공지능artificial intelligence, AI이었다.

오늘날 엔비디아의 칩은 최신 데이터센터라면 어디에서나 볼 수 있고 그 칩은 대부분 TSMC에서 만든다. 엔비디아가 자체 팹을 만들 필요가 없다는 것은 좋은 일이었다. 스타트업 단계에서 팹을 갖추는 데 필요한 자금을 끌어모으는 일은 사실상 불가능에 가깝기 때문이다. 데니스에서 일하는 반도체 설계자에게 수백만 달러를 주는 것부터가 도박에 가까운 일이었다. 당시 새로운 팹을 만드는 데 필요한 돈은 수억 달러에 달했는데, 그 돈을 스타트업에게 주는 것은 실리콘밸리에서 가장 모험적인 투자자라 해도 감행하기 어려웠을 것이다. 게다가 제리 샌더스가 언급했다시피 팹을 잘 굴리려면 많은 시간과 돈이 들어간다. 엔비디아처럼 최고 수준의 칩을 설계하는 일만으로도 충분히 어려웠다. 만약 엔비디아가 스스로 제조 공정까지 다루어야 했다면 소프트웨어 생태계를 갖추기 위해 투입한 자원과 여유를 확보하지 못했을 수도 있다.

특화된 로직 칩의 새로운 용도를 개척하고 나선 팹리스 회사는 엔비디아뿐만이 아니었다. 1970년대 초, 학회장에서 마이크로프로세서를 들고 "이것이 미래입니다!"라고 외쳤던 통신 이론 교수로 어윈 제이컵스를 떠올려 보자. 이제 그가 기다리던 미래에 이르렀다. 커다랗고 시커먼 플라스틱 벽돌 같은, 자동차 계기판이나 바닥에 부착되어 있는 카폰 전화기에, 그가 세운 회사 퀄컴의 2세대2G 기술이 적용될 참이었다. 전화 회사는 서로 다른 회사의 전화끼리도 소통이 가능하게 해 줄 새로운 기술 표준을 만들고자 했다. 대부분의 회사는 "시분할다중접속time-division multiple access" 체계를 원했다. 시분할다중접속은 같은 주파수에서 여러 통화 정보를 처리하게 해 주는 방식이다. 가령 두 통화가 같은 주파수에서 동시에 이루어지고 있다면, 한 통화가 조용할 때 다른 통화의 정보를 전달하는 식으로 작동하는 것이다.

예나 지금이나 무어의 법칙을 철석같이 믿고 있던 제이컵스는 좀 더 복잡한 시스템을 만드는 게 좋다고 생각했다. 주파수를 바꿔 가며 통신하는 시스템이 낫다고 본 것이다. 한 통화가 특정 주파수에서만 이루어지도록 하는 대신에 여러 주파수를 오가며 통화 데이터를 전송한다면, 주어진 주파수 내에 더 많은 정보를 집어넣을 수 있다는 발상이었다. 대부분은 제이컵스의 주장이 이론적으로 옳지만 현실에서 작동하는 시스템을 만들기란 불가능할 것이라고 생각했다. 통화 품질은 떨어질 것이고 전화가 끊길 수 있다는 것이 그들의 주장이었다. 주파수를 바꿔 가며 통화 데이터를 보내고 받으며 해석하려면 실로 막대한 연산력이 필요할 터였다.

제이컵스는 동의하지 않았고, 본인이 옳다는 것을 증명하기 위해 1985년 '품질 좋은 통신'이라는 뜻의 퀄컴을 창업했다. 그는 자신의 이론을 구현하고자 두 개의 통신탑을 세워서 소규모 네트워크를 구성했다. 얼마 지나지 않아 통신 업계는 퀄컴의 시스템을 통해 현존 주파수에 훨씬 많은 정보를 넣을 수 있다는 사실을 깨달았다. 모든 통신 주파수 권역대를 활용할 수 있는 알고리즘이 무어의 법칙 덕분에 개인용 통신 장비에서도 돌아갈 수 있게 된 것이다.

2G 이후 통신 기술은 세대를 거듭하며 발전했다. 퀄컴은 무선 통신에서 더 많은 데이터를 주고받는 방식에 대한 핵심 아이디어를 제공한 후, 그 신호 조각들을 해독할 수 있을 만한 연산력을 지닌 특화된 칩을 개발하여 판매했다. 퀄컴의 특허와 반도체 설계

가 무선 통신에 끼친 영향은 실로 절대적이어서, 퀄컴의 기술 없이는 무선 전화를 만드는 것이 불가능할 정도다.[17] 그 후 퀄컴은 사업을 다각화하여 새로운 제품군을 추가했다. 통신망에서 전화끼리 통신하게 해 주는 무선 칩 설계에서 벗어나, 스마트폰의 중앙 처리 장치라 할 수 있는 AP_application processors_를 만들기 시작한 것이다. 퀄컴의 반도체 설계는 대단한 엔지니어링의 결과물로, 칩하나의 설계에 수천만 줄 이상의 소프트웨어 코드가 동원된다.[18] 퀄컴은 반도체 판매 및 지식재산권 사용 허가를 통해 수천억 달러를 벌어들이고 있다. 하지만 퀄컴은 지금까지 단 한 장의 칩도 스스로 만들어 본 적 없는 회사다.[19] 모든 설계는 직접 하지만 제작은 삼성이나 TSMC 같은 곳에 외주를 주고 있다.

　　반도체가 해외에서 만들어진다고 안타까워하는 것은 쉬운 일이다. 하지만 예전처럼 반도체 기업이 매년 수십억 달러를 들여가며 팹을 짓고 운영해야 했다면 퀄컴 같은 벤처 기업은 살아남을 수 없었을 것이다. 제이컵스와 그의 엔지니어들은 마치 마법사처럼 전파의 스펙트럼 속에 정보를 우겨넣었고, 그 신호의 의미를 해석할 수 있도록 이전보다 훨씬 똑똑한 반도체를 만들어 냈다. 엔비디아의 경우와 마찬가지로 퀄컴은 반도체 제작의 전문가가 되기 위해 노력해야 할 필요가 없었는데, 그것은 결국 좋은 일이었다. 퀄컴은 자체 제조 설비를 갖출지 여부를 몇 차례나 숙고했지만 언제나 결론은 '아니다'였다. 비용과 복잡성이 너무 커졌던 것이다. TSMC, 삼성, 그 외 파운드리를 하는 다른 회사들 덕분에 퀄컴의 엔지니어들은 그들의 핵심 역량인 주파수 스펙트럼 관리

와 반도체 설계에만 집중할 수 있게 되었다.[20]

　팹리스 모델 덕분에 혜택을 본 미국 반도체 회사들은 엔비디아와 퀄컴 외에도 많다. 수십억 달러를 써 가며 자체 제조 시설을 갖추는 대신에 새로운 반도체 설계에만 몰입할 수 있게 된 것이다. 결과적으로 전혀 새로운 유형의 반도체가 탄생하게 되었는데 그런 칩은 팹리스 설계 회사가 실제로 만들 수 없는 것들이었다. TSMC와 일부 파운드리의 힘을 빌어야만 했던 것이다. FPGA_{Field-programmable gate arrays}는 각기 다른 목적에 따라 최적화해 사용할 수 있는 적응형 칩으로, 이 분야의 선구자 격인 회사는 자일링스_{Xilinx}와 알테라_{Altera}인데, 두 회사 모두 설립 초기부터 반도체 제작을 외주로 맡기고 있다. 하지만 가장 큰 변화는 단지 새로운 유형의 칩이 생겼다는 것이 아니었다. 스마트폰 시장의 성장과 함께 고급 그래픽, 병렬 처리를 가능케 함으로써 팹리스 회사들은 전혀 새로운 유형의 컴퓨터 세계를 만들었다.

CHAPTER 37

모리스 창의 연합군

제리 샌더스는 절대 그의 팹을 포기하지 않겠노라 공언했지만, 포켓 나이프와 핀셋을 들고 반도체를 설계하던 세대의 엔지니어들은 이제 현장에서 물러나고 있었다. 그 빈자리를 채운 이들은 컴퓨터 과학이라는 새로운 학문 분야에서 훈련받은 세대로, 이들 대부분은 1980년대와 1990년대부터 생겨난 반도체 설계 프로그램을 통해 반도체를 공부하고 또 이해하는 사람들이었다. 실리콘밸리 사람들 대다수에게 팹에 대한 샌더스의 로맨틱한 애착은 샌더스 특유의 마초스러운 거들먹거림 정도로 여겨졌다. 2000년대에서 2010년대까지 미국의 반도체 기업 CEO 자리를 차지한 이들은 PhD보다 MBA의 언어에 더 익숙했으며, 분기별 실적 발표마다 월스트리트의 분석가들과 함께 자본적 지출capex이니 이윤율이니 하는 이야기를 가볍게 주고받을 줄도 알았다. 어떤 잣대로 보더라도 새로운 세대의 경영진은 실리콘밸리를 세웠던 화학자와 물리학자보다 나았고 더 전문적이기도 했다. 하지만 앞선 세대의 거인들과 비교하면 이들 모습은 종종 초라해 보일 수밖에 없었다.

불가능한 기술에 대한 무모한 승부의 시대가 이제는 보다 체계적이고 전문적이며 이성적 판단이 지배하고 있었다. 죽기 아니면 까무러치기 식 도박은 사라지고 잘 계산된 리스크 관리가 그 자리를 차지한 것이다. 이런 변화 속에서 뭔가 잃어버린 게 있다는 생각을 떨쳐 내기란 쉽지 않은 일이었다. 반도체 산업의 초석을 닦은 인물 중 자기 사무실에서 담배를 피우며 현역에 있는 사람은 모리스 창밖에 남지 않았다. 그는 담배가 자신의 건강에 도움이 되거나 최소한 정신건강에 이롭다며 파이프 담배를 피우는 습관을 고수했다. 하지만 2000년대가 되자 모리스 창도 자신의 자리를 물려주어야 한다는 생각을 하기 시작했다. 2005년, 75세의 나이로 그는 TSMC의 CEO직을 내려놓았다. 단 이사회 의장직은 유지했다. 잭 킬비와 같은 연구실에서 일했던 사람, 밥 노이스와 맥주를 마시던 그런 나날을 기억하는 사람은 이제 현업에 단 한 명도 남지 않게 되었다.

반도체 산업의 최고위층을 이루던 이들이 물러나면서 반도체 설계와 제조의 분리는 한층 가속화되었고, 반도체 제조는 점점 더 해외로 밀려나게 되었다. 샌더스가 AMD에서 은퇴한 지 5년 후 AMD는 반도체 설계와 제조 사업부를 분리한다고 발표했다.[21] 자본을 뭉텅이로 잡아먹는 팹을 떼어 내고 나면 AMD의 수익률은 더 높아질 테니 월스트리트는 환호성을 질렀다. AMD는 제조 설비를 떼어 내서 새로운 회사로 분사했다. 마치 TSMC처럼 파운드리가 될 그 회사는 AMD뿐 아니라 다른 고객을 위해서도 칩을 제조할 예정이었다. 아부다비 정부의 투자 부문인 무바달라Mubadala가 새로운 파운드리 기업의 주요 투자자가 됐는데, 첨단 산업보다 석유로 유명한 나라에서 이런 투자를 했다는 것은 놀라운 일이었다. 전략 자산에 대한 외국의 투자가 미치는 안보 영향을 평가하는 미국 정부 기구 외국인투자심의위원회Committee on Foreign Investment in the United State, CFIUS가 이 투자에 안보 문제가 없다고 판단하여 매각을 강행했다. 하지만 AMD가 가지고 있던 제조 역량이 향한 방향은 반도체 산업의 앞날을 시사하고 있었다. 반도체 제조의 최신 기술은 결국 미국 바깥으로 향할 수밖에 없는 운명이었다.

AMD의 팹을 이어받은 이 새로운 회사 글로벌파운드리즈GlobalFoundries는 전에 없이 살벌하고 자비 따위 없는 환경 속에서 파운드리 업계에 뛰어들었다. 무어의 법칙은 2000년대와 2010년대 초까지 쉼 없이 전진 중이었다. 첨단을 달리는 칩 제조사들은 매년 더 많은 돈을 퍼부으며 약 2년에 한 번씩 새로운 제조 공정을 내놓았다. 스마트폰, PC, 서버용 칩은 재빨리 새로운 "노드node"로 옮겨 갔다. 새로운 노드는 곧 트랜지스터가 더 촘촘하게 배치되면서 연산력이 증가하고 전력 소비가 줄어드는 것을 의미하므로, 차세대 칩은 새로운 노드를 가진 칩이라는 말과 다르지 않았다. 이렇게 새로운 노드로 옮겨 갈수록 더 비싼 생산 장비가 필요할 수밖에 없었다.

　여러 해 동안 반도체 제조 기술의 각 세대명은 트랜지스터의 게이트gate 폭에 따라 붙여졌다. 게이트는 실리콘 칩의 해당 부위가 전도체가 될지 부도체가 될지 결정하는 곳으로, 게이트의 여닫는 힘에 따라 회로 내 전자의 흐름이 달라진다. 180나노미터 노드는 1999년 처음 만들어졌고, 이후 130나노미터, 90나노미터, 65나노미터, 45나노미터 순으로 세대가 진행되었다. 이렇게 같은 공간에 두 배 가까운 트랜지스터를 집어넣는 일이 가능해졌다. 트랜지스터가 작아진다는 것은 그 속에 흐르는 전자의 양이 적다는 것을 의미하므로, 이와 같은 발전은 트랜지스터당 전력 소비량도 줄이는 결과를 낳았다.

　2010년대 초반, 2차원적으로 거리를 좁혀 더 조밀하게 트랜지스터를 욱여넣는 것은 더는 불가능해졌다. 이것이 반도체 과학이 만난 도전이었다. 트랜지스터가 무어의 법칙에 따라 작아지면서 전류가 흐르는 도체 채널의 좁은 폭으로 인해 전류가 "새는leak" 일이 벌어졌다. 심지어 스위치를 꺼놓은 상태에서도 전류가 새는 즉 전기가 통하는 것이었다. 여기에 더해 각 트랜지스터를 덮는 이산화규소막의 두께가 너무 얇아진 나머지, 고전 물리학에서는 불가능한 일이라 여겼던 "터널링tunneling" 효과가 발생하기 시작했다. 전자가 물리적 장벽을 뛰어넘어 다른 위치로 가는 그 현상은 트랜지스터의 성능에 심각한 영향을 줄 수밖에 없었다. 2000년대 중반 각 트랜지스터 위 이산화규소막의 두께가 고작 원자 두 개 정도일 뿐이어서 모든 전사를 실리콘 내부에 붙잡아 두기에는 너무도 얇았다.

전자의 이동을 보다 잘 제어하기 위해 새로운 소자와 트랜지스터 설계가 필요해졌다. 1960년대 이래 사용되어 온 2차원 설계와 달리 22나노 노드부터는 3차원의 새로운 트랜지스터가 도입되었다. 이른바 핀펫FinFET이라고 하는 그 구조는 회로의 양 끝과 그것을 고래 등에서 튀어나온 지느러미처럼 보이는 블록 위에서 연결하는 반도체 물질의 채널로 이루어져 있다. 그러므로 회로의 양 끝을 연결하는 채널은 전기장이 위에서만 적용되었다면 핀펫 구조는 핀의 옆으로도 눌러 전자를 제어하는 힘이 향상되고 차세대의 더 작은 트랜지스터 성능을 방해할 것으로 우려되었던 전류 누설도 막을 수 있었다. 무어의 법칙을 지키기 위해서는 이러한 나노미터 단위의 3차원 구조를 만드는 일이 필수적이었으나, 이런 작업을 해내는 일은 상상을 초월할 정도로 어려운 것이었다. 이전보다 훨씬 정교한 증착, 식각, 리소그래피 기술을 필요로 했다. 이는 주요 칩 제조 업체들도 아무 문제 없이 핀펫 구조로 넘어갈 수 있을지 장담할 수 없었다. 실패했을 때 결과는 낙오뿐이었다.

글로벌파운드리즈가 별도의 기업으로 독립했던 2009년, 반도체 산업의 분석가들은 3차원 트랜지스터 경쟁을 뚫고 글로벌파운드리즈가 시장 점유율을 확보하기 수월할 것이라고 보았다. TSMC의 전 임원에 따르면 TSMC 내에서도 우려의 목소리가 나왔다.[22] 글로벌파운드리즈는 독일의 거대한 공장을 이어받았고 뉴욕에 최첨단 시설을 새로 건설하고 있었다. 경쟁사들과 달리 아시아가 아니라 선진국에서 가장 앞선 조업 능력을 기반으로 삼으려는 것이다. 글로벌파운드리즈는 IBM 및 삼성과 손잡고 공동으로

기술을 연구하기로 했다. 고객 입장에서는 쉽게 말해 글로벌파운
드리즈와 계약하건 삼성과 계약하건 차이가 없도록 했던 것이다.
게다가 팹리스 반도체 설계 회사들은 TSMC의 경쟁자 중 신뢰도
높은 회사가 나오기를 고대하고 있었다. 대만의 거대 기업 TSMC
는 이미 세계 파운드리 시장의 절반가량을 차지하고[23] 있었던 것
이다.

　　파운드리에서 TSMC의 경쟁 상대 중 비중 있는 존재는 삼성
뿐이었다. 삼성의 파운드리 기술력은 TSMC와 어느 정도 견주어
볼 만한 수준이었지만, 생산력에서 TSMC에 한참 미치지 못했다.
게다가 삼성의 사업 영역 중에는 반도체 설계가 포함되어 있다는
것이 문제로 떠올랐다. TSMC는 그저 수십여 고객들을 상대로 칩
을 만들며 고객을 만족시키는 것 외에 다른 목표가 없었지만, 삼
성은 자체적으로 스마트폰과 소비자용 가전을 생산하고 있었으니
결국 고객 중 다수와 **경쟁**하고 있는 셈이었다. 경쟁사들은 삼성전자
의 파운드리에 자신들의 아이디어가 담긴 설계도를 보내면 그것
이 결국 삼성 제품에 반영되지 않을까 우려했다. TSMC와 글로벌
파운드리즈는 그런 이해관계 상충을 겪을 일이 없었다.

　　글로벌파운드리즈의 출현과 때맞춰 벌어진 핀펫 트랜지스
터로의 이행 말고도 반도체 산업은 더 많은 충격을 겪어야 했다.
TSMC는 40나노 공정에서 상당한 제조 문제에 맞닥뜨렸고, 글로
벌파운드리즈가 경쟁자로 부상할 수 있는 기회를 제공하고 말았
다.[24] 더군다나 2008~2009 금융 위기는 반도체 산업의 질서를 뒤
흔드는 위협이었다. 소비자들이 가전제품 구매를 중단하자 테크

기업이 반도체 주문을 하지 않게 된 것이었다. 반도체의 판매량이 급감했다. 마치 엘리베이터가 뚝 떨어지는 것만 같았다고[25] 한 TSMC의 임원이 회고했다. 반도체 산업을 멈출 수 있는 단 하나가 있다면 세계 금융 위기가 바로 그것이었다.

하지만 모리스 창은 파운드리 비즈니스에서 우위를 내줄 생각이 없었다. 그는 옛 동료 잭 킬비가 집적회로를 발명했을 때부터 반도체 업계가 경험한 모든 경기 순환을 겪어 온 사람이었다. 이번 침체도 언젠가 끝날 것이라는 확신이 있었다. 과잉 확장한 회사는 절벽 끝까지 밀려나겠지만, 그들을 밀어내고 나면 이 불경기에 투자한 회사가 더 많은 시장 점유율을 갖게 된다. 게다가 창은 그 누구보다 빨리 스마트폰의 잠재력을 알아본 사람이었다. 스마트폰은 컴퓨터 사용 방식을 넘어 결국 반도체 업계 전체를 바꿔 놓을 수도 있을 터였다. 언론이 페이스북의 마크 주커버그Mark Zuckerberg 같은 젊은 IT 거물들에만 주목하고 있을 때, 75세의 모리스 창은 극소수만 지니고 있던 혜안으로 상황을 꿰뚫어 보았다. 창은 모바일 기기가 "게임 체인저game-changer"가 될 것이라고 《포브스》와의 인터뷰에서 말했다. 모바일은 PC가 몰고왔던 것만큼이나 확연한 변화의 원동력이 될 터였다. 그는 어떤 대가를 치르고서라도[26] 모바일 칩 비즈니스의 가장 큰 몫을 차지하기로 결심했다.

창은 TSMC가 경쟁자들을 기술적으로 따돌릴 수 있다는 것을 알아차렸다. 다른 회사는 스스로 반도체를 설계하는 반면에 TSMC는 중립적 입장을 차지하고 있었기 때문이다. 그는 이것을 TSMC의 "연합군" 파트너십이라 불렀다. 반도체를 설계하고, 지식재산 사용권 판매로 돈을 벌고, 소재를 생산하고, 장비를 만드는 십여 개의 회사와 일종의 동맹 관계가 되는 것이었다. 이런 회사 중 상당수는 서로 경쟁 관계에 있지만 이들 중 웨이퍼에 칩을 새겨 넣는 일을 하는 곳은 없으며, 설령 시도한다 해도 TSMC를 이길 곳은 없었다. 그러니 TSMC는 이들 사이에서 협업하며 반도체 산업을 이루는 거의 모든 회사가 따를 수밖에 없는 기준을 설정하게 되는 것이다. 저들에게는 선택권이 없다. TSMC의 공정과 호환되도록 맞추는 것은 거의 모든 반도체 회사의 작업에 필수적인 일이 되었기 때문이다. 팹리스 회사들에게 있어서 TSMC는 제작 공정의 경쟁력을 뒷받침해 주는 가장 믿음직한 선택지가 되었다. 도구, 장비, 소재 공급사에게 TSMC는 가장 중요한 고객이 되었다. 스마트폰 판매가 날개를 달고 솟아오르기 시작하면서 실리콘 칩의 수요 역시 함께 치솟았고, 모리스 창은 그 중심에서 선언했다. "TSMC는 모든 이의 혁신을 동원하는 것이 중요하다는 것을 알고 있습니다. 우리의 혁신, 우리에게 장비를 공급하는 업체의 혁신, 우리 고객의 혁신, 지식재산권 제공자의 혁신, 이것이 바로 연합군의 힘입니다." 이는 막대한 재정적 함의를 담고 있는 것이기도 했다. 모리스 창은 자신감 있는 태도로 과시했다. "TSMC와 우리의 10대 고객이 함께 지출하는 연구개발 비용은 삼성과 인텔을 합친 것보다 큽니다." 반도체 설계와 제조를 함께 하는 구식 모델은 TSMC를 중심으로 형성된 반도체 업계 전반의[27] 공격 앞에 고전하고 있었다.

TSMC가 반도체 업계의 우주에서 북극성의 위치를 차지하기 위해서는 반드시 충족되어야 할 조건이 있었다. 대형 고객이 요구하는 물량을 생산할 수 있는 능력을 갖춰야 하는 것이었다. 그건 결코 적은 비용으로 될 일이 아니었다. 금융 위기를 겪는 동안 모리스 창이 직접 임명했던 후계자 릭 차이Rich Tsai는 다른 CEO가 다들 했던 것과 같은 일을 했다. 직원을 해고해서 손실을 줄이는 것이었다. 창은 그 반대 방향으로 가고자 했다. 창은 40나노 공정을 되살리고 그에 필요한 인력과 기술 투자를 늘렸다. 창은 스마트폰 사업에서 더 많은 것을 얻고자 했다. 특히 2007년 처음 출시되어 TSMC의 최대 숙적 삼성으로부터 핵심 칩을 처음 공급받고 있던 애플 아이폰에 칩을 공급하려면 그에 걸맞은 막대한 반도체 생산 역량을 갖추어야 했고 투자가 필요했다. 창이 볼 때 손실을 줄이기 위한 차이의 방향은 패배주의자의 것이었다. 훗날 그는 기자와의 인터뷰에서 말했다. "너무, 너무도 투자가 부족했어요. 우리 회사는 그보다 더 해낼 역량이 있다고 늘 생각해 왔는데 … 그러지 못했죠. 정체 상태였습니다."[28]

그리하여 창은 후계자를 해임하고 TSMC의 조종간을 직접 잡았다.[29] 투자자들은 모리스 창의 복귀와 투자 확대가 불안하다고 느꼈고 당일 TSMC의 주가는 하락했다. 하지만 창이 볼 때 현 상태에 안주하는 것이야말로 진짜 위험한 일이었다. 금융 위기가 반도체 산업의 우위 경쟁에서 TSMC를 위협하도록 내버려 둘 수는 없었다. 무려 반세기 동안 반도체 업계에서 일하며 1950년대 중반부터 명성을 쌓아 왔던 그였다. 그리하여 금융 위기의 가장 깊은 수렁 속에서 그는 전임 CEO가 해고했던 이들을 다시 고용하고 생산 역량 확충을 위해 투자와 연구개발 비용을 두 배로 늘렸다. 금융 위기에도 불구하고 2009년과 2010년 자본 지출을 수백억 달러 이상 늘리겠다고 발표했다. "다른 경우의 수보다는 생산 역량을 초과해서 보유하고 있는 편이 낫다"[30]라는 것이 창의 태도였다. 파운드리 업계에 끼어들고 싶은 경쟁자가 있다면 우선 전력으로 맞서는 TSMC의 방어선을 뚫어야 할 터였다. TSMC는 막 피어나기 시작한 스마트폰 칩 시장을 차지하기 위해 진심으로 달리고 있었던 것이다. 2012년, 반도체 산업 정상에 오른 60년을 맞이하며 모리스 창이 선언했다. "우리는 막 시작했을 뿐입니다."[31]

CHAPTER 38

애플 실리콘

TSMC 같은 파운드리 업체가 부상하면서 가장 큰 혜택을 본 기업은 따로 있었다. 대부분은 그 회사를 반도체 설계 회사로 생각하지도 않는 곳, 바로 애플이었다. 스티브 잡스가 만든 애플은 언제나 하드웨어에 특화된 장점을 지니고 있었으니, 그들이 만드는 기기에 탑재되는 실리콘 칩까지 통제하고 싶어 할 것이라는 점은 놀랄 일이 아니었다. 심지어 애플을 처음 창업했을 때부터 잡스는 하드웨어와 소프트웨어의 관계에 대해 깊게 고민하고 있었다. 1980년, 어깨에 닿을 정도로 머리를 기르고 윗입술을 덮을 정도로 수염을 기르던 시절, 잡스는 한 강연에서 청중을 향해 질문했다. "소프트웨어란 무엇일까요?"[32] 그는 스스로 답했다. "제가 생각할 수 있는 건 소프트웨어가 너무 빠르게 변화하고 있거나, 아직 원하는 것이 뭔지 정확히 알지 못하거나, 원하는 걸 하드웨어에 넣을 시간이 없었거나 하는 그런 것들 뿐입니다."

1세대 아이폰을 출시할 때만 해도 잡스는 하드웨어에 자신의 모든 아이디어를 구현할 시간이 없었던지, 애플의 독자적인 iOS 운영 체제를 사용하긴 했지만 칩의 설계와 생산은 삼성전자에 위탁했다. 폰의 새로운 혁명에는 다른 많은 칩도 들어가 있었다.[33] 인텔 메모리 칩, 울프슨Wolfson에서 설계한 오디오 프로세서, 독일의 인피니온Infinion에서 제작한 무선 네트워크 접속용 모뎀 칩, CSR이 설계한 블루투스 칩, 스카이웍스에서 제공한 신호 증폭기 등 다양한 칩이 실려 있었다. 이 모든 칩은 서로 다른 회사에서 설계한 것이었다.

잡스는 새 버전의 아이폰을 내놓으면서 애플의 독자적인 실리콘 칩을 탑재한 스마트폰에 대한 구상을 확고히 다져 나갔다. 아이폰을 출시한 지 1년 후, 애플은 PA세미PA Semi라는 작은 실리콘밸리 스타트업을 인수했다. 에너지 효율이 좋은 프로세서 설계에 특화된 회사였다. 그리고 나서 업계 최고의 반도체 설계자들을 고용하기 시작했다. 2년 후, 애플은 자체 애플리케이션 프로세서 즉 스마트폰의 중앙 처리 장치를 설계했다고 발표했다. 이름하여 A4라는 새로운 아이패드와 아이폰 4에 탑재될 칩이었다.[34] 스마트폰 프로세서처럼 복잡한 칩을 설계하는 것은 비용이 많이 드는 일이다. 중저가 스마트폰을 생산하는 많은 회사가 퀄컴 같은 회사에서 만드는 양산형 칩을 사용하는 이유가 그것이다. 하지만 애플은 실리콘밸리뿐 아니라 독일의 바이에른과 이스라엘에서도 연구개발 및 반도체 설계 시설에 많은 돈을 투자했고, 그곳에서 최신 칩 설계가 나왔다. 오늘날 애플은 대부분의 기기에 들어가는 메인 프로세서뿐 아니라 에어팟AirPods 같은 주변 기기의 보조 칩도 스스로 설계하고 있다. 이렇게 특화된 반도체에 투자하고 있기에 애플의 제품은 아주 원활하게 작동한다.[35] 아이폰 출시 후 4년 만에 애플은 전 세계 스마트폰 판매에서 나오는 이익의 60퍼센트를 독식하게 되었고,[36] 노키아Nokia와 블랙베리BlackBerry 같은 경쟁자들을 압도했을 뿐 아니라 동아시아의 스마트폰 제조사들이 이윤 낮은 저가형 스마트폰 시장에서 더 치열한 경쟁을 하지 않을 수 없게 만들었다.

퀄컴을 비롯해 모바일 혁명을 이끌었던 다른 반도체 회사와 마찬가지로, 애플은 스스로 반도체를 설계하고 있었음에도 불구하고 단 하나의 칩도 스스로 제작하지는 않았다. 애플은 모바일폰, 태블릿, 그 외 기기를 중국 내 몇몇 수십만 조립 라인 노동자들에게[37] 위탁하여 만들어 내는 것으로 잘 알려져 있다. 결국 중국 노동자들이 나사를 조이며 작은 부품을 붙여 완성하는 것이다. 중국의 조립 설비 생태계는 전자 기기 생산에서 최고로 정평이 나 있다. 폭스콘Foxconn과 위스트론Wistron 같은 대만 기업은 중국에서 애플 제품 조립 설비를 운영하며, 놀라운 생산력으로 전화, PC, 그 밖의 전자 장비를 찍어 내는데, 그 중 대부분은 해외에서 설계된 것이다. 둥관東莞이나 정저우鄭州 같은 중국 도시의 전자 제품 조립 공장은 세계에서 가장 효율적이지만 대체 불가능하지는 않다. 세계에는 여전히 한 시간에 1달러만 받으면서 아이폰의 나사 조이는 일을 하기 위해 도시로 이주해 올 수억 명의 농부들이 남아 있기 때문이다. 대부분의 애플 제품을 중국에서 조립하고 있지만 베트남과 인도에도[38] 공장을 짓고 있는 폭스콘을 보면 알 수 있다.

생산 라인 노동자와 달리 스마트폰 속의 칩은 대체하기 매우 까다롭다. 트랜지스터 크기가 줄어들면서 칩 제조는 한층 더 어려워졌다. 첨단 칩을 제작할 수 있는 반도체 회사 수는 한 줌으로 줄어든 지 오래다. 2010년, 애플이 첫 번째 칩을 발표했을 때 최첨단 파운드리 업체는 그저 한 줌에 지나지 않았다. 대만의 TSMC, 한국의 삼성, 그리고 어쩌면 시장 점유율을 회복한다는 전제하에 글로벌파운드리즈 정도가 전부였다. 인텔은 트랜지스터 크기 줄이기 경쟁에서 여전히 세계 최고를 달리며 PC와 서버에 들어가는 칩을 스스로 제작하고 있었지만 다른 기업의 폰에 들어가는 프로세서를 만드는 일과는 거리가 있었다. SMIC 같은 중국 파운드리 업체는 선두권을 추격하고자 했지만 몇 년은 뒤처진 듯 보였다.

이런 이유로 인해 스마트폰의 공급망은 PC 관련 부품의 공급망과는 사뭇 다른 형태가 되었다. 스마트폰과 PC 모두 대체로 미국이나 유럽, 일본, 한국에서 설계한 고부가가치 부품을 탑재하고 중국에서 조립된다는 점에서는 비슷했다. PC의 경우 대부분의 프로세서는 인텔에서 나왔고 미국, 아일랜드, 혹은 이스라엘에 소재한 인텔의 팹에서 제작되었다. 스마트폰은 달랐다. 스마트폰에는 (애플 스스로 설계하는) 메인 프로세서뿐 아니라 온갖 칩이 가득했다. 무선 통신망과 연결해 주는 모뎀과 무선 주파수 칩, 와이파이와 블루투스 연결을 담당하는 칩, 카메라의 이미지 센서, 적어도 두 개는 탑재되는 메모리 칩, (사용자가 핸드폰을 가로로 돌릴 때 그런 동작을 인식하는) 동작 감지 칩, 배터리, 오디오, 무선 충전 관리 칩 등 다양했다. 이 모든 칩이 모여야 스마트폰 하나를 이룰 수 있는 것이다.

반도체 제작 역량이 대만과 한국에 쏠리면서 이들 칩 중 다수의 제작 역량 역시 두 나라에 집중되었다. 스마트폰의 전자 두뇌라 할 수 있는 애플리케이션 프로세서는 거의 대부분 대만과 한국에서 제조해 중국으로 보낸 다음 스마트폰의 플라스틱 케이스 속에 담겨 유리로 된 스크린을 덮는다. 애플 아이폰의 애플리케이션 프로세서는 오직 대만에서만 생산되고 있다. 오늘날 애플이 요구하는 제작 역량과 기술을 가진 회사는 TSMC뿐이다. 그러니 모든 아이폰의 뒷면에 새겨져 있는 "캘리포니아의 애플 설계. 중국에서 조립"은 큰 착각을 불러일으키는 표현이다. 아이폰에서 가장 대체 불가능한 부품이 캘리포니아에서 설계되고 중국에서 조립되는 것은 맞다. 하지만 그것을 만들 수 있는 나라는 오직 대만뿐이다.

CHAPTER 39

극자외선 장비 EUV

상상을 초월할 정도로 복잡한 공급망과 씨름하는 반도체 관련 회사는 애플뿐만이 아니었다. 2010년대 말, 네덜란드의 리소그래피 회사 ASML은 극자외선 리소그래피의 상용화라는 과제를 붙들고 거의 20년을 씨름하고 있었다. 그 목표를 달성하려면 전 세계를 훑어가며 최첨단의 부품을 모으고, 가장 순도 높은 금속을 확보하고, 가장 강력한 레이저와 정교한 센서를 마련해야 했다. 극자외선은 우리 시대의 가장 큰 기술적 도박 가운데 하나였던 것이다. ASML이 실용적인 극자외선 장비를 생산하기 몇 년 전인 2012년 인텔, 삼성, TSMC는 각각 ASML에 직접 투자하는 식으로 극자외선 도구 개발을 지속해 나가고 있었다. 향후 반도체 제조를 위한 역량을 확보하기 위해서였다. 인텔이 2012년 ASML에 투자한 돈만 해도 40억 달러였는데,[39] 이는 인텔이 지금까지 했던 투자 중 가장 큰 규모였다. 그 전에도 인텔은 수십억 달러를 제공하며 극자외선 장비에 투자해 왔는데 이는 앤디 그로브 시절까지 거슬러 올라가는 것이었다.

극자외선 리소그래피 장비를 뒷받침하는 개념은 인텔과 다른 반도체 회사, 미국의 국립 연구소들이 컨소시움을 결성했을 때와 크게 달라지지 않았다. 그동안 인텔과 반도체 기업들은 그 프로젝트에 참여했던 한 과학자의 표현을 빌리자면 "불가능한 문제를 풀기 위해 무한대의 돈을 퍼붓는 듯한"[40] 기분으로 달려들고 있었다. 기본 발상은 제이 라스롭이 현미경을 뒤집었을 때와 동일하게 남아 있었다. 빛의 일부를 가리는 "마스크"를 통해 빛을 가로막아 패턴을 만들고, 그 패턴을 실리콘 웨이퍼 위에 덮인 포토레지스트 화학 물질 위에 조사하는 것이다. 빛은 포토레지스트와 반응하여 소재를 식각하거나 완벽한 형태로 새겨 넣을 수 있게 한다. 그렇게 정상 작동하는 칩을 만들어 내는 것이다.

라스롭이 사용한 빛은 평범한 가시광선이었다. 코닥에서 생산했고 기성품으로 된 포토레지스트를 사용했다. 그 후 점점 복잡한 렌즈와 화학 물질을 사용하면서 결국 반도체 공학자들은 실리콘 웨이퍼에 수백 나노미터만큼 작은 모양을 인쇄할 수 있게 되었다. 가시광선의 파장은 색깔마다 다르지만 그 자체가 수백 나노미터이기 때문에 트랜지스터가 훨씬 작아지면서 결국 한계에 부딪혔다. 그러므로 그보다 더 작은 트랜지스터를 만들려면 가시광선이 아닌 다른 유형의 자외선을 이용해야 했다. 반도체 산업은 그후 파장이 248나노미터, 193나노미터인 자외선을 사용하기 시작했다. 이 파장을 이용하면 가시광선보다 훨씬 정교한 형태를 새겨 넣을 수 있었지만 여전히 한계는 존재했다. 반도체 산업은 파장이 13.5나노미터인 극자외선에 희망을 걸 수밖에 없었다.

극자외선을 사용하는 것은 새로운 문제를 불러일으켰고, 그 문제는 거의 해결 불가능한 것으로 확인되었다. 라스롭은 현미경과 가시광선 그리고 코닥이 생산한 기성품 포토레지스트를 사용했지만, 극자외선 리소그래피에 들어가는 모든 핵심 부품은 특별 제작된 것이어야만 했다. 극자외선은 어디서 백열전구를 하나 사와서 만들 수 있는 것이 아니다. 극자외선 발생기 자체가 특수한 장비다. 충분한 극자외선을 생성하기 위해서는 미세한 주석 방울을 레이저로 쏴서 진동시켜야 하기 때문이다.

캘리포니아대학교 샌디에고 캠퍼스 출신의 레이저 과학자 두 명이 만든 회사 사이머Cymer는 1980년대 이래 리소그래피용 광원 제조 분야의 핵심 업체로 자리 잡았다. 사이머의 엔지니어들이 찾아낸 가장 효율적인 극자외선 생성 방식은 다음과 같다. 진공에서 시속 321.8킬로미터로 날아다니는 직경 0.003밀리미터의 주석 방울을 레이저로 두 번 맞춘다. 첫 번째 펄스는 주석 방울을 달구고, 두 번째 펄스는 주석 방울을 폭발시켜 태양 표면보다 몇 배 더 뜨거운 섭씨 50만도 정도의 플라스마 상태로 만든다. 이렇게 주석 방울을 폭발시키는 과정을 초당 5만 번 반복하면 반도체를 제작하기에 충분한 양의 극자외선이 생성되는 것이다. 제이 라스롭의 리소그래피 과정은 그저 평범한 전구를 광원으로 사용하면 충분했다. 그 이후 제작 공정이 복잡해진 것을 생각해 보면 실로 정신이 아득해질 정도다.

그런데 사이머의 극자외선 광원은 주석 방울에 충분한 에너지를 보내 파괴시킬 수 있는 새로운 레이저 시스템 덕분에 작동했다. 이는 기존에 존재했던 그 무엇보다 강력한 이산화탄소 기반 레이저를 필요로 했다. 2005년 여름, 사이머의 두 엔지니어는 독일의 정밀 기계 업체인 트럼프Trumpf에 방문해 그런 레이저를 제작할 수 있는지 문의했다. 트럼프는 이전에도 세계 최고의 이산화탄소 기반 산업용 정밀 절단 레이저를 만들어 낸 바 있었다. 그 레이저는 독일 최고의 공작 기계 산업의 전통을 이어받은 일종의 기념비로 여겨졌다. 이산화탄소 레이저 기계는 제공되는 에너지의 20퍼센트를 빛으로 만들고 나머지 80퍼센트는 열로 배출한다. 그러니 기계가 과열되지 않도록 열을 처리하는 것이 관건이었다. 트럼프는 이전에 날개가 초당 1000바퀴 이상 돌아가는 팬으로 이루어진 열처리 시스템을 만들었지만, 속도가 너무나 빨라서 베어링이 감당할 수 없었다. 그 대신 트럼프는 자석을 이용해 팬의 날개가 허공에 떠 있도록 했다. 그리하여 레이저 시스템이 만들어 내는 열을 날려 보내서 다른 부품이 마모되지 않고 시스템의 신뢰도를 유지할 수 있게 되었다.[41]

트럼프는 사이머가 원하는 정교하고 신뢰성 높은 기계를 제공할 만한 명성과 실적이 있었다. 그런데 과연 충분한 에너지를 낼 수 있을까? 극자외선 장비가 필요로 하는 레이저는 기존에 트럼프가 제작했던 것보다 훨씬 더 강력한 것이어야 했다. 더욱이 사이머가 요구하는 정밀도 역시 이전에 트럼프에서 수행했던 그 어떤 주문보다 높은 것이었다. 트럼프는 네 개의 구성 요소로 이루어진 레이저를 제안했다. 두 개의 "시드seed" 레이저는 저출력 이지만 정확도를 크게 끌어올린 것으로 1초에 5000만 개씩[42] 떨어지는 주석 방울을 맞출 수 있는 것이었다. 네 개의 공진기resonator 가 광선의 힘을 증폭시켰다. 그 광선은 극도로 정교한 "광선 전송 시스템beam transport system"을 통해 30미터 떨어진 주석 방울 챔버chamber로 유도된다. 그리하여 마지막으로 초점 조정 장치focusing device를 통과하면서 레이저는 초당 수백만 번씩 주석 방울을 직격하게 되는 것이다.

모든 단계마다 새로운 혁신이 필요했다. 레이저실에 충전되는 특별한 기체는 일정한 밀도를 유지해야 했다. 주석 방울 자체가 빛을 반사해 시스템을 망가뜨릴 위험이 있어서 이런 일을 막기 위해서는 특수 광학 장비도 필요했다. 트럼프는 레이저실을 빠져나가는 레이저가 산업용 다이아몬드 "창문windows"을 통과하도록 했다. 그러기 위해서는 협력사가 새로운 초순수 다이아몬드를 개발할 필요가 있었다. 이 모든 도전을 넘어 충분한 에너지와 신뢰성을 갖춘 레이저를 만들기까지 10년이 걸렸다. 각 레이저 장비에 들어가는 부품은 정확히 45만6329개였다.[43]

사이머와 트럼프가 주석 방울을 폭발시키는 방법을 찾아냈으니, 이제 문제는 그렇게 만들어진 충분한 극자외선 광선을 모아서 실리콘 칩에 쏴줄 수 있게끔 해 주는 거울을 만드는 것이었다. 세계에서 가장 첨단의 광학 시스템을 만드는 회사인 독일의 자이스는 퍼킨엘머와 GCA가 리소그래피 업계에 군림하던 시절부터 리소그래피용 렌즈를 제공해 왔다. 하지만 극자외선 장비에 필요한 광학 기술은 과거의 그것과는 차원이 달랐다. 마치 라스롭의 전구와 사이머의 주석 방울 플라스마 시스템의 차이와도 같은 것이었다.

자이스가 맞닥뜨린 최우선 과제는 극자외선은 굴절시키기 어렵다는 데 있었다. 파장이 13.5나노미터인 극자외선은 가시광선보다는 X선에 가까운 것으로, 대부분의 물질은 극자외선을 반사하지 않고 X선과 마찬가지로 흡수해 버린다. 자이스는 몰리브덴 molybdenum과 실리콘 층을 번갈아 나노미터 단위로 100개 층으로 쌓아 거울을 개발하기 시작했다. 로렌스리버모어국립연구소 연구원들이[44] 1998년 발표한 논문에서 이것을 극자외선을 반사하기 위한 최적의 거울이라고 인정했는데, 문제는 나노 단위의 정밀도를 지니는 거울을 만드는 일이 사실상 불가능하다는 것이었다. 결국 자이스는 거의 감지할 수 없을 정도의 아주 작은 불순도를 지닌, 인류가 만든 그 어떤 물질보다 매끄러운 표면의 거울을 만들어 냈다. 자이스 측은 극자외선 시스템에 부착된 거울을 독일 정도 크기로 키우더라도 그 속에 포함된 불순물은 0.1밀리미터 정도일 것이라고 설명했다. 극자외선 광선을 정밀하게 쏘기 위해서는 완벽하게 고정된 장비가 필요한데, 이는 또 다른 기계 장치와 센서가 필요했다. 자이스는 멀리 떨어진 달에 놓인 골프공을 치기 위해[45] 레이저를 조준하는 데 사용할 수 있을 정도의 정확도를 지닌 기계를 만들어 내야 했다.

2013년부터 ASML의 극자외선 장비 사업을 이끌고 있는 네덜란드인 프리츠 반 하우트에게 있어서 극자외선 리소그래피 시스템을 유지하기 위해 투입되어야 할 가장 중요한 요소는 어떤 개별 부품이 아니라 ASML의 공급망 유지 기술이었다. 반 하우트는 ASML이 그러한 비즈니스 관계망을 "마치 기계처럼"[46] 갈고닦았다고 설명했다. 수천여 회사가 ASML의 정확한 요구 사항에 맞는 정교한 제품을 생산하고 납품하도록 유지해야 한다는 것이다. 반 하우트의 추산에 따르면 극자외선 장비의 부품 중 ASML이 직접 만드는 것은 15퍼센트에 지나지 않았고, 나머지는 다른 회사의 제품을 구입했다. 이 덕분에 ASML은 세계에서 가장 정밀하게 가공된 제품을 구입할 수 있었지만 반대로 공급망 관리와 타 회사의 동향에서 눈을 뗄 수 없게 되었다.

ASML은 극자외선 장비의 핵심 부품에서는 단 하나의 회사에 의존할 수밖에 없는 처지가 되었다. 그 위험 관리를 위해 ASML은 부품 공급사의 공급사까지 샅샅이 찾아다녀야 했다. ASML은 몇몇 부품 공급사에게 투자하는 식으로 보상을 제공하기도 했다. 가령 2016년에는 자이스의 연구개발 과정에 10억 달러를 제공했다.[47] 하지만 모든 것은 ASML이 제시하는 기준에 맞출 수 있느냐에 달린 문제였다. "제대로 안 하면 댁의 회사를 인수해 버리겠소."[48] ASML의 CEO인 피터 베닝크Peter Wennink가 한 협력사에게 한 말이었다. 이 말은 농담이 아니었다. ASML은 여러 협력사를 합병한 바 있고, 심지어 그중에는 사이머도 들어 있었다. 사이머의 경영이 좀 더 개선되어야 한다는 판단 아래 내린 결론이었다.

그리하여 수십만 개의 부품, 수백억 달러의 자금, 수십 년의 개발 과정이 소요된 기계가 탄생했다. 여기서 정말 놀라운 것은 극자외선 리소그래피 장비가 작동한다는 것이 아니다. 반도체를 효율적 비용으로 생산할 수 있을 만큼 신뢰성 높게 작동한다는 것이야말로 기적이다. 극자외선 시스템에 들어가는 모든 부품은 극히 높은 신뢰도를 요구한다. ASML은 모든 구성 요소가 최소 3만 시간,[49] 즉 약 4년간 수리할 필요 없이 작동해야 한다는 목표를 제시했다. 실제로는 모든 부품이 같은 시점에 고장 나지 않으므로 그보다 더 자주 수리가 필요하다. 극자외선 장비의 가격은 대당 1억 달러가 넘는다. 기기 하나가 작동하지 않는다면 칩 제조 업체는 매분 매초마다 엄청난 손실을 보는 셈이다.

극자외선 장비가 작동하려면 장비를 굴리는 소프트웨어가 필요하다. ASML은 어떤 부품이 고장 나기 전에 교체되어야 할지 예측하는 알고리즘을 만들어 제공한다. ASML은 또 패턴을 더 정확하게 인쇄하도록 이른바 컴퓨터를 사용한 리소그래피computational lithography 공정에 필요한 소프트웨어도 도입했다. 빛의 굴절과 원자 단위에서의 예측 불가능성은 광선이 포토레지스트 화학 물질과 반응할 때 라스롭이 현미경을 뒤집었던 시절에는 경험할 수 없던 새로운 문제를 발생시킨다. ASML의 리소그래피 장비는 칩 제조사들이 칩에 새겨 넣고자 하는 패턴과 다른 빛을 조사하게 되는 것이다. "X"를 새겨 넣으려면[50] X가 아니라 매우 다른 모양의 패턴을 사용해 극자외선을 쏘아야 하고, 그럼에도 결과적으로는 광파가 실리콘 웨이퍼에 도달하면 "X"를 만들어 내야만 한다.

최종 산물인 반도체는 신뢰도 높게 작동하는데 그럴 수 있는 이유는 반도체가 단일 성분으로 이루어져 있기 때문이다. 실리콘 판에 다른 물질을 얹은 것일 뿐이며, 칩 위에 흐르는 전자를 논외로 한다면 움직이는 부품은 존재하지 않는다. 하지만 첨단 반도체를 만드는 과정은 인류가 지금껏 만들었던 그 어떤 기계보다 복잡한 장비를 필요로 한다. ASML의 극자외선 리소그래피 장비는 양산된 공작 기계 중 역사를 통틀어 가장 비싼 것이다. 너무도 복잡한 나머지 전문적으로 훈련된 ASML 직원이 없다면 작동하지 않고, ASML 직원은 기계의 수명이 끝날 때까지 현장에서 장비를 관리한다. 모든 극자외선 스캐너에는 ASML 로고가 새겨져 있다. 하지만 ASML 스스로 인정했다시피 그 기업의 진정한 역량은 광학 전문가, 소프트웨어 설계자, 레이저 회사, 그 밖에 극자외선이라는 꿈을 실현하기 위해 필요한 역량을 지닌 수많은 관계자가 얽혀 있는 거대한 네트워크를 조율해 내는 것에서 나온다.

앤디 그로브가 인생 말년에 그랬듯이 제조업이 해외로 이전하는 것을 한탄하기는 쉽다. 그러니 네덜란드 기업 ASML이 미국의 인텔이 큰 비용을 부담한 가운데 미국 국립 연구소가 개발한 기술을 갈고닦아 상업화했다는 것은 리소그래피 혹은 극자외선 기술의 역사를 알게 된 미국의 경제 국수주의자들의 심기를 무척 거스르는 일이 아닐 수 없었을 것이다. 하지만 ASML의 극자외선 장비는 비록 대부분 네덜란드에서 조립되고 있다 한들 실제로는 네덜란드 것이라고 보기는 어렵다. 핵심 부품은 캘리포니아의 사이머와 독일의 자이스, 트럼프에서 나온 것이기 때문이다. 더욱이 이 독일 기업 역시 결정적인 요소는 미국이 만든 장비에 의존하고 있다.[51] 여기서 요점은 이 경이로운 장비의 생산에서 한 나라가 소유권을 주장하며 자부심을 가질 수는 없다는 것이다. 이것은 여러 나라가 참여한 지적 노력의 산물이다. 수십만 개의 부품으로 이루어진 장비에는 그만큼 많은 창조자가 있다.

"이게 될까?" 앤디 그로브가 최초의 2억 달러를 극자외선에 투자하기 전 존 카루더스에게 했던 질문이다. 30년, 수십억 달러, 수많은 기술 혁신, 세계에서 가장 복잡한 공급망을 통해, 2010년대 중반 ASML의 극자외선 장비는 드디어 현실이 될 수 있었다. 이제 세계에서 가장 앞서 나가는 반도체 팹에 배치될 날만 기다리면 될 터였다.

CHAPTER 40

"플랜 B는 없다"

2015년, 토니 옌Tony Yen이 질문을 받았다. ASML이 개발 중인 극자외선 리소그래피 장비가 작동하지 않는다면 무슨 일이 벌어지겠는가. 옌은 첨단 리소그래피 장비 개발에 지난 25년을 바쳐 온 사람이었다. 텍사스인스트루먼트는 1991년 MIT에 있던 그를 채용했다. 텍사스인스트루먼트에서 옌이 한 일은 GCA가 파산 직전에 만든 마지막 리소그래피 장비 중 하나를 관리하고 손보는 것이었다. 그리고 나서 옌은 1990년대 말 TSMC에 합류했다. 마침 193나노미터 파장의 빛을 만들어 내는 심자외선 리소그래피 장비가 막 가동될 무렵이었다. 거의 20년 동안 더 작은 트랜지스터를 제작하기 위해 반도체 업계가 의존해 온 도구란 이런 것들이었다. 심자외선을 물에 투과시키거나 여러 겹의 마스크를 통과시킴으로써 193나노미터 파장을 지닌 심자외선으로 그보다 더 좁은 폭의 패턴을 그리고 있었던 것이다. 1990년대 말 180나노미터 노드였던 반도체 제조 기술은 2010년대 중반 3차원 핀펩 칩의 초기 단계까지 도달했는데, 그 과정을 버티며 무어의 법칙을 생명 연장시킨 것이 바로 이런 절묘한 비법들이었다.

하지만 193나노미터 빛으로 더 작은 패턴을 새겨 넣기 위해서는 너무도 많은 광학 기술이 동원되어야 했다. 이렇게 추가되는 새로운 단계는 곧 시간과 비용의 증가를 의미했다. 2010년대 중반쯤 되니 몇 가지 개선할 점을 더 추가할 수 있었지만, 무어의 법칙을 유지해 내려면 더 작은 패턴을 그릴 수 있는 보다 나은 리소그래피 장비가 필요하다는 것이 분명해졌다. 유일한 희망은 극자외선 리소그래피 장비였으나, 그것은 1990년대 초부터 개발이 시작된 이래 한없이 지연되고 있었다. 과연 그것이 상용화될 수 있을지 장담할 수 없었다. 그렇다면 대안이 있을까? 엔이 아는 바에 따르면 "플랜 B는 없다."[52]

모리스 창은 반도체 업계에서 그 누구보다 강력하게 극자외선에 승부를 걸기로 했다. TSMC의 리소그래피 팀은 극자외선 장비가 양산 가능할지를 두고 의견이 엇갈리고 있었으나, 장상이蔣尚義는 확신을 갖고 있었다. 부드러운 말투를 지닌 엔지니어인 장은 연구개발을 이끄는 책임자로서 TSMC의 제조 기술이 최고 수준에 오르기까지 많은 공헌을 했고, 반도체가 나아갈 길은 극자외선뿐이라고 생각했다. 충칭에서 태어난 장은 모리스 창과 마찬가지로 2차 세계대전 기간에 가족과 함께 일본군을 피해 대만으로 건너갔다. 대만에서 성장한 그는 스탠퍼드대학교에서 전기공학을 공부하고 텍사스로 옮겨가 텍사스인스트루먼트에서 근무한 후 실리콘밸리의 HP에서 자리를 잡았다. TSMC는 일면식도 없던 그에게 두둑한 이직 보너스와 함께 일자리를 제안했고, 장은 1997년 TSMC 창업 멤버의 일원이 되어 대만으로 돌아가게 되었다. 2006년 장은 캘리포니아로 돌아가 은퇴하고자 했지만 2009년 TSMC가 40나노미터 제조 공정에서 난항을 겪자 은퇴 계획이 어그러졌다. 현 상황에 불만을 느낀 모리스 창이 장을 대만으로 다시 불러들였고, 우육탕면을 함께 먹으며 TSMC의 연구개발을 총괄해 달라고 요청했다.

대만뿐 아니라 텍사스와 캘리포니아에서도 일해 봤던 장은 TSMC를 몰아가는 열정과 노동 윤리를 볼 때마다 신선한 충격을 받았다. TSMC의 열정은 세계 최고의 기술력을 갖추겠다는 모리스 창의 이상에서 비롯한 것으로, 그는 1997년 120명에 불과했던 연구개발 인력을 2013년에는 7000명까지 늘리는 엄청난 투자로 자신의 의지를 증명하고 있었다. 이러한 갈망이 회사 전체에 스며들어 있었다. 장의 설명에 따르면 "대만 사람은 훨씬 열심히 일"하고 있었던 것이다. 제조 장비는 최신 팹의 비용 중 상당 부분을 차지하기 때문에 장비 가동을 유지하는 것은 수익성 확보와 직결된 일이다. 장의 말에 따르면 미국에서는 새벽 1시에 뭔가 고장나면 다음 날 아침이 되어서야 엔지니어가 그것을 수리한다. 반면에 TSMC에서는 새벽 2시에 수리가 완료된다. "그들은 불평하지 않고 그 배우자도 불평하지 않는다"[53]는 것이다. 장이 연구개발 책임자로 돌아오면서 TSMC는 극자외선 분야에서 한발 앞서 나갔다. 밤새도록 일할 수 있는 직원을 아무런 문제 없이 찾아낼 수 있었다. 장은 테스트 목적의 극자외선 스캐너 세 대를 TSMC의 가장 큰 시설 중 하나인 팹 12의 한복판에 지어 달라고 요청했다. ASML과의 협력 관계 덕분에 장은 극자외선 장비를 시험하고 개선하면서 아무런 추가 비용도 지불하지 않았다.[54]

TSMC와 마찬가지로 삼성과 인텔, 글로벌파운드리즈 역시 7나노 노드를 준비하면서 극자외선 채택을 고려하고 있었다. 창업 단계부터 글로벌파운드리즈가 번창하고 싶다면 크기를 더 키워야 할 필요가 있다는 것은 분명한 일이었다. AMD의 팹을 물려받은 회사였지만 경쟁사에 비하면 훨씬 규모가 작았던 것이다. 성장을 위해 글로벌파운드리즈는 2010년 싱가포르의 파운드리 업체인 차터드반도체를 인수했다.[55] 몇 년 지나 2014년에는 IBM의 마이크로 전자 기기 사업을 인수해 빅 블루Big Blue에 칩을 제공하기로 약속했다. IBM이 AMD와 같은 이유로 팹리스로 전환한 것이다. IBM 임원들은 컴퓨터 생태계의 미래를 설명하기 위해 한 장의 이미지를 제시했다. 컴퓨터 생태계는 뒤집힌 피라미드 형태로,[56] 뾰족한 밑바닥에는 반도체가 있으며 모든 연산력은 반도체에 의존한다. IBM이 반도체 산업의 성장에 중추 역할을 해 왔던 것은 사실이지만, IBM의 리더들은 칩 생산을 계속하는 것이 재정적으로 비합리적인 일이라고 보았다. 수십억 달러를 들여서 최신 팹을 짓느냐, 아니면 높은 이윤을 남길 수 있는 소프트웨어에 투자하느냐

의 기로에서 그들은 후자를 택했고 반도체 분야를 글로벌파운드리즈에 매각하기로 했다.[57]

이렇게 잇따른 인수에 힘입어 글로벌파운드리즈는 2015년 미국의 다른 어떤 업체보다 큰 파운드리 기업이 되었고, 세계적으로도 손꼽히는 대형 업체 중 하나로 부상했지만, TSMC에 비하면 여전히 피라미였다. 글로벌파운드리즈의 2위 경쟁 상대는 대만의 UMC였는데, 두 회사는 각각 파운드리 시장에서 약 10퍼센트씩 차지하고 있었다.[58] 반면에 TSMC는 파운드리 시장의 50퍼센트 이상을 점유 중이었다. 2015년의 삼성은 파운드리 시장의 5퍼센트를 차지하고 있었을 뿐이지만, 스마트폰 프로세서와 메모리 칩 등 자체 설계한 칩 수요로 인해 세계에서 가장 많은 웨이퍼를 만드는 회사이기도 했다. 반도체 업계는 매달 몇천 장의 웨이퍼를 생산하느냐를 기준으로 생산량을 평가한다. 그렇게 놓고 볼 때 TSMC의 월별 생산력은 180억 장, 삼성은 250억 장인 반면에 글로벌파운드리즈는 70억 장에[59] 지나지 않았다.

언제 어떻게 적용해야 할지에 대한 전략은 각기 달랐지만 TSMC, 인텔, 삼성 모두 극자외선 장비를 도입해야 한다는 확신을 공유하고 있었다. 반면에 글로벌파운드리즈는 자신감이 부족했다. 28나노미터 공정에서도 수율을 끌어올리느라 애를 먹고 있었기 때문이다. 생산 지연으로 인한 위험을 줄이기 위해 글로벌파운드리즈는 14나노 공정을 자체 개발하는 대신 삼성의 기술을 도입하기로 했다.[60] 자체 연구개발에 대한 확신이 있다고 보기 어려운 결정이었다.

글로벌파운드리즈는 자사의 최신 설비인 팹 8에 구매하고 설치했던 여러 대의 극자외선 리소그래피 장비의 작동을 중단했다. 2018년의 일이었다. 글로벌파운드리즈의 극자외선 프로그램은 취소되었다.[61] 더 이상 새로운 첨단 노드의 제작을 하지 않기로 한 것이다. 극자외선 리소그래피를 통한 7나노 공정에는 이미 15억 달러의 개발 비용이 들었고, 앞으로도 본격화하려면 그 정도 비용이 더 들 것으로 예상되었다. 글로벌파운드리즈는 그 싸움에서 빠지기로 했다. TSMC, 인텔, 삼성은 극자외선 장비가 작동할 가능성에 판돈을 걸고 주사위를 던질 수 있을 정도의 재정적 기반을 지니고 있었다. 반면에 중간 규모의 파운드리였던 글로벌파운드리즈는 스스로 7나노 공정을 가능케 할 정도의 여력이 없다고 판단했다. 더 작은 트랜지스터의 생산을 중단하고, 연구개발 비용을 3분의 1로 줄이며, 그간 발생했던 손실을 흑자로 전환하기 위해 노력하겠다는 발표가 뒤따랐다. 첨단 프로세서를 만드는 것은 세계 최대의 칩 제조사가 아니면 낄 수 없을 정도로 큰 비용이 드는 일이 되어 버린 것이다. 글로벌파운드리즈의 실소유주인 페르시아만 석유 부자들의 주머니도 그 돈을 메울 수 있을 정도로 깊지는 않았다. 첨단 로직 칩을 제작할 수 있는 역량을 지닌 회사의 수는 이제 넷에서 셋으로 줄어들었다.

CHAPTER 41

혁신을 망각한 인텔

그래도 미국에는 인텔이라는 믿을 구석이 있었다. 반도체 업계에서 인텔은 비교 불가능한 위상을 가지고 있던 회사다. 물론 반도체 업계의 리더십은 오래전에 잃어버렸다. 앤디 그로브는 2016년 세상을 떠났고, 이제 90대에 접어든 고든 무어는 하와이에서 은퇴 생활을 하고 있지만, D램을 상업화하고 마이크로프로세서를 발명한 그 명성만은 여전히 남아 있다. 혁신적인 칩을 개발하고 그것을 제작해 내는 일에서 인텔보다 나은 이력을 지니고 있는 기업은 존재하지 않는다. 인텔의 x86 아키텍처는 PC와 데이터센터의 산업 표준 자리를 지키고 있다. 거의 모든 사람이 PC를 갖게 된 후 PC 시장은 정체기에 빠졌으나 여전히 인텔에게 두둑한 이익을 안겨 주고 있다. 인텔은 그렇게 확보된 자금을 매년 수십억 달러씩 연구개발에 재투자한다. 2010년대 내내 인텔은 매년 100억 달러 이상을 연구개발에 썼는데, 이 액수는 TSMC의 네 배에 달하며 미국방부 산하 방위고등연구계획국DARPA의 전체 예산의 세 배를 넘는다. 연구개발 비용을 이보다 더 많이 쓰는 회사는 얼마 되지 않는다.

반도체 산업이 극자외선 시대에 돌입하면서 인텔은 다시 한 번 우위를 차지하는 듯했다. 앤디 그로브가 1990년대 초 최초의 2억 달러를 투입했을 때부터 인텔은 극자외선 기술의 출현에 핵심 역할을 수행해 왔다. 이제 수십억 달러에 달하는 투자 끝에 ASML이 그 기술을 현실화할 날이 다가왔고, 인텔에 상당한 몫의 지분이 생겼다. 하지만 인텔은 트랜지스터가 축소되는 이 새로운 시대를 기회로 삼기보다는 주도권을 낭비해 버렸고, 인공지능에 필요한 반도체 아키텍처의 거대한 변화를 놓쳤으며, 그 후 제조 공정을 엉망으로 만들고 무어의 법칙을 지켜 나가는 것도 실패했다.

지금도 인텔은 막대한 수익을 내는 회사로 남아 있다. 인텔은 여전히 미국에서 가장 크고 가장 첨단의 반도체를 만들어 내는 기업이다. 하지만 인텔의 미래는 앤디 그로브가 메모리 칩을 버리고 마이크로프로세서에 모든 것을 걸기로 했던 1980년대 이래 가장 불투명하다. 다가올 5년 동안 선두 자리를 되찾을 수 있을 만한 실탄이 남아 있지만 불발탄으로 끝나고 말지도 모를 일이다. 이것은 단지 한 회사의 운명에 대한 이야기가 아니다. 미국의 반도체 제조 산업의 미래가 걸린 일이다. 인텔이 없다면 첨단 프로세서를 제조할 역량을 가진 미국 기업은 단 하나도 남지 않고, 오직 대만이나 한국만이 그런 일을 할 수 있게 된다.

2010년대의 실리콘밸리에서 인텔은 독보적인 존재였다. 로직 칩 시장에서 규모 있는 미국의 대형 칩 제조사들은 팹을 팔아 버리고 설계에만 집중했다. 인텔의 숙적인 AMD 역시 마찬가지였다. 인텔만이 반도체 설계와 제작을 한 회사에서 완료하는 통합 모델을 완고하게 고수하고 있었다. 인텔 경영진은 그것이 반도체를 양산하는 최선의 방법이라고 여전히 믿고 있었던 것이다. 인텔의 설계와 제조 공정은 서로 최적화되어 있다는 것이 인텔 지도부의 주장이었다. 그에 비해 TSMC는 퀄컴 스마트폰 프로세서부터 AMD 서버 칩까지 모두에 적용될 수 있는 범용 제조 공정을 고수하는 것 외에 다른 선택의 여지가 없었다.

통합 모델에도 일부 장점이 있을 테니 인텔의 판단이 어느 정도 옳았다고 할 수 있다. 하지만 통합 모델에는 분명한 단점이 존재했다. 다양한 여러 회사의 칩을 제작하고 있던 TSMC는 인텔에 비해 매년 거의 세 배 많은 실리콘 웨이퍼를 찍어 내고 있었는데, 그 말은 제조 공정을 갈고닦을 기회가[62] 그만큼 더 많다는 것을 뜻했다. 게다가 인텔은 신생 반도체 설계 업체를 위협으로 보고 있었던 반면에 TSMC는 제조 서비스를 위한 잠재 고객으로 인식했다. TSMC의 기업 가치는 단 하나의 분야 즉 효율적인 반도체 제조에서 나왔기에 TSMC 경영진은 낮은 가격으로 더 많은 최신 반도체를 생산해 내는 일에만 온 신경을 집중할 수 있었다. 반면에 인텔 지도부는 반도체 설계와 반도체 제조 양쪽에 신경을 써야 했다. 그러다가 둘 다 죽을 쑤고 말았다.

인텔의 첫 번째 난관은 인공지능이었다. 2010년대 초, 인텔의 핵심 사업 영역인 PC용 프로세서 시장은 성장이 정체되었다. 오늘날은 게이머들을 제외하고 나면 새로운 모델의 CPU가 나왔다고 해서 컴퓨터를 업그레이드하는 수요가 남아 있지 않다. 사람들 대부분이 자기 컴퓨터 안에 어떤 프로세서가 내장되어 있는지도 잘 신경 쓰지 않는다. 대신에 인텔의 다른 주요 시장인 데이터센터 서버용 프로세서 판매가 2010년대에 폭발적으로 늘어났다. 아마존 웹서비스, 마이크로소프트 애저, 구글 클라우드, 그 외 많은 회사가 거대한 데이터센터 네트워크를 구축하기 시작했다. "클라우드"가 돌아갈 수 있게 해 주는 연산력을 인텔 칩이 제공한 것이다. 오늘날 우리가 온라인에서 주고받는 데이터의 대부분이 이런 회사들 중 한 곳의 데이터센터에서 처리되고 있으며, 그 데이터센터는 인텔 칩으로 가득 차 있다. 하지만 2010년대 초 인텔이 데이터센터 시장을 정복했을 그 무렵, 컴퓨터의 연산력에 대한 수요가 변화하기 시작했다. 새로운 흐름을 주도한 것은 인공지능AI이었다. 하지만 인텔의 주요 칩은 구조적으로 인공지능을 위한 계산에 잘 대응하기 어렵게 설계되어 있었다.

1980년대 이래 인텔은 CPU라고 하는 유형의 칩에 특화해 왔다. CPU는 중앙 처리 장치central processing unit라는 뜻으로, PC에 실린 마이크로프로세서가 한 예다. CPU는 컴퓨터나 데이터센터의 "두뇌" 역할을 한다. 웹 브라우저를 켜거나 마이크로소프트 엑셀을 작동시키는 등 다양한 목적의 업무를 모두 잘 수행할 수 있다.

이는 서로 다른 유형의 계산을 수행할 수 있기 때문인데, 덕분에 CPU는 범용성을 지니지만 단점이 있다. 그 모든 계산을 순차적으로, 한 번에 하나씩 할 수밖에 없다는 것이다.

AI 알고리즘을 범용 CPU에서 작동시키는 일은 불가능하지 않다. 하지만 AI가 필요로 하는 수준의 연산력을 CPU로 제공하려면 말도 안 될 정도로 높은 비용이 든다. 단일 AI 모델을 **학습**시키기 위해 사용하는 칩과 소비하는 전력의 비용은 수백만 달러에 달할 수 있다.[63] (컴퓨터가 고양이를 알아보도록 **훈련**하려면 수많은 개와 고양이 사진을 보여 주면서 둘의 차이를 배우도록 해야 한다. 알고리즘이 더 많은 동물 사진을 요구할수록 사람은 더 많은 트랜지스터를 제공해야 하는 것이다.)

AI는 매번 다른 데이터를 받아서 같은 계산을 반복적으로 수행해야 한다. 그러므로 AI 알고리즘을 학습시키기 위해서는 그러한 계산을 경제적으로 수행할 수 있도록 칩을 특화시키는 방법을 찾아야 한다. 대부분의 회사 알고리즘이 실행되는 데이터센터를 운영하는 아마존이나 마이크로소프트와 같은 빅 클라우드 컴퓨팅 회사들은 칩과 서버를 구입하는 데 연간 수백억 달러를 소비한다. 또 이런 데이터센터가 작동하는 데 필요한 전력 역시 어마어마하게 소비한다. 칩을 최대한 효율적으로 사용하는 방법을 찾아내는 것은 기업들에게 "클라우드" 공간을 파는 데 있어서 매우 중요한 일이다. AI 작업에 최적화된 칩은 더 빨리 작동하면서 데이터센터 공간을 더 적게 차지하고, 그러면서도 인텔의 범용 CPU보다 더 적은 전력을 소비해야 한다.

2010년대 초, 그래픽 칩 설계 회사 엔비디아의 귀에 흥미로운 소문이 들려오기 시작했다. 스탠퍼드의 박사후과정 학생들이 엔비디아의 그래픽 처리 장치GPU를 그래픽이 아닌 다른 목적으로 사용하고 있다는 것이었다. GPU는 인텔이나 AMD의 표준 CPU와는 다른 방식으로 작동하도록 설계된다. CPU는 무한히 많은 용도로 사용 가능하지만 하나의 계산이 끝난 다음에야 다른 계산을 할 수 있다. 반면에 GPU는 많은 계산을 동시에 처리하도록 설계된다. 이러한 구조를 "병렬 처리parallel processing"라 하는데, 병렬 처리가 컴퓨터 게임의 이미지 픽셀 처리 말고도 할 수 있는 일이 많다는 사실이 곧 드러난 것이다. GPU는 AI 시스템을 효율적으로 훈련시킬 수 있다. CPU가 알고리즘에 다수의 데이터를 입력하려면 하나의 처리가 끝날 때까지 기다려야 하지만, GPU는 여러 데이터를 동시에 처리할 수 있기 때문이다. 고양이 이미지를 학습한다면 CPU는 픽셀 하나하나를 처리하는 데 비해 GPU는 많은 픽셀을 동시에 "볼" 수 있는 셈이다. 그리하여 컴퓨터가 고양이를 알아볼 수 있도록 훈련하는 데 필요한 시간이 놀랍게 단축되었다.

그 후 엔비디아는 인공지능에 미래를 걸었다. 창업 초기부터 엔비디아는 칩 제작의 큰 부분을 TSMC에 위탁했다. 대신에 차세대 GPU를 개발하고 엔비디아 칩을 활용할 수 있게 해 주는 프로그래밍 언어인 CUDA를 개선하는 데 온 힘을 기울였다. 투자자들이 데이터센터에 힘을 실어주면서 더 많은 GPU가 필요해졌고, 그에 따라 엔비디아 역시 미국에서 가장 중요한 반도체 회사로 떠올랐다.[64]

엔비디아의 성공은 보장된 미래라고 볼 수 없었다. 구글, 아마존, 마이크로소프트, 텐센트, 알리바바 등 대형 클라우드 기업은 엔비디아 칩을 구입하면서 동시에 인공지능부터 머신러닝까지 그들 각자의 수요에 맞춰 스스로 자체 칩을 설계하기 시작했기 때문이다. 가령 구글은 구글의 텐서플로우TensorFlow 소프트웨어 라이브러리에 최적화된 텐서 처리 장치Tensor processing units, TPU라는 자체 칩을 설계했다. TPU는 아이오와에 소재한 구글 데이터센터에서 사용되고 있다. 사용자는 매달 3000달러만 내면 가장 낮은 사양의 TPU를 사용할 수 있지만, 더 강력한 TPU를 쓰고 싶다면[65] 매달 10만 달러까지 사용료가 높아진다. 클라우드는 마치 천상의 무언가처럼 들리지만 우리의 모든 데이터는 지상의 실리콘 위에 있으며 그 위에는 현실적이고도 값비싼 가격표가 붙어 있는 셈이다.

엔비디아가 됐건 클라우드 센터를 운영하는 대형 IT 기업이 됐건, 그들로 인해 인텔의 데이터센터 시장용 프로세서의 준準독점 판매 시절도 막을 내렸다. 만약 인텔이 새로운 시장을 발굴했다면 독점적 지위를 상실하는 것이 생각처럼 심각한 문제는 아니었을 수도 있다. 하지만 인텔은 2010년대 초 TSMC와 맞대결을 벌이기 위해 파운드리 시장에 숟가락을 얹었다가 큰 코를 다치고 있었다. 인텔은 자사의 제조 공장을 타사에 개방해 반도체 제조 서비스를 제공하고자 했는데, 이는 반도체 설계와 제조를 함께하는 통합 모델이 인텔 경영진의 주장처럼 효율적이지 않다는 것을 조용히 인정하는 것이나 마찬가지였다. 인텔은 앞서가는 기술력과 막대한 생산 역량 등 주요 파운드리 기업이 되기에 충분한 요소를 다 지니고 있었다. 하지만 파운드리 기업이 되는 것은 엄청난 문화적 변화가 필요한 일이었다. TSMC는 지식재산권에 대해 개방적 태도를 취한 반면에 인텔은 폐쇄적이었고 비밀에 집착했다. TSMC는 서비스 중심 기업이었던 반면에 인텔은 고객이 인텔의 규칙을 따라야 한다고 생각했다. TSMC는 스스로 칩을 설계하지 않았으므로 고객과 경쟁할 일이 없었다. 그에 비해 인텔은 거의 모든 기업을 경쟁 상대로 바라보는 반도체 업계의 거인이었다.

2013년부터 2018년까지 인텔 CEO였던 브라이언 크르자니크 Brian Krzanich가 공개적으로 밝혔다. "기본적으로 지난 몇 년 동안 우리의 파운드리 사업은 내가 운영하고 있었"[66]으며, 그러한 노력은 "전략적으로 중요"하다는 것이었다. 하지만 고객들 눈에는 그렇게 보이지 않았다. 고객들은 인텔의 파운드리 사업 운영에서 실망감을 느꼈다. 인텔 내부에서도 파운드리 사업은 주요 사업으로 여기지 않았다. 심지어 저물어 가고 있음에도 불구하고 PC와 데이터센터에 쓰일 칩을 만드는 일은 여전히 높은 수익을 가져다주었고, 새로운 파운드리 사업은 충분한 사내 지원을 받지 못하고 있었다.[67] 그리하여 인텔의 파운드리 사업은 2010년대 내내 단 한 건의 대형 고객을 유치하는 선에 머물고 말았다. 그리고 몇 년 후 문을 닫았다.[68]

2018년, 인텔은 창업 50주년을 맞았으나 먹구름에 싸여 있었다. 시장 점유율이 쪼그라들고 있었기 때문이다. 관료제는 인텔을 멍청한 회사로 만들어 놓았다. 인텔 밖 모든 곳에서 혁신이 벌어지는 중이었다. 인텔의 몰락을 알리는 최종 선고는 무어의 법칙이었다. 인텔이 예정된 생산 공정의 지연을 연거푸 발표하면서 무어의 법칙을 지키지 못하게 된 것이다. 인텔은 지금까지도 무어의 법칙을 다시 유지하기 위해 애쓰고 있지만 노력에 머물고 있다. 2015년 이래 인텔은 10나노와 7나노 제조 공정의 지연을 발표한 반면에, TSMC와 삼성은 앞서가고 있다.

인텔은 무엇이 잘못되었는지 설명하려는 노력조차 크게 기울이지 않았다.[69] 지난 5년여 시간 내내 그저 "일시적인" 제작 지연이라고 발표했을 뿐이다. 기술적 세부 사항은 비밀 유지 서약을 한 직원들 속에 묻혀 버렸다. 반도체 산업에 종사하는 많은 이들은 인텔의 문제가 극자외선 장비의 도입이 늦은 것에서부터 시작한다고 여긴다.[70] 인텔은 극자외선 장비를 개발하는 데 돈과 시간과 노력을 퍼부었지만, 정작 2020년 현재 세상에 존재하는 극자외선 리소그래피 장비 중 절반은 TSMC에 설치되어 있다.[71] 반면에 같은 시기 인텔은 겨우 극자외선 장비를 제조 공정에 도입하기 시작한 수준이다.

2020년대 말, 최첨단 프로세서를 제조할 수 있는 회사는 단 둘, TSMC와 삼성뿐이다. 여기서 미국의 근심이 커지고 있다. 두 나라 모두 같은 지역에 있고, 따라서 같은 이유로 위험에 노출되어 있기 때문이다. 이제 첨단 프로세서 생산은 모두 대만과 한국에서 이루어지며 전 세계의 반도체 수요가 두 나라에 달려 있는데, 이 두 나라는 최근 급부상한 미국의 전략적 경쟁자와 지척에 있다. 바로 좁은 바다 건너편에 있는 중화인민공화국이다.

PART VII

중국의 도전

CHAPTER 42

메이드 인 차이나

"사이버 안보 없이는 국가 안보도 없다." 2014년, 중국 공산당 중앙위원회 총서기 시진핑習近平이 선언했다. "또한 정보 없이는 근대화도 없다."**1** 중국 공산당 초기 지도자 중 한 사람의 아들로 태어난 시진핑은 대학에서 엔지니어링을 공부한 후 중국 정계에서 빠르게 승진했다. 특정 청중이 원하는 대로 보여 주는 카멜레온 같은 능력 덕분이었다. 중국 국가주의자들에게 시진핑의 "중국몽中國夢"은 국가의 부흥과 강대국의 지위를 약속하는 것이었다. 기업가들 앞에서는 경제 개혁을 약속했다. 심지어 몇몇 외국인에게는 마치 본인이 마음속으로는 민주주의를 추구하는 듯한 인상을 주기까지 했다. 시진핑의 첫 집권 이후 그를 다룬 기사에서《뉴요커》는 그가 "중국이 반드시 진정한 정치 개혁을 감행해야 한다는 사실을 절감하는 지도자"[2]라고 밝혔다. 분명한 사실은 단 하나, 시진핑이 정치적 재능을 가진 사람이라는 것뿐이었다. 그의 진심은 꾹 다문 입술과 만들어 낸 미소 아래에 감춰져 있었다.

그 미소 뒤에는 정신을 갉아먹는 불안감이 도사리고 있었고, 그것이야말로 그가 중국 공산당을 지배한 10년간 시진핑의 정치를 이끌어 온 원동력이었다. 가장 큰 위험은 디지털 세계라고 시진핑은 믿었다. 대다수 관측통들은 시진핑이 자신의 디지털 보안을 보장하는 데 있어서는 두려워할 게 별로 없다고 여겼다. 중국 지도자들은 세계에서 가장 효과적인 인터넷 통제 시스템을 갖추고 있으며, 수천여 명의 검열관을[3] 고용해 인터넷의 잡담까지 감시하고 있다. 중국의 방화벽은 거대한 인터넷 세상에서 중국 인민이 접근할 수 없게 만들어 버렸는데, 이는 서구인들이 인터넷을 통해 세계가 자유로운 곳이 되리라고 예상했던 것이 얼마나 잘못된 생각이었는지 생생하게 보여 주는 결정적 사례라 할 수 있다. 시진핑은 인터넷이 민주적 가치를 전파하는 역할을 수행할 것이라는 서구인들의 믿음을 조롱할 수 있을 정도로 온라인을 잘 통제하고 있다는 자신감을 얻었다. 자국민들을 세계에서 가장 유명한 웹사이트인 구글이나 페이스북에 접속하지도 못하게 막아놓은 채, "인터넷은 세계를 지구촌으로 만들어 주었"[4]다고 당당히 밝히고 있으니 말이다. 시진핑이 머릿속으로 그렸던 글로벌 네트워크는 인터넷 초창기 이상주의자들이 꿈꾸었던 것과는 다른 유형이었다. 그는 중국 정부의 힘을 보여 주는 데 이용할 수 있는 네트워크를 원했던 것이다. "우리는 국경 밖으로 나아가 국제적으로 인터넷 교류와 협력을 심화하고, '일대일로'의 건설에 열성적으로 참여해야 한다." 다른 곳에서 그가 한 말이다. 여기서 시진핑은 중국이 건설한 사회 기반 시설을 통해 세계를 끌어들이려는 계획을 밝히고 있는데, 그 기반 시설에는 도로나 교량뿐 아니라 통신 장비와 검열 장비까지 포함된다고 볼 수 있다.

권위주의 정권을 유지하기 위해 디지털 세계에 재갈을 물리는 일을 중국보다 성공적으로 해낸 나라는 없다. 중국은 미국의 빅 테크 기업들마저 굴복시켰다. 구글과 페이스북은 접속 차단되었고 대신에 중국에서 자체 육성한 바이두와 텐센트로 대체되었는데, 이들 기업은 기술적으로 보면 미국 경쟁사에 바싹 따라붙고 있다. 애플이나 마이크로소프트처럼 중국 시장 진출을 허가받은 기업은 베이징의 검열에 협조한다는 조건으로 중국 시장에 들어갔다. 중국은 그 어떤 나라보다 인터넷을 지도자의 뜻에 영합하도록 만들었다. 외국의 인터넷과 소프트웨어 회사들은 공산당이 요구하는 검열 규칙에 순응하거나 중국이라는 광대한 시장을 포기하거나 양자택일을 강요받았다.

그런데 왜 시진핑은 디지털 안보를 근심하고 있었던 것일까? 중국 지도자들은 기술적 역량에 대해 공부하면서 중요한 사실을 알게 되었다. 그들의 인터넷 회사가 덜 중요해 보였다는 것이었다. 중국의 디지털 세계는 0과 1이라는 이진법의 디지털 부호로 이루어져 있고, 거의 대부분이 외국산 반도체에 저장되어 있다. 중국의 빅 테크 기업은 외국산 반도체, 그것도 대부분 미국산 반도체로 가득 찬 데이터센터에 의존하고 있는 것이다. 에드워드 스노든Edward Snowden이 2013년 러시아로 망명하기 전 유출한 문서에 따르면, 미국은 막대한 네트워크 감청 능력을 보유하고 있었고 이는 베이징의 사이버 전사들마저 놀라게 할 정도였다. 중국 기업들은 전자 상거래, 온라인 검색, 디지털 결제 소프트웨어 등을 만들며 실리콘밸리를 모방해 냈다. 하지만 그 모든 소프트웨어는 외국산 하드웨어에 의존하고 있었다. 컴퓨터의 근간을 이루는 핵심 기술을 놓고 볼 때 중국은 한심할 정도로 외국 제품에 의존하고 있었는데, 그 중 다수가 실리콘밸리에서 설계되었으며 거의 대부분이 미국 혹은 미국 동맹국에서 제작되었다.

이것은 용납할 수 없는 위험이라고 시진핑은 생각했다. "그 크기가 얼마나 크건, 시가 총액이 얼마나 높건, 인터넷 기업이 그 핵심 구성 요소에서 외부 세계에 결정적으로 의존하고 있다면, 그 공급망의 '생명줄'은 다른 이들의 손에 쥐어진 것이나 마찬가지다."[5] 시진핑은 2016년 이렇게 선포했다. 시진핑이 가장 우려하는 핵심 기술이 무엇일까? 일단 마이크로소프트 윈도 같은 소프트웨어가 있을 것이다. 중국은 몇 차례나 그것을 대체하기 위해 시도했으나 실패하고 말았다. 하지만 시진핑이 볼 때 더 중요한 것은 중국의 컴퓨터와 스마트폰, 데이터센터를 움직이게 하는 반도체들이었다. 그가 말했다시피 "마이크로소프트의 윈도 운영 체제는 오직 인텔 칩과 짝을 이룬다."[6] 그러니 대부분의 중국 컴퓨터가 제 기능을 하기 위해 미국산 칩을 필요로 하는 것이다.[7] 2000년대와 2010년대, 중국이 가장 많은 돈을 쓴 수입 제품은 석유가 아니라 반도체였다.[8] 강력한 반도체는 중국 경제 성장의 연료가 되는 탄화수소만큼이나 중요한 것이었다. 그러나 석유와 달리 반도체는 중국의 지정학적 경쟁자들이 지배하는 물건이다.

대부분의 외국인이 볼 때 중국이 불안해하는 것은 이해하기 어려운 일이었다. 중국은 이미 수조 달러 가치의 테크 기업들을 낳지 않았던가? 신문 헤드라인은 중국이 곧 세계의 기술을 이끌어 갈 나라 가운데 하나가 될 것이라는 이야기로 늘 도배되고 있었다. 구글 차이나 대표를 역임했던 리카이푸Kai-Fu Lee, 李開復가 쓴 논란의 책《AI 슈퍼파워》에 따르면 중국은 이미 인공지능 분야에서 세계 양대 강국 중 하나로 자리 잡은 지 오래였다. 베이징은 기술을 감시의 목적으로[9] 극대화하면서 AI와 독재주의를 결합한 21세기 혼종을 만들어 냈다. 하지만 중국이 저항의 목소리를 추적하고 소수 인종을 억누르는 데 사용하는 감시 시스템마저 인텔과 엔비디아 같은 미국 기업의 칩이 없으면 작동할 수 없었다.[10] 중국의 그 모든 중요 기술은 언제 깨질지 모르는 외국산 실리콘 위에 서 있는 것이다.

중국 지도자들은 자국에서 더 많은 반도체를 만들어야 한다는 생각에 편집증적일 필요가 없었다. 반도체 해외 의존은 단순히 "공급망 불안정"을 피하는 차원을 넘어서는 일이었기 때문이다. 중국의 이웃 나라들처럼 중국 역시 베이징의 지도자들이 말하는 "핵심 기술" 관련 사업을 해야 더 높은 부가가치를 창출할 수 있다. 전 세계가 의존하지 않을 수 없는 일을 해야 한다는 뜻이다. 그러지 않는다면 중국은 아이폰을 통해 깨닫게 된 저수익의 패턴에 갇혀 버릴 위험이 있었다. 수백만 명의 중국인이 아이폰 조립에 관여하고 있었지만 아이폰이 최종 소비자에게 판매될 때 가장 큰 몫을 가져가는 것은 언제나 애플이었고, 그다음은 아이폰에 담긴 여러 칩을 만드는 회사들의 것이었으니 말이다.

세계가 갈망하는 그런 칩을 만들기 위해서는 어떤 도약을 이루어야 하는가. 중국의 지도자들은 고민했다. 일본, 대만, 한국은 반도체 산업의 복잡한 고부가가치 공급망에 끼어들고자 하는 마음에 반도체 기업에 자금을 퍼부어 주었다. 정부 차원의 지원금뿐 아니라 민간 은행을 압박해 대출하도록 종용했다. 그리고 일본, 대만, 한국은 미국 대학에서 공부하고 실리콘밸리에서 일했던 사람들을 본국으로 끌어들였다. 그다음으로는 해외 기업들과 협업 관계를 맺어 외국 기업으로 하여금 기술 이전을 하거나 현지 인력을 교육시키도록 만들었다. 마지막으로 그들은 외국 참여자들의 갈등을 최대한 활용했다. 실리콘밸리 기업들 사이의 경쟁 구도라든가, 미국과 일본의 무역 갈등을 도약의 발판으로 삼은 것이다. 대만의 실세 장관이었던 리궈딩이[11] TSMC를 만들고 있던 모리스 창에게 말했다. "우리는 대만 반도체 산업을 육성하고자 합니다." 시진핑도 같은 것을 원한다는 사실에 놀랄 필요가 있을까?

CHAPTER 43

"돌격을 외쳐야 한다"

2017년 1월, 시진핑은 스위스의 스키 휴양지 다보스에서 열린 세계경제포럼World Economic Forum에 참석했다. 미국의 도널드 트럼프 대통령이 취임하기 사흘 전에 열린 그 행사에서 시진핑은 중국 경제가 나아갈 바를 제시했다. 시진핑은 "역동적인 혁신 주도형 성장 모델"을 통한 "결과적 윈윈"을 약속했고, CEO와 억만장자로 이루어진 청중은 정중한 박수로 화답했다. "무역 전쟁은 그 누구에게도 승리를 안겨 주지 않습니다."[12] 중국 주석의 발언은 깊게 생각할 필요도 없이 곧 취임을 앞둔 미국의 대통령을 겨냥한 말이었다. 사흘 뒤 워싱턴에서는 트럼프가 충격적일 만큼 공격적인 취임 연설을 내뱉었다. 트럼프는 "다른 나라들이 우리의 제품을 만들고, 우리의 기업을 훔쳐 가고, 우리의 일자리를 파괴하고 있다"라고 비난했다. 그는 무역을 수용하기보다는, "보호주의가 우리를 더 큰 번영과 힘으로 인도할 것"[13]이라고 천명했다.

시진핑의 연설은 세계 지도자들이 비즈니스의 거물들에게 연설할 때 말해야 하는 일종의 미사여구였다. 언론은 경제 개방과 세계화를 옹호하는 시진핑을 트럼프와 브렉시트가 불러온 포퓰리즘의 충격과 대조하느라 여념이 없었다. "시진핑은 미국 대통령 당선인보다 더 미국 대통령처럼 말했다"[14]라고 국제 문제 논평가 이안 브레머Ian Bremmer가 트위터에 올렸다. 《파이낸셜타임스》의 헤드라인은 "시진핑, 세계화를 강하게 옹호하는 연설"[15]이라고 올렸다. 《워싱턴포스트》는 "포퓰리즘의 반동 속에 다보스 포럼 세계 지도자들 세계화의 희망 찾아"[16]라고 크게 띄웠다. 세계경제포럼 회장인 클라우스 슈밥Klaus Schwab은 이 현상을 "세계 공동체가 중국을 바라보고 있다"[17]라고 설명했다.

다보스 포럼에 처음 등장하기 몇 달 전, 베이징에서 열린 한 회의에서 시진핑은 전혀 다른 어조로 중국의 빅 테크 기업과 공산당 지도자들을 질책했다. 회의 주제는 "사이버 안보와 정보화"였고, 화웨이의 창업자 런정페이, 알리바바의 CEO 마윈馬雲, Jack Ma, 인민해방군 고위 연구원들, 중국의 정치 엘리트 거의 전원이 청중으로 앉아 있었다. 시진핑은 중국이 "가급적 최대한 빨리 핵심 기술의 돌파구를 뚫어야 한다"라고 일갈했다. 여기서 말하는 "핵심 기술"이란 반도체를 뜻했다. 시진핑은 무역 전쟁을 하자고 주장하지는 않았지만, 그의 세계관이 무역 평화를 지향하고 있는 것처럼 보이지도 않았다. "우리는 강력한 우방을 만들어 단결된 태도로 전략적 요충지를 공략해야 한다. 우리는 핵심 기술 연구개발의 성채를 공격해야만 한다. 우리는 단지 돌격을 외칠 뿐만 아니라 단결을 외쳐야 하며, 우리의 가장 강력한 협력을 통해 힘을 모아서 돌격대와 특공대를 꾸려 전선을 돌파해야 한다."[18] 알고 보면 트럼프는 억울하게 비난을 받은 셈이다. 경제 정책에 군사적 은유를 사용한 세계 지도자가 트럼프만 있었던 것은 아니었으니 말이다. 세계 2위의 경제 대국을 이끄는 일당제 국가, 반도체 산업은 그들이 감행하는 조직적 돌격에 맞서야 했다.

중국의 지도자들은 자국에서 최신 반도체를 생산하기 위해 시장 경제와 군사적 방법을 혼용했다. 시진핑은 경쟁자들을 감옥에 보내고 마오쩌둥 이후 가장 강력한 지도자가 되었지만, 중국에 대한 그의 지배력은 절대 권력과 거리가 멀었다. 반대자들을 잡아넣을 수 있고 온라인 세상의 가장 구석진 곳에서 떠드는 비판의 목소리마저 검열할 힘이 있는 것은 사실이었다. 하지만 산업 구조 조정부터 금융 시장 개혁까지 시진핑의 경제 정책 중 많은 부분은 여전히 옴짝달싹하지 않은 채로 남아 있었다. 현상 유지를 원하는 공산당 관료[19]와 지방 정부 관료에게 가로막혀 있었던 것이다. 베이징에서 원치 않는 지시가 내려오면 현장의 관료는 마지못해 발걸음을 질질 끌며 따라가는 척 시간을 허비해 버렸다.

시진핑의 군사적 수사는 단지 게으른 관료들을 동원하기 위한 것만은 아니었다. 중국이 차지하고 있는 첨단 기술에서의 지위가 얼마나 불안한 것인지 매년 해가 지날수록 드러나고 있었다.

중국의 반도체 수입은 해마다 증가했다. 반도체 산업은 중국 마음에 들지 않는 방향으로 변화 중이었다. 중국 국무원의 기술 정책 보고서는 이렇게 설명했다. "투자 규모가 급격하게 늘어나고 시장 점유율은 지배적 기업으로 점점 더 쏠리고 있다."[20] 그 지배적 기업이란 TSMC와 삼성을 필두로 한 몇몇 회사로, 이들을 대체하는 일은 갈수록 극히 어려워지고 있었다. 그런데 칩의 수요는 "클라우드 컴퓨팅, 사물인터넷, 빅데이터" 등으로 인해 "폭발"하고 있다는 것이 공산당 지도자들 눈에 들어온 것이었다. 이는 위험한 추세가 아닐 수 없었다. 칩의 중요성은 점점 더 커지고 있는데, 최첨단 반도체의 설계와 생산은 모두 한 줌의 회사들이 장악하고 있으며, 그 모두가 중국 바깥에 있으니 말이다.

중국의 문제는 반도체 제작에서 끝나는 것이 아니었다. 반도체 생산과 관련된 거의 모든 단계마다 중국은 해외 기술에 심각하게 의존하고 있었고, 그 모든 의존 관계는 중국의 지정학적 경쟁자인 대만, 일본, 한국, 혹은 미국으로 향하고 있었다. 반도체를 설계하기 위해 필요한 소프트웨어 도구는 미국 기업이 독점하고 있었다. 조지타운대학교 안보와 신기술센터Center for Security and Emerging Technology에서[21] 학자들을 상대로 수집한 자료에 따르면, 반도체 설계 프로그램 세계 시장에서 중국이 차지하는 비중은 1퍼센트도 채 되지 않았다. 많은 칩을 설계하는 트랜지스터 패턴의 구성 요소인 핵심 지식재산의 경우에도 중국의 시장 점유율은 2퍼센트다. 나머지 대부분은 미국 아니면 영국이다. 중국은 세계의 실리콘 웨이퍼와 칩 제조에 필요한 소재의 4퍼센트를 공급한다. 또 반도체 제조에 사용되는 장비에서는 1퍼센트, 반도체 설계 시장에서는 5퍼센트를 차지한다. 반도체 제조 사업에서는 단 7퍼센트의 시장 점유율을 차지하고 있다. 하지만 이 제조 시장은 고부가가치의 첨단 기술과 무관한 영역이다.

반도체 공급망 전체를 놓고 볼 때 반도체 설계, 지식재산, 장비, 제조, 기타 다른 단계 등을 종합해 보면 중국 기업은 6퍼센트의 시장을 차지하고 있었다. 반면에 조지타운대학교의 연구자들에 따르면 미국은 39퍼센트, 한국은 16퍼센트, 대만은 12퍼센트를 차지하고 있었다. 중국에서 생산되는 거의 모든 칩은 다른 어디에서도 만들 수 있는 것들이었다. 그러나 첨단 로직 칩, 메모리 칩, 아날로그 칩의 경우 중국은 미국의 소프트웨어와 설계, 미국, 네덜란드, 일본의 기계 장치, 한국과 대만의 제조에 결정적으로 의존하고 있다. 시진핑이 근심에 빠진 것은 전혀 놀랄 일이 아니다.

중국의 테크 기업들은 클라우드 컴퓨팅, 자율 주행차, 인공지능 등의 사업 영역으로 깊숙하게 밀고 들어갔다. 그에 따라 반도체 수요가 늘어날 것은 거의 자명한 일이었다. 서버용 x86 칩은 여전히 데이터센터의 주력으로 남아 있으며, 또 여전히 AMD와 인텔이 지배하고 있다. 상업적으로 경쟁력 있는 GPU를 만드는 중국 기업이 없는 관계로 중국은 그런 칩을 엔비디아와 AMD에 의존해야 한다.[22] 중국은 베이징 후원자들의 약속과 중국 정부의 희망에 따라 인공지능 분야에서 점차 초강국이 될수록, 중국이 스스로 반도체를 설계하고 제작할 방법을 찾지 않는 한 외국산 반도체에 대한 의존은 더 커질 수밖에 없었다. "돌격대와 특공대를 꾸려 전선을 돌파해야 한다"는 시진핑의 요구는 실로 절박한 것일 수밖에 없었다. 중국 정부는 "중국제조 2025"라는 계획을 수립했다. 2015년 현재 85퍼센트에 달하는 반도체 수입 비중을 2025년에는 30퍼센트까지[23] 줄이는 것이 그 내용이었다.

물론 중화인민공화국이 수립된 이래 모든 지도자가 중국에 반도체 산업을 건설하고자 했다. 마오쩌둥은 문화혁명을 통해 모든 노동자가 스스로 트랜지스터를 만드는 세상을 꿈꾸었지만 실패로 돌아갔다. 그로부터 수십 년 후 중국 지도자들은 리처드 창을 통해 SMIC를 만들고 "주님의 사랑을 중국에도 전하고자" 했다. 리처드 창은 쓸 만한 파운드리를 만들어 냈지만 제대로 돈벌이를 하지는 못했고 TSMC로부터 연이어 지식재산권 소송을 당하며 고통받았다. 결국 창은 쫓겨났고 민간 투자자들 역시 중국 정부에 지분을 내놓게 되었다.[24] 2015년에는 중국 공업정보화부 전직 관료가 SMIC의 새로운 회장으로 지명되면서 SMIC와 중국 정부의 관계를 분명히 했다. 이후 SMIC가 생산력에서 TSMC를 앞서는 일은 벌어지지 않았다.

하지만 중국 기업을 놓고 본다면 SMIC는 상대적으로 성공한 반도체 기업이라 할 수 있었다. 중국이 보유한 다른 파운드리 기업인 화훙과 그레이스는 아주 작은 시장 점유율만 갖고 있었고, 그나마도 국영 기업 및 지방 정부가 직접 통제하는 사업 영역의 주문을 통해 나오는 것이었다. 한 중국 파운드리 기업의 전직 CEO에 따르면, 모든 중국 지방 정부 수장은 자신이 관할하는 지역에 칩 생산 설비를 짓기를 원했다. 겉으로는 보조금을 제시하며 자기 관할에 반도체 공장을 짓도록 하지만 은근한 협박도 잊지 않는다고 설명했다. 그러다 보니 중국의 파운드리 기업은 전국 곳곳에 소규모 시설을 깔아두는 경우가 많았고,[25] 그로 인해 비효율이 뒤따랐다. 외국인들은 중국 반도체 산업에 엄청난 잠재력을 보았지만, 재앙과 같은 기업 지배 구조와 업무 프로세스가 어떻게든 먼저 해결되어야만 한다. 한 유럽 반도체 기업의 임원은 이렇게 설명했다. "중국 기업에서 '합자 회사를 합시다'라고 말하면, 저는 '돈을 잃어봅시다'라는 뜻으로 받아들입니다."[26] 중국과의 합작 투자는 대체로 정부 보조금에 중독된 채 제대로 된 신기술은 거의 만들어 내지도 못하는 결말을 맞게 마련이었다.

2000년대 중국은 보조금 전략을 썼지만 중국에 첨단 반도체 산업을 세우지 못했다. 하지만 아무것도 하지 않고 외국 반도체 산업에 의존하는 것은 정치적으로 용납될 수 없는 일이었다. 그리하여 2014년 초 베이징은 반도체 지원금을 두 배 늘리기로 결정했다. 반도체 산업의 새로운 약진을 위한, 이른바 "빅 펀드Big Fund"를 제시한 것이다. 이 펀드의 핵심 "투자자"는[27] 중국 상무국과 국가 소유의 중국개발은행을 비롯한 여러 국영 기업이었다. 여기에는 국가연초전매국China Tabacco 및 베이징, 상하이, 우한 지방 정부의 투자 기관들도 포함되어 있었다. 일각에서는 새롭게 등장한 국가 주도 "벤처 캐피털"의 출현을[28] 환호했으나, 국가가 소유한 국영 담배 회사로 하여금 집적회로 생산에 투자하도록 한 결정은 실리콘밸리 벤처 자본이 작동하는 방식과 한참 거리가 멀다고 볼 수밖에 없는 것이었다.

중국의 반도체 산업에 더 많은 돈이 필요하다는 사실만큼은 베이징에서도 제대로 파악하고 있었다. 2014년, "빅 펀드"가 시작될 무렵 첨단 팹의 가격은 100억 달러를 호가했다. SMIC는 2010년대 내내 한 해 수익이 수십억 달러에 지나지 않아서 TSMC의 10분의 1에도 못 미치는 수준이었다. 민간 영역의 투자만으로는 TSMC의 투자 계획을 따라잡을 수가 없을 터였다. 이런 도박을 하기 위해 정부가 나설 수밖에 없었다.[29] 지출의 대부분이 지방 정부와 국영 은행의 불투명한 장막 뒤에서 벌어졌기 때문에 중국이 반도체 보조금으로 얼마를 "투자"했는지 정확히 추산하기란 어려운 일이지만, 수백억 달러에 달할 것이라는 관측이 지배적이다.

하지만 중국은 약점을 안고 있었다. 중국 정부는 실리콘밸리와 관계를 형성하는 대신에 끊어 버려야 한다는 의지로 가득 차 있었기 때문이다. 일본, 한국, 네덜란드, 대만이 반도체 생산 공정의 중요 단계를 독점하는 결과에 이를 수 있었던 것은 미국 반도체 산업과 긴밀하게 연결되었던 덕분이다. 대만의 파운드리 산업은 미국의 팹리스 기업이 있었기 때문에 그토록 성장할 수 있었고, ASML의 첨단 리소그래피 장비는 샌디에이고에서 보조금을 받는 기업이 만들어 내는 전문적인 광원 생성 장비가 아니면 작동할 수 없는 것이었다. 종종 무역 분쟁이 발생하지만 이들 나라는 모두 유사한 이해관계와 세계관을 공유하고 있었으므로, 반도체 설계, 장비, 제조에서 서로 의존하는 것은 세계화된 생산의 효율을 누리기 위해 치러야 할 합리적 대가로 볼 수 있었다.

만약 중국이 이 생태계에 참여해 더 큰 몫을 가져가고자 했다면 중국의 야망은 아주 수월하게 달성할 수 있었을 것이다. 하지만 베이징의 목표는 미국과 그 우방이 만들어 낸 시스템 속에서 더 나은 자리를 차지하는 것이 아니었다. 시진핑은 "성채를 공격하라"고 외쳤고, 이것은 시장 점유율을 조금 더 끌어올리라는 말이 아니었다. 반도체 산업에 통합되는 게 아니라 반도체 산업을 다시 만들어야 한다는 요구였다. 어쩌면 중국에도 세계 반도체 시장에 좀 더 깊숙이 통합되는 쪽을 선호한 경제 전략가나 반도체 산업 전문가가 있었을지 모르겠다. 하지만 효율보다 안보를 중요시하는 베이징의 지도자들은 상호 의존 관계를 위협으로 간주했다. '중국제조 2025' 계획은 경제적 상호 의존이 아닌 그 반대의 방향을 가리키고 있었다. 바로 수입 반도체에 대한 의존도를 끌어내려야 한다는 요구였다.[30] '중국제조 2025' 계획의 우선 목표는 중국에서 사용되는 외국산 반도체의 비중을 줄이는 것이었다.

이것은 무역의 이동과 세계 경제를 탈바꿈시키려는 위협적인 경제관이었다. 페어차일드가 홍콩에 첫 설비를 차린 이후, 반도체는 세계화 경제에 일조하고 있었다. 반도체 공급망을 다시 만들겠다는 중국의 구상을 돈으로 환산해 보면 어안이 벙벙해질 정도다. 2017년, 시진핑이 다보스 포럼에 등장했던 그해, 중국은 2600억 달러어치의 반도체를 수입했는데, 이는 사우디아라비아의 석유 수출액이나 독일의 자동차 수출을 훨씬 뛰어넘는 규모였다. 중국이 반도체 수입에 쓰는 돈은 전 세계의 비행기 판매액보다 컸다. 세계 무역에서 반도체보다 중요한 위치에 있는 제품은 존재하지 않았다.

중국의 반도체 구상이 실현된다면 실리콘밸리의 이익만 무너지는 게 아니었다. 중국의 반도체 내수화 계획이 성공한다면 중국 주변에 자리 잡고 있는 수출 주도형 국가들은 더 심한 고통을 당하게 될 것이었다. 2017년 현재 집적회로는 한국의 수출 총액 중 15퍼센트, 싱가포르의 수출 총액 중 17퍼센트, 말레이시아의 수출 총액 중 19퍼센트, 필리핀의 수출 총액 중 21퍼센트, 대만의 수출 총액 중에서는 36퍼센트를 차지하고 있었다. '중국제조 2025'는 이 모든 현실에 물음표를 던지는 것이었다. 세계에서 가장 치밀하고 촘촘한 공급망과 무역 이동이 걸려 있었다. 전자 제품 공급망은 지난 50년간 아시아의 경제 성장과 정치적 안정을 떠받쳐 왔던 것이다.

물론 '중국제조 2025'는 계획에 지나지 않았다. 정부가 세운 계획이라 해도 때로는 처참하게 실패한다. 첨단 반도체 제조라는 목표를 두고 중국이 거둔 성적은 인상적이라 하기에 턱없이 부족한 것이었다. 엄청난 정부 보조금, 국가 도움을 받아 수행되는 외국 산업 기밀 유출, 외국 기업을 마음대로 굴복시킬 수 있는 세계에서 두 번째로 큰 소비 시장 등, 중국은 반도체 산업의 미래를 바꿔 놓을 수 있는 막강한 무기를 두루 갖추었다. 세계의 무역 이동을 뒤바꾸는 이 엄청난 전환을 실제로 수행할 수 있는 나라가 단 하나 있다면 그것은 바로 중국이어야 할 터였다. 중국과 가까운 나라 중에는 베이징이 실제로 성공을 거둘 수도 있다는 예측까지 나왔다. 대만의 테크 업계에서는 한때 대만이 지배하고 있던 고부가가치 전자 부품 산업을 중국 기업이 비집고 들어올지 모른다며,

"붉은 공급망red supply chain"**31**에 대한 우려가 나오기 시작했다. 반도체가 그다음이 되리라는 것은 어렵지 않게 예상 가능한 일이었다.

시진핑은 중국 정부와 국영 기업을 향해 "핵심 기술 연구개발의 성채를 공격"하라고 요구했다. 동아시아인의 간담을 서늘하게 한 이 발언의 충격은 서구에도 전달되었다. 도널드 트럼프의 보호무역주의 옹호 발언이 수백만 번 리트윗되었지만, 베이징은 계획적으로 강력한 수단을 동원해 지난 40년간 중국의 경제를 바꿔 놓고 기술 역량을 확충하며 세계를 놀라게 해 온 이력이 있었다. 반도체 독립의 구상은 세계화의 종말을 약속하는 것이었다. 세계에서 가장 널리 거래되며 가장 가치 높은 상품의 생산을 뒤바꾸겠다는 것이었다. 2017년 다보스 포럼에서 시진핑은 진부하기 짝이 없는 연설을 했다. 하지만 그에게 박수를 보내던 청중 중 그 이면에는 심지어 포퓰리스트 도널드 트럼프마저 상상하지 못했던 과격한 세계 경제 개편의 구상이 담겨 있다는 것을 알아차린 사람은 아무도 없었다.

CHAPTER 44

기술 이전

"만약 중국 같은 나라라면, 13억 인구를 가진 그런 나라라면 IT 산업을 원하지 않겠습니까." IBM의 CEO 지니 로메티Ginni Rometty가 2015년 중국개발포럼China Developemt Forum에서 청중을 향해 한 말이다. 중국 정부가 베이징에서 매년 개최하는 행사장에서 그는 이렇게 말했다. "어떤 회사는 그걸 두렵게 여길 수도 있습니다. 우리는, 하지만, IBM은 … 더 큰 기회로 봅니다."**32** 미국의 모든 테크 기업 중 IBM만큼 미국 정부와 밀접한 관계를 유지해 온 곳은 없었다. 거의 한 세기에 걸쳐 IBM은 미국에서 가장 민감한 국가 기밀 사안을 담는 최신 컴퓨터 시스템을 공급해 왔다. IBM 직원은 펜타곤 관료 및 미국 정보 요원과 깊은 개인적 관계를 맺곤 했다.

에드워드 스노든이 모스크바로 망명하기 전 훔쳐서 유출한 미국의 대외 첩보 작전에 대한 문서들에 따르면, IBM이 미국의 사이버 염탐질과 연루되어[33] 있으리라 의심하는 것은 그리 이상한 일이 아니었다.

스노든의 폭로 이후 IBM의 중국 내 판매는 20퍼센트가량 폭락했다. 중국 기업이 서버나 네트워킹 장비를 다른 업체에서 구입하고자 했기 때문이다. IBM의 최고재무책임자CFO 마틴 슈뢰터Martin Schroeter는 투자자들에게 "중국은 아주 중요한 경제 개혁을 이행 중"[34]이라고 말했는데, 이는 중국 정부가 IBM의 판매를 제한함으로써 IBM을 혼내고 있다는 내용을 세련되게 돌려서 표현한 것이었다. 로메티는 베이징에 반도체 기술이 담긴 평화의 올리브 나무 가지를 건네기로 결정했다. 2014년 이후 그는 연이어 중국을 방문하며[35] 리커창李克强 총리, 왕안순王安順 베이징 시장, 중국 반도체 산업을 끌어올려야 할 책임을 개인적으로 떠안고 있던 마카이馬凱 부총리 등을 연이어 면담했다. 〈로이터〉의 보도에[36] 따르면, IBM이 "빅 테크 기업이 현지와의 협력, 향후 공존, 정보 보안에 헌신하고 있음을 강조하기 위한" 목적으로 로메티 회장의 베이징 방문을 추진했다고 밝혔다. 중국 국영 통신사인 〈신화통신〉은 로메티와 마카이가 "집적회로 개발에서 협력을 강화"[37]하는 방안을 논의했다며, 그 방문으로 양측이 무엇을 주고받았는지 노골적으로 밝혔다.

반도체 자급자족을 향해 속도를 내는 베이징의 핵심 관심사 중 하나는 서버용 반도체였다. 2010년대 중반은 세계 각지의 데이터센터가 대부분 x86 명령어 집합 체계에 기반한 칩을 사용하고 있었다. 아직은 엔비디아의 GPU가 시장 점유율을 끌어올리기 전이었다. x86 칩을 생산하기 위해 필요한 지식재산권을 보유한 회사는 단 세 곳이었다. 바로 미국의 인텔, AMD, 그리고 비아테크놀로지스Via Technologies라는 대만의 작은 회사였다. 하지만 사실상 인텔이 시장을 지배하고 있었다. IBM의 "파워" 칩은 한때 기업용 서버 시장에서 큰 비중을 차지하고 있었으나 2010년대부터 설 곳을 잃었다. 일부 연구자들은 모바일에서 인기를 끌고 있는 암Arm의 아키텍처가 향후 데이터센터에서도 중요하게 사용될 수 있다고 보았지만, 당시 암 기반의 칩은 서버 시장에서 아주 적은 비중을 차지하고 있었다.[38] 아키텍처와 무관하게 중국은 사실상 경쟁력 있는 데이터센터 칩을 생산할 수 있을 만한 국내 역량을 가지고 있지 못했다. 중국 정부는 이 기술을 차지하기 위해 미국 기업을 압박하여 중국 협력사에 기술을 이전하도록 할 계획이었다.

서버용 반도체 시장을 지배하고 있던 인텔로서는 데이터센터용 프로세서 판매에서 베이징과 거래를 터야 할 유인 동기가 별로 없었다. (하지만 인텔은 그들의 자리가 취약한 모바일 칩과 낸드 메모리 칩 분야에서 중국 정부의 후원을 받는 기업과 지방 정부들과 별도의 계약을 추진하고 있었다.) 반면에 데이터센터 시장 점유율을 인텔에게 빼앗긴 미국의 칩 제조사들은 상대 우위를 누릴 수 있는 빈 땅을 찾기 위해 혈안이 되어 있었다. IBM의 로메티는 베이징의 귀를 솔깃하게 할 만한 전략을 들고 나타났다. 칩과 서버를 중국 고객에게 판매하는 대신 IBM은 반도체 기술을 중국 협력사에 제공하고 협력사가 "현지와 세계 시장에서 통용되는 컴퓨터 시스템을 직접 만들 수 있도록 생기 있는 새로운 생태계를 조성"[39]할 수 있게끔 하겠다는 것이었다. 중국 시장에 접근하기 위해 기술을 거래의 대상으로 삼겠다는 IBM의 결정은 사업적 측면에서 볼 때 합리적이었다. IBM의 기술은 언제나 2등급으로 취급받아 왔고, 베이징의 허가가 없다면 스노든의 폭로 이후 줄어든 시장 점유율을 회복할 길이 없었기 때문이다. 이전에도 IBM은 글로벌 비즈니스의 무게 중심을 하드웨어 판매에서 서비스 판매로 옮겨 왔다. 그러니 반도체 설계에 대한 접근을 허락하는 것은 논리적으로 타당한 결정이었다.

하지만 중국 정부의 관점에서 볼 때 이 협력 관계는 비즈니스만의 문제가 아니었다. 《뉴욕타임스》의 보도에 따르면, IBM과의 협업에서 새로운 반도체 기술을 접하게 된 사람 중에는 쉔창시안Shen Changxiang이 포함되어 있었다. 그는 중국의 핵미사일 사이버 보안을 담당했던 인물이었다. 불과 한 해 전만 해도 쉔은 미국 기업과 일하는 것이 "큰 안보 위험"[40]을 초래할 것이라 경고한 바 있었다. 그랬던 그가 이제는 반도체 기술을 넘기고 베이징의 반도체 전략과 중국의 국익 증진에 협조하겠다는 IBM의 제안에 따라 협업하는 자리에 온 것이었다.

중국 기업이 데이터센터용 칩을 개발하는 것을 돕겠다고 나섰던 회사는 IBM만이 아니었다. 비슷한 시기 스마트폰용 칩에 특화된 기업 퀄컴 역시 암 아키텍처를 이용한 데이터센터용 반도체 사업의 활로를 뚫고자 했다. 그 무렵 퀄컴은 중국 기술에 스마트폰 칩 기술 라이센스 요금을 깎아 보려는 중국 규제 당국과 실랑

이를 벌이고 있었다. 그 지식재산권 사용료는 퀄컴의 주요 매출원이었고[41] 중국은 퀄컴 칩의 최대 시장이었으니, 중국이 퀄컴을 상대로 대단히 유리한 위치에 서 있었다고 볼 수 있다. 그러니 퀄컴이 베이징과의 가격 분쟁을 종결지은 직후 화신퉁華芯通반도체라는 한 중국 회사와 합작 투자에 동의한 것을 두고 몇몇 분석가는 우연의 일치라고 보지 않았다. 화신퉁은 첨단 반도체 설계의 이력이 전혀 없는 회사였고[42] 본사가 구이저우성貴州省에 있었는데, 반도체 산업 분석가들에 따르면 당시 구이저우성은 천민얼陳敏爾이라는 공산당의 떠오르는 유력 인사가 행정을 책임진 곳이기도 했다.

퀄컴-화신퉁 합작 투자는 오래 가지 못했다. 별다른 소득 없이 2019년 막을 내리고 말았다. 하지만 일부 전문 지식과 기술이 다른 중국 기업으로 이전되어 암 기반의 데이터센터 칩을 만드는 데 사용되고 있다는 것이 드러났다. 가령 화신퉁은 파이티움Phytium 이라는 암 기반 칩을 만드는 또 다른 중국 기업과 합작하여 에너지 효율이 높은 칩을 개발하는 컨소시움을 구성했다.[43] 적어도 한 명 이상의 반도체 설계자가 2019년 화신퉁을 떠나 파이티움에 들어 갔는데, 훗날 미국은 파이티움이 초음속 미사일 같은 첨단 무기 시스템을 개발하는 일에 협력하고[44] 있다는 의혹을 제기한 바 있다.

기술 이전의 사례로 가장 큰 논란을 불러일으킨 곳은 바로 인텔의 숙적 AMD와 관련되어 있었다. 2010년대 중반, PC와 데이터센터 시장을 인텔에 빼앗기면서 AMD는 재정적으로 곤란을 겪고 있었다. 곧 망할 위기에 직면했던 적은 없지만, 망해 버릴 가능성이 전혀 없는 상태였던 적도 없었다. AMD는 새로운 제품을 출시하기 전까지 시간을 벌 수 있을 정도의 현금이 필요했다. 가령 2013년 텍사스 오스틴의 본사 건물을 매각한 것은 그런 이유 때문이었다. 2016년에는 한 중국 기업에 반도체 조립, 테스트, 패키지 설비의 지분 85퍼센트를 매각했다. 말레이시아 페낭, 중국 쑤저우蘇州에 산재한 설비가 도합 3억7100만 달러에 달했다. AMD는 그 설비들이 "세계적 수준"[45]이라고 묘사했다.

같은 해 AMD는 중국 기업 및 정부 기관과 컨소시엄을 구성하고[46] 중국 시장을 겨냥해 개조된 x86 칩을 생산 허가해 주기로 했다. 그 계약은 반도체 업계와 워싱턴에서 큰 논란을 불러일으켰지만 미국 전략 자산의 해외 이전을 감시하는 미국 정부 기구인 CFIUS의 승인을 필요로 하지 않는 방식으로 구성되어 있었다. AMD는 상무부 내에서 유사한 심사를 담당하던 기관을 통해 기술 이전 허가를 받았는데, 반도체 업계의 평가에 따르면 상무부는 "마이크로프로세서, 반도체, 중국에 대해 아무것도 모르는"[47] 집단이었다. 이 거래에 대해 인텔은 지속적으로 정부에 경고를 보냈다. 미국의 국익을 침해하고 있으며 인텔의 사업에도 위협이 될 수 있다는 것이었다. 하지만 정부는 AMD의 행보를 막을 수 있는 직접적인 수단을 갖고 있지 못했고, 결국 거래는 최종적으로 성사되었다. 이 거래는 의회와 펜타곤의 분노를 불러일으켰다.

AMD가 계약을 마치고 나서 "젠Zen"이라는 새로운 프로세서 시리즈가 시장에 출시되었다. 젠 시리즈는 큰 성공을 거두며 두둑한 수익을 안겨 주었기 때문에 AMD는 더 이상 라이센스 계약에서 나오는 돈에 의존하지 않게 되었다.[48] 하지만 이미 중국과의 합작 회사를 통해 많은 기술이 넘어간 상태였다. 《월스트리트저널》은 여러 편의 특집 기사에서[49] AMD가 "핵심 기술crown jewel"과 "미래 성장 동력keys to the kingdom"을 팔아 치웠다고 주장했다. 반도체 업계 일각에서는 새로운 칩이 사실상 AMD의 설계를 개량한 것에 지나지 않으며[50] 《월스트리트저널》은 여러 편의 특집 기사에서, 합작 회사 설립 등은 마치 중국 기업이 AMD의 기술을 이전받아 중국에서 자체 설계를 하고 있는 것처럼 중국 정부에 보고하기 위한 용도에 지나지 않는다는 분석을 내놓기도 했다. 영어권 언론은 AMD의 기술 이전을 사소한 라이센스 계약처럼 묘사하고 있던 반면에 중국의 저명한 반도체 전문가들은 해당 계약이 "핵심 기술"을 지배하려는 중국의 노력을 뒷받침하는 것으로, "우리는 더 이상 외국에 코를 꿸 필요가 없다"고 국영 언론에서 떠들었다. AMD의 기술 이전 계약에 반대했던 펜타곤 관료들은 AMD가 법의 조문을 철저하게 따랐다는 점에는 동의하지만 AMD 옹호자들이 말하는 것처럼 그 기술 이전이 무해한 것인지는 확신할 수 없다고 했다. "저는 우리가 AMD로부터 그 일의 전모를 다 들었는지에 대해 여전히 회의적입니다." 펜타곤의 한 전직 관료가 말했다. 《월스트리트저널》은 그 합작 회사에 수곤Sugon, 中科曙光이 참여하고 있다고 보도했다. 수곤은 중국의 슈퍼컴퓨터 제조 회사로 "중국의 국방과 안보에 기여"하는 것을 "근본 사명"으로 여기는 회사였다. 최근 2017년 AMD가 내놓은 보도자료에서도 수곤을 "전략적 파트너"로 언급했으며, 이는 워싱턴으로부터 의혹의 눈길을 받기에 충분했다.[51]

분명한 건 수곤이 세계 최고의 슈퍼컴퓨터를 만들고 싶어 한다는 것이었다. 2021년 상무부 장관 지나 러몬도Gina Raimondo가 설명한 바에 따르면, 그러한 슈퍼컴퓨터의 주된 용도는 "핵무기와 초음속 무기"[52]를 개발하는 것이다. 중국 군사 전문가인 엘사 카니아Elsa Kania에 따르면 수곤은 인민군과의 관계를 홍보 요소로 내세우고 있다.[53] 트럼프 행정부가 수곤을 블랙리스트에 올려 AMD와의 관계를 단절한 뒤에도, 반도체 업계 분석가 안톤 쉴로프Anton Shilov에 따르면 수곤의 회로 기판에서 구입할 수 없는 유형의 AMD 칩을 발견했다. AMD는 문제가 될 만한 기기의 기술 지원을 하고 있지 않으며 수곤이 어떻게 그런 칩을 입수했는지는[54] 알지 못한다고 언론에 해명했다.

반도체 기업에게 중국은 너무도 탐나는 시장이어서 기술 이전의 유혹을 뿌리치는 것은 거의 불가능한 일이었다. 몇몇 기업은 심지어 중국 지사의 통제권을 통째로 넘길 것을 제안받기도 했다. 2018년, 영국의 반도체 설계 회사인 암은 중국 지사 지분의 51퍼센트를 투자자들에게 매각하고 49퍼센트를 자사가 보유했다. 그보다 두 해 전 암은 일본 기업 소프트뱅크에 인수되었는데, 소프트뱅크는 중국 기술 스타트업에 수십억 달러를 투자한 상태였다. 그러므로 소프트뱅크로서는 투자 성공을 위해 중국의 규제 조치가 자사에 유리하게 작동하기를 바라지 않을 수 없었을 것이다. 소프트뱅크는 미국 규제 당국의 정밀 조사에 직면했다. 미국은 소프트뱅크가 중국과 맺고 있는 관계가 베이징의 정치적 압력에 취약해질 수 있다고[55] 보았던 것이다. 소프트뱅크는 2016년 암을

400억 달러에 인수했지만 암의 전 세계 매출 중 5분의 1을 차지하는 중국 지사의 지분 51퍼센트를 고작 7억7500만 달러에 팔아 버렸다.[56]

암 차이나를 분리해 버린 결정의 논리는 무엇이었을까? 소프트뱅크가 중국 정부로부터 압력을 받아 암 중국 지사를 매각했다는 분명한 증거는 어디에도 없다. 암의 경영진은 매각의 논리를 이렇게 설명하고 있었다. 《니케이아시아》와의 인터뷰에서 암의 임원 중 한 사람이[57] 말한 바에 따르면, "중국 군대나 중국의 감시 기구를 위해 〔시스템 온 칩〕 반도체를 만들 때, 중국은 그런 과정이 중국 내에서만 이루어지기를 원합니다. 이런 새로운 합작 회사는 그런 걸 만들 수 있죠. 과거에는 우리가 할 수 없던 일입니다." 그의 설명이 계속됐다. "중국은 보안과 통제 가능성을 원합니다. 궁극적으로 중국은 자신들의 기술을 통제하고 싶어 하지요. … 우리가 가져간 기술을 기반으로 그런 결과가 나온다면, 우리도 혜택을 볼 겁니다." 이 설명에 깔린 상업적 논리는 더할 나위 없이 명료하지만 국가 안보 차원에서 보자면 소름 끼치는 말이다. 소프트뱅크를 규제하는 일본 관료든, 암을 규제하는 영국 관료든, 암의 지식 재산 중 상당 부분을 관할하는 미국의 관료든, 이 사안에 대해 더 파고들어 간 이는 아무도 없었다.

반도체 회사들로서는 세계에서 가장 큰 반도체 시장을 외면할 수 없었을 것이다. 물론 칩 제조사들은 그들의 핵심 기술을 목숨 걸고 지키려 든다. 하지만 거의 모든 반도체 회사는 핵심 기술이 없다. 그들이 주도하는 특정 분야를 가지고 있지 못하기 때문에 적당한 가격만 지불하면 자신의 기술을 남과 기꺼이 나누려 드는 것이다. 게다가 기업이 시장 점유율을 잃고 있거나 재정적 필요에 쫓길 때면 장기 목표에 집중하는 것은 그저 사치에 지나지 않는다. 중국은 그런 틈을 파고들어 외국 반도체 기업이 기술을 이전하고, 생산 설비를 개방하거나 지식재산권 라이센스를 허가하도록 한다. 반도체 기업은 호랑이 새끼를 키우고 있다는 것을 알면서도 그런 선택을 하게 되는 것이다. 반도체 기업으로서는 월스트리트보다 중국에서 자금을 끌어오는 게 더 쉬울 때가 많을 정도다. 중국 자본을 받아들이는 것은 그 나라에서 사업을 하기 위해 필수 불가결한 조건이 된 것이다.

기업의 눈으로 보자면 IBM, AMD, 암이 중국에서 맺은 계약은 그 나름대로 합리적인 비즈니스 논리를 따르고 있었다. 하지만 모아 놓고 보면 기술 유출의 위험을 키운 행동들이다. 미국과 영국의 칩 아키텍처와 설계는 대만의 반도체 팹만큼이나 중국의 슈퍼컴퓨터 프로그램 개발의 핵심 역할을 수행한다. 10년 전과 비교해 보면 중국은 데이터센터 건설에 필요한 반도체 설계와 생산에서 해외 의존도가 현저히 낮아졌다. 비록 첨단 칩을 생산하는 단계에는 여전히 못 미치고 있으나 옛날처럼 뒤처져 있지는 않다. 중국과의 기술 이전 협약이 "큰 기회"라는 IBM의 CEO 지니 로메티 말은 맞는 말이었다. 문제는 그 이득을 IBM만 보는 게 아니라는 것이다.

CHAPTER 45

"일어날 합병은 일어난다"

자오웨이궈趙偉國는 어린 시절부터 우여곡절이 많은 힘든 인생이었다. 중국 서부 접경 지대에서 돼지를 기르고 양을 치던 어린아이가 이제는 중국 언론의 찬사를 받는 반도체 억만장자가 되었다.[58] 자오는 문화대혁명 동안 체제에 저항하는 시를 썼다는 이유로 아버지가 추방되고 나서 결국 중국 시골로 내려갔지만 그는 농촌에서 가축이나 돌보며 사는 인생을 받아들일 생각이 없었다. 자오는 중국 최고의 대학 중 하나인 칭화대학교에 입학했고 전자공학 학위를 취득했다.

자오는 그 대학의 학생 신분으로 트랜지스터와 콘덴서를 개발했다고 하는데, 물론 칭화대학교가 중국 반도체 산업의 초창기부터 선도적 역할을 수행해 왔던 것은 사실이나, 그가 만든 트랜지스터 등이 얼마나 전문적 기술을 지닌 것인지는 분명치 않다. 자오는 대학을 졸업하고 한 기술 회사에서 일하기 시작했으며, 투자 쪽으로 업무를 전환하여 칭화유니紫光集團그룹의 부회장 자리에 올랐다. 칭화유니그룹은 칭화대가 설립한 회사로 대학의 과학 연구를 수익성 있는 사업으로 전환하는 것을 목표로 삼는다고 표방하고 있었지만, 실제로는 부동산에 많은 돈을 투자하는 회사로 보였다. 자오는 기업 거래를 성사시키는 딜메이커로 명성을 쌓았고 10억 달러의 재산을 일군 인물로 거듭났다.[59]

2004년 자오는 자신의 투자 펀드인 베이징젠쿤그룹Beijing Jiankun Group을 설립해 부동산, 광산, 그 외에 고위 정치권과의 연줄이 투자의 성패를 가르는 여러 분야에 투자해 왔다. 그로 인해 거둔 성과는 눈부신 것이어서, 자오는 초기 자본 100만 위안을 45억 위안으로 키우는 데 성공했다고 알려져 있다. 자오는 그렇게 키운 돈으로 자신의 전 고용주인 칭화유니그룹의 지분 49퍼센트를 인수했다.

얼핏 보면 이것은 얼토당토않은 거래였다. 중국 최고의 연구 대학이 만들어 낸 성과를 비즈니스로 연결하기 위해 창업했다고 알려진 회사의 지분 절반을 개인 소유 부동산 투자 회사가 가져간 셈이었으니 말이다. 하지만 칭화유니그룹은 결코 단순한 "보통" 회사가 아니었다. 후진타오 전 주석의 아들이자 자오의 "개인적 친구"[60]로 통하는 이가 칭화유니그룹을 소유한 지주 회사에서 공산당 비서로 일했던 것이다. 한편 2000년대 내내 칭화대 총장은 시진핑의 대학 시절 룸메이트가[61] 맡고 있었다.

2013년 칭화유니그룹 지분을 매수한 지 4년 후, 그리고 중국 공산당이 반도체 기업에 막대한 지원금을 제공하는 새로운 계획을 발표한 직후, 자오는 반도체 산업에 대한 투자를 결심했다. 그는 칭화유니그룹의 반도체 전략이 정부의 뜻에 따른 것 아니냐는 추측을 부정하며 말했다. "다들 정부가 반도체 분야에 뛰어들라고 칭화유니그룹의 등을 떠미는 것처럼 생각하지만, 그런 것이 아닙니다." 2015년 《포브스》와의 인터뷰에서 자오가 한 말이다. 대신에 그는 베이징이 반도체 분야에 관심을 기울이고 있다고 언급했다. "기업이 먼저 어느 정도 일을 추진해 내면 정부가 관심을 보이기 시작합니다. … 우리가 내린 모든 결정은 시장 중심의 결정이지요."[62]

분석가들 대부분은 자오의 투자 전략이 "시장 중심"으로 내려진 게 아니라고 보고 있었다. 그는 최고의 반도체 기업에 투자하는 대신에 매물로 나와 있는 모든 반도체 기업을 매수하려 들었다. 칭화유니의 이러한 투자 전략에 대한 그의 설명에는 일말의 주저함도 불순함도 없었다. "총을 들고 산에 갔다 해도 사냥감이 있는지 없는지는 알 수 없는 일입니다. 사슴을 잡게 될지, 염소를 잡게 될지 알 수 없는 것입니다."[63] 바로 이렇게 말한 그는 사냥감이 뭐가 됐건 잡는 사냥꾼이 되기로 한 것이다. 전 세계의 반도체 기업이 그의 먹잇감이 되었다.

당시 자오의 자산은 20억 달러에 달하는 것으로 추산되었지만, 그것을 감안하더라도 자오가 반도체 제국을 세우기 위해 쓴 돈의 총합은[64] 충격적일 정도였다. 2013년 칭화유니그룹은 중국에서 가장 성공적인 팹리스 반도체 설계 회사인 스프레드트럼커뮤니케이션즈Spreadtrum Communications와 RDA마이크로일렉트로닉스RDA Microelectronics 두 곳을 인수하면서 수십억 달러를 썼는데, 이들 회사는 스마트폰용 저사양 칩을 만드는 곳이었다. 자오는 그 인수를 통해 "중국과 해외에 막대한 시너지 효과를 낼 것"[65]이라고 주장했지만, 거의 10년이 지난 후까지 그런 시너지가 발생했다는 증거는 거의 보이지 않는다.

다음 해인 2014년, 자오는 인텔의 무선 모뎀 칩을[66] 칭화유니그룹의 스마트폰 프로세서에 탑재하는 계약을 체결했다. 인텔은 이번 협업을 통해 중국 스마트폰 시장에서의 판매를 끌어올리고 싶어 한 데 비해, 자오는 칭화유니그룹이 인텔의 반도체 설계 역량을 배울 수 있기를 원했다. 그는 자기 회사의 목표를 딱히 감추려 하지 않으며 반도체는 중국의 "국가적 우선 과제"[67]라고 말했다. 인텔과의 협업은 "중국 반도체 기업의 경쟁력을 강화해 주고 시장 내에서의 위치를 끌어올리는 데 필요한 기술 발전을 촉진할" 것이라고 설명했다.

자오가 인텔과 맺은 파트너십에는 비즈니스 논리가 어느 정도 포함되어 있었을 것이다. 하지만 그 외 많은 결정은 도저히 이익을 내겠다는 의도가 있다고 볼 수 없는 것들이었다. 예컨대 칭화유니그룹은 (훗날 YMTC로 이름을 바꾸는) XMC에 자금 지원을 제안했다. 당시 XMC는 낸드 메모리 칩 시장을 뚫으려 시도하는 중국 기업 중 하나였다. XMC의 CEO가 훗날 공개적으로 인정한 바에 따르면, 그는 새로운 팹을 짓기 위해 150억 달러의 자금을 요청했는데, 칭화유니그룹이 "세계 시장의 선두 주자가 되고자 진지하게 생각한다면 세계 선두 그룹에 걸맞은 투자가 필요하다"며 240억 달러를 가져가라고 했다는 것이다.[68] 자오가 수십억 달러의 수표를 거의 버리다시피 뿌리고 다닌다는 소문은 심지어 그가 어린 시절을 보냈던 중국 서부의 염소치기들 귀에까지 들어갈 정도였다. 훗날 칭화유니그룹이 반도체뿐 아니라 부동산과 온라인 도박에도[69] 투자하고 있다는 것이 드러났는데, 그건 누구에게도 놀라운 소식이 아니었다.

한편 중국 정부의 후원을 받는 "빅 펀드Big Fund"는 칭화유니그룹의 회사채 매입의 첫 번째 트랑슈tranche(분할 발행된 채권)로 10억 달러 이상을 투자하는 계획을 발표했다.[70] 이는 칭화유니그룹의 투자 전략에 정부에서 승인 도장을 찍어 주는 것이나 마찬가지였다. 자오는 해외로 눈길을 돌렸다. 중국의 팹리스 회사를 소유하거나 외국 기업이 중국에 투자하도록 유인하는 것만으로는 부족했던 것이다. 자오는 세계 반도체 산업의 최고 자리를 거머쥐고자 했다. 그는 대만에서 두 번째로 큰 파운드리 기업 UMC의 CEO를 비롯해 대만 반도체 기업 주요 인사를 고용했다.[71]

2015년 자오는 직접 대만을 방문하여 반도체 설계와 제조 등의 분야에서 중국 투자를 금지하는 규제를 풀라고 압력을 넣었다. 그는 대만의 파워테크테크놀로지Powertech Technonogy 지분 25퍼센트를 인수했다. 파워테크는 반도체를 조립하고 테스트하는 회사로 이 거래는 대만의 현 규제 아래서 가능한 규모였다. 자오는 대만

의 다른 대형 반도체 조립 기업의 지분을 매입하거나 합작 회사를 세우기 위해 노력했다.[72]

하지만 자오의 진짜 목적은 대만이라는 왕관에 박힌 보석을[73] 손에 넣는 것이었다. 미디어텍MediaTek은 미국 바깥의 기업 중 반도체 설계 분야를 선도하는 곳이었고, TSMC는 전 세계 거의 모든 팹리스 회사가 의존하고 있는 기업이었다. 자오는 TSMC 지분의 25퍼센트를 인수하고 싶다는 의사를 여기저기 흘리고 다녔다. 미디어텍과 칭화유니그룹의 설계 분야를 합병하면 좋겠다는 뜻도 내비쳤다. 당시 대만의 해외 투자 금지법에 따르면 이러한 거래는 모두 금지되어 있었다. 자오는 대만에서 돌아온 후 베이징에서 언론 간담회를 통해 만약 대만이 그러한 규제를 철폐하지 않으면 중국은 대만제 반도체의 수입을 금지하는 조치를[74] 취할 수도 있다고 밝혔다.

이러한 압박은 TSMC와 미디어텍을 옴짝달싹하지 못하게 만들어 버렸다. 두 회사의 사활이 모두 중국 시장에 달려 있었던 것이다. TSMC가 만드는 웨이퍼의 대부분이 중국 공장에서 후가공 단계를 통해 전자 제품으로 바뀐다. 하지만 대만 첨단 기술의 최고봉을 중국 정부를 등에 업은 투자사에 매각하는 것은 말이 되지 않는 일이었다. 결국 대만이 베이징에 종속되는 결과를 낳을 것이 뻔했다. TSMC와 미디어텍을 넘기는 것은 대만군을 해체하고 인민해방군의 주둔을 허용하는 것 다음으로 대만의 주권을 위태롭게 하는 일이었다.

TSMC와 미디어텍 모두 중국 투자에 대해 막연한 개방 의향을 밝히는 성명을 발표했다. 모리스 창은 "가격이 적당하고 주주에게 이익이 된다는"[75] 조건이 충족되기만 한다면 반대할 이유가 없다고 했다. 이는 대만의 경제 독립을 위태롭게 할 수 있는 계약을 두고 할 법한 발언은 아니었다. 하지만 동시에 중국 투자자들이 대만 기업 이사회에 중국인을 투입할 경우 "지식재산을 보호하기는 어려울 것"[76]이라는 경고의 말도 남겼다. 미디어텍은 "중국과 대만 기업이 세계 반도체 시장에서 서로 손을 잡고 더 나은 입지와 경쟁력을 획득하는 것"[77]을 지지한다는 입장을 밝혔지만 단서를 붙였다. 대만 정부의 허가가 있어야 한다는 것이었다. 그런데 타이페이가 흔들리는 것처럼 보였다. 대만의 경제부 장관인 존 덩John Deng이 반도체 분야에서 중국의 투자를 가로막는 대만의 규제를 완화할 수 있다는 뜻을 내비친 것이다. 중국으로부터의 압력에 둘러싸인 그는 중국이 대만 반도체 산업에서 더 큰 지분을 차지하게 되는 것은 불가피한 일로 보는 듯했다. 언론과의 인터뷰에서 그는 "이 문제에서 벗어날 수가 없다"[78]고 말했다. 하지만 대만은 곧 총통 선거에 돌입했고 대만 정부는 모든 정책 변경을 선거 뒤로 미뤘다.

자오는 곧 미국의 반도체 산업으로 눈을 돌렸다. 2015년 7월, 칭화유니그룹은 마이크론 인수 분위기를 조성했다.[79] 미국의 메모리 칩 제작사를 230억 달러에 인수하는 것인데, 이는 모든 산업 분야를 통틀어 중국이 인수한 미국 기업 중 가장 큰 액수였다. 하지만 대만의 기술계 거물들 및 기술 분야 담당 관료들과 달리 미국은 완고했다. 칭화유니그룹의 마이크론 인수는 단단한 벽에 부덮혔다. 미국 정부의 안보 우려를 놓고 볼 때[80] 거래의 현실성이 없다고 마이크론 측이 발표했다. 얼마 지나지 않아 2015년 9월 칭화유니그룹은 다시 한 번 시도했다. 이번에는 37억 달러에 또 다른 미국의 낸드 메모리 칩[81] 생산 기업 지분의 15퍼센트를 매입하고자 했다. 해외 투자를 규제하는 미국 정부 기구인 CFIUS는 안보상의 이유로 그 지분 매입을 승인하지 않았다.

그리고 2016년 봄, 칭화유니그룹은 또 다른 미국 반도체 회사인 래티스세미컨덕터Lattice Semiconductor의 지분 6퍼센트를 조용히 매입했다. 자오는 《월스트리트저널》과의 인터뷰에서 이렇게 해명했다. "이것은 순수한 재무적 투자입니다. 우리는 래티스를 인수할 의도가 추호도 없습니다."[82] 그 투자가 발표된 지 고작 몇 주 만에 칭화유니그룹은 래티스의 지분을 매각하기 시작했다. 그런데 얼마 지나지 않아 래티스는[83] 캘리포니아에 있는 캐니언브릿지Canyon Bridge라는 투자 회사의 인수 제의를 받았는데, 〈로이터〉의 기자가 추적한 바에 따르면 캐니언브릿지는 중국 정부의 은밀한 자금 지원을[84] 받고 있는 것으로 드러났다. 미국 정부는 그 거래를 단호하게 거부했다.

같은 시기에 캐니언브릿지는 재정적 곤경을 겪고 있던 영국의 반도체 설계 회사 이매지네이션Imagination을 인수했다.[85] 그 인수는 이매지네이션의 미국 자산을 배제하도록 면밀하게 짜여져 있었고, 따라서 워싱턴으로서는 그것을 막을 방법이 없었다.[86] 영국 규제 당국은 거래를 통과시켜 주었는데, 그들은 3년이 지난 후에야 때늦은 후회를 하게 되었다. 이매지네이션의 새로운 주인은 중

국 정부 투자 펀드가 선임한 이들을 중심으로 이사회를 다시 꾸리고 있었던 것이다.[87]

중국 정부와 관련된 펀드가 해외 반도체 기업을 사들이고 있다는 사실 그 자체만 문제가 아니었다. 그러한 인수 과정에서 시장을 교란하고 내부자 거래를[88] 하는 등 법을 어기고 있다는 것 역시 골칫거리였다. 가령 캐니언브릿지가 래티스세미컨덕터를 인수하고자 할 때, 캐니언브릿지의 창업자 중 한 사람은 위챗으로 메시지를 주고받고, 스타벅스 베이징 지점에서 얼굴을 맞대고 베이징의 동료에게 정보를 흘리고 있었다. 그 정보를 바탕으로 그의 동료는 주식을 사두었고, 캐니언브릿지 임원은 내부자 거래 혐의로 체포됐다.

자오는 스스로를 열성적인 기업가로 여기고 있었다. "미국과 중국의 큰 기업 사이 합병은 일어날 수밖에 없는 일입니다."[89] 자오는 이렇게 밝혔다. "국가주의나 정치적 맥락이 아니라 사업의 관점에서 바라보아야 합니다." 하지만 칭화유니그룹의 활동 내역을 비즈니스 논리로 이해하는 것은 불가능한 일이었다. 세계를 돌아다니며 반도체 회사를 사겠다고 달려드는 중국 정부 소유의, 혹은 중국 정부가 자금을 대고 있는 "사모펀드" 회사들이 너무도 많았다. 해외 반도체 기업을 집어삼키려는 중국 정부의 활동이라고 볼 수밖에 없었다. 시진핑이 "돌격 앞으로"를 외치지 않았던가. 자오와 칭화유니그룹, 그 밖에 중국 정부의 후원을 받는 "투자" 회사들은 시진핑이 공개적으로 밝힌 방침에 따라 움직이고 있을 뿐이었다.

이렇듯 광란의 투자가 벌어지고 있는 가운데 칭화유니그룹은 2017년 중국개발은행으로부터 약 150억 달러, 집적회로산업투자펀드Integrated Circuit Industry Investment Fund로부터 70억 달러의 새로운 "투자금"을 받았다고[90] 발표했다. 모두 중국 정부가 보유한, 중국 정부의 통제를 받는 돈줄이었다.

CHAPTER 46
화웨이의 부상

깔끔하게 딱 떨어지는 맞춤 재킷과 바지에, 끝까지 단추를 채우지 않은 셔츠 차림으로 득의만만한 미소를 날리며 자신이 세운 화웨이 본사에서 언론 인터뷰를 할 때면, 런정페이는 마치 여느 실리콘밸리 경영진과 같아 보였다. 어떤 면에서 보면 그렇기도 했다. 그의 회사는 무선 셀 기지국cell towers에서 통화, 사진, 이메일을 스마트폰으로 보내고 받는 통신 장비를 만들고 있었으니, 전 세계 모바일 인터넷의 근간을 이루고 있다고 할 만했다. 게다가 화웨이의 스마트폰 사업부는 최근까지도 세계에서 가장 큰 스마트폰 생산자 중 하나로, 판매량에서 애플 및 삼성과 어깨를 나란히 하고 있었다. 화웨이가 제공하는 기술 인프라는 그뿐이 아니었다. 해저

광케이블부터 클라우드 컴퓨팅까지 범위가 넓었다. 화웨이의 장비를 쓰지 않는다면 스마트폰을 쓸 수 없게 된 나라도 여럿 있었다. 이는 마치 PC를 사용하면 마이크로소프트 제품을 쓰지 않을 수 없거나, (중국 바깥에서) 인터넷을 이용한다면 구글을 쓰지 않을 수 없는 것과 마찬가지였다. 하지만 화웨이는 다른 빅 테크 기업들과 아주 중요한 차이점이 있었다. 미국의 국가 안보 문제와 얽혀 20여 년간 다투고 있었다는 것이다.

신문 제목을 보면 화웨이가 중국 정부의 스파이 행위와 관련되어 있다는[91] 이야기가 가득하다. 그러니 많은 이들이 화웨이를 처음부터 중국 안보 당국의 비호 아래 큰 회사로 단정 짓는 것도 무리는 아니다. 화웨이와 중국 정부가 관련된 부분은 문서로 잘 정리되어 있지만 그것만으로는 어떻게 화웨이가 전 세계를 아우르는 사업적 성공을 이룰 수 있었는지 설명하기 어렵다. 그보다는 기술에 초점을 맞춘 또 다른 거대 기업인 한국의 삼성과 화웨이의 궤적을 비교해 보는 편이 화웨이의 성장을 이해하는 데 더 도움이 될 것이다. 런은 삼성의 이병철보다 한 세대 뒤에 태어났지만 두 거물은 유사한 방식으로 사업을 굴렸다. 이병철이 건어물상이었던 삼성을 세계 최고의 프로세서와 메모리 칩을 만드는 테크 기업으로 키워 낸 방법은 세 가지였다. 첫째, 정부 규제를 유리한 방향으로 이끌고 값싼 자본을 확보하기 위해 정치적 관계에 계속 공을 들였다. 둘째, 서구와 일본이 개척한 제품군을 특정해서 그것을 같은 품질에 낮은 가격으로 만들어 내는 방법을 모색했다. 셋째, 새로운 고객을 찾기 위해서뿐 아니라 세계 최고의 회사들과 경쟁하면서 무언가를 배우기 위해 주저 없이 세계화를 선택했다. 이러한 전략을 실행함으로써 삼성은 한국의 전체 GDP 중 10퍼센트를 차지하는 수익을 달성하면서 세계에서 가장 큰 기업 중 하나로 성장했다.

중국 기업이 비슷한 전략을 실행할 수 있을까? 대부분의 중국 기업은 세계 시장에 비중을 덜 두는 다른 접근법을 택했다. 중국은 수출 강국이었음에도 불구하고 중국의 인터넷 기업은 대부분의 돈을 규제와 검열로 보호받는 자국 시장 내에서 벌어들였다. 텐센트, 알리바바, 핀둬둬Pinduoduo(중국의 인터넷 쇼핑 회사), 메이투안Meituan(중국의 음식 배달 회사)은 그들이 지배하고 있는 중국 시장을 제외하고 나면 초라한 회사가 될 정도였다. 해외로 발을 디딘 중국 테크 기업은 경쟁을 견디지 못하고 수난을 겪기 일쑤였다.

반면에 화웨이는 초창기부터 외국과의 경쟁을 받아들였다. 런정페이의 사업 모델은 알리바바나 텐센트의 그것과 근본적으로 달랐다. 그는 해외에서 선구적인 개념을 받아들여 가성비 좋은 버전을 만들어 냈고, 그것을 다시 세계 시장에 팔아서 다른 나라 경쟁사들이 차지하고 있던 세계 시장 점유율을 가져왔다. 이 사업 모델은 삼성의 창업가를 부자로 만들어 주면서 삼성을 세계 기술 산업의 핵심으로 올려놓은 바로 그것이었다. 아주 최근까지 화웨이는 삼성의 길을 걷고 있는 것처럼 보였다.

화웨이가 세계 시장을 중심에 둔 기업이라는 것은 1987년 창업 당시부터 분명한 일이었다. 런은 중국 남부 구이저우성 지방의 고등학교 교사 가정에서 태어났다. 그는 충칭대학교에서 공학을 공부하고 군에 입대해, 스스로 밝힌 바에 따르면 옷감을 만드는 합성 섬유 공장에서 일했다.[92] 런은 군을 떠난 후 당시만 해도 홍콩과 경계를 맞대고 있는 작은 마을에 지나지 않았던 선전으로 이주했다. (일부 음모론자들은 런정페이가 제대한 상황에 의문을 드러내며, 과연 그가 인민해방군과 온전히 관계를 단절한 것이 맞는지 궁금해한다). 당시 홍콩은 여전히 영국의 통치 아래 있었다. 중국 남부 해안 지역이 모두 빈곤할 때 홀로 솟아 있는 부와 풍요의 등대라고 할 수 있었다. 중국 지도자들은 10여 년 전부터 경제 개혁을 도입하고 있던 차여서 경제를 부흥하기 위한 방편으로 개인의 기업 설립을 허락하고 있었던 것이다. 선전은 그렇게 "경제 특구"로 선정된 여러 도시 중 하나였다. 경제 활동을 가로막는 법과 규제가 없었고 외국인 투자가 장려되는 분위기였다. 홍콩의 돈이 흘러 들어오고 기업가 정신을 가진 중국인이 규제에서 벗어나 자유를 찾아 몰려오면서 선전은 폭발적인 성장을 하고 있었다.

런은 발신자를 다른 발신자와 서로 연결해 주는 통신 스위치 장치 수입에서 기회를 보았다. 창업 자금 5000달러를 들고 그는 홍콩에서 전화 스위치 장치를 수입했다. 홍콩의 사업 파트너들은 런정페이가 제품을 되팔아 큰 수익을 올리고 있다는 것을 알게 되자 런과의 거래를 끊어 버렸고, 그는 직접 그 물건을 만들기로 했다. 1990년대 초 화웨이는 연구개발에만 수백여 명을 고용한 회사가 되었다. 여전히 주력 사업은 전화 스위치 장치를 개발하는 것이었다.[93] 그 무렵부터 통신 인프라 산업은 디지털 인프라 산업과 뒤섞이기 시작했다. 통신 신호를 주고받는 송수신탑은 다른 종류의 데이터도 주고받을 수 있었던 것이다. 그렇게 화웨이의 장비는 오늘날 많은 나라에서 데이터 송수신 분야의 중요한, 때로는 핵심적인 위치를 차지하고 있다. 현재 화웨이는 무선 셀 기지국 분야에서 핀란드의 노키아, 스웨덴의 에릭슨Ericsson과 더불어 세계 3대 사업자 중 하나로 자리 잡았다.

화웨이의 비판자들은 그 성공이 지식재산 도둑질 덕분에 가능했다고 힐난하는데, 분명히 그런 면이 있다. 화웨이는 지식재산 침해로 여러 차례 고발당했고 그 중 일부는 인정한 바 있다. 가령 2003년 화웨이는 자사 라우터에 사용된 코드 중 2퍼센트가 미국 경쟁사인 시스코Cisco의 것을 그대로 베껴 온 것임을[94] 시인했다. 한편 캐나다 정보 당국은 캐나다의 통신 회사 노르텔Nortel이 중국 정부의 지원을 받는 해킹 공격을 당했다고[95] 발표했는데, 그 결과 혜택을 본 것은 바로 화웨이였다고 한 캐나다 신문이 보도하기도 했다.

지식재산을 훔쳐서 화웨이가 혜택을 본 면이 있겠지만 화웨이의 성공을 그것만으로 설명할 수는 없다. 아무리 많은 지식재산과 영업 비밀을 보유하고 있다고 해도 그것만으로 화웨이처럼 큰 회사를 세울 수는 없는 일이다. 화웨이는 효율적인 제조 공정을 개발해 낮은 비용으로 고객이 만족할 법한 품질의 제품을 만들어 냈다. 게다가 화웨이의 연구개발 비용은 세계 최고 수준이다. 화웨이는 중국의 다른 테크 기업들보다 몇 배나 많은 돈을 연구개발에 투입한다. 매년 150억 달러가량을 연구개발에 투입하는데,[96] 이에 견줄 수 있는 기업이라면 구글이나 아마존, 의약품 제조 업체인 머크Merck, 다임러Daimler나 폭스바겐Volkswagen 같은 자동차 회사들뿐이다. 화웨이의 지식재산 도둑질을 가볍게 여기지 않는 관점에서 보더라도, 그 회사가 연구개발에 수백억 달러를 투입하고 있다는 것은 그들이 소련 젤레노그라드의 "베끼시오" 전략과는 근본적으로 다른 마음가짐을 지니고 있음을 보여 준다. 제대로 돈도 쓰지 않으면서 반도체 시장을 뚫으려 했던 다른 중국 기업과 비교해도 확연히 차이 난다.

화웨이가 이렇게 연구개발에 투자하는 것은 실리콘밸리에서 얻은 교훈 때문이라고 화웨이의 경영진은 말한다. 런정페이는 1997년 화웨이 임원들을 데리고 미국 출장을 갔다고[97] 전해진다. HP, IBM, 벨연구소 같은 회사들을 방문했던 것이다. 거기서 그들은 연구개발의 중요성뿐 아니라 효율적 경영 과정의 중요성까지 납득하게 되었다. 1999년 이후 화웨이는 IBM의 컨설팅 부문을 고용해 세계 수준의 기업이 되려면 어떻게 해야 하는지 배워 왔다. 전직 IBM 컨설턴트에 따르면 화웨이는 1999년 컨설팅비로 5000만 달러를 지불했는데, 당시만 해도 화웨이 전체 매출이 10억 달러가 안 되던 시점이었다. 100명의 IBM 직원을 고용해 사업 프로세스 전체를 재정비한 일도 있었다. 한 전직 컨설턴트에 따르면, "화웨이는 엔지니어링 실력이 부족하다며 겁을 먹고 있지 않았습니다. 그보다는 경제와 경영에 대한 지식에서 100년쯤 뒤처져 있다고 생각하는 듯했습니다."[98] IBM과 그 외 서구 컨설턴트들 덕분에 화웨이는 공급망을 관리하고, 고객의 요구에 부응하며, 세계 최고 수준의 마케팅 방식을 개발하고, 제품을 세계에 판매하는 법을 배워 나갔다. 화웨이는 이런 경영 기법을 스스로 "전략 문화 wolf-culture"라 부르며 자랑스러워하는 일종의 군인 정신과 결합시켰다. 《뉴욕타임스》의 보도에 따르면 화웨이 연구실의 한쪽 벽에 "희생은 군인의 최고 덕목이다. 승리는 군인의 최대 목적이다"[99]라고 쓰여 있다는 것이다. 그런데 반도체 산업의 맥락에서 볼 때 런정페이의 군인 정신은 그렇게 특별한 게 아니다. 앤디 그로브는 편집증의 장점에 대해 책을 써서 베스트셀러 작가가 되었다. 모리스 창은 2차 세계대전에서 가장 많은 전사자를 낸 스탈린그라드를 연구하면서[100] 사업에 대해 많은 것을 배웠다고 말한 바 있다.

화웨이가 도움을 받은 강력한 조직은 서구의 컨설팅 회사만이 아니었다. 중국 정부 역시 화웨이의 편이었다. 화웨이는 성장 과정에서 처음에는 선전의 지방 정부로부터, 중간에는 국영 은행으로부터, 나중에는 베이징의 중앙 정부로부터 도움을 받아 왔다. 《월스트리트저널》의 보도에 따르면 화웨이가 중국 정부로부터 받은 것을 환산해 보면 750억 달러에 이른다.[101] 공장과 연구소 부지를 보조받고, 정부 보증 대출을 받고, 대부분의 서구 기업이 자국 정부로부터 받을 수 있는 것보다 훨씬 큰 세금 감면을 받아 왔던 것이다. 하지만 화웨이가 중국 정부로부터 받은 이런 혜택은 다른 동아시아 국가가 자국의 대표 기업에 제공한 혜택과 본질적으로 크게 다르지 않은 것일 수 있다.

스스로 민간 회사라고 주장하는 어떤 기업이 엄청난 국가 지원을 받으며 성장해 나가는 모습은 적색 경고등이 켜지게 할 만한 것이었다. 특히 미국이 그랬다. 중국 지도자들이[102] 화웨이의 세계 시장 확대를 지원하고 있는 것은 분명해 보였다. 심지어 1990년대 중반, 화웨이가 아직 작은 회사에 지나지 않았을 때조차, 당시 부총리직을 역임하던 우방궈吳邦國가 화웨이를 방문해 지원을 약속했다. 우 부총리는 통신 장비를 팔기 위해 아프리카를 돌고 있던 런정페이와 동행하기도 했다. 이런 지원을 받는 것이 화웨이만의 특수한 사례였는지, 아니면 중상주의적 정책을 동원해 세계 시장을 뚫고자 했고 사유 재산과 공적 자원의 경계가 불분명한 중국의 일반적 상황을 반영하는 것인지 잘라 말하기는 어렵지만, 아무튼 이런 일이 실제로 벌어지고 있었다.

런정페이가 인민해방군에서 화웨이로 옮기게 된 과정은 여전히 석연치 않고 의문 거리를 남기고 있다. 화웨이의 소유 구조는 복잡하고 불투명한데, 그 또한 합리적 의혹을 제기하기에 충분하다. 화웨이의 임원 켄 후Ken Hu는 미국 의회 청문회에서 런정페이가 중국 공산당원이냐는 질문에 대해 "몇몇 미국 기업가가 민주당원이거나 공화당원이듯"[103] 런 역시 공산당원이라고 답했다. 미국의 분석가들은 이 발언이 화웨이와 공산당의 관계를 의도적으로 혼란스럽게 하려는 것이라고 보았다. 그럼에도 불구하고 화웨이가 중국 정부가 만든 기업이라는 주장에는 확실한 근거가 제시된 바는 없다.

하지만 화웨이가 부상함으로써 중국 정부에 이익이 된 것은 사실이다. 화웨이는 시장의 지분을 차지하여 세계 여러 나라에 통신 네트워크 장비를 제공하게 되었기 때문이다. 여러 해 동안 미국 정보 당국의 경고에도 불구하고 화웨이는 세계 곳곳으로 빠르게 확장해 왔다. 화웨이가 성장해 나감에 따라 통신 네트워크 장비를 판매하는 서구 기업은 합병하거나 시장에서 퇴출되는 수모를 겪어야 했다. 캐나다의 노르텔은 파산해 버렸다. AT&T가 해체된 후 벨연구소를 물려받은 알카텔루슨트Alcatel-Lucent는 통신 장비 사업 부문을 핀란드의 노키아에 매각했다.

화웨이의 야망은 커져만 갔다. 전화 통화를 가능하게 해 주는 인프라 제공자를 넘어서 스스로 스마트폰을 만들어 팔기 시작한 것이다. 머잖아 화웨이의 스마트폰은 세계 시장의 베스트셀러 중 하나로 자리 잡았다. 2019년 출고량 기준으로 화웨이를 앞서는 회사는 오직 삼성뿐이었다. 화웨이는 여전히 스마트폰 이익률에서 삼성이나 애플에 확연히 밀리고 있는데, 애플의 경우는 마케팅과 제품 생태계 덕분에 고가 정책을 유지할 수 있었다. 그러나 화웨이가 스마트폰 시장에 진출하자마자 빠르게 선두 그룹에 끼어들었는데, 이는 애플과 삼성을 긴장시키기에 충분했다.

더욱이 화웨이는 자사 스마트폰용 반도체 설계에서도 성과를 내고 있다. 내부인들의 증언에 따르면 화웨이는 지진으로 인한 해일이 일본 동부 해안을 강타한 2011년 3월부터 자체 반도체 설계의 꿈을 향해 돌진해 왔다. 침수로 작동 불능이 된 후쿠시마 원전 1호기에 전 세계의 관심이 쏠려 있는 동안 화웨이 내부에서는 부품 공급망에 대한 우려가 커지고 있었던 것이다. 대형 전자 제품 생산자가 그렇듯이 화웨이 역시 통신 장비와 스마트폰의 핵심 부품을 일본 업체에 의존하고 있었고, 3.11 대지진이라는 재앙이 화웨이의 생산 일정을 지연시킬까 우려했다. 상황을 수습해 보니 화웨이는 운이 좋은 편이었다. 장기간 생산 지연을 겪은 부품 공급자는 소수에 지나지 않았다. 하지만 화웨이는 컨설턴트와 함께 논의하며 공급망에 대해 고민하지 않을 수 없었다. 컨설턴트들은 화웨이가 두 가지 취약점을 갖고 있다고 보았다. 애플이 아닌 모든 스마트폰에서 사용하는 핵심 소프트웨어인 구글의 안드로이드 운영 체제, 그리고 모든 스마트폰이 필요로 하는 반도체의 공급이 바로 그것이었다.

화웨이는 자사 제품이 필요로 하는 250개의 핵심 반도체를 선별하여 가능한 한 많은 칩을 자체 설계하기 시작했다.[104] 이들 칩은 주로 통신 기지국 구축 사업과 관련 있을 뿐 아니라 화웨이 스마트폰용 애플리케이션 프로세서도 포함되어 있었다. 애플리케이션 프로세서를 비롯해 스마트폰용 반도체는 엄청나게 복잡하고 실제로 제작하기 위해서는 최첨단 고급 기술이 필요한 것이다. 애플이나 다른 선도적인 반도체 회사 거의 대부분이 그렇듯, 화웨이 역시 칩 제작은 외주로 넘기기로 결정했다. 그런 칩을 만들 수 있는 회사는 고작 두어 개뿐이었고, 자연스럽게 대만의 TSMC가 그 일을 맡게 되었다.

2010년대 말, 화웨이의 하이실리콘HiSilicon 사업부는 세계에서 가장 복잡한 스마트폰용 반도체를 설계하는 회사 중 하나가 되었다. 또 TSMC의 두 번째로 큰 고객이기도 했다.[105] 화웨이의 스마트폰에는 메모리 칩이나 다양한 신호 처리기 등 여전히 다른 회사의 반도체가 들어간다. 하지만 스마트폰 프로세서를 생산해 내는 것은 대단한 위업이라 할 수 있다. 세계에서 가장 높은 수익을 내는 칩 설계 산업은 미국이 거의 독점하고 있었는데 그것이 위기에 놓인 것이다. 화웨이가 한국의 삼성이나 일본의 소니가 수십 년 전에 해냈던 것을 성공적으로 되풀이하고 있다는 사실을 이보다 더 잘 보여 줄 수 없었다. 바로 첨단 기술 생산 방법을 배우고, 세계 시장에서 승리하고, 연구개발에 투자하고, 미국의 선도적 테크 기업에 도전하는 일을 성공하고 있는 것이다. 게다가 화웨이는 모든 환경에 컴퓨터가 사용되는 유비쿼터스 컴퓨팅ubiquitous computing 시대를 앞서갈 수 있는 고지를 이미 차지한 것처럼 보였다. 차세대 통신 기반 설비인 5G가 등장하고 있는 것이다.

CHAPTER 47

5G는 미래

런정페이가 홍콩의 전화 스위치를 수입해 오는 사업을 시작했을 때만 해도 네트워크 장비는 어떤 전화기를 다른 전화기에 연결해 주는 기계 이상도 이하도 아니었다. 전화기가 나온 초창기에는 스위치를 손으로 교환해야 했다. 플러그가 설치된 벽 앞에 여성들이 줄지어 앉아서 전화를 거는 사람에 따라 손으로 전선을 바꿔 끼우는 식으로 작동한 것이다. 1980년대가 되자 사람이 하던 일을 전기 스위치가 하게 되었는데, 그 스위치는 주로 반도체 기기에 의해 작동했다. 하지만 건물 하나에 들어가는 전화선을 관리하려면 옷장 크기의 스위치 장비가[106] 필요할 정도로 부피가 컸다. 오늘날 통신 서비스 제공 업체는 이전보다 훨씬 더 실리콘에 의존하고 있지만, 옷장 하나 크기의 장비라면 전화, 문자메시지, 비디오까지 처리할 수 있으며 이제는 유선이 아니라 무선 네트워크로 전송되는 것이 보통이다.

화웨이는 무선 통신망으로 전화와 데이터를 주고받는 최신 세대 통신, 이른바 5G용 장비 기술을 습득했다. 그러나 5G는 사실 전화의 문제가 아니다. 컴퓨터의 미래에 대한 것이며, 그러므로 반도체와 관련되어 있다. 5G의 G는 '세대generation'를 뜻한다. 우리는 이미 모바일 네트워크 표준에서 네 세대를 통과한 셈인데, 세대가 달라지면 전화기도 바뀌어야 하고 새로운 기지국 설비도 필요해진다. 무어의 법칙 덕분에 우리는 칩 위에 더 많은 트랜지스터를 얹을 수 있게 되었고, 그에 따라 전파로 오가는 0과 1의 갯수 역시 꾸준히 증가해 왔다. 2G 폰은 사진을 주고받을 수 있었고, 3G 폰은 웹사이트를 열 수 있었다. 4G로 넘어오자 거의 모든 환경에서 비디오를 실시간으로 감상하는 일이 가능해졌다. 5G 역시 그와 유사한 도약을 제공할 것이다.

오늘날 사람들 대부분은 스마트폰을 당연한 것으로 여긴다. 하지만 우리가 문자메시지로 오는 사진을 보며 더 이상 놀라지 않고 오히려 동영상 스트리밍이 끊기면 화를 낼 수 있는 것은 더 강력한 반도체가 등장하지 않았다면 불가능한 일이었다. 무선망과의 연결을 관리하는 모뎀 칩 덕분에 스마트폰은 안테나로 송신되고 수신되는 수많은 0과 1을 더 많이 암호화하고 복호화할 수 있는 것이다.

무선 네트워크와 기지국에 숨어 있는 반도체들 역시 상당한 변화를 겪었다. 전화나 비디오 스트리밍이 끊기는 일을 최소화하며 0과 1을 공기 중으로 주고받는 것은 대단히 복잡한 일이다. 무선 주파수를 할당할 수 있을 만한 스펙트럼 공간은 제한되어 있다. 무선 주파수 자체는 많지만 그 중 많은 데이터를 실을 수 있거나 먼 거리를 오갈 수 있는 주파수는 한정되어 있다. 통신사가 기존의 스펙트럼 공간에 더 많은 데이터를 집어넣기 위해 반도체에 의존할 수밖에 없는 이유다. 무선 신호 관리용 반도체에 특화된 기업인 아날로그디바이시스의 반도체 전문가 데이브 로버트슨Dave Robertson의 설명에 따르면, "스펙트럼은 실리콘보다 훨씬 비싸다." 그리하여 반도체는 더 많은 데이터를 무선으로 보내기 위한 토대가 되었다. 퀄컴 같은 반도체 설계 기업은 무선 스펙트럼으로 오가는 데이터를 최적화하기 위한 새로운 방법을 찾아내고, 아날로그디바이시스 같은 칩 제조사는 더 적은 전력을 소모하면서 더 정교하게 무선 신호를 주고받을 수 있는,[107] 이름하여 무선 송수신기 radio frequency transceivers라는 반도체를 만들어 낸다.

차세대 네트워크 기술인 5G는 더 많은 데이터의 무선 송수신을 가능하게 할 것이다. 이는 부분적으로 스펙트럼 공간을 보다 정교하게 공유하는 방식을 통해 가능해진다. 그러기 위해서는 더 복잡한 알고리즘과 더 큰 연산력을 지닌 스마트폰 및 기지국이 필요하다. 그렇게 0과 1을 무선 스펙트럼의 아주 작은 빈 공간에도 채워 넣는 것이다. 5G를 통해 더 많은 데이터를 보낼 수 있는 또 다른 방법은 이전까지 실용성이 없다고 여겨 쓰지 않았던 새로운 빈 무선 주파수 스펙트럼을 사용하는 것이다. 반도체 기술의 발달은 기존에 사용하던 무선 전파에 더 많은 0과 1을 채워 넣는 것뿐 아니라, 무선 전파를 이전과는 다른 정확도로 더 멀리 보내는 것도 가능케 하고 있다. 기지국이 전화기의 위치를 확인한 후 전화기를 향해 직접 무선 전파를 보내는 것이다. 이름하여 '빔포밍beamforming'이다. 가령 우리가 자동차에서 음악을 들을 때 사용하는 것과 같은 일반적인 무선 전파는 모든 방향으로 보내게 되어 있다. 왜냐하면 수신자의 자동차가 어디 있는지 모르기 때문이다. 이것은 에너지의 낭비일 뿐 아니라 더 많은 파장과 간섭을 만들어 낸다. 하지만 빔포밍 기술을 통해 기지국은 수신하는 기기의 위치를 확인하고 오직 필요한 방향으로만 무선 전파를 보낼 수 있다. 그 결과 모든 것의 간섭이 최소화되고 신호는 더 강력해지는 것이다.

더 빠른 네트워크를 통해 더 많은 데이터를 주고받는 것은 기존의 스마트폰이 더 빨리 작동할 수 있다는 것만을 뜻하지 않는다. 더 빠른 네트워크는 우리가 모바일 컴퓨팅에 대해 품고 있는 사고방식을 바꿔 놓을 것이다. 1G 네트워크 시대의 무선 전화는 너무 비싸서 아무나 가질 수 없는 물건이었다. 2G 네트워크로 전환되자 우리는 전화로 목소리뿐 아니라 문자메시지도 보낼 수 있다는 사실을 납득하게 되었다. 오늘날 우리는 스마트폰과 태블릿으로 PC에서 하는 거의 모든 일을 할 수 있다고 여긴다. 더 많은 데이터를 무선 네트워크로 주고받는 일이 가능해지면서 우리는 더 많은 기기를 무선 네트워크에 연결하고 있다. 우리가 가진 기기가 많아질수록 그 기기들이 만들어 내는 데이터 또한 많아진다. 결국 더 많은 연산력이 필요하게 되는 것이다.

무선 통신을 통한 연결과 연산력의 성능이 구세대 제품을 디지털 기기로 바꿔 놓은 경우를 보려면 일론 머스크Elon Musk의 자동차 회사 테슬라Tesla만큼 좋은 사례는 없다. 테슬라는 그 숭배자와 주가 상승으로 잘 알려져 있지만 상대적으로 덜 알려진 사실이 있다. 테슬라 역시 반도체 설계 분야의 주요 회사 중 하나라는 사실이다. 테슬라는 짐 켈러Jim Keller 같은 반도체 설계 분야의 스타를 고용해 자율 주행의 필요에 부합하는 특화된 반도체 설계를 맡겼다. 오늘날의 첨단 기술이 녹아들어 있음은 물론이다. 2014년 초부터 몇몇 분석가는 테슬라의 자동차가 "스마트폰을 떠올리게 한다"[108]는 평을 하기 시작했다. 이렇듯 자체 반도체를 스스로 설계하고 있기에 테슬라는 종종 애플과 비교되곤 한다. 테슬라는 애플 제품과 마찬가지로 사용자 경험을 섬세하게 조율하며, 20세기를 대표하는 제품인 자동차에 고도의 컴퓨터 기술을 물 흐르듯 자연스럽게 융합시켰다. 이 모든 일은 자체 설계한 반도체 덕분이다. 1970년대부터 자동차에는 단순한 반도체가 도입되어 왔지만 전기차가 확산되면서 특화된 반도체의 필요성이 커졌다. 전력 공급을 관리하고 자율 주행 기능에 필요한 연산력이 훨씬 높아지기 때문이다. 이는 일반 자동차에 필요한 반도체 개수와 비용 역시 크게 늘어날 수밖에 없음을 시사한다.

자동차는 그저 눈에 확 띄는 사례에 불과하다. 더 많은 데이터를 송수신할 수 있는 능력은 네트워크의 "가장자리edge"에 있는 기기들이 더 많은 연산력을 필요로 하게 만든다. 또 무선망과 데이터센터 역시 이전보다 큰 연산력이 필요하다. 2017년 무렵 전 세계 통신사들은 5G 네트워크를 구성하기 위한 장비 공급자 계약에 착수하고 있었다. 중국의 화웨이는 그 경쟁에서 선두 주자로 떠올랐다. 업계의 눈으로 볼 때 질 높은 장비를 경쟁력 있는 가격에[109] 내놓고 있었던 것이다. 화웨이는 5G 네트워크 구성에서 경쟁사인 스웨덴의 에릭슨이나 핀란드의 노키아를 능가하는 더 큰 역할을 수행하는 듯 보였다. 기지국용 장비를 제공할 수 있는 업체들은 이들이 유일한 상황이었다.

화웨이의 기지국 장비는 경쟁사들의 그것과 마찬가지로 다수의 실리콘을 포함하고 있다. 화웨이의 무선 장치를 일본 신문 《니케이아시아》가 분석한 바에 따르면,[110] 미국산 반도체에 크게 의존하고 있음이 확인됐다. FPGA field-programmable gate arrays는 오레곤주에 위치한 래티스세미컨덕터에서 만든 것이었는데, 래티스는 칭화유니그룹이 인수하고 나서 몇 년 후 약간의 지분을 매각한 회사다. 텍사스인스트루먼트, 아날로그디바이시스, 브로드컴 Broadcom, 사이프레스 Cypress 반도체 역시 화웨이의 무선 장비에 필요한 반도체를 설계하고 제조했다. 《니케이아시아》의 분석에 따르면 화웨이의 통신 시스템 가격 중 약 30퍼센트는 미국산 반도체 및 기타 부품이 차지한다. 하지만 핵심 프로세서 칩은 화웨이의 하이실리콘 반도체 설계 사업부가 중국 내에서 설계한 것이며, 제작은 TSMC에서 이루어졌다. 화웨이가 기술 독립을 이루었다고 볼 수는 없다. 해외에서 생산하는 여러 특화된 반도체에 의존하고 있으며, 회사 내에서 설계한 칩을 제조하기 위해서는 TSMC를 필요로 한다. 하지만 화웨이가 각 무선 시스템에서 가장 복잡한 전자 기기 중 일부를 만들고 있다는 것, 그 모든 구성 요소를 어떻게 조합해야 할지 잘 알고 있다는 사실 또한 분명하다.

화웨이의 반도체 설계 사업부는 세계 수준의 기술력을 지니고 있음을 입증했다. 그러니 중국의 반도체 설계 회사들이 실리콘밸리의 대형 업체들만큼 TSMC의 큰 고객이 될 미래를 상상하는 일은 어렵지 않았다. 만약 2010년대 말의 추세가 이어진다면 2030년 중국의 반도체 산업은 실리콘밸리와 견줄 수 있는 영향력을 갖게 될 터였다. 이것은 단지 테크 업계와 무역의 이동만 뒤바꾸는 일이 아니다. 군사력 역시 새로운 균형에 도달하게 되는 것이다.

CHAPTER 48

차세대 상쇄 전략

자동화된 드론 군단부터 사이버 공간과 전자기파 스펙트럼 속에서 펼쳐지는 보이지 않는 전투에 이르기까지, 전쟁의 미래는 연산력에 의해 좌우될 것이다. 미군은 이제 그 누구도 따라올 수 없는 선두 자리에 있지 못했다. 정교한 미사일과 모든 것을 감지하는 센서 덕분에 전 세계의 바다와 하늘에서 어느 누구도 미군에 필적할 수 없던 시절은 끝난 지 오래다. 1991년 걸프전 이후 전 세계의 국방부를 전율시켰던 충격파는 실로 엄청난 것이었다. 사담 후세인의 군대를 무력화했던 정밀 폭격은 세계 어느 군대라도 당할 수 있는 일이었고, 그 점은 베이징에 "심리적 핵 공격"[111]과 다를 바 없는 충격을 주었다. 그러나 걸프전 이후 30년이 흘렀다. 중국은 첨단 기술 무기 체계에 막대한 자금을 퍼부었다. 마오쩌둥 시대에는 인민을 동원한 군대, 기술력이 낮을 수밖에 없는 군대에 대한 교조적 집착이 있었으나 그것을 버렸다. 미래의 싸움은 첨단 센서, 통신, 컴퓨터에 의해 좌우될 것이라는 개념을 받아들였다. 지금 중국은 첨단 전투 부대가 필요로 하는 컴퓨팅 인프라를 개발하고 있다.

베이징의 목표는 단순히 미국과 맞먹을 수 있는 시스템을 개발하는 것 정도가 아니었다. 미국의 우위를 "상쇄offset"할 수 있는 역량을 개발하기를 원했다. 1970년대 미국이 소련에 맞서기 위해 창안했던 "상쇄 전략"을 중국이 미국에 맞서 구사하고자 한 것이다. 중국은 미국에 비해 구조적으로 우위에 있는 무기류를 현장 배치했다. 중국의 정밀한 대함 미사일은 잠수함을 제외한 미국의 군함이 유사시 대만해협에 진입할 때 극도로 위험한 공격 수단이며, 미국의 해양력을 항구에 묶어 놓는 결과를 낳을 것이다. 새로운 방공 시스템air defense systems은 군사 분쟁 시 제공권을 장악하는 미국의 능력에 맞설 수 있다. 장거리 지상 공격용 미사일은 일본에서 괌까지 이어지는 미군 기지를 위협한다. 중국의 위성요격 무기는 미국의 통신과 GPS 네트워크를 작동 불가능하게 만들 것이다. 중국의 사이버전 역량이 아직 전장에서 확인된 적은 없으나, 중국은 미군 전체 시스템을 무너뜨리고자 할 것이다. 전자기파 스펙트럼마저도 미래의 전장이다. 그곳에서 중국은 미국의 통신을 교란하고 감청 시스템을 속이면서 미군이 적군을 볼 수 없게 만들고 동맹과 소통하는 것도 차단하고자 할 것이다.

중국군이 이런 능력을 키워 나가게 된 것은 중국 군부 고위층이 품고 있던 생각 때문이었다. 그들은 앞으로의 전쟁이 단순히 "정보화informationized"되는 차원을 넘어 "지능화intelligentized"할 것이라고 보았다. 다시 말해 인공지능을 무기 시스템에 적용한다는 뜻이 담긴 그다지 정제되지 않은 군사 용어다. 물론 연산력은 지난 50년 동안에도 군사력의 중심에 있었다. 하지만 군사 시스템을 유지하기 위해 다루어야 하는 1과 0의 양은 수십 년 전과 비교하면 수백만 배 넘게 늘어났다. 게다가 오늘날 미국은 확실한 도전자와 맞닥뜨리고 있다는 점 또한 달랐다. 미사일 대 미사일의 숫자만 따지면 소련은 미국의 상대가 되었지만 소련의 컴퓨터는 미국의 상대가 되지 못했다. 중국은 양쪽 모두에서 미국을 따라잡을 수 있을 거라고 보았다. 중국 반도체 산업의 운명은 단순한 경제 문제가 아니었다. 1과 0을 더 많이 생산할 수 있는 국가가 결정적인 군사적 우위를 갖게 될 터였다.

이 컴퓨터 경쟁은 어떤 요소에 의해 결정될까? 구글의 전 CEO 에릭 슈미트Eric Schmit가 회장으로 있는 미국의 기술 및 외교 정책 고위직 모임에서 2021년 내놓은 한 보고서에 따르면 "중국은 AI 초강대국으로서 미국을 앞지를 수 있다"[112]고 전망했다. 중국 지도층은 그런 생각에 동의하는 듯이 보인다. 중국 군사 전문가 엘사 카니아가 지적한 바와 같이, 인민해방군은 적어도 10년 전부터 "AI 무기"[113]에 대해 논의해 왔다. "AI가 자동으로 목표물을 추적하고 식별하고 파괴하는" 시스템이었다. 시진핑도 인민해방군이 "군대 지능화 개발 가속화"를 국방 우선 과제로 추진해야 한다고 요구한 적이 있다.

　군사용 인공지능이라는 말은 살인 로봇 같은 것을 떠올리게 하지만, 군사 체계에서 머신러닝을 이용해 개선할 수 있는 영역은 실로 광범위하다. 언제 어떤 기기를 수리해야 할지 AI를 통해 예상하고 미리 정비하는 예측 유지 보수Predictive maintenance 는 이미 현장에서 비행기와 배를 수리하는 데 사용되는 기술이다. 잠수함의 수중 음파 탐지, 인공위성이 보내는 영상 등을 AI로 식별하면 적의 위협을 더 정확하게 판별할 수 있다. 새로운 무기 체계는 보다 빨리 설계할 수 있다. 특히 움직이는 목표를 대상으로 하는 폭탄과 미사일의 정확도가 이전에 비해 향상될 것이다. 자동 운항 수단이 하늘과 수면 아래, 육상을 누비며 수색하고 적을 식별하여 파괴할 것이다. "인공지능 무기" 같은 말을 들으면 대단한 혁명적 변화가 벌어질 듯하나 실상은 그렇지 않다. 예를 들어 우리는 이미 수십 년 동안 발사 후 알아서 표적을 추적하는 자동유도 미사일을 경험한 바 있다. 하지만 무기가 점점 더 똑똑해지고 스스로 움직이게 되면 무기가 요구하는 연산력 역시 커질 수밖에 없다.

　중국이 인공지능으로 강화된 무기 체계를 개발하고 배치하는 싸움에서 이길 것이라 장담할 수는 없다. 그 "경쟁"은 단일 기술에 대한 것이 아니라 복잡한 체계와 관련되어 있다는 것이 그 이유 중 하나다. 이 대목에서 냉전의 군사 경쟁에서 승리를 거둔 것은 최초로 인공위성을 우주로 보낸 나라가 아니었다는 사실을 떠올려 보는 것도 좋을 듯하다. 그러나 AI 시스템에 대해 중국이 부정할 수 없을 정도로 인상적인 역량을 지니고 있다는 사실은 분명하다. 조지타운대학교의 벤 부캐넌Ben Buchanan은 AI를 제대로 다루려면 데이터, 알고리즘, 연산력의 '세 기둥'[114]이 필요하다고 지적한 적이 있다. 중국은 그중 두 영역에서 미국과 동등한 위치에 서 있고, 부족한 것은 오직 연산력뿐이다.

AI 알고리즘을 학습시키기 위한 데이터에 접근하는 데에서 중국도 미국도 확연한 우위를 차지하고 있지 않다. 베이징 편에서 목청을 높이는 이들은 중국이 감시 국가 시스템을 갖춘 엄청난 인구를 가진 나라이므로 더 많은 데이터를 모을 수 있다고 주장하지만, 그런 주장은 중국인을 상대로 많은 데이터를 수집할 수 있는 능력이 군사 영역에서 그리 큰 도움이 되지 않을 수 있다는 현실을 간과하는 것이다. 중국의 13억 인구 전부를 대상으로 온라인 쇼핑 습관을 알아내거나 얼굴 구조를 파악한다 해도, 가령 대만해협을 지나는 잠수함의 스크루 소리를 식별하도록 AI를 학습시킬 수는 없다. 군사 시스템과 관련한 데이터의 수집에 있어서 중국이 어떤 태생적 우위를 지니고 있다고 볼 수는 없다.[115]

영리한 알고리즘을 고안해 내는 문제에서도 어느 한쪽이 확실한 우위를 점하고 있다고 말하기 어렵다. AI 전문가 숫자를 놓고 볼 때 중국의 인공지능 역량은 미국의 그것에 비견할 만하다. 중국을 주로 다루는 싱크탱크 마르코폴로MarcoPolo의 연구자들에 따르면 세계를 선도하는 인공지능 연구자들 중 29퍼센트가 중국인이다. 반면에 미국인은 20퍼센트, 18퍼센트는 유럽 출신이다. 하지만 놀랍게도 이들 중 상당수가 미국에서 일자리를 갖고 일한다. 미국은 전 세계 최고 수준 AI 연구자 중 59퍼센트가 일하는 나라인 것이다.[116] 하지만 새로운 비자 정책 및 여행 제한과 더불어 중국은 더 많은 연구자를 자국에 묶어 두려 하고 있다. 미국은 역사적으로 지정학적 경쟁 대상의 가장 똑똑한 인재를 자국으로 빼왔는데, 미국의 이러한 전략이 중국에 의해 가로막힐지 지켜보아야 할 부분이다.

부캐넌이 말한 '세 기둥' 중 세 번째 요소인 연산력에서 미국은 여전히 확연한 우위를 갖고 있다. 비록 최근 미국의 우위가 눈에 띄게 줄어들었다고 하나, 중국은 여전히 외국산 반도체 기술에서 벗어나지 못하고 있으며, 그 반도체란 미국이 설계하고 대만에서 제조한 것이다. 복잡한 계산을 위해서는 그런 칩을 쓰지 않을 수 없다. 중국산 스마트폰과 PC만 외국산 칩에 의존하고 있는 게 아니다. 중국의 데이터센터 대부분도 마찬가지다. 중국이 IBM과 AMD 같은 기업으로부터 기술을 얻어 내기 위해 그토록 열심히 노력했던 이유다. 중국에서 나온 한 연구에 따르면, 인공지능 작업을 위해 돌아가는 중국 서버의 95퍼센트가 엔비디아에서 설계한 GPU를 장착하고[117] 있는 것으로 추산된다. 인텔, 자일링스, AMD, 그 외 다른 회사들 역시 중국의 데이터센터를 만들고 유지하는 데 있어서 핵심적인 역할을 한다. 가장 낙관적으로 전망해 보더라도 중국이 경쟁력 있는 반도체를 설계하고 그에 맞는 소프트웨어 생태계를 갖추려면 5년 이상이 소요되며, 그 칩을 국내에서 제조하기 위해서는 더 오랜 시간과 노력이 필요하다.

하지만 중국 군사 시스템의 입장에서 볼 때 미국이 설계하고 대만이 제조한 칩을 구하는 일은 그리 어렵지 않다. 조지타운대학교의 연구자들은[118] 인민해방군이 AI 관련 프로젝트를 진행하기 위해 맺었던 343건의 공개 계약을 검토했다. 그 결과 미국의 수출 금지 대상 회사와 연루된 거래는 20퍼센트가 되지 않는 것으로 드러났다. 말하자면 중국군은 시장에서 팔리고 있는 미국의 첨단 칩을 구매하여 자신들의 군사 시스템에 꽂기만 하면 되는 것이다. 조지타운대학교 연구자들이 밝혀낸 바에 따르면, 심지어 중국 군수품 공급 업체들은 홈페이지를 통해 그들이 미국산 칩을 사용한다는 것을 홍보하기까지 했다. 중국 정부는 민군융합Civil Military Fusion이라는 정책을 내세워 논란을 빚은 바 있다. 민간의 앞선 기술력을 군사 시스템에 도입한다는 것인데, 이런 경우라면 잘 돌아가고 있는 듯하다. 미국이 수출 금지에 대대적인 변화를 주지 않는 한, 인민해방군은 필요한 만큼 실리콘밸리에서 설계한 반도체를 구입해서 쓸 수 있을 것이다.

물론 첨단 컴퓨터 기술을 무기 체계에 도입하고자 하는 군대가 인민해방군만 있는 것은 아니다. 중국군의 전투력이 향상함에 따라 펜타곤은 새로운 전략을 택해야 할 필요성을 절감하게 되었다. 2010년대 중반, 척 헤이글Chuck Hagel 국방장관 같은 관료는 새로운 "상쇄" 전략의 필요성을 거론하기 시작했다. 소련의 양적 우위를 극복하기 위해 빌 페리, 해럴드 브라운, 앤드류 마셜 등이 1970년대에 제안했던 전략을 상기시키는 것이었다. 미국은 오늘날 같은 딜레마에 직면해 있다. 특히 대만해협처럼 중요한 곳에 중국은 미국보다 많은 배와 항공기를 배치할 수 있다. 새로운 상쇄 전략의 지적 바탕을 제공한 전 국방차관 밥 워크Bob Work는 이렇게 선언했다. "우리는 결코 적이나 경쟁자와 탱크 대 탱크, 비행기 대 비행기, 병력 대 병력으로 압도하려 들지 않을 것이다." 이는 1970년대 말의 논리를 분명하게 반복하는 것이었다. 달리 말하자면 미군은 결정적인 기술 우위를[119] 가지고 있어야만 승리할 수 있다는 뜻이다.

그 기술 우위란 구체적으로 어떤 모습일까? 1970년대의 상쇄 전략은 "디지털 마이크로프로세서, 정보 기술, 새로운 센서와 스텔스"였다고 워크는 주장했다. 이번에는 "인공지능과 자율 운항의 우위"가 관건일 것이다. 미군은 이미 무인 수상정인 세일드론 Saildrone 같은 신형 자율 운항 수단 1세대를 현장에 배치하고 있다. 이런 무인 수상정은 잠수함을 추적하거나 적의 통신을 가로채면서 몇 달 동안 바다를 돌아다니며 보낼 수 있다. 이런 장비는 비용 면에서 전통적인 군함과 비교해 아주 미미한 수준이지만, 그로 인해 해군은 전 세계의 바다에 센서를 깔고 통신할 수 있는 플랫폼을 형성할 수 있다. 자율 수상 선박, 항공기, 잠수함 역시 개발 중이거나 배치되고 있다. 이러한 자율 플랫폼을 운용하기 위해서는 그것을 유도하고 결정할 수 있는 인공지능 시스템이 필요하다. 더 큰 연산력이 탑재될수록 자율 플랫폼은 더 똑똑해지는 것이다.

1970년대의 상쇄 전략을 가능케 했던 기술은 방위고등연구계획국DARPA에 의해 개발되었다. 지금 DARPA는 전쟁에서 컴퓨터 기반 전환을 약속하는 새로운 시스템 개발에 골몰하고 있다. DARPA를 이끄는 이들은 가장 큰 전함부터 가장 작은 드론까지 "전장에 배치된 모든 컴퓨터가 서로 의사소통하고 협력하는"[120]

새로운 전쟁의 비전을 제시한 것이다. 이제 유도 미사일 같은 단일 장치에 연산력이 내장되는 것은 문제가 아니다. 전장에 배치된 수천여 장치가 서로 네트워크를 이루어 의사소통하며 데이터를 공유하고 더 정밀 공격이 가능한 장치를 투입하는 수준까지 나아가야 한다. 가령 DARPA는 "인간과 기계의 팀워크"[121]라는 연구 프로그램에 자금을 투입했다. 파일럿이 조종하는 전투기가 여러 대의 자율 비행 드론과 함께 날아다니며 드론이 인간 파일럿의 눈과 귀 역할을 해 주는 프로그램이었다.

냉전의 승부는 미국 미사일의 유도 컴퓨터 주위를 도는 전자들에 의해 결정되었다. 마찬가지로 미래의 싸움은 전자기파 스펙트럼 속에서 결판이 날 수 있다. 전자 센서와 통신 장비에 온 세상의 군대가 더욱 의존할수록 메시지를 주고받거나 적을 탐지하고 추적하는 데 필요한 스펙트럼 공간에 접근하기 위한 싸움도 치열해질 수밖에 없다. 우리는 전시에 전자기파 스펙트럼이 어떻게 작동할지 단지 얼핏 보았을 뿐이다. 가령 2007년 이스라엘이 시리아의 핵 시설을 공습했을 때, 이스라엘은 시리아의 레이더를 교란하거나 해킹함으로써 상대적으로 우위에 있던 시리아의 방공 시스템을 완전히 무방비 상태로 만들어 버렸다. 러시아는 우크라이나와의 전쟁에서 다양한 레이더와 신호 교란기를 동원하고 있다. 또 러시아 정부는 보안을 고려하여 블라디미르 푸틴 대통령의 공식 일정이 있을 때 방문지의 GPS 신호를 차단하는[122] 것으로 알려져 있다. 그런데 공교롭게도 DARPA는 GPS 신호나 인공위성에 의존하지 않는 대안 항법 체계를 연구 중이다.[123] GPS 시스템이 작동하지 않는 상태에서도 미국의 미사일이 목표물을 맞힐 수 있게끔 하려는 것이다.

전자기파 스펙트럼을 두고 벌이는 싸움은 반도체에 의한 보이지 않는 힘겨루기가 될 것이다. 레이더, 전파 교란, 통신은 모두 복잡한 무선 주파수 칩과 디지털-아날로그 변환기에 의해 관리된다. 이들 칩이 개방된 스펙트럼 공간에서 신호를 발산하고, 특정한 방향으로 보내며, 적의 센서를 혼란스럽게 만드는 것이다. 레이더나 교란기에 담긴 강력한 디지털 칩은 복잡한 알고리즘을 작동시켜 수만분의 1초 내로 수신한 신호를 해석하고 어떤 신호를 보내야 할지 결정한다. 군대가 전장을 보고 소통할 수 있는지[124] 여부가 달린 문제다. 자율 비행 드론은 스스로 어디 있는지 파악하고 어디로 가야 할지 결정을 내릴 수 없다면 아무짝에 쓸모없는 것이다.

미래의 전쟁은 그 어느 때보다도 반도체에 의존할 수밖에 없다. AI 알고리즘을 작동시키기 위한 강력한 프로세서, 데이터를 초고속으로 처리할 수 있는 대용량의 메모리 칩, 전자파를 감지하고 생성하기 위해 완벽하게 맞춘 아날로그 칩 등이 필요한 것이다. 2017년 DARPA는 전자산업부흥계획Electronics Resurgence Initiative[125]이라는 새로운 프로젝트를 발족시켰다. 군사와 관련된 반도체 기술의 차세대를 구축하는 데 도움이 되려는 목적이었다. DARPA가 반도체에 새삼 관심을 보이는 것은 역사적으로 볼 때 자연스러운 일이었다. DARPA는 칼텍의 카버 미드 같은 선구적 학자에게, 반도체 설계 소프트웨어 개발에, 새로운 리소그래피 기술에, 트랜지스터 구조 연구에[126] 자금 지원을 해 왔던 것이다.

하지만 DARPA와 미국 정부는 새로운 현실에 맞닥뜨렸다. 반도체 산업의 미래를 제시하는 일이 이전처럼 쉽고 간단하지 않았던 것이다. DARPA의 예산은 매년 수십억 달러 정도였는데, 반도체 업계에서 가장 큰 기업은 이미 그보다 훨씬 많은 돈을 연구개발비로 쓰고 있다. 물론 DARPA는 기업에 비해 훨씬 장기적인 아이디어에 그 돈을 쓴다. 반면에 인텔이나 퀄컴 같은 기업은 몇 년 내로 수익을 낼 수 있을 법한 분야에 대부분의 연구비를 투입하고 있다. 하지만 세계 반도체 시장에서 미국 정부가 갖는 구매자로서의 지위가 이전에 비해 턱없이 작은 것 또한 사실이다. 페어차일드와 텍사스인스트루먼트가 1960년대 초에 생산했던 첨단 반도체의 대부분은 미국 정부에서 구입했다. 1970년대가 되자 그 비중은 10~15퍼센트로[127] 떨어졌다. 오늘날은 미국 정부가 구입하는 반도체의 비중이 2퍼센트대에 머물고 있다. 반도체 구매자로서 갖는 영향력을 놓고 보자면 현재 그 어떤 펜타곤 관료도 애플의 CEO 팀 쿡Timothy Cook을 능가할 수 없다.

반도체를 만드는 비용은 너무도 비싸졌다. 심지어 펜타곤이라 해도 자체 제작할 수는 없다. 미 국가안보국National Security Agency은 메릴랜드주 포트 미드Fort Meade 본부에 반도체 팹을 운용해 왔다. 하지만 2000년대 들어서 정부는 무어의 법칙을 따라가는 비용이 너무 커졌다는 결론에 이르렀다. 오늘날은 심지어 최신 반도체를 설계하는 데에만 수억 달러가 소요될 수 있다.[128] 모든 이들에게 가장 중요한 일 중 하나이지만 그 누구의 입장에서 보더라도 엄청난 비용이다.

현재 미군과 첩보 조직 모두 "신뢰할 수 있는 파운드리"에 반도체 생산을 위탁하고 있다. 이것은 미국이 세계적 수준의 능력을 갖고 있는 많은 유형의 아날로그 또는 무선 주파수 칩에 비하면 상대적으로 간단하다. 하지만 로직 칩으로 오면 딜레마가 발생한다. 인텔은 오늘날에도 PC와 서버 분야에 쓰이는 칩 대부분을 생산하고 있지만, 그런데도 첨단 칩의 생산 능력에서는 한 발 뒤처진 상태다. 한편 TSMC와 삼성은 대만과 한국에서 가장 최첨단의 제조 능력을 유지하고 있다. 또 칩 조립과 패키징은 대부분 아시아에서 이루어진다. 국방부가 비용 절감을 위해 기성품을 더 많이 사용하려 들기 때문에 해외에서 만든 장치를 더 구입하는 꼴이 될 수밖에 없다.

미군은 해외에서 생산되고 조립되는 칩이 보안 위험을 불러오지 않을까 우려하고 있다. 부정한 수단이 추가되거나 고의로 에러를 낼 가능성 등을 염두에 두는 것이다. 하지만 심지어 미국 내에서 설계하고 생산한 칩이라 해도 의도치 않은 취약점을 가질 수 있다. 2018년, 연구자들은 인텔에서 광범위하게 사용하고 있는 마이크로프로세서 아키텍처에 두 개의 근본 오류가 있음을 밝혀냈다. 각각 스펙터Spectre와 멜트다운Meltdown이라고[129] 부르는 이 오류를 이용하면 비밀번호 같은 데이터를 복사할 수 있는데 이는 심각한 보안 위협이 아닐 수 없었다. 《월스트리트저널》에 따르면 인텔은 먼저 그 결함을 고객에게 전달했는데, 그 고객 중에는 중국의 테크 기업들이 포함되어 있었다. 미국 정부에 고지한 것은 그다음이었다.[130] 반도체 생산을 직접 해낼 역량이 없다는 것을 근심하는 펜타곤으로서는 더 골치 썩을 상황이 아닐 수 없었다.

DARPA는 조작이 불가능하거나 완전히 의도한 대로 제작되었음을 검증할 수 있는 새로운 반도체 기술에 투자하고 있다. 군대가 텍사스인스트루먼트 같은 기업에 첨단 반도체와 전자 장비의 설계, 제조, 조립까지 일임할 수 있었고 그 모든 작업이 미국 내에서 가능했던 시절은 오래전에 끝나 버렸다. 이제는 외국산 칩이나 전자 부품을 구입하지 않을 방법이 없다. 그리고 그 중 많은 것이 대만제다. 그러므로 DARPA는 마이크로 전자공학에서 "제로 트러스트zero trust"[131]를 가능케 하는 기술에 돈을 걸고 있는 것이다. 아무것도 믿지 않고 모든 것을 검증하여, 마이크로 칩에 실린 아주 작은 센서까지 약간이라도 수정이 가해진 순간 알아낼 수 있는 기술의 확보가 목표다.

마이크로 전자 기술을 이용하여 새로운 "상쇄" 전략을 도입하고 중국과 러시아에 맞서 결정적인 군사 우위를 재확보하겠다는 이 모든 전략에는 근본 전제가 깔려 있다. 미국이 반도체 분야에서 우위를 지켜 나가야 한다는 것이다. 현재의 관점에서 그 전제를 믿고 가는 것은 위험한 도박처럼 보인다. "더 빨리 달리는" 전략을 구사했던 시대를 지나고 나니 미국은 반도체 제작의 특정 분야에서 뒤처져 버렸다. 특히 최신 로직 칩의 제조에 있어서 대만에 의존하는 정도가 날로 커지고 있다. 30여 년간 미국의 반도체 산업 대장 노릇을 해 왔던 인텔은 현재 확실히 비틀거리고 있다. 반도체 업계의 많은 이들은 인텔이 분명 뒤처져 있다고 생각한다. 한편 중국은 수백억 달러를 쏟아부어 반도체 산업을 육성 중이다. 그러면서 외국 기업을 압박해 민감한 기술을 빨아들이고 있다. 모든 대형 반도체 제조사에게 중국 소비 시장은 미국 정부보다 훨씬 크고 중요한 시장인 것이다.

베이징은 첨단 기술을 얻기 위해 노력하고 있고, 미국과 중국의 전자 산업은 깊숙이 연결되어 있다. 그리고 두 나라는 반도체 제조에서 사실상 대만에 의존한다. 이 모든 상황을 놓고 보면 의문을 품지 않을 수 없다. 미국이 달려가는 속도는 이미 느려진 상태다. 그런데 미국은 지배력을 잃고 있는 기술에 기반을 두고 군사적 패권을 지키려는 도박을 하고 있다.[132] 새로운 국방 전략을 연구했던 관료 중 한 사람인 맷 터핀Matt Turpin은 이렇게 비꼬았다. "상쇄 전략을 통해 앞서가겠다는 건 불가능한 소리입니다. 중국이 우리와 같은 차를 타고 달리고 있으니까요."[133]

"돌격 앞으로!", 시진핑은 선언했다. 중국의 지도자들은 외국 칩 제조사에 의존하는 것이 치명적 결함이 될 수 있다고 지목한 상태다. 그들은 세계 반도체 산업을 재편하기 위한 계획을 수립했고, 그 목적을 달성하려고 외국의 칩 제조사를 인수하고, 기술을 훔치고, 중국 반도체 회사에 수십억 달러씩 보조금을 지급하는 중이다. 인민해방군은 그런 노력의 결실이 맺어지기를 간절히 바라고 있다. 비록 지금은 미국의 수출 규제에도 불구하고 합법적으로 미국 칩을 수입하여 "군사 지능화"를 추구할 수 있지만 언제까지 현 상황에 머물지는 않으려는 것이다. 그 맞수인 펜타곤은 자체적인 상쇄 전략에 착수했다. 중국이 군사 근대화를 통해, 특히 중국

해안에서 벌어질 싸움에서 격차를 크게 줄였다는 사실을 시인한 다음이었다. 대만은 미국과 중국 모두의 군대가 미래를 걸고 있는 첨단 반도체 생산지이지만 그게 전부가 아니다. 실제 전쟁이 벌어질 가능성이 가장 높은 미래의 전장이기도 하다.

PART VIII

반도체로
숨통을 조이다

CHAPTER 49

"우리가 경쟁하는 모든 것"

인텔의 CEO 브라이언 크르자니크는 초조함을 감추지 못했다. 세계 반도체 시장에서 더 큰 몫을 차지하기 위해 밀어붙이고 있는 중국 때문이었다. 2015년 현재 미국 반도체 업계를 대표하는 반도체산업협회 회장이기도 했던 그는 미 정부 관료들과 어울려야 하는 책임까지 떠맡고 있었다. 대체로 그 역할이란 세금 감면이나 규제 완화를 요청하는 것이었다. 하지만 이번에는 주제가 달라졌다. 중국의 막대한 반도체 보조금에 제동을 걸어 달라고 정부를 설득하는 것이었다. 미국의 반도체 기업은 모두 한배를 탄 처지였다. 거의 모든 미국 반도체 기업에게 중국은 가장 큰 시장이었다. 중국 고객에게 직접 제품을 판매하건, 중국에서 만드는 스마트폰과 컴퓨터에 칩을 팔건 사정은 마찬가지였다. 중국 정부가 미국 기업을 중국의 공급망에서 쫓아내기 위한 정책을 공식적으로 채택하고 있는 가운데, 미국 기업은 강경한 태도로 일관하는 베이징이 자국 기업에 주는 보조금에 대해 침묵해야만 했다.

철강이나 태양광 패널 같은 산업 분야에서 중국 문제로 불평을 늘어놓는 것은 오바마 정부 관료들에게 익숙한 일이었다. 반면에 첨단 기술은 미국의 특기로 여겨지는 분야로, 미국의 상대적 우위가 당연시되고 있었다. 그러니 고위 관료들이 크르자니크와의 만남에서 "그의 눈에 느껴지는 공포감"[1]을 감지하자 근심에 빠졌다. 물론 긴 역사를 지닌 인텔의 CEO라면 편집증적인 사람일 터였다. 하지만 지금은 인텔과 미국 반도체 산업 전체가 걱정해야 할 충분한 이유가 그 어느 때보다 많았다. 중국은 미국의 태양광 패널 제조업을 끝장내 버렸다. 반도체에서도 그런 일이 벌어지지 말라는 법이 어디 있겠는가? "중국의 2500억 달러 펀드 폭격이 우리를 묻어 버릴 것"[2]이라고 오바마 정권의 한 관료가 근심을 토로했다. 중국 내에서 반도체를 만드는 기업을 육성하고자 중국의 중앙과 지방 정부가 내놓은 보조금 총액을 두고 한 말이었다.

2015년 무렵, 미국 정부 깊숙한 곳에서부터 태세 변화가 시작됐다. 미 정부의 무역 협상가들은 중국의 반도체 보조금이 국제 협약을 심각하게 위반하고 있다고 보았다. 중국이 새로운 무기 체계에 연산력을 도입하고자 노력하는 모습을 보며 펜타곤은 긴장하기 시작했다. 정보 당국과 법무부는 중국 정부가 자국 반도체 업체들과 협업하여 미국의 반도체 기업을 밀어내고 있다는 증거를 더 많이 캐내고 있었다. 하지만 세계화를 받아들이고 "더 빨리 달리는" 것, 미국 기술 정책의 양대 기둥이라 할 수 있는 이 두 가지 방침이 너무도 깊게 뿌리 박혀 있었다. 테크 업계가 그 방향으로 로비해 왔을 뿐 아니라 워싱턴의 지적 합의도 그렇게 되어 있었던 것이다. 게다가 워싱턴 사람들은 대부분 반도체가 뭔지 잘 알지도 못했다. 당시 벌어지던 정책 전환에 개입했던 내부자의 회상에 따르면, 오바마 정부의 반도체 정책은 느리게 결정되었다. 정부 고위직들이 반도체를 중요한 문제로 바라보지도 않았기 때문이었다.[3]

그리하여 정부가 행동을 취한 것은 오바마 정권 마지막 시점까지 미뤄질 수밖에 없었다. 대통령 선거를 엿새 앞둔 2016년 말, 상무부 장관이었던 페니 프리츠커Penny Pritzker는 워싱턴의 고위직들을 상대로[4] 반도체에 대한 입장을 분명히 밝혔다. "반도체 기술은 미국 창의력의 핵심 요소이자 우리 경제 발전의 원동력으로 남아 있어야 할 필수 요소로, 우리는 주도권을 내줄 수 없다"라고 선언한 것이다. 그는 중국을 가장 중요한 도전자로 지목했다. 그러면서 중국을 "불공정한 무역 관행과 함께 시장 규칙을 어기는 막대한 국가 개입"을 하고 있다고 비난하면서, "상업적 목적이 아닌 중국 정부의 이해관계에 따라 기업을 인수하고 기술을 획득하려하는 새로운 시도"가 있다고 언급했다. 바로 칭화유니그룹의 기업 인수에 대한 비판이었다.

하지만 오바마 정부의 시간은 거의 남아 있지 않았고, 프리츠커가 할 수 있는 일도 별로 없었다. 대신에 오바마 정권은 온건한 목표를 세웠다. 그들 뒤를 이어받을 (것이라고 희망하고 있던) 힐러리 클린턴 정권이 논의를 시작할 수 있도록 첫 돌을 놓는 것이었다. 프리츠커는 또 상무부에 반도체 공급망에 대한 연구를 주문했다. "우리는 반도체 산업에 적합하도록 설계된 1500억 달러 규모의 산업 정책을 받아들이지 않을 것이라는 점을 중국 지도자들에게 분명히 하겠다"라고 약속하기도 했다. 하지만 중국의 보조금을 비난하는 건 쉬운 일이었지만 중국의 보조금을 막는 일은 훨씬 어려울 수밖에 없었다.

그 무렵 백악관은 반도체 업계의 경영자와 학자를 모아서 반도체 업계의 미래에 대한 연구를 의뢰했다.[5] 그 연구 모임은 오바마가 퇴임한 다음 날 보고서를 발표했는데, 미국이 현행 전략에 더욱 박차를 가해야 한다고 촉구하는 내용이 담겨 있었다. 핵심적인 권유 사항은 다음과 같았다. "더 빨리 달려서 경쟁에서 이겨라." 마치 1990년대 자료에서 그대로 복사해서 붙인 것만 같은 조언이었다. 혁신을 계속해 나가는 일은 당연히 필요하고 중요하다. 무어의 법칙을 지속해 나가는 것은 경쟁력 유지를 위한 필수 조건이다. 하지만 워싱턴이 스스로 "더 빨리 달리고 있다"고 생각하고 있던 지난 수십 년 동안 상대방은 시장 점유율을 높여 왔다. 또 전 세계는 특히 대만이라는 한 줌의 급소에 점점 더 의존하는 방향으로 변해 오고 있었다.

워싱턴과 반도체 업계의 거의 모든 사람이 세계화라는 꿀단지를 끌어안고 단물을 마셔 왔다. 언론과 학자들 역시 세계화를 진짜로 "글로벌"한 것처럼 전달해 왔다. 기술 확산은 막을 수 없고, 다른 나라의 기술 역량이 발전하면 미국에 이익이 되며, 설령 미국에 도움이 되지 않더라도 기술의 진보를 막을 수는 없다는 식이었다. "반도체 산업이 세계화된 세상에서 일방적인 행위는 점점 더 무의미한 것이 된다"라고 오바마 정권의 반도체 보고서는 주장하고 있었다. "이론적으로 정책은 기술의 확산 속도를 지연시킬 수는 있으나 그 확산을 막을 수는 없다." 하지만 이 주장을 뒷받침할 근거는 없었다. 그냥 그럴 것이라고 전제하고 있을 뿐이었다. 하지만 반도체 제조에서 실제로 벌어진 일은 "세계화"가 아니라 "대만화"였다. 기술은 확산되지 않았다. 대체 불가능한 한 줌의 기업이 독점하고 있을 뿐이었다. 조금만 살펴봐도 세계화의 불가피성이란 틀린 주장이라는 것을 알 수 있을 텐데, 미국의 기술 정책은 그 흔한 상투적 어구에 인질로 잡혀 버리고 말았다.

미국은 제조, 리소그래피, 그 외 다른 영역에서 기술 우위를 차지하고 있었지만 그 우위를 헛되이 흘려보냈다. 경쟁의 주체는 기업이며 정부는 그저 평평한 운동장을 깔아 주기만 하면 그만이라는 생각에 워싱턴이 빠져 있는 동안 벌어진 일이었다. 경제학 교과서와 신문 칼럼에서 앵무새처럼 되풀이하는 그런 주장은 특히 아시아의 반도체 산업에 정부가 깊숙이 개입해 있다는 현실과 동떨어져 있었다. 미국의 관료들은 다른 나라가 반도체 산업의 중요한 부분을 움켜쥐고 있는 현실을 그저 무시해 버렸고, 그러는 사이 미국의 입지는 줄어들었다.

워싱턴과 실리콘밸리의 점잖은 이들에게는 다국간의 자유 무역과 세계화, 혁신 같은 진부한 말을 되풀이하고 있는 것만큼 쉬운 일은 없었다. 어느 분야건 힘 있는 사람들은 그런 말을 듣는 걸 좋아했다. 반도체 산업 스스로가 그랬다. 중국이나 TSMC의 심기를 거스르는 걸 극도로 꺼렸던 그들은 워싱턴에 로비를 할 때도 반도체 산업이 얼마나 "글로벌"한 산업이 되었는지 반복하며 잘못된 관념을 굳혀 나갔다. 그들이 설파하는 바는 진보적인 국제주의의 이상과 자연스럽게 맞아떨어지는 것이었고, 미국 중심의 단극 체제하에서 민주당과 공화당 모두의 기준이 되었다. 모두가 국제 협력이 상호 이익으로 귀결된다고 치부하고 있던 시기, 외국 기업과 정부를 만나는 것은 더욱 즐거운 일일 수밖에 없었다. 그러므로 워싱턴은 미국이 더 빨리 달리고 있다며 끝없이 자기 최면을 걸었다. 미국의 입지가 흔들리고, 중국의 역량이 커지고 있으며, 대만과 한국에 대한 의존도가 심각하게 높아 가는 현실이 매년 더욱 심화되고 있었음에도 그저 눈을 감아 버렸던 것이다.

그러나 미국 정부의 깊숙한 곳, 국가 안보 관련 기관들은 새로운 관점을 받아들이기 시작했다. 안보와 관련된 조직은 편집증적으로 굴면서 월급을 받는 사람들이다. 그들이 중국의 테크 산업을 좀 더 회의적으로 뜯어보면서 중국 정부에 냉소적 태도를 취하고 있었던 것은 놀랄 일이 아닐 것이다. 중국이 세계의 핵심 기술 체계에 발휘하는 영향력이 커지고 있다는 것은 많은 안보 관련자의 근심거리였다. 그들은 또 미국이 수십 년 동안 그랬던 것처럼 중국이 세계의 주요 전자 제품에서 핵심 제조 업체로서의 지위를 이용해 부정한 수단을 끼워 넣거나 더 효율적으로 첩보 활동을 할 수도 있다고 여겼다. 미래의 무기에 대해 고민하던 펜타곤의 관료들은 그들이 얼마나 반도체에 의존하고 있는지 깨닫기 시작했다. 특히 주목한 것은 통신 인프라였다. 미국의 동맹국들마저 점점 유럽과 미국산 장비를 덜 쓰고 그 대신에 중국의 ZTE와 화웨이 같은 기업을 택했다.

미국의 정보기관은 화웨이가 중국 정부와 연루되어 있을 가능성을 두고 계속해서 우려의 목소리를 내왔다. 하지만 화웨이와 그보다 작은 유사 업체인 ZTE가 대중의 관심을 끌기 시작한 것은 2015년 중반 이후의 일이었다. 두 회사 모두 통신 장비를 판매하는 곳이다. ZTE는 국영이고 화웨이는 민간 회사이지만 미 정부의 관료들은 화웨이가 중국 정부와 깊은 관계를 맺고 있다고 의심하고 있었다. 두 회사 모두 그런 의혹을 부정하고 있었고,[6] 여러 나라에서 계약을 따내기 위해 해당국 관료들에게 뇌물을 주고 있다는 혐의 역시 받아들이지 않았다. 그리고 2016년 오바마 정부 마지막 해, 두 회사는 이란과 북한에 물품을 공급했고 미국의 제재를 어겼다고 지적당했다.[7]

오바마 정부는 ZTE에 금융 제재를 가하는 방안을 염두에 두고 있었다. ZTE가 국제 은행 시스템에 접속하지 못하게 하는 안이었다. 하지만 오바마 정부는 그 대신 ZTE에 미국 기업들의 수출을 제한하는 방향으로 처벌의 가닥을 잡았다.[8] 그와 같은 수출 통제는 대체로 군사적 목적에서 시행되는 것이었다. 이를테면 기술 이전을 막기 위해 이란의 미사일 프로그램에 부품을 대는 회사에 수출을 차단하는 식이다. 하지만 상무부 역시 민간 기술의 수출을 막을 수 있는 광범위한 권한을 지니고 있다. 통신 시스템에서 ZTE의 미국 의존도는 절대적이었다. 특히 미국산 반도체가 그 랬다. 하지만 2017년 3월 그 제재가 실제로 가해지기 전[9] ZTE는 미 정부와 형량 거래를 하고 벌금으로 처벌을 낮췄다. 그리하여 수출 규제는 시행되기 전부터 해제되고 말았다. 중국의 주요 테크 기업이 미국의 칩을 구입하지 못하게 하는 규제가 어떻게 이렇게 극적으로 해제될 수 있는지 대부분의 사람이 이해할 수 없다는 반 응이었다.

ZTE의 형량 거래는 트럼프 정권이 집권한 직후 이루어졌다. 트럼프는 중국이 "우리를 벗겨 먹고 있다"고 지속적으로 비난하 고 공격해 왔지만,[10] 정책의 세부 사항에는 거의 관심이 없었고 기 술에 대한 이해도는 전무한 수준이었다. 트럼프의 관심은 어디까 지나 무역과 관세에 집중되어 있었는데, 트럼프 정권의 피터 나바 로Peter Navarro나 로버트 라이트하이저Robert Lighthizer 같은 관료는 양 자 거래의 적자를 줄이고 생산 기지의 해외 이전을 되돌려보려 애 썼지만 대체로 실패로 돌아가고 말았다. 정치 무대의 뒤편에서는 미 국가안전보장회의NSC가 열리고 있었다. 전직 언론인이자 해 병 출신인 매슈 포틴저Matthew Pottinger는 트럼프의 국가안보 선임보 좌관으로서 그 회의를 이끌고 있었다. 미국의 대중국 정책을 변경 하고 향후 수십 년간의 기술 정책의 틀을 잡는 자리였다. 국가안 전보장회의에 모인 대중국 강경파들은 관세 문제에 큰 관심이 없 었다. 대신에 그들은 중국의 지정학적 의제와 기술적 기반에 주목 했다. 중국의 테크 분야는 지정학적 힘을 확대하는 데 영향을 미 치고 있었다. 관료들은 미국의 입지가 위험 수위까지 약해졌고 그

원인은 워싱턴이 행동하지 않은 데 있다고 보았다. 전해지는 이야기에 따르면 오바마 정권의 관료는 중국의 기술 발전을 두고 트럼프 당선인에게 지속적으로 이런 메시지를 전달했다. "이건 정말 중요한 일입니다. 그런데 우리가 할 수 있는 게 없습니다."[11]

새 정부의 중국 팀은 동의하지 않았다. 한 고위 관료의 표현에 따르면 그들이 내린 결론은 다음과 같았다. "우리가 21세기에 경쟁하는 모든 것이 … 반도체 장악이라는 반석 위에 세워져 있다."[12] 그들이 볼 때 아무런 행동을 하지 않는 것은 적합한 선택지가 아니었다. "더 빨리 달리기" 전략 역시 아무것도 하지 않는 것과 다를 바 없는 것이라 보았고, 그리고 싶은 기업들은 그러라는 태도였다. "더 빨리 달릴 수 있다면 우리로서는 좋은 일"이라고 국가안전보장회의에 참석한 한 관료가 말했다. 하지만 그런 전략은 먹히지 않고 있었다. 중국이 "기술 우위를 전복하기 위해 엄청난 공력을 들이고" 있었기 때문이다. 새 정권의 국가안전보장회의는 훨씬 전투적인 제로섬 게임의 세계관을 바탕으로 기술 정책의 방향을 잡았다. 재무부의 투자 감시팀부터 펜타곤에서 군용 시스템의 공급망을 관리하는 이들에 이르기까지, 정부의 핵심 요소마다 반도체에 대한 관점이 달라지고 있었다.[13] 중국을 상대하기 위한 전략의 일부로 바라보기 시작한 것이다.

이러한 변화는 반도체 업계 리더들을 몹시 불편하게 만들었다. 그들은 정부의 도움을 원했지만 동시에 중국의 보복을 두려워하고 있었다. 세금을 낮춰 주거나 규제를 완화해 주는 일이라면 그런 변화는 미국 내에서의 사업을 더 쉽게 만들어 줄 것이므로 반도체 업계로서도 기꺼이 수용했을 것이다. 하지만 국제 비즈니스 모델에 변화가 오는 것은 원치 않았다. 실리콘밸리 사람들 중 다수가 트럼프를 미워하고 있었던 것 역시 도움이 되지 않는 일이었다. 인텔의 CEO 브라이언 크르자니크는 대통령 후보로 나온 트럼프에게 후원금을 약속했다는 이유로 심각한 역풍을 감수해야 했다.[14] 그 후 백악관 보좌관으로 영입된 그는 결국 그 자리에서 물러났다. 업계의 경영진은 트럼프의 국내 정책을 못 본 척하려 했지만 트럼프는 조변석개하는 사람이었고 동맹으로 삼기에는 문제가 있었다. 트위터로 관세 정책을 발표하는 이가 CEO들에게 좋은 인상을 주기란 어려운 법이었다.

하지만 반도체 업계의 메시지는 트럼프 백악관에서 새어 나오는 이야기들과 너무도 상충되는 것이었다. 공개 석상에서 반도체 업계 CEO와 로비스트들은 새 정부가 중국을 설득하여 무역 협정에 순응하게 해야 한다고 이야기하고 있었다. 사석에서 그들은 그런 접근법이 통할 리 없다고 인정하면서 국가 보조를 받는 중국의 경쟁 기업이 실리콘밸리가 가지고 있는 시장을 빼앗을 것이라고 두려워하고 있었다. 중국 시장 판매에 대한 반도체 업계 전반의 의존도는 점점 커지고 있었다. 인텔 같은 칩 제조사, 퀄컴 같은 팹리스 설계 업체, 혹은 어플라이드머티리얼즈 같은 장비 제조 업체 모두 마찬가지였다. 미국 반도체 기업의 어떤 경영자는 한 백악관 관료에게 이 상황을 한 문장으로 요약해 전달했다. "우리의 근본 문제는 우리의 최대 고객이 우리의 최대 경쟁자라는 겁니다."[15]

국가안전보장회의에 모인 대중국 강경파들은 미국 반도체 산업을 스스로가 빠진 모순에서 구해 내야 한다는 결론에 도달했다. 주주의 원성에 떠밀리고 시장의 힘에 쫓긴 반도체 기업은 서서히 직원, 기술, 지식재산권을 중국에 넘기고 있었다. 실리콘밸리가 빈 껍데기가 될 때까지 이 추세는 계속될 터였다. 미국은 강력한 수출 통제가 필요하다는 것이 대중국 강경파의 믿음이었다. 그들이 볼 때 수출 통제에 대한 워싱턴의 논의는 반도체 업계에 의해 강탈당했다. 중국 기업이 첨단 반도체 설계와 장비를 구입하도록 내버려 두었던 것이다. 트럼프 정부 관료들은 반도체 업계가 전직 상무부 관료들을 고용한 로펌을 통해 로비하여 수출 규제를 우회하고 있다고 지적했는데, 상무부 관료는 정부 내에서 반도체 공급망의 복잡성을 이해하고 있는 소수에 속했다. 이 회전문 인사 때문에 규제에도 불구하고 너무 많은 기술 유출이 벌어지고,[16] 미국이 중국에 비해 지니고 있는 상대적 지위가 약해지고 있다는 것이 트럼프 정부 관료들의 생각이었다.

트럼프 대통령은 트위터에서 분노의 불꽃을 뿜어내고 있었다. 그동안 의회부터 상무부, 백악관에서 펜타곤에 이르는 정부의 각기 다른 부처들은 1980년대 이후 워싱턴이 바라보고 있지 않던 방식으로 반도체 문제를 재조명하고 있었는데, 사람들 대부분은 이런 변화를 눈치채지 못했다. 언론의 관심은 트럼프가 베이징과 벌이는 "무역 전쟁"에 쏠렸고, 트럼프의 발언은 언론의 관심을 극대화하기 위해 잘 계산된 것이었다. 트럼프가 관세를 부과한 상품 중 다수가 반도체였던 관계로 몇몇 분석가는 반도체를 주로 무역 문제의 관점에서[17] 바라보기도 했다. 하지만 정부의 국가 안보 조직의 시각에서 볼 때 대통령의 관세와 무역 전쟁은 연막작전이었다. 물밑에서는 더 큰 것을 걸고 기술 싸움이 벌어지고 있었다.

2018년 4월, 트럼프와 중국의 무역 갈등이 격화하면서 미국 정부는 ZTE가 형량 거래를 어겼다는 결론을 내렸다.[18] 미국 관료들에게 잘못된 정보를 제공했다는 것이다. 한 보좌관의 전언에 따르면 트럼프의 상무부 장관인 윌버 로스_Wilbur Ross_는 이 사안을 "매우 기분 나쁘게" 받아들였다. 로스는 2017년에 타결된 ZTE의 형량 거래에서 일익을 담당했던 인물이다. 상무부는 미국 기업과 ZTE의 거래에 새로운 제약을 가하기 시작했다. 관계자에 따르면 이 결정은 "거의 아무도 모르게"[19] 상무부 내에서 전달되었다. 이 규제가 회복된다면 ZTE는 미국산 반도체를 비롯한 다른 물품을 구입할 수 없게 되고, 미국이 정책을 바꾸지 않는 한 ZTE는 허물어질 수밖에 없을 것이다.

하지만 트럼프 본인은 기술보다 무역에 더 관심이 있었다. 그는 ZTE의 목을 졸라 버릴 수 있는 기회를 시진핑과의 협상 카드로 바라보았다. 중국 지도자들이 그런 방향의 거래를 제안하자 트럼프는 기꺼이 받아들였고, 그 소식을 트위터로 알렸다. ZTE가 "중국에서 너무 많은 일자리 손실을 가져올"[20] 것을 고려하여 ZTE를 살려둘 방법을 찾겠다는 것이었다. 곧 ZTE는 다시 한 번 벌금을 내고 미국의 부품 공급을 받을 수 있게 되었다. 트럼프는 자신이 무역 전쟁에서 유리한 고지를 차지했다고 생각했지만 그것은 환상에 지나지 않았다. 워싱턴의 대중국 강경파는 재무부 장관인

스티븐 므누신Steven Mnuchin 같은 관료에게 트럼프가 놀아났다고 생각했다. 므누신은 트럼프에게 베이징과 화해해야 한다고 지속적으로 촉구했기 때문이다. 아무튼 ZTE 대소동을 통해 분명해진 사실이 하나 있었다. 세계에서 가장 큰 테크 기업들 모두가 미국 반도체에 의존하고 있다는 것이다. 반도체는 한 관료의 표현처럼 그저 "우리가 경쟁하는 모든 것"의 "주춧돌" 정도가 아니었다. 그 자체가 엄청난 파괴력을 지니는 무기로 사용될 수 있었다.

CHAPTER 50
푸젠진화반도체

"컴퓨터 데이터 지우기."[21] 케니 왕Kenny Wang은 구글 검색을 했다. 마이크론 전산망에서 비밀 파일을 다운받은 기록을 지울 수 있는 프로그램을 찾고 있었던 것이다. 구글 검색 결과가 마음에 들지 않았던 그는 검색어를 바꾸고 엔터를 눌렀다. "컴퓨터 사용 기록 지우기." 결국 그는 씨클리너CCleaner라는 프로그램을 찾아냈고, 회사에서 지급받은 HP 랩탑의 사용 흔적을 말끔히 지워 주기를 바라는 마음을 담아 다운로드 후 실행했다. 왕의 직장은 미국을 대표하는 메모리 칩 생산 업체인 마이크론이었다. 이렇게 컴퓨터 사용 기록을 지웠지만, 그가 마이크론에서 900여 개의 파일을 내려받아 USB 드라이브로 옮기고 구글 드라이브에 업로드한 사실을 감출 수는 없었다. 파일들은 "마이크론 기밀자료 / 복사하지 말 것"이라는 부가 설명이 딸려 있었다. 왕이 몰래 복사한 것은 문서 서류만이 아니었다. 그는 마이크론이 생산하는 첨단 D램 칩의 제조 기밀을 복사할 계획이었다. 마이크론의 칩 레이아웃을 세세하게 담은 파일을 다운로드하고, 어떻게 마이크론이 리소그래피 공정에서 마스크를 만드는지 세부 사항을 정리하고, 반도체를 테스트한 내용물과 수율에 대한 내용들까지 모두 복제하고자 했던 것이다. 마이크론의 추산에 따르면 이는 몇 년간 수억 달러를 투자해야 얻을 수 있는 그런 비밀들이었다.

오늘날 세계의 D램 칩 시장을 지배하는 회사는 셋이다. 마이크론 및 그에 맞서는 한국의 삼성과 SK하이닉스가 그들이다. 1990년대와 2000년대 대만 기업은 수십억 달러를 써 가며 D램 사업에 끼어들려고 했지만 수익을 창출하는 데에는 단 한 번도 성공하지 못했다. D램 시장은 규모의 경제를 요구하며, 그래서 작은 생산자는 가격 경쟁력을 갖추기 어려운 탓이었다. 대만은 메모리 칩 산업을 지속적으로 유지하는 데 실패해 온 반면에 일본과 한국은 1970년대와 1980년대에 반도체 산업에 진입하면서 D램에 집중해 왔다. D램은 특화된 노하우와 고급 설비, 그리고 거대한 자본 투자가 필요하다. 고급 설비는 대체로 미국, 일본, 네덜란드의 대형 장비 제작자들이 내놓는 기성품을 구입할 수 있다. 관건은 노하우를 확보하는 것이다. 1980년대 말 반도체 산업에 뛰어들었던 삼성은 마이크론과 기술 라이센스 협약을 맺고, 마이크론이 공개한 실리콘밸리의 연구개발 시설을 방문했으며, 미국에서 교육받은 박사후과정생을 수십여 명 고용했다. 하지만 노하우를 취득하는 또 다른, 더 빠른 길이 있다. 바로 경쟁사의 전 직원을 매수하고 파일을 훔치는 것이다.

중국 푸젠성은 대만과 해협 하나를 두고 마주 보는 곳에 있다. 푸젠의 유서 깊은 항구 도시 샤먼 입구는 대만이 지배하는 진먼섬金門島으로 가로막혀 있는데, 마오쩌둥의 군대는 냉전 시기 여러 차례 진먼섬에 포격을 가한 적이 있다. 대만과 푸젠성의 관계는 밀접한 편이나 언제나 친한 사이였다고 할 수는 없다. 하지만 푸젠성 정부가 지방 정부 차원에서 50억 달러 이상[22]의 자금을 출연하여 진화晉華라는 이름의 D램 칩 제조사를 차리고자 했을 때, 진화로서는 대만과 손잡는 것이 성공을 위한 최선의 방안이라는 점을 부인할 수 없었다. 대만에는 선도적인 메모리 칩 기업이 없었지만 마이크론이 2013년에 인수했던 D램 설비가 남아 있었다.

마이크론은 진화가 위험한 경쟁자로 클 수 있다고 보았고 그 어떤 도움도 제공할 생각이 없었다. 푸젠진화반도체福建省晉華集成電路, JHICC가 D램 기술을 숙달하게 되면 엄청난 정부 보조금을 받는 그들이 경쟁에서 큰 우위를 누리게 될 터였다. D램 시장에 값싼 칩이 밀려 들어올 것이며 마이크론, 삼성, 하이닉스의 이윤율은 저하될 수밖에 없었다. D램 시장의 빅3는 수십 년에 걸쳐 엄청나게 특화된 기술에 투자하고 발전시켜 왔다. 그들은 그저 최첨단 메모리 칩을 만들 뿐 아니라, 품질 개선과 비용 절감의 일정한 패턴을 창출해 내고 있었다. 그 전문성은 특허로 보호받고 있기도 했지만 더 중요한 것은 엔지니어들만이 알고 있는 노하우에 담겨 있었다.

이들과 경쟁하려면 푸젠진화반도체로서는 제조 노하우를 알아야 했다. 제대로 익히건 몰래 훔치건 그건 상관없는 일이었다. 반도체 업계에서 경쟁사의 기술을 훔쳐 오는 행위는 유서 깊은 산업 전통과도 같다. 일본의 지식재산권 도둑질을 고발하던 1980년대까지 거슬러 올라갈 수 있다. 하지만 푸젠진화반도체의 기법은 그보다는 KGB의 T국의 그것과 더욱 유사했다. 첫째, 진화는 (메모리 칩이 아닌) 로직 칩을 제조하는 대만의 UMC와 계약을 맺고, UMC가 D램 생산의 전문 지식을 전해 주는 대가로 7억 달러 상당을[23] 지불하기로 했다. 라이센스 계약이야 반도체 업계에서 흔한 일이지만 이 계약은 좀 특이했다. UMC는 D램 기술을 제공하기로 약속했지만 D램 사업을 해 본 적이 없는 회사였기 때문이다. 그래서 2015년 9월 UMC는 대만에 소재한 마이크론 공장에서 다수의 직원을 채용했다. 그 중에는 마이크론 대만 지사 대표인 스티븐 첸Steven Chen도 포함되었다. 첸은 UMC의 D램 기술 개발과 진화와 관련된 관리를 맡고 있었다. 다음 달 UMC는 마이크론 대만 공장에서 생산 공정 관리자를 고용했는데 J. T. 호라는 사람이었다. 그 후 1년 동안 호는 그의 전 직장 마이크론의 동료 케니 왕을 통해 여러 편의 문서를 넘겨받았다. 결국 왕이 마이크론을 떠나 UMC로 이직할 무렵 900여 개의 파일이[24] 구글 드라이브로 업로드되었고 J. T. 호에게 전달되었다.

마이크론에서 벌어지는 수상한 낌새를 알아차린 대만 검찰은 왕의 전화를 도청하며[25] 증거를 수집했다. 대만 검찰은 곧 UMC를 기소하기에 충분한 증거를 모았다. 마이크론에서 도둑맞은 기술 중 일부는 특허 출원을 위해 대기 중이었던 것이다. 마이크론이 UMC와 푸젠진화반도체를 특허권 침해로 고소하자 두 중국 회사는 푸젠성 법원에서 맞고소를 했다. 푸젠성 법원은 마이크론이 UMC와 진화의 특허를 침해한 책임이 있다고 판결했다. 그들이 훔친 기술을 자신들 것으로 특허 출원 중이었기 때문이다. 이 상황을 "진정"시키기 위해 푸저우시 중급인민법원은 마이크론 제품 중 26개 품목의 중국 시장 판매를 금지했다.[26] 마이크론은 최대의 시장을 잃고 말았다.

이것은 국가가 뒤를 봐주는 지식재산권 도둑질의 완벽한 사례라고 할 수 있다. 중국에서 영업하는 외국 기업이 오래도록 불만을 토로해 온 사안이기도 하다. 물론 대만은 왜 중국이 지식재산권 규칙을 따르려 하지 않는지 자연스럽게 이해하고 있었다. 텍사스인스트루먼트가 대만에 처음 발을 디뎠던 1960년대, 리궈딩 장관은 냉소 섞인 말을 했다. "지식재산권이란 후진국에게 실로 얼마나 제국주의적인 괴롭힘인가."[27] 하지만 대만 기업이 스스로 기술을 개발하여 보호해야 할 특허가 생긴 다음부터, 대만은 지식재산권 규범을 준수하는 편이 낫다는 결론에 도달해 있었다. 다수의 지식재산권 전문가들 역시 중국 기업이 더 정교한 제품을 생산하게 되면 지식재산권 도둑질은 줄어들 것이라 예측했다. 하지만 이 가설을 입증할 만한 증거는 제한적이다. 오바마 정부는 중국의 스파이 조직들로부터 약속을 받아낸 바 있다. 그들이 훔쳐 낸 기밀을 중국 기업에 넘기지 않겠다는 것이 그 내용이었지만, 이 약속은 미국인이 지식재산권 도둑질에 대해 잊어버릴 때까지만 유

지되었고, 어느 시점이 지나자 다시 해킹이 시작되었다.[28]

마이크론이 중국에서 공정한 재판을 받을 수 있으리라 기대할 근거는 별로 없었다. 푸젠성에서 '인민 재판'으로 최대 시장에서 쫓겨난 판에, 대만이나 캘리포니아 법정에서 승리를 거둔들 그게 큰 의미가 있을 리도 만무했다. 그 무렵 미국의 반도체 제조 설비 생산자인 비코Veeco 역시 미국 법정에 지식재산권 소송을 제기했다. 피고는 중국 경쟁사인 AMEC로, 이 회사는 마이크론의 경쟁사가 자리하고 있는 그곳, 중국 푸젠성 지방 법원에 맞고소를 제기했다. 뉴욕의 판사는 비코의 편에서 예비적 금지 명령을 내렸다. 푸젠성의 판사 역시 예비적 금지 명령으로 대응했는데, 그에 따라 비코는 더는 중국 시장에 공작 장비를 판매할 수 없게 되었다. 버클리대학교 교수로 중국법 전문가인 마크 코헨Mark Cohen에 따르면 이는 중국의 특허 분쟁 중 단 0.01퍼센트에 해당하는 사례다. 한편 미국 법원의 판결은 몇 달이 걸린 반면에 푸젠성의 판결은 고작 평일로 9일 만에 나왔다는 차이가 있었다. 판결문의 자세한 내용은 여전히 비밀에 붙여져 있다.[29]

마이크론 역시 유사한 운명에 처할 예정인 듯했다. 마이크론의 제조 기밀을 푸젠진화반도체가 손에 넣었다는 점을 감안해 볼 때, 몇 년 내로 진화가 D램을 규모 있게 생산해 낼 것이라 예측하는 전문가들도 있었다. 그쯤 되면 마이크론이 중국 시장에 다시 들어갈 수 있느냐 없느냐는 관건이 안 될 것이다. 왜냐하면 푸젠진화반도체가 마이크론의 기술을 이용해 보조금을 받은 더 낮은 가격으로 D램을 팔고 있을 것이기 때문이다. 오바마 정권하에서 일어난 이 사건은 강경한 내용의 성명 발표로 이어졌지만 그 외의 대응은 크게 도드라지지 않았다. 미국 정부가 진지하게 자신들 편에 서 줄 리가 없음을 아는 미국의 CEO들이 중국 시장에 대한 접근권을 잃지 않기를 희망하면서 자신들의 지식재산권을 포기하는 식으로 베이징과 계약을 맺으려 드는 경우도 있었다. 푸젠진화반도체는 미국에서 나올 수 있는 대응이라고는 분노가 가득 담긴 기자 회견문뿐이라는 것을 알고 있던 터라 입을 꾹 닫고 버티는 쪽을 택했다. 다음 피해자가 자신이 될 수 있다는 생각에 조용히 가만히 있기로 한 외국 기업도 있었다.

국가안전보장회의의 대중 강경파는 이 구도를 바꾸고자 달려들었다. 그들은 마이크론 판결이야말로 트럼프가 고쳐 놓겠다고 약속했던 불공정 무역 관행의 사례로 보았다. 대통령 자신은 마이크론에 대해 일말의 관심조차 없었지만 상관없는 일이었다. 몇몇 정부 관료는 푸젠진화반도체에 금융 제재를 가해야 한다고 주장했다.[30] 2015년 오바마 대통령이 서명한 사이버 첩보에 대한 행정 명령을 활용하면 금융 제재가 가능했다. 그 행정 명령이 중국의 주요 기업을 상대로 적용된 전례가 없었지만 개의치 않겠다는 것이었다. 심사숙고 끝에 트럼프 정부는 이번에는 무역 분쟁에 초점을 맞춘 무역 중심의 규제를 쓰는 것보다, ZTE를 상대했던 바로 그 도구를 쓰기로 했다. 푸젠진화반도체는 반도체 생산에 필요한 미국 장비 구매를 금지당했다.

어플라이드머티리얼즈, 램리서치, KLA 같은 미국 기업은 대체 불가능한 장치를 만드는 소수의 과점 기업의 일부다. 실리콘

웨이퍼에 미세하게 얇은 물질의 박막층을 증착하거나 나노미터 단위의 결함을 식별해 내는 장치 등을 만드는 회사다. 이 장비가 없다면 첨단 반도체 제작은 불가능하며, 이런 장비 제작사들은 여전히 상당수가 미국 내에 있다. 이에 견줄 만한 장비를 만드는 회사를 보유한 나라는 일본뿐이다. 그러니 도쿄와 워싱턴이 합의한다면 지구상의 그 어떤 나라 그 어떤 기업도 첨단 반도체를 만들 수 없다. 막강한 권한을 자랑하는 일본의 경제산업성과 긴밀한 협의를 거친 끝에, 트럼프 정부는 푸젠진화반도체에 대한 강경 대응에 도쿄 역시 지지를 보낸다는 확신을 얻었고,[31] 일본 기업이 미국의 수출 제한을 무위로 돌리지 않을 것임을 분명히 했다.

이는 미국이 새롭게 손에 넣은 강력한 무기였다. 이제 미국은 세상 그 어떤 칩 제조사든 문을 닫게 만들 수 있었다. 트럼프 정부의 온건파, 예를 들어 므누신 재무부 장관 같은 이는 긴장하는 모습을 보여 주었다. 하지만 이 모든 수출 금지 조치를 관할하는 상무부 장관 윌버 로스는 주저하지 않았다. 그의 보좌관 중 한 사람이 로스의 생각을 이렇게 말했다. "우리가 이걸 쓰면 안 되는 빌어먹을 이유가 있나?"[32] 일단 푸젠진화반도체가 핵심 장비를 공급하는 미국 회사에 청구 금액을 지불하자 미국 정부는 수출을 끊어 버렸다.[33] 그로부터 몇 달 지나지 않아 푸젠진화반도체의 생산은 중단되었다. 중국이 만들어 낸 최신 D램 기업이 무너진 것이다.

CHAPTER 51

화웨이 습격

"나는 그 회사를 스파이웨이spyway라고 부릅니다." 그가 가장 좋아하는 TV 프로 중 하나인 〈폭스 앤 프랜즈〉에 출연한 트럼프 대통령이 화웨이에 대한 질문을 받자 한 말이다. "우리는 화웨이 장비가 미국에 설치되는 것을 원치 않습니다. 화웨이는 우리를 염탐하니까요. … 그들은 뭐든 알고 있습니다."[34] 기술 인프라가 기밀 정보 유출의 경로가 될 수 있다는 것은 딱히 놀랄 일이 아니었다. 2013년 러시아로 망명한 전 국가안보국 직원 에드워드 스노든이 폭로한 여러 비밀 중 하나였기 때문이다. 그 후로 미국의 사이버 염탐 능력은 전 세계 언론의 주된 토론 주제가 되었다. 중국의 놀라운 해킹 역량 역시 기밀로 다뤄지는 미국 정부 데이터가 연이어 유출되며 세간의 이목을 끌면서 널리 알려지게 되었다.

펜타곤과 국가안전보장회의 내부에서 화웨이를 바라보는 시각은 단순한 스파이 활동에 따른 위협 정도가 아니었다. 미국의 관료들은 화웨이가 중국의 스파이 행위를 돕고 있다는 것을 추호도 의심하지 않았으며, 화웨이는 기술 주도권을 두고 벌일 긴 싸움의 첫 번째 전장으로 여겨지고 있었다. 미군의 새로운 상쇄 전략을 구상하는 일에 참여했던 펜타곤 관료 마크 터핀Mark Trupin은 화웨이를 미국의 테크 산업이 직면한 더 큰 문제의 징후로 간주했다. 바로 중국 기업이 "미국의 시스템 내부에 제대로 자리 잡고 있는"것이다. 중국 기업은 미국 소프트웨어를 이용해 칩을 설계하고, 미국 기계 장치로 칩을 만들고, 미국 소비자를 대상으로 만든 기기에 그 칩을 탑재한다. 이런 현실로 인해 "미국이 중국을 '혁신으로 압도하는' 것뿐 아니라 그들이 혁신의 과실을 누리지 못하게 만드는"[35] 것도 불가능하다. 화웨이와 다른 중국 기업은 미국이 중국에 비해 군사적으로 또 전략적으로 기술 우위를 누리기 위해 지배해야 한다고 생각하는 기술 분야에서 핵심적인 역할을 굳히고 있다. "화웨이는 우리가 중국과의 기술 경쟁에서 무엇을 잘못하고 있었는지 보여 주는 상징과도 같다."[36] 트럼프 정부에서 고위직을 지낸 또 다른 인물이 한 말이었다.

화웨이를 둘러싼 우려 섞인 시각은 트럼프 정부나 미국에만 국한되는 일이 아니었다. 호주는 화웨이를 5G 네트워크에서 배제했다. 화웨이의 위험성은 그냥 넘어갈 수 있는 수준이 아니라고 호주 정보 당국이 결론을 내린 다음이었다. 화웨이는 모든 소프트웨어 소스 코드source code와 하드웨어를 공개하겠다고 제안했지만 호주의 결론은 바뀌지 않았다. 맬컴 턴불Malcolm Turnbull 호주 총리도 처음에는 이렇게 강경한 금지 조치에 회의적 입장이었다. 호주의 언론인 피터 하처Peter Hartcher에 따르면 턴불은 《5G 보안 완벽 가이드A Comprehensive Guide to 5G Security》라는 474페이지짜리 책을 읽고 공부했다.[37] 기술 전문가들을 만나 대화할 때 더 좋은 질문을 하고 싶어서였다. 결국 턴불은 화웨이를 금지하는 것 외에 다른 선택의 여지가 없다는 주장을 납득했다. 호주는 공식적으로 화웨이 장비를 5G 네트워크에서 배제한 첫 번째 국가가 되었고 일본, 뉴질랜드, 기타 다른 나라가 곧 그 뒤를 따랐다.

　　모든 나라가 같은 식으로 대응했던 것은 아니다. 중국의 인접 국가들 중 다수는 화웨이를 의심쩍어하고 네트워크 보안 위험을 떠안고 싶어 하지도 않았다. 반면에 유럽에서는 트럼프 정부가 밀어붙이고 있는 화웨이 금지령을 두고 미국의 여러 동맹국이 꺼림직한 표정을 짓는 듯했다. 미국과 동맹을 맺고 있는 동유럽의 여러 국가, 이를테면 폴란드는 공개적으로 화웨이를 금지했고, 2019년 화웨이의 전 임원을 간첩죄로 체포했다.[38] 프랑스 또한 조용히 엄격한 규제를 도입했다.[39] 유럽의 다른 큰 나라는 절충안을 찾기 위해 애썼다. 자동차와 기계 장치에서 대對중국 수출 비중이 높은 독일은 화웨이를 차단할 경우 그 "결과"[40]를 생각해 봐야 할 것이라는 주독중국대사의 경고를 들어야 했다. 중국 외교관이 "중국 정부는 손 놓고 있지 않을 것"이라고 협박하고 있었던 것이다.

　　트럼프 정부는 이런 종류의 문제에서 독일을 일종의 동맹 무임승차자로 보고 있었던 터라 저항이 있을 것임을 어느 정도는 예상했다. 여기서 미국을 더 놀라게 한 나라는 바로 미국과 "특별한 관계"로 여겨지던 영국이었다. 영국의 5G 네트워크에서 화웨이를 배제하고 대신에 스웨덴의 에릭슨이나 핀란드의 노키아 같은 대체 공급자를 택하라는 미국의 요구를 뿌리친 것이다. 2019년 영국 정부의 국립사이버보안센터National Cyber Security Centre는 화웨이를 금지하지 않고도 위험 관리를 할 수 있다는 결론을 냈다.

왜 호주와 영국의 사이버 보안 전문가들이 화웨이의 위험에 대해 각기 다른 결론에 도달한 것일까? 기술적 요소를 두고 해석이 달랐다고 볼 근거는 없다. 가령 사이버 보안 문제를 다루는 화웨이의 태도에 심각한 결함이[41] 있다는 것은 영국의 규제 당국 역시 잘 알고 있었다. 진짜 논점은 따로 있었다. 중국이 세계의 기술 인프라에서 더 큰 역할을 차지하도록 내버려 둘 것인가, 저지할 것인가가 관건이었다. 영국의 신호정보signal intelligence 기관의 장을 역임했던 로버트 해니건Robert Hannigan은 이렇게 주장했다. "서구가 중국의 기술 발전을 억누를 수 있다며 스스로를 속이는 대신에, 우리는 중국이 미래에 세계의 기술 강국이 되는[42] 것을 받아들이며 그 위험을 지금부터 관리해야 한다." 많은 유럽인의 생각도 비슷했다. 중국의 기술 발전은 불가피하며 그것을 막으려고 애쓰는 건 부질없다는 것이었다.

미국 정부는 동의하지 않았다. 화웨이 문제는 그 회사가 전화 도청이나 데이터 유출에 기여했느냐 아니냐 여부를 넘어서는 차원에서 전개되고 있었다. 화웨이 경영진은 그들이 미국의 이란 제재를 어겼다고 시인했고[43] 이는 워싱턴의 많은 이들을 분노케 했지만, 이 또한 궁극적으로는 곁가지에 불과했다. 진짜 문제는 중화인민공화국의 기업이 기술 사다리의 꼭대기를 오르고 있다는 것이었다. 1980년대 말에 단순한 전화 스위치를 만들던 회사가 2010년대 말이 되자 세계 최첨단의 통신 네트워크 장비를 내놓고 있었다. 화웨이가 연구개발에 매년 투입하는 비용은 이제 미국의 마이크로소프트, 구글, 인텔과 어깨를 나란히 할 정도였다. 화웨이는 모든 중국 기업을 통틀어 가장 성공적인 수출 기업이었고, 그로 인해 해외 시장에 대한 세부적인 지식을 얻을 수 있었다. 화웨이는 기지국용 하드웨어뿐 아니라 첨단 스마트폰 칩도 설계하고 있었다. 애플에 이어 TSMC의 두 번째로 큰 고객 자리를 차지했다. 그러니 이런 질문을 하지 않을 수 없었다. 미국은 중국 기업이 이렇게까지 성공하도록 내버려 둘 수 있는가?

워싱턴의 많은 이들에게 이런 질문은 퍽 불편한 것이 아닐 수 없었다. 미국의 엘리트들은 벌써 30여 년, 한 세대가 성장할 시간 동안 중국의 경제 성장을 환영하고 또 용인해 왔기 때문이다. 또 미국은 아시아 이곳저곳에서 테크 기업이 성장할 수 있도록 해 왔다. 가령 일본이 고속 성장을 하던 시절에는 일본의 소니 같은 회사에게 시장을 개방해 주었고, 이후에는 한국의 삼성이 같은 경로를 밟게끔 했다. 화웨이의 비즈니스 모델은 소니나 삼성의 그것과 크게 다르지 않았고, 일본과 한국의 기업은 그렇게 세계 기술 생태계의 앞자리를 차지할 수 있었다. 그렇다면 세계화된 경제 속에 경쟁자 하나가 더 늘어나는 걸 나쁘다고 할 수 있을까?

하지만 국가안전보장회의의 생각은 달랐다. 그들은 중국과의 경쟁을 근본적으로 제로섬 게임으로 보았다. 이들은 화웨이 문제를 상업적 과제가 아니라 전략적 과제로 해석하고 있었던 것이다. 소니와 삼성은 미국과 동맹 관계인 나라에 세워진 테크 기업이었다. 반면에 화웨이는 미국 최대의 지정학적 경쟁자가 배출한 대표 선수다. 이런 관점에서 본다면 화웨이의 확장은 위협적인 일이다. 의회 역시 더 거칠고 더 호전적인 정책을 원했다. "미국은 화웨이의 목을 조를 필요가 있습니다."[44] 공화당 상원 의원인 벤 새스Ben Sasse가 2020년 선언했다. "현대전은 반도체로 싸우게 되는데 우리는 화웨이가 미국의 설계를 사용하도록 내버려 두고 있습니다."

이 발언의 요지는 화웨이가 직접적으로 중국군을 돕고 있다는 게 아니라, 화웨이가 중국 반도체 설계의 전반적인 수준을 끌어올리고 있다는 것이었다. 최신 전자 제품을 직접 만드는 경험이 쌓일수록 중국은 더 많은 첨단 칩을 구입할 것이고, 세계의 반도체 생태계는 점점 더 중국에 의존하게 되는데, 그것은 결국 미국의 영향력 축소로 이어진다. 게다가 중국에서 가장 유망한 테크 기업을 공략하는 것은 그 밖의 나라 모두를 향한 경고가 된다. 어느 편에 설지 확실히 하라는 뜻이다. 화웨이의 부상을 억누르고 중국이 최신 기술을 통해 군사와 정보 영역을 탈바꿈하지 못하게 막는 일에 트럼프 정부는 집착적으로 매달렸다.

화웨이에 압박을 주기로 결정한 트럼프 정부가 한 첫 번째 일은 화웨이에 미국산 칩을 수출하지 못하도록 막는 것이었다. 인텔 칩은 독보적인 위치를 차지하고 있으며 다른 미국 기업들 역시 대체 불가능한 아날로그 칩을 생산하고 있으니, 이 제재만으로도 충분히 파괴적인 효과를 불러올 터였다. 하지만 수십 년간 생산 기지를 해외로 이전해 온 탓에 미국 내 반도체 생산량은 이전에 비해 턱없이 낮은 수준에 불과했다. 예컨대 화웨이는 자체 설계한 반도체를 미국에서 생산하지 않았다. 미국은 최신 스마트폰 프로세서를 만들어 낼 시설이 없었고 대신에 대만의 TSMC가 그 역할을 수행했다. 미국산 제품을 화웨이에 수출하지 못하도록 막는다고 해도 TSMC가 화웨이를 위해 첨단 칩을 제조하는 것까지 막을 수는 없는 것이다.

반도체 제조 역량을 해외로 이전하면 첨단 칩 제조에 대한 미국 정부의 통제력이 떨어진다는 것을 누구라도 예상했을 법한 일이다. 세계 첨단 반도체 제조가 모두 미국 땅에서 이루어지고 있다면 화웨이를 차단하는 일은 훨씬 손쉽게 달성될 수 있었을 것이다. 하지만 미국의 손에는 여전히 강력한 카드가 남아 있었다. 예컨대 반도체 제조의 해외 이전은 반도체 산업의 일극화를 불러왔고 치명적인 병목이 생겼다. 전 세계 거의 모든 반도체는 케이던스, 시놉시스, 멘토라는 세 회사의 소프트웨어를 통해 만들어지는데, 이중 멘토는 독일의 지멘스SIEMENS가 소유하고 있으나 미국의 오리건주에 자리 잡고 있으며, 나머지 두 회사는 미국 회사다. 인텔이 자체 제작하는 칩을 제외하고 나면 모든 첨단 로직 칩을 만드는 회사는 고작 둘 뿐이다. 삼성과 TSMC가 그 장본인인데 이들 모두 미군에 안보를 의존하는 나라에 자리 잡고 있다. 게다가 첨단 프로세서 제작을 위해서는 극자외선 리소그래피 기계가 필요하며 그 기계를 만드는 회사는 단 하나, 네덜란드의 ASML뿐이다. 그런데 ASML은 사이머라는 회사가 만드는 극자외선 광원 발생기를 필요로 하며 그런 기계는 사이머만 만들 수 있다. 사이머는 2013년 ASML에 인수되었지만 여전히 샌디에이고에 자리 잡고 있다. 이렇듯 반도체를 만드는 데 필수적인 단계마다 요구되는 도구, 소재, 소프트웨어 등은 헤아릴 수 없이 많지만 그것은 모두 한 줌의 회사들이 만들고 있는 터라, 반도체 생산의 급소를 통제하는 일은 훨씬 쉬워졌다. 그 병목 중 다수가 여전히 미국 수중에 있다. 미국이 직접 갖고 있지 못한 병목은 대체로 미국과 가까운 동맹국의 것이다.

이 무렵 헨리 패럴Henry Farrell과 에이브러햄 뉴먼Abraham Newman이라는 두 미국인 학자가 "무기화된 상호 의존weaponized interdependence"[45]이라는 현상에 주목했다. 국제 정치와 경제 관계가 미치는 영향이 점점 더 커지고 있다는 것이다. 그들이 지적한 바에 따르면 세계 각국이 전에 없이 얽혀 있는 것은 분명하다. 하지만 그로 인해 갈등이 해소되고 화합이 증진되기는커녕 상호 의존은 새로운 경쟁의 장을 열어 버리고 말았다. 여러 나라를 하나로 엮어 주는 네트워크에서 갈등이 벌어지고 있는 것이다. 가령 금융 분야에서 미국은 다른 나라가 미국의 은행 시스템에 의존하고 있다는 것을 무기로 삼아 이란에 압력을 가하고 있다. 이들 학자가 볼 때 미국 정부가 무역과 자본 이동을 정치적 무기로 사용하는 것은 우려스러운 일이었다. 세계화를 위협하며 의도치 않은 결과를 불러올 위험이 있기 때문이다. 반면에 트럼프 정부는 같은 사실을 보며 다른 결론에 도달해, 반도체 공급망에서 미국이 가진 특별한 힘을 기꺼이 무기화하기로 했다.

2020년 5월, 트럼프 정부는 화웨이 제재를 더욱 끌어올렸다.[46] 이제는 상무부가 나서서 "화웨이가 미국의 기술과 소프트웨어를 이용해 해외에서 반도체를 설계하고 생산할 수 있는 능력에 제약을 가하고 미국의 국가 안보를 지키겠다"라고 선언한 것이다. 상무부에서 내린 새로운 지침은 미국산 제품의 화웨이 수출을 막는 것에서 멈추지 않았다. 그들은 미국산 기술을 통해 만든 모든 제품의 화웨이 판매를 금지했다. 반도체 산업은 병목으로 가득 차 있기에 이러한 조치는 거의 모든 칩을 살 수 없게 되었다는 말과 같다. 미국의 제조 장비 없이는 TSMC라 해도 화웨이에 첨단 칩을 만들어 줄 수 없다. 심지어 중국이 보유한 최고의 파운드리 기업인 SMIC마저도 미국산 도구에 크게 의존하고 있다. 화웨이는 이렇게 간단히 전 세계 반도체 제조업에서 떨어져 나갔다. 화웨이가 손에 넣을 수 있는 것은 상무부가 특별히 구입 허가를 내준 소수의 칩에 불과했다.

세계 반도체 업계는 미국의 규칙에 재빨리 적응해 나갔다. 미국이 배를 갈라 버리겠다고 덤벼드는 대상은 TSMC의 두 번째로 큰 고객이었지만, 그래도 TSMC 회장 마크 리우Mark Liu는 언론과의 인터뷰에서 미국의 법을 표면적으로 따르는 차원을 넘어 그 취지까지 따르겠노라고 약속했다.[47] 언론과의 인터뷰에서 그는 "이 문제는 단순히 규칙뿐 아니라 미국 정부의 의도를 해석해야 해결될 수 있는 일"이라고 말했다. 필요한 칩을 입수할 수 없게 된[48]

화웨이는 스마트폰 사업과 서버 사업을 매각하지 않을 수 없는 처지에[49] 몰렸다. 중국은 5G 네트워크 설치와 상용화를 최우선 국책 과제로 밀어붙여 왔는데, 그 또한 반도체 부족으로 인해 연기되지 않을 수 없었다.[50] 미국의 제재가 시작되자 다른 나라들, 특히 영국이 화웨이를 차단하기로 했다. 미국산 반도체가 없다면 화웨이가 제대로 제품을 내놓을 수 없다는 판단에서 비롯한 결정이었다.

화웨이에 대한 공격은 화웨이만으로 끝나지 않았다. 여러 다른 중국 기업들 역시 블랙리스트에 올랐다. 미국과의 논의 끝에 네덜란드는 ASML이 극자외선 장비를 중국에 판매하고자 해도[51] 승인하지 않기로 합의했다. 2017년 AMD가 "전략적 파트너"라 불렀던 중국의 슈퍼컴퓨터 회사인 수곤[52]이 2019년 미국의 블랙리스트에 올랐다. 그 목록에는 파이티움Phytium, 飛騰[53]도 포함되어 있었는데, 미국 관료들은 파이티움이 설계한 칩이 탑재된 슈퍼컴퓨터가 극초음속 미사일 시험에 사용되었다고 보았고, 이 내용은《워싱턴포스트》를 통해 보도되었다. 파이티움의 칩은 미국산 소프트웨어로 설계되고 대만의 TSMC가 제조했다. 미국과 그 동맹국의 반도체 생태계에 접근할 수 있었기 때문에 파이티움의 성장이 가능했던 것이다. 하지만 파이티움은 외국산 소프트웨어와 제조 역량에 기대고 있었고, 그 결과 미국 제재에 극히 취약해지고 말았다.

그러나 최종적으로 볼 때 중국 테크 기업에 대한 미국의 공격은 그 효과가 제한적일 수밖에 없었다. 중국 최대의 테크 기업인 텐센트와 알리바바 등은 미국산 반도체를 구입하거나 TSMC에 반도체를 주문하는 일에 있어서 아무 제약도 받지 않는다. 중국 최고의 로직 칩을 생산하는 SMIC는 첨단 반도체 제작 도구를 구입하지 못하고 있다. 새로운 제재가 가해졌기 때문이다. 하지만 망하지 않았고 여전히 성업 중이다. 심지어 화웨이마저 구형 반도체 구입은 가능한 터라 4G 네트워크 사업을 이어 가고 있다.

그럼에도 불구하고 미국이 중국 최고의 글로벌 테크 기업의 발목을 부러뜨리고 있을 때, 중국이 그 어떤 복수도 하지 않았다는 것은 놀라운 일이었다. 미국 테크 기업을 응징하겠다고 여러 차례 위협하긴 했지만 결국 방아쇠를 당기지 않았다. 베이징은 중국의 안보를 해치는 외국 기업을 "신뢰할 수 없는 기업 명단unreliable entity list"[54]에 올리겠노라 했지만, 그 어떤 기업도 그 목록에 등재되지 않았다. 화웨이가 미국에 당해서 사라져 버리는 것보다는 2등 테크 업체가 되더라도 살아남아 있는 편이 낫다는 베이징의 분명한 계산에 따른 행보였다. 결국 미국은 공급망을 끊음으로써 지배권을 강화하고 있었다. 한 전직 고위 관료는 화웨이 습격 사건을 두고 이렇게 곱씹었다. "무기화된 상호 의존, 이 얼마나 아름다운가."[55]

CHAPTER 52

중국의 스푸트니크 모멘트?

중국의 도시 우한이 락다운에 들어갔다. 2020년 1월 23일, 코로나 19 발병 사례가 해일처럼 밀려드는 가운데 그 어떤 도시 그 어떤 시점에도 겪지 않은 최장기 락다운이 막 시작되는 참이었다. 코로나바이러스와 그로 인한 질병에 대해 우리가 아는 바는 여전히 그리 많지 않았다. 바이러스가 우한의 봉쇄를 뚫고 중국 전역을 지나 세계에 퍼지기 전까지 중국 정부는 바이러스에 대한 토론을 억누르고 있었다. 중국 정부는 뒤늦게 우한의 출입을 차단하고, 도시 주변에 검역소를 설치했으며, 기업의 문을 닫고, 거의 1000만 명에 육박하는 우한 시민들에게 락다운이 끝날 때까지 집에서 나가지 말라는 명령을 내렸다. 이토록 거대한 메트로폴리스를 이런 식으로 봉쇄해 버린 일은 전무후무한 것이었다. 고속도로는 텅 비었고 인도는 황량해졌으며 공항과 기차역은 폐쇄되었다. 병원과 식료품점을 제외한 거의 모든 곳이 문을 닫았다.

그런데 단 한 시설만은 예외였다. 우한에 자리 잡고 있는 중국 최대의 낸드 메모리 칩 생산 업체인 양쯔강메모리테크놀로지 Yangtze Memory Technologies Corporation, YMTC가 바로 그곳이었다. 낸드는 스마트폰에서 USB 메모리 스틱까지 소비자용 기기에 두루 사용되는 유형의 메모리 칩이다. 오늘날 낸드 칩을 생산하는 기업 중 경쟁력을 지닌 회사는 총 다섯 곳인데, 그중 중국에 본사가 있는 회사는 단 하나도 없다. 하지만 많은 반도체 산업 전문가들은 모든 유형의 칩 가운데 중국이 세계 수준의 제조 역량을 갖출 수 있는 분야는 낸드 생산일 것이라고 입을 모은다. 전 세계 반도체 회사들에 투자금을 퍼부었던 칭화유니그룹은 YMTC에 최소 240억 달러의 투자를 한 것으로 추산한다. 중국 국영 반도체 펀드와 지방 정부의 보조금도 추가로 지급되었다.

중국 정부의 YMTC에 대한 지지는 실로 대단한 것이었다. 그러니 코로나 락다운 기간에도 문을 열고 조업할 수 있었다고, 중국 반도체 산업에 대해 최고의 기사를 여러 차례 게시했던 《니케이아시아》가 보도했다. 우한을 통과하는 열차에는 YMTC 직원들을 위한 특별 차량이 편성되었다. 락다운과 무관하게 우한을 드나들 수 있게 해 준 것이다. YMTC는 심지어 코로나를 겪으며 중국 전역이 얼어붙어 있던[56] 2020년 2월 말과 3월 초에 신규 인력을 채용했다. 중국의 지도자들은 코로나바이러스와 싸우기 위해서라면 물불을 가리지 않았지만, 반도체 산업을 육성하겠다는 의지는 그보다 더 강력했던 것이다.

　미국과의 기술 경쟁이 과열되면서 중국 정부가 "스푸트니크 모멘트Sputnik moment"를 맞고 있는 것이 아니냐는 주장이 흔히 제기되었다. 1957년 소련이 스푸트니크호를 발사한 후 미국은 경쟁자에게 뒤처지고 있다는 공포에 사로잡혔고 워싱턴이 과학과 기술에 돈을 쏟아붓게 된 일련의 사건들처럼, 이번에는 중국에서 그런 식으로 일이 진행되고 있지 않느냐는 것이다. 미국이 화웨이 같은 기업을 대상으로 한 반도체 수출을 금지하면서 중국이 스푸트니크급 충격을 받은 것은 분명해 보였다. 중국의 기술 정책에 대한 가장 똑똑한 분석가 가운데 하나인 댄 왕Dan Wang은 미국의 규제가 반도체 산업을 지원하기 위한 중국 정부의 새로운 정책을 촉진함으로써, "기술 지배를 향한 베이징의 추구를 가속화"[57]했다고 주장한다. 왕이 볼 때 미국의 새로운 수출 규제가 없었다면 '중국제조 2025'는 중국이 지금까지 해 왔던 산업 정책과 같은 결말을 맞이했을 터였다. 정부가 상당한 액수의 헛돈만 쓰고 끝났을 것이라는 뜻이다. 그런데 미국의 압력 덕분에 중국 정부는 중국 반도체 기업들에게 그보다 훨씬 큰 지원을 제공하게 되었다는 말이다.

　논쟁의 핵심은 미국이 중국의 성장하는 반도체 생태계를 뒤틀어 버리기 위해 예상할 수밖에 없는 상당한 부작용을 감수해 가며 어떤 노력을 기울여야 할지, 아니면 그저 중국이 스스로 어긋나기를 기대하면서 자국 내에 투자를 늘리는 것이 더 현명할지 여부에 달려 있었다. 미국의 수출 규제로 인해 중국 칩 제조사들에게 중국 정부의 새로운 지원책이 쏟아지게 되었다는 것은 분명했다. 시진핑은 얼마 전 류허劉鶴를 최측근 경제 자문으로 임명하면서 그에게 "반도체 차르"[58]라는 별명을 붙여 주었다. 중국의 반도체 굴기를 총괄하는 권한을 준 것이다. 중국이 반도체 기업들에게 수십억 달러 이상의 보조금을 투입하리라는 것은[59] 의심의 여지가 없었다. 이 투자가 새로운 기술의 생산으로 이어질지는 두고 봐야 할 일이지만 말이다. 가령 우한은 중국에서 가장 유망한 낸드 칩 생산자인 YMTC의 본거지였을 뿐 아니라 중국에서 최근 발생한 것 중 가장 큰 반도체 사기 사건이 벌어진 곳이기도 했다.

우한홍신반도체武漢弘芯, HSMC 사건은 묻지도 따지지도 않고 반도체 기업에 돈을 삽으로 퍼주는 일이 얼마나 위험한지 잘 보여 주는 사례였다. 인터넷에 올라온 후 삭제된 중국 언론 보도에 따르면 HSMC는 예술적 경지에 이른 사기꾼들이 만들어 낸 회사였다. 그들은 "TSMC 부사장" 같은 가짜 명함을 뿌리며 그들의 친척이 공산당 고위층이라는 헛소문을 퍼뜨리고 다녔다. HSMC는 우한 지방 정부를 속여 그들이 만든 가짜 회사에 투자하게 한 후, 그 돈으로 TSMC의 전직 연구개발 총괄 책임자를 CEO로 고용했다. 전 TSMC 직원을 이사회에 참여시킨 사기꾼들은 ASML에서 심자외선 리소그래피 장비를 구입한 후 그것을 미끼로 투자자들로부터 더 많은 돈을 긁어모았다. 하지만 우한의 공장은 오래된 TSMC 설비로 조잡하게 지어진 복제품에 지나지 않았고, HSMC는 파산하는 그날까지도 안간힘을 썼지만 첫 번째 칩을 제조해 내지 못했다.

실패로 귀결된 것은 지방 정부 차원만의 일이 아니었다. 칭화유니그룹은 전 세계적인 돈 살포 끝에 수중의 현금이 말라 가기 시작했고 보유 중인 채권의 일부가 부도나고 있었다. 칭화유니그룹의 CEO인 자오웨이궈가 아무리 고위 정치인들과 단단한 연줄을 맺고 있다 한들, 설령 그가 보유한 반도체 회사 대부분이 아무 손실 없이 살아남고 있다 해도, 그것만으로는 칭화유니그룹을 살려내기에 충분치 않았다. 중국 정부에서 경제 정책 기획을 담당하는 한 관료는 중국의 반도체 산업에 대해 "경험도 없고 기술도 없고 재능도 없다"[60]라며 한탄했다. 이것은 과장된 표현이겠지만 수십억 달러 넘게 투입된 반도체 프로젝트가 대책 없이 비현실적인 것이었거나, 심지어 HSMC처럼 완전히 사기로 끝나고 말았다는 것은 분명한 일이었다. 만약 중국의 스푸트니크 모멘트가 이와 유사한 더 많은 국가 지원 반도체 프로그램을 낳을 뿐이라면, 중국이 기술 독립의 길을 완수할 수는 없을 터였다.

사실 여러 나라에 걸친 공급망을 지닌 분야에서 기술 독립은 언제나 허황된 꿈일 수밖에 없다. 심지어 세계 반도체 산업의 가장 큰손인 미국 역시 마찬가지다. 기계 장치부터 소프트웨어까지 공급망의 다양한 측면에서 경쟁력 있는 기업을 보유하지 못하고 있는 중국의 기술 독립은 더욱 어려운 일일 수밖에 없다. 독립을 완수하려면 중국은 최첨단 설계 소프트웨어, 설계 역량, 최신 소재, 제조 노하우를 비롯한 모든 단계의 첨단 기술을 획득해야 한다. 중국이 이런 영역 중 일부에서 성공을 거두고 있는 것은 의심할 여지가 없지만, 많은 영역은 중국이 자국 내에서 대체하기에는 너무도 값비싼 것들이다.

가령 어떤 나라에서 ASML의 극자외선 장비를 모방하려 한다고 해 보자. 극자외선 장비의 개발과 상용화에는 30년이라는 시간이 소요되었다. 극자외선 장비는 그 자체로 여러 구성 요소를 지니는데, 그 요소 하나하나가 극도로 복잡한 공학적 도전 과제를 이루고 있다. 극자외선 시스템의 구성 요소 중 하나일 뿐인 레이저만 해도 완벽하게 구현된 45만7329개의 부품을 조립해 내야 만들어진다. 중국 정부가 ASML의 제작 과정을 알아내기 위해 최고의 스파이를 보내지 않았을 리가 없다. 하지만 설령 그들이 ASML의 내부 전산망에 침입해 설계도를 다운받았다고 한들, 이토록 복잡한 기계는 파일 하나 내려받듯이 손쉽게 복사해서 붙여넣기 할 수 있는 것이 아니다. 설령 스파이가 특화된 정보에 접속할 수 있게 된다 해도, 무엇이 중요한지 이해하고 가져가려면 최소한 광학이나 레이저에 대해 박사급 이상의 지식을 지니고 있어야 한다. 이렇게 모든 것을 알고서도 극자외선 장비를 개발한 엔지니어들은 30년에 걸쳐 경험을 축적해야 했다.

어쩌면 향후 10년 내에 중국이 극자외선 장비를 자체 개발하는 일이 **가능**할 수는 있다. 그 경우 해당 프로그램은 수백억 달러가 투입된 것일 텐데, 실망스럽게도 생산 현장에 투입 가능한 그 시점에 그것은 더 이상 첨단 장비가 아닐 수밖에 없다. 그때쯤이면 ASML은 이른바 하이high-NA Numerical Aperture EUV라는 새로운 설비를 공개할 것이기 때문이다. 2020년대 중반 출시를 예정으로 하고 있는 하이-NA EUV는 대당 3억 달러 정도의 가격으로[61] 판매될 예정이다. 미래의 어느 날 중국이 극자외선 장비를 자체 개발해 내는 것은 상상하기 어려운 일이다. 미국이 타국에 압력을 넣어 필수 장비와 부품 공급을 막을 것이기 때문이다. 그래도 미래의 어느 날 중국이 만든 극자외선 장비가 ASML의 현행 장비처럼 잘 작동한다고 가정해 본다고 한들, 그 상상 속 장비를 이용하는 중국의 칩 제조사들이 시장에서 수익을 내기란 어려운 일이다. 2030년이면 TSMC, 삼성, 인텔 모두 현재 구비한 극자외선 장비를 10년가량 운용하면서 비용을 낮추고 수율을 끌어올린 상태일 것이기 때문이다. 이들 기업은 상상 속 극자외선 장비로 반도체를 만드는 중국 기업들보다 훨씬 낮은 비용으로 칩을 생산하고 판매할 수 있다.

극자외선 장비는 국제적인 공급망을 통해 제공되어야 할 수 많은 반도체 제작 기반 중 딱 하나일 뿐이다. 공급망의 모든 요소를 국산화하는 비용은 턱없이 비싸지고 결국 불가능에 가까워진다. 국제화된 반도체 산업은 매년 1000억 달러 이상을 설비 투자에 쓰고 있다. 중국이 현재 가지고 있지 못한 설비를 짓고 인력을 확충하면 이 정도 규모의 지출 액수를 따라잡는 것은 가능할 수 있다. 하지만 최첨단 반도체 공급망을 모두 국산화하려면 10년 이상의 기간과 그동안 수조 달러 이상의 자본 투입이 필요하게 된다.

이제 우리는 왜 중국이 말은 거창하게 하고 있지만 실제로는 반도체 공급망 전체를 국산화하려 들지 않는 이유를 이해할 수 있다. 베이징 역시 그 목표 달성이 불가능하다는 것을 알고 있는 것이다. 중국 입장에서야 미국이 아닌 공급망이 좋겠지만, 미국이 반도체 산업에서 지니고 있는 무게와 수출 규제가 지니는 초법적인 힘을 놓고 볼 때, 아주 먼 미래가 아닌 다음에야 미국을 벗어난 공급망을 만드는 것은 비현실적인 일이다. 특정 영역에서 미국에 대한 의존도를 낮추고 반도체 산업에서 갖는 중량감을 키워서, 가능한 한 많은 병목 지점을 차지해 버리는 것 정도가 중국이 품을 수 있는 현실적인 야심이라 할 수 있다.

중국이 맞고 있는 핵심 도전 중 하나는 오늘날 사용되는 대부분의 칩이 PC와 서버는 x86 아키텍처 기반으로, 모바일 기기는 암 아키텍처 기반으로 이루어져 있다는 것이다. x86은 인텔과 AMD라는 두 미국 기업이 지배하고 있으며, 다른 회사에게 자사 아키텍처 사용 라이센스를 제공하고 돈을 버는 암은 영국에 자리 잡고 있다.

하지만 오늘날 새롭게 도입된 RISC-V라는 아키텍처는 오픈소스로 누구건 사용료를 내지 않고 활용할 수 있다. 오픈소스 아키텍처라는 개념은 반도체 산업의 여러 분야에서 관심을 끌었다. 암에 라이센스 비용을 내고 있는 모든 칩 설계자들이라면 공짜 아키텍처를 선호할 것이다. 게다가 오픈소스 아키텍처는 폭넓은 활용이 가능하므로 보안의 위험 역시 낮아질 수 있다. 오픈소스는 더 많은 엔지니어가 소스를 들여다보고 에러와 취약점을 발견할 수 있기 때문이다. 마찬가지 이유에서 혁신의 속도도 더욱 빨라질 수 있다. 방위고등연구계획국이 RISC-V 개발과 관련된 여러 프로젝트에 투자해 온 것도 바로 이 두 가지 요소 때문이다. 중국 기업들 역시 RISC-V를 환영하고 있다. 지정학적 중립성을 지닌 아키텍처라고 보고 있기 때문이다. 2019년 RISC-V 아키텍처를 관리하는 RISC-V 재단은 미국에서 스위스로 옮겼는데[62] 그 또한 같은 이유다. 알리바바 같은 회사들은 그런 생각을 품고 RISC-V 아키텍처에 기반한 프로세서를 설계하고 있다.

새롭게 떠오르는 아키텍처 작업과 더불어 중국은 로직 칩용 구식 프로세서 기술에도 초점을 맞추고 있다. 스마트폰과 데이터 센터는 최첨단 칩을 필요로 하지만, 자동차나 다른 소비재는 대체로 그보다 전 세대의 프로세서를 이용한다. 그 정도만으로도 충분히 강력하고 훨씬 저렴하기 때문이다. SMIC 같은 회사들이 투자하고 있는 중국 내 대부분의 새로운 팹은 이렇듯 구세대 칩의 생산량을 늘리는 데 초점을 두고 있다. SMIC로 인해 중국은 구세대 로직 칩 생산에서 경쟁력 있는 국가가 될 수 있다는 사실을 입증했다. 심지어 미국의 수출 제한이 더 엄격해진다 한들, 수십 년 이전 장비를 금지하는 것은 상상하기 어려운 일이다. 중국은 또 실리콘 카바이드나 질화칼륨처럼 새롭게 주목받는 반도체 물질에 큰 투자를 하고 있다. 이들 소재가 대부분의 칩에 쓰이는 순수한 실리콘을 대체할 리는 없지만 전기자동차의 출력 관리용 반도체에서는 큰 몫을 차지할 것으로 보이기 때문이다. 이 지점에서 필수 불가결한 기술을 차지할 수도 있으므로, 정부 보조금이 가격 경쟁력에서 승리를 거두도록[63] 도움을 줄 수 있을 것이다.

다른 나라들의 걱정은 중국이 보조금을 퍼부어 공급망의 여러 부분에서 상당한 시장 점유율을 차지하는 것이다. 특히 고급 기술이 필요하지 않는 분야에서 그런 일이 벌어질 수 있다. 외국산 소프트웨어와 기계 장치에 손댈 수 없도록 새로운 제재가 점점 강해지자 중국은 첨단을 달리지 않는 구형 로직 칩 생산 분야에서 더 큰 몫을 차지하기로 한 것처럼 보인다. 게다가 중국은 전기자동차용 전력 관리 칩을 개발하는 데 필요한 소재 개발에 돈을 쏟아붓는 중이다. 중국의 YMTC는 낸드 메모리 칩 시장의 큰 몫을 차지할 수 있는 실질적 기회를 얻고 있다. 반도체 업계에 떠도는 추산치에 따르면 중국의 반도체 제조 비중은[64] 2020년 초 현재 전 세계 물량의 15퍼센트 정도이지만 10여 년 후인 2030년에는 24퍼센트에 달하게 될 것이라 한다. 이는 한국이나 대만을 양적으로 능가하는 것이다. 물론 중국이 기술적으로 뒤처진 처지에 놓일 것은 거의 확실하다. 하지만 더 많은 반도체 산업이 중국으로 향할수록, 중국은 기술 이전을 요구할 만한 지렛대를 손에 넣게 된다. 미국과 다른 나라들이 수출 제한을 거는 건 점점 더 큰 손실을 불러오게 될 것이며, 중국은 여전히 현장에 투입할 수 있는 막대한 인력 풀을 지니고 있다. 중국 반도체 기업 거의 대부분은 정부 보조에 의존하고 있기 때문에, 중국의 반도체 기업들은 상업적 목적보다 국가적 과제를 추구하는 경향이 있다. "이윤을 내고 상장하는 것은 … 우선순위가 아닙니다." YMTC의 한 임원이 《니케이아시아》와의 인터뷰에서 한 말이다. YMTC의 초점은 따로 있었다. "이 나라 반도체 산업의 기틀을 다지고 중국몽을 실현하는 것입니다."[65]

CHAPTER 53

공급 부족과 공급망

"우리가 국제 경쟁자를 따돌리기 위해 필요한 크고 담대한 투자를 국가 차원에서 수행한 지 너무도 오래 되었습니다." 화면에 나와 있는 CEO들을 상대로 바이든 대통령이 선언했다. 테디 루스벨트의 초상화가 걸려 있는 백악관에 앉아 12인치 실리콘 웨이퍼를 손에 든 그는 줌 화상 회의 영상을 바라보며 미국 기업의 경영자들을 질타했다. "우리는 연구개발과 제조에서 뒤처져 있으며 … 게임을 한 단계 끌어올려야 합니다."[66] 화상 회의에 참석한 19명의 경영인 대부분이 수긍했다. 미국이 겪고 있는 반도체 부족을 논의하기 위해 바이든은 인텔과 같은 미국 반도체 제조 업체와 TSMC 같은 외국 기업을 초청했고 더불어 심각한 반도체 공급난으로 곤란을 겪고 있는 중요한 반도체 사용자들도 자리를 함께했다. 일반적으로는 포드나 GM의 CEO가 반도체에 대한 심도 깊은 논의의 장에 낄 일은 없다. 아니, 평소라면 아예 서로 관심을 보이지도 않는다. 하지만 2021년 세계 경제의 흐름과 공급망은 팬데믹 이후 상황에서 격변과 혼돈을 맞이했다. 불현듯 전 세계 사람들은 깨닫기 시작했다. 그들의 삶은 반도체에 크게 의존하고 있었다는 것이다.

2020년, 미국이 중국의 핵심 테크 기업에 대한 미국 기술 제공을 중단하면서 중국 반도체 산업의 숨통을 조르기 시작하던 바로 그때, 반도체 업계는 두 번째로 숨 막히는 상황을 맞았다. 이번에는 전 세계 경제가 질식할 참이었다. 어떤 종류의 칩, 특히 자동차에 두루 쓰이는 기초적인 로직 칩의 획득이 어려워진 것이다. 이러한 두 건의 반도체 숨통 끊기chip choke는 서로 어느 정도 연결되어 있었다. 미국의 제재가 가해질 가능성에 대비하기 위해 화웨이 같은 중국 기업은 적어도 2019년부터 칩을 쌓아 놓기 시작했다. 그 무렵 중국 팹들 역시 미국이 반도체 제조 장비의 수출에 더 강한 제약을 걸 상황에 대비해 가능한 한 많은 제조 장비를 구입하고 있었다.

하지만 중국의 사재기는 COVID 시대 반도체 질식의 원인 중 일부일 뿐이다. 더 큰 원인은 주문량이 크게 요동쳤다는 데 있었다. 팬데믹이 시작된 후 기업과 소비자는 여러 상품에 대한 수요를 조절해 나갔던 것이다. 2020년, 수많은 이들이 집에서 일하기 위해 컴퓨터를 업그레이드하면서 PC의 수요가 치솟았다. 생활의 많은 부분이 온라인으로 이전되면서 서버와 데이터센터용 칩 수요 역시 급상승했다. 자동차 판매가 떨어질 것이라 예상한 자동차 회사들은 일단 반도체 주문을 줄였다. 그런데 수요가 급격하게 회복되었고 다시 반도체를 주문하려던 자동차 회사들은 반도체 업체가 이미 다른 주문을 받아 소화하고 있는 현실과 맞닥뜨리게 되었다. 업계 입장을 대변하는 집단인 미국자동차정책위원회American Automotive Policy Council에 따르면 세계 최대 자동차 회사들은 자동차 한 대를 만들 때 1000개 이상의 반도체를 사용할 수도 있다. 그중 단 하나만 없어도 자동차를 출고할 수 없다. 자동차 회사들은 2021년 내내 반도체를 구하기 위해 악전고투했고 종종 실패했다. 세계적으로 내로라하는 회사들의 2021년 자동차 생산량은 반도체 부족 현상이 발생하지 **않았을** 경우와 대비해 770만 대나 줄어들어 있었다. 모두 합쳐 2100억 달러 상당의[67] 매출 손실을 보았다고 업계는 추산하고 있다.

바이든 정부와 대부분의 언론은 반도체 부족을 공급망의 문제로 해석했다. 백악관은 250쪽에 달하는 연구 용역을 통해 반도체에 초점을 맞춘 공급망 취약성을 다루었다. 하지만 반도체 부족이 발생하게 된 주된 원인은 반도체 공급망 때문이 아니었다. 가령 말레이시아의 코로나 락다운으로 인해 반도체 패키징 공정에 타격이 왔던 것처럼, 공급 측면의 혼란이 일부 있었던 것은 사실이다. 하지만 2021년 세계는 그 어느 때보다 많은 칩을 생산하고 있었다. 반도체 시장조사 기관인 IC 인사이트IC Insights에 따르면 2021년 출고된 반도체는 총 1조1000억 개를 넘겼고, 이는 2020년 대비 13퍼센트 증가한[68] 것이다. 반도체 부족의 주요 원인은 공급

측면보다 수요 증가를 살펴보아야 할 일이었다. 새로운 PC, 5G 스마트폰, 인공지능 데이터센터 등, 결국에는 우리가 연산력을 엄청나게 사용하고 있기에 벌어진 일이다.

이는 전 세계 정치인들이 반도체 공급망의 딜레마를 잘못 진단하고 있었다는 뜻이기도 하다. 반도체 업계가 코로나와 그로 인한 락다운에 잘못 대처했고, 그래서 생산이 지연되었다는 식으로 문제를 바라보아서는 안 되는 일이었다. 반도체 업계만큼 큰 탈 없이 코로나 기간을 통과한 업계는 극소수에 불과하다. 특히 자동차용 반도체에서 도드라진 문제는 자동차 회사들 스스로가 겁에 질려 내린 잘못된 판단 때문이었다. 코로나 초기 반도체 주문을 너무 일찌감치 취소해 버린 그들은 적시공급생산방식just-in-time을 택하고 있던 터라 보유 재고가 충분치 않았고 주문 실수를 무마할 수 있을 만한 여력이 없었다. 자동차 산업은 코로나 기간 동안 수천억 달러가 넘는 매출 손실을 겪었는데, 이 과정에서 그들 스스로가 공급망을 어떻게 관리했는지 재고해 볼 이유가 충분했다. 반면에 반도체 산업은 풍년을 맞았다. 평화가 유지되고 있다고 전제했을 때, 가능성이 매우 낮지만 0이라고 할 수는 없을 엄청난 지진이 발생하는 경우를 제외한다면, 2020년대 초부터 벌어진 코로나 충격에 비할 만한 일을 떠올리기란 쉽지 않다. 그 와중에도 반도체 생산은 2020년과 2021년 확연히 상승했다. 이는 다국가적 공급망이 망가진 상태에서는 벌어질 수 없는 일이었다. 공급망은 잘 작동하고 있었던 것이다.

그럼에도 불구하고 각국 정부는 반도체 공급망 문세에 대해 이전보다 치열한 고민을 해야 할 필요가 있다. 지난 몇 년간 우리가 알게 된 진정한 공급망 문제란 공급망의 취약성 때문이 아니라 이윤과 권력으로 인해 벌어지고 있었다. 대만은 정부가 제시한 큰 그림과 자금에 힘입어 경이로운 성장을 이루었고, 그 결과 반도체 산업 전체가 재구성되었다. 동시에 미국은 대중국 반도체 기술 제재를 통해 반도체 산업의 병목을 틀어쥐고 있는 것이 얼마나 강력한 일인지 보여 주었다. 그러나 지난 10년간 중국 반도체 산업은 성장했고, 이는 미국이 쥐고 있는 병목이 영원히 지속되지는 않는다는 사실을 상기시켜 주었다. 비록 시간과 비용이 들고, 때로는 엄청나게 어려울지라도 국가와 정부는 그러한 병목을 우회할 수 있는 방법을 찾아내게 마련이다. 기술 전환으로 인해 그러한 우회 과정은 더욱 효율적으로 수행될 수도 있다.

반도체 산업의 급소가 급소로 작동하려면 몇 개의 회사, 이상적으로는 단 하나의 회사에 의해 지배되고 있어야 한다. 바이든 정부는 "반도체 산업, 동맹국, 파트너와 함께"[69] 일하겠다고 약속했지만, 미국의 동맹국이 반도체 산업의 미래에 대해 품고 있는 생각이 전적으로 일치하는 것은 아니다. 미국은 떨어지고 있는 칩 제조 점유율을 반전시키고 싶어 하며 반도체 설계와 장치의 지배적 위치를 굳히고자 한다. 하지만 유럽이나 아시아 국가들은 고부가가치 산업인 반도체 설계 시장에서 더 큰 몫을 원한다. 한편 대만과 한국은 첨단 로직 칩과 메모리 칩 제조에서 누리고 있는 시장 주도자 자리를 내놓을 생각이 없다. 중국은 반도체 제조 역량 강화를 국가 안보 문제로 보고 있는데 미국, 유럽, 아시아 여러 국가가 차지하고 있는 반도체 제조 시장에서 가져갈 수 있는 몫은 제한되어 있다. 미국이 시장 점유율을 높이고자 한다면 다른 나라의 시장 점유율이 줄어들어야 한다. 베이징 역시 시장 점유율을 높일 계획이다. 미국은 첨단 반도체 제조 설비를 통해 다른 영역에서 시장 점유율을 가져오고자 하는 희망을 확고하게 품고 있다. 그런데 중국을 제외하고 나면 최신 반도체 팹이 있는 모든 나라는 미국의 동맹이거나 아주 가까운 나라들뿐이다.

그런데 한국은 메모리 칩 제조의 선두 주자 자리를 지키면서 동시에 로직 칩 제조에서도 지분을 늘리고자 한다. "반도체 기업 간의 경쟁은 이제 국가 간의 경쟁이 되고 있습니다." 한국의 문재인 대통령이 언급했다. "우리 정부는 기업과 한 팀이 되어 한국이 반도체 강국의 지위를 지키도록 할 것입니다."[70] 한국 정부는 한때 미군 기지가 주둔해 있었고 지금은 삼성의 주요 설비가 자리 잡고 있는 도시 평택에 많은 돈을 투입해 반도체 제조의 중심지로 바꿔 놓았다. 어플라이드머티리얼즈에서 도쿄일렉트론까지 거의 모든 주요 반도체 제조 장비 회사들 역시 평택에 사무소를 개설했다. 삼성은 2030년까지 로직 칩 사업에 1000억 달러 이상을 투자할 계획이라 발표했는데, 그러면서도 그에 뒤지지 않는 금액을 메모리 칩 생산에 투자하고 있었다. 뇌물죄로 복역 중이었던 삼성 창업자의 손자 이재용은 2021년 보석으로 석방되었다. 법무부는 그의 석방에 "경제적 요인"[71]을 감안했다고 언급했다. 언론은 이재용의 석방으로 대규모 반도체 투자 결정에 탄력을 받을 수 있을 것이라 보도했다.

삼성 및 그보다 작은 규모의 경쟁사인 SK하이닉스는 한국 정부의 지원과 혜택을 받고 있었지만 중국과 미국 사이에 끼어 있는 처지이기도 했다. 두 나라 모두 한국의 대형 반도체 업체를 꼬드겨 자국에 더 많은 생산 기지를 짓도록 애쓰고 있기 때문이다. 가령 최근 삼성은 텍사스 오스틴의 설비를 확충하고 개선하여 첨단 로직 칩을 생산할 수 있게끔 한다는 계획을 발표했다. 투자액은 170억 달러로 추산된다. 하지만 두 회사 모두 중국 내 설비를 확충하겠다는 계획을 갖고 있으며, 그로 인해 미국의 곱지 않은 눈길을 받고 있다. 미국은 SK하이닉스가 중국의 우시에 자리 잡은 설비에 극자외선 장비를 배치하려 하자 그 계획을 막기 위해[72] 압력을 넣었다. 이는 중국 내 SK하이닉스 설비의 현대화를 가로막을 뿐 아니라 생산 단가에도 부담을 줄 수 있는 일이었다.

문재인 대통령의 말처럼 반도체 회사와 정부가 "원 팀"을 이루고 있는 나라는 한국만이 아니었다. 이미 세계 무대에서 가장 큰 힘을 가진 나라가 되었음에도 불구하고 대만 정부는 반도체 산업에 대한 극도의 보호주의적 태도를 견지하고 있었다. 이제 TSMC에서 완전히 은퇴한 모리스 창은 대만에서 무역 특사 역할을 맡아 활약 중이었다. TSMC가 세계 반도체 시장의 핵심 지위를 유지할 수 있도록 하는 것이 그와 대만의 주요 관심사였다. TSMC는 2022년부터 2024년까지 1000억 달러 이상을 투자해 기술을 끌어올리고 반도체 생산 역량을 확충하고자 했다. 비록 중국 난징의 설비를 끌어올리고 애리조나에 새로운 시설을 열 계획이었지만, 그래도 그 투자금 중 대부분은 대만에 투입될 예정이었다. 중국이나 미국에 짓는 새로운 팹 중 그 어느 곳도 최신 반도체를 위한 것은 아니었다. TSMC가 지닌 최고의 기술력은 여전히 대만에 남아 있게 되는 것이다. 모리스 창은 반도체 산업에서 "자유 무역"이 중요하다고 꾸준히 발언해 온 사람이었다. 그렇게 되지 않으면 "비용은 높아질 것이고 기술 발전은 느려질 것"이라고 위협해 왔다. 그런데 대만 정부는 지속적으로 개입해 TSMC를 도왔다. 대만 화폐의 가치를 의도적으로 낮게 유지하여 대만이 수출 경쟁력을 확보할 수 있도록[73] 돕고 있었던 것이다.

다른 세 지역인 유럽, 일본, 싱가포르 역시 반도체 신규 투자를 원하고 있었다. 몇몇 유럽 지도자들은 유럽이 "대대적인 투자"를 통해[74] 3나노 혹은 2나노 칩을 생산할 수 있다고 주장했다. 그럼으로써 유럽 팹을 반도체 경쟁의 제일 앞자리에 놓을 수 있다는 것이었다. 하지만 첨단 칩 분야에서 유럽이 지니는 낮은 시장 점유율을 놓고 볼 때 그것은 가능한 일이 아니었다. 그보다는 인텔 같은 대형 해외 반도체 기업을 설득하여 유럽에 새로운 팹을 건설하도록 하는 편이 현실적이었다. 그래서 유럽 자동차 회사에 안정적으로 반도체를 공급하는 것이다. 싱가포르는 반도체 산업에 꾸준히 상당한 보조금을 지급해 왔다. 최근에는 미국의 글로벌파운드리즈로부터 새로운 팹 건설에 40억 달러의 투자를 받아 냈다. 한편 일본은 TSMC가 소니와의 파트너십을 체결하고[75] 새로운 생산 설비를 건설하는 일에 막대한 보조금을 투입했다. 모리타 아키오가 퇴장하면서 일본이 반도체에서 지배적 지위를 차지하고 있던 시절도 막을 내렸지만, 여전히 소니는 카메라용 이미지 센서라는 또 다른 반도체 분야에서 큰 매출과 높은 이익을 보고 있었다. 다양한 기기에 들어가는 카메라마다 소니 칩이 탑재되고 있었던 것이다. 하지만 일본이 TSMC의 새로운 설비에 보조금을 주기로 한 것은 소니를 돕기 위해서가 아니었다. 일본 정부는 제조업의 해외 이전이 계속될 경우 기계 장치나 첨단 소재처럼 일본이 공급 망에서 강점을 보이는 요소들마저 해외로 이전하게 될 가능성을 우려해서였다.

일본이 모리타 아키오의 정신을 새롭게 이어받아 나아가고자 하던 그때, 미국은 앤디 그로브를 부활시켜야 할 필요성을 절감 하고 있었다. 반도체 산업에서 미국은 여전히 선망의 대상이었다. 소프트웨어에서 기계 장치까지 반도체 산업의 수많은 병목을 지 배하고 있었고 그 지위는 날로 굳건해지고 있었다. 엔비디아 같은 기업은 인공지능과 같은 미래의 컴퓨터 트랜드에서 주도적 역할 을 수행할 것으로 보인다. 게다가 반도체 스타트업이 시대에 뒤떨 어진 듯 보였던 10여 년을 보내고 난 후, 실리콘밸리는 새로운 칩 을 설계하는 팹리스 기업들에 대대적인 투자를 하고 있었다. 많은 경우 그 새로운 칩은 인공지능 활용에 최적화된 새로운 아키텍처 에 초점을 맞춘 것들이었다.

하지만 반도체를 만드는 문제라면 미국은 현재 뒤처져 있 다. 첨단 칩 제조에서 미국이 희망을 걸 수 있는 대표 선수는 인 텔인데, 인텔은 수년간 방황한 끝에 2021년 팻 겔싱어Pat Gelsinger를 CEO로 임명했다. 펜실베이니아의 작은 마을에서 태어난 겔싱어 는 인텔에서 경력을 시작해 앤디 그로브를 스승으로 모셨던 사람이었다. 결국 다시 인텔로 돌아오기 전까지 클라우드 컴퓨팅 회사 두 곳을 거치며 고위직으로 이력을 쌓았다. 그가 내놓은 야심 찬 확장 전략은 세 갈래로 이루어져 있었다. 첫째, 반도체 제조에서 삼성과 TSMC를 꺾고 선두 자리를 차지한다. 그 목표를 위해 겔싱어는 ASML과 계약을 맺고 2025년 출시 예정인 차세대 극자외선 장비를 인텔이 가장 먼저 인수하기로 했다. 새로운 장비 사용법을 인텔이 경쟁자보다 먼저 익힌다면, 이는 기술 경쟁에서 앞서 나갈 이점으로 작용할 수 있다.

겔싱어의 전략 중 두 번째는 삼성 및 TSMC와 직접 경쟁하는 파운드리 사업을 출범하여, 팹리스 회사들의 칩을 생산하고 인텔의 시장 점유율 상승을 꾀하는 것이다. 향후 파운드리 고객들이 필요로 할 생산 역량을 제공할 인텔의 새로운 설비는 미국과 유럽에 자리 잡고 있다. 그런데 파운드리 비즈니스가 재정적으로 안정권에 접어들기 위해서는 첨단 기술을 요구하는 칩이 필요한 고객을 유치해야만 한다. 다시 말해 삼성과 TSMC와의 기술 격차를 줄여야만 인텔의 파운드리 사업이 제대로 작동할 수 있다는 것이다. 인텔이 파운드리로 전환하려는 것은 데이터센터용 칩 판매가 꾸준히 줄어들고 있기 때문이기도 하다. AMD와 엔비디아가 제기하는 경쟁이 치열해지고, 아마존 웹 서비스나 구글처럼 클라우드 컴퓨팅 서비스를 하는 회사들은 자체 칩을 설계하고 있는 것이다.

인텔이 겔싱어의 전략을 성공적으로 이행할 수 있을지 여부는 삼성 혹은 TSMC가 헛발을 딛고 넘어질지 여부와 동전의 양면을 이룬다. 이들 회사는 무어의 법칙에 따르면 몇 년마다 새로운 기술을 선보여야 하므로, 인텔의 경쟁자 중 하나 혹은 두 회사 모두 자칫하면 심각한 지체에 직면할 수 있다. 그리하여 인텔의 전략에는 세 번째 요소가 추가된다. 불편하지만 TSMC의 도움을 받는 것이다. 미국과 전 세계에 불고 있는 반도체 국가주의의 흐름에 인텔도 공식적으로는 편승하고 또 그것을 부추기고 있는 것이 사실이다. 미국인들은 아시아에 의존한 반도체 생산에 불안을 느끼고 있다. 인텔은 미국과 유럽 정부로부터 해당국에 팹을 지어서 보조금을 받아내려 한다. "세계는 더 균형 잡힌 공급망을 필요로 합니다." 겔싱어의 주장이다. "어디에서 석유가 나올지는 신이 정하는 일이지만, 어디에 팹을 지을지는 우리가 결정합니다."[76] 하지만 인텔은 자체 칩 생산에서 애를 먹고 있는 중이었다. 스스로 설계한 첨단 칩 중 점점 더 많은 양을 TSMC의 최첨단 설비에 위탁하고 있었다.

첨단 반도체 제조 역량이 동아시아로 쏠리고 있다는 것이 분명해짐에 따라, 미국 정부는 미국에 새로운 설비를 열도록 TSMC와 삼성을 설득했다. TSMC는 애리조나에 새로운 팹을 계획하고 있으며 삼성은 텍사스 오스틴 근교의 설비를 확충하려 한다. 이 팹들은 근본적으로 미국 정치인들을 달래기 위한 것이지만, 미국의 국방과 핵심적인 기반 설비에 들어가는 칩을 제조하는 용도이기도 하다. 미국이 이런 것을 자국 내에서 생산하기를 원하기 때문이다. 하지만 두 회사 모두 생산 역량의 대부분, 최첨단 기술은 자국 내에 두고자 한다. 심지어 미국 정부가 제시하는 보조금의 당근으로도 이런 결정을 바꿀 수는 없다.

미국 안보 관료들 사이에서는 반도체 설계 소프트웨어와 제조 장비의 수출 제한을 무기로 삼아 TSMC를 압박해서, 최신 기술을 대만뿐 아니라 미국에도 동시에 도입하도록 해야 한다는 주장과 논의가 강화되고 있다. 혹은 대만에 투입하는 자본 지출에 맞춰 미국의 애리조나나 일본, 더 나아가 잠재적인 유럽의 신규 팹에 새로운 설비를 짓도록 TSMC에 압력을 넣어 확약을 받아내는 것도 불가능하지 않다. 이러한 움직임을 통해 전 세계 반도체 생산의 대만 의존도를 낮출 수 있을 것이다. 하지만 설령 그런 압력이 필요하다 해도 현재로서는 워싱턴이 그것을 실행할 의지가 없다. 전 세계가 대만에 의존하고 있는 현 구도는, 그러므로, 더욱 심화될 것이다.

CHAPTER 54

대만 딜레마

"대만에 전쟁이 날까 봐 고객들이 우려하고 있습니까?"**77** 중국으로부터의 위험이 점점 커지고 있을 무렵, 한 금융 분석가가 TSMC의 회장 마크 리우에게 던진 질문이었다. CEO들은 매 분기 수익 결산에서 곤란한 질문을 받는 일에 익숙한 사람들이지만, 그 내용은 대체로 달성하지 못한 이익 목표나 제품 출시와 관련한 실수 등에 맞춰지게 마련이다. 마크 리우가 금융 분석가와 전화 통화를 나눈 것은 2021년 7월 15일의 일로, TSMC의 재정 상태는 괜찮아 보였다. TSMC는 두 번째로 큰 고객 화웨이가 제재를 받고 있던 그 힘든 시기를 버텨 냈다. 그들은 거의 타격을 입지 않았다. TSMC 주가는 거의 최고치에 도달해 있었다. 세계적인 반도체 부족 현상이 TSMC의 사업 수익성을 더욱 높여 주었던 것이다. 2021년 현재, TSMC는 아시아에서 시가 총액이 가장 큰 기업이었고, 세계에서도 10위권에 드는 회사가 되었다.

하지만 TSMC가 이토록 대체 불가능한 존재가 되어 갈수록 TSMC의 위험 역시 커지고 있었다. 문제는 TSMC의 재정이 아닌 설비들이었다. 투자자들은 오랜 세월 동안 미중 갈등을 무시하기 위해 노력해 왔다. 하지만 이제는 대만섬 서쪽에 TSMC의 반도체 팹이 늘어서 있는 모습을 지도에 그려 보며 불안감을 느끼지 않을 수 없게 되었다. TSMC 회장은 걱정할 이유가 없다고 힘주어 강변했다. "중국의 침공 가능성이 문제라면, 제가 한마디 하죠. 모두가 대만해협의 평화를 원하고 있습니다." 타이페이에서 태어나 버클리에서 교육받고 벨연구소에서 단련된 리우는 반도체 제조 분야에서 남들이 넘볼 수 없는 기록을 지닌 인물이었다. 하지만 전쟁 위험을 평가하는 분야에서 그의 능력이 검증된 적은 없었다. 그는 대만해협의 평화가 "모든 국가에 혜택을 가져다준다"라고 주장했다. 전 세계가 "대만의 반도체 공급망에 의존하고 있고, 아무도 그걸 교란하고 싶어 하지 않기 때문"이라는 것이었다.

바로 그다음 날인 6월 16일, 인민해방군의 05식 수륙양용 장갑차 12대가 중국 해안에서 바다로 뛰어들었다. 탱크처럼 보이지만 작은 보트처럼 물 위에 떠서 해변으로 진격할 수 있도록 만들어진 장갑차로, 인민해방군이 상륙 작전을 한다면 반드시 사용될 무기였다. 인민해방군의 수륙양용 장갑차 12대는 바다로 뛰어든 후 기다리고 있던 배를 향해 접근해 승선했다. 중국 언론은 중국군이 "장거리 도해"를 위한 태세를 갖추었다고 설명했다. 장갑차를 실은 상륙선은 목표를 향해 나아갔다. 목적지에 도착한 배가 문을 열었고 장갑차들이 줄지어 물로 뛰어들었다. 그러고는 바로 포격을 하며 해변을 향해 나아갔던[78] 것이다.

이번에는 그저 연습일 뿐이었다. 며칠 후 인민해방군은 대만해협의 남쪽과 북쪽 입구에서 또 다른 훈련을 개시했다. "우리는 실전과 동일한 시나리오를 가지고 치열하게 훈련해야 한다. 언제나 전투할 준비가 되어 있어야 하며 주권과 영토의 단일성을 결연히 수호해야 한다."[79] 중국 관영 신문 《글로벌타임스》에 인용된 한 대대장의 발언이다. 《글로벌타임스》는 이 훈련이 홍콩과 대만 사이 거의 비슷한 거리에 있지만 대만이 지배하는 작은 환초인 프라타스섬Pratas Islands, 東沙群島에서 고작 300킬로미터 떨어진 곳에서 치러졌다는 점을 특별히 강조했다.

대만을 둘러싼 전쟁이 벌어질 수 있는 방법은 여러 가지가 있겠지만, 몇몇 국방 전략가들은 고립된 프라타스섬이 전쟁의 시발점이 될 수 있다고 본다. 최근 미 국방부 전문가들이 수행한 워게임에 따르면 중국 군대는 작은 섬을 둘러싸고 소수의 대만 병력을 포위하여 총 한 방 쏘지 않고 점령에 성공한다. 대만과 미국은 상대적으로 가치가 없는 환초 하나를 두고 전쟁을 시작할지, 아니면 중국이 이탈리아식 소시지인 살라미를 잘라먹듯[80] 대만의 영토와 영해를 갉아먹고 들어오는 것을 묵인할지 선택의 기로에 서게 된다. 대만에 미군을 대대적으로 주둔시키거나 중국을 상대로 사이버 공격을 가하는 등 "온건한" 대응을 하더라도 전면전으로 쉽사리 비화할 수 있는 것으로 드러났다.

중국의 군사력에 대해 펜타곤이 내놓은 공개 보고서는 중국이 대만을 상대로 사용할 수 있는 다양한 무력 행사의 옵션을 밝히고 있었다. 가장 직접적이고 가장 현실성 없는 것은 D-데이를 정해 놓고 습격하는 것이다. 수백여 척의 중국 함선이 대만해협을 줄지어 넘어 수천여 인민해방군을 대만의 해변에 상륙시키는 시나리오다. 하지만 상륙 작전의 역사는 재앙과도 같은 실패로 얼룩져 있으며, 펜타곤은 그런 식의 작전이 인민해방군의 작전 능력을 "혹사"하는 결과로 이어질 것이라 보았다. 중국은 대만의 공군 기지와 해군 시설을 무력화하는 데에도 약간의 곤란을 겪을 것이며, 공습을 앞두고 전기를 비롯한 핵심 기간 시설을 망가뜨리는 것도 쉽지는 않을 것으로 예상되었다. 결국 어느 정도 힘든 싸움이[81] 될 수밖에 없을 것이다.

펜타곤은 인민해방군 입장에서 보다 실행하기 용이한 다른 선택지도 있다고 보았다. 부분적인 항공 및 해양 봉쇄를 통해 대만이 스스로 방어할 수 없도록 만드는 것이다. 설령 미군과 일본군이 대만과 합세해 봉쇄를 뚫으려 해도 실행하기 쉽지 않다. 중국은 해안가를 따라 강력한 무기 체계를 배치하고 있기 때문이다. 대만의 교역로를 차단하기 위해서라면 봉쇄가 완벽하게 이루어질 필요도 없다. 반면에 봉쇄를 끝내려면 대만과 그 우방, 특히 미국으로서는 중국 영토 내에 있는 중국의 수백여 군사 시스템을[82] 무력화해야 한다. 봉쇄를 뚫기 위한 군사 작전은 새로운 세계대전으로 쉽사리 이어질 수도 있을 것이다.

설령 봉쇄 작전을 펴지 않더라도 중국은 항공기와 미사일을 이용한 군사 작전만으로도 대만 군대를 이빨 빠진 호랑이로 만들고 대만 경제를 작동 불능 상태에 빠뜨릴 수 있다. 대만 땅에 중국의 군화 한 짝 들여놓지 않더라도 가능한 일이다. 중국이 행동에 나선 후 며칠 동안은 미국과 일본에서도 즉각적인 조력을 하기 어렵다. 그러는 동안 중국 공군과 미사일이 대만의 공군 기지, 레이더 시설, 통신 허브, 그 밖에 대만의 생산력을 심각하게 해치지 않는 군사 자산을 무력화할 수 있다.

TSMC 회장은 그 누구도 대만해협과 얽혀 있는 반도체 공급망을 "교란"하고 싶어 하지 않는다는 점에서 분명히 옳은 말을 했다. 하지만 모든 이들이 그 공급망을 통제하고 싶어 하는 것 역시 사실이다. 중국이 TSMC의 팹을 박살내 버릴 것이라는 생각은 한마디로 말도 안 되는 소리다. 왜냐하면 중국 또한 다른 나라와 마찬가지로 고통을 받을 것이며, 이후 남게 될 최신 반도체 제조 가능 팹인 인텔과 삼성의 설비는 모두 미국과 미국의 동맹국 안에 있으니 말이다. 마찬가지로 중국군이 대만을 침공해 TSMC의 설비를 탈취하는 것 역시 현실적인 시나리오와 거리가 멀다. 기존 설비를 빼앗는다고 한들 반도체를 만들려면 핵심 소재를 구입해야 하고, 소프트웨어 업데이트를 해야 하며, 대체 불가능한 장비를 구입해야 하는데 그런 것이 모두 미국이나 일본 혹은 다른 나라에서 나온다. 게다가 중국의 침공이 성공한다 한들 TSMC 직원 전부를 잡을 수는 없다. 중국이 그런 식으로 나온다면 분노한 엔지니어들 중 일부가 고의로 작업을 방해하고 전체 공정을 망가뜨려 버릴 수 있다. 인민해방군은 인도와의 국경 분쟁을 겪었다. 히말라야산맥의 가장 높은 봉우리도 점거 가능하다는 것을 보여 주었다. 하지만 폭발성 가스, 위험한 화학 물질, 세계에서 가장 정밀한 장치로 가득 찬 세계에서 가장 복합적인 공장 단지를 빼앗는 것은 완전히 별개의 일이다.

하지만 하늘이나 바다에서 우연찮게 벌어진 충돌이 재앙과도 같은 전쟁으로 번져 결국 어느 쪽도 원치 않는 상황으로 흘러가는 경우를 상상하는 것은 그리 어렵지 않다. 전면적인 침공 없이 군사적 압박을 가하는 것이 더 이득이라고 중국이 결론짓는 것은 전적으로 이성적 판단이다. 전면 침공이 아니므로 미국은 안전 보장을 위한 개입을 주저하게 될 것이고, 그동안 대만의 항전 의지는 치명적으로 꺾여 버릴 테니 말이다. 대만의 국방 전략은 미국과 일본이 와서 도울 수 있을 때까지 시간을 벌며 살아남는 것임을 베이징은 잘 알고 있다. 작은 섬나라인 대만은 해협 너머의 초강대국과 너무도 힘의 격차가 크기에, 친구들에게 기대는 것 외에는 다른 현실적 선택지가 없는 것이다. 만약 베이징이 해군을 동원해 대만에 드나드는 일부 선박을 대상으로 세관 검사를 한다고 상상해 보자. 미국은 어떻게 대응해야 할까? 봉쇄는 전쟁 행위의 일부지만 그 시점까지는 누구도 총을 쏘지 않았고, 그 누구도 첫 번째 포성을 낼 생각은 없다. 만약 미국이 아무것도 안 한다면 대만의 항전 의지는 꺾이고 궤멸적인 결과로 이어질 것이다. 그 상태에서 중국이 TSMC에 화웨이와 다른 중국 기업용 반도체 제조를 재개하라고 요구한다면, 혹은 반도체 제조를 총괄할 수 있는 핵심 인재와 노하우를 중국 본토에 넘기라고 한다면 과연 대만이 '아니오'라고 말할 수 있을까?

이는 중국 입장에서 아무 위험 없이 택할 수 있는 길은 아니겠지만, 상상할 수조차 없는 일도 아니다. 중국 공산당에게 대만을 통제하는 것보다 더 중요한 과제란 있을 수 없다. 이는 공산당 지도부가 지속적으로 공언해 온 일이기도 하다. 중국 정부는 반분열국가법을 제정하여 대만해협에서 이른바 "평화적이지 않은 수단"[83]을 동원할 수 있는 가능성을 열어 두었다. 중국은 수륙양용 장갑차 등 해협을 건너 침공할 수 있는 유형의 군사 체계에 많은 투자를 해 두었다. 그리고 주기적으로 훈련을 한다. 대만해협의 군사력이 중국 쪽으로 심각하게 기울어져 있다는 데 동의하지 않는 군사 전문가는 없다. 1996년 발생했던 제3차 대만해협 위기처럼 미국이 항공모함 전단을 이끌고 대만해협을 항해하는 것만으로 중국을 잠재울 수 있었던 것은 아득한 과거의 일일 뿐이다. 오늘날 그런 작전을 수행하면 미국 전함을 치명적 위험에 노출시키는 셈이 된다. 현재 중국의 미사일은 대만 인근의 미군 함정뿐 아니라 저 멀리 괌과 일본에 있는 미군 기지까지 위협하고 있다. 중국이 대만을 상대로 제한적인 군사적 압박을 가하고자 할 때, 미국으로서는 힘의 균형을 면밀하게 따져본 후 중국을 몰아내려 힘을 쓸 필요까지는 없다는 결론을 낼 가능성이 그 어느 때보다 높다고 할 수 있다.

만약 중국이 대만을 압박하여 TSMC의 팹에 다른 나라와 마찬가지로, 혹은 다른 나라보다 더 우선순위를 가지고 접근할 수 있게 된다면, 미국과 일본은 첨단 장치와 소재 수출에 새로운 제약을 가하는 식으로 대응할 것이다. 그런 요소는 미국 및 유럽의 동맹국이 쥐고 있는 카드이므로 그 시점에도 활용 가능하다. 하지만 대만의 반도체 생산 역량을 다른 나라에서 따라잡으려면 몇 년이 걸릴뿐더러 그동안 세계는 여전히 대만에 의존해야 한다. 그 경우 세계는 중국에 아이폰 조립만 의존하는 게 아니라 아이폰에 들어가는 칩까지 의존하게 된다. 베이징은 우리가 의존하고 있는 칩을 만들어 낼 수 있는 기술적 역량과 생산력을 지닌 유일한 팹에 영향력을 행사하거나 직접 통제할 수 있게 되는 것이다.

이러한 시나리오는 미국의 경제적, 지정학적 입지에 재앙과도 같은 충격을 준다. 차라리 TSMC의 팹이 전쟁으로 날아가 버리는 것보다 더 나쁜 경우다. 아시아와 대만해협에 매달려 있는 세계 경제와 공급망은 이런 아슬아슬한 평화 위에 놓이고 마는 것이다. 애플부터 화웨이, 심지어 TSMC까지 대만해협 양쪽에 투자한 회사들은 절대적으로 평화에 기대를 걸고 있다. 이들 회사가 수조 달러를 투자한 설비들이 대만해협과 선전, 홍콩, 푸젠과 타이페이에 자리 잡고 있는데 이 모두가 미사일의 쉬운 표적인 것이다. 전세계의 반도체 산업, 더 나아가 반도체를 쓸모 있게 만들어 주는 전자 제품의 조립까지, 그 모든 것이 대만해협과 남중국해 연안에 기대고 있으며 그 비중은 점점 더 커지고 있다. 그보다 더 중요한 곳은 실리콘밸리뿐이다.

기술 중심지인 캘리포니아의 경우 평상시와 같이 흔들리지 않고 일하는 일은 그리 어렵지 않다. 실리콘밸리의 자원은 지식이며 그것은 전쟁이나 지진이 발생해도 손쉽게 다른 곳으로 이전 가능하다. 이미 코로나 팬데믹을 거치면서 증명된 바와 같이, 캘리포니아의 지식 노동자들 거의 전부가 집에서 일해도 실리콘밸리는 잘 돌아갔다. 빅 테크 기업의 이윤은 오히려 상승했다. 만약 페이스북 본사 건물이 샌앤드레이어스 단층에 빨려 들어간다 해도, 직원들만 그대로 있다면 페이스북은 아무 문제 없이 돌아갈 수 있을 것이다.

반면에 TSMC의 팹이 1999년 거대한 지진을 발생시켰던 처룽푸 단층으로 빨려 들어간다면 그 여파는 전 세계 경제를 뒤흔들게 된다. 사실 그런 지진도 필요 없다. 의도적이건 실수건 아주 작은 폭발만 일어나도 상당한 충격을 각오해야 한다. 냅킨에 끄적이는 수준의 계산만으로도 그 영향을 짐작해 보기에 충분하다. 대만은 세계 메모리 칩의 11퍼센트를 생산한다. 더 중요한 건 대만이 전 세계 로직 칩의 37퍼센트를 제조하고 있다는 것이다. 컴퓨터, 전화, 데이터센터, 전자 장비 대부분은 로직 칩이 없으면 작동할 수 없다. 그러니 대만의 팹이 가동 불능 상태에 빠진다면 우리는 37퍼센트의 연산력을 갖지 못한 채로 그 이듬해를 맞게 되는 것이다.

이것은 세계 경제에 재앙과도 같은 결과를 불러온다. 코로나가 끝날 무렵 전 세계가 경험했던 반도체 공급 부족을 떠올려 보면 알 수 있다. 반도체는 스마트폰과 컴퓨터에만 쓰이는 게 아니다. 비행기와 자동차, 전자레인지와 제조 장비까지 모든 종류의 제품 생산이 엄청난 지연 상태에 놓이게 되는 것이다. 어딘가에서 새로운 팹이 지어질 때까지, 애플과 AMD가 설계한 것까지 포함한 모든 PC 프로세서 중 3분의 1의 생산이 중단된다. 데이터센터 역량의 증가세도 극적으로 줄어들게 되는데, 특히 AI 알고리즘에 초점을 둔 서버들은 엔비디아와 AMD 같은 기업이 설계하고 대만에서 제작한 칩에 더욱 의존하고 있으므로 큰 타격을 입는다. 다른 데이터 기반 시설들 역시 심각한 피해를 입기는 마찬가지다. 예컨대 새로운 5G 무선 장치의 경우 여러 회사에서 만든 다양한 칩을 필요로 하는데 그 중 다수가 대만에서 제조된다. 5G 네트워크 설치는 거의 중단된다고 봐도 무방하다.

새로운 전화기를 구입하는 일이 극도로 어려워질 것이기에 무선 통신망 업그레이드 역시 중단된다고 보는 것이 합리적이다. 대부분의 스마트폰용 프로세서뿐 아니라 스마트폰에 들어가는 약 십여 개의 칩 역시 많은 경우 대만에서 만들어진다. 자동차에는 수백여 개의 칩이 필요한데, 대만이 반도체를 만들지 못한다면 우리는 2021년보다 더 심각한 공급 부족에 직면할 수밖에 없다. 물론 만약 전쟁이 터진다면 반도체는 신경 써야 할 일의 우선순위에서 밀려날 것이다. 중국의 막강한 전자 제품 생산 능력을 그 외의 세계가 사용할 수 없게 된다. 우리는 스마트폰과 PC의 나사를 조립해 줄 노동력을 제공하는 다른 나라와 사람들을 찾지 않을 수 없게 된다는 것이다.

하지만 그럼에도 중국 전자 제품 조립 공장의 노동자들을 대체하는 것은 대만 반도체 제조 설비를 대체하는 것보다 훨씬 쉬울 수밖에 없다. 업무 난이도에서 현격한 차이가 나기 때문이다. 단지 새로운 팹을 짓는다고 해서 문제가 해결되는 것도 아니다. 반도체 생산 설비는 훈련된 인력을 필요로 하며, 다수의 TSMC 직원이 대만에서 탈출하는 데 성공한다 한들 인력 복구는 어려울 수밖에 없다. 게다가 새로운 팹은 건물만 지어서 되는 것이 아니다. 그 속에 ASML이나 어플라이드머티리얼즈 같은 회사에서 만드는 장비와 도구들을 채워 넣어야 한다. 그런데 2021년 반도체 공급 부족 당시 이 두 회사는 반도체가 부족하기 때문에 장비 생산에 지연이 빚어지고 있다고 발표한 바 있다. 대만해협 위기가 발생한다면 장비 제조 업체들은 반도체가 부족해서 반도체 제조용 장비를 만들지 못하는 상황에 빠지게 된다.[84]

한마디로 대만이 재앙을 겪고 나면 그로 인한 경제적 피해는 조 달러 단위가 될 것이다. 우리가 매년 얻을 것으로 예상하는 연산력의 37퍼센트를 잃는 것은 코로나 팬데믹과 그로 인한 락다운이 불러왔던 경제적 재앙보다 훨씬 값비싼 일일 수밖에 없다. 잃어버린 반도체 생산 역량을 회복하기 위해서는 적어도 5년 이상이 소요된다. 코로나로 인한 반도체 공급 부족 기간 동안 우리는 신규 5G 네트워크나 메타버스 등의 지연을 경험해야 했다. 하지만 대만이 정상 작동하지 못하게 되면 우리는 새로운 식기세척기도 제대로 구입하기 힘든 세상에 살게 될 것이다.

대만의 차이잉원蔡英文 총통은 최근 《포린어페어스》를[85] 통해 대만 반도체 산업의 중요성을 강조했다. 대만의 반도체 산업은 "대만이 스스로를 지킬 수 있게 해 주는 '실리콘 방패'이며 국제 공급망을 교란하려는 독재 정권의 공격적 시도에 맞설 수 있게 해 준다"라는 것이다. 이것은 현 상황을 대단히 낙관적으로 바라보는 견해가 아닐 수 없다. 대만의 반도체 산업이 미국으로 하여금 대만의 방위를 보다 진지하게 고려하게 만드는 요소인 것은 분명한 사실이다. 하지만 반도체 생산이 대만에 집중되는 것은 세계 경제에 위험 요소가 되고 있으며, "실리콘 방패"가 중국을 막지 못한다면 그 위험은 현실이 될 것이다. 2021년 설문조사에 따르면 다수의 대만인이[86] 중국과 대만 사이의 전쟁 가능성이 낮다(45퍼센트) 혹은 불가능하다(17퍼센트)고 보고 있었다. 전쟁을 상상하는 것은 어려운 일이다. 하지만 현재 미국과 중국 사이의 관계가 지난 50년 이래 최악으로 치닫고 있는 것 또한 분명하다.

이러한 적대 관계는 최근 들어 두 번째 냉전으로 비유되곤 한다. 첫 번째 냉전은 대만의 손을 들어주었다. 1954년과 1958년, 마오쩌둥의 군대는 대만이 차지하고 있는 진먼섬에 포격을 가했지만 실패로 돌아갔다. 오늘날 대만은 훨씬 더 파괴적인 중국군의 사정권 안에 있다. 대만은 단지 단거리, 중거리 미사일의 대수만 부족한 게 아니다. 해협의 중국 쪽 롱티엔龍田과 후이안惠安에는 중국 공군 기지가 배치되어 있고, 그곳에서 단 7분이면 중국 비행기가 대만에 당도할 수 있다. 2021년 그 공군 기지들은 새로운 벙커를 짓고 활주로를 확장하며[87] 미사일 방어 체계를 강화했는데 그것을 우연이라 볼 수는 없을 듯하다. 대만해협에서 발생할 새로운 위기 상황은 1950년대의 그곳보다 훨씬 위험하게 전개될 수 있다. 중국의 핵무기가 늘어나고 있다는 점을 감안하면 핵전쟁의 위험까지도 배제할 수 없다. 지난번의 싸움은 불모의 섬 하나를 두고 벌어졌지만 이번에는 디지털 세계의 심장을 두고 싸움을 하게 된다. 더 나쁜 건 1950년대와 달리 인민해방군이 호락호락하게 물러나리라고 장담할 수 없다는 것이다. 이번 싸움에서 베이징은 자신들이 이기는 데 판돈을 걸고 있다.

인민해방군이 대만 땅 진먼섬에 포격을 가했던 1958년의 그날 이
후 고작 닷새만의 일이었다. 댈러스의 뜨거운 여름 날씨 속에서
잭 킬비는 동료들에게 집적회로와 그 구성품인 트랜지스터, 레지
스터, 콘덴서에 대해 설명하고 있었다. 이 모든 것을 반도체 재료
로 만들 수 있다는 것이었다.[1] 그로부터 나흘 후 제이 라스롭은 텍
사스인스트루먼트 주차창에 첫발을 내딛고 있었다. 이미 그는 포
토리소그래피 기법으로 트랜지스터를 만드는 공정에 대한 특허를
신청해 놓은 상태였다. 하지만 텍사스인스트루먼트 주차창에 대
놓은 승용차는 낡은 것이었다. 라스롭이 육군에서 상을 받아 새로
운 스테이션 왜건을 구입한 것은 몇 년 후의 일이었다.

　한편 진먼섬 포격 몇 달 전, 공산당을 피해 탈출한 중국인 모
리스 창은 매사추세츠 소재 전자 회사를 떠나 텍사스인스트루먼
트로 자리를 옮긴 후, 마법을 방불케 하는 솜씨로 텍사스인스트
루먼트의 반도체 제조 공정의 오류를 제거해 나가며 명성을 쌓았
다. 팻 해거티가 텍사스인스트루먼트 대표 자리에 오른 것도 그해
의 일이었다. 텍사스인스트루먼트 이사회는 군사 시스템용 전자

장치를 만드는 것이 창립 이후 지금껏 해 왔던 것처럼 석유 탐사용 장비를 만드는 것보다 시장성이 좋다고 판단했던 것이다. 해거티는 이미 "스마트" 무기와 정확한 센서에 필요한 전자 장치를 만들었던 웰던 워드Weldon Word 같은 재능 있는 엔지니어들을[2] 끌어모아 팀을 꾸렸다.

텍사스는 대만과 지구 반대편에 있었지만 미중 관계가 위기로 치닫고 있을 때 킬비가 집적회로를 발명한 것은 우연이라 보기 어렵다. 국방부의 달러가 전자 회사로 쏟아져 들어오고 있었기 때문이다. 미군은 군사 우위를 지키기 위해 기술에 의존하고 있었다. 산업 역량을 바탕으로 군의 규모를 키워 나가는 소련과 공산 중국 앞에서 미국은 더 많은 수의 군인과 탱크로 맞설 수가 없었던 것이다. 하지만 미국이 더 많은 트랜지스터와 정교한 센서, 더 효율적인 통신 장비를 만드는 건 **가능한** 일이었다. 이 모든 것은 미국 무기의 역량을 훨씬 높게 끌어올렸다.

모리스 창이 톈진이 아닌 텍사스에서 일자리를 구하고 있었던 것 또한 우연이 아니다. 상류층 가정의 야심만만한 아이로 태어났던 그에게 중국에서의 삶이란 괴롭힘 더 나아가 죽음으로 이어질 수 있는 것이었다. 냉전의 폭풍과 그 뒤를 이은 탈식민화의 혼란 속에서 수많은 나라가 배출한 가장 훌륭하고 명석한 인재들이 모두 자신의 삶을 개척하기 위해 미국으로 왔다. 트랜지스터의 발명자는 존 바딘과 월터 브래튼이었지만, 트랜지스터의 대량 생산은 그들의 벨연구소 동료인 모하메드 아탈라Mohamed Atalla와 다원 강Dawon Kahng(한국명 강대원)이 대량 생산에 적합한 MOS 구조를 고안했기에 가능한 일이었다. 밥 노이스와 함께 페어차일드반도체를 창업한 "트랜지스터 8인방" 중 두 명이 미국 바깥에서 태어난 사람이었다. 그로부터 몇 년 후 안드라스 그로프라는 이름의 비쩍 마른 헝가리계 이민자가 미국으로 와서 페어차일드에 합류했다. 그는 화학 물질을 이용해 페어차일드의 반도체 제조 공정을 최적화했고, 자신이 CEO로 가는 길을 닦았다. 바로 앤디 그로브의 이야기다.

여전히 전 세계에는 실리콘 칩에 대해 들어본 적도 없는 사람들이 대부분이었고, 그 작동 원리를 아는 사람은 더더욱 적었다. 미국의 반도체 생산 기지들이 세계에서 가장 명석한 이들을 빨아들인 것은 당연한 일이었다. 텍사스, 매사추세츠, 그리고 가장 큰 중심지는 캘리포니아였다. 그곳에 모인 엔지니어와 물리학자는 트랜지스터의 크기를 축소하는 것이 문자 그대로 다른 미래를 만들어 내는 일이라는 믿음을 따라 활동했다. 그들의 꿈은 담대한 것이었지만 그들이 성취한 바는 그 꿈을 훌쩍 넘어서는 것이었다. 고든 무어나 칼텍의 카버 미드 교수 같은 이들은 10년 앞을 내다보고 있었다. 무어가 1965년 "가정용 컴퓨터"[3]와 "개인용 휴대 통신 장비"를 예측한 것은 오늘날 우리의 삶에서 반도체가 사용되는 방식 중 일부에 지나지 않는다. 실리콘밸리의 개척자들은 반도체 산업이 결국은 인체의 세포보다 많은 수의 트랜지스터를[4] 매일 생산하게 되리라는 발상도 하고 있었는데, 이 또한 당시로서는 상상조차 할 수 없는 일로 여겨졌다.

반도체 산업의 규모가 커짐에 따라, 동시에 트랜지스터 크기가 작아짐에 따라 광대한 세계 시장의 필요성은 점점 더 늘어 갔다. 현재 펜타곤의 예산은 7000억 달러 규모인데 이 예산을 전부 투입한다 해도 미국이 국방용으로 필요한 첨단 칩을 미국 내에서 생산하기에 충분치 않다. 국방부는 10억 달러 규모의 잠수함과 100억 달러에 달하는 항공모함을 건조하기 위한 전용 조선소를 보유하고 있지만, 반도체의 다수는 민간 업체에서 구입하고 있고 그 대부분은 대만제 반도체다. 반도체를 設計하는 데 들어가는 비용만 해도 1억 달러를 넘을 수 있는데 이는 펜타곤 입장에서 너무 지나친 부담인 것이다. 최첨단 로직 칩을 제조하는 설비는 항공모함보다 두 배가량 비싸지만 그 설비는 몇 년 동안만 최신 설비일 뿐이다.

연산력을 만들어 내는 일은 상상을 초월할 정도로 복잡한 과제다. 이는 실리콘밸리의 성공이 단지 과학이나 엔지니어링만으로 이루어져 있지 않다는 것을 보여 주는 것이기도 하다. 기술은 그것을 필요로 하는 시장을 만났을 때에만 발전 가능하다. 반도체의 역사는 반도체 판매, 마케팅, 공급망 관리, 원가 절감의 역사이기도 하다. 실리콘밸리는 사업가들이 아니었다면 탄생할 수도 없었다. 밥 노이스는 MIT에서 공부한 물리학자였지만 사업가로서 큰 업적을 남겼다. 그때까지 존재하지도 않았던 제품을 만들고 시장까지 개척해 냈던 것이다. 고든 무어가 그 유명한 1965년 기고문에서 썼던 표현을 빌리자면 페어차일드반도체는 "집적회로에 더 많은 부품을 우겨넣는" 능력을 지닌 회사였지만, 그것은 그 회사가 보유한 물리학자나 화학자들뿐 아니라, 반도체 제조의 효율을 추구하며 몰아붙이는 찰리 스포크 같은 이들 덕분에 가능한 일이었다. 반도체 팹은 노조 없이 운영되었고 대신에 직원에게 스톡옵션을 제공함으로써 생산성을 거침없이 끌어올릴 수 있었다. 오늘날 트랜지스터의 개당 가격은 1958년과 비교해 볼 때 100만분의 1도 안 될 정도로 저렴하다. 안타깝게도 이름이 남아 있지 않은 한 페어차일드 직원이 퇴사 설문조사에 남긴 말에서 우리는 그런 발전이 가능했던 이유를 더듬어 볼 수 있다. "나는 … 부자가 … 되고 … 싶다."[5]

반도체 연구, 설계, 제작, 조립, 사용에 이르기까지 기업, 정부, 개인이 쏟아붓는 노력을 곰곰이 생각해 본다면, '반도체가 현대 세계를 만들었다'는 말은 너무 단순한 표현이다. 가령 펜타곤의 연구개발 기구인 방위고등연구계획국은 오늘날 대부분의 최신 반도체에 사용되는 3차원 트랜지스터 구조인 이른바 핀펫에 투자함으로써 말 그대로 반도체의 기틀을 잡았다. 중국이 반도체 강국의 야심을 이룰 수 있느냐 없느냐와 무관하게, 중국이 반도체에 쏟아붓는 막대한 보조금 역시 반도체 공급망의 모습을 뒤바꿔 놓을 것이다.

물론 반도체가 지금처럼 계속 중요한 무언가로 남아 있을 것이라는 보장은 없다. 연산력에 대한 우리의 수요가 줄어들 가능성은 그리 크지 않지만, 공급이 수요를 따라가지 못하는 일이 벌어질 수 있기 때문이다. 고든 무어의 그 유명한 법칙은 그저 예측이었을 뿐 물리 법칙 같은 게 아니었다. 엔비디아의 CEO 젠슨 황부터 스탠피드대학교 학장을 역임한 후 알파벳의 회장이 된 존 헤네시John Hennessy에 이르기까지, 업계의 저명인사들이 입을 모아 말하고 있다. 무어의 법칙은 죽었다는 것이다.[6] 어떤 지점에 도달하면 물리적 한계로 인해 트랜지스터 크기를 더는 줄일 수 없게 된다. 사실 그 한계점 이전에 이미 제조 비용이 너무 비싸져 버린다. 이미 지금도 대량 생산에 따른 비용 절감 비율이 이전 같지 않게 둔화되어 있다. 대당 1억 달러에 달하는 극자외선 리소그래피 장비가 보여 주듯이 더 작은 칩을 만들기 위한 비용은 턱없이 상승한 상태다.

무어의 법칙이 끝난다는 것은 반도체 산업, 더 나아가 전 세계에 치명타가 될 수 있다. 우리가 매년 더 많은 칩을 생산하는 유일한 이유는 그것이 경제적으로 실현 가능하기 때문이다. 하지만 무어의 법칙이 종말을 향하고 있다는 말이 처음 나온 것은 아니다. 1988년, IBM의 저명한 전문가로 훗날 미국국립과학재단의 수장이 된 에릭 블로크Erich Bloch도 말했다. 트랜지스터가 0.25마이크론 크기가 되면 무어의 법칙은 중단될 것이라고 예측했다.

하지만 반도체 업계는 10년 후 그 장벽을 뛰어넘었다.[7] 고든 무어 역시 2003년 강연을 통해 "이대로 가면 우리는 다음 10년 정도에 벽에 부딪히게 될 것"이라고 예상했지만, 반도체 업계는 그 모든 장벽에 부딪힌 후 뛰어넘었다. 당시만 해도 무어는 3차원 트랜지스터 구조를 "급진적 발상"[8]으로 보았지만 그로부터 20년도 지나지 않은 지금, 우리는 3차원 핀펫 트랜지스터를 수조 개씩 생산하고 있다. "무어의 법칙"이라는 용어를 띄운 사람은 캘리포니아공과대학 교수였던 카버 미드였는데, 그는 반세기 전 1제곱센티미터도 안 되는 실리콘 위에 1억 개가 넘는 트랜지스터가 탑재될 것이라고 예측함으로써 전 세계 반도체 과학자를 충격에 빠뜨렸다. 오늘날의 최신 팹은 심지어 미드의 예상을 훌쩍 뛰어넘어 그보다 100배나 많은 100억 개의 트랜지스터를[9] 올릴 수 있게 되었다.

다른 식으로 표현해 보자면 무어의 법칙은 놀라우리만치 오래 지속되었다. 그 용어를 만든 사람, 자기 이름이 그 용어에 들어간 사람까지 깜짝 놀라게 할 정도였다. 오늘날의 비관론자들 역시 놀라게 할 수 있을지 모른다. 애플, 테슬라, AMD, 인텔 등을 거치며 반도체를 설계한 업계의 스타 짐 켈러에 따르면 그렇다. 켈러는 트랜지스터 밀도를 50배 끌어올릴 수 있는 방안이 있다고[10] 여긴다. 우선 현재 사용 중인 트랜지스터에서 고래의 지느러미처럼 솟아 있는 핀 형태의 부위를 얇게 만들어, 별도로 나뉜 세 개의 층이 되도록 한다. 다음으로는 지느러미 형태의 트랜지스터를, 그는 나노와이어nanowire라 부르고 업계의 다른 사람들은 게이트 올어라운드gate-all-around, GAA라 부르는 형태로 대체한다. 이렇게 제작된 트랜지스터는 단면을 놓고 볼 때 세 줄의 튜브가 지나는 형태가 되며 전기장이 상하좌우 모든 측면에서 작용할 수 있게 된다. 트랜지스터의 크기를 줄이면 양자 터널링이 발생하고 성능 저하가 생기는 것을 최소화할 수 있게 되는 것이다. 이 미세한 전선 구조를 차용하면 트랜지스터를 지금보다 두 배 더 빽빽하게 배치할 수 있게 되며, 한 변의 길이가 반으로 줄어든 만큼 나노와이어 구조의 트랜지스터를 겹쳐서 쌓으면 트랜지스터의 전체 밀도는 8배 높아질 수 있다는 것이 켈러의 예측이다. 결과적으로는 칩 하나에 올라갈 수 있는 트랜지스터의 개수가 약 50배까지 늘어난다. 그는 이렇게 말했다. "우리에게 원자가 부족한 것은 아닙니다. 우리는 단일 원자 높이의 막을 인쇄하는 방법을 알고 있으니까요."

무어의 법칙의 종말에 대한 모든 이야기에서 빠지지 말아야 할 것이 있다. 오늘날 반도체 산업에 들어오는 돈의 액수는 이전과 비교할 수 없이 크다는 것이다. AI 알고리즘에 특화된 칩을 설계하는 스타트업들은 지난 몇 년간 수십억 달러의 투자를 받았다. 모두가 차세대 엔비디아가 되는 꿈을 품고 있는 것이다. 구글, 아마존, 마이크로소프트, 애플, 페이스북, 알리바바, 그 외 많은 빅테크 기업은 이제 엄청난 돈을 들여 반도체를 자체 설계하고 있다. 혁신을 이루려는 시도가 부족하다는 증거는 단연컨대 찾아볼 수가 없다.

무어의 법칙을 옹호하는 최고의 주장은 이렇다. 무어의 법칙은 특화된 목적의 칩이 나오면서 그 의미를 잃어버렸다는 것이다. 심지어 지금은 개별 기업이 칩을 설계하고 있는데, 이는 인텔이 "범용 목적"의 연산력을 제공하기 위한 칩을 만들고 있었고 다른 회사는 그 칩의 성능 향상에 기대야만 했던 지난 반세기의 경향과 분명히 다른 것이다. 닐 톰슨Neil Thompson과 스벤야 스파누스Svenja Spanuth라는 MIT의 두 연구원은 한 걸음 더 나아간다. 우리는 "범용 목적 컴퓨터 기술의 끝"을 향하고 있다는 것이다. 그들은 미래의 컴퓨터 사용이 "강력한 전용 칩에서 작동하는 '추월 차선' 애플리케이션과 더 이상 발전하지 않는 범용 목적 칩을 사용하는 '일반 차선' 애플리케이션"의 두 가지 종류로 양분될 것이라 보고 있다.

현대 컴퓨터의 원동력인 마이크로프로세서가 특수 목적의 반도체에 의해 부분적으로 대체되고 있는 것은 부인할 수 없는 사실이다. 그런데 이런 상황을 문제라고 보아야 할지는 분명치 않다. 그래픽을 위해 만들어졌고 점점 더 AI를 위해 사용되고 있는 엔비디아의 GPU는 인텔의 마이크로프로세서 같은 범용 칩이라 볼 수 없다. 하지만 엔비디아를 비롯한 다른 기업은 AI에 적합한 칩을 점점 더 낮은 가격으로 제공하고 있으며, 그 결과 AI의 활용도와 접근성이 점점 높아지고 있다. AI는 새롭고 더 강력한 반도체 덕분에 10년 전에 상상할 수 있었던 것보다 훨씬 더 오늘날 "범용"이 되었다.

아마존이나 구글 같은 빅 테크 기업이 스스로 반도체를 설계하는 최근의 경향 역시 지난 수십 년과는 다른 변화다. 아마존과 구글은 클라우드 컴퓨팅 사업을 하고 있기에, 서버의 효율을 끌어올리고자 자체 반도체 설계 사업까지 뛰어들었다. 요금을 내면 누구나 구글 클라우드를 통해 구글이 만든 TPU 칩을 사용할 수 있다. 일각에서는 이렇게 칩이 분화되는 현상에 대해 비관적인 전망을 내놓기도 한다. 앞서 살펴본 "일반 차선"[11]과 "추월 차선" 논의도 그 맥락에서 이해해 볼 수 있다. 하지만 누구나 엔비디아 칩을 구입하거나 AI에 최적화된 클라우드 서비스를 구입함으로써 누구나 그 "추월 차선"에 올라탈 수 있다는 것을 생각해 보면 놀라운 일이 아닐 수 없다.

또 서로 다른 종류의 칩을 혼용해서 사용하는 일이[12] 더욱 쉬워졌다는 점도 잊어서는 안 된다. 과거에는 하나의 기기에 단일한 프로세서 칩이 탑재되는 것이 보통이었다. 하지만 오늘날에는 여러 개의 프로세서가 들어간다. 어떤 칩은 전반적인 용도로 사용되지만, 카메라 같은 특수 목적을 위해 최적화된 프로세서도 존재한다. 새로운 반도체 패키징 공정이 출현하면서 칩을 보다 효율적으로 연결하는 일이 가능해졌고, 전자 기기를 만드는 회사들은 기기에서 요구되는 연산에 따라 혹은 비용에 맞춰 특정 칩을 넣거나 빼는 일 또한 어렵지 않게 할 수 있게 된 것이다. 오늘날 대형 칩 제조사들은 그들이 만든 칩이 어떤 시스템의 일부가 되어 어디에 쓰일지 이전보다 훨씬 많은 고민을 해야 한다. 그러니 고든 무어가 처음 예상했던 바로 그 방식 그대로 무어의 법칙이 한계에 도달했느냐 여부는 우리가 진짜 고민해야 할 문제가 아니다. 칩 하나에 올라가는 트랜지스터 수가 말 그대로 지수함수적으로 늘어나는지 여부에 집착할 필요가 없다. 대신에 우리는 하나의 칩에 담길 수 있는 연산력이 늘어나고 있는지, 그러면서 비용 효율성을 지킬 수 있는지에 대해 고민해야 한다. 그런 면에서 우리가 한계에 도달했을까? 수백억 달러의 연구비를 쓰는 수천여 엔지니어들은 여전히 '아니오'라고 말하고 있다.

1958년 12월, 모리스 창, 팻 해거티, 웰든 워드, 제이 라스롭, 잭 킬비 모두 텍사스인스트루먼트에 모여 있던 날로 돌아가 보자. 워싱턴DC에서 열린 한 전자공학 회의에 모리스 창, 고든 무어, 밥 노이스가 참석했다. 짧은 낮이 끝나고 밤이 왔다. 젊고 활기찬 그들은 눈이 와서 미끄러운 길 위를 노래하며[13] 적당히 맥주에 취한 채 누비고 다녔다. 거리에서 그들과 스쳐 지나간 이들 중 그 누구도 자신이 새 시대를 여는 기술 거인들과 맞닥뜨렸다는 것을 알지 못했다. 하지만 그들은 수십억 장이 넘는 실리콘 웨이퍼뿐 아니라 우리의 모든 일상과 생활에 지워지지 않는 발자취를 남겼다. 그들이 발명한 반도체, 그들이 이룩해 낸 반도체 산업은 마치 반도체 속에 숨어 있는 회로처럼 우리가 살아온 역사의 구조를 형성해 왔고 앞으로도 우리의 미래를 규정지을 것이다.

첨단 칩을 제조하는 과정은 수백여 개의 공정과 여러 나라에 걸친 공급망을 필요로 한다. 이 책을 쓰는 과정은 칩을 만드는 것보다 아주 조금 덜 복잡했을 뿐이다. 그 여정에 함께해 준, 여러 나라에 있는 많은 분께 감사의 말씀을 전하고자 한다.

이 책은 미국, 유럽, 아시아에 축적되어 있는 다양한 연구에 기대고 있다. 미 의회도서관, 서던메소디스트대학 도서관, 스탠퍼드대학 도서관, 후버연구소, 러시아 과학아카데미 문서보관소, 대만중앙연구원의 사서와 문서보관 담당자 여러분들은 특히 코로나로 인한 거리두기 중에도 내가 필요한 자료에 접근할 수 있도록 도움을 주었다.

나는 이 책을 쓰기 위해 반도체 업계, 학계, 정부의 100여 명 이상의 인물을 인터뷰했다. 그 모든 분께 감사의 인사를 드리고 싶지만, 그들 중 여러분이 더 솔직한 속내를 털어놓는 대신에 익명을 요청했다. 내게 자신이 지닌 통찰을 나눠 준 분들의 이름은 이렇게 호명될 수 있을 것이다. 밥 애덤스Bob Adams, 리처드 앤더슨 Richard Anderson, 수지 암스트롱Susie Armstrong, 제프 아놀드Jeff Arnold, 데이비드 애트우드David Attwood, 비벡 바크시Vivek Bakshi, 존 배스게이트 Jon Bathgate, 피터 빌로Peter Bealo, 더그 베팅어Doug Bettinger, 마이클 브 룩Michael Bruck, 랄프 캘빈Ralph Calvin, 고든 캠벨Gordon Campbell, 월터 카 드웰Walter Cardwell, 존 카루더스John Carruthers, 릭 카시디Rick Cassidy, 아 난드 찬드라시커Anand Chandrasekher, 장상이Shang-yi Chiang, 브라이언 클락Bryan Clark, 린 콘웨이Lynn Conway, 배리 코투어Barry Couture, 안드 레아 쿠오모Andrea Cuomo, 아트 드 제우스Aart de Geus, 세스 데이비스 Seth Davis, 아니루드 데브간Anirudh Devgan, 스티브 디렉터Steve Director, 마크 더컨Mark Durcan, 그렉 턴Greg Dunn, 존 이스트John East, 케네스 플 럼Kenneth Flamm, 이고르 포멘코프Igor Fomenkov, 진 프란츠Gene Frantz, 아디 푹스Adi Fuchs, 마이크 지젤로위츠Mike Geselowitz, 랜스 글래서 Lance Glasser, 제이 골드버그Jay Goldberg, 피터 고든Peter Gordon, 존 고디 John Gowdy, 더그 그로즈Doug Grouse, 척 그윈Chuck Gwyn, 르네 하스Rene Haas, 웨슬리 홀먼Wesley Hallman, 데이비드 핸크David Hanke, 빌 헤이Bill Heye, 크리스 힐Chris Hill, 데이비드 호지스David Hodges, 에릭 호슬러Eric Hosler, 트리스탄 홀텀Tristan Holtam, 진 이리사리Gene Irisari, 존 키바리안 John Kibarian, 마이클 크레이머Michael Kramer, 발레리 코트킨Valery Kotkin, 레브 랩키스Lev Lapkis, 스티브 리비거Steve Leibiger, 조지 레오폴드George Leopold, 크리스 맥Chris Mack, 크리스 말라초스키Chris Malachowsky, 데이 브 마클Dave Markle, 크리스토퍼 맥과이어Christopher McGuire, 마셜 맥머 런Marshall McMurran, 카버 미드Carver Mead, 브루노 무라리Bruno Murari, 밥 니스Bob Nease, 대니얼 네니Daniel Nenni, 짐 네로다Jim Neroda, 론 노리스 Ron Norris, 테드 오델Ted Odell, 세르게이 오소킨Sergei Osokin, 워드 파키

슨Ward Parkison, 짐 패트릿지Jim Partridge, 맬컴 펜Malcolm Penn, 윌리엄 페리William Perry, 파스콸레 피스토리오Pasquale Pistorio, 메리 앤 포터Mary Anne Potter, 스테이시 라스곤Stacy Rasgon, 그리프 레조Griff Resor, 월리 라인스Wally Rhines, 데이브 로버트슨Dave Robertson, 스티브 로머먼Steve Roemerman, 알도 로마노Aldo Romano, 진 러셀Jeanne Roussel, 롭 루텐바Rob Rutenbar, 자인 사이딘Zain Saidin, 알베르토 산조반니 빈센텔리Alberto Sangiovanni-Vincentelli, 로빈 색스비Robin Saxby, 브라이언 셜리Brian Shirley, 피터 사이먼Peter Simone, 마르코 슬루사추크Marko Slusarczuk, 랜디 스텍Randy Steck, 세르지 주딘Sergy Sudjin, 윌 스워프Will Swope, 존 테일러John Taylor, 빌 토비Bill Tobey, 로저 반 아트Roger Van Art, 딕 반 아타Dick Van Atta, 길 바넬Gil Varnell, 마이클 폰 보스텔Michael von Borstel, 스티븐 웰비Stephen Welby, 로이드 휘트먼Lloyd Whitman, 팻 윈덤Pat Windham, 앨런 울프Alan Wolff, 스테판 붐Stefan Wurm, 토니 옌Tony Yen, 로스 영Ross Young, 빅터 지르노프Victor Zhirnov, 애니 주Annie Zhou. 물론 이 책의 내용이나 결론의 모든 책임은 내게 있다.

국제반도체장비재료협회인 SEMI의 대표이며 최고경영자인 아지트 마노차Ajit Manocha는 내가 반도체를 이해할 수 있게끔 아주 훌륭하게 소개해 주었다. 미국반도체산업협회 존 뉴퍼John Neuffer, 지미 굿리치Jimmy Goodrich, 메간 비에리Meghan Biery는 반도체 산업에 대한 관점을 제공하여 나의 이해를 도와주었다. 업계의 베테랑인 테리 달리Terry Daly는 놀라우리만치 흔쾌히 자기 시간을 넉넉히 허락해 주었고, 감사하는 마음으로 그를 길잡이로 삼을 수 있었다. 내가 핀펫이나 하이-K 물질, 그 외 반도체를 이루는 과학의 많은 디테일을 이해할 수 있었던 것은 업계에 종사하는 한 기술 검토자 (리뷰어) 덕분이었는데, 그는 익명으로 남기를 원했다.

반도체와 정치가 교차하는 지점에 대한 내 생각은 대니 크라이턴Danny Chrichton과 조던 슈나이더Jordan Schneider와의 흥미진진한 긴 대화 덕분에 제 모습을 찾을 수 있었다. 조던과 동 얀Dong Yan은 이 책의 초고를 읽고 논증을 정교화하는 데 도움을 주었다. 케빈 쉬Kevin Xu와 그가 발행하는 훌륭한 뉴스레터를 통해 자칫하면 놓치고 지나갔을 모리스 창에 대한 몇몇 핵심적인 일화를 접할 수 있었다. 사힐 마타니Sahil Mahtani, 필립 사운더스Philip Saunders, 그들이 이끄는 팀과의 대화를 거치면서 중국의 반도체 도전에 대한 생각을 정교하게 다듬을 수 있었다.

이 책에 담긴 연구 중 일부는 예일대학의 국제안보연구International Security Studies에 발표된 바 있다. 그러한 기회를 제공해 준 폴 케네디Paul Kennedy와 아르네 베스타Arne Westad에 진심 어린 감사를 보낸다. 또 연구자로서 초기에 해양전쟁대학Naval War College에서 보내는 행운을 누렸는데 이는 레베카 리스너Rebecca Lissner의 초청 덕분에 가능한 일이었다. 또 후버연구소의 역사 워크숍과 미국기업연구소의 포럼은 내게 까다로운 질문을 던지며 이 책의 논증을 다듬어 나가는 데 보탬을 주었다.

많은 학자가 그들의 연구와 전문 지식을 기꺼이 공유해 주었다. 이 책은 실리콘밸리의 기원과 컴퓨터의 역사에 대해 이미 밝혀진 연구와 언론 보도에 많은 부분 기대고 있다. 나는 이미 이 주제를 다른 각도에서 다룬 많은 역사가를 통해 배웠으며 그들의 작업은 주석을 통해 인용되어 있다. 특히 감사를 드리고 싶은 이들은 다음과 같다. 레슬리 베를린Leslie Berlin, 더그 풀러Doug Fuller, 슬라바 제로비치Slava Gerovitch, 폴 길레스피Paul Gillespie, 데이비드 로즈David Laws, 필립 핸슨Philip Hanson, 데이비드 탈봇David Talbot, 데니스 프레드 사이먼Denis Fred Simon, 폴 스넬Paul Snell, 데이비드 스텀프David Stumpf. 이들은 본인의 연구와 전문 지식을 나와 공유해 주었다. 조지 레오폴드George Leopold와 요시다 준코는 현재의 반도체와 전자 산업을 이해하는 길잡이 역할을 해 주었다. 호세 모우라Jose Moura는 이 책 작업 초반에 자신의 학자 동료들에게 기꺼이 나를 소개시켜 주었다.

자료 수집과 번역에 도움을 준 이들은 다음과 같다. 대니 고트프리드Danny Gottfried, 제이콥 클레멘트Jacob Clemente, 거티 로빈슨Gertie Robinson, 벤 쿠퍼Ben Cooper, 클라우스 숭Claus Soong, 웨이-팅 첸Wei-Ting Chen, 민디 투Mindy Tu, 마티야스 키시데이Matyas Kisiday, 조 황Zoe Huang, 치히로 아이타Chihiro Aita, 사라 애쉬버그Sara Ashbaugh 등이다. 애슐리 테시스Ashley Thesis는 작업 전반에 헤아릴 수 없이 많은 도움을 주었다. 스미스리처드슨재단과 슬로안재단의 도움으로 이 연구가 가능했다.

플레처 스쿨의 동료와 학생들은 이 책에 담긴 수많은 아이디어의 원동력이 되어 주었다. 특히 댄 드래즈너가 2018년 워크샵에서 언급한 "무기화된 상호 의존성"이 그렇다. 포린폴리시연구소의 롤리 플린Rollie Flynn, 마이아 오타라시빌리Maia Otarashvili, 애런 스타인Aaron Stein은 아주 초기 단계부터 이 연구를 도와주었다. 코리 샤크Kore Schake, 대니 플레카Dany Pletka, 할 브랜즈Hal Brands 덕분에 미국 기업연구소를 나의 정신적 고향으로 삼을 수 있었고 그곳에서 초고를 마무리 지을 수 있었다. 그린맨틀Greenmantle의 동료들은 기술, 금융, 거시경제, 정치가 교차하는 지점에 대해 생각할 수 있는 활기찬 환경을 제공해 주었다. 이 프로젝트 초기에 니얼 퍼거슨이 보여 준 호의와 관심에 크게 감사한다. 앨리스 한Alice Han은 내가 중국의 기술 정책을 이해할 수 있도록 도와주었다. 스테파니 페트렐라Stephanie Petrella는 이 프로젝트의 초기 단계에 예리한 비판을 가해 도움을 주었다.

릭 호건Rick Horgan과 스크리브너팀 전부와 함께 작업한 것은 내게 큰 기쁨이었다. 토비 문디가 이 책에 일찌감치 불어넣어 준 자신감이 없었더라면 이 프로젝트는 주저앉고 말았을 것이다. 존 힐먼Jon Hillman은 이 프로젝트가 돌아갈 수 있도록 초기 단계의 방향을 제시해 주었다.

마지막으로, 가장 중요한 사람들, 내 가족의 헤아릴 수 없는 도움에 대해 말하고 싶다. 부모님은 모든 장을 다 읽고 혹독한 비평을 가해 주었다. 루시와 블라드는 내가 만날 수 있던 최고의 베이비시터였다. 리야, 안톤, 에비는 아침, 저녁, 주말, 휴가, 육아휴직 기간 내내 이 책의 작업을 붙들고 있던 나를 기꺼이 참아주었다. 이 책을 그들에게 헌정한다.

'마법'의 기술, 반도체 산업의 미래를 그려 보려면

_노정태

"충분히 발달한 기술은 마법과 구분할 수 없다."영국의 SF 작가 아서 C. 클라크가 한 말이다. 수많은 패러디를 낳은 명문장이지만 2023년 현재 반도체 산업만큼 이 말이 잘 들어맞는 분야는 없을 듯하다.

용과 마법이 등장하는 판타지 소설에서 흔히 나오는 '전설의 검', '기적의 갑옷' 등을 떠올려 보자. 우주에서 날아온 운석을 주워서 별빛을 모아 제련해 만들었다는 식의 설명이 흔히 뒤따른다. 매우 희귀한 소재를 환상적인 방법으로 가공함으로써 이 세상에 없는 정교함, 날카로움, 단단함을 얻는 설정이다.

하지만 그 마법은 현실, 그것도 우리가 일상을 이루고 살아가는 현실 앞에서 한없이 초라해진다. 우리 모두 하나는 가지고 있는 스마트폰만 해도 그렇다. 최신 스마트폰에 탑재된 AP는 파장이 10~100나노미터 내외 극자외선을 사용하는 리소그래피 장비를 통해 만들어지고 있기 때문이다.

그 제작 과정은 별빛으로 만든 전설의 검보다 어렵다. 반도체에 회로를 새겨 넣기 위해서는 극자외선을 발생시키고 모아야 한다. 극자외선은 자연 상태에서 거의 존재하지 않는 파장이다. 그것을 생성하려면 직경 0.003밀리미터의 주석 방울을 진공에서 시속 321.8킬로미터로 날려 보낸 후, 그 작은 방울을 레이저로 두 번 적중시켜 플라스마 상태로 만들고 나서 폭발시켜야 한다. 그렇게 1초에 5만 번이 넘는 주석 방울 폭파를 해내야 겨우 산업용으로 쓸 만한 에너지의 극자외선이 나온다.

빛이 나온다고 해서 그게 끝이 아니다. 기본적으로 X선처럼 모든 것을 통과하는 극자외선을 반사시켜서 모아야 하는데, 그 과정 또한 인류 공학 기술의 승리다. 나노미터 단위로 제작되는 극히 정밀한 반사판이 있어야 극자외선을 모아 실리콘 웨이퍼 위에 쏠 수 있다. 우리가 메시지를 주고받고, 인터넷 검색을 하고, 때로는 악플을 다는 등 덧없는 일에 활용하는 이 흔한 스마트폰 안에는 그 어떤 판타지와 SF소설 작가도 떠올리기 힘들었을 엄청난 기술적 성취가 담겨 있는 것이다.

21세기, 우리 인류는 어쩌다 이런 물건을 만들 수 있게 되었을까? 너 나 할 것 없이 손에 쥐고 다닐 만큼 첨단 반도체가 흔한 세상에 살게 된 건 대체 어떤 이유 때문일까?

나무에서 내려와 사바나 평원에 선 유인원 시절부터 지금까지 인류는 끝없이 전쟁을 해 왔다. 그 모든 전쟁은 결국 단 하나의 실력으로 판가름 났다. 누가 상대보다 더 빨리, 더 강하게, 더 정확하게 무언가를 던져서 목표를 맞출 수 있는가다.

선사 시대부터 지금까지 변하지 않은 단 하나의 규칙이다. 상대보다 나은 투척 능력을 가진 자는 적이 다가오기 전에 적을 쓰러뜨릴 수 있다. 날카로운 이빨도 강한 근육도 없는 호모 사피엔스가 자신들보다 큰 거의 모든 대형 포유류를 멸종시킬 수 있었던 것은 돌과 창을 던질 수 있었기 때문이다.

우리가 아는 군사 기술 대부분이 그렇다. 상대에게 피해를 줄 만한 무언가를 상대보다 먼저 쏘아서 맞추기 위한 것이다. 몽고 기병이 세계를 휩쓸었던 것은 말을 타고 바람처럼 빨리 돌아다니며 활을 쏘고 투석기로 성을 허물었던 탓이다. 청나라 군대는 더 발달한 총기를 지닌 영국군 앞에 속수무책으로 쓰러졌다. 비행기를 만들어 하늘로 올라간 인류는 곧 적의 머리 위에 폭탄을 떨어뜨리기 시작했다.

2차 세계대전이 끝났고 냉전이 시작됐다. 미국과 소련은 서로 상대의 도시를 향해 원자폭탄을 날려 보낼 수 있는 궁극의 돌팔매, 대륙간 탄도 미사일의 개발에 열을 올렸다. 엄청난 속도로 날아가야 하는 미사일의 정확도를 높이기 위해서는 금방 고장 나고 신뢰도가 낮은 진공관보다 발전된 기술이 필요했다. 미국의 천재들이 해답을 찾았다. 실리콘이라는 흔하디흔한 물질에 전압을 가하면 전류가 흐른다. 하지만 전압을 가하지 않으면 전류가 흐르지 않는다.

도체도 부도체도 아닌 이러한 물질은 반도체로 분류되었고, 과학자들은 그 특성을 활용하여 '스위치'를 만들어 냈다. 이렇게 탄생한 반도체, 그 반도체를 하나의 기판에 모은 집적회로는 아폴로 계획에 투입되고 미군의 미사일에 탑재되면서 산업 생산물의 형태를 갖춰 가기 시작했다. 돌을 던지며 사냥하고 서로 전쟁을 벌이던 원시 인류는, 이제 모래를 녹여 만든 작은 조각 위에 극히 복잡한 회로를 새겨 넣음으로써 폭발하는 돌이 상대방에게 스스로 찾아가 명중하도록 하는 '마법'을 부릴 수 있게 된 것이다.

여기까지는 잘 알려진 이야기다. 반도체는 미국과 소련의 군비 경쟁이 없었다면 존재하기 어려웠을 냉전의 부산물이다. 하지만 그게 전부가 아니다. 미사일이라는 마법을 위해 탄생한 반도체는 자본주의와 시장 경제라는 또 다른 영역으로 넘어가 인류의 지각과 인식과 소통 능력을 확장시켰다.

2차 세계대전이 끝나고 전 세계는 호황기에 들어갔다. 전쟁이 끝났다는 안도감으로 인해 사람들은 열심히 가정을 꾸리고 자녀를 낳았다. 이른바 '베이비 붐'이 전 지구적으로 벌어졌다. 미국은 소련에 맞서기 위해 그들이 방금 꺾었던 적국인 독일과 일본의 경제 재건에 팔을 걷어붙이고 나섰다. 단지 구호물자와 지원금을 댔을 뿐 아니라 미국 시장을 열어 주었다. 독일의 자동차 산업, 일본의 전자 제품과 반도체 산업이 폭발적으로 성장할 수 있었던 것은 바로 그런 이유 때문이었다.

반도체는 기본적으로 실리콘으로 만드는 제품이다. 실리콘은 지구상에 흔하게 널린 모래를 원료로 한다. 반도체를 개발하는 것은 어려운 일이나, 제품으로서의 반도체가 가지고 있는 '물질'의 원가 비중은 매우 낮다. 충분한 기술력을 갖고 있다면 마진율을 낮추고 시장 점유율을 넓히는 전략을 택하는 것이 효과적일 수 있다.

페어차일드반도체의 밥 노이스가 바라본 미래가 바로 그것이었다. 군수용품 시장이 아닌 민간 소비 시장을 겨냥해 싼 가격으로 반도체를 내놓아 더 많이 판매하는 것. 이는 스스로의 기술력에 대한 신뢰뿐 아니라 자본주의라는 시스템 그 자체에 대한 신뢰에 기반한 선택이기도 했다. 기술을 발전시키고 더 저렴하게 만들어 많은 이들에게 공급함으로써 부자가 되는 것, 그것만큼 개인과 사회를 동시에 행복하게 하는 일이 또 어디 있단 말인가?

반도체의 생산과 소비가 미국 국경을 넘어 한없이 뻗어 나간 것은 그런 면에서 자연스러운 일이었다. 기업은 더 싸게 생산할 수 있는 곳, 더 많이 팔 수 있는 시장을 동시에 원하기 때문이다. 반도체의 성능이 매년 혹은 2년마다 지수함수적으로 증가한다는 이른바 '무어의 법칙'은 기술에 대한 예언이었지만 동시에 시장의 힘에 대한 예찬이기도 했다. 인텔로 대표되는 글로벌 반도체 기업은 경쟁에서 밀리지 않기 위해 스스로를 혹독하게 채찍질했고, 그 결과 우리는 마법과 구분하기 어려울 만큼 고도로 발달한 기술을 일상적으로 영위하며 살아가게 되었다.

미국과 중국 사이에 '반도체 전쟁'이 벌어지고 있다. 삼성전자와 SK하이닉스로 대표되는 한국의 반도체 기업은 그 틈바구니에서 피해를 최소화하고 생존하기 위해 악전고투 중이다. '미국이 한국의 반도체 산업을 빼앗아 가려 한다'는 식의 민족주의적 울분을 토하는 목소리가 인터넷 뉴스 댓글만이 아니라 언론의 사설이나 칼럼에서도 쉽게 접할 수 있을 정도다.

이 책,《칩 워》를 번역한 사람으로서 역자는 바로 그런 '반도체 국수주의' 혹은 '기술 쇄국주의'에 큰 우려가 든다. 앞서 길게 설명한 바와 같이 반도체는 미국의 군사 기술에서 출발하였지만 그게 전부가 아니다. 미국이 20세기 후반부 내내 견지했던 시장 개방 및 생산 기지 해외 이전 등을 통해, 미국과 그 동맹국 모두가 공유하는 인류 역사상 최대의 글로벌 비즈니스로 거듭난 지 오래다.

미국의 애플이 아이폰을 만들기 위해서는 대만의 TSMC가 필요하다. 네덜란드 기업 ASML의 극자외선 리소그래피 장비가 없으면 TSMC는 애플의 최신 칩을 만들 수 없다. ASML은 미국의 사이머, 독일의 트럼프와 자이스의 핵심 부품에 의존한다. 이토록 촘촘하고 정교한 글로벌 공급사슬 덕분에 우리는 마법과 구분되지 않는 기술을 영위하며 살 수 있다.

반도체 국수주의는 위험천만할 뿐 아니라 어리석은 발상이다. 대한민국의 삼성전자와 SK하이닉스, 그 외 수많은 반도체 기업 또한 글로벌 공급사슬의 일부이기 때문에 존재할 수 있다. 대한민국 정부가 '죽창가'를 부르며 팔을 걷어붙이고 나선다고 해서 '소재, 부품, 장비 독립'을 이룰 수는 없다. 그러한 시도가 무망하다는 것은 기술 수준이 지금과 비교할 수 없이 낮았던 1970년대, 마오쩌둥의 권력욕이 빚어낸 문화혁명을 겪은 중국이 이미 처참한 실패로 증명한 바 있다.

우리는 미국이 우리 반도체 산업을 '빼앗아' 갈 것을 걱정할 필요가 없다. 그보다는 우리가 잘못된 산업, 외교, 안보 정책 등으로 인해 스스로 반도체 산업 경쟁력을 망가뜨리고, 그렇게 생긴 시장의 빈틈을 일본, 미국, 대만, 중국 등 경쟁국이 가져갈 가능성을 우려해야 한다. 《칩 워》가 다양한 각도로 촘촘하게 서술하고 있는 반도체 산업의 역사와 현재, 미래의 모습을 통해 우리 사회의 인식이 한 걸음 나아가기를 바라는 마음이다.

《칩 워》의 저자 크리스 밀러는 역사학자다. 그의 전공 분야는 미국의 대소련 정책이며, 대학원을 졸업하기 전부터 떠오르는 신예 지식인으로 각광받았다. 그랬던 그가 자신에게 낯설고 생경한 반도체 산업의 이모저모를 공부하고, 기술과 산업, 역사, 지정학을 아우르는 대작을 써내면서, 지식인 사회를 넘어 폭넓은 대중의 사랑을 받는 스타 작가로 거듭났다.

이는 역자가 직접 눈으로 확인했기에 자신 있게 말할 수 있는 사실이다. 지난 2023년 3월 21일, 서울 광화문 포시즌스 호텔 1층 로비 커피숍에서, 역자와 몇 명의 젊은이들이 잠시 한국에 방문한 크리스 밀러를 만났다. 책의 내용 및 그것을 둘러싼 온갖 상황과 맥락에 대해 열띤 토론을 벌이던 중, 옆 테이블에 앉아 있던 두 명의 사업가가 우리에게 양해를 구했다. "당신이 이 책 쓴 사람 맞죠? 영광입니다."

그 말을 한 사람이 자신의 스마트폰을 보여 주었다. 전자책으로 《칩 워》를 읽은 독자였던 것이다. 스마트폰에 사인을 받을 수는 없는지라 그와 그의 동료는 함께 기념사진을 찍는 것으로 만족해야 했다. 옆 테이블의 누군가가 알아보고 저자에게 사인을 청하는 모습을 실시간으로 목격한 것은 처음이었다. 바로 그 책을 번역했다는 사실이 믿을 수 없이 뿌듯하게 느껴지던 순간이다.

크리스 밀러와 함께한 '외교 안보 덕후' 중 한 사람이 질문을 던졌다. "이 책에 대해 중국인들이 불평하지 않던가요?" 밀러의 답은 매우 인상적이었다. "중국 반도체 산업에 대한 서술을 트집 잡지는 않았다. 하지만 러시아 반도체 산업의 역사를 너무 가혹하게 묘사했다고 비판하더라."

나는 즉석에서 두 사람에게 이 대화를 인용하겠다는 허락을 받았고, 그래서 이 지면에 기록해 둔다. 《칩 워》, 반도체 전쟁을 바라보는 중국인의 시각을 적나라하게 보여 주는 에피소드이기 때문이다.

중국 스스로도 잘 알고 있다. 반도체는 미국의 기술이다. 공급망 대부분을 미국과 그 동맹국이 차지하고 있다. 어설픈 '베끼기' 전략은 통하지 않는다. 중국이 '인민의 ASML'을 설립하고 '공산주의 극자외선 리소그래피 머신'을 만들면, 미국과 그 동맹국은 차세대, 차차세대 기술을 상용화하고 있을 것이다. 중국으로서는 막막한 상황이다. 대체 뭘 어떻게 해야 한단 말인가?

크리스 밀러와 대화했던 중국인들이 구체적으로 누구인지, 이야기의 맥락이 어떠했는지 세부적으로 알 길은 없다. 역자 나름대로 추측을 해 보자면 이렇다. 중국은 이 반도체 전쟁에서 승산이 낮다는 사실을 잘 알고 있고 초조함에 사로잡혀 있다. 하지만 자신들의 한계를 지적하는 내용을 두고 감정적으로 반응하는 모습을 보여 주면 그보다 더 큰 치욕이 없다. 그러니 꾹 참는다. 그러나 중국 입장에서 볼 때 미국이 이미 한 차례 승리를 거두었던 20세기의 반도체 전쟁, 냉전의 묘사에서 소련의 굴욕을 보여 주는 것까지 참기는 어렵다. 소련은 중국에게 피할 수 없는 반면교사의 미래를 보여 주고 있으니 말이다.

개인적이라면 개인적인 자리에서 나누었던 대화의 한 자락을 소개하는 이유가 있다. 미국과 중국의, 더 나아가 글로벌 공급망 속에서 벌어지고 있는 반도체 전쟁에 참전하고 있는 우리 스스로의 맥락을 되짚어 보기 위해서다.

세계 메모리 반도체 시장의 1위와 2위를 차지하고 있는 삼성전자와 SK하이닉스의 실력과 업적은 분명 대단한 것이다. 하지만 우리가 이룬 그 성취의 성격을 올바로 해석해야 한다. 미국이 주도하고 있는 글로벌 반도체 공급망이 있고, 그 속에서 우리가 어떤 자리를 차지했기에 오늘의 결과가 가능했다는 것이다.

우리는 마치 중국이 소련을 반면교사로 삼듯 일본을 반면교사로 삼을 수 있다. 1980년대, 패전국이 되었고 원자폭탄까지 맞은 아픔을 딛고 고도성장을 하던 일본은, 언제부턴가 스스로의 성공에 도취해 자만하기 시작했다. 소니의 창업주 모리타 아키오는 '미국인들아, 내가 경영을 가르쳐 주마' 하는 식의 태도를 보이다 못해, 나중에는 극우 정치인 이시하라 신타로와 함께 《No라고 말할 수 있는 일본》을 써서 워싱턴 정가에 충격과 공포를 안겨 주었다.

한창 잘나가던 일본 경제에 어두운 그림자가 드리워지기 시작한 것이 공교롭게도 그 무렵과 포개진다. 미국은 일본에 1986년, 1991년, 1996년, 총 세 차례에 걸쳐 미일반도체협정을 강요하며 일본 메모리 칩 산업의 가격 경쟁력을 묶어 버렸다. 일본 반도체 기업에게 원한 감정을 품고 있던 실리콘밸리는 '적의 적은 친구'라며 삼성전자를 다양한 방식으로 도왔다. 후발 주자인 삼성전자가 오늘날 세계 1위 메모리 반도체 기업이 될 수 있었던 것은 삼성전자 임직원 모두의 노력 덕분이면서 동시에 일본이 스스로

제 발등을 찍었기 때문이라고 볼 수 있지 않을까.

　반도체는 미국이 개발한 기술을 전 세계가 함께 발전시켜서 만들어 낸 공급망의 산물이다. 동시에 미국 중심의 평화로운 세계 무역 체제가 낳은 거대한 글로벌 시장이 수요를 견인했고 기술 발전의 원동력이 되었다는 점 또한 잊어서는 안 된다. 미국의 기술로 미국에 제품을 팔면서 일본은 '우리가 미국을 이길 수 있다'는 착각에 빠졌다. 그 대가는 혹독했다. 우리가 앞으로도 세심히 들여다보며 공부해야 할 타산지석이다.

　중국은 대만을 향한 발톱을 감추려 들지 않는다. 미국은 자국 시장을 지키고 일자리 확보에 급급해 종종 동맹국에게 경제적 손해를 거리낌 없이 떠안기려 든다. 이런 상황에서 한국 반도체 산업에 미래가 있을까? 과연 밝다고 볼 수 있을까?

　역자는 글을 읽고 쓰는 사람일 뿐 반도체 산업의 전문가가 아니다. 하지만 천재적 지성과 놀라운 통찰, 여기에 경탄스러운 성실함을 지닌 저자 크리스 밀러의《칩 워》를 처음부터 끝까지 여러 차례 샅샅이 훑어 읽은 한 사람의 독자로서 의견을 덧붙일 수는 있을 듯하다.

　우리의 미래는 밝다. 적어도 흔히 생각하는 것만큼 어둡지는 않다. 고도로 정교화된 반도체 산업의 구조 속에서 한국 기업들은 메모리 칩을 넘어 파운드리 영역, 더 나아가 반도체를 설계하는 팹리스까지 사업 영역을 확장해 가고 있다. 늦은 밤까지 불이 꺼지지 않는 사무실에서 머리를 싸매고 고민하며 기술의 첨단을 갈고닦는 이들이 있는 한, 우리는 쉽게 밀려나지 않을 것이다.

더 중요한 건 반도체라는 산업과 생산물에 대한 국민적 이해도가 높아지고 있다는 것이다. 오늘날 한국인들은 역사상 그 어느 때보다 우리가 처한 경제적 위치, 안보 상황, 지정학적 맥락을 잘 파악하고 있다. 국민적 이해와 공감대가 견고하게 형성될수록 우리 반도체 산업 또한 탄탄해진다. 고도로 발달한 기술이 마법처럼 작동할 수 있는 건 결국 우리 모두의 믿음이 그것을 떠받치고 있기 때문이다.

박윤우 대표님을 비롯한 부키 구성원들 덕분에 이 책의 번역을 끝낼 수 있었다. 모든 분께 진심으로 감사의 말씀 전한다. 대체 《칩 워》번역물이 언제 나오냐고 재촉해 주신 많은 예비 독자분께도 감사의 마음을 드린다.

그러나 역자가 가장 큰 고마움을 느끼는 분들은 따로 있다. 가진 것이라고는 사람의 두뇌밖에 없던 이 나라에 반도체 산업의 씨앗을 뿌리고 일궈 주신 모든 사업가와 엔지니어 여러분, 또 반도체 이전에 전자 제품을 조립하고 회로에 납땜을 하며 경제 성장의 첫 단추를 꿰어 주셨던 산업 역군, 소위 '공돌이, 공순이' 여러분이다.

역자가 세계 10위권의 경제 대국에서 첨단 반도체가 담긴 컴퓨터와 스마트폰을 일상의 일부로 누리고 살 수 있는 것은 모두 그 많은 분들의 노력과 헌신 덕분이다. 우리는 그렇게 힘겹게 이 자리까지 왔다. 부족한 실력으로 옮긴 이 책이 오늘의 현실을 이해하고 내일의 행로를 그리는 데 조금이나마 도움이 되었으면 하는 바람이다.

주
—

들어가는 말

1 "USS Mustin Transits the Taiwan Strait," *Navy Press Releases*, August 19, 2020, https://www.navy.mil/Press-Office/Press-Releases/display-pressreleases/ Article/2317449/uss-mustin-transits-the-taiwan-strait/#images-3; Sam LaGrone, "Destroyer USS Mustin Transits Taiwan Strait Following Operations with Japanese Warship," *USNI News2*, August 18, 2020, https://news.usni. org/2020/08/18/destroyer-uss-mustin-transits-taiwan-strait-following-operations-with-japanese-warship.

2 "China Says Latest US Navy Sailing Near Taiwan 'Extremely Dangerous,' " Straits Times, August 20, 2020, https://www.straitstimes.com/asia/east-asia/china-says-latest-us-navy-sailing-near-taiwan-extremely-dangerous; Liu Xuanzun, "PLA Holds Concentrated Military Drills to Deter Taiwan Secessionists, US," *Global Times*, August 23, 2020, https://www.globaltimes.cn/page/202008/1198593.shtml.

3 이 어구는 머레이 스콧Murray Scott이 뉴스레터《젠 온 테크Zen on Tech》에서 처음 쓴 표현으로, 나는 그의 뉴스레터를 읽으며 반도체의 지정학에 대한 생각을 가다듬을 수 있었다.

4 Antonio Varas, Raj Varadarajan, Jimmy Goodrich, and Falan Yinug, "Strengthening the Global Semiconductor Supply Chain in an Uncertain Era," *Semiconductor Industry Association*, April 2021, exhibit 2, https://www.semiconductors. org/wp-content/uploads/2021/05/BCG-x-SIA-Strengthening-the-Global-Semiconductor-Value-Chain-April-2021_1.pdf; 달러를 기준으로 계산했을 때 스마트폰은 반도체 판매의 26퍼센트를 차지한다.

5 "iPhone 12 and 12 Pro Teardown," *IFixit*, October 20, 2020, https://www.ifixit. com/Teardown/iPhone+12+and+12+Pro+Teardown/137669.

6 "A Look Inside the Factory Around Which the Modern World Turns," *Economist*, December 21, 2019.

7 Angelique Chatman, "Apple iPhone 12 Has Reached 100 Million Sales, Analyst

Says," CNET, June 30, 2021; Omar Sohail, "Apple A14 Bionic Gets Highlighted with 11.8 Billion Transistors, *WCCFTech*, September 15, 2020.

8 Isy Haas, Jay Last, Lionel Kattner, and Bob Norman moderated by David Laws, "Oral History of Panel on the Development and Promotion of Fairchild Micrologic Integrated Circuits," Computer History Museum, October 6, 2007, https://archive.computerhistory.org/resources/access/text/2013/05/102658200-05-01-acc.pdf; 데이비드 로즈David Laws와의 인터뷰, 2022.

9 Gordon E. Moore, "Cramming More Components onto Integrated Circuits," Electronics 38, No. 8 (April 19, 1965), https://newsroom.intel.com/wp-content/uploads/sites/11/2018/05/moores-law-electronics.pdf; Intel 1103 data from "Memory Lane," *Nature Electronics* 1 (June 13, 2018), https://www.nature.com/articles/s41928-018-0098-9.

10 Per Semiconductor Industry Association data, 2019년, 로직 칩의 37퍼센트는 대만에서 생산되었다.; Varas et al., "Strengthening the Global Semiconductor Supply Chain in an Uncertain Era."

11 Varas et al., "Strengthening the Global Semiconductor Supply Chain in an Uncertain Era," p. 35.

12 Mark Fulthorpe and Phil Amsrud, "Global Light Vehicle Production Impacts Now Expected Well into 2022," *IHS Market*, August 19, 2021, https://ihsmarkit.com/research-analysis/global-light-vehicle-production-impacts-now-expected-well-into.html.

13 Varas, et al, "Strengthening the Global Semiconductor Supply Chain in an Uncertain Era."

14 모리스 창과의 인터뷰, 2022.

PART I Chapter 1 강철에서 실리콘까지

1 Details on Morita's life are from Akio Morita, *Made in Japan: Akio Morita and Sony* (HarperCollins, 1987).

2 Morris C. M. Chang, *The Autobiography of Morris C. M. Chang* (Commonwealth Publishing, 2018). 번역을 도와준 민디 두에게 감사드린다.

3 Andrew Grove, *Swimming Across* (Warner Books, 2002), p. 52. 《앤드루 그로브의 위대한 수업》(한국경제신문, 2004).

4 John Nathan, *Sony: A Private Life* (Houghton Mifflin, 2001), p. 16.

5 Chang, *Autobiography of Morris C. M. Chang*.

6 Morita, *Made in Japan*, p. 1.

7 David Alan Grier, *When Computers Were Human* (Princeton University Press, 2005), ch. 13; Mathematical Tables Project, *Table of Reciprocals of the Integers from 100,000 through 200,009* (Columbia University Press, 1943).

8 Robert P. Patterson, *The United States Strategic Bombing Survey: Summary Report* (United States Department of War, 1945), p. 15, in *The United States Strategic Bombing Surveys* (Air University Press, 1987), https://www.airuniversity. af.edu/Portals/10/AUPress/Books/B_0020_SPANGRUD_STRATEGIC_BOMBING_ SURVEYS.pdf.

9 T. R. Reid, *The Chip* (Random House, 2001), p. 11.

10 Derek Cheung and Eric Brach, *Conquering the Electron: The Geniuses, Visionaries, Egomaniacs, and Scoundrels Who Built Our Electronic Age* (Roman & Littlefield, 2011), p. 173.

Chapter 2 스위치

11 Joel Shurkin, *Broken Genius: The Rise and Fall of William Shockley, Creator of the Electronic Age* (Macmillan, 2006). 이 책은 쇼클리에 대해 알 수 있는 가장 좋은 자료다. 다음 책도 참조할 것. Michael Riordan and Lillian Hoddeson, *Crystal Fire: The Birth of the Information Age* (Norton, 1997).

12 Gino Del Guercio and Ira Flatow, "Transistorized!" PBS, 1999, https://www.pbs. org/transistor/tv/script1.html.

13 Riordan and Hoddeson, *Crystal Fire*, esp. pp. 112-114.

14 트랜지스터에 대한 이 설명은 다음 책에 크게 빚지고 있다. Riordan and Hoddeson, *Crystal Fire*, and Cheung and Brach, *Conquering the Electron*.

15 Cheung and Brach, *Conquering the Electron*, pp. 206-207.

16 Riordan and Hoddeson, *Crystal Fire*, p. 165; "SCIENCE 1948: Little Brain Cell," *Time*, 1948, http://content.time.com/time/subscriber/article/0,33009,952095,00. html.

Chapter 3 노이즈, 킬비, 집적회로

17 Cheung and Brach, *Conquering the Electron*, p. 228.

18 Ibid., p. 214.

19 랠프 캘빈과의 인터뷰. 2021년; Jay W. Lathrop, an oral history conducted in 1996 by David Morton, IEEE History Center, Piscataway, NJ, USA.

20 Jack Kilby interview by Arthur L. Norberg, Charles Babbage Institute, June 21, 1984, pp. 11-19, https://conservancy.umn.edu/bitstream/handle/11299/ r107410/oh074jk.pdf?sequence=1&isAllowed=y.

21 Caleb III Pirtle, *Engineering the World: Stories from the First 75 Years of Texas Instruments* (Southern Methodist University Press, 2005), p. 29.

22 David Brock and David Laws, "The Early History of Microcircuitry," *IEEE Annals of the History of Computing* 34, No. 1 (January 2012), https://ieeexplore.ieee. org/document/6109206; T. R. Reid, *The Chip* (Random House, 2001).

23 Shurkin, *Broken Genius*, p. 173; "Gordon Moore," PBS, 1999, https://www.pbs.
org/transistor/album1/moore/index.html; 페어차일드반도체에 대한 다른 중요 서
적으로는 Arnold Thackray, David C. Brock, and Rachel Jones, *Moore's Law: The
Life of Gordon Moore, Silicon Valley's Quiet Revolutionary* (Basic, 2015), and
Leslie Berlin, *The Man Behind the Microchip: Robert Noyce and the Invention
of Silicon Valley* (Oxford University Press, 2005).

24 "1959: Practical Monolithic Integrated Circuit Concept Patented," Computer
History Museum, https://www.computerhistory.org/siliconengine/practical-
monolithic-integrated-circuit-concept-patented/; Christophe Lecuyer and
David Brock, *Makers of the Microchip* (MIT Press, 2010); Robert N. Noyce,
Semiconductor Device-and-Lead Structure, USA, 2981877, filed Jul 30,
1959 and issued Apr 25, 1961, https://patentimages.storage.googleapis.com/
e1/73/1e/7404cd5ad6325c/US2981877.pdf; Michael Riordan, "The Silicon Dioxide
Solution," *IEEE Spectrum*, December 1, 2007, https://spectrum.ieee.org/the-
silicon-dioxide-solution; Berlin, *The Man Behind the Microchip*, p. 53-81.

25 Berlin, *The Man Behind the Microchip*, p. 112.

Chapter 4 이륙

26 "Satellite Reported Seen over S.F.," *San Francisco Chronicle*, October 5, 1957, p. 1.

27 Robert Divine, *The Sputnik Challenge* (Oxford, 1993). 냉전이 미국 과학에 미친 영향
에 대해 다음 자료를 참조해 생각을 정리했다. Margaret O'Mara, *Cities of Knowledge:
Cold War Science and the Search for the Next Silicon Valley* (Princeton, 2015);
Audra J. Wolfe, *Competing with the Soviets: Science, Technology, and the State
in Cold War America* (Johns Hopkins University Press, 2013); Steve Blank, "Secret
History of Silicon Valley," Lecture at the Computer History Museum, November
20, 2008, https://www.youtube.com/watch?v=ZTC_RxWN_xo.

28 Eldon C. Hall, *Journey to the Moon: The History of the Apollo Guidance
Computer* (American Institute of Aeronautics, 1996), pp. xxi, 2; Paul Cerruzi, "The
Other Side of Moore's Law: The Apollo Guidance Computer, the Integrated
Circuit, and the Microelectronics Revolution, 1962-1975," in R. Lanius and H.
McCurdy, *NASA Spaceflight* (Palgrave Macmillan, 2018).

29 Hall, *Journey to the Moon*, p. 80.

30 Hall, *Journey to the Moon*, pp. xxi, 2, 4, 19, 80, 82; Tom Wolfe, "The Tinkerings
of Robert Noyce," *Esquire*, December 1983.

31 Robert N. Noyce, "Integrated Circuits in Military Equipment," *Institute of
Electrical and Electronics Engineers Spectrum*, June 1964; Christophe Lecuyer,
"Silicon for Industry: Component Design, Mass Production, and the Move to
Commercial Markets at Fairchild Semiconductor, 1960-1967," *History and*

Technology 16 (1999): 183; Michael Riordan, "The Silicon Dioxide Solution," *IEEE Spectrum*, December 1, 2007, https://spectrum.ieee.org/the-silicon-dioxide-solution.

32 Hall, *Journey to the Moon*, p. 83.

33 Charles Phipps, "The Early History of ICs at Texas Instruments: A Personal View," *IEEE Annals of the History of Computing* 34, No. 1 (January 2012): 37-47.

34 Norman J. Asher and Leland D. Strom, "The Role of the Department of Defense in the Development of Integrated Circuits," *Institute for Defense Analyses*, May 1, 1977, p. 54.

35 빌 헤이Bill Heye와의 인터뷰, 2021; 모리스 창과의 인터뷰. 2022.

36 Patrick E. Haggerty, "Strategies, Tactics, and Research," *Research Management* 9, No. 3 (May 1966): 152-153.

37 Marshall William McMurran, *Achieving Accuracy: A Legacy of Computers and Missiles* (Xlibris US, 2008), p. 281.

38 밥 니스Bob Nease, 마셜 맥무런Marshall McMurran, 스티브 로머먼Steve Roemerman과의 인터뷰, 2021; David K. Stumpf, *Minuteman: A Technical History of the Missile That Defined American Nuclear Warfare* (The University of Arkansas Press, 2020), p. 214; Patrick E. Haggerty, "Strategies, Tactics, and Research," *Research Management* 9, No. 3 (May 1966): 152-153; 다음도 참조할 것. Bob Nease and D. C. Hendrickson, *A Brief History of Minuteman Guidance and Control* (Rockwell Autonetics Defense Electronics, 1995), McMurran, *Achieving Accuracy*, ch. 12. 니스와 헨드릭슨의 논문을 공유해 준 데이비드 스텀프David Stumpf에게 감사의 뜻을 표한다.

39 Asher and Strom, "The Role of the Department of Defense in the Development of Integrated Circuits," p. 83; Hall, *Journey to the Moon*, p. 19; "Minuteman Is Top Semiconductor User," *Aviation Week & Space Technology*, July 26, 1965, p. 83.

Chapter 5 박격포와 대량 생산

40 제이 라스롭과의 이메일 교환, 2021; 월터 카드웰Walter Cardwell과의 이메일 교환, 2021; 존 고디John Gowdy와의 인터뷰, 2021; Jay Lathrop and James R. Nall, Semiconductor Construction, USA, 2890395A, filed Oct 31, 1957 and issued Jun 9, 1959, https://patentimages.storage.googleapis.com/e2/4d/4b/8d90caa48db31b/US2890395.pdf; Jay Lathrop, "The Diamond Ordinance Fuze Laboratory's Photolithographic Approach to Microcircuits," *IEEE Annals of the History of Computing* 35, No. 1 (2013): 48-55.

41 제이 라스롭과의 대화, 2021; 메리 앤 포터와의 인터뷰, 2021

42 메리 앤 포터와의 인터뷰, 2021; Mary Anne Potter, "Oral History," *Transistor Museum*, Sep 2001, http://www.semiconductormuseum.com/Transistors/TexasInstruments/OralHistories/Potter/Potter_Page2.htm.

43 Chang, *Autobiography of Morris Chang*; "Stanford Engineering Hero Lecture: Morris Chang in Conversation with President John L. Hennessy," Stanford Online, YouTube Video, Apr 25, 2014, https://www.youtube.com/watch?v=wEh3ZgbvBrE.

44 Oral History of Morris Chang, interviewed by Alan Patterson, Computer History Museum, August 24, 2007; 모리스 창과의 인터뷰, 2022.

45 빌 헤이, 길 바넬Gil Varnell과의 인터뷰, 2021.

46 Oral History of Morris Chang, interviewed by Alan Patterson, Computer History Museum, August 24, 2007.

47 Tekla S. Perry, "Morris Chang: Foundry Father," *Institute of Electrical and Electronics Engineers Spectrum*, April 19, 2011, https://spectrum.ieee.org/at-work/tech-careers/morris-chang-foundry-father.

48 David Laws, "A Company of Legend: The Legacy of Fairchild Semiconductor," *IEEE Annals of the History of Computing* 32, No. 1 (January 2010): 64.

49 Charles E. Sporck and Richard Molay, *Spinoff: A Personal History of the Industry That Changed the World* (Saranac Lake Publishing, 2001), pp. 71-72; Christophe Lecuyer, "Silicon for Industry": 45.

Chapter 6 "나는…부자가…되고…싶다"

50 Asher and Strom, "The Role of the Department of Defense in the Development of Integrated Circuits," p. 74.

51 Robert Noyce, "Integrated Circuits in Military Equipment," *IEEE Spectrum* (June 1964): 71.

52 Thomas Heinrich, "Cold War Armory: Military Contracting in Silicon Valley," *Enterprise & Society* 3, No. 2 (June 2002): 269; Lecuyer, "Silicon for Industry": 186.

53 *The Chip*, p. 151.

54 Dirk Hanson, *The New Alchemists: Silicon Valley and the Microelectronics Revolution* (Avon Books, 1983), p. 93.

55 US Government Armed Services Technical Information Agency, *Survey of Microminiaturization of Electronic Equipment*, P.V. Horton and T.D. Smith, AD269 300, Arlington, VA: Air Force Ballistic Missile Division Air Research Development Command, United States Air Force, 1961, pp. 23, 37, 39, https://apps.dtic.mil/sti/citations/AD0269300.

56 Moore, "Cramming More Computers onto Integrated Circuits."

57 Asher and Strom, "The Role of the Department of Defense in the Development of Integrated Circuits," p. 73; Herbert Kleiman, *The Integrated Circuit: A Case Study of Product Innovation in the Electronics Industry* (George Washington University, 1966), p. 57.

58 Lecuyer, "Silicon for Industry": esp. 189, 194, 222; Kleiman, *The Integrated Circuit*, p. 212; Ernest Braun and Stuart Macdonald, *Revolution in Miniature: The History and Impact of Semiconductor Electronics* (Cambridge University Press, 1982), p. 114.

59 Asher and Strom, "The Role of the Department of Defense in the Development of Integrated Circuits," p. 64; Berlin, *The Man Behind the Microchip*, p. 138; Lecuyer, "Silicon for Industry": 180, 188.

60 "Oral History of Charlie Sporck," Computer History Museum, YouTube Video, March 2, 2017, 1:11:48, https://www.youtube.com/watch?v=duMUvoKP-pk; Asher and Strom, "The Role of the Department of Defense in the Development of Integrated Circuits," p. 73; Berlin, *The Man Behind the Microchip*, p. 138.

61 Berlin, *The Man Behind the Microchip*, p. 120.

62 Michael Malone, *The Intel Trinity* (Michael Collins, 2014), p. 31.

PART II Chapter 7 소비에트 실리콘밸리

1 Y. Nosov, *"Tranzistor—Nashe Vse. K Istorii Velikogo Otkrytiya,"* *Elektronika*, 2008, https://www.electronics.ru/journal/article/363; A. F. Trutko, IREX Papers, Library of Congress, Washington, D.C.; https://proza.ru/2021/06/21/233; for "Crothers Memorial Hall," 스탠퍼드대학교 1960년도 졸업 앨범 참조.

2 CIA, "Production of Semiconductor Devices in the USSR," CIA/RR, November 1959, 59-44.

3 레브 랍키스Lev Lapkis, 발레리 코트킨Valery Kotkin, 세르게이 오소킨Sergei Osokin, 세르게이 주딘Sergey Sudjin과의 인터뷰; on Soviet studying of US publications: N. S. Simonov, *Nesostoyavshayasya Informatsionnaya Revolyutsiya* (Universitet Dmitriya Pozharskogo, 2013), pp. 206-207; "Automate the Boss' Office," *Business Week*, April 1956, p. 59; A. A. Vasenkov, *"Nekotorye Sobytiya iz Istorii Mikroelekroniki,"* *Virtualnyi Kompyuternyi Muzei*, 2010, https://computer-museum.ru/books/vasenkov/vasenkov_3-1.htm; B. Malashevich, *"Pervie Integralnie Skhemi,"* *Virtualnyi Kompyuternyi Muzei*, 2008, https://www.computer-museum.ru/histekb/integral_1.htm.

4 레브 랍키스, 발레리 코트킨, 세르게이 주딘과의 인터뷰.

5 A. A. Shokin, *Ocherki Istorii Rossiiskoi Elektroniki*, v. 6 (Tehnosfera, 2014), p. 520.

6 소련에서 알프레드 사란트는 필립 스타로스Philip Staros라는 가명을 쓰고 있었고, 바는 조셉 베르그Joseph Berg로 통했다. 이들이 한 일에 대해서는 이 책에 크게 의존했다. Steven T. Usdin, *Engineering Communism* (Yale University Press, 2005).

7 Usdin, *Engineering Communism*, p. 175; Simonov, *Nesostoyavshayasya Informatsionnaya Revolyutsiya*, p. 212. 바와 사란트의 영향이 어느 정도였는지에 대해 러시아 마이크로 전자공학 전문가들 사이에 이견이 존재한다. 그들이 온전히 자신들의

뜻대로 소련 컴퓨터 산업을 만들어 낸 것은 아니지만 분명히 중요한 역할을 수행했다.

8 Usdin, *Engineering Communism*, pp. 203-209.

9 Shokin, *Ocherki Istorii Rossiiskoi Elektroniki*, v. 6, pp. 522-523, 531.

Chapter 8 "베끼시오"

10 Simonov, *Nesostoyavshayasya Informatsionnaya Revolyutsiya*, p. 210; 또한 다음을 참조. A. A. Vasenkov, "*Nekotorye Sobytiya iz Istorii Mikroelekroniki,*" *Virtualnyi Kompyuternyi Muzei*, 2010, https://computer-museum.ru/books/vasenkov/vasenkov_3-1.htm; Boris Malin file, IREX Papers, Library of Congress, Washington, D.C; Shokin, *Ocherki Istorii Rossiiskoi Elektroniki* v. 6, p. 543.

11 B. Malashevich, "*Pervie Integralnie Shemi,*" *Virtualnyi Kompyuternyi Muzei*, 2008, https://www.computer-museum.ru/histekb/integral_1.htm; Simonov, *Nesostoyavshayasya Informatsionnaya Revolyutsiya*, p. 65; Oral History of Yury R. Nosov, interviewed by Rosemary Remackle, Computer History Museum, May 17, 2012, pp. 22-23.

12 Ronald Amann et al., *The Technological Level of Soviet Industry* (Yale University Press, 1977).

13 A. A. Vasenkov, "*Nekotorye Sobytiya iz Istorii Mikroelekroniki,*" *Virtualnyi Kompyuternyi Muzei*, 2010, https://computer-museum.ru/books/vasenkov/vasenkov_3-1.htm; B. V. Malin, "*SozdaniePervoi Otechestvennoi Mikroshemy,*" *Virtualnyi Kompyuternyi Muzei*, https://www.computer-museum.ru/technlgy/su_chip.htm.

14 세르게이 오소킨과의 인터뷰, 2021.

Chapter 9 트랜지스터 세일즈맨

15 이케다의 프랑스 방문에 대한 언급은 미이나 마츠야마Miina Matsuyama가 일본어에서 번역해 준 자료를 참조하였다. 또 다음을 참조. Nick Kapur, *Japan at the Crossroads After Anpo* (Harvard University Press, 2018), p. 84; Shiota Ushio, *Tokyo Wa Moetaka* (Kodansha, 1988); Shintaro Ikeda, "The Ikeda Administration's Diplomacy Toward Europe and the 'Three-Pillar' Theory," *Hiroshima Journal of International Studies* 13 (2007); Kawamura Kazuhiko, *Recollections of Postwar Japan, S25* (History Study Group, 2020).

16 Office of the Historian, U.S. Department of State, "National Security Council Report," in David W. Mabon, ed. *Foreign Relations of the United States, 1955-1957, Japan, Volume XXIII, Part 1* (United States Government Printing Office, 1991), https://history.state.gov/historicaldocuments/frus1955-57v23p1/d28; Office of the Historian, U.S. Department of State, "No. 588 Note by the Executive Secretary (Lay) to the National Security Council," in David W. Mabon and Harriet

D. Schwar, eds., *Foreign Relations of the United States, 1952-1954, China and Japan, Volume XIV, Part 2* (United States Government Printing Office, 1985), https://history.state.gov/historicaldocuments/frus1952-54v14p2/d588.

17 Office of the Historian, U.S. Department of State, "National Security Council Report."

18 Bob Johnstone, *We Were Burning: Japanese Entrepreneurs and the Forging of the Electronic Age* (Basic Books, 1999), p. 16; Makoto Kikuchi, an oral history conducted in 1994 by William Aspray, IEEE History Center, Piscataway, NJ, USA.

19 Makoto Kikuchi, "How a Physicist Fell in Love with Silicon in the Early Years of Japanese R&D," in H. R. Huff, H. Tsuya, and U. Gosele, eds., *Silicon Materials Science and Technology*, v. 1 (The Electrochemical Society, Inc., 1998), p. 126; Makoto Kikuchi, an oral history conducted in 1994 by William Aspray, IEEE History Center, Piscataway, NJ, USA; Johnstone, *We Were Burning*, p. 15.

20 Vicki Daitch and Lillian Hoddeson, *True Genius: The Life and Science of John Bardeen: The Only Winner of Two Nobel Prizes in Physics* (Joseph Henry Press, 2002), pp. 173-174.

21 Nathan, *Sony*, p. 13; Morita, *Made in Japan*, pp. 70-71.

22 Morita, *Made in Japan*, pp. 1.

23 Hyungsub Choi, "Manufacturing Knowledge in Transit: Technical Practice, Organizational Change, and the Rise of the Semiconductor Industry in the United States and Japan, 1948-1960," PhD Dissertation, Johns Hopkins University, 2007, p. 113; Johnstone, *We Were Burning*, p. xv.

24 Simon Christopher Partner, "Manufacturing Desire: The Japanese Electrical Goods Industry in the 1950s," PhD Dissertation, Columbia University, 1997, p. 296; Andrew Pollack, "Akio Morita, Co-Founder of Sony and Japanese Business Leader, Dies at 78," *New York Times*, October 4, 1999.

25 Pirtle, Engineering the World, pp. 73-74; Robert J. Simcoe, "The Revolution in Your Pocket," *American Heritage* 20, Issue 2 (Fall 2004).

26 John E. Tilton, *International Diffusion of Technology: The Case of Semiconductors* (Brookings Institution, 1971), pp. 57, 141, 148; "Leo Esaki Facts," The Nobel Foundation, https://www.nobelprize.org/prizes/physics/1973/esaki/facts/.

27 Johnstone, *We Were Burning*, ch. 1 and pp. 40-41.

28 Kenneth Flamm, "Internationalization in the Semiconductor Industry," in Joseph Grunwald and Kenneth Flamm, eds., *The Global Factory: Foreign Assembly in International Trade* (Brookings Institution, 1985), p. 70; Bundo Yamada, "Internationalization Strategies of Japanese Electronics Companies: Implications for Asian Newly Industrializing Economies (NIEs)," OECD Development Centre, October 1990, https://www.oecd.org/japan/33750058.pdf.

29 Choi, *Manufacturing Knowledge in Transit*, pp. 191-192.

30 "Marketing and Export: Status of Electronics Business," *Electronics*, May 27, 1960, p. 95.

31 Henry Kissinger, "Memorandum of Conversation, Washington, April 10, 1973, 11:13 a.m.-12:18 p.m.," in Bradley Lynn Coleman, David Goldman, and David Nickles, eds., *Foreign Relations of the United States, 1969 – 1976, Volume E – 12, Documents on East and Southeast Asia, 1973 – 1976* (Government Printing Office, 2010), https://history.state.gov/historicaldocuments/frus1969-76ve12/d293.

32 빌 헤어와의 인터뷰, 2021; 모리스 창과의 인터뷰, 2022; J. Fred Bucy, *Dodging Elephants: The Autobiography of J. Fred Bucy* (Dog Ear Publishing, 2014), pp. 92-93.

33 Johnstone, *We Were Burning*, p. 364.

Chapter 10 "트랜지스터 걸스"

34 Paul Daniels, *The Transistor Girls* (Stag, 1964).

35 Eugene J. Flath interview by David C. Brock, Science History Institute, February 28, 2007.

36 Oral History of Charlie Sporck, Computer History Museum; Charles E. Sporck and Richard Molay, *Spinoff: A Personal History of the Industry That Changed the World* (Saranac Lake Publishing, 2001).

37 Andrew Pollack, "In the Trenches of the Chip Wars, a Struggle for Survival," *New York Times*, July 2, 1989; Sporck and Molay, *Spinoff*, p. 63; Oral History of Charlie Sporck, Computer History Museum.

38 Glenna Matthew, *Silicon Valley, Women, and the California Dream: Gender, Class, and Opportunity in the Twentieth Century* (Stanford University Press, 2002), ch. 1-3.

39 Sporck and Molay, *Spinoff*, pp. 87-88.

40 Sporck and Molay, Spinoff, pp. 91-93; William F. Finan, Matching Japan in Quality: How the Leading U.S. Semiconductor Firms Caught Up with the Best in Japan (MIT Japan Program, 1993), p. 61; Julius Blank interview by David C Brock, Science History Institute, March 20, 2006, p. 10; Oral History of Julius Blank, interviewed by Craig Addison, Computer History Museum, January 25, 2008.

41 John Henderson, *The Globalisation of High Technology Production* (Routledge, 1989), p. 110; Sporck and Molay, *Spinoff*, p. 94; Harry Sello Oral History interview by Craig Addison, SEMI, April 2, 2004.

42 Sporck and Molay, *Spinoff*, p. 95; Oral History of Charlie Sporck, Computer History Museum.

43 William F. Finan, "The International Transfer of Semiconductor Technology Through U.S.-Based Firms," NBER Working Paper no. 118, December 1975, pp. 61-62.

44 Craig Addison, Oral History Interview with Clements E. Pausa, June 17, 2004.

45 Oral History of Charlie Sporck, Computer History Museum; 또 다음을 참조. The extensive discussion of unionization, wage negotiations, and International Labor Organization regulations in Computer History Museum, "Fairchild Oral History Panel: Manufacturing and Support Services," October 5, 2007.

Chapter 11 정밀 타격

46 빌 헤이와의 인터뷰, 2021.

47 Samuel J. Cox, "H-017-2: Rolling Thunder—A Short Overview," Naval History and Heritage Command, March 27, 2018, https://www.history.navy.mil/about-us/leadership/director/directors-corner/h-grams/h-gram-017/h-017-2.html#:~:text=These%20U.S.%20strikes%20dropped%20864%2C000,years%20of%20World%20War%20II.

48 Barry Watts, *Six Decades of Guided Munitions and Battle Networks: Progress and Prospects* (Center for Strategic and Budgetary Assessments, 2007), p. 133.

49 US Government Naval Air Systems Command, "Report of the Air-to-Air Missile System Capability Review July-November 1968," AD-A955-143, Naval History and Heritage Command, April 23, 2021, https://www.history.navy.mil/research/histories/naval-aviation-history/ault-report.html; Watts, Six Decades of Guided Munitions, p. 140.

50 James E. Hickey, *Precision-Guided Munitions and Human Suffering in War* (Routledge, 2016), p. 98.

51 스티브 로머먼과의 인터뷰, 2021; Paul G. Gillespie, "Precision Guided Munitions: Constructing a Bomb More Potent Than the A-Bomb," PhD Dissertation, Lehigh University, 2002.

52 스티브 로머먼과의 인터뷰, 2021.

53 스티브 로머먼과의 인터뷰, 2021.

54 "Obituary of Colonel Joseph Davis Jr.," *Northwest Florida Daily News*, August 24-26, 2014; Gillespie, Precision Guided Munitions, pp. 117-118; Walter J. Boyne, "Breaking the Dragon's Jaw," *Air Force Magazine*, August 2011, pp. 58-60, https://www.airforcemag.com/PDF/MagazineArchive/Documents/2011/August%202011-0811jaw.pdf; Vernon Loeb, "Bursts of Brilliance," Washington Post, December 15, 2002.

55 Gillespie, Precision Guided Munitions, p. 116.

56 Ibid., pp. 125, 172.

57 William Beecher, "Automated Warfare Is Foreseen by Westmoreland After Vietnam," *New York Times*, October 14, 1969. 그러나 국방 전략가들은 정밀 타격 무기가 전쟁을 바꿀 것을 이미 깨닫고 있었다. 다음을 참조. James F. Digby, *Precision-*

Guided Munitions: Capabilities and Consequences, RAND Paper P-5257, June 1974, and *The Technology of Precision Guidance: Changing Weapon Priorities, New Risks, New Opportunities*, RAND Paper P-5537, November 1975.

Chapter 12 공급망과 외교의 기술

58   "Taiwan's Development of Semiconductors Was Not Smooth Sailing," tr. Claus Soong, *Storm Media*, June 5, 2019, https://www.storm.mg/article/1358975?mode=whole.000.

59   "Mark Shepherd Jr. Obituary," *Dallas Morning News*, February 6-8, 2009; Ashlee Vance, "Mark Shepherd, a Force in Electronics, Dies at 86," *New York Times*, Feb 9, 2009.

60   "Taiwan's Development of Semiconductors was not Smooth Sailing."; 모리스 창과의 인터뷰, 2022.

61   David W. Chang, "U.S. Aid and Economic Progress in Taiwan," *Asian Survey* 5, No. 3 (March 1965): 156; Nick Cullather, "'Fuel for the Good Dragon': The United States and Industrial Policy in Taiwan, 1950-1960," *Diplomatic History* 20, No. 1 (Winter 1996): 1.

62   Wolfgang Saxon, "Li Kwoh-ting, 91, of Taiwan Dies; Led Effort to Transform Economy," *New York Times*, June 2, 2001.

63   "Taiwan's Development of Semiconductors was not Smooth Sailing."

64   L. Sophia Wang, *K.T. LI and the Taiwan Experience* (National Tsing Hua University Press, 2006), p. 216; "TI Taiwan Chronology," in *Far East Briefing Book*, Texas Instruments Papers, Southern Methodist University Library, October 18, 1989.

65   Henry Kissinger, "Memorandum of Conversation, Washington, April 10, 1973, 11:13 a.m.-12:18 p.m.," in Bradley Lynn Coleman, David Goldman, and David Nickles, eds., *Foreign Relations of the United States, 1969–1976, Volume E–12, Documents on East and Southeast Asia, 1973–1976* (Government Printing Office, 2010), https://history.state.gov/historicaldocuments /frus1969-76ve12/ d293; Linda Lim and Pang Eng Fong, *Trade, Employment and Industrialisation in Singapore* (International Labour Office, 1986), p. 156.

66   Joseph Grunwald and Kenneth Flamm, *The Global Factory: Foreign Assembly in International Trade* (Brookings Institution Press, 1994), p. 100.

67   Kenneth Flamm, "Internationalization in the Semiconductor Industry," in Grunwald and Flamm, *The Global Factory*, p. 110; Lim and Pang Eng Fong, *Trade, Employment and Industrialisation in Singapore*, p. 156; *Hong Kong Annual Digest of Statistics* (Census and Statistics Department, 1984), table 3.12, https://www.censtatd.gov.hk/en/data/stat_report/product/B1010003/att/ B10100031984AN84E0100.pdf; G. T. Harris and Tai Shzee Yew, "Unemployment Trends in Peninsular Malaysia During the 1970s," *ASEAN Economic Bulletin* 2,

No. 2 (November 1985): 118-132.

68 *Meeting with Prime Minister Li, Taipei, September 23, 1977, and Reception/ Buffett—Taipei. September 23, 1977, Mark Shepherd Remarks*, in Mark Shepherd Papers, Correspondence, Reports, Speeches, 1977, Southern Methodist University Library, folder 90-69; Associated Press, "Mark Shepherd Jr.; led Texas Instruments," *Boston Globe*, February 9, 2009.

Chapter 13 인텔의 혁명가들

69 Marge Scandling, "2 of Founders Leave Fairchild; Form Own Electronics Firm," *Palo Alto Times*, August 2, 1968.

70 Lucien V. Auletta, Herbert J. Hallstead, and Denis J. Sullivan, "Ferrite Core Planes and Arrays: IBM's Manufacturing Evolution," *IEEE Transactions on Magnetics* 5, No. 4. (December 1969); John Markoff, "IBM's Robert H. Dennard and the Chip That Changed the World," IBM, November 7, 2019, https://www.ibm.com/ blogs/think/2019/11/ibms-robert-h-dennard-and-the-chip-that-changed-the-world/.

71 Emma Neiman, "A Look at Stanford Computer Science, Part I: Past and Present," *Stanford Daily*, April 15, 2015; "Interview with Marcian E. Hoff, Jr., 1995 March 03," Stanford Libraries, March 3, 1995, https://exhibits.stanford.edu/ silicongenesis/catalog/jj158jn5943.

72 Robert N. Noyce and Marcian E. Hoff, "A History of Microprocessor Development at Intel," *IEEE Micro* 1, No. 1 (February 1981); Ted Hoff and Stan Mazor interview by David Laws, Computer History Museum, September 20, 2006; "Ted Hoff: The Birth of the Microprocessor and Beyond," *Stanford Engineering*, November 2006.

73 Sarah Fallon, "The Secret History of the First Microprocessor," *Wired*, December 23, 2020; Ken Shirriff, "The Surprising Story of the First Microprocessors," *IEEE Spectrum*, August 30, 2016.

74 Berlin, *The Man Behind the Microchip*, p. 205; Gordon Moore, "On Microprocessors," *IEEE*, 1976; Ross Knox Bassett, *To the Digital Age* (Johns Hopkins University Press, 2002), p. 281; Malone, *The Intel Trinity*, pp. 177-178; Gene Bylinsky, "How Intel Won Its Bet on Memory Chips," *Fortune*, November 1973; Fallon, "The Secret History of the First icroprocessor."

75 카버 미드Carver Mead와의 인터뷰, 2021.

76 Carver Mead, "Computers That Put the Power Where It Belongs," *Engineering and Science* XXXVI, No. 4 (February 1972).

77 Gene Bylinsky, "How Intel Won Its Bet on Memory Chips."

Chapter 14 펜타곤의 상쇄 전략

78 William Perry interview by Russell Riley, University of Virginia's The Miller Center, February 21, 2006; William J. Perry, *My Journey at the Nuclear Brink* (Stanford Security Studies, 2015), ch. 1-2.

79 윌리엄 페리William Perry와의 인터뷰, 2021; Zachary Wasserman, "Inventing Startup Capitalism," PhD dissertation, Yale University, 2015.

80 Andrew Krepinevich and Barry Watts, *The Last Warrior: Andrew Marshall and the Shaping of Modern American Defense Strategy* (Basic Books, 2015), pp. 4, 9, 95.

81 A.W. Marshall, "Long-Term Competition with the Soviets: A Framework for Strategic Analysis," Rand Corporation, April 1972, R-862-PR, https://www.rand.org/pubs/reports/R862.html.

82 Testimony of William Perry, Senate Committee on Armed Services, Department of Defense, Authorization for Appropriations for FY 79, Part 8: Research and Development, 96th United States Congress, 1979, pp. 5506-5937; Kenneth P. Werrell, *The Evolution of the Cruise Missile* (Air University Press, 1985), p. 180.

83 Richard H. Van Atta, Sidney Reed, and Seymour J. Deitchman, DARPA *Technical Accomplishments Volume II* (Institute for Defense Analyses, 1991), p. "12-2".

84 Werrell, *Evolution of the Cruise Missile*, p. 136.

85 Van Atta et al., DARPA *Technical Accomplishments Volume II*, pp. 5-10.

86 스티브 로머먼, 2021; William J. Perry interview by Alfred Goldberg, Office of the Secretary of Defense, January 9, 1981.

87 Fred Kaplan, "Cruise Missiles: Wonder Weapon or Dud?" *High Technology*, February 1983; James Fallows, *National Defense* (Random House, 1981), p. 55; William Perry, "Fallows' Fallacies: A Review Essay," *International Security* 6, No. 4 (Spring 1982): 179.

88 William Perry interview by Russell Riley, University of Virginia's The Miller Center, February 21, 2006.

PART III Chapter 15 "이 치열한 경쟁"

1 리처드 앤더슨Richard Anderson과의 인터뷰, 2021; Michael Malone, *Bill and Dave: How Hewlett and Packard Built the World's Greatest Company* (Portfolio Hardcover, 2006); "Market Conditions and International Trade in Semiconductors," Field Hearing Before the Subcommittee on Trade of the Committee of Ways and Means, House of Representatives, 96th Congress, April 28, 1980.

2 Michael Malone, *The Big Score* (Stripe Press, 2021), p. 248; Jorge Contreras, Laura Handley, and Terrence Yang, "Breaking New Ground in the Law of Copyright," *Harvard Law Journal of Technology* 3 (Spring 1990).

3 Rosen Electronics Newsletter, March 31, 1980.

4 Malone, *The Intel Trinity*, p. 284; Fred Warshofsky, *Chip War: The Battle for the World of Tomorrow* (Scribner, 1989), p. 101.

5 *TPS-L2: User Manual* (Sony Corporation, 1981), p. 24.

6 "Vol. 20: Walkman Finds Its Way into the Global Vocabulary," Sony, https://www.sony.com/en/SonyInfo/CorporateInfo/History/capsule/20/.

7 Oral History of Charlie Sporck, Computer History Museum.

Chapter 16 "일본과의 전쟁"

8 Mark Simon, "Jerry Sanders/Silicon Valley's Tough Guy," *San Francisco Chronicle*, October 4, 2001; Thomas Skornia, *A Case Study in Realizing the American Dream: Sanders and Advanced Micro Devices: The First Fifteen Years, 1969-1984* (1984), https://archive.computerhistory.org/resources/access/text/2019/01/102721657-05-01-acc.pdf.

9 Oral History of Charlie Sporck, Computer History Museum.

10 Michael S. Malone, "Tokyo, Calif," *New York Times*, November 1, 1981; Oral History of Charlie Sporck, Computer History Museum.

11 Thomas C. Hayes, "American Posts Bail as Details of Operation by F.B.I. Unfold," *New York Times*, June 25, 1982.

12 Wende A. Wrubel, "The Toshiba-Kongsberg Incident: Shortcomings of Cocom, and Recommendations for Increased Effectiveness of Export Controls to the East Bloc," *American University International Law Review* 4, No. 1 (2011).

13 Stuart Auerbach, "CIA Says Toshiba Sold More to Soviet Bloc," *Washington Post*, March 15, 1988.

14 Michael E. Porter and Mariko Sakakibara, "Competition in Japan," *Journal of Economic Perspectives* 18, No. 1 (Winter 2004): 36; *The Effect of Government Targeting on World Semiconductor Competition* (Semiconductor Industry Association, 1983), pp. 69-74.

15 Kiyonari Sakakibara, "From Imitation to Innovation: The Very Large Scale Integrated (VLSI) Semiconductor Project in Japan," Working Paper, MIT Sloan School of Management, October 1983, https://dspace.mit.edu/handle/1721.1/47985.

16 Reid, *The Chip*, p. 224.

17 *The Effect of Government Targeting on World Semiconductor Competition*, p. 67.

18 Jeffrey A. Frankel, "Japanese Finance in the 1980s: A Survey," National Bureau of Economic Research, 1991; data on household savings, household consumption, and bank lending as percent of GDP from data.worldbank.org.

19 P. R. Morris, *A History of the World Semiconductor Industry* (Institute of Electrical Engineers, 1990), p. 104; Robert Burgelman and Andrew S. Grove, *Strategy Is Destiny: How Strategy-Making Shapes a Company's Future* (Free Press, 2002), p. 35.

20 Scott Callan, "Japan, Disincorporated: Competition and Conflict, Success and Failure in Japanese High-Technology Consortia," PhD dissertation, Stanford University, 1993, p. 188, Table 7.14; Clair Brown and Greg Linden, *Chips and Change: How Crisis Reshapes the Semiconductor Industry* (MIT Press, 2009).

Chapter 17 "쓰레기를 판다"

21 Clayton Jones, "Computerized Laser Swiftly Carves Circuits for Microchips," *Christian Science Monitor*, March 10, 1981; David E Sanger, "Big Worries Over Small GCA," *New York Times*, January 19, 1987.

22 Berlin, *The Man Behind the Microchip*, pp. 94, 119. 이 대목을 짚어 준 크리스 맥 Chris Mack에게 감사한다.

23 크리스 맥과의 인터뷰, 2021; 데이브 마클Dave Markle과의 인터뷰, 2021; Perkin Elmer, "Micralign Projection Mask Alignment System," The Chip History Center, https://www.chiphistory.org/154-perkin-elmer-micralign-projection-mask-alignment-system; Daniel P. Burbank, "The Near Impossibility of Making a Microchip," *Invention and Technology* (Fall 1999); Alexis C. Madrigal, "TOP SECRET: Your Briefing on the CIA's Cold-War Spy Satellite, 'Big Bird,'" *Atlantic*, December 29, 2011; Chris Mack, "Milestones in Optical Lithography Tool Suppliers," http://www.lithoguru.com/scientist/litho_history/milestones_tools.pdf.

24 James E. Gallagher interview by Craig Addison, SEMI, March 9, 2005; Arthur W. Zafiropoulo interview by Craig Addison, SEMI, May 25, 2006; Geophysics Corporation of America, "About Our Corporation Members," *Bulletin American Meteorological Society*, December 12, 1962; Jones, "Computerized Laser Swiftly Carves Circuits for Microchips."

25 "Griff Resor on Photolithography," Semi-History, YouTube video, January 30, 2009, 2:30, https://www.youtube.com/watch?v=OKfdHZCEfmY; Chris Mack, "Milestones in Optical Lithography Tool Suppliers," http://www.lithoguru.com/scientist/litho_history/milestones_tools.pdf; "GCA Burlington Division Shipment History of All 4800 DSW's as of September 1980," p. 1, in the possession of the author.

26 Sales data from Rebecca Marta Henderson, "The Failure of Established Firms in the Face of Technical Change," PhD dissertation, Harvard University, 1988, p. 217; Jones, "Computerized Laser Swiftly Carves Circuits for Microchips."

27 피터 빌로Peter Bealo, 로스 영Ross Young, 빌 토비Bill Tobey와의 인터뷰, 2021; James E. Gallagher interview by Craig Addison, SEMI, March 9, 2005.

28 빌 토비, 짐 네로다Jim Neroda, 피터 빌로와의 인터뷰, 2021; Ross Young, *Silicon Sumo* (Semiconductor Services, 1994), p. 279; Charles N. Pieczulewski, "Benchmarking Semiconductor Lithography Equipment Development & Sourcing Practices

Among Leading Edge Manufacturers," Master's thesis, MIT, 1995, p. 54.

29 그리프 레조Griff Resor, 빌 토비, 짐 네로다, 피터 빌로와의 인터뷰, 2021; Young, *Silicon Sumo*, p. 279.

30 그리프 레조와의 인터뷰, 2021.

31 Robert Reich, *The Next American Frontier* (Crown, 1983), p. 159.

32 길 바넬Gil Varnell과의 인터뷰, 2021; Rebecca Marta Henderson, "The Failure of Established Firms in the Face of Technical Change," p. 225; U.S. Department of Commerce, Bureau of Export Administration, Office of Strategic Industries and Economic Security, Strategic Analysis Division, *National Security Assessment of the U.S. Semiconductor Wafer Processing Industry Equipment* (1991), pp. 4-10.

33 Henderson, "The Failure of Established Firms in the Face of Technical Change," pp. 220-222, 227; 전 AMD 경영진과의 인터뷰, 2021.

34 피터 빌로와 빌 토비와의 인터뷰, 2021; Henderson, "The Failure of Established Firms in the Face of Technical Change," pp. 222-225; Jay Stowsky, "The Weakest Link: Semiconductor Production Equipment, Linkages, and the Limits to International Trade," working paper, University of California Berkeley, September 1987, p. 2.

35 Arthur W. Zafiropoulo interview by Craig Addison, SEMI, May 25, 2006; 피터 빌로와 짐 네로다와의 인터뷰, 2021.

Chapter 18 1980년대의 원유

36 Skornia, *Sanders and Advanced Micro Devices*, p. 138; Daryl Savage, "Palo Alto: Ming's Restaurant to Close Dec. 28," Palo Alto Online, December 18, 2014, https://www.paloaltoonline.com/news/2014/12/18/mings-restaurant-to-close-dec-28).

37 Arthur L. Robinson, "Perilous Times for U.S. Microcircuit Makers," *Science* 208, No. 4444 (May 9, 1980): 582; Skornia, *Sanders and Advanced Micro Devices*, p. 140.

38 Marvin J. Wolf, *The Japanese Conspiracy: The Plot to Dominate Industry Worldwide* (New English Library, 1984), p. 83.

39 David E. Sanger, "Big Worries Over Small GCA," *New York Times*, January 19, 1987.

40 리처드 반 아타Richard Van Atta와의 인터뷰, 2021.

41 Defense Science Board, *Report on Defense Semiconductor Dependency— February 1987*, pp. 1-2.

42 Oral History of Charlie Sporck, Computer History Museum.

Chapter 19 죽음의 나선

43 Berlin, *The Man Behind the Microchip*, p. 264.

44 Richard Langlois and Edward Steinmueller, "Strategy and Circumstance," working paper, University of Connecticut, 1999, p. 1166.

45 Clyde V. Prestowitz, Jr., "Beyond Laissez Faire," *Foreign Policy*, No. 87 (Summer 1992): 71; email exchange with Michael Boskin, 2021; 이 문구는 여러 차례 많은 문헌에서 인용되었으나, 그가 실제로 이 말을 했다는 확실한 증거를 찾지는 못했다.

46 Berlin, *The Man Behind the Microchip*, p. 262; John G. Rauch, "The Realities of Our Times," *Fordham Intellectual Property, Media and Entertainment Law Journal* 3, No. 2 (1993): 412.

47 Wolf, *The Japanese Conspiracy*, pp. 5, 91; 앨런 울프Alan Wolff와의 인터뷰, 2021; Berlin, *The Man Behind the Microchip*, pp. 270.

48 Doug Irwin, "Trade Politics and the Semiconductor Industry," NBER working paper W4745, May 1994.

49 Young, *Silicon Sumo*, pp. 262-263.

50 Ibid., pp. 268-269; 세마테크에 파견 간 인텔 직원과의 인터뷰, 2021; Larry D. Browning and Judy C. Shetler, *Sematech: Saving the U.S. Semiconductor Industry* (Texas A&M, 2000).

51 세마테크에 파견 간 인텔 직원과의 인터뷰, 2021.

52 Robert Noyce, 의회 증언, November 8, 1989; Peter N. Dunn, "GCA: A Lesson in Industrial Policy," *Solid State Technology* 36, No. 2 (December 1993); Young, *Silicon Sumo*, pp. 270-276.

53 피터 사이먼Peter Simone과의 인터뷰, 2021.

54 피터 사이먼과의 인터뷰, 2021.

55 토니 옌Tony Yen과의 인터뷰, 2021; 피터 사이먼과의 인터뷰, 2021; Young, *Silicon Sumo*, pp. 262, 285.

56 Young, *Silicon Sumo*, p. 286.

57 Berlin, *The Man Behind the Microchip*, p. 304; Young, *Silicon Sumo*, pp. 294-295; Jonathan Weber, "Chip Making Pioneer GCA Corp. Closes Factory: Technology: $60 Million in Government Funds Has Failed to Restore Massachusetts Firm to Financial Health," *Los Angeles Times*, May 22, 1993.

Chapter 20 '노'라고 말할 수 있는 일본

58 Morita, *Made in Japan*, pp. 73, 110-120, 134.

59 Nathan, *Sony*, p. 73.

60 Morita, *Made in Japan*, pp. 193, 199, 205.

61 Ann Sherif, "The Aesthetics of Speed and the Illogicality of Politics: Ishihara Shintaro's Literary Debut," *Japan Forum* 17, No. 2 (2005): 185-211.

62 Wolf, *The Japanese Conspiracy*, p. 16.

63 Akio Morita and Shintaro Ishihara, *The Japan That Can Say No* (Konbusha Publishing Ltd., 1996).

64 Samuel Huntington, "Why International Primacy Matters," *International Security* (January 2009): 75-76.

65 Steven L. Herman, "Bootleg Translation of Japanese Book Hot Item in Congress," Associated Press, November 11, 1989.

66 James Flanigan, "U.S. Bashing Book by Sony's Chief Costs Him Credibility," *Los Angeles Times*, October 11, 1989.

67 Harold Brown, "The United States and Japan: High Tech Is Foreign Policy," *SAIS Review* 9, No. 2 (Fall 1989).

68 Central Intelligence Agency, "East Asia's Economic Potential for the 1990s: A Speculative Essay," CREST Database, 1987.

PART IV Chapter 21 감자 칩의 왕

1 마이크론 직원과의 인터뷰, 2021; George Anders, "At Potato Empire, an Heir Peels Away Years of Tradition," *Wall Street Journal*, October 7, 2004; Laurence Zuckerman, "From Mr. Spud to Mr. Chips; The Potato Tycoon Who Is the Force Behind Micron," *New York Times*, February 8, 1996; Andrew E. Serwer, "The Simplot Saga: How America's French Fry King Made Billions More in Semiconductors," *Fortune*, February 12, 2012.

2 워드 파킨슨Ward Parkinson과의 인터뷰, 2021; Luc Olivier Bauer and E. Marshall Wilder, *Microchip Revolution* (Independently published, 2020), pp. 279-280.

3 엘머스 직원과의 인터뷰, 2021; 워드 파킨슨과의 인터뷰, 2021.

4 Donald Woutat, "Maverick Chip Maker Shifts Stance: Micron Backs Protectionism After Launching Price War," *Los Angeles Times*, December 16, 1985; Peter Burrows, "Micron's Comeback Kid," *Business Week*, June 14, 1997.

5 David E. Sanger, "Prospects Appear Grim for U.S. Chip Makers," *New York Times*, October 29, 1985.

6 David Staats, "How an Executive's Hair Dryer Saved the Memory Chips—Tales of Micron's 40 Years," *Idaho Statesman*, July 21, 2021.

7 Woutat, "Maverick Chip Maker Shifts Stance."

8 David E. Sanger, "Japan Chip 'Dumping' Is Found," *New York Times*, August 3, 1985.

9 Ward Parkinson, Brian Shirley, 마크 더컨Mark Durcan과의 인터뷰, 2021; Woutat, "Maverick Chip Maker Shifts Stance."

10 Brian Shirley, 마크 더컨과의 인터뷰; Yoshitaka Okada, "Decline of the Japanese Semiconductor Industry," *Development of Japanese Semiconductor Industry*

(January 2006): 41; Bauer and Wilder, *The Microchip Revolution*, pp. 301-302.

11 Bauer and Wilder, *The Microchip Revolution*, pp. 286, 302.

12 마크 더컨, 워드 파킨슨, 브라이언 셜리Brian Shirley와의 인터뷰.

Chapter 22 혼란에 빠진 인텔

13 James Allworth, "Intel's Disruption Is Now Complete," *Medium*, November 11, 2020, https://jamesallworth.medium.com/intels-disruption-is-now-complete-d4fa771f0f2c.

14 Craig R. Barrett, interviews by Arnold Thackray and David C. Brock at Santa Clara, California, December 14, 2005 and March 23, 2006 (Philadelphia: Chemical Heritage Foundation, Oral History Transcript 0324).

15 Andrew S. Grove, *Only the Paranoid Survive: How to Exploit the Crisis Points That Challenge Every Company* (Currency Press, 1999), pp. 117-118.

16 Grove, *Only the Paranoid Survive*, pp. 88-90; Robert A. Burgelman, "Fading Memories: A Process Theory of Strategic Business Exist in Dynamic Environments," *Administrative Science Quarterly* 39, No. 1 (March 1994): 41.

17 Gerry Parker, "Intel's IBM PC Design Win," *Gerry Parker's Word Press Blog*, July 20, 2014, https://gerrythetravelhund.wordpress.com/tag/ibm-pc/; Jimmy Maher, "The Complete History of the IBM PC, Part One: The Deal of the Century," *ars TECHNICA*, Jun 30, 2017, https://arstechnica.com/gadgets/2017/06/ibm-pc-history-part-1/.

18 "The Birth of the IBM PC," IBM Debut Reference Room, https://www.ibm.com/ibm/history/exhibits/pc25/pc25_birth.html; "IBM Personal Computer Launch," Waldorf Astoria, January 23, 2019.

19 Craig R. Barrett, interviews by Arnold Thackray and David C. Brock at Santa Clara, California, December 14, 2005 and March 23, 2006.

20 Grove, *Only the Paranoid Survive*, pp. 88-92.

21 Elizabeth Corcoran, "Intel CEO Andy Grove Steps Aside," *Washington Post*, March 27, 1998; 전 인텔 직원과의 인터뷰, 2021.

22 Christophe Lecuyer, "Confronting the Japanese Challenge: The Revival of Manufacturing at Intel," *Business History Review* (July 2019); Berlin, *The Man Behind the Microchip*, p. 180.

23 Lecuyer, "Confronting the Japanese Challenge," pp. 363-364; Craig R. Barrett, interviews by Arnold Thackray and David C. Brock at Santa Clara, California, December 14, 2005 and March 23, 2006. Richard S. Tedlow, *Andy Grove: The Life and Times of an American Business Icon* (Penguin, 2007), p. 203.

24 Lecuyer, "Confronting the Japanese Challenge," pp. 363, 364, 369, 370; Craig R. Barrett, interviews by Arnold Thackray and David C. Brock at Santa Clara,

California, December 14, 2005 and March 23, 2006. pp. 65, 79.

25 Therese Poletti, "Crucial Mistakes IBM's Stumbles Opened Door for Microsoft, Intel," *Chicago Tribune*, August 13, 2001.

Chapter 23 "적의 적은 친구다": 떠오르는 한국

26 Geoffrey Cain, *Samsung Rising* (Currency Press, 2020), p. 33.

27 Cain, *Samsung Rising*, pp. 33-41.

28 Dong-Sung Cho and John A. Mathews, *Tiger Technology* (Cambridge University Press, 2007), pp. 105-106; Cain, *Samsung Rising*, pp. 40, 41, 46; on Lee's wealth, "Half a Century of Rise and Fall of the Korean Chaebol in Terms of Income and Stock Price," Yohap News Agency, November 7, 2006, https://www.yna.co.kr/view/AKR20110708154800008.

29 Si-on Park, *Like Lee Byung-chul*, p. 71; Cho and Mathews, *Tiger Technology*, p. 112; Daniel Nenni and Don Dingee, *Mobile Unleashed* (Semi Wiki, 2015); Kim Dong-Won and Stuart W. Leslie, "Winning Markets or Winning Nobel Prizes? KAIST and the Challenges of Late Industrialization," *Osiris* 13 (1998): 167-170; Donald L. Benedict, KunMo Chung, Franklin A. Long, Thomas L. Martin, and Frederick E. Terman, "Survey Report on the Establishment of the Korea Advanced Institute of Science," prepared for US Agency for International Development, December 1970, http://large.stanford.edu/history/kaist/docs/terman/summary/; 삼성의 초창기 어려움에 대해서는 한국반도체를 참조; Samsung Newsroom, "Semiconductor Will Be My Last Business," *Samsung*, Mar 30, 2010, https://news.samsung.com/kr/91을 참조.

30 Park Si-on, *Like Lee Byung-chul*, pp. 399, 436.

31 Myung Oh and James F. Larson, *Digital Development in Korea: Building an Information Society* (Routledge, 2011), p. 54; Park Si-on, *Like Lee Byung-chul*, p. 386; Cho and Mathews, *Tiger Technology*, pp. 105, 119, 125; Lee Jae-goo, "Why Should We Do the Semiconductor Industry," tr. Soyoung Oh, *ZDNET Korea*, Mar 15, 1983, https://zdnet.co.kr/view/?no=20110328005714.

32 Tedlow, *Andy Grove*, p. 218; Robert W. Crandall and Kenneth Flamm, *Changing the Rules* (Brookings Institution Press, 1989), p. 315; Susan Chira, "Korea's Chip Makers Race to Catch Up," *New York Times*, July 15, 1985; "Company News: Intel Chip Pact," *New York Times*, June 26, 1987.

33 Richard E. Baldwin, "The Impact of the 1986 US-Japan Semiconductor Agreement," *Japan and the World Economy* 6, Issue 2 (June 1994): 136-137; Douglas A. Irwin, "Trade Policies and the Semiconductor Industry," in Anne O. Krueger, ed., *The Political Economy of American Trade Policy* (University of Chicago Press, 1994), pp. 46-47.

34 Linsu Kim, "Imitation to Innovation: The Dynamics of Korea's Technological Learning," Columbia University East Asian Center, 1997, p. 89, Zyrtek이 210만 달러의 비용을 받고 고급 생산 지식을 이전한 사례에서 인용; 워드 파킨슨과의 인터뷰, 2021; Andrew Pollack, "U.S.-Korea Chip Ties Grow," *New York Times*, July 15, 1985.

Chapter 24 "이것이 미래입니다"

35 Federico Faggin, "The Making of the First Microprocessor," IEEE, 2009; Federico Faggin, *Silicon* (Waterline, 2021), esp. ch. 3.

36 B. Hoeneisen and C. A. Mead, "Fundamental Limitations in Microelectronics—I. MOS Technology," *Solid State Electronics* 15, No. 7 (July 1972), https://authors. library.caltech.edu/54798/.

37 린 콘웨이Lynn Conway와의 인터뷰, 2021. 나는 콘웨이가 John Gaddis, *The Landscape of History* (Oxford University Press, 2004)의 미묘한 맥락에 대해 토론하고자 할 때 신선한 인상을 받았다.

38 Dianne Lynch, "Wired Women: Engineer Lynn Conway's Secret," ABC News, January 7, 2006.

39 린 콘웨이와의 인터뷰, 2021.

40 "Lambda Magazine Lights the Way for VLSI Design," IEEE Silicon Valley History Videos, YouTube Video, July 27, 2015, 00:01:40, https://www.youtube.com/ watch?v=DEYbQiXvbnc; "History of VLSI - C. Mead - 2/1/2011," California Institute of Technology, YouTube Video, May 29, 2018, https://www.youtube.com/ watch?v=okZBhJ-KvaY.

41 "1981 *Electronics* AWARD FOR ACHIEVEMENT," University of Michigan, https:// ai.eecs.umich.edu/people/conway/Awards/Electronics/ElectAchiev.html; 린 콘웨이, 카버 미드와의 인터뷰.

42 Van Atta et al., DARPA *Technical Accomplishments: An Historical Review of Selected DARPA Projects II*, February 1990, AD-A239 925, p. 17-5.

43 폴 로슬레벤Paul Losleben과의 인터뷰, 2021; Van Atta, et al., DARPA *Technical Accomplishments*, pp. 17-1.

44 데이비드 호지스David Hodges, 스티브 디렉터Steve Director, 아트 드 제우스Aart de Geus, 알베르토 산조반니 빈센텔리Alberto Sangiovanni-Vincentelli, 롭 루텐바Rob Rutenbar와의 인터뷰; "1984 Annual Report," Semiconductor Research Corporation, 1984, https://www.src. org/src/story/timeline.

45 Irwin Jacobs interview by David Morton, IEEE History Center, October 29, 1999.

46 Daniel J. Costello, Jr., and David Forney, Jr., "Channel Coding: The Road to Channel Capacity," Proceedings of the IEEE 95, No. 6 (June 2007); O. Aftab, P. Cheung, A. Kim, S. Thakkar, and N. Yeddanapudi, "Information Theory and the Digital Age," 6.933 Project History, MIT, https://web.mit .edu/6.933/www/Fall2001/Shannon2.pdf; David Forney Jr. interview by Andrew Goldstein, Center for the History of Electrical Engineering, May 10, 1995; Daniel Nenni, "A Detailed History of Qualcomm," *SemiWiki*, March 19, 2018, https://semiwiki.com/general/7353-a-detailed-history-of-qualcomm/.

Chapter 25 KGB의 T 국장

47 베트로프의 삶에 대한 세부 사항은 다음 책을 참조하였다. Sergei Kostin and Eric Raynaud, *Farewell: The Greatest Spy Story of the Twentieth Century* (Amazon Crossing, 2011).

48 CIA, "The Technology Acquisition Efforts of the Soviet Intelligence Services," June 18, 1982, P.15, https://www.cia.gov/readingroom/docs/DOC_0000261337.pdf; Philip Hanson, *Soviet Industrial Espionage* (Royal Institute of International Affairs, 1987).

49 Sergey Chertoprud, *Naucho-Tekhnicheskaia Razvedka* (Olma Press, 2002), p. 283; Daniela Iacono, "A British Banker Who Plunged to His Death," United Press International, May 15, 1984; Michael S. Malone, "Going Underground in Silicon Valley," *New York Times*, May 30, 1982.

50 Jay Tuck, *High-Tech Espionage* (St. Martin's Press, 1986), p. 107; Simonov, *Nesostoyavshayasya Informatsionnaya Revolyutsiya*, p. 34.

51 Edgar Ulsamer, "Moscow's Technology Parasites," *Air Force Magazine*, December 1, 1984.

52 Central Intelligence Agency, "Soviet Acquisition of Militarily Significant Western Technology: An Update," September 1985, p. 25, http://insidethecoldwar.org/sites/default/files/documents/CIA%20Report%20on%20Soviet%20Acquisition%20of%20Militarily%20Significant%20Western%20Technology%20September%201985.pdf.

53 Kostin and Raynaud, *Farewell*.

54 Hanson, *Soviet Industrial Espionage*; Central Intelligence Agency, "Soviet Acquisition of Militarily Significant Western Technology: An Update"; Kostin and Raynaud, *Farewell*; Thierry Wolton, *Le KGB en France* (Club Express, 1986).

55 Central Intelligence Agency, "Soviet Computer Technology Little Prospect of Catching Up," National Security Archive, March 1985, p. 4, https://nsarchive.gwu.edu/document/22579-document-02-central-intelligence-agency-soviet; Bruce B. Weyrauch, "Operation Exodus," *Computer/Law Journal* 7, No. 2 (Fall 1986); Hanson, *Soviet Industrial Espionage*; Jon Zonderman, "Policing High-Tech Exports," *New York Times*, November 27, 1983.

56 Dale Roy Herspring, *The Soviet High Command, 1967-1989* (Princeton University Press, 2016), p. 175.

57 Christopher Andrew and Oleg Gordievsky, "1983 Downing of KAL Flight Showed Soviets Lacked Skill of the Fictional 007," *Los Angeles Times*, November 11, 1990.

58 Brian A Davenport, "The Ogarkov Ouster," *Journal of Strategic Studies* 14, No. 2 (1991): 133; CIA and Defense Department, "US and Soviet Strategic Forces: Joint Net Assessment," Secretary of Defense, November 14, 1983, https://nsarchive2. gwu.edu/NSAEBB/NSAEBB428/docs/1.US%20and%20Soviet%20Strategic%20 Forces%20Joint%20Net%20Assessment.pdf.

59 Center for Naval Analyses, *Marshal Ogarkov on Modern War: 1977-1985*, AD-A176 138, p. 27; Dima P. Adamsky, "Through the Looking Glass: The Soviet Military-Technical Revolution and the American Revolution in Military Affairs," *Journal of Strategic Studies* 31, No. 2 (2008).

60 상쇄 전략의 기술적 측면에 대해 탁월한 개괄, 특히 그 전략이 근본적으로 반도체에 의존하고 있다는 점을 잘 서술한 참고문헌은 다음과 같다. David Burbach, Brendan Rittenhouse Green, and Benjamin Friedman, "The Technology of the Revolution in Military Affairs," in Harvey Sapolsky, Benjamin Friedman, and Brendan Green, eds., *U.S. Military Innovation Since the Cold War: Creation Without Destruction* (Routledge, 2012), pp. 14-42; CIA, "Soviet Defense Industry: Coping with the Military-Technological Challenge," CIA Historical Review Program, July 1987, p. 17, https://www.cia.gov/readingroom/docs/DOC_0000499526.pdf; Adamsky, "Through the Looking Glass," p. 260.

61 Anatoly Krivonosov, "Khartron: Computers for Rocket Guidance Systems," in Boris Malinovsky, "History of Computer Science and Technology in Ukraine," tr. Slava Gerovitch, *Computing in the Soviet Space Program*, December 16, 2002, https://web.mit.edu/slava/space/essays/essay-krivonosov.htm; Donald MacKenzie, "The Soviet Union and Strategic Missile Guidance," *International Security* 13, No. 2 (Fall 1988); Georgii Priss interview by Slava Gerovitch, *Computing in the Soviet Space Program*, May 23, 2002, https://web.mit.edu/ slava/space/interview/interview-priss.htm#q3.

62 MacKenzie, "The Soviet Union and Strategic Missile Guidance," pp. 30-32, 35.

63 MacKenzie, "The Soviet Union and Strategic Missile Guidance," p. 52, 원형 공산 오차Circular Error Probability를 0.06해리(11.112킬로미터)로 간주; Pavel Podvig, "The Window of Opportunity That Wasn't: Soviet Military Buildup in the 1970s," *International Security* (Summer 2008): 129, 원형 공산 오차를 0.35-0.43킬로미터로 간주. 미사일에 탑재하는 탄두의 수나 무게, 속도, 발사 후 목표 재설정 가능 여부 등, 미

사일을 비교하기 위한 방법은 다양하다. 하지만 미국이 정확도에서 우위를 보였다는 기본적 사실은 동일하다. 본문의 98퍼센트라는 숫자는 다음 문헌에서 인용되었다. John G. Hines, Ellis M. Mishulovich, and John F. Shull, *Soviet Intentions, 1965-1985*, Vol. 2 (BDM Federal, Inc., 1995), pp. 46, 90. 98퍼센트라는 숫자가 미국의 능력을 과대평가했다는 비판이 가능하나, 소련이 느꼈던 공포의 표현이라는 점에서는 이론의 여지가 없다. 다음 문헌도 비교 참조할 것. Brendan R. Green and Austin Long, "The MAD Who Wasn't There: Soviet Reactions to Late Cold War Nuclear Balance," *Security Studies* 26, No. 4 (July 7, 2017).

64 Owen R. Cote, Jr., "The Third Battle: Innovation in the U.S. Navy's Silent Cold War Struggle with Soviet Submarines," Newport Papers, Naval War College, 2003; Joel S. Wit, "Advances in Antisubmarine Warfare," *Scientific American* 244, No. 2 (February 1981): 31-41; D. L. Slotnick, "The Conception and Development of Parallel Processors: A Personal Memoir," *Annals of the History of Computing* 4, No. 1 (January-March 1982); Van Atta et al., DARPA *Technical Accomplishments II*; Christopher A. Ford and David A. Rosenberg, "The Naval Intelligence Underpinnings of Reagan's Maritime Strategy," *Journal of Strategic Studies* 28, No. 2 (April 2005): 398; John G. Hines, Ellis M. Mishulovich, and John F. Shull, *Soviet Intentions 1965-1985*, Vol. 1 (BDM Federal, Inc., 1995), p. 75; Green and Long, "The MAD Who Wasn't There," pp. 607, 639. 1980년대 소련 SSBN 미사일의 신뢰도는 상당한 문제를 안고 있었다. 다음을 참조. Steven J. Zaloga, *The Kremlin's Nuclear Sword: The Rise and Fall of Russia's Strategic Nuclear Forces 1945-2000* (Smithsonian Books, 2014), p. 188.

65 Green and Long, "The MAD Who Wasn't There," p. 617.

66 Danilevich quoting Hines, Mishulovich, and Shull, *Soviet Intentions 1965-1985*, Vol. 1, p. 57; Dale R. Herspring, "Nikolay Ogarkov and the Scientific-Technical Revolution in Soviet Military Affairs," *Comparative Strategy* 6, Issue 1 (1987); Mary C. Fitzgerald, "Soviet Views on Future War: The Impact of New Technologies," *Defense Analysis* 7, Issue 2-3 (1991). 소련 장교들은 명령 지휘 통신 체계가 유사시 지속될 수 있는지 깊은 우려를 품고 있었다. 다음을 참조. Hines, Mishulovich, and Shull, *Soviet Intentions 1965-1985*, Vol. 1, p. 90; 1983년 인용된 발언에 따르면 바실리 페트로프 원수는 나토가 "[재래식] 선제공격으로 소련을 '무장 해제'할 힘을 갖추고 사용하는" 계획을 가지고 있다고 생각하며 우려하였다. 다음을 참조. Thomas M. Nichols, *The Sacred Cause: Civil-Military Conflict over Soviet National Security, 1917-1992* (NCROL, 1993), p. 117; Mary C. Fitzgerald, "Marshal Ogarkov on the Modern Theater Operation," *Naval War College Review* 39, No. 4 (1986); Mary C. Fitzgerald, "Marshal Ogarkov and the New Revolution in Soviet Military Affairs," *Defense Analysis* 3, Issue 1 (1987).

67 Mikhail Gorbachev, "Zasedanie Politbyuro Tsk Kpss 30 Iyulya Goda," in *Sobranie*

Sochinenii, Book 9, (Moscow: Ves' Mir, 2008), pp. 339-343. 저자는 인용문을 자유롭게 의역하였다.

68 세르게이 오소킨과의 인터뷰, 2021.

69 Simonov, *Nesostoyavshayasya Informatsionnaya Revolutsiya*, p. 70; Seymour Goodman and William K. McHenry, "The Soviet Computer Industry: A Tale of Two Sectors," *Communications of the ACM* (January 1991): 32.

70 V. V. Zhurkin, "*Izpolzovanie Ssha Noveishhikh Dostizhenii Nauki I Tekhniki v Sfere Vneshnei Politiki,*" Academy of Sciences Archive, August 7, 1987.

71 Charles S. Maier, *Dissolution* (Princeton University Press, 1999), pp. 74-75.

Chapter 27 전쟁 영웅

72 Robert D. McFadden, "Gen. H. Norman Schwarzkopf, U.S. Commander in Gulf War, Dies at 78," *New York Times*, December 27, 2012.

73 Rick Aktinson, *Crusade: The Untold Story of the Persian Gulf War* (Mariner Books, 1994), pp. 35-37.

74 "The Theater's Opening Act," *Washington Post*, 1998; Aktinson, *Crusade*, p. 37.

75 페이브웨이의 전자 체계에 대한 세부 사항은 스티브 로머먼과의 2021년 인터뷰를 참조하였다.

76 Stephen P. Rosen, "The Impact of the Office of Net Assessment on the American Military in the Matter of the Revolution of Military Affairs," *Journal of Strategic Studies* 33, No. 4 (2010): 480.

77 스티브 로머먼과의 인터뷰, 2021.

78 Bobby R. Inman, Joseph S. Nye Jr., William J. Perry, and Roger K. Smith, "Lessons from the Gulf War," *Washington Quarterly* 15, Issue 1 (1992): 68; Benjamin S. Lambeth, *Desert Storm and Its Meaning* (RAND Corporation, 1992).

79 William J. Broad, "War in the Gulf: High Tech; War Hero Status Possible for the Computer Chip," *New York Times*, January 21, 1991; Barry D. Watts, *Six Decades of Guided Munitions and Battle Networks: Progress and Prospects* (Center for Strategic and Budgetary Assessments, 2007), p. 146; 스티브 로머먼과의 인터뷰.

80 Mary C. Fitzgerald, "The Soviet Military and the New 'Technological Operation' in the Gulf," *Naval War College Review* 44, No. 4 (Fall 1991): 16-43, https://www.jstor.org/stable/44638558; Stuart Kaufman, "Lessons from the 1991 Gulf War and Military Doctrine," *Journal of Slavic Military Studies* 6, No. 3 (1993); Graham E. Fuller, "Moscow and the Gulf War," *Foreign Affairs* (Summer 1991); Gilberto Villahermosa, "Desert Storm: The Soviet View," Foreign Military Studies Office, May 25, 2005, p. 4.

Chapter 28 "냉전은 끝났고 당신들이 이겼소"

81 Michael Pettis, *The Great Rebalancing* (Princeton University Press, 2013).

82 Yoshitaka Okada, "Decline of the Japanese Semiconductor Industry," in Yoshitaka Okada, ed., *Struggles for Survival* (Springer, 2006), p. 72.

83 Marie Anchordoguy, *Reprogramming Japan* (Cornell University Press, 2005), p. 192.

84 Sumio Saruyama and Peng Xu, *Excess Capacity and the Difficult of Exit: Evidence from Japan's Electronics Industry* (Springer Singapore, 2021); "Determination Drove the Development of the CCD 'Electric Eye,'" *Sony*, https://www.sony.com/en/SonyInfo/CorporateInfo/History/SonyHistory/2-11.html.

85 Kenji Hall, "Fujio Masuoka: Thanks for the Memory," *Bloomberg*, April 3, 2006; Falan Yinung, "The Rise of the Flash Memory Market: Its Impact on Firm Behavior and Global Semiconductor Trade Patterns," *Journal of International Commerce and Economics* (July 2007).

86 Andrew Pollack, "U.S. Chips' Gain Is Japan's Loss," *New York Times*, January 3, 1991; Okada, "Decline of the Japanese Semiconductor Industry," p. 41; "Trends in the Semiconductor Industry," Semiconductor History Museum of Japan, https://www.shmj.or.jp/english/trends/trd90s.html.

87 Japan Ministry of Foreign Affairs, "How the Gulf Crisis Began and Ended," in *Diplomatic Bluebook 1991*, https://www.mofa.go.jp/policy/other/bluebook/1991/1991-2-1.htm; Japan Ministry of Foreign Affairs, "Japan's Response to the Gulf Crisis," in Diplomatic Bluebook 1991, https://www.mofa.go.jp/policy/other/bluebook/1991/1991-2-2.htm; Kent E. Calder, "The United States, Japan, and the Gulf Region," The Sasakawa Peace Foundation, August 2015, p. 31; T. R. Reid, "Japan's New Frustration," *Washington Post*, March 17, 1991.

88 "G-Day: Soviet President Gorbachev Visits Stanford Business School," Stanford Graduate School of Business, September 1990, https://www.gsb.stanford.edu/experience/news-history/history/g-day-soviet-president-gorbachev-visits-stanford-business-school; David Remnick, "In U.S., Gorbachev Tried to Sell a Dream," *Washington Post*, June 6, 1990.

89 겔브가 이 이야기를 처음 꺼낸 것은 1992년의 일이며, 나는 2011년에 그가 쓴 글에서 인용하였다. Leslie H. Gelb, "Foreign Affairs; Who Won the Cold War?" *New York Times*, August 20, 1992; Leslie H. Gelb, "The Forgotten Cold War: 20 Years Later, Myths About U.S. Victory Persist," *Daily Beast*, July 14, 2017.

90 피터 고든Peter Gordon과의 인터뷰, 2021.

PART V Chapter 29 "우리는 대만 반도체 산업을 원합니다"

1 Wang, *K.T. Li and the Taiwan Experience*, p. 217; Oral History of Morris Chang, taken by Alan Patterson, Aug 24, 2007, Computer History Museum.

2 Tekla S. Perry, "Morris Chang: Foundry Father," *IEEE Spectrum*, April 19, 2011; "Stanford Engineering Hero Lecture: Morris Chang in conversation with President John L. Hennessy," Stanford Online, YouTube Video, April 25, 2004, 36:00, https://www.youtube.com/watch?v=wEh3ZgbvBrE.

3 "TI Board Visit to Taiwan 1978," Texas Instruments Special Collection, 90-69 TI Board Visit to Taiwan, DeGolyer Library, Southern Methodist University.

4 Oral History of Morris Chang, Computer History Museum.

5 "Morris Chang's Last Speech," tr. Kevin Xu, *Interconnected Newsletter*, September 12, 2021, https://interconnected.blog/morris-changs-last-speech; on turning down a job offer, L. Sophia Wang, ed., *K. T. Li Oral History* (2nd edition, 2001), pp. 239-40을 참조. 번역을 도와준 민디 두에게 감사드린다.; "Stanford Engineering Hero Lecture: Morris Chang in conversation with President John L. Hennessy," 34:00, https://www.youtube.com/watch?v=wEh&ZgbvBrE. 텍사스 사람으로서 창의 정체성에 대해: 모리스 창과의 인터뷰, 2022.

6 Oral History of Morris Chang, Computer History Museum.

7 "1976 Morris Chang Planning Doc," Texas Instruments Special Collection, Fred Bucy Papers, DeGolyer Library, Southern Methodist University.

8 Chintay Shih interview by Ling-Fei Lin, Computer History Museum, February 21, 2011; National Research Council, "Appendix A3: Taiwan's Industrial Technology Research Institute," in *21st Century Manufacturing* (The National Academies Press, 2013); Oral History of Morris Chang, Computer History Museum.

9 Douglas B. Fuller, "Globalization for Nation Building: Industrial Policy for High-Technology Products in Taiwan," working paper, Massachusetts Institute of Technology, 2002.

10 Rene Raaijmakers, *ASML's Architects* (Techwatch Books, 2018), ch. 57. 필립스의 지식재산권에 대해서는 다음을 참조. John A. Mathews, "A Silicon Valley of the East," *California Management Review* (1997): 36; Daniel Nenni, "A Brief History of TSMC," *SemiWiki*, August 2, 2012.

11 "Stanford Engineering Hero Lecture: Morris Chang in conversation with President John L. Hennessy"; Donald Brooks interview by Rob Walker, Stanford University Libraries, February 8, 2000, 1:45, https://exhibits.stanford.edu/silicongenesis/catalog/cj789gh7170.

12 "TSMC Announces Resignation of Don Brooks," *EE Times*, March 7, 1997; Donald Brooks interview by Rob Walker, 1:44; "1995 Annual Report," Taiwan Semiconductor Manufacturing, Ltd, 1995; 교육과 관련해서는 다음을 참조. Douglas B. Fuller, "The Increasing Irrelevance of Industrial Policy in Taiwan, 2016-2020," in Gunter Schubert and Chun-Yi Lee, eds., *Taiwan During the First Administration of Tsai Ing-wen: Navigating Stormy Waters* (Routledge, 2020) p. 15.

13 실리콘밸리와 대만의 관계에 대해서는 다음을 참조. AnnaLee Saxenian, *Regional Advantage: Culture and Competition in Silicon Valley and Route 128* (Harvard University Press, 1994); AnnaLee Saxenian, *The New Argonauts: Regional Advantage in a Global Economy* (Harvard University Press, 2006).

Chapter 30 "모든 인민은 반도체를 만들어야 한다"

14 Jonathan Pollack, "The Chinese Electronics Industry in Transition," Rand Corporation, N-2306, May 1985; David Dorman, "The Military Imperative in Chinese Economic Reform: The Politics of Electronics, 1949-1999," PhD dissertation, University of Maryland, College Park, 2002; 1KB D램에 대해서는 다음을 참조. Richard Baum, "DOS ex Machina," in Denis Fred Simon and Merle Goldman, eds., *Science and Technology in Post-Mao China* (Harvard University Asia Center, 1989), p. 357.

15 Yiwei Zhu, *Essays on China's IC Industry Development*, tr. Zoe Huang (2006), pp. 140-144.

16 National Research Council, "Solid State Physics in the People's Republic of China: A Trip Report of the American Solid State Physics Delegation," 1976, p. 89.

17 "Shanghai Workers Vigorously Develop Electronics Industry," October 9, 1969, 《인민일보》 기사의 번역본, in *Survey of the Chinese Mainland Press*, No. 4520, October 21, 1969, pp. 11-13.

18 Denis Fred Simon and Detlef Rehn, *Technological Innovation in China: The Case of Shanghai Semiconductor Industry* (Ballinger Publishing Company, 1988), pp. 47, 50; Lowell Dittmer, "Death and Transfiguration," *Journal of Asian Studies* 40, No. 3 (May 1981): 463.

19 Lan You Hang, "The Construction of Commercial Electron Microscopes in China," *Advances in Imaging and Electron Physics* 96 (1996): 821; Sungho Rho, Keun Lee, and Seong Hee Kim, "Limited Catch Up in China's Semiconductor Industry: A Sectoral Innovation System Perspective," *Millennial Asia* (August 19, 2015): 159.

20 Hua Guafeng, September 26, 1975, Roderick MacFarquhar and Michael Schoenhals, *Mao's Last Revolution* (Belknap Press, 2008), pp. 400-401에 인용됨.

21 National Research Council, "Solid State Physics in the People's Republic of China," p. 151.

22 Hoddeson and Daitch, *True Genius*, p. 277.

23 Baum, "DOS ex Machina," pp. 347-348; National Research Council, "Solid State Physics in the People's Republic of China," pp. 52-53.

24 Simon and Rehn, *Technological Innovation in China*, pp. 15, 59, 66; Baum, "DOS ex Machina," pp. 347-348.

25 Simon and Rehn, *Technological Innovation in China*, pp. 17, 27, 48.

Chapter 31 "주님의 사랑을 중국인과 함께 나누며"

26 Evelyn Iritani, "China's Next Challenge: Mastering the Microchip," *Los Angeles Times*, October 22, 2002.

27 Andrew Ross, *Fast Boat to China* (Vintage Books, 2007), p. 250.

28 Antonio Varas, Raj Varadarajan, Jimmy Goodrich, and Falan Yinug, "Government Incentives and US Competitiveness in Semiconductor Manufacturing," Boston Consulting Group and Semiconductor Industry Association (September 2020), p. 7.

29 John A. Matthews, "A Silicon Valley of the East," *California Management Review* (1997).

30 삼성 경영진과의 인터뷰, 2021.

31 신용 보조에 대해서는 다음을 참조. S. Ran Kim, "The Korean System of Innovation and the Semiconductor Industry," *Industrial and Corporate Change* 7, No. 2 (June 1, 1998): 297-298.

32 중국 기술 분석가와의 인터뷰, 2021.

33 Peter Clarke, "ST Process Technology Is Base for Chang's Next Chinese Foundry," tr. Claus Soong, *EE News Analog*, February 24, 2020; "Business Figures Weekly: the Father of Chinese Semiconductors—Richard Chang," CCTV, YouTube Video, April 29, 2010, https://www.youtube.com/watch?v=NVHAyrGRM2E; http://magazine.sina.com/bg/southernpeopleweekly/2009045/2009-12-09/ba80442.html; https://www.coolloud.org.tw/node/6695.

34 Douglas B. Fuller, *Paper Tigers, Hidden Dragons* (Oxford University Press, 2016), pp. 122-126; John VerWey, "Chinese Semiconductor Industrial Policy: Past and Present," *United States International Trade Commission Journal of International Commerce and Economics* (July 2019): 11.

35 중국 정부가 제시한 금융 조건에 대한 평가는 대표적인 중국 반도체 산업 전문가인 Doug Fuller를 참조하였다. *Paper Tigers, Hidden Dragons*, p. 122.

36 Fuller, *Paper Tigers, Hidden Dragons*, p. 125; Yin Li, "From Classic Failures to Global Competitors: Business Organization and Economic Development in the Chinese Semiconductor Industry," Master's thesis, University of Massachusetts, Lowell, pp. 32-33.

37 Lee Chyen Yee and David Lin, "Hua Hong NEC, Grace Close to Merger," Reuters, December 1, 2011.

38 "China's Shanghai Grace Semiconductor Breaks Ground on New Fab, Report Says," *EE Times*, November 20, 2000; Warren Vieth and Lianne Hart, "Bush's Brother Has Contract to Help Chinese Chip Maker," *Los Angeles Times*,

November 27, 2003.

39 Ming-chin Monique Chu, *The East Asian Computer Chip War* (Routledge, 2013), pp. 212-213; "Fast-Track Success of Jiang Zemin's Eldest Son, Jiang Mianheng, Questioned by Chinese Academics for Years," *South China Morning Post*, January 9, 2015. 그레이스반도체의 악전고투에 대해서는 다음을 참조. Fuller, *Paper Tigers, Hidden Dragons*, ch. 5; Michael S. Chase, Kevin L. Pollpeter, and James C. Mulvenon, "Shanghaied: The Economic and Political Implications for the Flow of Information Technology and Investment Across the Taiwan Strait (Technical Report)," RAND Corporation, July 26, 2004, pp. 127-135.

40 "Richard Chang: Taiwan's Silicon Invasion," *Bloomberg Businessweek*, December 9, 2002; Ross, *Fast Boat to China*, p. 250.

41 Chase, et al, "Shanghaied," p. 149.

42 "Richard Chang and His SMIC Team," *Cheers Magazine*, April 1, 2000, https://www.cheers.com.tw/article/article.action?id=5053843.

43 Fuller, *Paper Tigers, Hidden Dragons*, pp. 132, 134-135; VerWey, "Chinese Semiconductor Industrial Policy," pp. 11-12; Yin Li, "From Classic Failures to Global Competitors," pp. 45-48; Er Hao Lu, *The Developmental Model of China's Semiconductor Industry, 2000-2005*, tr. Claus Soong (Xin Shidai Publishing, 2006), pp. 33-35; Ross, *Fast Boat to China*, p. 248.

44 Yin Yin Chen, "The Political Economy of the Development of the Semiconductor Industry in Shanghai, 1956-2006," Thesis, National Taiwan University, 2007, pp. 71-72; Lu, *The Developmental Model of China's Semiconductor Industry*, pp. 75-77. 이 문헌을 번역해 준 클라우스 숭Claus Soong에게 감사한다.

45 Yin Li, "From Classic Failures to Global Competitors," pp. 45-48.

46 Fuller, *Paper Tigers, Hidden Dragons*, pp. 132, 136; "Semiconductor Manufacturing International Corporation Announces Proposed Dual Listing on SEHK and N YSE," SMIC, March 7, 2004, https://www.smics.com/en/site/news_read/4212; "Chip maker SMIC falls on debut," CNN, Mar 18, 2004.

Chapter 32 리소그래피 전쟁

47 존 카루더스John Carruthers와의 인터뷰, 2021; 이 장은 비벡 바크시Vivek Bakshi, 크리스 맥Chris Mack, 척 그윈Chuck Gwyn, 데이비드 애트우드David Attwood, 프리츠 반 하우트Frits van Houts, 존 테일러John Taylor, 존 카루더스John Carruthers, 빌 시글Bill Siegle, 스테판 붐Stefan Wurm, 토니 옌Tony Yen, 장상이Shang-yi Chiang, 그 밖에 이름이 나오는 걸 원치 않은 여러 리소그래피 전문가들과의 인터뷰를 통해 작성되었다.

48 Mark L. Schattenburg, "History of the 'Three Beams' Conference, the Birth of the Information and the Era of Lithography Wars," https://eipbn.org/2020/wp-content/uploads/2015/01/EIPBN_history.pdf.

49 Peter Van Den Hurk, "Farewell to a 'Big Family of Top Class People,'" ASML, April 23, 2021, https://www.asml.com/en/news/stories/2021/frits-van-hout-retires-from-asml.

50 프리츠 반 하우트와의 인터뷰, 2021.

51 Rene Raiijmakers, "Technology Ownership Is No Birth-right," *Bits & Chips*, June 24, 2021.

52 프리츠 반 하우트와의 인터뷰, 2021; "Lithography Wars (Middle): How Did TSMC's Fire Save the Lithography Giant ASML?" *iNews*, February 5, 2022, https://inf.news/en/news/5620365e89323be681610733c6a32d22.html.

53 Charles Krauthammer, "The Unipolar Moment," *Foreign Affairs*, September 18, 1990.

54 Kenichi Ohmae, "Managing in a Borderless World," *Harvard Business Review* (May-Jun 1989).

55 블룸버그 자료에 따름.

56 존 테일러와의 인터뷰, 2021.

57 Chuck Gwyn and Stefan Wurm, "EUV LLC: A Historical Perspective," in Bakshi, ed., *EUV Lithography* (SPIE, 2008); 존 카루다스, 존 테일러와의 인터뷰, 2021.

58 케네스 플럼Kenneth Flamm, 리처드 반 아타와의 인터뷰, 2021.

59 David Lammers, "U.S. Gives Ok to ASML on EUV," *EETimes*, February 24, 1999; 이 보도에 따르면 미국 정부와 ASML 사이에는 EUV 장비의 일부를 미국에서 제작하기로 협약이 되었다고 하지만, 저자는 미국 관료나 ASML 관계자와의 인터뷰에서 그런 협약의 존재를 확인하지 못했다. 하지만 일부 전직 관료는 그런 협약이 상당히 있을 법한 일이며 그 경우 공개 협약이 아닌 비공개 협약이었을 것이라는 의견을 제시했다. 오늘날 ASML은 모든 EUV 장비의 일부를 코네티컷에 소재한 자사 조립 시설에서 생산하고 있으므로, 미국과 ASML 사이에 협약이 있었다면 그 협약은 잘 지켜지고 있는 셈이다.

60 Don Clark and Glenn Simpson, "Opponents of SVG Sale to Dutch Worry About Foreign Competition," *Wall Street Journal*, April 26, 2001; 딕 반 아타Dick Van Atta와의 인터뷰, 2021; 전 상무부 관료와의 인터뷰, 2021.

61 Clark and Simpson, "Opponents of SVG Sale to Dutch Worry About Foreign Competition."

62 존 테일러와의 인터뷰, 2021.

Chapter 33 혁신가의 딜레마

63 "First Intel Mac (10 Jan 2006)," all about Steve Jobs.com, YouTube Video, September 18, 2009, https://www.youtube.com/watch?v=cp49Tmmtmf8.

64 전 인텔 고위직과의 인터뷰, 2021.

65 Alexis C. Madrigal, "Paul Otellini's Intel: Can the Company That Built the Future Survive It?" *Atlantic*, May 16, 2013; 전 인텔 고위직과의 인터뷰, 2021.

66 마이클 브룩Michael Bruck과의 인터뷰, 2021.

67 Kurt Shuler, "Semiconductor Slowdown? Invest!" *Semiconductor Engineering*, January 26, 2012.

68 로빈 색스비Robin Saxby와의 인터뷰, 2021; "Sir Robin Saxby: The ARM Architecture Was Invented Inside Acorn Computers," Anu Partha, YouTube Video, June 1, 2017, https://www.youtube.com/watch?v=jx-UT3wE5Kwg; Don Dingee and Daniel Nenni, *Mobile Unleashed: The Origin and Evolution of ARM Processors in Our Devices* (SemiWiki LLC, 2015), esp. p. 42; "Alumnus Receives Top Honour from Institute of Electrical and Electronics Engineers (IEEE)," University of Liverpool, May 17, 2019.

69 전 인텔 고위직과의 인터뷰, 2021.

70 테드 오델Ted Odell과의 인터뷰, 2020. 윌 스워프Will Swope와의 인터뷰, 2021.

71 Alexis C. Madrigal, "Paul Otellini's Intel."

72 Joel Hruska, "How Intel Lost the Mobile Market, Part 2: The Rise and Neglect of Atom," *Extreme Tech*, December 3, 2020; Joel Hruska, "How Intel Lost $10 Billion and the Mobile Market," *Extreme Tech*, December 3, 2020; Mark Lipacis et al., "Semiconductors: The 4th Tectonic Shift in Computing: To a Parallel Processing / IoT Model," *Jeffries Research Note*, July 10, 2017; Michael Bruck 및 Will Swope와 나눈 대화를 통해 이 논점을 명료하게 다듬을 수 있었다.; Varas, et al., "Strengthening the Global Semiconductor Supply Chain in an Uncertain Area."

73 전 인텔 고위직과의 인터뷰, 2021.

Chapter 34 더 빨리 달려라?

74 Andy Grove, "Andy Grove: How America Can Create Jobs," *Businessweek*, July 1, 2010.

75 Ibid.

76 Jon Stokes, "Two Billion-Transistor Beasts: POWER7 and Niagara 3," *Ars Technica*, February 8, 2010.

77 Wally Rhines, "Competitive Dynamics in the Electronic Design Automation Industry," *SemiWiki*, August 23, 2019.

78 Mark Veverka, "Taiwan Quake Sends a Wakeup Call, But Effects May Be Short Lived," *Barron's*, September 27, 1999.

79 Jonathan Moore, "Fast Chips, Faster Cleanup," *BusinessWeek*, October 11, 1999.

80 Baker Li, Dow Jones Newswires, "Shortage in Parts Appears to Fade Following Earthquake in Taiwan," *Wall Street Journal*, November 9, 1999.

81 팹리스 회사 경영자와의 인터뷰, 2021; "20 Largest Earthquakes in the World," USGS, https://www.usgs.gov/natural-hazards/earthquake-hazards/science/20-largest-earthquakes-world?qt-science_center_objects=0#qt-science_center_ objects.

82 Robert Zoellick speech, September 21, 2005, "Whither China? From Membership to Responsibility," National Committee on U.S. China Relations.

83 Adam Segal, "Practical Engagement: Drawing a Fine Line for U.S.-China Trade," *Washington Quarterly* 27, No. 3 (January 7, 2010): 162.

84 "SMIC Attains Validated End-User Status for U.S. Government," *SMIC*, October 19, 2007, https://www.smics.com/en/site/news_read/4294.

85 이런 사고방식이 퍼지게 된 경위를 가장 잘 묘사한 책은 다음과 같다. Hugo Meijer, *Trading with the Enemy* (Oxford University Press, 2016).

86 Van Atta et al., "Globalization and the US Semiconductor Industry," Institute for Defense Analyses, November 20, 2007, pp. 2-3.

PART VI Chapter 35 "진짜 남자라면 팹이 있어야지"

1 Craig Addison, *Silicon Shield* (Fusion PR, 2001), p. 77.

2 Peter J. Schuyten, "The Metamorphosis of a Salesman," *New York Times*, February 25, 1979.

3 Varas et al., "Strengthening the Global Semiconductor Supply Chain in an Uncertain Era," p. 18.

4 Ibid., p. 17.

5 Peter Clarke, "Top Ten Analog Chip Makers in 2020," *eeNews*, June 3, 2021.

6 Joonkyu Kang, "A Study of the DRAM Industry," Master's thesis, Massachusetts Institute of Technology, 2010, p. 13.

7 Hiroko Tabuchi, "In Japan, Bankruptcy for a Builder of PC Chips," *New York Times*, February 27, 2012.

8 Varas et al., "Strengthening the Global Semiconductor Supply Chain in an Uncertain Era," p. 18.

9 Ken Koyanagi, "SK-Intel NAND Deal Points to Wider Shake-Up of Chip Sector," *Nikkei Asia*, October 23, 2020; "Samsung Electronics Adds NAND Flash Memory Line in Pyeongtaek," *Pulse*, June 1, 2020.

10 John East, "Real Men Have Fabs. Jerry Sanders, TJ Rodgers, and AMD," *SemiWiki*, July 29, 2019.

Chapter 36 팹리스 혁명

11 Paul McLellan, "A Brief History of Chips and Technologies," *SemiWiki*, March 19, 2013, https://semiwiki.com/eda/2152-a-brief-history-of-chips-and-technologies/; 고든 캠벨Gordon Campbell과의 인터뷰, 2021.

12 크리스 말라초프스키Chris Malachowsky와의 인터뷰, 2021.

13 Steve Henn, "Tech Pioneer Channels Hard Lessons into Silicon Valley Success,"

NPR, February 20, 2012, https://www.npr.org/sections/alltechconsider ed/2012/02/20/147162496/tech-pioneer-channels-hard-lessons-into-silicon-valley-success.

14 "Jen-Hsun Huang," StanfordOnline, YouTube Video, June 23, 2011, https://www.youtube.com/watch?v=Xn1EsFe7snQ.

15 Ian Buck, "The Evolution of GPUs for General Purpose Computing," September 20-23, 2010, https://www.nvidia.com/content/GTC-2010/pdfs/2275_ GTC2010.pdf; Don Clark, "Why a 24-Year-Old Chipmaker Is One of Tech's Hot Prospects," *New York Times*, September 1, 2017; Pradeep Gupta, "CUDA Refresher: Reviewing the Origins of GPU Computing," Nvidia, April 23, 2020, https://developer.nvidia.com/blog/cuda-refresher-reviewing-the-origins-of-gpu-computing/.

16 Ben Thompson, "Apple to Build Own GPU, the Evolution of GPUs, Apple and the General-Purpose GPU," *Stratechery Newsletter*, April 12, 2017; Ben Thompson, "Nvidia's Integration Dreams," Stratechery Newsletter, September 15, 2020.

17 Hsiao-Wen Wang, "TSMC Takes on Samsung," *CommonWealth*, May 9, 2013; Timothy B. Lee, "How Qualcomm Shook Down the Cell Phone Industry for Almost 20 years," *Ars Technica*, May 30, 2019.

18 수지 암스트롱Susie Armstrong과의 인터뷰, 2021.

19 Daniel Nenni, "A Detailed History of Qualcomm," *SemiWiki*, March 9, 2018; Joel West, "Before Qualcomm: Linkabit and the Origins of San Diego's Telecom Industry," *Journal of San Diego History*, https://sandiegohistory.org/journal/v55-1/pdf/v55-1west.pdf.

20 퀄컴 고위직 두 명과의 인터뷰, 2021.

Chapter 37 모리스 창의 연합군

21 Michael Kanellos, "End of Era as AMD's Sanders Steps Aside," CNET, April 24, 2002; Peter Bright, "AMD Completes Exit from Chip Manufacturing Biz," *Wired*, March 5, 2012.

22 장상이와의 인터뷰, 2021.

23 Mark LaPedus, "Will GlobalFoundries Succeed or Fail?" *EE Times*, September 21, 2010, https://www.eetimes.com/will-globalfoundries-succeed-or-fail/.

24 Claire Sung and Jessie Shen, "TSMC 40nm Yield Issues Resurface, CEO Promises Fix by Year-End," *Digitimes*, October 30, 2009; Mark LaPedus, "TSMC Confirms 40-nm Yield Issues, Gives Predictions," *EE Times*, April 30, 2009.

25 릭 카시디Rick Cassidy와의 인터뷰, 2022.

26 Russell Flannery, "Ageless and Peerless in an Era of Fabless," *Forbes*, December 9, 2012; Hsiao-Wen Wang, "TSMC Takes on Samsung," *CommonWealth*, May 9,

2013.

27 Wang, "TSMC Takes on Samsung."

28 Flannery, "Ageless and Peerless in an Era of Fabless."

29 Lisa Wang, "TSMC Reshuffle Stuns Analysts," *Taipei Times*, June 12, 2009; Yin-chuen Wu and Jimmy Hsiung, "I'm Willing to Start from Scratch," *CommonWealth*, June 18, 2009.

30 Robin Kwong, "Too Much Capacity Better Than Too Little for TSMC," *Financial Times*, June 24, 2010.

31 Flannery, "Ageless and Peerless in an Era of Fabless."

Chapter 38 애플 실리콘

32 Dag Spicer, "Steve Jobs: From Garage to World's Most Valuable Company," Computer History Museum, December 2, 2011; 나는 이 기사의 도움을 받았다. Steve Cheney, "1980: Steve Jobs on Hardware and Software Convergence," *Steve Cheney—Technology, Business, and Strategy*, August 18, 2013.

33 아이폰 1의 내부를 자세히 알고 싶다면 다음을 참조. Jonathan Zdziarski, "Chapter 2. Understanding the iPhone," O'Reilly, https://www.oreilly.com/library/view/iphone-forensics/9780596153588/ch02.html; "iPhone 1st Generation Teardown," *IFIXIT*, June 29, 2007.

34 Bryan Gardiner, "Four Reasons Apple Bought PA Semi," *Wired*, April 23, 2000; Brad Stone, Adam Satariano, and Gwen Ackerman, "The Most Important Apple Executive You've Never Heard Of," *Bloomberg*, February 18, 2016.

35 Ben Thompson, "Apple's Shifting Differentiation," *Stratechery*, November 11, 2020; Andrei Frumusanu, "Apple Announces the Apple Silicon M1: Ditching x86—What to Expect, Based on A14," *AnandTech*, November 10, 2020.

36 Harald Bauer, Felix Grawert, and Sebastian Schink, "Semiconductors for Wireless Communications: Growth Engine of the Industry," McKinsey & Company (Autumn 2012): Exhibit 2.

37 Harrison Jacobs, "Inside 'iPhone City,' the Massive Chinese Factory Town Where Half of the World's iPhones Are Produced," *Business Insider*, May 7, 2018.

38 Yu Nakamura, "Foxconn Set to Make iPhone 12 in India, Shifting from China," *Nikkei Asia*, March 11, 2021.

Chapter 39 극자외선 장비 EUV

39 Dylan McGrath, "Intel Again Cuts Stake in ASML," *EE Times*, October 12, 2018.

40 존 테일러와의 인터뷰, 2021.

41 트럼프 경영진 두 명과의 인터뷰, 2021.

42 "TRUMPF Laser Amplifier," Trumpf, https://www.trumpf.com/en_US/products/

laser/euv-drive-laser/.

43 트럼프 경영진 두 명과의 인터뷰, 2021; Mark Lourie, "II-VI Incorporated Expands Manufacturing Capacity of Diamond Windows for TRUMPF High Power CO2 Lasers in EUV Lithography," GlobeNewswire, December 19, 2018, https://www.globenewswire.com/news-release/2018/12/19/1669962/11543/en/II-VI-Incorporated-Expands-Manufacturing-Capacity-of-Diamond-Windows-for-TRUMPF-High-Power-CO2-Lasers-in-EUV-Lithography.html.

44 C. Montcalm, "Multilayer Reflective Coatings for Extreme-Ultraviolet Lithography," Department of Energy Office of Scientific and Technical Information, March 10, 1998, https://www.osti.gov/servlets/purl/310916.

45 "Interview with Dr. Peter Kurz: 'Hitting a Golf Ball on the Moon,'" World of Photonics, https://world-of-photonics.com/en/newsroom/photonics-industry-portal/photonics-interview/dr-peter-kuerz/; "ZEISS--Breaking new Ground for the Microchips of Tomorrow," ZEISS Group, YouTube Video, Aug 2, 2019, https://www.youtube.com/watch?v=XeDCrlxBtTw.

46 "Responsible Supply Chain: Setting the Bar Higher for the High-Tech Industry," ASML, https://www.asml.com/en/company/sustainability/responsible-supply-chain; 프리츠 반 하우트와의 인터뷰, 2021.

47 "Press Release: ZEISS and ASML Strengthen Partnership for Next Generation of EUV Lithography Due in Early 2020s," ASML, November 3, 2016, https://www.asml.com/en/news/press-releases/2016/zeiss-and-asml-strengthen-partnership-for-next-generation-of-euv-lithography.

48 ASML 협력사 경영진과의 인터뷰, 2021.

49 Igor Fomenkov et al., "Light Sources for High-Volume Manufacturing EUV Lithography: Technology, Performance, and Power Scaling," *Advanced Optical Technologies* 6, Issue 3-4 (June 8, 2017).

50 컴퓨터 리소그래피에 대한 이 개념 정의는 다음의 도움을 받았다. Jim Keller, "Moore's Law Is Not Dead," UC Berkeley EECS Events, YouTube Video, September 18, 2019, https://www.youtube.com/watch?v=oIG9ztQw2Gc.

51 "Trumpf Consolidates EUV Lithography Supply Chain with Access Laser Deal," Optics.org, October 4, 2017, https://optics.org/news/8/10/6.

Chapter 40 "플랜 B는 없다"

52 Anthony Yen, "Developing EUV Lithography for High Volume Manufacturing—A Personal Journey," *IEEE Technical Briefs*, https://www.ieee.org/ns/periodicals/EDS/EDS-APRIL-2021-HTML-V2/InnerFiles/LandPage.html.

53 장상이와의 인터뷰, 2021.

54 Lisa Wang, "TSMC Stalwart Takes SMIC Role," *Taipei Times*, December 22,

2016; Jimmy Hsiung, "Shang-yi Chiang: Rallying the Troops," *CommonWealth*, December 5, 2007; 장상이, 토니 옌과의 인터뷰, 2021.

55 Timothy Prickett Morgan, "AMD's GlobalFoundries Consumes Chartered Semi Rival," *Register*, January 14, 2010.

56 전 IBM 임원과의 인터뷰, 2021.

57 반도체 분야 임원 두 명과의 인터뷰, 2021.

58 "Apple Drove Entire Foundry Sales Increase at TSMC in 2015," *IC Insights*, April 26, 2016.

59 "Samsung, TSMC Remain Tops in Available Wafer Fab Capacity," *IC Insights*, January 6, 2016. 이 숫자는 200나노미터 웨이퍼를 기준으로 월별 웨이퍼 생산량을 집계한 것이다. 반도체 업계의 첨단 기술이 300나노미터로 전환되던 시절에는 웨이퍼 한 장에 올라가는 칩의 개수 역시 200나노미터와 비교할 때 약 절반 정도에 지나지 않았다. 그러므로 300나노미터 웨이퍼를 기준으로 한다면 월별 웨이퍼 생산량은 더 낮아지게 된다.

60 Peter Bright, "AMD Completes Exit from Chip Manufacturing Biz," *Wired*, March 5, 2012.

61 세 명의 전 글로벌파운드리즈 임원과의 인터뷰로 그들 중 한 명이 EUV에 집중, 2021; 연구개발 지출에 대해서는 다음을 참조. GlobalFoundries' IPO prospectus, Security and Exchange Commission, October 4, 2021, p. 81, https://www.sec.gov/Archives/edgar/data/0001709048/000119312521290644/d192411df1.htm. 또 다음도 참조. Mark Gilbert, "Q4 Hiring Remains Strong Outlook for Q1 2019," *SemiWiki*, November 4, 2018, https://semiwiki.com/semiconductor-manufacturers/globalfoundries/7749-globalfoundries-pivot-explained/q.

Chapter 41 혁신을 망각한 인텔

62 Nick Flaherty, "Top Five Chip Makers Dominate Global Wafer Capacity," *eeNews*, February 11, 2021.

63 Or Sharir, Barak Peleg, and Yoav Shoham, "The Cost of Training NLP Models: A Concise Overview," *AI21 Labs*, April 2020.

64 Wallace Witkowski, "Nvidia Surpasses Intel as Largest U.S. Chip Maker by Market Cap," *Market-Watch*, July 8, 2020.

65 "Cloud TPU Pricing," Google Cloud, https://cloud.google.com/tpu/pricing; prices as of November 5, 2021.

66 Chris Nuttall, "Chip Off the Old Block Takes Helm at Intel," *Financial Times*, May 2, 2013.

67 전 인텔 임원과의 인터뷰, 2021.

68 Dylan McGrath, "Intel Confirmed as Foundry for Second FPGA Startup," *EE Times*, February 21, 2012.

69 Joel Hruska, "Intel Acknowledges It Was 'Too Aggressive' with Its 10nm Plans,"

Extreme Tech, July 18, 2019.

70 팻 겔싱어Pat Gelsinger와의 인터뷰, *Bloomberg*, January 19, 2021, https://www.bloomberg.com/news/videos/2022-01-19/intel-ceo-gelsinger-on-year-ahead-for-global-business-video.

71 Ian Cutress, "TSMC: We Have 50% of All EUV Installations, 60% Wafer Capacity," *AnandTech*, August 27, 2020.

PART Ⅶ Chapter 42 메이드 인 차이나

1 Rogier Creemers, ed., "Central Leading Group for Internet Security and Informatization Established," *China Copyright and Media*, March 1, 2014, https://chinacopyrightandmedia.wordpress.com/2014/03/01/central-leading-group-for-internet-security-and-informatization-established/.

2 Evan Osnos, "Xi's American Journey," *New Yorker*, February 15, 2012.

3 Katie Hunt and CY Xu, "China Eemploys 2 Million to Police Internet," CNN, October 7, 2013.

4 Rogier Creemers, ed., Xi Jinping, "Speech at the Work Conference for Cybersecurity and Informatization," *China Copyright and Media*, April 19, 2016, https://chinacopyrightandmedia.wordpress.com/2016/04/19/speech-at-the-work-conference-for-cybersecurity-and-informatization/, 번역에 수정을 가함.

5 Rogier Creemers, ed., Xi Jinping, "Speech at the Work Conference for Cybersecurity and Informatization," *China Copyright and Media*, Apr 19, 2016, https://chinacopyrightandmedia.wordpress.com/2016/04/19/speech-at-the-work-conference-for-cybersecurity-and-informatization/.

6 Ibid.

7 거의 대부분의 PC에 탑재되는 CPU는 미국의 인텔이나 AMD가 설계한 것이지만, 두 회사 모두 칩을 다른 나라에서 제조한다.

8 다음을 참조. U.N. Comtrade data for integrated circuits (8542) and petroleum (2709).

9 Drew Harwell and Eva Dou, "Huawei Tested AI Software That Could Recognize Uighur Minorities ad Alert Police, Report Says," *Washington Post*, December 8, 2020.

10 Paul Mozur and Don Clark, "China's Surveillance State Sucks Up Data. U.S. Tech Is Key to Sorting It," *New York Times*, November 22, 2020.

11 Oral History of Morris Chang, Computer History Museum.

Chapter 43 "돌격을 외쳐야 한다"

12 Anna Bruce-Lockhart, "Top Quotes by China President Xi Jinping at Davos 2017," World Economic Forum, January 17, 2017, https://www.weforum.org/

agenda/2017/01/chinas-xi-jinping-at-davos-2017-top-quotes/.

13 "Full Text: 2017 Donald Trump Inauguration Speech Transcript," *Politico*, January 20, 2017.

14 Ian Bremmer, "Xi sounding rather more presidential than US president-elect. #Davos," Twitter, January 17, 2017, https://twitter.com/ianbremmer/status/821304485226119169.

15 Jamil Anderlini, Wang Feng, and Tom Mitchell, "Xi Jinping Delivers Robust Defence of Globalisation at Davos," *Financial Times*, January 17, 2017; Xi Jinping, "Full Text of Xi Jinping Keynote at the World Economic Forum," CGTN, January 17, 2017, https://america.cgtn.com/2017/01/17/full-text-of-xi-jinping-keynote-at-the-world-economic-forum.

16 Max Ehrenfreund, "World Leaders Find Hope for Globalization in Davos Amid Populist Revolt," *Washington Post*, January 17, 2017.

17 Isaac Stone Fish, "A Communist Party Man at Davos, *Atlantic*, January 18, 2017.

18 http://politics.people.com.cn/n1/2016/0420/c1001-28291806.html; Creemers, ed, Xi Jinping, "Speech at the Work Conference for Cybersecurity and Informatization."

19 시진핑이 현상 유지를 원하는 관료들 앞에 무기력한 모습을 확인하려면 다음을 참조. Daniel H. Rosen, "China's Economic Reckoning," *Foreign Affairs*, July-August 2021.

20 China's State Council report, "Outline for Promoting the Development of the National Integrated Circuit Industry," http://www.csia.net.cn/Article/ShowInfo.asp?InfoID=88343.

21 Saif M. Khan, Alexander Mann, and Dahlia Peterson, "The Semiconductor Supply Chain: Assessing National Competitiveness," Center for Security and Emerging Technology, January 2021, p. 8, https://cset.georgetown.edu/wp-content/uploads/The-Semiconductor-Supply-Chain-Issue-Brief.pdf.

22 Saif M. Khan and Alexander Mann, "AI Chips: What They Are and Why They Matter," Center for Security and Emerging Technology, April 2020, pp. 29-31, https://cset.georgetown.edu/publication/ai-chips-what-they-are-and-why-they-matter/.

23 "China Forecast to Fall Far Short of Its 'Made in China 2025' Goals for ICs," *IC Insights*, January 6, 2021, https://www.icinsights.com/news/bulletins/China-Forecast-To-Fall-Far-Short-Of-Its-Made-In-China-2025-Goals-For-ICs/.

24 "Dr. Zixue Zhou Appointed as Chairman of SMIC," press release, SMIC, March 6, 2015, http://www.smics.com/en/site/news_read/4539; Doug Fuller, *Paper Tigers, Hidden Dragons* (Oxford University Press, 2016)에는 초기 단계에서 정부의 영향력이 늘어나는 모습이 표로 잘 정리되어 있다.

25 중국 파운드리 기업의 전 CEO와의 인터뷰, 2021; Fuller, *Paper Tigers, Hidden Dragons*.

26 유럽 반도체 기업 임원과의 인터뷰, 2020.

27 Barry Naughton, *Rise of China's Industrial Policy, 1978 to 2020* (Academic Network of Latin America and the Caribbean on China, 2021), p. 114

28 Arthur Kroeber, "The Venture Capitalist State," *GaveKal Dragonomics*, March 2021.

29 다음을 참조. Dieter Ernest, *From Catching Up to Forging Ahead: China's Policies for Semiconductors* (East West Center, 2015), p 19.

30 Luffy Liu, "Countdown: How Close Is China to 40% Chip Self-Sufficiency?" *EE Times*, April 11, 2019.

31 https://www.cw.com.tw/article/5053334; https://www.twse.com.tw/ch/products/publication/download/0003000156.pdf. 이 문서를 번역해 준 웨이-팅 첸Wei-Ting Chen 에게 감사를 드린다.

Chapter 44 기술 이전

32 David Wolf, "Why Buy the Hardware When China Is Getting the IP for Free?" *Foreign Policy*, April 24, 2015.

33 IBM은 국가안보국에 고객 정보를 넘긴 적이 없다고 부인하였다. Claire Cain Miller, "Revelations of N.S.A. Spying Cost U.S. Tech Companies," *New York Times*, March 21, 2014; Sam Gustin, "IBM: We Haven't Given the NSA Any Client Data," *Time*, March 14, 2014.

34 Matthew Miller, "IBM's CEO Visits China for Trust-Building Talks with Govt Leaders: Sources," Reuters, February 12, 2014.

35 2014년 7월 베이징 시장과의 면담을 참조. IBM News, "Today, #IBM CEO Ginni Rometty met with Beijing Mayor Wang Anshun at the Beijing Convention Center in #China.[PHOTO]," Twitter, July 9, 2014, https://mobile.twitter.com/ibmnews/status/486873143911669760; 2016 meeting with Li Keqiang, "Ginni Rometty of IBM Meets Chinese Premier Li Keqiang," *Forbes*, October 22, 2016.

36 Miller, "IBM's CEO Visits China for Trust-Building Talks with Govt Leaders: Sources."

37 "Chinese Vice Premier Meets IBM President," English.People.CN, November 13, 2014, http://en.people.cn/n/2014/1113/c90883-8808371.html.

38 Timothy Prickett Morgan, "X86 Servers Dominate the Datacenter—for Now," *Next Platform*, June 4, 2015.

39 Paul Mozur, "IBM Venture with China Stirs Concerns," *New York Times*, April 19, 2015.

40 Ibid.

41 "China Deal Squeezes Royalty Cuts from Qualcomm," *EE Times*, February 10, 2015.

42 Chen Qingqing, "Qualcomm's Failed JV Reveals Poor Chipset Strategy Amid Rising Competition: Insiders," *Global Times*, April 22, 2019; Aaron Tilley, Wayne Ma, and Juro Osawa, "Qualcomm's China Venture Shows Risks of Beijing's Tech Ambition," *Information*, April 3, 2019; Li Tao, "Qualcomm Said to End Chip Partnership with Local Government in China's Rural Guizhou Province," *South China Morning Post*, April 19, 2019.

43 "Server and Cloud Leaders Collaborate to Create China-Based Green Computing Consortium," *Arm*, April 15, 2016, https://www.arm.com /company/ news/2016/04/server-and-cloud-leaders-collaborate-to-create -china-based-green-computing-consortium.

44 다음을 참조. "Wei Li," LinkedIn, https://www.linkedin.com/in/wei-li-8b0490b/?originalSubdomain=cn; Ellen Nakashima and Gerry Shih, "China Builds Advanced Weapons Systems Using American Chip Technology," *Washington Post*, April 9, 2021.

45 "AMD and Nantong Fujitsu Microelectronics Co., Ltd. Close on Semiconductor Assembly and Test Joint Venture," AMD, April 29, 2016.

46 AMD와의 합작 벤처에 투자한 투자자 중 하나로 중국과학성이 포함되어 있었으며, 중국과학성은 중국 정부의 일부다. 다음을 참조. Ian Cutress and Wendell Wilson, "Testing a Chinese x86 CPU: A Deep Dive into Zen-Based Hygon Dhyana Processors," *AnandTech*, February 27, 2020.

47 반도체 업계 내부자와의 인터뷰, 2021

48 스테이시 라스곤Stacy Rasgon과의 인터뷰, 2021.

49 Kate O'Keeffe and Brian Spegele, "How a Big U.S. Chip Maker Gave China the 'Keys to the Kingdom,'" *Wall Street Journal*, June 27, 2019.

50 반도체 업계 내부자, 전 미국 정부 관료와의 인터뷰, 2021; Don Clark, "AMD to License Chip Technology to China Chip Venture," *Wall Street Journal*, April 21, 2016; Usman Pirzada, "No, AMD Did Not Sell the Keys to the x86 Kingdom—Here's How the Chinese Joint Venture Works," *Wccftech*, June 29, 2019; Cutress and Wilson, "Testing a Chinese x86 CPU"; Stewart Randall, "Did AMD Really Give Away 'Keys to the Kingdom'?" *TechNode*, July 10, 2019.

51 "AMD EPYC Momentum Grows with Datacenter Commitments from Tencent and JD.com, New Product Details from Sugon and Lenovo," press release, AMD, August 23, 2017, https://ir.amd.com/news-events/press-releases/detail/788/ amd-epyc-momentum-grows-with-datacenter-com-mitments-from; 전 미국 관료와의 인터뷰, 2021.

52 Craig Timberg and Ellen Nakashima, "Supercomputing Is Latest Front in U.S.-

China High-Tech Battle," *Washington Post*, June 21, 2019; Industry and Security Bureau, "Addition of Entities to the Entity List and Revision of an Entry on the Entity List," Federal Register, June 24, 2019, https://www.federalregister.gov/documents/2019/06/24/2019-13245/addition-of-entities-to-the-entity-list-and-revision-of-an-entry-on-the-entity-list; Michael Kan, "US Tries to Thwart China's Work on Exascale Supercomputer by Blocking Exports," *PC Mag*, April 8, 2021.

53 "Statement of Elsa Kania," in "Hearing on Technology, Trade, and Military-Civil Fusion: China's Pursuit of Artificial Intelligence, New Materials, and New Energy," U.S.-China Economic and Security Review Commission, June 7, 2019, p. 69, https://www.uscc.gov/sites/default/files/2019-10/June%207,%202019%20Hearing%20Transcript.pdf.

54 Anton Shilov, "Chinese Server Maker Sugon Has Its Own Radeon Instinct MI50 Compute Cards (Updated)," *Tom's Hardware*, October 15, 2020, https://www.tomshardware.com/news/chinese-server-maker-sugon-has-its-own-radeon-instinct-mi50-compute-cards. 수곤과의 관계를 묻는 저자의 질문에 AMD 대변인은 답변하지 않았다.

55 Alexandra Alper and Greg Roumeliotis, "Exclusive: U.S. Clears SoftBank's $2.25 Billion Investment in GM-Backed Cruise," Reuters, July 5, 2019; Dan Primack, "SoftBank's CFIUS Workaround," *Axios*, November 29, 2018; Heather Somerville, "SoftBank Picking Its Battles with U.S. National Security Committee," Reuters, April 11, 2019.

56 암의 판매 가격에 대해서는 다음을 참조. Cheng Ting-Fang, Lauly Li, and Michelle Chan, "How SoftBank's Sale of Arm China Sowed the Seeds of Discord," *Nikkei Asia*, June 16, 2020; 전체 판매량의 5분의 1을 차지하는 암 중국 지사에 대해서는 다음을 참조. "Inside the Battle for Arm China," *Financial Times*, June 26, 2020.

57 Cheng Ting-Fang and Debby Wu, "ARM in China Joint Venture to Help Foster 'Secure' Chip Technology," *Nikkei Asia*, May 30, 2017.

Chapter 45 "일어날 합병은 일어난다"

58 Nobutaka Hirooka, "Inside Tsinghua Unigroup, a Key Player in China's Chip Strategy," *Nikkei Asia*, November 12, 2020; "University's Deal Spree Exposes Zhao as Chip Billionaire," *China Daily*, March 25, 2015.

59 Hirooka, "Inside Tsinghua Unigroup"; Yue Wang, "Meet Tsinghua's Zhao Weiguo, the Man Spearheading China's Chip Ambition," *Forbes*, July 29, 2015

60 Kenji Kawase, "Was Tsinghua Unigroup's Bond Default a Surprise?" *Nikkei Asia*, December 4, 2020; Eva Dou, "China's Biggest Chip Maker's Possible Tie-Up with H-P Values Unit at Up to $5 Billion," *Wall Street Journal*, April 15, 2015;

Wang, "Meet Tsinghua's Zhao Weiguo"; Yue Wang, "Tsinghua Spearheads China's Chip Drive," *Nikkei Asia*, July 29, 2015.

61 Dieter Ernst, "China's Bold Strategy for Semiconductors—Zero-Sum Game or Catalyst for Cooperation?" East-West Center, September 2016; Willy Wo-Lap Lam, "Members of the Xi Jinping Clique Revealed," The Jamestown Foundation, February 7, 2014; 첸시는 2008년 말 칭화대 총장직에서 물러났다.

62 Wang, "Meet Tsinghua's Zhao Weiguo."

63 Dou, "China's Biggest Chip Maker's Possible Tie-Up with H-P Values Unit at Up to $5 Billion."

64 Zijing Wu and Jonathan Browning, "China University Deal Spree Exposes Zhao as Chip Billionaire," *Bloomberg*, March 23, 2015.

65 Saabira Chaudhuri, "Spreadtrum Communications Agrees to $178 Billion Takeover," *Wall Street Journal*, July 12, 2013.

66 "Intel and Tsinghua Unigroup Collaborate to Accelerate Development and Adoption of Intel-Based Mobile Devices," news release, Intel Newsroom, September 25, 2014, https://newsroom.intel.com/news-releases/intel-and-tsinghua-unigroup-collaborate-to-accelerate-development-and-adoption-of-intel-based-mobile-devices/#gs.7y1hjm.

67 Eva Dou and Wayne Ma, "Intel Invests $1.5 Billion for State in Chinese Chip Maker," *Wall Street Journal*, September 26, 2014; Cheng Ting-Fang, "Intel's 5G Modem Alliance with Beijing-Backed Chipmaker Ends," *Nikkei Asia*, February 26, 2019.

68 Paul McLellan, "Memory in China: XMC," *Cadence*, April 15, 2016, https://community.cadence.com/cadence_blogs_8/b/breakfast-bytes/posts/china-memory-2; "China's Tsinghua Unigroup to Build $30 Billion Nanjing Chip Plant," Reuters, January 19, 2017; Eva Dou, "Tsinghua Unigroup Acquires Control of XMC in Chinese-Chip Deal," *Wall Street Journal*, July 26, 2016.

69 Josh Horwitz, "Analysis: China's Would-Be Chip Darling Tsinghua Unigroup Bedevilled by Debt and Bad Bets," Reuters, January 19, 2021.

70 Dou, "China's Biggest Chip Maker's Possible Tie-Up with H-P Values Unit at Up to $5 Billion."

71 Josephine Lien and Jessie Shen, "Former UMC CEO to Join Tsinghua Unigroup," *Digitimes Asia*, January 10, 2017; Matthew Fulco, "Taiwan Chipmakers Eye China Market," *Taiwan Business Topics*, February 8, 2017, https://topics.amcham.com.tw/2017/02/taiwan-chipmakers-eye-china-market/.

72 Debby Wu and Cheng Ting-Fang, "Tsinghua Unigroup-SPIL Deal Axed on Policy Worries," *Nikkei Asia*, April 28, 2016.

73 Peter Clarke, "China's Tsinghua Interested in MediaTek," *EE News*, November 3,

2015.

74 Simon Mundy, "Taiwan's Chipmakers Push for China Thaw," *Financial Times*, December 6, 2015; Zou Chi, TNL Media Group, November 3, 2015, https://www.thenewslens.com/article/30138.

75 Cheng Ting-Fang, "Chipmaker Would Sell Stake to China 'If the Price Is Right,'" *Nikkei Asia*, November 7, 2015.

76 J. R. Wu, "Chinese Investors Should Not Get Board Seats on Taiwan Chip Firms—TSMC Chief," Reuters, June 7, 2016.

77 J. R. Wu, "Taiwan's Mediatek Says Open to Cooperation with China in Chip Sector," Reuters, November 2, 2015.

78 Ben Bland and Simon Mundy, "Taiwan Considers Lifting China Semiconductor Ban," *Financial Times*, November 22, 2015.

79 Eva Dou and Don Clark, "State-Owned Chinese Chip Maker Tsinghua Unigroup Makes $23 Billion Bid for Micron," *Wall Street Journal*, July 14, 2015

80 전 미국 고위 관료 두 사람과의 인터뷰, 2021.

81 Eva Dou and Don Clark, "Arm of China-Controlled Tsinghua to Buy 15% Stake in Western Digital," *Wall Street Journal*, September 30, 2015.

82 Eva Dou and Robert McMillan, "China's Tsinghua Unigroup Buys Small Stake in U.S. Chip Maker Lattice," *Wall Street Journal*, April 14, 2016.

83 Ed Lin, "China Inc. Retreats from Lattice Semiconductor," *Barron's*, October 7, 2016.

84 Liana Baker, Koh Gui Qing, and Julie Zhu, "Chinese Government Money Backs Buyout Firm's Deal for U.S. Chipmaker," Reuters, November 28, 2016. 중국 정부가 보유하고 있는 투자 펀드인 China Reform Holding은 캐니언브릿지Canyon Bridge의 핵심 투자자다. 다음을 참조. Junko Yoshida, "Does China Have Imagination? *EE Times*, April 14, 2020.

85 Nick Fletcher, "Imagination Technologies Jumps 13% as Chinese Firm Takes 3% Stake," *Guardian*, May 9, 2016.

86 "Canyon Bridge Confident Imagination Deal Satisfies UK Government," *Financial Times*, September 25, 2017; Turner et al., "Canyon Bridge Is Said to Ready Imagination Bid Minus U.S. Unit," *Bloomberg*, September 7, 2017.

87 Nic Fides, "Chinese Move to Take Control of Imagination Technologies Stalls," *Financial Times*, April 7, 2020.

88 "USA v. Chow," https://www.corporatedefensedisputes.com/wp-content/uploads/sites/19/2021/04/United-States-v.-Chow-2d-Cir.-Apr.-6-2021.pdf; "United States of America v. Benjamin Chow," https://www.justice.gov/usao-sdny/press-release/file/1007536/download; Jennifer Bennett, "Canyon Bridge Founder's Insider Trading Conviction Upheld," *Bloomberg Law*, April 6, 2021.

89 Wang, "Meet Tsinghua's Zhao Weiguo."

90 Sijia Jang, "China's Tsinghua Unigroup Signs Financing Deal for Up to 150 Bln Yuan," Reuters, March 28, 2017.

Chapter 46 화웨이의 부상

91 Chairman Mike Rogers and Ranking Member C. A. Dutch Ruppersberger, "Investigative Report on the U.S. National Security Issues Posed by Chinese Telecommunications Companies Huawei and ZTE," Permanent Select Committee on Intelligence, U.S. House of Representatives, October 8, 2012, https://republicans-intelligence.house.gov/sites/intelligence.house.gov/files/documents/huawei-zte%20investigative%20report%20(final).pdf, p. 11-25.

92 William Kirby et al., "Huawei: A Global Tech Giant in the Crossfire of a Digital Cold War," Harvard Business School Case N-1-320-089, p. 2.

93 Kirby et al., "Huawei"; Jeff Black, Allen Wan, and Zhu Lin, "Xi Jinping's Tech Wonderland Runs into Headwinds," Bloomberg, September 29, 2020.

94 Scott Thurm, "Huawei Admits Copying Code from Cisco in Router Software," Wall Street Journal, March 24, 2003.

95 Tom Blackwell, "Exclusive: Did Huawei Bring Down Nortel? Corporate Espionage, Theft, and the Parallel Rise and Fall of Two Telecom Giants," National Post, February 20, 2020.

96 Nathaniel Ahrens, "China's Competitiveness," Center for Strategic and International Studies, February 2013, https://csis-website-prod.s3.amazonaws.com/s3fs-public/legacy_files/files/publication/130215_competitiveness_Huawei_casestudy_Web.pdf.

97 Tian Tao and Wu Chunbo, The Huawei Story (Sage Publications Pvt. Ltd., 2016), p. 53.

98 전 IBM 컨설턴트로 훗날 화웨이에 고용되었던 이와의 대화, 2021.

99 Raymound Zhong, "Huawei's 'Wolf Culture' Helped It Grow, and Got It into Trouble," New York Times, December 18, 2018.

100 "Stanford Engineering Hero Lecture: Morris Chang in Conversation with President John L. Hennessy," Stanford Online, YouTube Video, April 25, 2014, https://www.youtube.com/watch?v=wEh3ZgbvBrE.

101 Chuin-Wei Yap, "State Support Helped Fuel Huawei's Global Rise," Wall Street Journal, December 25, 2019.

102 Ahrens, "China's Competitiveness."

103 Tao and Chunbo, The Huawei Story, p. 58; Mike Rogers and Dutch Ruppersberger, "Investigative Report on the U.S. National Security Issues Posed by Chinese Telecommunications Companies Huawei and ZTE," U.S. House of Representatives, October 8, 2012, https://stacks.stanford.edu/file/

druid:rm226yb7473/Huawei-ZTE%20Investigative%20Report%20(FINAL).pdf.

104 전 IBM 컨설턴트로 훗날 화웨이에 고용되었던 이와의 대화, 2021.

105 Cheng Ting-Fang and Lauly Li, "TSMC Halts New Huawei Orders After US Tightens Restrictions," *Nikkei Asia*, May 18, 2020.

Chapter 47 5G는 미래

106 켄 헌클러Ken Hunkler와의 인터뷰, 2021.

107 데이브 로버트슨Dave Robertson과의 인터뷰, 2021.

108 Spencer Chin, "Teardown Reveals the Tesla S Resembles a Smartphone," *Power Electronics*, October 28, 2014.

109 Ray Le Maistre, "BT's McRae: Huawei Is 'the Only True 5G Supplier Right Now,'" *Light Reading*, November 21, 2018.

110 Norio Matsumoto and Naoki Watanabe, "Huawei's Base Station Teardown Shows Dependence on US-Made Parts," *Nikkei Asia*, October 12, 2020.

Chapter 48 차세대 상쇄 전략

111 Liu Zhen, "China-US Rivalry: How the Gulf War Sparked Beijing's Military Revolution," *South China Morning Post*, January 18, 2021; 또 다음을 참조. Harlan W. Jencks, "Chinese Evaluations of 'Desert Storm': Implications for PRC Security," *Journal of East Asian Affairs 6*, No. 2 (Summer/Fall 1992): 447-477.

112 "Final Report," National Security Commission on Artificial Intelligence, p. 25.

113 Elsa B. Kania, "'AI Weapons' in China's Military Innovation," Global China, Brookings Institution, April 2020.

114 Ben Buchanan, "The AI Triad and What It Means for National Security Strategy," Center for Security and Emerging Technology, August 2020.

115 Matt Sheehan, "Much Ado About Data: How America and China Stack Up," MacroPolo, Jul 16, 2019, https://macropolo.org/ai-data-us-china/?rp=e.

116 "The Global AI Talent Tracker," MacroPolo, https://macropolo.org/digital-projects/the-global-ai-talent-tracker/.

117 "White Paper on China's Computing Power Development Index," tr. Jeffrey Ding, China Academy of Information and Communications Technology, September 2021, https://docs.google.com/document/d/1Mq5vpZQe7nrKgkYJA2-yZNV1Eo8swh_w36TUEzFWIWs/edit#, original Chinese source: http://www.caict.ac.cn/kxyj/qwfb/bps/202109/t20210918_390058.htm.

118 Ryan Fedasiuk, Jennifer Melot, and Ben Murphy, "Harnessed Lightning: How the Chinese Military Is Adopting Artificial Intelligence," CSET, October 2021, https://cset.georgetown.edu/publication/harnessed-lightning/, esp. fn 84; 군사 영역과 민간 영역의 융합에 대해서는 다음을 참조. Elsa B. Kania and Lorand Laskai,

"Myths and Realities of China's Military-Civil Fusion Strategy," Center for a New American Security, January 28, 2021.

119 Gian Gentile, Michael Shurkin, Alexandra T. Evans, Michelle Grise, Mark Hvizda, and Rebecca Jensen, "A History of the Third Offset, 2014–2018," Rand Corporation, 2021; "Remarks by Deputy Secretary Work on Third Offset Strategy," speech by Bob Work, U.S. Department of Defense, April 28, 2016.

120 "DARPA Tiles Together a Vision of Mosaic Warfare," Defense Advanced Research Projects Agency, https://www.darpa.mil/work-with-us/darpa-tiles-together-a-vision-of-mosiac-warfare.

121 "Designing Agile Human-Machine Teams," Defense Advanced Research Projects Agency, November 28, 2016, https://www.darpa.mil/program/2016-11-28.

122 Roger N. McDermott, "Russia's Electronic Warfare Capabilities to 2025," International Centre for Defence and Security, September 2017; "Study Maps 'Extensive Russian GPS Spoofing,'" BBC News, April 2, 2019.

123 "Adaptable Navigation Systems (ANS) (Archived)," Defense Advanced Research Projects Agency, https://www.darpa.mil/program/adaptable-navigation-systems.

124 Bryan Clark and Dan Patt, "The US Needs a Strategy to Secure Microelectronics—Not Just Funding," Hudson Institute, March 15, 2021.

125 "DARPA Electronics Resurgence Initiative," Defense Advanced Research Projects Agency, June 28, 2021, https://www.darpa.mil/work-with-us/electronics-resurgence-initiative.

126 핀펫에 대해서는 다음을 참조. Tekla S. Perry, "How the Father of FinFets Helped Save Moore's Law," *IEEE Spectrum*, April 21, 2020.

127 Norman J. Asher and Leland D. Strom, "The Role of the Department of Defense in the Development of Integrated Circuits," *Institute for Defense Analyses*, May 1977, p. 74.

128 Ed Sperling, "How Much Will That Chip Cost?" *Semiconductor Engineering*, March 27, 2014.

129 Cade Metz and Nicole Perlroth, "Researchers Discover Two Major Flaws in the World's Computers," *New York Times*, January 3, 2018.

130 Robert McMillan and Liza Lin, "Intel Warned Chinese Companies of Chip Flaws Before U.S. Government," *Wall Street Journal*, January 28, 2018.

131 Serge Leef, "Supply Chain Hardware Integrity for Electronics Defense (SHIELD) (Archived)," Defense Advanced Research Projects Agency, https://www.darpa.mil/program/supply-chain-hardware-integrity-for-electronics-defense#:~:text=The%20goal%20of%20DARPA's%20SHIELD,consuming%20to%20be%20cost%20effective; "A DARPA Approach to Trusted Microelectronics," https://

www.darpa.mil/attachments/ATrustthroughTechnologyApproach_FINAL.PDF.

132 "Remarks by Deputy Secretary Work on Third Offset Strategy."

133 전 미국 관료와의 인터뷰, 2021; Gian Gentile, Michael Shurkin, Alexandra T. Evans, Michelle Grise, Mark Hvizda, and Rebecca Jensen, "A History of the Third Offset, 2014－2018."

PART VIII Chapter 49 "우리가 경쟁하는 모든 것"

1 전 미국 고위 관료와의 인터뷰, 2021.

2 Ibid.

3 Ibid.

4 "U.S. Secretary of Commerce Penny Pritzker Delivers Major Policy Address on Semiconductors at Center for Strategic and International Studies," speech by Penny Pritzker, U.S. Department of Commerce, November 2, 2016.

5 "Ensuring Long-Term U.S. Leadership in Semiconductors," report to the president, President's Council of Advisors on Science and Technology, January 2017.

6 Mike Rogers and Dutch Ruppersberger, "Investigative Report on the U.S. National Security Issues Posed by Chinese Telecommunications Companies Huawei and ZTE," U.S. House of Representatives, October 8, 2012; Kenji Kawase, "ZTE's Less-Known Roots: Chinese Tech Company Falls from Grace," *Nikkei Asia*, April 27, 2018; Nick McKenzie and Angus Grigg, "China's ZTE Was Built to Spy and Bribe, Court Documents Allege," *Sydney Morning Herald*, May 31, 2018; Nick McKenzie and Angus Grigg, "Corrupt Chinese Company on Telstra Shortlist," *Sydney Morning Herald*, May 13, 2018; "ZTE Tops 2006 International CDMA Market," CIOL Bureau, https://web.archive.org/web/20070927230100/http://www.ciol.com/ciol-techportal/Content/Mobility/News/2007/20703081355.asp.

7 Juro Osawa and Eva Dou, "U.S. to Place Trade Restrictions on China's ZTE," *Wall Street Journal*, March 7, 2016; Paul Mozur, "U.S. Subpoenas Huawei Over Its Dealings in Iran and North Korea," *New York Times*, June 2, 2016.

8 오바마 정부 관료 두 명과의 인터뷰, 2021; Osawa and Dou, "U.S. to Place Trade Restrictions on China's ZTE."

9 Industry and Security Bureau, "Removal of Certain Persons from the Entity List; Addition of a Person to the Entity List; and EAR Conforming Change," Federal Register, March 29, 2017, https://www.federalregister.gov/documents/2017/03/29/2017-06227/removal-of-certain-persons-from-the-entity-list-addition-of-a-person-to-the-entity-list-and-ear; Brian Heater, "ZTE Pleads Guilty to Violating Iran Sanctions, Agrees to $892 Million Fine," *TechCrunch*, March 7, 2017.

10 Veronica Stracqualursi, "10 Times Trump Attacked China and Its Trade Relations with the US," ABC News, November 9, 2017.

11 전 고위 관료 네 명과의 인터뷰, 2021

12 전 고위 관료와의 인터뷰, 2021

13 Ibid.

14 Lucinda Shen, "Donald Trump's Tweets Triggered Intel CEO's Exit from Business Council," *Fortune*, November 9, 2017; Dawn Chmielewski and Ina Fried, "Intel's CEO Planned, Then Scrapped, a Donald Trump Fundraiser," CNBC, June 1, 2016.

15 전 고위 관료와의 인터뷰, 2021.

16 전 고위 관료 세 명과의 인터뷰, 2021.

17 Chad Bown, Euijin Jung, and Zhiyao Lu, "Trump, China, and Tariffs: From Soybeans to Semiconductors," *Vox EU*, June 19, 2018.

18 Steve Stecklow, Karen Freifeld, and Sijia Jiang, "U.S. Ban on Sales to China's ZTE Opens Fresh Front as Tensions Escalate," Reuters, April 16, 2018.

19 고위 관료와의 인터뷰, 2021.

20 Dan Strumpf and John D. McKinnon, "Trump Extends Lifeline to Sanctioned Tech Company ZTE," *Wall Street Journal*, May 13, 2018; Scott Horsley and Scott Neuman, "President Trump Puts 'America First' on Hold to Save Chinese Jobs," NPR, May 14, 2018.

Chapter 50 푸젠진화반도체

21 이 서술은 다음 판결문을 참조한 것이다. "United States of America v. United Microelectronics Corporation, et al., Defendant(s)," United States District Court for the Northern District of California, September 27, 2018, https://www.justice.gov/opa/press-release/file/1107251/download and "MICRON TECHNOLOGY, INC.'S COMPLAINT." UMC는 혐의에 대해 미국 정부와 유죄 협상을 했다. 문제의 UMC 직원은 대만 법정에 기소되어 벌금 및 징역형을 받았다.; Office of Public Affairs, "Taiwan Company Pleads Guilty to Trade Secret Theft in Criminal Case Involving PRC State-Owned Company," U.S. Department of Justice, October 28, 2020, https://www.justice.gov/opa/pr/taiwan-company-pleads-guilty-trade-secret-theft-criminal-case-involving-prc-state-owned.

22 Chuin-Wei Yap and Yoko Kubota, "U.S. Ban Threatens Beijing's Ambitions as Tech Power," *Wall Street Journal*, October 30, 2018.

23 Chuin-Wei Yap, "Micron Barred from Selling Some Products in China," *Wall Street Journal*, July 4, 2018.

24 Paul Mozur, "Inside a Heist of American Chip Designs, as China Bids for Tech Power," *New York Times*, June 22, 2018.

25 Ibid.

26 Yap, "Micron Barred from Selling Some Products in China."

27 https://www.storm.mg/article/1358975?mode=whole, Wei-Ting Chen 번역.

28 David E. Sanger and Steven Lee Meyers, "After a Hiatus, China Accelerates Cyberspying Efforts to Obtain U.S. Technology," *New York Times*, November 29, 2018.

29 Advanced Micro-Fabrication Equipment Inc., "AMEC Wins Injunction in Patent Infringement Dispute Involving Veeco Instruments (Shanghai) Co. Ltd.," *PR Newswire*, December 8, 2017, https://www.prnewswire.com/news-releases/amec-wins-injunction-in-patent-infringement-dispute-involving-veeco-instruments-shanghai-co-ltd-300569295.html; Mark Cohen, "Semiconductor Patent Litigation Part 2: Nationalism, Transparency and Rule of Law," *China IPR*, July 4, 2018, https://chinaipr.com/2018/07/04/semiconductor-patent-litigation-part-2-nationalism-transparency-and-rule-of-law/; "Veeco Instruments Inc., Plaintiff, against SGL Carbon, LLC, and SGL Group SE, Defendants," United States District Court Eastern District of New York, https://chinaipr2.files.wordpress.com/2018/07/uscourts-nyed-1_17-cv-02217-0.pdf.

30 Kate O'Keeffe, "U.S. Adopts New Battle Plan to Fight China's Theft of Trade Secrets," *Wall Street Journal*, November 12, 2018.

31 워싱턴과 도쿄의 정부 관료 다섯 명과의 인터뷰, 2019-2021.

32 전 고위 관료와의 인터뷰, 2021.

33 James Politi, Emily Feng, and Kathrin Hille, "US Targets China Chipmaker over Security Concerns," *Financial Times*, October 30, 2018.

Chapter 51 화웨이 습격

34 Dan Strumpf and Katy Stech Ferek, "U.S. Tightens Restrictions on Huawei's Access to Chips," *Wall Street Journal*, August 17, 2020.

35 Elizabeth C. Economy, *The World According to China* (Wiley, 2021)에서 인용한 Turpin의 발언.

36 트럼프 정부 고위 관료 두 명과의 인터뷰, 2021.

37 Peter Hartcher, *Red Zone: China's Challenge and Australia's Future* (Black Inc., 2021), pp. 18-19.

38 Alicja Ptak and Justyna Pawlak, "Polish Trial Begins in Huawei-Linked China Espionage Case," Reuters, June 1, 2021.

39 Mathieu Rosemain and Gwenaelle Barzic, "Exclusive: French Limits on Huawei 5G Equipment Amount to De Facto Ban by 2028," Reuters, July 22, 2020.

40 Katrin Bennhold and Jack Ewing, "In Huawei Battle, China Threatens Germany 'Where It Hurts': Automakers," *New York Times*, January 16, 2020.

41 Gordon Corera, "Huawei 'Failed to Improve UK Security Standards,'" BBC News, October 1, 2020.

42 Robert Hannigan, "Blanket Bans on Chinese Tech Companies like Huawei Make No Sense," *Financial Times*, February 12, 2019.

43 Shayna Jacobs and Amanda Coletta, "Meng Wanzhou Can Return to China, Admits Helping Huawei Conceal Dealings in Iran," *Washington Post*, September 24, 2021.

44 James Politi and Kiran Stacey, "US Escalates China Tensions with Tighter Huawei Controls," *Financial Times*, May 15, 2020.

45 Henry Farrell and Abraham L. Newman, "Weaponized Interdependence: How Global Economic Networks Shape State Coercion," *International Security* 44, No. 1 (2019): 42-79.

46 "Commerce Addresses Huawei's Efforts to Undermine Entity List, Restricts Products Designed and Produced with U.S. Technologies," U.S. Department of Commerce, May 15, 2020, https://2017-2021.commerce.gov/news/press-releases/2020/05/commerce-addresses-huaweis-efforts-undermine-entity-list-restricts.html.

47 Kathrin Hille and Kiran Stacey, "TSMC Falls into Line with US Export Controls on Huawei," *Financial Times*, June 9, 2020.

48 Craig S. Smith, "How the Huawei Fight Is Changing the Face of 5G," *IEEE Spectrum*, September 29, 2021.

49 "Huawei Said to Sell Key Server Division Due to U.S. Blacklisting," *Bloomberg*, November 2, 2021.

50 Lauly Li and Kenji Kawase, "Huawei and ZTE Slow Down China 5G Rollout as US Curbs Start to Bite," *Nikkei Asia*, August 19, 2020.

51 Alexandra Alper, Toby Sterling, and Stephen Nellis, "Trump Administration Pressed Dutch Hard to Cancel China Chip-Equipment Sale: Sources," Reuters, January 6, 2020.

52 Industry and Security Bureau, "Addition of Entities to the Entity List and Revision of an Entry on the Entity List," Federal Register, June 24, 2019, https://www.federalregister.gov/documents/2019/06/24/2019-13245/addition-of-entities-to-the-entity-list-and-revision-of-an-entry-on-the-entity-list.

53 Ellen Nakashima and Gerry Shih, "China Builds Advanced Weapons Systems Using American Chip Technology," *Washington Post*, April 9, 2021.

54 Zhong Shan, "MOFCOM Order No. 4 of 2020 on Provisions on the Unreliable Entity List," Order of the Ministry of Commerce of the People's Republic of China, September 19, 2020, http://english.mofcom.gov.cn/article/policyrelease/questions/202009/20200903002580.shtml.

55 전 미국 고위 관료와의 인터뷰, 2021.

Chapter 52 중국의 스푸트니크 모멘트?

56 Cheng Ting-Fang and Lauly Li, "How China's Chip Industry Defied the Coronavirus Lockdown," *Nikkei Asia*, March 18, 2020.

57 Dan Wang, "China's Sputnik Moment?" *Foreign Affairs*, July 29, 2021.

58 "Xi Jinping Picks Top Lieutenant to Lead China's Chip Battle Against U.S.," *Bloomberg*, June 16, 2021.

59 일부 언론에서는 중국이 1조4000억 달러 이상의 보조금을 투입할 준비가 되어 있다고 주장하나 그것은 진지하게 받아들이기 어려운 주장이다. 베이징에서 승인한 산업 "지도 기금guidance funds"은 1조5000억 달러 이상으로 평가되며, 대부분은 지방 정부가 모금하고 소비하도록 되어 있다. 하지만 그 돈은 온전히 기술에 투입하기 위한 것이 아니다. 공식 지침에 따르면 해당 기금은 "전략적 육성 사업"뿐 아니라 사회 기반 시설 및 임대주택 등에도 투입하도록 규정하고 있기 때문이다. 그러므로 중국의 많은 투자 프로젝트와 마찬가지로 "지도 기금"의 많은 부분은 반도체 산업 육성이 아닌 부동산 개발에 대한 보조금으로 귀결될 가능성이 충분하다. Tianlei Huang, "Government-Guided Funds in China: Financing Vehicles for State Industrial Policy," *PIIE*, June 17, 2019, https://www.piie.com/blogs/china-economic-watch/government-guided-funds-china-financing-vehicles-state-industrial-policy; Tang Ziyi and Xue Xiaoli, "Four Things to Know About China's $670 Billion Government Guidance Funds," *Caixin Global*, February 25, 2020.

60 HSMC investigation by Qiu Xiaofen and Su Jianxun, Yang Xuan, ed., tr. Alexander Boyd, in Jordan Schneider, "Billion Dollar Heist: How Scammers Rode China's Chip Boom to Riches," *ChinaTalk*, March 30, 2021, https://chinatalk.substack.com/p/billion-dollar-heist-how-scammers; Luo Guoping and Mo Yelin, "Wuhan's Troubled $18.5 Billion Chipmaking Project Isn't as Special as Local Officials Claimed," *Caixin Global*, September 4, 2020.

61 Toby Sterling, "Intel Orders ASML System for Well Over $340 mln in Quest for Chipmaking Edge," Reuters, January 19, 2022.

62 David Manners, "RISC-V Foundation Moves to Switzerland," *Electronics Weekly*, November 26, 2019.

63 Dylan Patel, "China Has Built the World's Most Expensive Silicon Carbide Fab, but Numbers Don't Add Up," *SemiAnalysis*, September 30, 2021, https://semianalysis.com/china-has-built-the-worlds-most-expensive-silicon-carbide-fab-but-numbers-dont-add-up/.

64 Varas et al., "Government Incentives and US Competitiveness in Semiconductor Manufacturing."

65 Cheng Ting-Fang and Lauly Li, "How China's Chip Industry Defied the

Coronavirus Lockdown," *Nikkei Asia*, March 18, 2020.

Chapter 53 공급 부족과 공급망

66 "Remarks by President Biden at a Virtual CEO Summit on Semiconductor and Supply Chain Resilience," The White House, April 12, 2021; Alex Fang and Yifan Yu, "US to Lead World Again, Biden Tells CEOs at Semiconductor Summit," *Nikkei Asia*, April 13, 2021.

67 AAPC Submission to the BIS Commerce Department Semiconductor Supply Chain Review, April 5, 2021; Michael Wayland, "Chip Shortage Expected to Cost Auto Industry $210 Billion in Revenue in 2021," CNBC, September 23, 2021.

68 "Semiconductor Units Forecast to Exceed 1 Trillion Devices Again in 2021," *IC Insights*, April 7, 2021, https://www.icinsights.com/news/bulletins/Semiconductor-Units-Forecast-To-Exceed-1-Trillion-Devices-Again-In-2021/.

69 "Fact Sheet: Biden-Harris Administration Announces Supply Chain Disruptions Task Force," June 8, 2021, https://www.whitehouse.gov/briefing-room/statements-releases/2021/06/08/fact-sheet-biden-harris-administration-announces-supply-chain-disruptions-task-force-to-address-short-term-supply-chain-discontinuities/

70 Kotaro Hosokawa, "Samsung Turns South Korea Garrison City into Chipmaking Boom Town," *Nikkei Asia*, June 20, 2021.

71 Jiyoung Sohn, "Samsung to Invest $205 Billion in Chip, Biotech Expansion," *Wall Street Journal*, August 24, 2021; Song Jung-a and Edward White, "South Korean PM Backs Early Return to Work for Paroled Samsung Chief Lee Jae-yong," *Financial Times*, August 30, 2021.

72 Stephen Nellis, Joyce Lee, and Toby Sterling, "Exclusive: U.S.-China Tech War Clouds SK Hynix's Plans for a Key Chip Factory," Reuters, November 17, 2021.

73 Brad W. Setser, "Shadow FX Intervention in Taiwan: Solving a 100+ Billion Dollar Enigma (Part 1)," Council on Foreign Relations, October 3, 2019.

74 "Speech by Commissioner Thierry Breton at Hannover Messe Digital Days," European Commission, July 15, 2020.

75 Cheng Ting-Fang and Lauly Li, "TSMC Says It Will Build First Japan Chip Plant with Sony," *Nikkei Asia*, November 9, 2021.

76 Christiaan Hetzner, "Intel CEO Says 'Big, Honkin' Fab' Planned for Europe Will Be World's Most Advanced," *Fortune*, September 10, 2021; Leo Kelion, "Intel Chief Pat Gelsinger: Too Many Chips Made in Asia," BBC News, March 24, 2021.

Chapter 54 대만 딜레마

77 "Edited Transcript: 2330.TW - Q2 2021 Taiwan Semiconductor Manufacturing

Co Ltd Earnings Call," *Refinitiv*, July 15, 2021, https://investor.tsmc.com/english/encrypt/files/encrypt_file/reports/2021-10/44ec4960f6771366a2b992ace4ae47566d7206a6/TSMC%202Q21%20transcript.pdf.

78 Liu Xuanzun, "PLA Holds Beach Assault Drills After US Military Aircraft's Taiwan Island Landing," *Global Times*, July 18, 2021.

79 Liu Xuanzun, "PLA Holds Drills in All Major Chinese Sea Areas Amid Consecutive US Military Provocations," *Global Times*, July 20, 2021.

80 Chris Dougherty, Jennie Matuschak, and Ripley Hunter, "The Poison Frog Strategy," Center for a New American Security, October 26, 2021.

81 "Military and Security Developments Involving the People's Republic of China," Annual Report to Congress, Office of the Secretary of Defense, 2020, p. 114.

82 Lonnie Henley, "PLA Operational Concepts and Centers of Gravity in a Taiwan Conflict," testimony before the U.S.-China Economic and Security Review Commission Hearing on Cross-Strait Deterrence, February 18, 2021.

83 Michael J. Green, "What Is the U.S. 'One China' Policy, and Why Does it Matter?" Center for Strategic and International Studies, January 13, 2017.

84 Debbu Wu, "Chip Linchpin ASML Joins Carmakers Warning of Vicious Cycle," *Bloomberg*, January 19, 2022.

85 Tsai Ing-wen, "Taiwan and the Fight for Democracy," *Foreign Affairs*, November-December 2021.

86 Sherry Hsiao, "Most Say Cross-Strait War Unlikely: Poll," *Taipei Times*, October 21, 2020.

87 Keoni Everington, "China Expands Its 2 Air Force Bases Closest to Taiwan," *Taiwan News*, March 8, 2021; Minnie Chan, "Upgrades for Chinese Military Airbases Facing Taiwan Hint at War Plans," *South China Morning Post*, October 15, 2021; "Major Construction Underway at Three of China's Airbases Closest to Taiwan," *Drive*, October 13, 2021.

나오는 말

1 Jack Kilby, "Invention of the Integrated Circuit," *IEEE Transactions on Electron Devices* 23, No. 7 (July 1976): 650.

2 Paul G. Gillespie, "Precision Guided Munitions: Constructing a Bomb More Potent Than the A-Bomb," PhD dissertation, Lehigh University, p. 115. 워드의 사망 후 그의 링크드인 페이지를 통해 알아본 결과, 그가 텍사스인스트루먼트에 합류해 일하기 시작한 것은 1953년의 일이었다. 이 내용의 사실 여부를 따로 확인할 수는 없었다.

3 Gordon E. Moore, "Cramming More Components onto Integrated Circuits," *Electronics* 38, No. 8 (April 19, 1965).

4 Dan Hutcheson, "Graphic: Transistor Production Has Reached Astronomical

Scales," *IEEE Spectrum*, April 2, 2015.

5   Michael Malone, *The Intel Trinity* (Michael Collins, 2014), p. 31.

6   John Hennessy, "The End of Moore's Law and Faster General-Purpose Processors, and a New Path Forward," National Science Foundation, CISE Distinguished Lecture, November 22, 2019, https://www.nsf.gov/events/event_summ.jsp?cntn_id=299531&org=NSF.

7   Andrey Ovsyannikov, "Update from Intel: Insights into Intel Innovations for HPC and AI," Intel, September 26, 2019, https://www2.cisl.ucar.edu/sites/default/files/Ovsyannikov%20-%20MC9%20-%20Presentation%20Slides.pdf.

8   Gordon E. Moore, "No Exponential Is Forever: But 'Forever' Can Be Delayed!" IEEE International Solid-State Circuits Conference, 2003.

9   Hoeneisen and Mead, "Fundamental Limitations on Microelectronics," pp. 819-829; Scotten Jones, "TSMC and Samsung 5nm Comparison," *SemiWiki*, May 3, 2019, https://semiwiki.com/semiconductor-manufacturers/samsung-foundry/8157-tsmc-and-samsung-5nm-comparison/.

10 "Jim Keller: Moore's Law Is Not Dead," UC Berkeley EECS Events, YouTube Video, September 18, 2019, 22:00, https://www.youtube.com/watch?v=oIG9ztQw2Gc.

11 Neil C. Thompson and Svenja Spanuth, "The Decline of Computers as a General Purpose Technology: Why Deep Learning and the End of Moore's Law Are Fragmenting Computing," working paper, MIT, November 2018, https://ide.mit.edu/wp-content/uploads/2018/11/SSRN-id3287769.pdf.

12 "Heterogeneous Compute: The Paradigm Shift No One Is Talking About," *Fabricated Knowledge*, February 19, 2020, https://www.fabricatedknowledge.com/p/heterogeneous-compute-the-paradigm.

13 Kevin Xu, "Morris Chang's Last Speech," *Interconnected*, September 12, 2021, https://interconnected.blog/morris-changs-last-speech/.

찾아보기